LE LIVRE DE LA SAGESSE
OU
LA SAGESSE DE SALOMON

II

Nihil obstat :

Jérusalem, le 11 mars 1978.

R. Tournay, O. P.

F. Langlamet, O. P.

Imprimatur :

Paris, le 15 octobre 1982.

P. Faynel, v. é.

ÉTUDES BIBLIQUES

(Nouvelle série. N° 3)

LE LIVRE DE LA SAGESSE

OU

LA SAGESSE DE SALOMON

PAR

C. LARCHER, O. P. †

II

Publié avec le concours du Centre National de la Recherche Scientifique

PARIS
LIBRAIRIE LECOFFRE
J. GABALDA et Cie, Éditeurs
RUE BONAPARTE, 90
—
1984

ISBN 2-85021-012-9
ISSN 0760-3541

CHAPITRE IV

Mieux vaut posséder une vertu éclatante que d'avoir des enfants

1. *Préférable est l'absence d'enfants avec la vertu,*
   car l'immortalité s'attache au souvenir de celle-ci
   qui est approuvée à la fois par Dieu et par les hommes.

2. *Présente, on voudrait l'imiter,*
   absente, on la regrette ;
   puis dans le monde éternel elle défile, ceinte d'une couronne,
   après avoir triomphé dans un combat aux luttes sans souillure.

1 a. Ce ch. continue le précédent (cf. l'introduction à celui-ci). Au lieu de *kreissôn ateknia meta aretès* (texte reçu), la majorité des mss lat. portent : *o quam pulchra est casta generatio cum claritate*, une leç. considérée comme primitive par quelques critiques (*Hein.*, J. ZIEGLER, *Dulcedo Dei*, dans *A.A.*, Münster, 1937, pp. 52-53) estimant que la forme exclamative a été choisie pour rendre le comparatif, comme en XII, 1 et *Si.* XX, 2. D'autres cependant (*Gri., Corn., Goodr., De Br.*, p. 114) allèguent des citations divergentes (*Ps. Cypr.*, sing. *cler.* XL, *CSEL*, III, 3, 216 ; *Ambr., virgin.* I, VII, 35, *PL*, XVI, 209 ; *Jér., in Os.* IX, 14, *PL*, XXV, 899) ou la leç. plus ancienne de quelques *mss* (cf. *De Br.*, *ibid.* et *Bi. Sa.*) *melior est (enim) generatio cum claritate*, mais en restituant *ingeneratio*, corrompu très tôt en *generatio* (susceptible de prendre le sens de « race » en opposition au v. 19). Parce que l'expression *cum claritate* (texte primitif, malgré la traduction de *aretè* par *virtus* en V, 13 et VIII, 7) retenait l'attention, on pouvait y voir l'éloge d'une chasteté éminente : *Ps. Cypr. (loc. cit.)*, qui cite *melius est esse sine filiis cum claritate*, insiste précisément sur cette expression pour appliquer le texte à la virginité. Par ailleurs, l'ambiguïté du texte corrompu aurait contribué également à l'introduction de *casta* devant *generatio*, peut-être aussi celle d'une formule laudative *(o quam pulchra est)*. Quoi qu'il en soit, il n'y a aucune raison de supposer un texte gr. différent.

Le comparatif *kreissôn*, « meilleure, préférable, mieux vaut », renvoie à la progéniture impie (l'asyndète renforce l'opposition) ; *ateknia* signifie ici non « le fait d'être privé de ses enfants » (cf.

Is. XLVII, 9 ; *4 M.* XVIII, 9 ; et l'adj. *ateknos* en *Jr.* XVIII, 21),
mais « le fait de n'avoir pas ou de n'avoir pas eu d'enfants » (cf.
Arist., Pol. 1265ª41 ; 1265ᵇ10 ; *LXX Ps.* XXXIV, 12 ; l'adj. en *Gn.* XV, 2 ;
Lv. XX, 20, 21 ; le vb. en *Os.* IX, 14 ; *Ct.* IV, 2 ; VI, 6). Le parallèle
biblique le plus direct est *Si.* XVI, 3 : *kreissôn... apothanein ateknon
è echein tekna asebè.* L'expression *meta aretès,* « avec la vertu »
(cf. V, 13 ; VIII, 7 ; et, pour le sens ordinaire du mot dans la *LXX,
TWNT,* I, p. 459), doit avoir une portée générale, à la fois morale et
religieuse (comme dans les écrits du judaïsme hellénisé, cf. *TWNT,* I,
pp. 458-459). Certains critiques *(Gutb., Hein., Web.),* il est vrai, l'appliquent tout spécialement à la chasteté conjugale ; par conséquent,
elle écarterait les relations coupables en dehors du mariage légitime
ou à l'intérieur de mariages illégitimes (cf. 13 b et 16). Cependant,
ce sens restreint ne rejoint pas toute la portée du développement
antérieur qui insiste sur un état habituel d'infidélité à Dieu ou de
vice et qui exalte, par contraste, la piété, la justice et la sagesse
(cf. en particulier 14-15). Le problème est plutôt de savoir si le texte,
en reprenant apparemment la notion de « stérilité » (13-14), ne
suggère pas la possibilité d'un renoncement volontaire à la procréation par souci d'une vertu plus haute. En effet, une tradition
grecque assez ancienne y a retrouvé un éloge plus ou moins direct
de la virginité (à cause de l'exaltation d'une vertu éminente). Ainsi
Méth. cite intégralement les vv. 1-2 pour montrer que « l'Esprit Saint
y invite ses auditeurs à la continence et à la maîtrise des instincts »
(Symp. I, 3, *Bonw.* 11 ; *SC,* XCV, 62), ou encore il combine 2 d
avec *2 Co.* XI, 2 (IV, 5, *Bonw.* 51 ; *SC,* 138 ; une autre allusion à 2 d
en VI, 5, *Bonw.* 69 ; *SC,* 176). Plus tard, *ateknia* est remplacé délibérément par *parthenia* dans certains *Florilèges* (cf. *Intr.,* ch. I, p. 60,
n. 53). *Cant.* déclare dès le début : τὸ μέγα χρῆμα τῆς παρθενίας διὰ
τούτων ἐξυμνεῖ ... οὐδὲ γὰρ ἐκ στειρώσεως ἀτεκνία μακαριστή · ἀλλ' ἡ
μετ' ἀρετῆς καὶ λογισμοῦ σώφρονος τῶν παθῶν ἐπικράτεια καὶ παντελὴς
ἀμεθεξία. *Mal.* insiste de même sur μετ' ἀρετῆς, puis sur d'autres
traits des vv. 1-2 et déclare : οἶμαι οὖν περὶ παρθενίας ἐνταῦθα λέγειν,
καὶ διὰ τὸ τοὺς δι' ἐγκράτειαν τῶν γαμικῶν ἔργων ... ἀπεχομένους μηδὲ
τεκνοποιεῖν, ἐπιτηδείως ἠρέμα τὸν περὶ αὐτῆς εἰσάγει λόγον ... καὶ τῷ
τῆς ἀτεκνίας ὀνόματι τὴν παντελῆ ἁγνείαν καὶ παρθενίαν δηλοῖ. A l'appui
de cette opinion, on pourrait rappeler que l'auteur pouvait connaître
certaines formes de virginité choisies volontairement : une fraction
importante des Esséniens s'abstenait du mariage et *Phil.* (*Cont.* 68)
nous parle de Thérapeutrides restées vierges toute leur vie « par
désir passionné de la sagesse et d'une progéniture immortelle » (trad.
P. MIQUEL). Certes, *meta aretès* ne signifie pas « par vertu, à cause
de la vertu » (on attendrait *dia* ou *heneka*), mais la vertu est exaltée
en tels termes qu'elle semble suffire à donner à une vie humaine
sa plénitude et à lui assurer une fécondité plus illustre que la
fécondité charnelle (celle de l'âme qui engendre les vertus, cf. déjà
Plat., Symp. 209 A).

1 b. Le texte gr. reçu *athanasia gar estin en mnèmèi autès* a l'appui de *Lat. (immortalitas est enim in memoria illius* cf. *Bi. Sa.)* et *Syr.*, p.-ê. aussi d'*Ar.* (« son souvenir est immortel » trad. libre), mais *Arm.* et *Shex.* ont lu à la fin *hè mnèmè autès*, leç. de divers *min.* (cf. *Zie.*). On a suggéré encore de restituer *kai mnèmè en autèi* (une simple hypothèse de Bois, p. 386, adoptée par *Siegf.* ; cf. aussi *Corn.* et *Hein.*) : l'immortalité personnelle serait mentionnée d'abord et s'accompagnerait de la survie dans la mémoire des hommes. En réalité, il faut s'en tenir au texte reçu car l'immortalité dans le souvenir ne s'oppose pas nécessairement à l'immortalité personnelle, mais peut l'accompagner ou s'y trouver sublimée. Or l'auteur parle précisément d'une survie non seulement dans la mémoire des hommes, mais dans celle de Dieu (cf. 1 c). Pourtant, des raisons particulières ont dû l'amener à prendre appui sur une forme d'immortalité désirée à la fois par les hommes de l'*A.T.* et par les Grecs (cf. II, 4 a), car *athanasia* a une autre portée immédiate en III, 4 b et la formulation du texte reste étrange. Traduit littéralement, en rapportant *autès* à *aretès* (cf. 1 c), il signifie : « car l'immortalité se trouve dans son souvenir », c.-à-d. dans le souvenir que la vertu laisse après elle (dans la mémoire de Dieu et des hommes). L'auteur a pu vouloir prolonger la promesse d'un « nom éternel » en *Is.* LVI, 5 (puis en *Ps.* CXI, 6 ; *Pr.* X, 7, etc.) ou passer tacitement de l'idée qu'une postérité nombreuse procure une sorte d'immortalité (cf. *Plat., Leg.*, IV, 721 B-C ; *Symp.* 208 E *athanasian kai mnèmèn*) à celle de l'immortalité dans le souvenir. Néanmoins il subit davantage l'influence des textes grecs où l'*aretè* (au sens moral et plus ou moins personnifiée) se voit assurée d'un souvenir éternel : cf. déjà *Plat., Symp.* 207 C-D, mais surtout *Xén., Mém. II,* I, 33 (après leur mort, les disciples de la vertu, οὐ μετὰ λήθης ἄτιμοι κεῖνται, ἀλλὰ μετὰ μνήμης τὸν ἀεὶ χρόνον ὑμνούμενοι θάλλουσι).

1 c. Il explique *(hoti)* de quelle façon l'immortalité peut être ramenée au souvenir laissé par une vie vertueuse. Le sujet grammatical serait normalement *ateknia*. Mais c'est un terme négatif, déterminé pour cette raison par *meta aretès*. Or, la pensée de l'auteur se fixe ensuite sur ce dernier mot, car seule la vertu confère une valeur positive à l'*ateknia*. La vertu passe donc au premier plan (déjà en 1 b avec *autès*) et devient ici le sujet réel du vb. *ginôsketai*. Le premier complément, *kai para theôi*, placé avant ce vb., en commande l'interprétation : il ne s'agit pas d'une simple perception (cf. *Gri.* « sie bleibt nicht unbekannt ») mais d'une connaissance qui approuve et sanctionne (*Hein.* « günstige Beurteilung ») en accord avec les emplois bibliques de *gignôskein* : Dieu « connaît » lorsqu'il choisit, protège, enregistre pour récompenser (cf. *Jr.* I, 5 ; *Am.* III, 2 ; *Na.* I, 7 ; *Ps.* XXXVI, 18). Avec le second compl., *kai para anthrôpois*, le sens du vb. est plus faible (« est remarquée, reconnue ») car la connaissance des hommes ne produit pas les mêmes effets. Malgré

un certain parallèle en *Jg.* IX, 9, 13, la formule « auprès de Dieu et des hommes » est grecque (sur *para*, « auprès de ; par », cf. *WBNT*, 2, b-c) ; elle se présente sous une forme et dans un contexte analogues chez *Plat., Rep.* X, 612 A (des récompenses que l'âme obtient pour la justice et les autres vertus *par' anthrôpôn te kai theôn*, soit du vivant de l'homme, soit après sa mort), d'une manière plus littérale chez *Xén., Mém.* II, I, 32, qui prépare la transition au v. 2 et où la Vertu prend la parole : τιμῶμαι δὲ μάλιστα πάντων καὶ παρὰ θεοῖς καὶ παρὰ ἀνθρώποις οἷς προσήκω.

2 a-b. La var. *timôsin* « honorent » (cf. *Zie.*) au lieu de *mimountai* « imitent » (leç. généralement adoptée) doit être secondaire : elle résulte soit d'une corruption accidentelle (*te* rattaché à *mimountai* et transformé progressivement en *timôsi*), soit d'une correction intentionnelle avec l'idée qu'on peut « honorer » ou « respecter » l'infécondité (*ateknia* considéré comme sujet), mais qu'on n'éprouve pas le désir de l' « imiter » ; or le sujet du vb. est en fait la « vertu ». Ce v. reprend en ordre inverse l'affirmation de 1 c, peut-être parce que les réactions des hommes (2 a-b) se manifestent dès la vie présente, tandis que celles de Dieu deviennent effectives dans l'au-delà. La liaison *te...kai* rattache étroitement les deux premiers membres (cf. *Kühn.-Ge.*, II, 2, pp. 249-250). Les critiques soulignent avec raison le balancement harmonieux des termes et l'emploi d'un procédé stylistique cher aux rhéteurs : παροῦσαν τε μιμοῦνται αὐτὴν / καὶ ποθοῦσιν ἀπελθοῦσαν. Le prés. *mimountai* prendrait volontiers la nuance d'effort ou de tentative (« s'efforcent de l'imiter »), un effort qui d'après la syntaxe grecque régulière n'aboutit pas, et ce trait accentuerait l'impression d'une vertu éminente. Le vb. parallèle *pothousin* prend le sens de « regretter », éprouver le désir nostalgique de ce qui n'est plus, et *apelthousan*, qui correspond à *parousan* (pour une opposition semblable à propos de l'âme, cf. *Xén., Cyr. VIII*, VII, 20 *oute parousa oute apiousa horatai*), envisage la mort comme un éloignement définitif. On rappelle à propos *Hor., Odes, III*, XXIV, 31-32 : *virtutem... sublatam ex oculis quaerimus invidi ;* cf. aussi *Lys.* II, 69 *houtoi de kai zôntes kai apothanontes zêlôtoi.* Bien que l'influence de textes grecs célébrant l'attrait irrésistible de la vertu soit ici latente, l'auteur semble songer à une réalisation très spéciale de la vertu, soit par des époux dans des conditions difficiles, soit dans le renoncement au mariage (cf. *Cant.* : si les autres vertus peuvent rester secrètes, τὴν δέ γε παρθενίαν οὐδεὶς πώποτε δεδύνητο διαλαθεῖν εἰργασμένος).

2 c-d. De la part de Dieu, une telle vertu reçoit les honneurs du triomphe dans l'au-delà. L'expression *kai en tôi aiôni* marque la distinction des plans. Elle diffère des formules *eis tous aiônas* (III, 8), *eis ton aiôna* (V, 15 ; VI, 21 ; etc.) ou *di' aiônos* (IV, 19). Certains critiques, cependant, la voient signifier une durée indéfinie (cf. déjà *Lat., in perpetuum*, puis *AV* « for ever », *RV* et *RSV* « throughout

all time », *Dea.*, *Gre.*), susceptible de concerner uniquement la vie terrestre (*Gre.* : « the prizes in the text are, of course, the moral prizes of enhanced capacity and purified life which are the reward of moral effort »). Selon d'autres, elle désigne la condition de l'au-delà, « dans l'éternité » (*Gri.* renvoyant à *4 M.* XVII, 18 ; *Goodr.*) ou « dans le monde futur » (cf. *Hein.*). En réalité, cette expression insolite ajoute à la notion d'éternité (sur celle-ci chez *Phil.*, cf. *Fug.* 57 ; *Imm.* 32 ; etc.) et elle l'étoffe avec un arrière-plan concret ou spatial (cf. *Gärt.*, p. 119 : « Ewigkeit ist nicht nur im zeitlichen Sinne zu fassen, sondern auch räumlich, da der Verf. sich doch auch einen Ort denken musste, wo sich seine Ewigkeits- und Jenseits-hoffnungen erfüllen sollten »). Il n'est pas nécessaire de faire inter-venir ici la doctrine des deux *aiônes*, une doctrine illustrée par maints textes du *N.T.* (cf. *TWNT*, I, pp. 205-207) et que l'auteur a pu connaître (il donne ailleurs à *aiôn* le sens concret de « durée ou cours du monde présent », cf. XIII, 9 ; XIV, 6 ; XVIII, 4 ; mais cf. aussi *TWNT*, I, pp. 202-204). Dans ce contexte où l'influence des concep-tions grecques passe au premier plan, il retient plutôt la notion d'éternité, conçue comme un mode d'existence propre à Dieu et à tout ce qui l'environne immédiatement ; c'est une sorte de milieu, de sphère, où les âmes justes sont introduites.

Dans ce « monde éternel », la récompense réservée à la vertu est évoquée par une image empruntée aux mœurs grecques : celle du défilé triomphal d'un vainqueur aux jeux. Mais l'explication du texte doit commencer par 2 d. Il parle précisément de « victoire remportée aux jeux », *ton...agôna nikèsasa* (pour l'expression cf. *Epict.*, *Ench.* XIX, 1, ou les formules courantes *olumpia, nauma-chian, dromon nikan*). Dans le gén. enclavé, *tôn amiantôn athlôn*, le plur. *athlôn* peut être celui de *athla*, « récompenses » (*Arm.*, *AV*, *RV*, *Gre.*, *Ficht.*, *Duesb.*, *Guil.*, *Reid.*, *RSV*, Osty, etc.), ou de *athlai*, « luttes, joutes » (*Lat.*, *Shex.*, *Ar.*, *Gri.*, *Corn.*, *Hein.*, *Goodr.*, etc.). Le second sens est préférable car *agôn* signifie ici non pas « lutte, combat », mais « jeux, compétition, concours ». Cette portée collec-tive du terme, embrassant toutes les épreuves où le vainqueur devait avoir triomphé successivement, est courante à toutes les époques (pour la période hellénistique et romaine, cf. Preisigke, *Sammelbuch griech. Urkunden*). D'autre part, le génitif s'explique plus aisément de « jeux faits de luttes... » que de « jeux pour des récompenses » ; enfin *amiantôn* qualifie sans peine les luttes spirituelles de la vertu (cf. *infra*), tandis qu'il s'applique d'une façon impropre à des récompenses.

En 2 c, le vb. *pompeuei* (dans la *LXX*, seulement *2 M.* VI, 7) fait allusion au cortège qui concluait les jeux et célébrait le triomphe du vainqueur ou des vainqueurs. Le participe *stephanèphorousa** renvoie au même contexte : le vainqueur « portait une couronne » et c'était parfois sa seule récompense (certains jeux étaient appelés *stephanèphoroi* ou *stephanitai*, cf. *Lidd.-Sc.* ; cf. aussi *athlètikous stephèphorous* ou *athlètas stephanèphorous* dans les textes astro-

logiques, Cumont, *Eg. Astr.*, p. 76, n. 3). L'auteur exploite donc une
situation très précise. Il peut reprendre un thème littéraire souvent
traité : la comparaison de la vie vertueuse à une lutte ou à un
combat, sanctionnés dès ici-bas (cf. *Plat., Rep.* X, 613 C ; Teles,
ed. Hense, p. 54 ; *Phil., Congr.* 165 ; *Migr.* 26-27) ou couronnés dans
l'au-delà (cf. *Plut., ser. num.* XVIII, 561 A ; *Vett. Val.*, VI, 2, Kroll,
p. 248 ; *4 M.* XVII, 11-15 ; cf. aussi F. Cumont, *Études syriennes*,
Paris, 1917, pp. 65-67). Mais il peut prendre appui sur des faits
connus par expérience ou par information directe. Les Jeux grecs,
sous la forme de compétitions physiques ou de concours littéraires,
s'étaient répandus de plus en plus dans l'Orient hellénisé (pour
l'Égypte, cf. Cumont, *Eg. Astr.*, pp. 75-86). Les Juifs eux-mêmes
finirent par obtenir, vers la fin de la période ptolémaïque, l'admission dans les gymnases grecs (cf. V. Tcherikover, *The Jews in Egypt*,
Jérusalem, 1945, pp. 19-20) où l'éducation athlétique était prédominante (cf. W. W. Tarn - G. T. Griffith, *Hellenistic civilisation*, 3 ed.,
London, 1952, p. 96). Ici l'auteur envisage des compétitions athlé-
tiques et l'adj. *amiantos* renvoie immédiatement aux souillures
matérielles qu'on y contractait : les athlètes avaient le corps enduit
d'huile, à laquelle collait la poussière ; ils étaient nus, et cela heurtait
tout juif fidèle ; par ailleurs, les Jeux étaient donnés souvent en
l'honneur d'une divinité quelconque et s'accompagnaient de rites
idolâtriques. Transposé, l'adj. écarte d'abord, en raison du contexte,
les souillures morales contractées dans des unions illégitimes ou
impies (cf. III, 13 a-b) et il peut même impliquer l'idée d'une
continence rigoureuse, maintenue par des luttes continuelles (cf. *Mal.*
τῶν ἀμιάντων, τουτέστι τῶν ὑπὲρ τῆς ἁγνείας γενομένων καὶ καθαρότητος,
καὶ ἀγῶνα μὲν εἶπε καθολικῶς τὸν ὅλον ὑπὲρ τῆς παρθενίας πόνον,
ἄθλους δὲ τοὺς διαφόρους ἀγῶνας δι' ὧν ἐστι κατορθῶσαι τὴν παρθενίαν).
Mais en fonction des parallèles grecs sous-jacents, le terme souligne
d'une façon plus générale la supériorité des combats que doit livrer
la « vertu ». Enfin, les images de « défilé » triomphal et de « couronne » évoquent une récompense illustre, éclatante, accordée à la
vertu qui s'est manifestée dans des conditions difficiles. *Mal.*, après
avoir éclairé *pompeuei* par le cortège des vierges allant à la
rencontre de l'époux (*Mt.* XXV, 6), voit dans la « couronne » le
symbole d'une « conscience pleine d'assurance » *(to tou suneidotos
peparrèsiasmenon)*.

Débilité morale d'une progéniture impie
et reproches qui attendent les parents

3. *Au contraire la prolifération nombreuse des impies ne servira*
                                                        à rien
    et la racine issue de boutures bâtardes ne s'enfoncera pas en
                                                    profondeur,
    ni n'assurera une base solide.

4. *En effet, même si pour un temps elles poussent des rameaux*
                                                        verdoyants,
   mal affermies, elles seront ébranlées par le vent
   puis déracinées par une bourrasque.

5. *Elles se briseront sur elles-mêmes les jeunes pousses avant terme,*
   et leur fruit sera inutile, trop vert pour être mangé
   et impropre à tout usage.

6. *Car les enfants nés de sommeils coupables*
   sont les témoins à charge contre la perversité des parents lors
                                                   de leur enquête.

3 a. Dans cette nouvelle opposition (cf. III, 16-19), l'auteur
insiste non plus sur la vie insignifiante — qu'elle soit longue ou
brève — des enfants des impies, mais sur leur instabilité dans le
bien : les inclinations à la vertu n'ont pas en eux de racines profondes (3-4) ; par suite, ils ne parviendront pas à la vraie maturité
humaine (5) et ils se feront les accusateurs de leurs parents au jour
de l' « enquête » (6). L'adj. *polugonon* *, mis en évidence pour souligner l'opposition à *ateknia*, est un terme littéraire, plutôt technique
(cf. *Lidd.-Sc.* ; dans les écrits juifs, *4 M.* XV, 5 ; *Phil.*, *Spec.* I, 7 ;
Congr. 3 ; *Virt.* 142), signifiant « très fécond, prolifique, ayant une
progéniture nombreuse ». Il est rattaché par hypallage, non aux
impies eux-mêmes *(asebôn)*, mais à *plèthos* (litt. « la multitude prolifique des impies »), parce que « la nombreuse progéniture » de
ceux-ci est le sujet réel du développement. Le vb. *ou chrèsimeusei*,
« ne servira pas, ne sera pas utile », est employé absolument (comme
en *Si.* XIII, 4 et chez *Muson.*, fr. 18, p. 95, Hense) pour signifier
une inutilité radicale (« ne servira à rien, n'aboutira à rien »), dans
l'ordre de la vertu et du mérite (cf. *Gri.* « es ist sittliche Nichts-
nutzigkeit gemeint »). La suite du texte explicite cette idée à l'aide
d'une comparaison.

3 b. L'image exploitée est indiquée dès le début par le compl.
ek nothôn moscheumatôn, mais ce compl. se rattache mal à l'expression verbale *ou dôsei rhizan eis bathos* (cf. *infra*). Précisons d'abord
le sens de *moscheumata*, un terme plutôt technique employé à
partir de *Thphr.* et qui signifie proprement « bouture, provin, mar-
cotte », mais peut s'appliquer aussi à de jeunes plants ou désigner
des « surgeons » ou « rejetons » (cf. *Thphr.*, *H.P. II*, II, 5 ; *C.P. III*,
XI, 5 ; *Pap. Cair. Zen.* 59.033, 59.108, 59.125, etc. ; *Phil.*, *Agr.* 18 ;
Plant. 4, 30 ; *Spec.* IV, 75) ; l'auteur doit penser à des boutures
détachées du pied mère et qui doivent s'enraciner à leur tour, mener
leur vie propre (sur *vitulamina* de *Lat.* remplacé plus tard par
plantationes, cf. *Aug.*, *Doctr. chr.* II, 12, *PL*, XXXIV, 44 et *Ambr.*,
Ep. XXXVII, 37, *PL*, XVI, 1093). Le mot est précisé par *nothôn* *,
« bâtards » (cf. *infra*). Mais ensuite *ou dôsei* n'a pas de sujet grammatical explicite et les critiques proposent diverses solutions pour

maintenir la continuité avec 3 a : certains *(Gri., Dea., Siegf.)* sous-entendent *on* ou *genomenon*, renvoyant à *plèthos* (« la multitude... issue de pousses bâtardes »), d'autres *(Hein., Ficht.)* *genomena* en introduisant tacitement un nouveau sujet au plur. neutre (cf. 4 b) tiré de *polugonon* (« ce qui provient de pousses bâtardes »), d'autres enfin ajoutent l'adj. possessif pour maintenir l'identité de sujet *(Goodr.* « and from *its* bastards slips shall not send its root »). A notre avis, la première solution serait préférable. Pourtant des difficultés subsistent et il y a lieu de suspecter l'authenticité du texte reçu. En particulier, l'expression *didonai rhizan* reste étrange : l'usage biblique suggérait *ballein rhizan (Os.* XIV, 6) et le vb. composé a une autre portée en *Si.* XXIII, 25 *(ou diadôsousi ta tekna autès eis rhizan,* « ne se propageront pas < dans le sol > pour prendre racine »). Aussi nous proposons de corriger le texte en lisant *rhiza* avec certains *min.* (cf. *Zie.)* et *dusei,* au lieu de *dôsei,* d'après *Ar.* (« et de rejetons adultérins ne *s'enfoncera pas* une racine profonde »). Le vb. reçoit alors un sujet explicite ; *ek noth. mosch.* apparaît comme un simple compl. de provenance ou d'origine et l'emploi du neutre en 4 b est préparé par une transition moins heurtée (« la racine qui provient des boutures », puis « ces boutures elles-mêmes ») ; enfin *eis bathos* « en profondeur, profondément » se justifie sans difficulté avec *dusin,* « s'enfoncer » (cf. *Plat., Leg.* X, 905 A *dusei kata to tès gès bathos),* tandis que la leç. *dôsei* peut avoir été influencée par *Si.* XXIII, 25 (cf. *supra).* La comparaison devient alors plus claire : il s'agit de boutures dont la sève est viciée et qui ne peuvent s'enraciner profondément dans le sol.

Le qualificatif *nothôn* fait partie de la comparaison et à ce titre il peut signifier seulement « altéré, corrompu, vicié » (cf. *Lidd.-Sc.,* II). Cependant son choix est peu heureux à propos de « boutures » (cf. *Gri.)* et il s'applique plutôt à la réalité suggérée par l'image, c.-à-d. aux enfants des impies désignés alors comme « bâtards ». En quel sens ? La conception grecque du « bâtard » diffère des conceptions hébraïque et juive (et c'est pourquoi *nothos* n'est pas employé par la *LXX ;* seulement l'adv. en *3 M.* III, 17). Pour les Grecs, c'est avant tout l'enfant né d'une esclave ou d'une concubine (cf. *Lidd.-Sc.,* I, 1) ; dans la Bible, le *mamzêr* est l'enfant de mariages mixtes ou illégitimes (cf. *Dt.* XXIII, 3 ; *Za.* IX, 6), non celui né de femmes de second rang ou de servantes (cf. HEINEMANN, *Bildung,* p. 313). PHILON suit l'usage gr. en appelant *nothoi* les fils de concubines *(Virt.* 224 ; *Leg.* II, 94), mais rejoint la conception biblique (cf. S. BELKIN, *Philo and the oral law,* pp. 232-233) en appliquant le mot aux enfants issus de mariages mixtes *(Mos.* II, 193 ; *Spec.* III, 29). Il ajoute même, dans le second cas *(Spec., ibid.),* que la pureté de la religion juive risque d'être compromise par de tels enfants qui, « séduits par les coutumes bâtardes qu'ils préféreront aux authentiques *(deleasthentes nothois pro gnèsiôn ethesi),* sont exposés à désapprendre l'honneur dû au Dieu unique ». Dans notre texte, *nothos* fait l'objet d'un emploi métonymique analogue et l'auteur semble bien viser également les enfants issus de mariages mixtes. Mais cette application du terme n'est pas exclusive, car les unions flétries par l'auteur ont un caractère plus général (cf. III, 16 et *notheuein* en XIV, 24).

3 c. C'est la conséquence immédiate de 3 b : sans racine profonde, pas de fondement solide, *oude asphalè basin hedrasei*. Le vb. *hedrazein*, hellén. et rare dans la *LXX* (*Pr.* VIII, 25 ; *Si.* XXII, 17), est partout transitif : « faire asseoir, installer ; établir fermement, assurer, fixer ». La conjecture proposée en 3 b permet de respecter cet usage : une telle « racine » n'assure pas une base *(basin)* solide, n'établit pas sur un fondement ferme ». Au contraire, le texte reçu entraîne à donner au vb. une valeur intransitive (la progéniture impie « ne s'établira pas sur une base solide »). L'adj. *asphalès* (cf. VII, 23 b ; XIV, 3) garde ici son sens étymologique : « qui ne peut chanceler ou tomber, ferme, immuable, solide ». Selon I. Lévi (*L'Ecclésiastique*, I, Paris, 1898, p. 22), les vv. 3-4 seraient une paraphrase du texte hébr. de *Si.* XL, 15 (« le plant de l'iniquité ne produit pas de branches, car la racine de l'impie est sur une dent de rocher »). Selon d'autres (*Goodr.* p. ex.), l'auteur s'inspirerait du texte grec (ἔγγονα ἀσεϐῶν οὐ πληθυνεῖ κλάδους, καὶ ῥίζαι ἀκάθαρτοι ἐπ' ἀκροτόμου πέτρας). La seconde opinion trouve un appui entre les autres points de contact entre *Sag.* et *Si. gr.* (cf. *Études*, ch. II, p. 101), mais il faut ajouter encore l'influence possible de *Si.* XXIII, 25.

4 a. A l'appui *(gar)* de l'affirmation précédente, l'auteur répond à l'objection d'un développement réel des boutures « bâtardes ». *Kan*, « même si », introduit une conditionnelle concessive (avec gradation) ; le sujet de *anathalèi* doit être *moscheumata* par l'intermédiaire de *rhiza ek mosch.* (cf. 3 b) ; quant au vb. lui-même (attesté dans *LXX*, *N.T.* et chez Élien, *V.H.* V, 4 ; *N.A.* II, 25), il signifie normalement « repousser, refleurir » *(intr.)*, mais, en raison du contexte, *ana-* évoque plutôt la montée des jeunes plants ou renforce l'idée d'accroissement ou de développement. Le compl. *en kladois*, « en branches », recommande le sens intr. de « pousser, se développer » ; dans la traduction, parce que le mot « branches » introduit un nouveau sujet féminin qui prête ensuite à confusion, on propose : « se développent et se font une ramure ». Enfin *pros kairon*, « pour un temps, momentanément » *(class.)*, marque une restriction expliquée ensuite.

4 b-c. Bien que s'étant développées de la sorte, les « pousses bâtardes » restent instables, *episphalôs bebèkota*. Le partic. *bebèkota* signifie : « se tenir ou se trouver dans un lieu, une position quelconque » (cf. *Lidd.-Sc.* A, 2), un idiotisme grec méconnu par *Syr.* et *Shex.* (qui ont traduit par « marcher ») ; l'adv. *episphalôs*, employé ailleurs avec *echein* ou *diakeisthai* pour signifier « être en danger » (*Polyb.* VI, XXV, 4 ; *Plut., Sol.* XIII), s'éclaire ici par le sens usuel

de l'adj. *episphalès* (« chancelant, instable », cf. IX, 14). La coïncidence avec un vers d'ARCHILOQUE *(asphaleôs bebèkos possi)* ne semble
pas fortuite (cf. *Études*, ch. III, p. 183). En outre, la propos. participiale a valeur causale et elle signifie donc : « parce qu'elles sont
dans une position instable, mal affermies ». En raison de cette instabilité, elles « seront ébranlées » *(saleuthèsetai)* facilement « par le
vent » *(hupo anemou)*, puis « déracinées » *(kai ekrizôthèsetai)* par
« une bourrasque » *(hupo bias anemôn)*. Quelques min. (cf. *Zie.*) ont
mis les vbs au plur. conformément à une tendance fréquente dans
la *Koine* lorsque le sujet est un neutre plur. (cf. *Bl.-Debr.* 133). Une
progression est certainement marquée par *bia anemôn* (*Lat. : a nimie-
tate ventorum*, cf. *Dea.*) : il s'agit d'un « accès violent (cf. VII, 20 b)
des vents », d'un coup de vent brutal. L'expression rappelle *Il.* XVI,
213 *(bias anemôn aleeinôn)*.

5 a. La conséquence de cette « bourrasque » est signifiée par
periklasthèsontai klônes atelestoi, sans particule de liaison et sans
rattachement au sujet précédent par *autôn* (addition postérieure,
cf. *Zie.*). Le sujet *klônes* est un terme littéraire employé surtout par
les poètes et les naturalistes pour désigner les extrémités des branches
ou les jeunes pousses (cf. *Plat., Prot.* 334 B et chez *Poll., Onom.*, p. 73,
BETHE, la séquence *stelechos, kladoi, klônes, ptorthoi*) ; après les
« branches » (4 a), l'auteur mentionne donc les « rameaux » qui
portent les fleurs et les fruits. Le vb. *periklasthèsontai* * est un terme
expressif qui les montre « cassés, brisés » par la chute de l'arbre,
mais on ne sait quelle nuance particulière ajoute le préfixe : ou
bien » tout autour », c.-à-d. sur toute la surface extérieure de l'arbre
(cf. *Arm.* « se casseront autour de lui » ; *Gri., Siegf., Feldm., Ficht.*),
ou bien « complètement, tout à fait » (valeur intensive qu'il n'est pas
nécessaire de traduire ; cf. *Lat. confringentur, Syr., Ar.*, etc.), ou enfin
« sur eux-mêmes » (cf. *Lidd.-Sc.* 1 : « se briser en ployant ou en se
recourbant »). Le dernier sens peut être visé car l'auteur glisse
volontiers ici et là des précisions techniques. Enfin l'adj. *atelestoi* *
(cf. III, 16) signifie « incomplets, inachevés », parce que les rameaux
n'ont pas atteint leur plein développement et fructifié jusqu'au bout.
5 b-c. Aussi « leur fruit » *ho karpos autôn*, c.-à-d. celui qu'ils
commençaient à former sera « inutile, vain », *achrèstos ;* certains
voient dans cet adj. une litote (*Gri.* et surtout *Hein.*), mais il signifie
plutôt une inutilité radicale (cf. II, 11 b) : les efforts de la plante et
des rameaux pour donner du fruit se sont dépensés en pure perte.
Car ce fruit « n'est pas assez mûr pour être mangé, *aôros eis brôsin* »,
et est « impropre à tout usage, bon à rien, *kai eis outhen epitèdeios* ».
Sur *eis brôsin* cf. *Gn.* I, 29, 30, mais aussi *Soph., Fr.* 181 PEARSON,
achreios ôn eis brôsin. Si l'adj. *aôros*, « hors de saison, prématuré »,
signifie ici « pas encore mûr, trop vert », rappelons qu'il est employé
surtout de ceux qui meurent prématurément (dans la *LXX*, cf.
Pr. XI, 30, *aphairountai aôroi psuchai paranomôn*), et à ce titre il
annonce déjà le thème développé aux vv. 7-16, car à travers l'image
l'auteur songe à une maturité d'ordre moral et spirituel.

Mais quelle est précisément la portée de cette longue comparaison ? Évoque-t-elle la destinée terrestre et temporelle des rejetons impies ou leur condition morale et spirituelle ? Chaque trait
a-t-il son symbolisme propre ou sert-il à illustrer une idée d'ensemble ?
Des images semblables se rencontrent antérieurement dans la Bible
pour opposer à la fécondité et longévité des justes (cf. *Jr.* XVII, 8 ;
Ps. I, 3 ; XCI, 13-15) la vie brève et stérile des impies. C'est le cas
en particulier en *Jb.* XXX, 32-33, qui semble bien avoir inspiré notre
texte (aucune coïncidence littérale selon la *LXX*), puis en *Si.* XXIII,
25. En fonction de ces précédents, la comparaison évoquerait, sur le
plan terrestre, un épanouissement relatif et temporaire (cf. *Ficht.*
sur 4 a : « ein Bild für irdische Glück »), interrompu soudain par la
mort ; et cela, parce qu'une vie longue ou pleinement heureuse suppose la justice et reste sous l'influence d'une bénédiction divine.
Cependant, la comparaison reçoit ici une portée originale car l'auteur
doit envisager uniquement la condition morale et spirituelle des
rejetons impies (cf. *Gri., Gre., Hein., Feldm.*). Dans toute cette
section, son attention se concentre sur une maturité ou une fécondité
intérieures (cf. III, 15 ; IV, 8-9, 13) indépendantes de l'âge (cf. IV,
7-16 et, par contraste, III, 19 ; IV, 16) et des autres bénédictions
temporelles ; ici, les vv. 3-5 sont la réplique aux vv. 1-2 où la vertu
importe seule (ici-bas, puis dans l'au-delà). Par conséquent, il veut
signifier un échec final dans ce même ordre de valeurs : la progéniture impie n'atteindra pas la vraie fin humaine, elle ne parviendra
pas à cette maturité vertueuse qui se voit sanctionnée dans l'au-delà.
Sur cet arrière-plan, chaque trait de la comparaison peut avoir une
portée symbolique précise : la racine sans vigueur (3 b-c) signifierait
débilité morale ou vertueuse (cf. *Gri., Hein.*) ; l'épanouissement
temporaire des jeunes plants (4 a), un certain développement des
inclinations vers le bien (cf. *Gri., Hein., Feldm.*) mais dans un
contexte instable, ébranlé par le « souffle » d'influences contraires
(4 b) jusqu'à ce qu'une tentation plus forte ne finisse par déraciner
ces amorces de vertu (4 c). Devenus impies à leur tour, de tels
enfants mènent alors une existence radicalement inutile ou stérile (5)
et c'est dans cet état qu'ils comparaîtront devant le tribunal de
Dieu (6). Assurément, il s'agit d'une comparaison empruntée à la
nature (*Corn.* rappelle que « toute comparaison cloche ») et on lui
donne plus de rigueur encore en dégageant le symbolisme de chaque
trait. Pourtant l'idée exprimée est claire : les enfants des impies
sont incapables d'un véritable épanouissement moral et religieux.
Plusieurs raisons d'ordre général peuvent expliquer ce jugement
sévère et pessimiste (cf. *comm.* sur III, 12 c et 19). L'auteur semble
enregistrer aussi un fait d'expérience : les enfants nés d'unions
coupables ou dans des foyers impies paraissent porter davantage
le poids de tendances mauvaises et subissent la contagion de leur
milieu naturel. Mais la révélation du Christ nous a rendus plus
familiers avec les possibilités de la grâce et la souveraine indépen-
dance de l'amour de Dieu. *Méth.* (*Symp.* II, 6 ; *SC*, XCV, p. 83) se

souvenant de *Mt.* XVIII, 10, rappelle aussi que « même les enfants issus de l'adultère sont confiés, dès leur naissance, à des anges tutélaires ».

6 a. Si l'horizon s'élargit aux rétributions transcendantes, c'est que celles-ci restaient présentes à la pensée de l'auteur dans la comparaison précédente (d'où le rattachement par *gar*). De plus, en faisant des enfants les accusateurs de leurs parents, l'auteur atteste avoir visé principalement ceux-ci dans ces vv. Mais il emploie d'abord une nouvelle expression pour désigner la postérité des impies en parlant d' « enfants conçus de sommeils sans loi, *ek gar anomôn hupnôn tekna gennômena* ». En relation avec le partic. *gennômena* « conçus, engendrés », le mot « sommeils » doit être un euphémisme pour désigner les rapports sexuels (cf. VII, 2), un euphémisme non attesté ailleurs mais suggéré peut-être par *Od.* XI, 245 *(luse de parthenièn zônèn, kata d'hupnon echeuen)*, bien que le Scholiaste juge *hupnon* impropre et « athétise » ce vers. *Ar.* n'a pas traduit le mot ; dans *Lat. (ex iniquis omnes filii qui nascuntur)*, *omnes* doit être une corruption de *somniis* (cf. *Bi. Sa.*). L'adj. *anomôn* (cf. XV, 17 ; XVII, 2) a une portée très générale dans l'usage profane (« sans loi, impie ») et biblique (= surtout *râshâ'*, « coupable, méchant »). On peut le traduire ici par « coupables » ou « criminels ». Il ne nous renseigne pas davantage sur les unions flétries par l'auteur. Mais cette alternance de termes aux évocations différentes (cf. III, 12, 13 b, 16 ; IV, 3 b) dénote l'intention d'associer dans une même catégorie toutes les unions illégitimes, coupables ou impies.

6 b. Tous les enfants issus de telles unions deviennent des « témoins à charge contre les parents » et des témoins de la « perversité » ou de la « malice » de ceux-ci, *martures eisin ponèrias kata goneôn* (sur *ponèria*, cf. IV, 14 ; X, 5, 7 ; XVII, 11 ; XIX, 13). Et cela, « lors de leur enquête, *en exetasmôi autôn* ». Ce subst., occasionnel dans le gr. biblique (*Jg.* V, 16 b ; *Pr.* I, 32) et moins usité que *exetasis* (cf. I, 9) dans le gr. profane, y signifie « information juridique ; examen, enquête » (cf. *Dém.* XVIII, 16 ; *Dion. Hal., Pomp.* VI *exetasmos psuchôn en Haidou* ; *Plut., com. not.* III, 1060 B). A cause du prés. *eisin*, on devrait l'entendre, selon certains *(Gre., Holm.)*, du châtiment des péchés des parents dans leurs enfants : les maux qui frappent présentement ceux-ci indiquent une « visite » vengeresse de Dieu et font conclure à des péchés commis par ceux-là. On rendrait mieux compte du terme en songeant à l' « enquête » d'un tribunal terrestre, comme en *Si.* XXIII, 24, à propos des enfants de l'adultère et pour manifester l'origine de ceux-ci *(kai epi ta tekna autès episkopè estai)*. Mais cette interprétation n'a ici aucun appui et le contexte est différent : les impies et leurs enfants apparaissent à l'abri de sanctions de cet ordre et le v. précédent (auquel 6 a est rattaché par *gar*) a insisté uniquement sur l'échec moral ou spirituel de vies entières qui ne se révélera qu'après la mort et apparaîtra alors comme une preuve de la culpabilité des parents. On doit donc penser à l' « enquête » de l'au-delà (opinion commune des critiques ; cf. *Gri., Dea., Siegf., Goodr., Hein.,* etc.), de même que pour *exetasis* en I, 9 ou *diagnôsis* en III, 18. En revanche, il est plus difficile de déterminer à qui se rapporte *autôn :* ou bien (cf. *Gri.*) aux enfants (sujet immédiat de tout le développement), soumis à une enquête qui remonterait jusqu'aux causes lointaines de leur vie manquée ; ou bien (cf. *Goodr.*) aux parents (le mot le plus proche), responsables d'avoir engagé d'autres êtres sur une voie mauvaise ; ou enfin (cf. *Dea., Corn., Hein.*) aux uns et aux autres. La troisième opinion trouve un certain appui dans la formulation même du texte : enfants et parents semblent se trouver en présence, les premiers comme accusateurs ou témoins à charge (mais on écarte alors la possibilité d'un jugement particulier ; sur celui-ci, cf. *Études,* ch. IV, p. 308). De toute façon, ce développement se termine sur une note qui accentue la culpabilité des parents impies : une postérité nombreuse n'est pas pour eux un bien, puisque celle-ci les accablera plus tard devant le Juge suprême. Enfin l'emploi du prés. *eisin* se justifie soit parce qu'il s'agit d'une affirmation générale se vérifiant dans tous les cas ou en tout temps, soit parce que l'issue finale est déjà amorcée dès la vie terrestre et envisagée comme certaine. — Le v. 6 est cité par *Méth.* (*Symp.* II, 6 ; *Bonw.,* p. 24 ; *SC,* XCV, p. 85).

La mort prématurée d'un jeune juste
consacre une vie pleine et parfaite

7. *Si un juste, au contraire, meurt prématurément, il sera en repos.*
8. *Car la vieillesse estimable n'est pas celle qui dure longtemps, elle n'est pas mesurée non plus d'après le nombre des ans.*
9. *C'est le discernement vertueux qui tient lieu de cheveux blancs*
                                                              pour l'homme
    et l'âge de la vieillesse, c'est une vie sans tache.

7 a. La transition à ce développement distinct se fait sur l'idée — implicite au v. 5 — d'une maturité ou d'une perfection intérieures, assurées par la vertu. Opposant la condition différente des justes, l'auteur prend le cas d'une vie humaine qui n'atteint pas son terme naturel. Il met d'abord en relief *dikaios* (sans article) avec *de* adversatif, et il continue avec une conditionnelle au mode éventuel *(ean phthasèi teleutèsai)* : « si, au contraire, il arrive à un juste... ». Le vb. classique *phthanein*, « venir ou faire auparavant, devancer », est suivi ici de l'infinitif (construction rare dans le gr. classique, mais plus fréquente ensuite, cf. *Kühn.-Ge.* II, 2, p. 76) et l'expression signifie « mourir prématurément, avant l'âge » ; cet idiotisme a été bien rendu par *Lat.* (cf. *Corn.*) et *Syr.* (qui continue avec un doublet postérieur de 8 a), mais *Shex., Arm.* et *Ar.* ont

traduit par « atteindre, parvenir à ». De soi, le texte pourrait s'appliquer à la mort violente ou soudaine d'une personne adulte, mais à cause de *neotès* en 16 b l'auteur envisage un cas extrême, la mort prématurée d'un jeune homme.

Celui-ci « sera en repos » *en anapausei estai*. En traduisant par *in refrigerio*, *Lat.* n'a pas lu un mot différent (*anapsuxis*, cf. *Ex.* VIII, 11, ou *anapsuchè*, cf. *LXX Ps.* LXV, 12 ; *Jr.* XXX, 26) mais a repris plutôt un terme appliqué en Afrique à la condition des défunts et devenu, en langage chrétien, un symbole de la paix ou du bonheur de l'au-delà (cf. A. Parrot, *op. cit.* sur II, 1 c ; Cumont, *Rel. Or.*, pp. 94 et 246-247 ; *Lux*, pp. 268, 453). *Anapausis*, employé absolument, évoque non seulement l'idée de repos, mais celle de détente agréable (cf. *Lidd.-Sc.* I, 2). Dans la *LXX*, on le trouve employé surtout du repos sabbatique (*Ex.* XVI, 23 ; etc.), du repos inerte de la mort (*Jb.* XXI, 13 ; *Si.* XXX, 17 ; XLVI, 19) ou d'un état de paix et de sécurité (*Is.* XXXII, 17), s'accompagnant de joie (*Si.* VI, 28 ; LI, 27). Selon divers critiques, l'expression reprend *en eirènèi* en III, 3 b (cf. *comm.*) et doit s'entendre de l'entrée dans le « repos de Dieu » (cf. *He.* IV, 3-11) ; elle signifie à la fois la délivrance des maux terrestres (cf. *Ap.* XIV, 13) et « la béatitude » *(Gri., Corn.)*, « dans la société de Dieu » *(Hein.)*. Cependant, le contexte n'est pas le même qu'en III, 3 b, et il n'invite pas à insister sur la cessation d'un état de souffrance ou de peine ; du reste, *anapausis* est suivi normalement d'un déterminatif dans l'usage gr. quand il a cette portée (cf. *Thuc.* IV, 20 ; *Eur., Hipp.* 190 ; *Plut., lib. ed.* XIII, 9 c). A notre avis, le terme a été choisi sous l'influence des idées courantes sur le sort misérable des *aôroi*, condamnés à « errer sur la terre jusqu'à ce que soit écoulé le nombre d'années qu'aurait dû atteindre leur vie » (Cumont, *Lux*, p. 307). L'auteur réagit donc d'abord contre un déterminisme simpliste vulgarisé par l'astrologie : une mort prématurée ne signifie pas que le terme manqué devra être atteint quand même à la suite d'errements douloureux. En soustrayant le jeune juste à ceux-ci, l'auteur écarte, à plus forte raison, les tourments réservés aux impies dans l'au-delà (évoqués au v. précédent). Mais l'expression a encore un contenu positif. Elle rappelle d'abord (cf. III, 3 b) ce grand repos dans lequel sont introduites les âmes justes, un repos qui inclut la persistance de la conscience personnelle et inaugure une vie nouvelle, à l'abri de toute inquiétude, de toute peine. Elle évoque aussi, à la lumière de textes profanes ou bibliques (cf. *supra*), un état de contentement ou de joie paisible. Pourtant, à elle seule, elle ne suffit pas à signifier la béatitude véritable dans la société de Dieu. Les indications qui iraient dans ce sens sont fournies plutôt par la suite du développement (cf. vv. 10-11, 14 a-b), bien que l'auteur fasse preuve d'une réserve constante et que son opinion sur ce point ne soit nulle part explicite (cf. *Études*, ch. IV, pp. 310-315).

8 a. L'affirmation précédente est précisée *(gar)* négativement (8) puis positivement (9) : une mort prématurée ne signifie pas une

destinée manquée, à achever douloureusement, car la vraie maturité humaine n'est pas fonction du nombre des ans, mais de la vertu. Après le thème biblique de la fécondité charnelle, celui de la longévité se trouve donc modifié profondément. La pensée commune de l'*A.T.* met la longévité en relation avec la justice, dès les origines de l'humanité (cf. *Gn.* V ; VI, 3) ; le juste meurt « chargé d'ans » (*Gn.* XXV, 8 ; *Jb.* XLII, 16-17 ; V, 26) ; la « longueur des jours » récompense la fidélité à Dieu (*Ps.* XC, 16), l'observation des préceptes (*Dt.* IV, 40 ; V, 16), la crainte du Seigneur (*Pr.* X, 27 ; *Si.* I, 12, 20) ou la docilité à la Sagesse (*Pr.* III, 2, 16 ; IV, 10) ; enfin, la même bénédiction de Dieu reste assurée aux temps messianiques (*Is.* LXV, 20). Cette valeur traditionnelle, l'auteur ne la heurte pas de front, de même qu'il se contentait précédemment d'opposer fécondité impie et stérilité vertueuse. En effet, il parle non de la vieillesse comme telle, mais de la « vieillesse estimable », *gèras timion*, celle qui mérite les honneurs, le respect (cf. II, 10 ; III, 17 b) ou a seule du prix. Cependant, le renversement des valeurs est tel que, non seulement atteindre un âge avancé n'a plus d'importance, mais encore, une mort prématurée devient la marque d'une faveur divine (10-14). L'auteur déclare d'abord que la « vieillesse estimable » n'est pas « celle qui dure longtemps » ou « celle du grand âge », *ou to poluchronion* ; l'adj., employé déjà en II, 10 c, a une portée analogue en *Jb.* XXXII, 9 *(ouch hoi poluchronioi eisin sophoi)* qui prend la contrepartie de *Jb.* XII, 12.

8 b. *Oude*, « non plus », rattache étroitement et le sujet reste le même. Le vb. *memetrètai* est un parfait passif, pour la forme et pour le sens : il renvoie donc à une action passée, achevée, mais qui continue de peser sur le présent ; de plus, le compl. *arithmôi* (cf. XI, 20 d) *etôn* recommande le sens de « mesurer », non le sens atténué d' « évaluer, supputer, estimer ». Par conséquent, il implique une mesure déterminée d'avance par un être supérieur, c.-à-d. un Dieu personnel (cf. *Gri., Corn., Hein.*) qui ne prend pas pour règle « le nombre des ans ». La formulation même du texte rappelle l'une des thèses favorites des astrologues ou *mathematici :* le nombre des années d'un individu est déterminé par son horoscope (cf. Cumont, *Lux*, p. 309, n. 1) et ceux qui meurent prématurément doivent compléter ensuite le temps fixé d'avance par les astres (*ibid.*, pp. 311-314). L'auteur écarte cette nécessité rigide en renvoyant à celui qui la domine, destine l'homme à l'immortalité et l'y prépare selon un rythme intérieur indépendant du temps. — Les vv. 8 a et 9 b sont cités par *Chrys.* (*Hom. VII ad Hebr. ; PG* LXIII, 66), les vv. 8-9 par *Ambr.* (*Exp. Luc.* VIII, 58 ; *CSEL*, XXXII, 420) à propos de *Mt.* XVIII, 3, le v. 9 a par *Or.* (*in Joh.* XX, 10 ; *Preu.* 340), *Bas.* (*in Is.* III, 104 ; *PG*, XXX, 285), *Proc. de Gaza* (*in Is.* III ; *PG*, LXXXVIIB, 1897).

9 a. En reprenant *gèras* par *polia* (cf. l'adj. en II, 10 c), avec
la métaphore des cheveux gris ou blancs pour désigner le grand âge,
l'auteur indique maintenant quelle est la vraie « vieillesse » pour
l'homme en général, *anthrôpois*. Il l'identifie d'abord *(estin)* avec la
phronèsis (cf. III, 15). Ce mot peut avoir été suggéré par la coutume
d'attribuer aux vieillards le jugement ou le discernement à cause de
leur longue expérience (cf. *Si*. XXV, 4-6). Pourtant son sens est plus
complexe. Il désigne la sagesse vertueuse qui inspire une parfaite
rectitude de vie. L'auteur s'est souvenu des textes grecs où la
phronèsis apparaît comme la norme supérieure du bien-agir et assure
l'épanouissement harmonieux de la vertu (cf. *Études*, ch. V,
pp. 358-359) ; les valeurs de la sagesse biblique traditionnelle, avec
leur insistance particulière sur la fidélité concrète à Dieu et sur la
sainteté de vie, demeurent à l'arrière-plan.

9 b. Les termes et les notions sont parallèles aux précédents.
Ainsi l'expression *helikia gèrôs*, « l'âge de la vieillesse », reprend
polia, peut-être en réintroduisant l'idée d'une « vieillesse estimable »,
car il s'agit de l'âge requis pour être considéré comme vieillard et
recevoir l'estime qui s'adresse en réalité à la sagesse et à la vertu.
Cet « âge » est identifié *(estin* sous-entendu) avec une « vie sans
tache », *bios akèlidôtos* ; l'adj., formé sur *kèlis* (« tache »), est attesté
pour la première fois en *Sag*. (cf. encore VII, 26) et réapparaît chez
Phil. (*Virt*. 222 *akèlidôton diaphulaxasa ton heautès bion* ; *Spec*. I,
150) et *Porph.* (*Abst*. II, 46, NAUCK [2]) ; parce que *bios* désigne à la
fois la manière de vivre et la durée de la vie, l'expression peut avoir
deux sens : « mener une vie sans tache » ou plutôt « avoir gardé sa
vie sans tache ». De toute façon, elle reprend *phronèsis* de 9 a, en
insistant, semble-t-il, sur l'effet propre et immédiat de celle-ci. Mais
cette formule négative surprend, car il est plus facile aux jeunes
gens qu'aux vieillards d'avoir évité toute souillure leur vie durant
et les seconds ont fait preuve alors d'une plus grande vertu. (SÉNÈQUE
admet indirectement le fait en insistant sur « toutes les souillures
qui guettent l'âme », cf. *Études*, ch. IV, p. 252, n. 2.) L'idée d'une
« vie sans tache » ne peut donc être dissociée si aisément du nombre
des ans. Cependant, comme l'auteur est enclin à résumer une vie
juste et sainte dans un état intérieur de pureté (cf. II, 22 c), cette
idée n'est pas purement négative : elle implique les notions de vertu
ou de sainteté. D'autre part, l'attention se concentre ici non sur les
labeurs de la vertu (cf. III, 15 a) ou sur les purifications nécessaires
(cf. III, 5-6), mais sur la condition spirituelle qui en résulte ; aussi
l'assimilation se fait entre deux états, l'un acquis ou préservé durant
toute une vie, l'autre non entamé par la corruption. On ajoutera
une conception assez rigide de la vertu, sous l'influence possible de
conceptions grecques. Les bonnes dispositions morales sont censées
se développer spontanément (comme les mauvaises, cf. III, 16 ;
IV, 3-5), pour aboutir à une sorte de perfection ; la vertu *(phronèsis)*

paraît donnée ou possédée une fois pour toutes et elle semble pouvoir être perdue d'un seul coup (dans le système stoïcien, les vertus sont unes et inséparables ; on les a toutes ou pas du tout, sans transition progressive entre l'état de vice et celui de vertu, car le passage est immédiat, instantané, cf. ZELLER, *Phil.* III, 1⁴, pp. 249, 251, 261).

Une telle transformation de la notion de « vieillesse » trouve certains points d'appui dans les textes bibliques antérieurs : des jeunes gens peuvent recevoir ou posséder une sagesse supérieure à celle des vieillards (cf. *Dn.* I, 17 ; XIII, 50, 63 ; *Jb.* XXXII, 7-9 ; *Ps.* CXVIII, 100) et ce fut surtout le cas de Salomon (cf. VIII, 2, 10). Néanmoins, l'auteur dépasse ces cas concrets et se situe sur un autre plan. Il envisage non plus une sagesse charismatique conférée à des privilégiés, mais l'épanouissement d'une vie vertueuse, et cette évolution intérieure devient indépendante du temps. Or une telle insistance sur une maturité morale ou spirituelle dissociée de la maturité physique renvoie à des influences grecques. De nombreux parallèles se présentent dans les écrits rappelant le sérieux moral de la vie et la destinée immortelle de l'âme ou réagissant contre l'opinion courante au sujet des morts prématurées. Citons *Cic., Tusc.* I, 45 : « Personne n'a trop peu vécu, s'il a pleinement réalisé en lui-même la perfection de la vertu », trad. HUMBERT ; *Sén., Ep.* XCIII, 2, 8 : « L'essentiel n'est pas de vivre longtemps, mais pleinement. Vivras-tu longtemps ? C'est l'affaire du destin. Pleinement ? C'est l'affaire de ton âme... Tu veux savoir quelle est la vie qui a la plus ample carrière ? Celle qui a son terme dans la sagesse. Aboutir à ce terme, c'est avoir touché à la fin non la plus éloignée, mais la plus haute » (trad. NOBLOT ; cf. aussi *brev. vit.* VII, 10) ; *Plut., Cons. Apoll.* XVII : οὐχ ὁ μακρότατος βίος ἄριστος, ἀλλ' ὁ σπουδαιότατος ... τὸ γὰρ καλὸν οὐκ ἐν μήκει χρόνου, ἀλλ' ἐν ἀρέτῃ. Des considérations analogues se rencontrent souvent chez PHILON (cf. *Études*, ch. II, pp. 174-175), tributaire des mêmes courants de pensée.

Cette mort a pour cause profonde un amour de prédilection

10. *Devenu très agréable à Dieu, il a été aimé,*
    et comme il vivait au milieu des pécheurs, il a été transféré.
11. *Il a été enlevé, de peur que le mal n'altère son jugement*
    ou que la ruse ne séduise son âme.
12. *Car l'ensorcellement de la bassesse obscurcit ce qui est noble*
    et le tourbillonnement du désir ébranle un esprit innocent.

10 a. L'asyndète indique un autre point de vue. L'adj. *euarestos* **, « fort agréable, donnant pleine satisfaction », est assez fréquent dans le *N.T.* et chez *Phil.* (*Congr.* 157 ; *Mut.* 48 ; etc.), conformément à l'usage de la *Koine* (cf. *Lidd.-Sc.* et *WBNT*) ; la *LXX*

connaît seulement le vb. correspondant (employé en particulier
d'Hénoch, cf. *Gn.* V, 22, 24 ; *Si.* XLIV, 16). Le compl. doit être *theôi*,
sans article (cf. *Zie.*), car *Sag.* omet celui-ci devant *theos* aux cas
obliques. Le partic. *genomenos* ajoute que le jeune juste est
« devenu » agréable à Dieu. De quelle façon ? D'après le v. précédent,
en assurant dans son âme le règne de la vertu et en évitant toute
souillure ; dans la *LXX*, *euarestein* traduit la formule « marcher
avec (ou en la présence de) Dieu » et implique aussi tout un comportement religieux et vertueux. Ayant ainsi attiré sur lui la complaisance divine, le jeune juste « a été aimé » *ègapèthè*. Certains critiques
ont jadis suspecté l'authenticité de ce vb. en alléguant son emploi
tautologique avec l'expression précédente qui signifie déjà un amour
de complaisance ; diverses corrections ont été proposées (rapportées
par *Gri.* et *Corn.*), en faisant même intervenir l'hypothèse d'un
original hébr. mal traduit (ainsi MARGOLIOUTH, p. 269, cité par *Goodr.*).
Cette suspicion n'est pas fondée et les conjectures avancées sont
tombées dans l'oubli. En effet, les notions restent distinctes ; le vb.
marque une progression importante et insiste sur l'idée centrale de
tout le développement ; enfin l'aor. signifie un acte distinct, une
réaction divine toute spéciale (comme le *ègapèsen* de *Mc.* X, 21).
Gri. et *Corn.* parlent de l'éclosion d'un amour d'amitié : Dieu finit
par considérer le jeune juste comme son ami et désire l'introduire
dans sa société. Il s'agit plutôt d'un amour de préférence ou de
prédilection (sur ce sens de *agapan* dans le gr. profane et biblique,
cf. C. SPICQ, *Agapè, Prolégomènes*, pp. 47, 56, 67 et 84-85, 106), car
l'auteur va accentuer l'idée d'un traitement de faveur.

10 b.   La conséquence immédiate de cet amour privilégié, ce fut
le « transfert » du jeune juste, « parce qu'il vivait au milieu des
pécheurs », *zôn metaxu hamartôlôn*. Il n'y a pas lieu de donner
à *zôn* un sens prégnant (« vivant véritablement, de la vraie vie »),
car ce sens n'est pas évident en *Sag.* (cf. *Études*, ch. IV, pp. 292-294)
et l'on attendrait ici une opposition à des « morts vivants ». L'auteur
insiste seulement sur le fait de vivre dans un milieu pervers ou
corrompu. Le vb. *metetethè* évoque un transfert local (cf. *Plat.*,
Leg. 903 D, *eis beltiô topon*) et, par conséquent, le passage dans un
autre lieu pour une vie meilleure. Dans la *LXX*, il est employé
uniquement de l'enlèvement d'Hénoch : cf. *Gn.* V, 24 *metethèken*
(= *lâqah*) *auton ho theos*, *Si.* XLIV, 16 *metetethè* ; cf. aussi *He.* XI, 5
metetethè tou mè idein thanaton. L'auteur s'est souvenu certainement
de *Gn.* V, 24 (cf. *Ficht. Alttest.*, pp. 161-162), mais on doit se demander
si l'assimilation des deux cas est intentionnelle et en rechercher le
fondement. Car il y a une différence majeure : Hénoch fut soustrait
à la mort et enlevé vivant, tandis qu'ici la réalité de la mort n'est
pas niée (cf. v. 7). Mais, par ailleurs, il existe des coïncidences significatives. Hénoch, lui aussi, « fut agréable à Dieu » (cf. 10 a) ; sa vie
fut également abrégée, car dans le contexte de *Gn.* V où la longévité
symbolique des ancêtres de l'humanité est prodigieuse, il vit bien

moins longtemps que les autres, mais après avoir atteint « un chiffre parfait, le nombre des jours d'une année solaire » (n. *B.J.* sur *Gn.* V, 24) ; cette particularité est présentée comme la conséquence d'un « enlèvement » *(TM)* ou d'un « transfert » *(LXX* ; la Grèce ancienne croyait aussi au « transfert » de certains individus dans le monde des Bienheureux ou des Immortels, cf. ROHDE, *Psyché*, pp. 56 ss et *Index* « enlèvement ») ; enfin Hénoch est soustrait par faveur à un monde qui se pervertira de plus en plus jusqu'à amener le déluge : or, d'après le comput samaritain, Yéred, Mathusalem et Lamek meurent l'année même du déluge, et Hénoch aurait eu apparemment le même sort si sa vie n'eût été écourtée.

Selon *Hein.*, notre texte serait une simple *accomodatio sensus* de *Gn.* V, 24 : Hénoch « ne connut pas la mort » (*He.* XI, 5), le jeune juste n'a pas à la redouter davantage, bien qu'il subisse la mort physique. *Gri.* parle, lui, d'une interprétation allégorique : le « transfert » d'Hénoch symbolise celui de toutes les âmes justes qui quittent le corps pour mener une autre existence dans la société immédiate de Dieu. Cette seconde opinion rend mieux compte des analogies entre les deux cas. En outre, l'exégèse juive est revenue sans cesse à ce texte de *Gn.* V, 24, pour lui conférer une portée typique ou symbolique. Déjà l'*A.T.* reprend le vb. *lâqah* (« enlever » ; cf. aussi *2 R.* II, 11 ss) dans des contextes qui suggéraient un prolongement eschatologique de la vie individuelle : dans l'espoir de bénéficier, à l'exemple d'Hénoch, d'un traitement privilégié, certains justes désirent être enlevés après leur mort, soustraits à la puissance du Shéol (*Ps.* XLVIII, 16) ou introduits dans la société de Dieu (*Ps.* LXXII, 24). Dans le Judaïsme hellénisé, *Phil.* atteste l'importance accordée à *Gn.* V, 22-24 : il allégorise différents traits ou en tire argument en faveur de l'immortalité de l'âme (cf. *Études*, ch. II, p. 174). Dans le désir de retrouver cette doctrine dans l'Écriture, on pouvait donc être amené à interpréter *Gn.* V, 24 d'un « transfert » de l'âme. L'auteur, qui parle ailleurs de « départ en voyage » ou de « sortie » (III, 2-3), semble bien l'avoir fait, peut-être par l'intermédiaire de textes comme *Ps.* XLIX, 16 et LXXIII, 24 (hébr.). Quant au motif de l'amour témoigné au jeune juste (10 a), il renvoie plutôt à l'hellénisme : un vers célèbre de MÉNANDRE (425, MEINEKE, IV, p. 105) *hon gar theoi philousin apothnèskei neos*, était resté dans les mémoires, car on le trouve souvent repris et commenté (cf. PLAUTE, *Bacch.* 816-817 ; *Plut., Cons. Apoll.* XXXIV ; cf. aussi *Ps. Plat., Ax.* 367 B : « les dieux se hâtent de délivrer de la vie ceux qu'ils chérissent », trad. SOUILHÉ). Mais ce motif prend une note originale beaucoup plus dense en devenant l'amour de prédilection du Dieu vivant et personnel de la Révélation biblique.

11 a. Reprenant la notion de « transfert » par celle d' « enlèvement », l'auteur précise le motif d'une telle initiative divine. L'aor. 2 *hèrpagè* (hellén.) de *harpazesthai*, « être arraché, enlevé, ravi », renforce encore l'idée de soudaineté ; dans l'usage gr., le vb.

est employé d'une façon caractéristique de l' « enlèvement » d'un mortel (cf. ROHDE, *Psyché*, pp. 58-62 et notes) et il a été appliqué aux morts prématurées (cf. *Plut., Cons. Apoll.* XXX, 117 c : « si quelqu'un meurt tôt *tacheôs*, les gens disent : il a été enlevé, *anèrpasthè* »). L'auteur semble s'être souvenu de cet usage en faisant succéder apparemment une traduction plus littérale du vb. de *Gn.* V, 24 (« enlever ») à celle de la *LXX* (« transférer »). Une réminiscence d'*Is.* LVII, 1 est moins probable (cf. plutôt v. 14), car *TM* et *LXX* (*airontai, èrtai*) emploient des mots différents et à propos d'une mort violente, non prématurée. Quoi qu'il en soit, le vb. renvoie à une intervention soudaine de Dieu (compl. du passif sous-entendu), agissant peut-être à la façon d'un père se saisissant brusquement de son enfant exposé à un danger. Ce danger est précisé d'abord par *mè kakia allaxèi sunesin autou*. On doit préférer *mè*, « de crainte que », mieux attesté, à *prin*, « avant que » (une correction spontanée) ; *kakia*, qui caractérise ailleurs la malice ou le vice de certains individus (cf. II, 21 ; V, 13 ; XII, 2, 10, 20 ; XVI, 14), désigne ici non le mal que commettrait le jeune juste, mais la perversité corruptrice du milieu, « le mal » exerçant son influence délétère (cf. *dolos* en 11 b et le v. 12). Le subst. *sunesis*, compl. de *allassein* (« modifier, changer, altérer »), désigne dans l'usage gr. la faculté de comprendre rapidement, la sagacité, mais il est parfois synonyme de conscience (cf. *Lidd.-Sc.* III) ; c'est aussi un terme biblique sapiential qui traduit surtout les mots de la rac. *bin* incluant l'intelligence, le discernement, le jugement, la pénétration d'esprit (cf. H. DUESBERG, *Les Scribes inspirés*, I, pp. 245-248) ; employé en *1 R.* III, 9, 11 du discernement du bien et du mal dans l'exercice de la justice, il était susceptible de désigner le jugement moral et il doit avoir ici cette portée : un milieu mauvais finit par exercer une influence délétère sur la clarté de celui-ci ou par altérer la pureté d'une conscience droite.

11 b. Dans cette phrase coordonnée par *è* et qui dépend également de *mè*, *dolos* (Lat. : *fictio*, cf. *De Br.*, p. 107 et *Bi. Sa.*) prolonge le sens objectif de *kakia* (cf. 11 a), mais indique une influence nocive plus directe et plus perfide : l'emploi délibéré du « mensonge » ou de la « ruse » (XIV, 25, 30) pour faire déchoir et entraîner peu à peu au mal. Le vb. *apatan*, « décevoir, séduire », est employé précisément de sollicitation perfide au péché en *Gn.* III, 13 *LXX* (cf. aussi *1 Tm.* II, 14). Le compl. *psuchèn autou* renvoie à l'âme envisagée comme le sujet propre ou le principe de la vie morale et religieuse. — Le v. 11 a est cité par *Cypr.* (*mortal.* XXIII, *CSEL*, III, 1, 311) ; le v. 11 par *Ambr.* (*Exp. Luc.* II, 8 et VIII, 23, *CSEL*, XXXII, 91 et 402 ; *Exc. Fr.* I, 31, *CSEL*, LXXIII, 226), et, plus souvent encore, par *Aug.* (cf. *comm.* sur v. 12).

12 a. L'auteur explique *(gar)* comment les tentations et séductions extérieures s'infiltrent peu à peu dans l'âme. Le sujet *baskania * phaulotètos ** contient une première indication. Le premier terme (usité en *4 M.* I, 26 ; II, 15) garde ici son sens habituel : « influence maligne, fascination, ensorcellement » (cf. aussi *baskanos*, « qui ensorcelle, jette le mauvais œil »). Le second désigne proprement la condition de ce qui est « médiocre, défectueux, vulgaire, vil, bas » ; appliqué à des personnes, il signifie seulement « médiocrité, frivolité, stupidité », mais l'adj. correspondant s'emploie fréquemment du « méchant », opposé au « vertueux » ou au « bon ». Bien qu'il ait ici une portée morale, on n'est pas obligé de le traduire directement par « méchanceté, perversité » *(Reu., Dea., Goodr., Web., Ficht., RSV)* ou « vice » *(Hein., Feldm., Cramp.).* Il désigne une réalité objective (en dépendance de *baskania*) et il évoque immédiatement les notions de « bassesse, médiocrité » ou « insignifiance, futilité », en raison de l'opposition à *ta kala* (cf. *infra*). Le vb. *amauroi* signifie normalement « obscurcir, rendre obscur ou invisible » et, par extension, « affaiblir, effacer ». Il n'y a pas lieu de retenir le sens d' « aveugler », rare dans le gr. profane (cf. *Lidd.-Sc.* I, 3) et biblique (*Dt.* XXXIV, 7 ; *Si.* XLIII, 4), comme s'il s'agissait d'un aveuglement du « regard de l'âme » (cf. *Phil., Prob.* 11 ; *Mos.* II, 44 ; *Luc., Peregr.* IV). *Gri.* et *Hein.*, il est vrai, donnent au compl. *ta kala* (litt. : « les belles choses ») une portée subjective à cause du parallélisme avec 12 b et l'interprètent des bonnes dispositions du juste ou de ses actes vertueux. Mais cette interprétation nous semble forcée. En effet, l'auteur reprend une expression essentiellement grecque (cf. encore X, 8) désignant tout ce qui est « beau, grand et noble » dans l'ordre physique et moral. Il doit l'entendre de ces valeurs morales et religieuses qui sont les seuls biens véritables et estimables, « le bien ». Or ces valeurs supérieures ou idéales, que doit fixer sans cesse l'homme vertueux préoccupé de sa vraie fin, perdent progressivement leur relief et leur attirance, « s'obscurcissent », sous la pression constante d'influences contraires. Car les biens vils ou terre à terre auxquels s'attache la multitude exercent une sorte de « fascination » ou d' « ensorcellement ». Pour y échapper, *Phil.* (*Abr.* 22) recommande, lui, de rechercher la solitude.

12 b. L'auteur insiste sur les conséquences psychologiques de l'affirmation précédente, tout d'abord avec le sujet *rhembasmos* * *epithumias*. Le dét. désigne le « désir » (cf. VI, 17, 20 ; XVI, 2 ; etc.) avec la note péjorative de concupiscence ou de convoitise, mais il reste à préciser la signification de *rhembasmos*. Non attesté ailleurs et forgé sans doute par l'auteur, ce mot est formé théoriquement sur *rhembazein*, un vb. très tardif, mais son sens est à éclairer par le subst. *rhembos*, les vbs *rhembô, rhembomai* et l'adj. *rhembôdès*. La notion fondamentale est celle de « tournoyer, s'agiter tout autour, errer çà et là » (BOISACQ, p. 838 ; dans la *LXX*, cf. *Pr.* VII, 12), appliquée volontiers à l'inconstance, à la folle agitation de l'esprit (cf. *Lidd.-Sc., sub v. rhembos*). Par analogie, dans le cadre du « désir », on peut retenir seulement l'idée d'une mobilité continuelle, d'une agitation incessante, désordonnée ou vagabonde (cf. *Gri., Hein.* et déjà *Lat.*,

inconstantia, d'après *De Br.*, p. 107, et *Bi. Sa ; Syr.* « agitation » ; *Shex.* « vagabondage »). Pourtant l'emploi d'un mot exceptionnel semble évoquer une réalité plus précise : le « tournoiement » incessant des tentations qui assiègent l'esprit, tourbillonnent autour de lui en se rapprochant de plus en plus. Nous reviendrons sur le vb. *metalleuei*, mais le compl. *noun akakon* fait intervenir à dessein le *nous*, « l'esprit », pour opposer l'activité supérieure de l'âme à son activité sensible ou passionnelle, celle du « désir » ; l'auteur s'est souvenu peut-être de la fonction contemplative du *nous* dans certaines philosophies, mais sans adopter réellement une division tripartite du composé humain (cf. *Études*, ch. IV, pp. 265-266) ; quant à l'adj. *akakos*, il signifie ici soit « non contaminé par le mal, innocent, intègre » (cf. *LXX Jb.* II, 3 ; VIII, 20 ; *Ps.* XXIV, 21), soit « qui ignore le mal, simple, candide » (cf. *LXX Pr.* I, 4, 22 ; VIII, 5 ; etc. ; *Rm.* XVI, 18). Le vb. *metalleuei* pose un problème, surtout à cause de son réemploi en XVI, 25 avec le sens indiscutable de « changer » (cf. *comm.*). Or il signifie seulement dans l'usage gr. « tirer de la mine ; creuser ou exploiter une mine ; miner, saper ». L'auteur s'est-il mépris dans les deux cas en le faisant dériver de *allos* et en y voyant un syn. de *metallassein* ? Bien des critiques le pensent (cf. *Gri., Dea., Far., Goodr.*, etc.), tandis que *Hein.* s'efforce d'expliquer comment *metalleuein* a pu et dû être employé au sens de « changer » dans la *Koine*. Par ailleurs, il n'y a pas lieu de corriger ici le texte reçu en restituant *metalloioi* (GRABE) ou en faisant état de variantes ignorées, *metaleuei* (46, *Cant. lem.*, de *leuein* « lapider ») et *metasaleuei* (*Cant. comm.*, de *saleuein*, « ébranler »), ou encore en s'appuyant sur les verss (*Lat. transvertit, Syr.* « fait du mal », *Arm.* « trouble, bouleverse », *Ar.* « retourne, renverse », *Shex.* « change, altère »), car celles-ci ont traduit approximativement ou donné au vb. les sens de *metallassein/metalloioûn*. Signalons enfin la conjecture peu heureuse de *Spei.* (pp. 467-468) supposant un original hébr. *yaḥpir*, traduit par « creuser », alors qu'il signifiait « couvrir de confusion ». A notre avis, la difficulté créée par *metalleuei* existe surtout en fonction de XVI, 25. A la rigueur, en effet, le vb. peut signifier ici « saper, miner ». *Mal.* le glose dans ce sens (τὰς ψυχὰς κατὰ μικρὸν μικρὸν [ὁ πονηρὸς καὶ βάσκανος δαίμων] ἐξορύσσει διὰ τῆς ἐπιθυμίας) et déclare ensuite : τὸ δὲ μεταλλεύειν εἴληπται ἐκ τῶν τὰ μέταλλα τῆς γῆς διερευνομένων, καὶ τὸν χρυσὸν ζητούντων ; *Corn. a Lap.* propose en fait une interprétation semblable et F. ZORELL (*Corn.*, p. 161, n. 1) la défend explicitement (cf. aussi *AV* « undermine », *Guil.* « mine »). Le tournoiement obsédant du désir finirait par miner ou saper peu à peu les bonnes dispositions d'une âme établie jusque-là dans le bien. Mais le sens de « changer » s'impose en XVI, 25 et nous admettons l'unité d'auteur (cf. *Intr.*, ch. III, pp. 100-108) ; du reste, on voit mal comment un second auteur a pu s'autoriser de notre texte pour donner délibérément à *metalleuein* le sens de « changer ». En rappelant que l'ensemble du livre contient d'autres indices d'une certaine ignorance de l'usage grec (cf. *Études*, ch. III, p. 182), nous préférons maintenir ici le sens fondamental de « changer, modifier » en l'inclinant dans le sens d' « ébranler ».

L'idée qu'une mort prématurée peut préserver l'innocence d'un jeune juste se rencontre aussi chez *Sén.* et *Plut.* Le premier déclare à MARCIA (*Consol.* XXII, 2) : « Qui te garantit que le corps charmant de ton enfant, resté pur sous les regards sans pudeur d'une cité dissolue... eût conservé jusqu'à la vieillesse sa beauté inaltérée ? Songe aux mille souillures qui guettent l'âme : les meilleurs naturels ne tiennent pas en vieillissant les espérances qu'avait fait naître leur jeunesse ; trop souvent ils se corrompent en route » (trad. R. WALTZ). Le second (*Cons. Apoll.* 117 D) fait intervenir la préscience divine : « Qui sait, dit-il, si Dieu, à la façon d'un père prévoyant et soucieux du genre humain, ne fait pas sortir prématurément de la vie, parce qu'il prévoit les événements futurs ? »

Certains commentateurs catholiques rappellent précisément que les vv. 11, 14 ont été utilisés en faveur de la « science moyenne » (cf. *Corn.*, *Hein.* « scientia Dei conditionata futurorum seu futuribilium »). *Dea.* déclare de son côté : Dieu prévoyant la déchéance d'un juste dans des circonstances déterminées et l'enlevant avant la tentation, connaît non seulement le futur absolu, mais le futur conditionné. Mais il mentionne l'opinion différente d'*Aug.* Celui-ci est ramené souvent à *Sg.* IV, 11 (cf. A.-M. LA BONNARDIÈRE, *Biblia Augustiniana*, pp. 273-274), surtout pour réagir contre l'opinion selon laquelle Dieu sanctionnerait à la mort les péchés qui auraient été commis au cours d'une vie plus longue (*ibid.*, p. 102). Par ailleurs, il déclare ignorer pourquoi Dieu retire les uns de ce monde avant qu'ils aient péché, en laissant les autres succomber au mal (*ibid.*, p. 102, n. 105). Mais, selon lui, le texte renvoie en définitive (cf. *De Praed.* XIV ; *PL*, XLIV, 979-981) non à la préscience divine des futurs conditionnels, prévoyant que le jeune juste serait tombé plus tard dans le péché, mais à celle du futur absolu, envisageant directement le danger des séductions du monde auxquelles Dieu a voulu le soustraire par faveur.

Les indications fournies par les vv. 10-12 (et 14) vont en effet dans ce sens. La mort du jeune juste y est présentée comme une grâce de choix, une marque spéciale d'amour (10 a). Elle procède d'un Dieu qui le prédestine à la béatitude (sur cet aspect positif et salutaire de la prédestination, cf. L. BOUYER, *Dictionnaire théologique*, Tournai, 1963, pp. 533 ss) et veut pour lui un bien éminent. Si Dieu agit ainsi, ce n'est pas pour prévenir une déchéance grave et irrémédiable (opinion de *Hein.*, qui ajoute cependant qu'on n'a pas le droit de généraliser et la vie de tel ou tel peut être abrégée pour d'autres motifs). Au v. 11 a *mè* est employé, non *prin*, et tout le développement met en relief l'influence délétère d'un milieu mauvais sur les êtres les plus vertueux ou les plus purs. L'auteur relève aussi un fait d'expérience : la jeunesse, lorsqu'elle est saine, possède une pureté de regard et une sorte d'affinité avec les valeurs idéales que le contact prolongé avec les réalités d'un monde terre-à-terre et pécheur finit par amoindrir ou obscurcir. Il en résulte des souillures inévitables qui, même involontaires, réagissent sur la clarté du jugement et ternissent l'éclat des « belles choses ». Le dilemme n'est donc pas « salut-damnation », mais plutôt « perfection intacte - justice amoindrie ». En même temps, l'auteur s'en tient à une notion assez rigide de la perfection (cf. v. 13), peut-être sous des influences grecques qui insistaient sur l'activité contemplative du *nous*, sur une totale liberté de l'âme vis-à-vis des biens inférieurs ou sur une impassibilité complète à l'égard des tentations. Il n'a pas encore une claire notion des possibilités de la grâce au sein des milieux les plus corrompus ou du rôle salutaire des tentations en dépit des souillures inévitables, pour stimuler les progrès d'une âme. La révélation du Christ nous a familiarisés davantage avec ces vérités et montré jusqu'à quel point le mal habite en l'homme. Pour l'éviter, il ne suffit pas de fuir le monde.

Les deux aspects d'une mort prématurée sont repris successivement

13. *Devenu parfait en peu de temps, il a vécu pleinement une longue durée ;*

14a. *Et son âme était agréable au Seigneur,*

14b. *aussi s'est-elle hâtée de sortir du sein de la perversité.*

13. Le partic. *teleiôtheis* signifie non pas « étant mort » *(Ar.)*, un sens exceptionnel dans l'usage gr. (cf. *Lidd.-Sc.* II, 4), mais « ayant atteint la perfection », car *teleioun* est employé souvent de la maturité physique ou morale et le passif peut avoir ce sens intr. (cf. *Lidd.-Sc.* II, 1). Il s'agit certainement de perfection morale, de vertu consommée. L'auteur attache une grande importance à l'idée d'une perfection que l'homme doit atteindre pour accomplir sa destinée (cf. III, 16 a ; IV, 5 a, 16 b ; VI, 15 a ; IX, 6), sous l'influence générale des spéculations grecques sur le *telos* de la vie humaine. Mais on sait que les systèmes différaient entre eux au sujet de la vraie fin de l'homme et, par suite, de la perfection authentique de celui-ci : à l'époque des Doxographes, ARIUS DIDYME (*peri telous, Stob., Anth.* II, pp. 45 ss, WACHSMUTH) nous donne un résumé (inspiré en partie de celui d'EDORE d'Alexandrie, cf. *ibid.*, pp. 42-45) des opinions successives des philosophes sur le sujet (noter pour les Stoïciens, *ateleis men phaulous... teleiôthentas de spoudaious*, p. 65) ; *Phil.* parle alternativement de la perfection d'une âme qui a pleine conscience de « porter un cadavre » (*Leg.* III, 74), qui a triomphé dans les luttes de la vertu « jusqu'à parvenir à la limite même du Beau » (*Somn.* I, 131), ou de celle du *nous* « uni à la nature éternelle » (*Migr.* 139), ou de celle d'un être humain « qui s'est parfaitement libéré des passions, les a retranchées » (*Leg.* III, 131) ; vers

la même époque aussi l'expression *teleiotès biou* revient fréquemment dans les écrits néo-pythagoriciens pour identifier la perfection avec la vertu (cf. *FPG*, Mullach, II, pp. 9, 16, 23). L'auteur a mis également l'accent sur celle-ci au v. 9, notamment avec le mot *phronèsis*, tandis qu'en VI, 15 et IX, 6 la note religieuse prédomine : une *phronèsis* « parfaite » doit se tourner vers la Sagesse révélée et nul homme n'est vraiment « parfait » sans l'influence de la Sagesse d'En-Haut.

L'expression *en oligôi* (s.e. *chronôi*), reprise par *neotès* au v. 16, renvoie au thème de la mort prématurée : « en un temps bref, restreint ». Selon Aristote, l'homme ne peut atteindre la perfection et le bonheur que dans la vieillesse (*M.M.* I, 1185ᵃ4 ss ; *Pol.* 1329ᵃ15) et la même opinion se retrouve chez les auteurs latins, par ex. chez Sénèque (*Ep.* LXVIII, 14). Mais ce dernier affirme le contraire lorsqu'il console d'une mort prématurée : ainsi dans *Ep.* XCIII, 4 *licet aetas ejus imperfecta sit, vita perfecta est,* 7 *in minore temporis modo potest vita esse perfecta* ou dans les *Cons. ad Marc.* XXIII, 3 *eripit se aufertque ex oculis perfecta virtus, nec ultimum tempus exspectant quae in primo matuerunt.* La formule *eplèrôsen chronous makrous* (*Lat. explevit tempora longa De Br.,* p. 107 ou *tempora multa Bi. Sa.*) peut être un hébraïsme renvoyant en particulier à *Is.* LXV, 20 *LXX* (« il n'y aura plus là » *aôros kai presbutès, hos ouk emplèsei ton chronon autou*) ; mais l'usage gr. connaît des expressions semblables (cf. *Lidd.-Sc. sub v. plèroun* II, 3). Le vb. signifie en tout cas « accomplir pleinement, entièrement, mener jusqu'à son terme ». Le plur. *chronoi*, renforcé par *makroi*, « longs » (avec l'idée de durée), embrasse les différentes phases de la vie ou est une sorte d'intensif (cf. VII, 18 ; VIII, 8 ; XII, 20). Il s'agit donc d'une vie très longue que le jeune juste a vécue équivalemment et l'on peut traduire : « il a vécu pleinement une longue durée » ou « il a atteint la plénitude d'une longue vie ». C'est-à-dire qu'il a atteint très tôt cette maturité spirituelle qui est le terme réel de la vie humaine et dont le rythme intérieur est indépendant de la durée. *Gre.* cite deux textes d'auteurs anglais : « Life is measured by intensity, not by 'how much' of the crawling clock » (G. MacDonald) ; « We live in deeds, not years ; in thoughts, not breaths » (Bailey).

14 a-b. Le développement rebondit *(gar)* sur *teleiôtheis* : cette perfection n'est pas simplement une réussite humaine, elle attire les complaisances divines (cf. 10 a) et, d'autre part, elle réside dans l'âme : « elle était agréable au Seigneur, *arestè gar èn kuriôi*, son âme, *hè psuchè autou* ». Avec *dia touto*, « c'est pourquoi », en 14 b, l'auteur tire la conséquence de 14 a, mais le vb. *espeusen*, suivi de *ek mesou ponèrias* (« milieu de la perversité », cf. v. 6), fait difficulté. Il signifie normalement : « elle s'est hâtée » (c.-à-d. « l'âme ») ou « il s'est hâté » (c.-à-d. « le juste »). Cet emploi intransitif de *speudein* est du reste le plus fréquent dans l'usage gr. (cf. *Lidd.-Sc.* II) et il réapparaît en XVIII, 21 a (cf. aussi *Gn.* XIX, 22 *speuson tou*

sôthènai). Mais, dans ce cas, le juste aurait l'initiative de sa propre délivrance. Or, d'après le contexte antérieur qui attribue à Dieu cette délivrance (vv. 10-11) et d'après 14 a qui fait attendre un geste divin correspondant à la « complaisance du Seigneur », celui-ci devrait être le sujet de *espeusen*. Et c'est pourquoi, à la suite de *Lat. (properavit educere illum)* et *Syr.* (« il l'a enlevé vite »), de nombreux critiques s'attachent à donner au vb. une valeur transitive, en suppléant comme compl. *autèn*, renvoyant à l'âme *(Siegf., Hein., Feldm., Web., Fisch.)* ou *auton*, renvoyant au juste *(Dea., Goodr., Holm., Duesb., Skeh. text*, p. 12 ; *Cramp., Mar., Reid., RSV)*. Le plus souvent, on voit ici une construction prégnante qui, avec le *ek* suivant, signifie : « se hâter de faire sortir, de retirer ; éloigner en hâte » ; ou encore on prend appui sur les emplois transitifs de *speudein* (cf. *Lidd.-Sc.* I) avec un nom de chose ou d'action : « faire quelque chose avec empressement ; presser, urger ». Quelques-uns *(Siegf., Goodr.)* suggèrent un hébraïsme (= *mihar* avec compl. dir. : « se hâter d'apporter, de faire venir », cf. *Gn.* XVII, 6 ; *1 R.* XXII, 9), tandis que *Pur.* (p. 282) suppose un original hebr. *hiṣṣil*. Enfin, pour mieux maintenir le Seigneur comme sujet, *Nan.* a proposé jadis de restituer *espasen*, mais sans aucun appui textuel et il manque toujours un compl. explicite.

A notre avis, il est préférable de s'en tenir au sens le plus naturel du vb., d'autant plus qu'il ne s'agit pas d'un gr. de traduction. Cette interprétation, retenue déjà par *Shex., Arm.* (« s'est hâté ») et *Ar.* (« s'est éloigné en hâte »), est aussi celle de *Mal.* et de *Cant.* : le premier voit là une image expressive de l'empressement avec lequel le juste désirait fuir une société mauvaise (ταχύτερον ἀπελθεῖν ἐπεθύμει καὶ τὴν μετὰ τῶν πονηρῶν συνδιατριβὴν ἀπολιπεῖν ἐπέσπευδεν ; le second glose par ἐσπούδασεν ἐκ μέσου πονηρίας τοῦ βίου τούτου γενέσθαι (et cite ensuite *Is.* LVII, 1-2). Chez les Modernes, elle est adoptée, avec « l'âme » comme sujet, par *Gri., Reu., Ficht.*, avec « le juste », par *RV, Gre., Guil.,* OSTY. Parce que 14 a reprend 10 a en fonction de l'âme, nous préférons laisser celle-ci au premier plan et expliquer ainsi la relation étroite entre 14 b et 14 a : comme elle était « agréable au Seigneur », l'âme du jeune juste était digne de sa société (cf. III, 5 c) et n'appartenait déjà plus à un monde corrompu. Aussi elle a pris comme d'elle-même son essor. L'initiative divine n'est pas niée et le texte signifie en réalité : la mort du jeune juste a correspondu à l'aspiration foncière de son âme et celle-ci a obéi à l'appel de Dieu avec empressement (cf. *Gri., Corn., Ficht.*). On a l'impression que l'auteur reprend, mais d'une façon discrète et dans un contexte qui reste original, un motif fréquent chez les défenseurs de l'immortalité de l'âme : celle-ci était censée s'enfuir, s'échapper pour rejoindre sa patrie d'origine (cf. *Études*, ch. III, p. 250, n. 15 ; *Sén., Cons. Marc.* XXIII, 1-3 : *leviores ad originem suam revolant... exire atque erumpere gestiunt)*. Enfin le compl. *ek mesou ponèrias* est une généralisation pessimiste qui rappelle *Gn.* VI, 5 et VIII, 21, mais peut renvoyer aussi à *Is.* LVII, 1 *TM (râ'ah)* et 2 *LXX (ek mesou)*, un texte qui semble exercer encore son influence en 14 c-d (cf. *infra*), sans qu'on puisse déterminer exactement sous quelle forme (cf. *Ficht. Alttest.*, pp. 162-164).

Les impies mis en accusation par une telle mort
sont incapables de comprendre les desseins du Seigneur

16. *Mais le juste défunt condamne les impies qui survivent*
    et la jeunesse si tôt parvenue au terme, la vieillesse de l'injuste
    chargé d'ans.
17. *Car ils voient la fin d'un sage*
    et ils ne comprennent pas ce qu'a voulu pour lui
    le Seigneur et pourquoi il l'a mis en sûreté,
15. *alors qu'il y a grâce et miséricorde pour ses élus,*
    et qu'une visite est réservée à ses fidèles.
14c. *Mais les aveugles qui ont vu sans comprendre*
14d. *et n'ont pas pris en considération une telle réalité*
18. *voient et méprisent.*
    En retour le Seigneur se moquera d'eux.

Note sur l'ordre des vv. 14 c-d - 18. A s'en tenir à l'ordre reçu dans tous les mss gr. et les verss, plusieurs difficultés apparaissent et la progression des idées demeure obscure. En 14 c-d, le sujet *hoi de laoi*, « mais les peuples » (leç. la mieux attestée), surprend car il oppose apparemment au jeune juste « les peuples » en général (cf. III, 8 ; VI, 21 ; VIII, 14) et ceux-ci sont identifiés plus loin (v. 16) avec les impies, voués à un châtiment rigoureux (vv. 18-19) ; et c'est pourquoi, ou bien on l'entend des peuples païens et des juifs apostats *(Gri.)*, ou bien il signifierait « foules, masses » (cf. *TWNT*, IV, pp. 30-31) ou désignerait « les hommes en général » (*Poim.* I, 27 ; *C.H.* I, p. 16), ou bien on lui préfère la var. banale *alloi*, « les autres » (A, *min.*, *Eth.* ; cf. *Zie.*), ou les conjectures *anomoi*, « injustes » *(Gre.)* ou *alaoi*, « aveugles » (KUHN, *Exeg.*, p. 447). D'autre part, ce sujet est suivi de trois participes coordonnés *(idontes, noèsantes, thentes)* non repris par un vb. principal et ayant normalement un sens causal (à cause de la nég. *mè* et sans qu'on puisse suppléer *eisi*, cf. *Gri.*) : cette anacoluthe est expliquée soit par un oubli de l'auteur qui voulait d'abord formuler différemment le v. 16 (« ils seront condamnés par le juste mort... » ; cf. *Gri.*, *Hein.*), soit par l'insertion du v. 16 (une parenthèse ou une addition postérieure) qui a interrompu le développement, renoué au v. 17 avec l'introduction maladroite de *gar* (cf. *Gutb.*, *Dea.*, *Goodr.*). Enfin le compl. *to toiouto* en 14 d renvoie normalement à ce qui précède (cf. *Kühn.-Ge.* II, 1, p. 646) ; or il introduit apparemment une propos. explicative (v. 15) à la façon de *touto*. Rappelons à ce propos que le v. 15 est considéré par *Risb.*

(p. 209) et *Holm.* (cf. aussi Bois, p. 387) comme une glose postérieure empruntée à III, 9 et que *Zie.* le met entre crochets. Si l'on
ajoute la répétition initiale de *opsontai* aux vv. 17-18, il y a des
raisons de suspecter l'ordre reçu. Quelques restitutions conjecturales
de l'ordre primitif ont été proposées (cf. Bois, p. 387, et surtout *Holm.*
qui rétablit : vv. 16, 14 c-d, 17, 18).

Nous insisterons sur les points suivants. L'anacoluthe de 14 c-d
n'est pas expliquée d'une façon satisfaisante dans un écrit rédigé
lentement par un auteur qui maîtrise sa pensée et son style. Le v. 16,
suspecté à tort, marque une transition importante en introduisant
l'idée d'une condamnation (16 a) et en résumant le développement
antérieur (16 b). Il est suivi normalement du v. 17 qui l'explique :
les impies sont déjà « condamnés » car « ils voient sans comprendre ».
Mais, en même temps, on note une parenté très étroite entre ce
v. 17 et 14 c-d *(idontes/opsontai ; noèsantes/noèsousin)*, et cela peut
expliquer pourquoi le v. 15 (parfaitement attesté) aurait été transposé : alors qu'il succédait primitivement au v. 17, il aurait été placé
après 14 c-d. On explique même mieux le v. 15 selon cette hypothèse
car, au lieu de justifier immédiatement le traitement privilégié du
jeune juste et une « visite » de Dieu venant le ravir, l'auteur généralise et évoque une « visite » future et collective (cf. III, 7), après
la mention (v. 17) des secrets desseins de Dieu et d'une « mise à
l'abri » en vue de cette « visite ». Enfin, en plaçant 14 c-d immédiatement avant le v. 18, on évite l'anacoluthe signalée plus haut, mais
on est amené à adopter la conjecture *alaoi* (cf. *comm.*) qui offre
l'avantage de maintenir l'unité de sujet. Nous adoptons l'ordre :
16, 17, 15, 14 c-d, 18.

16 a. Selon son habitude de procéder par oppositions successives (*de* advers.), l'auteur revient aux impies qu'il montre
« condamnés » déjà par une telle mort. Le prés. *katakrinei*, supposé
par *Lat. (condemnat autem justus...)*, nous semble préférable au
fut. *katakrineî (Mal., Cant. ; Fri., Ra., Zie)* ; en tout cas ce serait,
comme les suivants, un fut. gnomique, non un fut. réel impliquant
« la participation des justes au jugement final » (opinion isolée de
Siegf. qui cite *Mt.* XIX, 28). L'opposition est marquée ensuite par
tous les termes : d'une part, « le juste défunt », *dikaios kamôn* ;
d'autre part, « les impies vivants », c.-à-d. qui continuent de vivre,
tous zôntas asebeis. La leç. *kamôn* (B S V et certains *min.*) est préférée avec raison par l'ensemble des critiques à sa rivale *thanôn*,
« mort » (une glose explicative très ancienne passée ensuite dans le
texte) ; cet emploi particulier de *kamnein*, limité aux participes aor.
et parf. (cf. cependant XV, 9), relève de la langue littéraire et poétique : les morts sont « ceux qui ont fait leur œuvre » (Boisacq,
p. 403), les « défunts » (*Syr.* et *Ar.* ont achoppé sur ce mot et *Shex.*
l'a traduit servilement par « qui s'est fatigué »).

16 b. Le vb. reste le même, mais l'auteur reprend une idée développée antérieurement (vv. 8-9, 13), d'abord avec le sujet *neotès teleistheisa tacheôs*. Le partic. (de *telein*) doit avoir le même sens que *teleiôtheis* au v. 13 : « consommé en perfection, parvenu au terme » (cf. *Lidd.-Sc.* I, 5) ; l'adv. *tacheôs*, « promptement », donc « en peu de temps » (cf. v. 13), tôt », se trouve employé d'une mort soudaine (*Hén.* XCVIII, 15 *tacheôs apoleisthe*) ou prématurée (*Plut., Cons. Apoll.* XXX, 117 C) ; *neotès* apporte une précision nouvelle en indiquant qu'il s'agissait d'un « jeune » juste. Assurément ce subst. et l'adj. *neos* (cf. VIII, 10) peuvent embrasser une période s'étendant depuis l'enfance jusqu'à l'âge d'environ trente ans (d'après *Xén., Mém.* I, II, 35 ; cf. A. Delatte, *Études sur la littérature néo-pythagoricienne*, Paris, 1915, pp. 182-184) ; néanmoins les deux termes sont constamment opposés à la vieillesse comme à son extrême et s'emploient le plus souvent de jeunes gens. Dans le compl., *gèras*, « vieillesse », qualifié par *poluetes* *, « aux années nombreuses » (un terme du gr. littéraire), est déterminé par *adikou* qui précise la portée de l'opposition : il s'agit de la longue vieillesse des hommes « injustes ». Mais comment sont-ils « condamnés » ? En donnant de ce v. (et des suivants) une interprétation chrétienne, *Cant.* parle d'un discernement entre les hommes opéré par la mort du Christ ou de « l'économie d'un mystère accompli dans la jeunesse d'une nature humaine et qui a signifié la rupture avec une loi commune de péché devenue sénile ». *Mal.*, au contraire, s'en tient au sens littéral : avec la leç. *kamôn*, il s'agirait d'un blâme concret de la conduite des impies par celui qui a vécu dans la vertu et a choisi toujours le bien ; avec la leç. *thanôn* (qu'il préfère à cause du v. 17), les impies seraient convaincus de sottise et d'impiété pour avoir méconnu totalement le vrai sens de la mort du juste. Les Modernes parlent également de condamnation morale ou « idéale » *(Gri.)*, inscrite dans les faits (cf. *Corn., Hein.*). En réalité, l'auteur continue de déterminer les vraies valeurs à la lumière de la destinée immortelle de l'homme. Envisagée précédemment du côté du jeune juste et de Dieu, la mort prématurée l'est maintenant en fonction de ceux qui vivent et vieillissent dans le mal. Une telle mort, comprise selon son vrai sens, fait ressortir leur stupidité et leur malice ; elle consacre, en effet, une perfection acquise, tandis qu'ils s'écartent de plus en plus de la vertu et s'enfoncent dans la Mort véritable. Enfin *Hein.* relève une allusion à II, 20 a : jadis les impies ont condamné le juste à mort ; celui-ci, une fois mort, les condamne à son tour. Cette allusion n'est pas évidente car les deux vbs sont différents et la situation reste distincte. On notera seulement une certaine tendance à assimiler les deux cas, parce que l'auteur revient aux « impies » en général pour les opposer au « juste ». Et cette tendance va s'accentuer à mesure qu'il situera le problème d'une mort prématurée dans le contexte des rétributions transcendantes.

17 a. Ce v., cité par *Clém.* *(Strom.* VI, 14 ; *St.-Fr.,* p. 487), explicite *(gar)* le précédent : au spectacle de cette mort, les impies n'ont
pas su comprendre les desseins du Seigneur. L'opposition « voir »
et « ne pas comprendre » est biblique (cf. 14 c) et s'inscrit habituellement dans un contexte de reproches et de menaces. Le fut. *opsontai*
et les suivants sont des fut. gnomiques (un fait actuel qui doit se
répéter dans l'avenir) ; *teleutèn* (cf. II, 1 c, 5 b) renvoie au fait de
la mort, mais le déterminatif *sophou* est inattendu (partout *dikaios*
en *Sg.* I-V). Ce n'est pas une raison pour suspecter l'authenticité
du v. 16 *(Goodr.).* Au contraire, l'emploi de ce mot (qu'on retrouve
en VI, 24 et VII, 15) apparaît intentionnel. L'auteur veut souligner
que la vertu du jeune juste éclatait aux yeux de tous, se manifestait
dans ses paroles, son mode de vie, son jugement, sa prudence ; les
impies n'ont pas vu mourir quelqu'un dont la vertu restait cachée,
mais « un sage » réalisant à la perfection un idéal de vie proposé en
des termes différents par la Sagesse biblique et par divers courants
de la philosophie grecque. Le déterminatif résume donc la vie entière
du jeune juste et il n'y a pas lieu, nous semble-t-il, d'en restreindre
la portée à la manière de mourir ou au comportement en face de
la mort (avec une allusion précise à II, 19-20).

17 b-c. L'incompréhension des impies *(kai ou noèsousin)* est
d'ordre intellectuel (cf. XIII, 4) et elle est opposée à la vision sensible et superficielle (cf. *Is.* XLIV, 18 *tou blepein tois ophthalmois
kai tou noèsai tèi kardiai).* L'objet de cette incompréhension est
indiqué d'abord par *ti ebouleusato peri autou,* le sujet du vb. *(ho
kurios)* étant rejeté à la fin du v. : « ce que le Seigneur a projeté,
décidé, voulu (cf. XVIII, 5) pour lui ». Il est précisé ensuite par
eis ti èsphalisato auton. Le vb. *(hellén.),* parallèle au précédent, doit
signifier ici « mettre à l'abri, en sécurité » (un sens fréquent au
moyen, cf. *Lidd.-Sc.* I, 2) ; la prépos. *eis* a un sens final (cf. *WBNT,*
4 f et *Si.* XXXIX, 16, 21) : « pour quelle raison, dans quel but ».
Ces intentions divines peuvent être éclairées par le contexte antérieur (vv. 10-12, 14) : Dieu a voulu soustraire le jeune juste à
l'influence du mal, comme il avait fait jadis pour Hénoch ; bien
plus, « il le mettrait à l'abri » en prévision du châtiment qui va
s'abattre sur un monde perverti. Cependant, l'idée d'une telle protection ne trouve pas d'appui dans le développement (à la différence
de V, 16 c-d). Le jeune juste est tout au plus le type de ceux qui
seront soustraits à leur tour, par faveur, au châtiment final d'une
humanité obstinée dans le mal et la portée immédiate du texte est
plutôt celle-ci : les impies auraient dû reconnaître que cette mort
prématurée frappait un juste ou un vrai sage ; ils auraient dû
l'interpréter comme la marque d'une faveur divine (en se souvenant
du cas d'Hénoch ?) ; enfin, comme elle avait pour but de soustraire
à la contamination d'un monde mauvais, elle aurait dû mettre en
question leur solidarité avec celui-ci, les faire réfléchir et leur faire

pressentir à la fois le dénouement tragique de leur existence et la destinée bienheureuse du jeune juste. Mais, selon nous et d'après le changement introduit dans l'ordre des vv., la phrase est précisée par le v. 15.

15. Le texte est mieux attesté qu'en III, 9 c (cf. *comm.*) et sous sa forme longue (cf. *Zie.*). Les divergences entre les mss concernent surtout l'alternance des compl. : *eklektois... hosiois*, B S V, la plupart des *min.*, Co. (d'après *Feldm. Mat.*, p. 50) ; *hosiois... eklektois*, les autres témoins (cf. *Zie.*). Le premier type de texte nous semble préférable et nous lisons par conséquent pour 15 a : *hoti charis kai eleos en* (?) *tois eklektois autou*, sans pouvoir décider si *en* (om. par S et quelques *min.*) a été ajouté d'après 15 b ou est employé pour le dat. simple (cf. *WBNT*, IV, 4). L'auteur rappellerait donc (pour le sens des mots, cf. III, 9 c), en précisant *ebouleusato* (17 b), que les desseins du Seigneur sont toujours des desseins « de grâce et de miséricorde pour ses élus », quel que soit l'âge de la vie où la mort les atteint et surtout s'ils sont enlevés prématurément.

En 15 b, *kai episkopè* doit désigner (cf. II, 20 ; III, 7, 13) une « visite » gracieuse, favorable ; le compl. *en tois hosiois autou* est parallèle au précédent et, cette fois, *en* est attesté par B. Le mot *hosioi* (cf. VI, 10 ; VII, 27 ; X, 15, 17 ; XVIII, 1, 5, 9) insiste soit sur l'idée de fidélité à toute épreuve (cf. *LXX Ps.* XXIX, 5 ; XXX, 24 ; etc. ; *Ps. Sal.* VIII, 23 ; XIII, 10 ; XIV, 3, 10), soit sur celle de piété (cf. *hosiotès* en II, 22), soit sur celles de pureté (pour les Mystères, cf. *WBNT*, 1, a), de consécration intérieure ou de sainteté (*Phil., Prob.* 91 l'applique aux Esséniens ; cf. H. G. Schönfeld, dans *RQ*, III, fasc. 2, pp. 228-231). Mais il reste à préciser le sens de la phrase elle-même. *Gri., Corn.* et *Hein.* l'entendent de la sollicitude toute particulière témoignée par Dieu à ses fidèles : il les soustrait aux dangers de ce monde et leur fait rejoindre leur destinée immortelle ; la « visite » est identifiée alors avec la mort elle-même, suivie d'un transfert dans la société de Dieu. Pourtant, les emplois précédents de *episkopè* (si l'on excepte II, 20 où les impies déforment la portée du terme) renvoient à une phase ultérieure des rétributions transcendantes, avec un arrière-plan collectif. Par conséquent, le texte fait penser à une intervention suprême et décisive qui, au temps fixé par Dieu, introduira la glorification des âmes justes (cf. III, 7 a). Et c'est peut-être en prévision de cette phase finale que le jeune juste a été « mis en sûreté » (cf. *èsphalisato* en 17 c). Un châtiment correspondant des âmes des impies peut être impliqué, mais cela n'autorise pas à traduire *episkopè* par « jugement » ; de même le parallélisme avec le compl. précédent (15 a) interdit d'interpréter *en hosiois* d'un jugement rendu par Dieu « au milieu de ses saints », c.-à-d. « accompagné de ses saints » (du reste V, 5 b et *Hén.* I, 9 emploient alors *hagioi*).

14 c-d. Nous avons noté déjà (cf. *supra*, p. 339) la difficulté créée par *hoi de laoi*. Plutôt que d'entendre le mot au sens de « foules, masses » avec une nuance péjorative, nous préférons adopter la conjecture *hoi d'alaoi* qui présente l'avantage de maintenir l'unité de sujet. Si ce mot est absent de la *LXX*, il s'ajoute aux nombreux mots rares et littéraires employés par *Sag.* et il rejoint en fait le thème biblique d'une cécité spirituelle (cf. *Is.* VI, 9-10 ; XLII, 18). L'auteur revient donc ainsi aux impies et il reprend successivement, selon nous, l'idée du v. 17 et du v. 15. Les deux partic. *idontes kai mè noèsantes* sont coordonnés étroitement (avec valeur causale). Le premier ramène au simple spectacle de la mort prématurée du juste ; le second rappelle (cf. 17 b) « l'incompréhension » du sens véritable d'un tel fait. En 14 d, *mède* introduit un autre aspect (cf. III, 14 b). L'expression *thentes epi dianoiai* peut imiter le style homérique (*theinai epi* ou *en phresi*, cf. *Il.* I, 55 ; *Od.* XVIII, 157 ; etc.), mais elle rappelle aussi la formule hébraïque « placer, fixer sur son cœur », c.-à-d. prendre en considération ou à cœur (*Is.* XLVII, 7 ; LVII, 1, 11 ; *Dn.* I, 8) ; cependant le vb. *tithesthai* n'est pas employé alors par la *LXX* et se rencontre seulement dans des formules analogues ; d'autre part, le compl. est traduit dans tous les cas par *kardia*, sauf en *Is.* LVII, 11 (*eis tèn dianoian oude eis tèn kardian*, doublet). Mais *dianoia* apparaît ailleurs dans la *LXX* (= presque toujours *lêb*) avec son sens usuel de « pensée, application de l'esprit, réflexion ». L'expression signifie donc soit « se mettre dans l'esprit », soit « prendre en considération, réfléchir ». Le compl. *to toiouto* renvoie normalement, nous l'avons dit (cf. *supra*, p. 339), à ce qui précède mais la formule surprend et *Risb.*, p. 209, propose de restituer *ti to toiouto*. Cette amélioration du texte n'est pas nécessaire car la formule se rencontre dans l'usage gr. (cf. *Lidd.-Sc.*, *sub v. toioutos*, 3) et elle dénote seulement une certaine insistance : « une chose telle que celle-là, une telle réalité », voir même « cette réalité si grande, si noble » (cf. *Lidd.-Sc.*, *ibid.*, 1). Selon nous, l'auteur rappellerait maintenant les dispositions gracieuses de Dieu à l'égard de ses élus (v. 15), alléguées pour éclairer le sens véritable d'une mort prématurée.

L'influence exercée par *Is.* LVII, 1-2 sur l'ensemble du v. 14 est généralement admise. A propos de 14 a-b (cf. *comm.*), nous avons noté quelques points de contacts littéraux et une certaine analogie de situations, bien que le motif de l'enlèvement d'Hénoch continue d'exercer son influence. Ici, on rapproche d'autres traits : le juste périt « et personne ne prend la chose à cœur » (= *TM sâm'al lêb* ; *LXX oudeis ekdechetai tèi kardiai*), les hommes fidèles sont enlevés « et personne ne remarque ou ne comprend » *(TM mêbîn* ; *LXX katanoei)*. Il s'agit, pensons-nous, d'une réminiscence coulée dans un autre contexte. Selon *Ficht. Alttest.* (p. 164), l'auteur utiliserait une traduction parallèle à celle de la *LXX* ; cette solution ne s'impose pas car d'autres réminiscences, bibliques et profanes (cf. *supra*), semblent avoir joué pour la formulation du texte et l'auteur a pu connaître également *Is.* LVII, 1-2 sous sa forme hébraïque.

18 a.   Le vb. *opsontai* reprend *idontes* de 14 c mais généralise ; déjà employé au v. 17 comme fut. gnomique (cf. *comm.*), il n'a pas cette fois de compl. (*auton* est ajouté seulement par S* et *Ar.*, *ton dikaion* par les *Florilèges*, cf. *Zie.* et ajouter *Anast.*, 657). Le vb. coordonné *kai exouthenèsousin* ne doit pas en avoir davantage (*auton* est ajouté par V, O, quelques *min.*, *Syr.*, *Co.* d'après *Feldm. Mat.*, p. 50, *Arm.*, *Ar.*) et, à ce titre, les deux vbs sont beaucoup plus expressifs : ils évoquent une attitude qui se prolonge et se renouvelle, non un acte passager. Mais le second introduit aussi une notion nouvelle, celle de « tenir pour rien, dédaigner, mépriser » (cf. III, 11 a) : au lieu de chercher à comprendre ou de réfléchir sur les desseins du Seigneur, les spectateurs n'ont que du mépris : un mépris qui porte moins sur ceux qui apparaissent victimes d'un sort aveugle ou poursuivis par les vengeances divines que sur l'utilité de la vertu et de la piété ou sur la foi aux promesses divines.

18 b.   Et c'est pourquoi « le Seigneur » lui-même, *ho kurios*, réagit d'une façon terrible. *Autous de*, mis en relief, prend une nuance méprisante. Le vb. *ekgelasetai* (« éclater de rire, rire aux éclats », cf. *Lidd.-Sc.*) est employé ici conformément à l'usage de la *LXX* où il reçoit un compl., avec le sens de « se rire, se moquer de » : ainsi en *Ps.* II, 4 ; XXXVI, 13 ; LVIII, 9 (= *śâḥaq*) avec Dieu comme sujet, puis en *Ne.* II, 19 ; III, 33 (= *lâ'ag* hiph.). L'auteur imite plus spécialement *Ps.* XXXVI, 13, où le « pécheur » s'oppose au « juste », et *Ps.* LVIII, 9, qui fait allusion aux propos méchants des « païens » impies *(LXX ta ethnè)*. Le *Ps.* II ferait intervenir « les peuples et les rois de la terre » ; or l'auteur ne doit pas viser ceux-ci ni même des multitudes anonymes et indifférentes (en gardant *laoi* en 14 c), mais des coupables endurcis, des « impies » parmi lesquels se rangent en premier lieu les Juifs infidèles. En effet, le Seigneur « se rira d'eux » parce qu'il se réserve de les châtier avec rigueur (cf. v. 19). Quand et de quelle façon ? Le v. suivant peut faire songer, en reprenant certains motifs bibliques (cf. *comm.*), à un châtiment soudain et collectif qui les fera périr de mort violente et les précipitera sans sépulture dans le Schéol. Pourtant, par opposition à la mort prématurée du juste, leur vie doit se prolonger jusqu'à la vieillesse (cf. 16 b) et la mort survenir au terme de celle-ci. Mais cette mort, considérée comme inoffensive et normale, prendra l'aspect d'un jugement de Dieu. Comme le « rire de Dieu » éclatera alors (*meta touto* en 19 a renvoie à une phase ultérieure), c'est déjà une sorte de jugement particulier, s'accompagnant de la perception de la réalité et de la colère de Dieu (sur ce jugement, cf. *Études*, ch. IV, pp. 308-309).

Leur destinée tragique après une mort
ayant le caractère d'un châtiment brutal et dévastateur

19. *Et ainsi ils deviendront après cette vie un cadavre méprisable*
    et un sujet d'outrages parmi les morts perpétuellement,
    parce qu'il les aura terrassés et précipités muets la tête la
                                                         première,
    ébranlés hors de leurs fondements,
    et qu'ils resteront stériles jusqu'à la fin ;
    ils seront dans la douleur
    et leur mémoire périra.

19 a. Une série de propositions détaille les conséquences du
« rire » vengeur de Dieu. L'auteur envisage d'abord l'état qui suit
la mort en fonction du corps, puis de la survie aux enfers (19 b).
Il revient ensuite à la mort elle-même, représentée sous la forme
d'un jugement de Dieu (19 c-e). Enfin il évoque successivement la
condition douloureuse des impies dans l'au-delà (19 f) et l'oubli
total qui les suit ici-bas (19 g). La reprise d'expressions et d'images
bibliques est continuelle, mais l'influence d'*Is.* XIV, 18-22 est prépon-
dérante (cf. *Ficht. Alttest.*, pp. 164-165).

Ici, *kai* semble avoir un sens consécutif : « et ainsi » ; sur *meta
touto*, « après cela, après cette vie », cf. II, 2 b. La formule *esontai
eis* avec un complément attributif est une tournure sémitique. Dans
ce compl., *ptôma* doit signifier non pas « chute, ruine, écroulement »
(sens le plus courant dans la *LXX* et préféré par les verss), mais
« cadavre », comme en *Jg.* XIV, 8 ; *Ps.* CIX, 6 ; *Ex.* VI, 5, et conformément à l'usage gr. ordinaire (cf. *Lidd.-Sc.* II, 1 et *WBNT*). Le
qualificatif *atimon* (cf. III, 17) fait penser à un cadavre « n'ayant
pas reçu les honneurs » de la sépulture. En Israël, le fait était considéré comme une infâmie et un châtiment (cf. *2 R.* IX, 34-37 ; *Is.* XIV,
19 ; *Jr.* XXII, 19 ; XXXVI, 30 ; *Ps.* LXXVIII, 2-3 ; *2 M.* V, 10), car
on avait le devoir d'ensevelir les morts (cf. *Dt.* XXI, 23 ; *Tb.* I, 17-19 ;
II, 3-9), une obligation enregistrée par le droit rabbinique (cf. Moore,
Jud. I, p. 71, n. 6 ; II, p. 287) ; des réactions semblables se rencontrent
également chez d'autres peuples (cf. Cumont, *Lux*, pp. 22-24 et *Soph.,
Ant.* 450 ss). Pourtant cette interprétation soulève des difficultés.
Elle insiste sur une forme de châtiment terrestre, alors que le
« juste » de II, 20 est condamné à une « mort honteuse », tandis
que des impies notoires peuvent recevoir une sépulture magnifique
(cf. *Jb.* XXI, 32-33). D'autre part, l'auteur ne semble pas envisager
une mort collective et violente qui frapperait soudain les impies
en les privant de la sépulture et des honneurs funèbres (cf. *comm.*
sur v. 18 b). Il veut donc signifier autre chose. D'après *Gri.* et *Hein.*,
l'image, empruntée à *Is.* XIV, 19, évoque seulement l'infortune de

l'au-delà, désignée par *Dn.* XII, 2 comme « une honte, une opprobre éternelle ». Cependant, à s'en tenir à la lettre du texte, l'attention se fixe plutôt sur la condition du corps après la mort. Ou bien celui des impies ne recevra pas les vraies marques d'honneur que sont les rites religieux et les prières (sur le rituel des funérailles chez les Juifs, cf. *Jüdisches Lexikon,* ed. HERLITZ-KIRSCHNER, Berlin, art. « Leichenbestattung ») ; ou bien l'auteur fait passer dans l'expression son jugement de moraliste : le cadavre des impies est « vil, méprisable », car il a été asservi au péché (cf. I, 4), et, seule, la dépouille d'une âme vertueuse reste honorable, digne de respect. Dans le second cas, il prolongerait ainsi l'idée d'une association étroite du corps à l'âme pour la vie morale et religieuse, mais il pourrait rejoindre implicitement la croyance juive à une résurrection des corps.

19 b. Le compl. *eis hubrin* est parallèle au précédent : « un sujet d'outrage, d'injure ou d'opprobre » (pour le subst., cf. II, 19). L'expression *en nekrois,* « parmi les morts », désigne ici les trépassés qui mènent un semblant de vie dans l'au-delà (cf. *Lidd.-Sc.* I, 4 et *LXX Ps.* LXXXVII, 5 ; *Tb.* V, 10 S) et elle renvoie à un lieu particulier, le Shéol biblique ou l'Hadès de I, 14 ; XVI, 13 ; un lieu auquel échappent d'une façon ou d'une autre les âmes des justes, dans la mesure où celui-ci devient un lieu de châtiment (cf. *Études,* ch. IV, pp. 312-315). La formule *di' aiônos,* « perpétuellement », attestée à la fois dans le gr. profane (cf. *Lidd.-Sc.* II, 1) et biblique (*Dt.* V, 29 ; XII, 28 ; *Is.* LX, 21 ; *Jr.* XX, 11), implique au moins une durée illimitée ou indéfinie, par opposition au temps qui mesure l'existence humaine. Mais quel est l'objet précis de ces outrages ? Est-on ramené à l'idée d'une privation de sépulture ? C'est sur ce fait que portent les railleries des habitants du Shéol en *Is.* XIV, 18-19 (chez les Grecs, au contraire, les morts non ensevelis se voyaient interdire l'accès du monde souterrain, cf. CUMONT, *Lux,* pp. 84 et 393 ; cf. aussi *Virg., Aen.* VI, 325). Cependant l'auteur doit transposer ce motif car il reprend d'une façon originale *Is.* XIV et le lien entre 19 b et 19 a n'est pas nécessairement aussi étroit. Ce serait donc pour une autre raison que les impies seront outragés par les autres morts, sans doute en punition de leur orgueil méprisant. En effet, c'est là l'objet principal des moqueries qui accueillent au Shéol le tyran d'*Is.* XIV (cf. vv. 9-17) de même que le Pharaon d'*Ez.* XXXII, 17-32. En se souvenant de ces textes, mais en les appliquant aux impies en général, l'auteur signifierait qu'une telle arrogance recevra un châtiment correspondant et en même temps, selon *Hein.,* que « les damnés souffriront les uns par les autres ». C'est sans doute à cause de cette pointe précise du texte que 19 c exploite l'image d'une prétention hautaine abattue soudain et réduite au silence.

19 c. Le rattachement à ce qui précède est marqué par *hoti* explicatif ou causal. Mais le texte comporte des mots difficiles qui

ont embarrassé les verss. Le fut. *rhèxei* renvoie soit au vb. *rhègnumi*
(avec son doublet *rhèssô/rhèttô*), « déchirer, briser ; faire éclater,
faire jaillir » (cf. *Lat. disrumpet illos, Syr., Arm., Ar.*), soit au vb. ion.
rhèssô (att. *rhattô*), « frapper, battre » (cf. *Shex.*), employé en un
sens particulier de lutteurs qui étendent d'un seul coup leur adversaire sur le sol (cf. *Hesych. rhèxe, katebalen*, et, sur ce dernier mot,
la note : « *rhèssein pro dejicere, solo allidere, est verbum palaestrae* »,
éd. ALBERT, Lyon, 1766, II, 1111). Ce sens, supposé p.-ê. par *Dém.*
(*adv. Con.* 8), est attesté nettement par *Artem.* (*I*, LX, HERCHER, 56),
avec les expressions synonymes : « abattre l'adversaire, lui faire toucher le sol, le terrasser ». On ne sait s'il s'attache au fut. *rhaxô* en *Jr.*
XXIII, 33, 39 (plutôt « briser » comme en *Is.* IX, 10 et XIII, 16).
En tout cas, il convient fort bien ici et est préféré avec raison par
un bon nombre de Modernes (cf. *Gri., Siegf., Hein., Goodr.*, etc.).
L'adj. *aphônous* (cf. *Is.* LIII, 7 ; *2 M.* III, 29), « sans voix, muets »,
ne soulève aucune difficulté (*Shex.* ^mg. glose : « ils ne pourront élever
la voix à cause de la sévérité de la chute ») ; il n'y a donc pas lieu
de le remplacer par *aphnô*, « à l'improviste » (conj. de OSIANDER ;
cf. *Zie.*), ou de supposer un original hébr. différent (*nè'lâhim*,
« putridos, foetidos », *Bretschn.*, cité par *Gri. ; nèhelâmin*, « smitten
down », *Spei.*, p. 470). Le mot suivant *prèneis* (une forme ionienne
usitée par la *Koine ;* att. *pranès*) signifie normalement « qui penche
ou tombe en avant » (cf. *3 M.* V, 50 ; VI, 23), et ce sens a été retenu
par *Co.* (cf. *Feldm. Mat.*, p. 50) et *Shex.* qui traduisent : « sur leur
face » (= glose marginale de Bᵃ, cf. *Swe.*). Mais *Lat., Eth. et Arm.*
ont traduit par « enflés, gonflés », *Syr.* par « sciés », en renvoyant,
semble-t-il, à un mot différent, rattaché d'une façon ou d'une autre
au vb. *prèthô*, « souffler, gonfler en soufflant » (cf. *Lidd.-Sc.* et *s.v.*
pimprèmi II). On postule surtout *prèstous* (*Gutb., De Br.*, p. 131),
auquel *Syr.* pourrait renvoyer en ayant lu *pristous* par itacisme
(selon d'autres, il aurait lu *prineis*, interprété comme un partic. 2
passif de *priô*, cf. *Holtz.*, p. 123). A la rigueur, cependant, *Lat., Arm.*
et *Eth.* peuvent supposer *prèneis* qu'elles auraient éclairé par les
vbs *prèthô/pimprèmi*, p.-ê. en conformité avec une étymologie populaire, mais contrairement à l'usage (cf. sur *Ac.* I, 18, H.J. CADBURY,
dans *JBL*, 1926, pp. 192-193), ou bien en s'inspirant du contexte
d'*Ac.* I, 18. En tout cas, *prèstous, prineis* sont des solécismes (de
même que *prètheis* suggéré par d'autres), tandis que *prèneis*, attesté
pratiquement par tous les mss (cf. *Zie.*), garde sans peine son sens
normal dans le contexte. Si *rhèxei* signifie « terrasser, abattre », les
impies seraient projetés au sol la tête en avant, par un coup de
l'adversaire leur faisant perdre soudain l'équilibre, ou ils seraient
précipités ensuite, la tête la première, comme dans un gouffre. Si
le vb. signifie « briser, rompre ; écraser » (*RV, Gre., Ficht., Duesb.,*
Cramp., Mar., Guil., RSV), l'idée se continuerait par celle de leur
chute en avant, avec l'image sous-jacente d'un arbre frappé par la
foudre. De toute façon, la brutalité même du coup porté leur coupe
soudain la parole et met fin à leurs propos arrogants. Enfin, à cause

de la relation étroite entre 19 c et 19 b, le lieu où les impies sont
précipités ne peut être que le Shéol ou l'Hadès « souterrain » (cf.
Is. XIV, 9). Dans cet abîme qui signifie pour eux une mort sans fin,
ils tombent la tête en avant : or « quiconque tombe de la sorte
dans un précipice est irrémédiablement perdu » *(Hein.).*

19 d. En même temps Dieu « les ébranlera », *saleusei autous,*
jusque dans leurs fondements en les arrachant à ceux-ci, *ek theme-
liôn.* L'image est difficile à préciser. On pense, par ex., à un édifice
renversé de fond en comble *(Gri., Dea., Goodr.)* ou à une cité rasée
jusqu'au sol *(Holm.).* Comme il évoque une intervention radicale de
la justice divine, l'auteur s'est souvenu peut-être des textes bibliques
où Dieu, dans sa colère ou pour manifester sa puissance, « ébranle »
les fondations des montagnes ou de la terre *(Ps.* XVII, 8 ; *Jb* IX,
6 ; etc.). Mais l'idée exprimée prend plutôt le contre-pied des textes
qui montrent le juste établi sur un fondement inébranlable (cf.
Ps. CXI, 6 ; CXXIV, 1 ; *Pr.* X, 25 ; etc.). Les impies seront arrachés
radicalement à leurs seuls appuis, sans se soucier des valeurs supérieures qui s'épanouissent dans l'au-delà. Aussi plus rien ne subsistera.

19 e. L'image d'une désolation ou d'une stérilité perpétuelles
ou totales prolonge celle d'un ébranlement radical. L'expression
heôs eschatou peut signifier : « jusqu'à l'extrême, entièrement,
complètement » *(Gri., Dea., Hein., Goodr.,* etc.), « jusqu'au dernier »
(Ficht., Cramp.) ou « jusqu'à la fin » (cf. *ep' eschatôn* en III, 17,
heôs eschatôn en *Si.* LI, 14). Le vb. *chersoun,* un dénominatif de
chersos, est employé au sens transitif de « dessécher, rendre inculte
ou stérile », par opposition à *cherseuein* (« demeurer en friche, rester
dévasté, stérile »), mais, au passif, la signification des deux vbs se
confond presque (cf. *Lidd.-Sc.*). La *LXX* connaît seulement *chersousthai (Jr.* II, 31 ; *Na.* I, 10 ; *Pr.* XXIV, 31) et, ici, *chersôthèsontai*
doit être une réminiscence de *Na.* I, 10 (surtout texte de A L : *heôs
themeliou autôn chersôthèsontai),* d'autant plus que le vb. se trouve
appliqué par exception, ici et là, à des personnes. L'image sous-
jacente peut être celle d'un pays « dévasté, ravagé », ou encore celle
d'un édifice ou d'une ville qui, ébranlés dans leurs fondations, ne
seront plus que ruine. Les impies ne laisseraient plus rien après eux
(cf. *Gri., Corn., Hein.*), en particulier ce qui assure à l'homme une
certaine survie : le nom, les œuvres. Cependant l'auteur nous semble
retenir plutôt l'idée de stérilité, de même que *chersousthai* est
employé d'une « terre désolée » en *Jr.* II, 31, d'une « vigne stérile »
en *Pr.* XXIV, 30 et d'un pays laissé en friche chez *Plut. (puer. ed.*
10 D). En effet, il insiste ailleurs sur une fécondité spirituelle, sur
un fruit mûri par une vie sainte (III, 13 c, 15), sur le sillage que
laisse après elle la vertu (IV, 1-2). Par contraste, les impies « seraient
laissés en friche », « resteraient incultes », pour n'avoir développé
et fait fructifier aucune valeur durable. Et cela, *heôs eschatou,*
« jusqu'au bout », c.-à-d. jusqu'au terme de leur vie, ou « jusqu'à la

fin », c.-à-d. jusqu'au jour des sanctions définitives où ils prendront pleinement conscience de cet état (cf. V, 6-13). Mais le sentiment d'une telle stérilité les affecte déjà et ajoute à leur souffrance.

19 f. « Ils seront, en effet, dans l'affliction », *esontai en odunèi* (ressemblance purement verbale avec *Is.* XIX, 10 *LXX*). Dans l'usage gr., *odunè* s'applique aux douleurs physiques et aux souffrances morales. Ces dernières sont directement visées en VIII, 16 c (cf. aussi *odunan* en XIV, 24 b), et ce doit être également le cas ici. En effet, le mot désigne autre chose que la douleur des victimes après une scène de dévastation et de ruine. Après le mouvement marqué par les vbs précédents (19 c-e), *esontai* signifie un état permanent et l'auteur doit caractériser la condition des impies dans l'état intermédiaire, par opposition à celle des justes qui sont « en paix » (III, 3 b) ou « en repos » (IV, 7). Or, les causes de cet état d'affliction sont indiquées par le contexte immédiat : la rencontre soudaine avec la colère de Dieu, les outrages de la part des autres, le sentiment d'un déracinement total, la constatation douloureuse d'une stérilité radicale, le regret et le remords (cf. v. 20). Ailleurs (ch. XVII), l'auteur insistera sur l'oppression des ténèbres (cf. v. 21), sur des terreurs soudaines et irraisonnées, ou sur le sentiment d'une totale impuissance (cf. v. 14).

19 g. Le dernier trait, *kai hè mnèmè autôn apoleitai*, fait intervenir apparemment une sanction terrestre : l'oubli dans la mémoire des hommes. En dépendance d'*Is.* XIV, 22 *(kai apolô autôn onoma)*, l'auteur se serait contenté de mettre en relief une infortune ressentie douloureusement par les anciens et présentée souvent par la Bible comme le châtiment de l'impie (cf. *comm.* sur II, 4 a) ; ce serait aussi la réplique à l'indifférence affichée jadis par les impies à l'égard de cette forme de survie (II, 4). Mais il y a une correspondance plus directe : *mnèmè* doit renvoyer à IV, 1 b (inclusion d'une section par le même mot) et avoir une densité analogue. Dans ce texte, l'immortalité personnelle se greffe sur celle du souvenir. Par conséquent, l'oubli des hommes s'accompagne de celui de Dieu. Les impies n'ont plus de « nom » au sens plein du terme : le « nom » qui est enregistré dans la mémoire de Dieu et se prolonge en une survie bienheureuse. Cette fois encore, un motif traditionnel est repris d'une façon originale.

Résumons la portée d'ensemble de ce v. L'auteur y envisage la condition des impies après leur mort, tout en revenant à cette mort elle-même en 19 c-d. La reprise d'expressions bibliques peut faire songer à un châtiment collectif, interrompant brutalement la vie des impies et les atteignant à la fois dans leurs biens, leur postérité et leur réputation : ils ne laissent que ruines après eux et leur souvenir disparaît. Pourtant, une intervention divine de cette nature ne prolonge pas les idées développées antérieurement par l'auteur. Pour lui, les choses suivent leur cours normal ici-bas et les vraies sanctions s'exercent dans l'au-delà, par l'intermédiaire de la mort elle-même ; mais celle-ci prend un sens différent selon qu'il s'agit de justes ou d'impies. Ces derniers se précipitent d'eux-mêmes à leur perte (cf. I, 12, 16 ; II, 24 b ; III, 10) : qu'ils aient vécu peu ou longtemps (III, 17-18), ils feront un jour l'expérience de la vraie mort. Aussi l'auteur semble bien avoir voulu dramatiser ici cet aspect tragique de la mort de l'impie, la présenter comme un premier jugement de Dieu avec les peines correspondantes. Du reste, la réminiscence générale d'*Is.* XIV, 18-22 atteste qu'il a eu d'abord l'intention d'évoquer l'état qui suit la mort et la condition des impies dans l'Hadès. Enfin, si l'on rapproche cette description de la scène décrite en V, 16-23, pour revenir à l'idée d'un châtiment terrestre et collectif, les différences éclatent aussitôt : là, le caractère général et le contexte terrestre de ce jugement de Dieu sont appuyés à souhait, ici les traits susceptibles d'aller dans ce sens (14 c *laoi*, 17 c, 18 b, 19 c) ne sont ni préparés suffisamment, ni situés dans un contexte éclairant, ni prolongés.

Le sort final des impies

Résumé de IV, 20 - V, 14. L'auteur envisage maintenant une phase ultérieure du châtiment des impies. Différents traits adressent à une scène de jugement : les impies comparaissent comme des accusés conscients de leur culpabilité (IV, 20) ; en face d'eux se tient « le juste » qui semble témoigner contre eux (V, 1) et les remplit de frayeur (V, 2). Pourtant, c'est un jugement très spécial, sans mention explicite du juge, sans confrontation réelle des parties, sans verdict, et la cause paraît même déjà jugée tandis que les justes sont sauvés (V, 2 b) et admis dans la société céleste (V, 5). En réalité, les impies comparaissent pour prendre pleinement conscience de leur égarement passé et être couverts de confusion. Sous la forme d'une confession douloureuse et désespérée (V, 3 ss), ils formulent eux-mêmes leur propre accusation et reconnaissent le bien-fondé de la sentence portée contre eux : ils ont fait fausse route (V, 6-7). Cette confession est la réplique cinglante à la profession de foi matérialiste et impie du ch. II : elle en reprend les principaux points, mais plutôt en ordre inverse et sans rigueur systématique (cf. V, 4-5 et II, 16 c-d, 18-20 ; V, 5-7 et II, 12-16 a-b ; V, 8 et II, 10-11). Les impies retrouvent même la veine lyrique de ce discours d'antan (II, 4 c-5) pour évoquer, par des images successives, le vide absolu de leur vie (V, 9-13 a). Jadis ils avaient affirmé la vanité de l'existence humaine (II, 1-3) ; ils reconnaissent maintenant qu'elle peut être une préparation à l'immortalité bienheureuse si elle s'attache à la vertu (V, 13 b). En les faisant parler ainsi, l'auteur condamne donc un style de vie contraire à la destinée immortelle de l'homme. Du reste, il reprend la parole au v. 14 pour affirmer la vanité de l' « espérance » de l'impie, par opposition à celle du juste (cf. II, 22 b ; III, 4 b). Cela ne suffit pas pour considérer l'ensemble comme une simple mise en scène littéraire évoquant la perception intérieure, par les impies, de la décision du Juge suprême à leur égard et du sort qui leur est fait *(Gri., Reu., Gre.).* L'auteur veut signifier une phase distincte et reprend l'idée d'un jugement collectif ou général. Mais il incline celui-ci dans un sens spécial : c'est un jugement sévère, concernant directement les impies, car le discernement est déjà fait. D'autre part, il s'efforce de le spiritualiser : la condamnation est perçue par les consciences et tout l'apparat des assises solennelles passé sous silence. On ignore aussi son cadre précis : il semble avoir lieu sur terre et, dans ce cas, l'hypothèse d'une résurrection quelconque des impies donnerait un relief plus concret à cette scène (cf. *Études*, ch. IV, p. 322). On ignore enfin ce que deviennent ensuite les impies : vraisemblablement ils redescendent au Shéol, car le livre n'affirme nulle part leur extermination (cf. *ibid.*, p. 316).

Comparution des impies, accablés par leurs fautes et mis en présence du juste

20. *Ils viendront, lors du compte à rendre de leurs péchés, tout craintifs,*
  et leurs crimes les convaincront en face.
V.1. *Alors le juste se tiendra debout avec une grande assurance*
  en présence de ceux qui le tourmentèrent
  et qui méprisaient ses labeurs.
  2. *A cette vue, ils seront secoués d'une peur terrible*
  et frappés de stupeur devant le caractère inattendu d'un tel salut.

20 a. Le vb. *eleusontai*, « ils viendront, s'avanceront », marque une phase nouvelle, soulignée encore par l'asyndète : les impies doivent sortir momentanément de l'Hadès. L'expression *en sullogismôi hamartèmatôn autôn* se rattache plutôt à ce vb. qu'au mot suivant *deiloi (en* indiquerait alors l'objet de la crainte, cf. WBNT, III, 3), et *sullogismos* doit signifier non pas « considération, réflexion » (cf. *Lat. in cogitatione*), mais « compte, calcul, bilan » (cf. *Lidd.-Sc.* I, 1). Deux interprétations sont alors en présence. L'une, préférée par les Modernes (cf. *Gri., Reu., Siegf., Hein, Goodr., Schü.,* pp. 158-159, OSTY, *Guil.,* RSV), donne à l'expression une portée objective : elle désignerait équivalemment l'enquête (I, 9 ; IV, 6), la décision ou la sentence (III, 18), voire même la Visite (III, 7, 13 ; IV, 15), et *en* aurait la même valeur temporelle qu'en III, 7, 13, 18 et IV, 6. Par conséquent, elle signifierait : « lors du compte de leurs péchés, quand on fera ou s'établira le compte de leurs péchés ». On retrouve alors dans le texte lui-même l'idée explicite d'un jugement rendu et l'expression adresse indirectement au Dieu juge qui,

d'une façon ou d'une autre, a enregistré les péchés commis (*Siegf.*
pense à un livre d'après *Ml.* III, 14) et en fait le compte. L'autre
interprétation, supposée déjà par *Lat.* (cf. *supra*) et adoptée par
de nombreux commentateurs anciens (cités par *Gri.* et *Corn.*) ou
par certains Modernes (cf. *AV, Dea., Corn., Duesb., Cramp., Mar.,
Reid.*), rattache l'expression aux impies eux-mêmes et lui donne une
portée subjective : ils s'avancent « en faisant le compte, le bilan de
leurs péchés » (*en* comitatif, cf. *WBNT*, I, 4) ou lorsque sera venu
pour eux le moment « de rendre compte » de ceux-ci. La présence
du dét. *autôn* appuie cette interprétation. D'autres arguments sont
allégués par *Corn.*, en particulier celui tiré de 20 b où les péchés,
personnifiés, deviennent les accusateurs des impies. Par ailleurs, la
mise en scène devient plus expressive s'il s'agit de coupables qui
font intérieurement le compte de leurs péchés et apparaissent accablés par leur nombre. Dieu reste alors présent comme juge, mais
d'une autre manière : en les faisant venir et en les convoquant pour
une dernière instance, il fouille leur conscience avec sa lumière
implacable. Tout en préférant donner à *en* un sens temporel, nous
retenons quelque chose de cette interprétation subjective en traduisant par « lors du compte à rendre de leurs péchés ». L'adj. *deiloi*,
« craintifs, apeurés », rejeté à la fin de 20 a, est descriptif. Il peut
avoir été suggéré par *Is.* XIII, 7 *LXX (pasa psuchè deiliasei)*. On
le retrouve en XVII, 10 (cf. aussi IX, 14) à propos de la conscience
coupable. Il évoque une crainte sourde, angoissée, entretenue par
les appréhensions ou les reproches de la conscience.

20 b. En effet, la conviction de leur culpabilité *(kai elegxei
autous)* vient de leurs propres crimes *(ta anomèmata autôn)* qui se
transforment en témoins à charge et les accusent en face *(ex enantias)*. Sur *elegchein*, cf. I, 3 b ; *Lat.* a traduit par *traducent*, au sens
de « convaincre de faute, démontrer la culpabilité » (cf. MARTIAL,
Epigr. I, 53, 3). Sur *anomèma*, « crime, forfait », cf. I, 9 ; III, 14.
La formule *ex enantias* est employée de la partie adverse dans un
procès *(ho ex enantias*, cf. *Lidd.-Sc.* I, 2 c ; *WBNT*, 3, b) et elle
accentue la personnification mise en œuvre (*Lat.* et *Shex.* : *ex adverso*,
« en face » ; *Shex.* ᵐᵍ· : « face à face » ; mais *Syr.* et *Ar.* « ouvertement,
publiquement »). Les fautes passées apparaissent sous leur vrai jour
et chacune devient un reproche impitoyable. Alors que d'autres textes
les voient enregistrées objectivement dans un livre (*Ml.* III, 16 ;
Ap. XX, 12), elles surgissent ici dans la conscience, sous la lumière
divine, elles accusent et condamnent le coupable avant même que
Dieu ait prononcé la sentence (et c'est peut-être pour cette raison
que *Sag.* ne la mentionne pas). Il y a plus qu'une simple personnification poétique, car « nos œuvres nous suivent » (*Ap.* XIV, 13).
Un rôle analogue est attribué à la conscience, mais par anticipation
du jugement eschatologique, dès la vie présente, en XVII, 10 et
Rm. II, 15.

CHAPITRE V

1 a. *Tote*, rapproché souvent de celui de *Mt.* XIII, 43, marque la simultanéité : « alors » aussi les impies se trouveront mis en présence du juste. Celui-ci « se tiendra debout avec une grande assurance » *stèsetai en parrèsiai pollèi*. Le vb. évoque déjà l'attitude de l'assurance (cf. *Lv.* XXVI, 13 : « se tenant droit, la tête haute » ; *Lc.* XXVI, 36). Il est vrai qu'on pourrait le traduire, avec *Boh.* (cf. *Burm.*, pp. 51 et 150), par « se dressera, surgira », un vb. de mouvement qui correspondrait à *eleusontai* : « le juste se lèverait, se dresserait » pour accuser ses adversaires d'antan. Mais l'accusation a été présentée autrement (v. 20) ; aucune parole n'est échangée entre les deux groupes ; les impies se contentent de « voir » (cf. 2 a) et le juste leur apparaît dans une sorte d'immobilité silencieuse. Le subst. *parrèsia* (translitéré par *Syr.* et *Shex.*, glosé maladroitement par *Boh.*, cf. *Burm.*, p. 150) désigne au sens étymologique la liberté de parole, la possibilité de dire toute sa pensée (c'était le privilège du citoyen athénien), puis le franc-parler des Cyniques et des prédicateurs populaires (cf. *TWNT*, V, pp. 869-872) ; par extension, il caractérise couramment une attitude d'assurance, d'intrépidité ou d'audace. Peu fréquent dans la *LXX*, il tend, de même que le vb. correspondant, à résumer l'assurance du juste (cf. *Pr.* XIII, 5 et XX, 9) qui estime pouvoir s'adresser librement à Dieu (cf. *Jb.* XXVII, 10) et il inclut la confiance en lui (pour une analyse plus poussée, cf. *TWNT*, V, pp. 873-875). Chez *Phil.* (cf. surtout *Her.* 5-29), la *parrèsia* devient une vertu (*Her.* 5), fondée sur le témoignage d'une bonne conscience (*Her.* 6-7 ; *Spec.* I, 203) et rattachée au thème de l'amitié du sage avec Dieu (*Her.* 21), car « les amis ont entre eux leur franc-parler ». Dans le *N.T.*, elle résume une attitude chrétienne fondamentale et l'expression *pollè parrèsia* se rencontre en *2 Co.* III, 12 ; VII, 4 ; *1 Tm.* III, 13. Ici le mot s'oppose directement à la crainte et à la confusion des impies (IV, 20) ; il implique aussi que le juste n'a plus rien à redouter de ceux-ci. Mais, plus profondément, son « assurance » s'appuie sur la sanction divine de sa vie passée : il a été justifié par Dieu, il est désormais « sauvé » (cf. 2 b). Le terme se trouve donc transposé d'une façon originale en contexte eschatologique.

Le sujet *ho dikaios*, rejeté après le compl. dans presque tous les *mss* (cf. *Zie.*), prend une valeur expressive. *Lat.* l'a traduit par le plur. *(stabunt justi)*. En fait, on ne peut restreindre sa portée à un seul individu. Les impies comparaissent en même temps pour constater le sort différent de tous ceux qu'ils ont jadis méprisés ou persécutés et *Chrys.* (*Ep.* CXXV, *PG* LII, 684) commente ainsi le texte : « Alors chaque martyr reconnaîtra son propre persécuteur et chaque persécuteur son propre martyr. » Le problème est plutôt de savoir si l'auteur entend désigner, par un terme générique ou collectif, tous les justes sans exception, quelles qu'aient été leur vie et leur fin ; autrement dit, si le contexte est bien celui d'un jugement général. Or cette scène de jugement est décrite sous un jour très particulier : seuls les impies comparaissent vraiment, et pour une confusion définitive, tandis que les justes sont déjà admis dans la société de Dieu et glorifiés ; l'hostilité manifestée jadis par les premiers à l'égard des seconds reste déterminante et l'auteur veut nous faire assister à un renversement total des situations. Par conséquent, seuls les justes qui eurent à souffrir des impies retiennent ici l'attention, en dépendance des développements antérieurs et surtout de II, 10-20. On retrouve, dès lors, le problème posé par *ho dikaios* dans ce dernier passage (cf. ch. II, pp. 258-263) : un personnage réel, littéraire (pour les coïncidences avec *Is.* LIII, cf. *Études*, ch. II, p. 91, n. 8) ou idéal peut être considéré comme l'exemplaire ou le type de tous les justes qui, ayant subi des épreuves semblables, connaîtront la même revanche dans l'au-delà.

1 b-c. *Kata prosôpon*, « en présence, en face », une locution fréquente dans la *Koine* (cf. *WBNT* I, c. δ), insiste sur une confrontation réelle (en écartant l'hypothèse d'une simple présence idéale du juste dans la conscience des impies) mais n'implique pas nécessairement une proximité immédiate : il suffit que le juste soit en vue des impies. Le dét. *tôn thlipsantôn auton* rappelle qu'ils l'ont « opprimé, affligé ou tourmenté ». Cet emploi métaphorique du vb. (cf. aussi X, 15 ; mais le sens propre en XV, 7) est surtout fréquent dans la *LXX* (= *ṣârar* dans les *Pss*, ailleurs *lâḥaṣ* ou *yânah* hiph.), en particulier à propos de l'oppression des faibles ou des pauvres par les puissants. Ici, cependant, il ne renvoie pas spécialement à II, 10-11 (un vb. différent est employé par 10 a), mais plutôt à toutes les vexations infligées au « juste » (II, 17-20). *Lat.* a traduit par *angustaverunt* (cf. *De Br.*, p. 107 et *Bi. Sa.*), un vb. récent signifiant « resserrer, tenir à l'étroit ».

L'auteur continue par *kai athetountôn*, un partic. prés. équivalant à un impf. et désignant une attitude habituelle tandis que l'aor. *thlipsantôn* résumait des faits passés successifs. Ce second vb. (hellén.) signifie dans l'usage gr. « annuler, rejeter, désapprouver » ; la *LXX* accentue l'idée de « rejeter » (en dépendance de plusieurs vbs hébr. : « se révolter », « être infidèle », « faire défection ») ou ajoute l'idée de « mépriser, traiter avec mépris » (= *mâ'as* ; cf. par ex. *1 S.* II, 17). Avec son compl. *tous ponous autou*, *Lat.* l'a traduit par *et qui abstulerunt labores eorum* en pensant, selon *Dea.*, à des oppresseurs dépouillant le juste du fruit de ses labeurs, selon *Gre.*, à un mépris actif s'efforçant d'annuler les efforts vertueux et de faire succomber à la tentation. En réalité, *athetein* est à traduire ici par « mépriser » ou « désapprouver », car il renvoie directement au jugement porté par les impies sur la vie du juste, un jugement susceptible de se traduire ensuite dans les actes et concernant non seulement l'application du juste du ch. II à pratiquer la Loi et les observances (vv. 12 c-d, 15, 16 a-b) ou à donner l'exemple de la vertu (v. 19 b-c), mais encore les autres cas de vertu exceptionnelle signalés aux ch. suivants. En effet, *ponous* désigne les efforts vertueux ou les labeurs de la vertu (cf. III, 15). Pour les impies, tout cela n'était que peine perdue (cf. aussi II, 22 b-c ; III, 4 a ; IV, 17, 15, 14 c-d).

Les vv. 1-9 a sont cités à deux reprises par *Cypr.* (*Test.* III, 16 ; *ad Fortun.* 12) et appliqués aux martyrs ; chez d'autres auteurs africains et en particulier chez *Aug.*, on les retrouve dans la pastorale des pénitents (cf. A.-M. La Bonnardière, *Biblia Augustiniana*, pp. 79-83 ; 275-278). *Ps. Hipp.* (*Demonstr.*, PG, X, 793) introduit de la sorte ces mêmes vv. 1-9 : *kai palin Solomôn peri Christou kai Ioudaiôn phèsin.* Cette dernière interprétation est aussi celle de *Cant.*

2 a. C'est à tort que quelques *mss* (cf. *Zie.*) ont ajouté *de* ou suppléé *auton* après *idontes.* Isolé, ce partic. est beaucoup plus expressif : les impies voient soudain et ce spectacle les bouleverse aussitôt, *tarachthèsontai.* Il s'agit bien sûr d'une vision spéciale, sans les yeux du corps ; en tout cas, l'auteur n'a pas parlé de résurrection corporelle. Pourtant il présente cette vision comme réelle, objective, par opposition à une simple illumination spirituelle (cf. *Gre.* : « they ' see ' at last... the truth concerning the righteous... his confidence... the contrast presented by themselves »). Le vb. *tarattesthai*, « être troublé, agité, bouleversé » (cf. VI, 6 ; XVI, 6), est employé souvent de l'émoi intérieur que suscite la crainte (cf. *Esch., Coeph.* 289 ; *Ar., Eq.* 66 ; *Xén., Mém.* II, 4, 6) et du bouleversement causé par une peur soudaine et envahissante. Il est déterminé ici par *phobôi deinôi.* L'adj., fréquent en *Sag.* (cf. XI, 18 ; XII, 9 ; etc.), avec le sens de « redoutable, terrible », renforce l'idée de « peur » exprimée par *phobos* (cf. XVII, 6, 12, 15 ; XVIII, 17). Au spectacle du juste plein d'assurance et triomphant, ils réalisent d'un seul coup leur égarement passé, la grandeur des injustices commises à son égard et le châtiment terrifiant qui les attend.

2 b. *Kai ekstèsontai* prolonge le sens de *tarachthèsontai* avec l'idée de « stupeur ». Ce vb. (*existasthai*, « être hors de soi ») est employé conformément à l'usage de la *LXX* où il prend diverses nuances (« être étonné, stupéfait ; éprouver de l'effroi ou de l'admiration »). Il renvoie en particulier à *Is.* XIII, 8, où il est parallèle à *tarachth.*, dans un contexte qui décrit le châtiment de Babylone sous les traits du jugement eschatologique. L'auteur doit s'être souvenu de ce texte, et selon la *LXX* (car les deux vbs gr. ne sont pas

la traduction normale et stéréotypée des vbs hébr. correspondants).
Dans le compl., *epi tôi paradoxôi tès sôtèrias*, l'objet de la « stupeur »
est introduit par *epi* et le dat. (même construction dans *Os.* III, 5 ;
Mi. VII, 17 ; *Jr.* II, 12 ; etc.). L'adj. *paradoxos* (cf. XVI, 17 ; XIX, 5),
« contraire à ce qu'on pourrait croire, penser, attendre », d'où
« incroyable, inattendu ; admirable, merveilleux » (cf. *Si.* XLIII, 25),
était devenu un terme en faveur dans les milieux hellénisés (cf.
Études, ch. III, p. 195 ; REESE, *Hellenistic influence*, p. 97, n. 45) ;
alors qu'il qualifie simplement le subst. en *3 M.* VI, 33 (cf. *Études*,
ch. II, p. 147), il est employé ici au neutre avec l'article et suivi du
génitif pour mettre davantage en relief le caractère « inattendu,
paradoxal » de la *sôtèria*. Ce mot n'est pas déterminé : *autou* (S O
divers *min.*) doit être une addition spontanée, supposant le sens de
« délivrance ». En fait, les traductions qui adoptent ce sens font
souvent de même (cf. *Siegf., Goodr., Feldm., Ficht.*). Pourtant, la
portée du terme est plus complexe. Assurément, le juste est bien
le bénéficiaire d'une *sôtèria* qui est pour lui une délivrance, mais
la référence à Dieu est également implicite, car il s'agit d'une réalisation ultime de ses desseins (*RV* traduit même : « at the Marvel
of God's salvation »). D'autre part, le terme a non seulement un
aspect négatif, mais positif (cf. *Gri.*) : le juste a été sauvé du mal
suprême de la mort, considéré par les impies comme définitif ;
bien plus, Dieu a tenu magnifiquement ses promesses en l'établissant
dans un état de paix, de bonheur et de gloire. Aussi *sôtèria* reçoit
ici une portée nouvelle dans la littérature biblique : la délivrance
eschatologique devient, pour chaque juste, une victoire sur la mort
elle-même et elle implique l'immortalité bienheureuse. Certains courants de la pensée grecque ont pu favoriser une telle transposition
du terme (cf. *comm.* sur I, 14 b), mais celui-ci garde son empreinte
biblique, à cause de la relation à un Dieu personnel de qui dépend
la *sôtèria* et qui réalise les desseins de sa Providence. Dans *Lat.*,
subitatio (et mirabuntur in subitatione insperatae salutis) est un
hap. leg. qui s'éclaire par l'usage africain (cf. le partic. *subitatos* et
le vb. *subitavit* chez *Cypr.* ou *Vita Cypr., CSEL,* III, pp. 693 et CVI) :
le traducteur a voulu ou bien insister sur l'idée de soudaineté *(Corn.)*,
ou bien reprendre par un subst. l'idée de « stupeur » ou d' « effroi »
rendue incomplètement par *mirabuntur* (cf. DU CANGE, *Glossarium...*
ed. nova, L. FAVRE, Paris, 1938, VII, p. 630, sur le vb. *subitare :
re quapiam insolita et subitanea percelli, expavescere*). *Syr.* semble
avoir lu *tès theôrias* (texte de *l* et 336), décomposé *paradoxon* et
retenu l'idée de gloire (cf. *Holtz.*, p. 123).

Confession stérile des impies
Ils ont méconnu le sens de la vie du juste

3. *Ils diront entre eux, saisis de regrets
    et, le souffle oppressé, gémissant :*

4. « *C'est celui-là que nous avons jadis tourné en ridicule*
    » *et pris pour cible de nos outrages, insensés que nous étions !*
    » *Sa manière de vivre, nous l'avons estimée de la folie*
    » *et tenu sa fin pour méprisable.*
5. » *Comment a-t-il été rangé parmi les fils de Dieu*
    » *et partage-t-il le sort des saints ? »*

3 a. C'est à tort que certains témoins rattachent ce v. au précédent par *kai* ou *gar* (cf. *Zie.*). L'asyndète, appuyée par B S,
divers *min.* et *Lat.*, marque mieux l'introduction d'un discours.
La formule *erousin en heautois* reprend littéralement (mais avec le
vb. au futur) II, 1 a, avec une correspondance intentionnelle, car
c'est la réplique au discours du ch. II. À ce titre surtout, dans cette
mise en scène dramatique, on pensera plutôt à des propos que les
impies échangent « entre eux », s'adressent « l'un à l'autre » (cf. déjà
Lat. « dicent inter se » ; *De Br.*, p. 107 et *Bi. Sa.*), bien que l'idée
d'un discours intérieur, de réflexions amères que les impies feraient
« en eux-mêmes » *(AV, RV, Siegf., Guil., Reid.)* trouverait sans peine
cette fois un appui dans le développement. Mais le genre littéraire
n'est plus le même : là, une tapageuse déclaration de principes qui
tourne au complot ; ici, un gémissement qui tient à la fois de la
lamentation collective (*Gre.* rappelle *Is.* XIII, 8 *LXX :* « ils déplo-
reront mutuellement leur sort ») et de la confession publique des
péchés, puis devient une complainte désespérée sur le mode élégiaque. Le partic. *metanoountes* est l'unique emploi en *Sag.* (seulement XI, 23 ; XII, 10, 19) d'un vb. qui, dans le gr. class., signifie
(cf. *TWNT* IV, 972-976) soit « reconnaître par après, trop tard »,
soit « changer de pensées, de sentiments ». Par extension, il prend
le sens de « regretter, déplorer » une faute commise (cf. déjà *Antipho.*,
Tetral. I, 4, 12 ; *Xén.*, *HG* I, 7, 19) avec le sentiment de s'être
trompé ou d'avoir mal agi. Mais cet aveu ou cette reconnaissance
n'impliquent pas, en règle générale (cf. en effet *Poim.* I, 28 ; *C.H.* I,
16-17), la nécessité d'une conversion radicale de la vie entière sur
le plan moral ou religieux. Dans la *LXX* (cf. *TWNT* IV, 985-987),
le vb. prend une nuance affective en dépendance de l'hébr. *niham*
« se désoler, s'affliger de » : il désigne un repentir contrit, douloureux,
préludant à un retour sincère à Dieu (la relation avec *epistrephein*
est très étroite) ; parfois même (cf. *Si.* XLVIII, 15) il suffit à exprimer
l'idée de conversion, et cette tendance s'accentue dans les écrits du
Judaïsme hellénisé (cf. *TWNT* IV, 987-991). Dans notre texte, les
impies « ont changé de sentiment » au sujet de la vie humaine et de
ses valeurs à la lumière de sa vraie fin. Comprenant maintenant leur
erreur et conscients de leur culpabilité, ils « regrettent » aussi leur
vie passée. Mais ces regrets sont stériles et surviennent trop tard.
Il ne s'agit donc pas d'un repentir salutaire conduisant à la conversion (cf. *comm.* sur XI, 23). Et c'est pourquoi *Dea.* déclare : « Le vb.
n'a pas son sens théologique habituel car le temps du repentir est
passé. » Mais ce n'est pas une raison pour en suspecter l'authenticité

(*Spei.*, p. 471, suggère un original hébr. signifiant « gémissant, grognant »). En réalité, le vb. est employé ici conformément à l'usage gr., non au sens biblique ordinaire (ces deux influences alternent chez *Phil.* et *Fl. Jos.*, cf. *TWNT* IV, 988-991). Ajoutons que les regrets ou les remords des impies sont inspirés moins par l'odieux et la gravité de leurs fautes que par le sentiment de s'être trompés, d'avoir manqué leur vie d'une façon irrémédiable (cf. vv. 6-13 !). C'est donc sur ce point que veut insister l'auteur.

3 b.   Le texte comporte plusieurs variantes. Le choix est difficile entre *stenazontes* et *stenazontai* (cf. *Feldm. Mat.* p. 51). La seconde leç. est adoptée par *Ra.* et *Zie.* sur l'autorité de B A 157 *Compl.* ; la première, supposée par *Lat.* (*gementes*) et *Co.* (cf. *Burm.* p. 151), citée par *Ps. Hipp.* (cf. v. 1 *ad fin.*) et certainement ancienne, nous semble préférable. Ce partic., coordonné au précédent, rend la phrase plus coulante et il explique mieux les autres leç. : d'abord les formes moyennes, *stenazontai* > *stenaxontai* (on attend un fut.) > *kekraxontai* (corruption), puis les formes actives (correction stylistique des précédentes, car l'actif est normal et seul employé par la *LXX*) *stenazousin* > *stenaxousin*. Quant à la répétition de *kai erousin* à la fin du v., omise seulement par B 637 *Lat.*, *Sah.* et *Ps. Hipp.*, elle est certainement fautive et ne se comprend qu'avec les formes moyennes ou actives, amenant une nouvelle introduction du discours des impies.

Le vb. *stenazein*, un fréquentatif de *stenein*, signifie « soupirer profondément, gémir » ; ici *stenazontes* qualifie des propos haletants, entrecoupés de soupirs ou qui s'exhalent comme un sourd gémissement. Leur cause physique (*Cant.* s'applique à la préciser) est indiquée par l'expression *dia stenochôrian pneumatos*. Le premier subst. désigne l'état de ce qui se trouve à l'étroit, resserré, comprimé (cf. *Lidd.-Sc.*) et, appliqué à l'homme, un état de détresse, d'angoisse physique ou morale (dans la *LXX*, cf. *Dt.* XXVIII, 53-55 ; *Is.* VIII, 22 ; XXX, 6 ; *Si.* X, 26 ; etc.). Conformément à la mise en scène, *pneumatos* signifie directement « souffle » de la respiration (« à cause de l'oppression du souffle ») et non « esprit » (« à cause de l'angoisse de l'esprit »). Selon *Gärt.* (p. 213), l'expression serait une réminiscence d'*Ex.* VI, 9 (*qôṣer rûaḥ*) en s'appuyant peut-être sur une traduction différente de celle de la *LXX* (*oligopsuchia*) ; elle s'éclaire tout aussi bien par *Jb.* VII, 11 (*ṣar rûaḥ* ; *LXX en anagkèi ôn*). Mais le parallélisme gr. le plus direct, c'est *4 M.* XI, 11 *to pneuma stenochôroumenos*.

4 a.   Les vv. 4-5 sont cités par *Clém.* (*Strom.* VI, 14 ; *St.-Fr.* 487) ; Les vv. 4-6 par *Chrys.* (*Virg.* XXII ; *PG* XLVIII, 549 ; mais dans *Hom. in Job* LXXIX, 3 ; *PG* LIX, 430, la cit. de 4 a-b est très libre). — Le pron. de rappel *houtos* désigne aussi celui qu'on aperçoit et *èn* accentue le lien avec le passé : « c'est bien celui-là » ; on relève avec raison une réminiscence d'*Is.* XIV, 16 *LXX* (*hoi idontes se...*

erousin houtos ho anthrôpos...), mais *houtos,* seul, se contente d'insister sur la continuité d'une même personnalité qui se trouve maintenant dans un état différent. *Lat.* a traduit de nouveau par le plur. *(hi sunt quos habuimus...),* avec la même interprétation collective qu'au v. 1 a (cf. *comm.*). La relative *hon eschomen pote eis gelôta* emploie une construction exceptionnelle dans la *LXX* (*Ps.* XXVII, 6 ; *Jr.* III, 3) et le *N.T.* (*Mt.* XXI, 46), celle de *echein* avec l'accusatif prédicatif précédé de *eis.* L'auteur a retourné à l'actif les formules passives *gignesthai* (*Jr.* XX, 7 ; XXXI, 39) ou *einai eis gelôta* (*Jr.* XXXI, 26). Le gr. profane connaît seulement les expressions *eis gelôta trepein* ou *emballein* (*Thuc.* VI, 35 ; *Dem., Phil.* IV, 75), mais en donnant également à *gelôs* le sens d' « objet de dérision, moquerie ». Par conséquent le texte doit signifier : « tourner en ridicule, en dérision ». On notera aussi l'emploi de *pote :* « jadis, autrefois », qui réapparaît seulement en XIV, 15 c et XVI, 18, 19.

4 b.   Le compl. coordonné *kai eis parabolèn oneidismou* serait redondant dans l'usage biblique, où *parabolè (= mâshâl)* a déjà un sens péjoratif dans les expressions « devenir la fable », « passer en proverbe » (cf. *1 S.* X, 12 ; *2 Ch.* VII, 20 ; *Ps.* XLIII, 15 ; etc.) et se trouve employé comme parallèle à *oneidismos* (cf. *Jr.* XX, 7-8 ; *Ps.* LXVIII, 11-12) ou coordonné à celui-ci (cf. *Jr.* XXIV, 9). Ce second terme, rare et tardif dans l'usage profane (*Fl. Jos., Ant.* XIX, 319 ; *Plut., Art.* XXII ; *Vett. Val.* LXV, 7 ; LXXIII, 10) avec le sens de « blâme, reproche ; calomnie », est très fréquent dans la *LXX* avec le sens d' « outrage, insulte, opprobre ». En déterminant *parabolè* par *oneidismou,* l'auteur peut avoir eu l'impression de lui garder une valeur neutre (« objet de comparaison, fable ; risée, cible ») en faisant une certaine concession à l'usage gr. Mais il se rencontre sur ce point avec *Tb.* III, 4, du moins selon le type de texte représenté par B A N *cet.* (cf. l'édit de la *LXX* de Cambridge, III, 1, p. 88), car celui de S, appuyé par *Lat.* (cf. *ibid.,* pp. 113 et 127), coordonne les deux termes. Selon *Ficht.* (*Stell.,* p. 123 ; *Alttest.,* p. 166), *Sag.* dépendrait ici de *Tb.* III, 4, mais on doit supposer qu'il connaissait le premier type de texte (pour d'autres points de contact entre *Sag.* et *Tb.,* cf. *Études,* ch. II, p. 89).

Si l'on rattache *hoi aphrones* à 4 b (B S A d'après *Fri. ; Syr., Co., Shex., Arm., Ar.* et les édit. de *Swe., Ra., Zie.*), c'est une apposition au sujet contenu dans *eschomen :* rejetée à la fin pour un effet de style, elle a, grammaticalement, la forme d'un nominatif exclamatif et l'emploi intentionnel de l'article (omis si facilement par *Sag.*) équivaut à « nous » (cf. *Phil., Somn.* II, 163 *lelèthamen hoi anoètoi*) ; d'où l'addition spontanée de *hèmeis* par divers mss (cf. *Zie.*). Avec le rattachement au début de 4 c (V, *Lat., Chrys. ; Fri., Reu., Dea., Far., Corn., Duesb., Cramp.*), l'apposition précède le vb. *elogisametha* et rappelle certaines formules classiques (*hoi alloi,* « nous autres », cf. *Xén., Anab.* V, 5, 21) ; elle qualifierait par avance le jugement stupide (sur *aphrôn,* cf. I, 3 ; III, 2, 13) porté par les impies sur le juste. Les deux interprétations sont possibles.

4 c-d. En tout cas, l'auteur allègue maintenant le motif des railleries et outrages des impies ; d'abord avec la propos. *ton bion autou elogisametha manian*. La construction de *logizesthai* avec un double accusatif et *einai* sous-entendu, au sens d' « estimer, considérer », est class. (cf. *Lidd.-Sc.* II, 2) ; *bios* signifie ici « mode de vie, manière de vivre » (cf. II, 15) ; *mania*, un terme très fort (cf. *Gre.*), désigne un état de folie, de démence ou de frénésie (cf. *mainesthai* en XIV, 28) et se trouve appliqué en *4 M.* VIII, 5 et X, 13, aux Juifs fidèles à Dieu jusqu'au martyre (*Dea.* renvoie aussi à *Jn.* X, 20 et *Ac.* XXVI, 24). Jadis, non seulement les impies trouvaient étrange le comportement du juste (II, 15), mais encore ils tenaient pour de la folie que de renoncer aux plaisirs terrestres et de s'opposer aux moqueries ou persécutions dans l'espoir de biens futurs imaginaires.

Ils avaient porté un jugement analogue sur la « fin » du juste, *teleutèn* (cf. II, 1, 5 ; IV, 17), en considérant celle-ci comme *atimon*. Cet adj. (cf. III, 17 ; IV, 18), déformé en *atimian* sous l'influence de *manian* (dans S * 706. 766. *Arm.*), renvoie apparemment à la mort « honteuse » que les impies décidèrent d'infliger au juste (II, 20). En réalité, il résume un jugement de valeur porté sur la « fin » des justes : parce que Dieu n'intervenait pas pour délivrer ses fidèles (II, 17-18) ou les soustraire à une mort prématurée (cf. IV, 17-18) et que leur mort prenait l'aspect d'un « écroulement » ou d'une « ruine » (III, 2 b - 3 a), un démenti flagrant était infligé à une vie sainte et vertueuse. La « fin » du juste apparaissait comme « méprisable ». En réalité, cette humiliation dernière ouvrait l'accès à l'immortalité bienheureuse. Au spectacle du juste glorifié, les impies en prennent maintenant conscience.

5. Le comble de leur étonnement (*pôs*, « comment ? », cf. *Hein.*), c'est que le juste « ait été rangé parmi les fils de Dieu » (*katelogisthè en huiois theou*). Le vb., « énumérer, compter ; cataloguer, classer ; mettre au compte de, compter parmi » (avec *en* et dat., cf. *Xén.*, *Mém.* II, II, 1), n'apparaît dans la *LXX* qu'en *Is.* XIV, 10 (*en hèmin de katelogisthès*) et *Dn.* V, 17. L'auteur doit transposer ici le premier texte, d'autant plus que l'influence d'*Is.* XIV s'exerçait déjà en IV, 19 (cf. *comm.*). L'aor. enregistre un fait passé et suppose une sanction divine. Celle-ci pourrait s'identifier avec une sorte de jugement particulier rendu par Dieu aussitôt après la mort (cf. *Études*, ch. IV, p. 308), dans l'hypothèse où les âmes seraient admises immédiatement dans la société de Dieu. Mais, sur ce point, la pensée du livre manque de clarté (cf. *ibid.*, pp. 310-315). Aussi *katelogisthè* peut renvoyer seulement à la Visite qui met fin à l'état intermédiaire (cf. *comm.* sur III, 7 a) ou à un passé immédiat, si cette Visite n'a fait que précéder la condamnation finale des impies.

Le sujet de l'étonnement des impies est précisé sous une autre forme en 5 b avec *kai en hagiois ho klèros autou estin*, « et c'est parmi les saints qu'il a son lot ». Le vb. est cette fois au prés. pour souligner le caractère durable et définitif de cet état glorieux (cf. *Gri.*, *Hein.*) ; *klèros* (cf. II, 9 c ; III, 14 d), d'après l'usage biblique, renvoie non seulement au « sort » ou au « lot » que les justes ont reçu en partage, mais encore à une disposition gracieuse de Dieu. Mais il reste à préciser la portée de « fils de Dieu » et « saints ». Ces termes sont considérés le plus souvent comme synonymes, mais appliqués soit aux justes glorifiés, à l'assemblée des saints (*Gri., Dea., Far., Gre., Feldm., Bück.,* p. 45, *Fisch.*, OSTY), soit aux Anges (*Ficht. Stell.,* p. 125 et *comm.* ; A.-M. DUBARLE, dans *RSPT*, XXXVII, pp. 439-441), soit à l'une ou l'autre catégorie indifféremment (*Schü.*, pp. 162-163 ; *Web.* ; *Zien. theol.*, p. 85, n. 6). D'autres critiques, cependant, proposent des identifications distinctes : selon *Hein.*, les « fils de Dieu » désigneraient les âmes béatifiées, et les « saints », les Anges, tandis que *Corn.* pense d'abord aux Anges, puis aux justes « ressuscités ». Enfin, par un biais assez étrange, *Cant.* voit ici deux plur. d'intensité ou de majesté s'appliquant en réalité à celui qui est le fils de Dieu par nature et le seul saint, le Christ Seigneur.

Examinons d'abord les arguments susceptibles d'appuyer l'identification des « fils de Dieu », puis des « saints », avec les justes glorifiés. Dans le premier cas, on rappelle que les « fils de Dieu » sont partout ailleurs, dans le livre, les justes ou les membres du peuple saint (cf. *comm.* sur II, 18 ; IX, 7 ; XII, 19, 21 ; XVI, 10, 26 ; XVIII, 4, 13) ; en outre, le spectacle du juste admis au nombre des « fils de Dieu » serait la confirmation de ses prétentions et la réplique aux railleries antérieures des impies (II, 16-18) ; enfin les écrits apocryphes appellent volontiers les justes « fils de Dieu » dans une perspective eschatologique (*Jub.* I, 24-25 ; *Ps. Sal.* XVII, 27 ; *Or. Syb.* III, 702 ; *Test. Lev.* XVIII, 8, 13). Pour identifier également les « saints » avec les justes, on rappelle que *hagioi* désigne les Israélites en XVIII, 9 (cf. aussi XVII, 2 a) et peut avoir ici la même portée que *hosioi* en IV, 15, car il alterne avec ce mot dans les *Pss* (cf. d'une part *Ps.* XV, 3 ; XXXIII, 10 ; LXXIII, 3 ; LXXXII, 4 ; d'autre part *Ps.* XXIX, 5 ; XXX, 24 ; etc.) ; on allègue aussi l'emploi eschatologique du terme dans certains textes bibliques (*Is.* IV, 3 *LXX hagioi klèthèsontai* et surtout *Dn.* VIII, 8, 18, 21-23, 24) ou dans les Apocryphes (cf. *Test. Lev.* XVIII, 11 ; *Hén.* XXXVIII, 4 ; L, 1 ; LI, 2 ; LVII, 3, 5 ; LXII, 8 et C, 5) ; enfin *Hén.* (XXVII, 3 ; XXXVIII, 1-3 ; LXII, 8) montre Dieu entouré des justes lors du grand jugement des pécheurs.

Cette double série d'arguments ne nous semble pas convaincante. Le texte présente le juste glorifié dans l'au-delà, dans une sphère céleste, tandis que les autres emplois de « fils de Dieu » en *Sag.* se rencontrent dans un contexte terrestre ou historique, ayant seulement des répercussions ou des prolongements eschatologiques. L'auteur a donc pu reprendre ici une formule biblique courante pour désigner les Anges (cf. *Gn.* VI, 2, 4 ; *Jb.* I, 6 ; *Ps.* XXVIII, 1 ; LXXXI, 1 ; LXXXVIII, 7 ; 1 *R.* XXII, 9). D'autre part, ceux-ci sont appelés « les Saints » (*LXX hagioi*) par *Jb.* V, 1 ; XV, 15 ; *Ps.*

LXXXVIII, 6, 8 ; *Za.* XIV, 5 *(hèxei kurios... kai pantes hoi hagioi met' autou)* ; *Dn.* IV, 10, 14, 20 ; VIII, 13 ; *Si.* XLII, 17 ; *Tb.* XI, 14. Cette désignation, fréquente dans les Apocryphes, est habituelle en *Hen.* (cf. COUARD, *Die religiösen...*, p. 57) qui, en particulier, annonce (en dépendance de *Dn.* VII, 10) que des « myriades de saints » (cf. *Jude* 15 ; *Gr.* « les myriades et les saints ») escorteront le Dieu justicier (I, 9 ; cf. aussi XCI, 15 ; C, 5) et affirme sous différentes formes l'assimilation future des justes aux anges des cieux (LI, 4 ; CIV, 4, 6 ; cf. *Études*, ch. II, p. 109). Une conception semblable se retrouve dans *Apoc. Bar. syr.* LI, 5, 10, 12 (cf. aussi *Mc.* XII, 25 ; *Lc.* XX, 36).

En définitive, il est préférable d'identifier les « fils de Dieu » et les « saints » avec les Anges. L'exclamation de surprise des impies se comprend mieux : le juste est à ce point réhabilité qu'il a pris place dans la société des Anges saints ! Le parallélisme synonymique des deux expressions doit avoir été suggéré par *Ps. LXX* LXXXVIII, 6, 7, 8 *(en ekklèsiai hagiôn // en huiois theou // en boulèi hagiôn)*. La conception selon laquelle les élus sont introduits dans la société des Anges ou assimilés à eux est attestée avant *Sag.*, non seulement en *Hén.*, surtout dans le *Livre de l'Exhortation* que l'auteur a dû connaître (cf. *Études*, ch. II, pp. 103-104, 106-111), mais encore à Qumrân où la vie menée dès ici-bas dans la société des Anges semble bien se prolonger après la mort (cf. *Études*, ch. II, pp. 118-119, 121-122), et où *gôrâl*, l'équivalent de *klèros*, est employé volontiers du « sort » éternel réservé par Dieu à ses fidèles (cf. *ibid.*, p. 122, n. 4). Ces coïncidences ne semblent pas purement fortuites (sur le problème des relations entre *Sag.* et *Qumr.*, cf. *ibid.*, pp. 112-113, 122-129) ; en tout cas, elles rendent plus probable l'identification des « fils de Dieu » et des « saints » avec les Anges.

Les impies reconnaissent s'être fourvoyés

6. *Ainsi donc, nous nous sommes égarés loin du chemin de vérité*
    et la lumière de la justice n'a pas brillé sur nous
    et le soleil ne s'est pas levé pour nous.

7. *Nous nous sommes engagés dans des sentiers d'iniquité et de*
                                                          perdition,
    nous avons traversé des déserts impraticables,
    mais la voie du Seigneur, nous ne l'avons pas connue.

8. *A quoi nous a servi notre orgueil ?*
    Et que nous a rapporté la richesse avec sa suffisance ?

6 a. *Ara*, placé en tête (comme dans le *N.T.*, cf. *Bl.-Debr.* 451 ; en *class.*, après un autre mot), marque la découverte d'une conclusion (cf. VI, 20 a) ou la reconnaissance, après réflexion, d'un état de choses préexistant : « ainsi donc, à ce compte-là ». Sur *eplanè-*

thèmen, forme passive à sens moyen, cf. II, 21 a ; suivi d'un compl.
avec *apo* (*class.*, cf. *Plat.*, *Pol.* 263 A ; dans la *LXX*, cf. *Dt.* XI, 28
apo tès hodou ; Ez. XLIV, 15 ; *Ba.* IV, 28), le vb. signifie « s'écarter
de, s'égarer loin de » ; ici : « loin du chemin de vérité », *hodou*
alètheias. Si cette expression désigne le « bon chemin » en *Gn.* XXIV,
48 *LXX*, elle est transposée déjà en *Ps.* CXVIII, 30 et *Tb.* I, 3 (de
même qu'en *Hén.* CIV, 12 gr. (des livres où les justes apprendront
pasas tas hodous tès alètheias). Cet emploi métaphorique de *hodos*
pour signifier la conduite ou les normes de vie (déjà II, 16) est
fréquent dans l'usage gr. (cf. *TWNT*, V, 43-47), mais plus encore
dans la Bible (cf. *ibid.*, pp. 49-56). L'image des deux voies offertes
au libre choix de l'homme est souvent sous-jacente : une image
illustrée chez les Grecs par la fable de Prodikos (*Xén.*, *Mém. II*,
I, 21-34) et chère aux Pythagoriciens (cf. FESTUGIÈRE, *Idéal*, pp. 80-81,
n. 9 ; p. 135) ; on la retrouve aussi dans quelques textes bibliques
(cf. *TWNT* V, pp. 53-57), mais elle ne revêt une forme théorique
que dans des écrits juifs parallèles (par ex. dans 1 *QS* IV, 2-18 ;
cf. aussi J.-P. AUDET, dans *RB*, 1952, pp. 220-238). Le dét. *alètheias*
peut être l'équivalent d'un adj. (hébraïsme courant) : « la vraie voie,
le droit chemin ». Pourtant, le subst. semble garder sa valeur propre.
En III, 9 a, il résume le vrai sens du plan de Dieu sur l'homme ;
par conséquent, il renvoie à des vérités ou à des doctrines qui
éclairent l'homme sur sa destinée et lui permettent de la rejoindre.
Par ailleurs, les notions de stabilité ou de fidélité colorent souvent
alètheia dans la *LXX*, en dépendance des mots hébr. correspondants
(pour leur relation réciproque, cf. C. H. DODD, *The Bible and the*
Greeks, London, 1935, pp. 73-75) : aussi le mot implique également
la soumission constante et volontaire à des obligations ou à des
préceptes (le « chemin de vérité » alterne avec celui « des commandements » ou « des préceptes » en *Ps.* CXVIII, 27, 30, 32) qui, dans
une religion révélée, sont imposés par le Seigneur (cf. précisément
hodos kuriou en 7 c). En suivant un tel chemin, les impies ne se
seraient pas égarés ; la foi et l'obéissance auraient remplacé les
raisonnements stupides par lesquels ils justifiaient jadis leur conduite.

6 b-c. L'image des ténèbres qui cachent la route succède à
celle de l'égarement loin du droit chemin, et la notion de « vérité »
est reprise par celles de « lumière » et de « justice ». Le mot *phôs*,
dans l'usage gr., désigne par excellence la lumière du jour ou du
soleil (cf. VII, 10, 29), mais se prête à divers emplois métaphoriques
(cf. *Lidd.-Sc.* II). Il est, ici, précédé de l'article et déterminé par
tès dikaiosunès (gén. enclavé, une construction plutôt rare en *Sag.*) :
« cette lumière qui est celle de la justice » (gén. explicatif). Ensuite,
les témoins du texte se divisent avec les leç. *ouk elampsen hèmin*,
« n'a pas lui, brillé pour nous » (B, certains *min.*, L', Mal.-Zie.) ou
en hèmin, « en nous » (A, 296) et *ouk epelampsen hèmin*, « n'a pas
lui sur nous » (S V, de nombreux *min.*, O, Chrys., Anast. 657,
Anton. 1100, Cant. - Ra.). La première maintient à *hèmin* le même

sens qu'en 6 c (« pour nous ») et se prêterait davantage (même sans
adopter *en hèmin*) à l'idée d'une lumière qui pénètre dans l'homme
avec la justice, dissipe ses ténèbres ou rend ses voies lumineuses.
Cependant la seconde nous semble préférable (sur *epilampein* avec
compl. normal au dat., cf. *Lidd.-Sc.* I, 2), car elle varie la fonction
des deux dat. *hèmin* et s'accorde mieux avec l'image d'une lumière
extérieure, une image reprise en 6 c : la lumière (du jour) n'a pas
brillé sur les impies ; bien plus, « le soleil ne s'est pas levé pour
eux », *kai ho hèlios ouk aneteilen hèmin*. Cette progression est
estompée par l'addition *tès dikaiosunès* après *ho hèlios* (cf. *Zie.*),
une addition secondaire qui n'a pas l'appui de *Lat.* (cf. *Corn., De Br.*,
p. 107, *Bi. Sa.*) ; elle a été suggérée par *Ml.* III, 20 *(kai anatelei
humin... hèlios dikaiosunès)*, un texte souvent repris par les chrétiens
(l'expression réapparaît dans *Test. Jud.* XXIV, 1, sous une influence
chrétienne ; même contexte pour *phôs dikaiosunès* dans *Test. Zab.*
IX, 8). A nous en tenir au texte reçu, les images de « lumière » et
de « soleil » reprennent un symbolisme biblique illustré non seulement par *Ml.* III, 20, mais encore par d'autres textes. On notera,
à cause d'une même relation avec la justice de l'homme ou de Dieu :
Is. LI, 4 ; LVIII, 8-10 ; LIX, 9-14 ; LXII, 1 ; *Pr.* IV, 18-19 ; VI, 23 ;
XIII, 9 *LXX ; Ps.* CXVIII, 105 ; *Si.* L, 29 gr. Sur cet arrière-plan,
Is. LIX, 9-14 semble avoir exercé une influence particulière : le
peuple coupable y confesse ses fautes (à partir du v. 9 dans *TM*,
du v. 10 dans *LXX*) et reconnaît avoir marché dans les ténèbres
en méprisant la « justice » et la « vérité » (v. 14). En donnant
une portée différente aux mots « vérité », « justice » et « lumière »,
l'auteur aurait transposé librement cette confession du peuple coupable pour la placer sur les lèvres des damnés. Ceux-ci se sont
égarés également et ont cheminé dans les ténèbres, car ils ne se
sont pas laissés éclairer et guider par cette lumière révélée qui fait
connaître à l'homme les volontés divines, lui trace le chemin de la
justice et illumine constamment sa conduite morale et religieuse ;
bien plus, cette lumière divine n'a jamais existé pour eux durant
toute leur vie. Que cette longue marche à travers les ténèbres leur
soit imputable, le texte ne le dit pas explicitement, mais cela ressort
de tout ce contexte de damnation. Du reste, en langage biblique,
l' « égarement » est toujours coupable et les impies sont avant tout
des Juifs infidèles et apostats qui ont refusé la lumière, sont restés
insensibles aux exigences divines (cf. *Gri., Goodr.*). *Dea.* rappelle
aussi *Jn.* III, 19, 20 ; *2 Co.* IV, 4, à propos du péché qui aveugle. —
Le v. 6 est souvent cité isolément, et après *Ml.* III, 20 ou IV, 2, par
Aug. (cf. A.-M. LA BONNARDIÈRE, *Biblia Augustiniana*, pp. 191-193,
276-277).

7 a. L'auteur reprend sous une forme antithétique et avec
d'autres images l'affirmation du v. précédent. Le texte reçu, *anomias
eneplèsthèmen* (var. *eplèsthèmen*, cf. *Zie.*) *tribois kai apôleias*, est
appuyé pratiquement par toutes les *verss* (*Lat.* : *lassati sumus in*

via iniquitatis et perditionis ; pour *Syr.*, cf. *Holtz.*, p. 72 ; pour *Sah.*
et *Arm.*, cf. *Feldm. Mat.*, p. 52 ; pour *Boh.*, cf. *Burm.*, pp. 51 et 153),
à l'exception de *Ar.* qui suppose *tribolois* « épines » au lieu de *tribois*
« sentiers » (« nous fûmes remplis de crimes parmi les épines et
les lieux pernicieux »). Selon le texte reçu, ce mot est le compl.
normal de *eneplèsthèmen,* un vb. qui signifie « être rempli de, se
rassasier de » (cf. XIII, 12) avec le gén. ou le dat. (cf. *Lidd.-Sc.* III,
1 et 2). Cette tournure concise peut être justifiée en partie par
l'emploi métaphorique des mots « voies, sentiers » en langage biblique
(cf. II, 15) et elle trouve un parallèle en *Pr.* XIV, 14 *(LXX tôn heautou*
hodôn plèsthèsetai). On la glose de deux façons, en donnant plus
ou moins à *tribois* un sens local : « nous avons été rassasiés, jusqu'à
la lassitude ou le dégoût, des sentiers ou sur les sentiers » (cf. *Corn.*,
Hein., etc.) et « nous avons trouvé notre contentement à marcher
dans les sentiers » (cf. *Gri.*, *Dea.*, Kuhn, *Exeg.*, p. 447, *Ficht.*), avec
l'imitation possible, dans le second cas, d'une formule sémitique
(« son cœur fut tout plein à faire quelque chose », cf. Kuhn). Elle
surprend néanmoins et c'est pourquoi *Siegf.* fait dépendre *anomias*
du vb. et propose de lire ensuite *en tribois apôleias* (en supprimant
kai) ; mais cette correction manque d'appui et méconnaît la fonction
distincte des deux gén. coordonnés : le premier définit toute la
conduite des impies comme faite d' « iniquité » ou de « forfaiture »
(le subst. réapparaît seulement en V, 23 c, cf. *comm.*), le second est
un gén. de destination ou d'issue (*Gri.* renvoie à *Mt.* VII, 13), marquant une progression (cf. *Dea.*) avec le sens de « perdition » (cf. I,
13) car les impies ont perdu définitivement la vraie vie et manqué
le bonheur de l'au-delà (cf. *Gri.*). On a supposé aussi (*Bretschn.*,
approuvé par *Foc.*, p. 68) une traduction fautive d'un mot hébr.
nile'ênû (« nous nous sommes fatigués »), lu *nimlê'nû* (« nous avons
été remplis »), mais cette conjecture n'améliore pas sensiblement
l'idée exprimée par *eneplèsthèmen* (cf. *supra*) et ne suffit pas à
imposer l'hypothèse d'un original hébr. (cf. *Intr.*, pp. 91-93). Sur la
base du texte gr., on attendrait plutôt un terme reprenant d'une
autre façon l'idée d' « égarement » (v. 6 a) ou un vb. de mouvement,
parallèle à celui de 7 b. Jadis, certains (Arnald et *Engelbr.*, cf. *Gri.*)
ont proposé *eneplagchthèmen*, « nous avons vagabondé, erré », mais
emplazesthai, très rare dans l'usage gr. et inusité par la *LXX*, reste
banal. D'autres préfèrent *eneplechthèmen* (de *emplekesthai*, « être
tressé ou tissé dans ; être enchevêtré, entremêlé, impliqué, plongé,
engagé, etc. »), une conjecture suggérée également par *Bretschn.*
(cf. *Gri.*) et reprise en particulier par *Zie.* qui restitue en même
temps *tribolois*, avec le sens suivant : « nous nous sommes empêtrés
dans les épines (ou dans les ronces)... ». En dépit des raisons alléguées par *Zie.* (*Intr.*, p. 32) pour justifier *triboloi* (on pourrait ajouter
Phil., *Somn.* II, 161), nous gardons *triboi*, qui est recommandé par
le contexte car il est prolongé par une image semblable en 7 b et
il a pour antithèse « la voie du Seigneur » en 7 c. Mais il reste la
possibilité d'adopter *eneplechthèmen* : ce vb, attesté à la fois dans

la *LXX* (*Pr.* XXVIII, 18 ; *2 M.* XV, 17) et le *N.T.* (*2 Tm.* II, 4 ;
2 P. II, 20), est courant dans l'usage gr. où il prend toutes sortes
de nuances (cf. *supra* et *Lidd.-Sc.* 1). En traduisant par « nous nous
sommes engagés dans des sentiers » (comme en *2 P.* II, 20), on
obtient un sens satisfaisant (le dat. *tribois* étant le compl. d'objet
du vb. composé). Ajoutons cependant que *eneplèsthèmen* demeure
explicable (cf. *supra*), mais plutôt avec les idées connexes de satiété,
de lassitude ou de dégoût, car les impies jugent avec sévérité leur
vie passée.

7 b.   Ils comparent maintenant celle-ci à une marche pénible à
travers des déserts successifs, *kai diôdeusamen erèmous abatous.*
Sur le vb., signifiant « parcourir, traverser », cf. V, 11 ; XI, 2 ; XIV, 1 ;
le subst. a été traduit dans *Lat.* par *heremias*, un africanisme corrigé
ensuite en *solitudines* (cf. *De Br.*, p. 107) ou corrompu en *vias* (cf.
Bi. Sa.) ; l'adj. *abatos* (cf. XI, 2) signifie ici « impraticable », « où
l'on ne peut marcher » à cause de la difficulté du terrain, de l'absence
de pistes tracées et du manque d'eau (même expression au sing.
en *Jr.* XII, 10 *LXX* et chez *Phil.*, *Spec.* I, 188). L'image évoque à la
fois les efforts stériles et la solitude morale de ceux qui n'acceptent
aucune règle de vie, suivent les caprices et les mirages de leurs
passions.

7 c.   Par opposition, « la voie du Seigneur » leur apparaît comme
une route large et facile, la « voie royale » (cf. *Nb.* XX, 17), mais
ils n'ont pas voulu « la connaître » et la suivre, *tèn de hodon kuriou
ouk egnômen.* La leç. *egnômen*, mieux attestée (avec l'appui de *Mal.*
et *Cant.*), doit être retenue (cf. *Fri.*, *Zie.*) contre sa rivale *epegnômen*
(cf. *Ra.*) qui supposerait un effort d'attention ou une application de
l'esprit (cf. XIII, 1 c) que les impies auraient négligé de faire, en
sorte que « la voie du Seigneur » ne leur serait pas apparue comme
le vrai chemin à suivre. Le vb. simple, au contraire, a son sens
biblique ordinaire : il implique le refus d'accueillir une réalité suffisamment connue et de la faire passer dans sa vie. Cette réalité est
résumée par *hodos kuriou*, une expression biblique (*Jg.* II, 22 ;
2 R. XXI, 22 ; *Is.* XXVI, 8 ; *Jr.* V, 4-5 ; *Ez.* XXXIII, 17 ; cf. aussi,
au plur., *Gn.* XVIII, 19 ; *2 S.* XXII, 22 ; *Os.* XIV, 10) qui renvoie
soit à l'action du Seigneur dans l'histoire, soit à la révélation de
ses volontés sur l'homme (cf. *TWNT* V, p. 51). Le second sens prédomine ici, bien que l'idée d'un dessein de Dieu appelant l'homme
à l'immortalité soit aussi présente (cf. II, 22 a). Les damnés sont
donc directement des Juifs infidèles à des doctrines et à des préceptes révélés par le Dieu d'Israël, le *kurios* (cf. I, 1 b ; II, 13 ; III,
8, 10) ; ils avaient la possibilité et le devoir d'orienter différemment
leur vie. Si *Jr.* V, 4, 5 se présente comme le parallèle le plus direct
dans la *LXX*, ils s'identifient non avec les « petits » du v. 4 *(ouk
egnôsan hodon kuriou)*, mais avec les « grands » du v. 5.

8 a. Avec l'interrogation oratoire *ti ôphelèsen hèmas*, « à quoi
nous a servi », et avec la suivante, ils remontent au principe même
d'une telle méconnaissance coupable : l' « orgueil », *hè huperèphania*,
puis la « suffisance fondée sur la richesse » les ont détournés d'une
obéissance humble et confiante. Dans l'usage profane *huperèphania*
caractérise l'arrogance hautaine et méprisante, l'orgueil (cf. R.-A.
GAUTHIER, *Magnanimité*, Paris, 1951, pp. 407-409) : c'est, nous dit
Thphr. (*Caract.* XXIV, 1), « le mépris de tous les autres à l'exception
de soi ». Cette attitude n'émerge pas directement sur le plan religieux
(par opposition à la « démesure » qui attire la vengeance des dieux) ;
pourtant elle a été considérée de plus en plus comme un vice,
surtout parce qu'elle n'est qu'enflure vaine et illusoire, indigne du
sage. Dans la *LXX*, le subst (= presque toujours *ga'ăwah* ou *gâ'ôn*)
a beaucoup plus de force et des incidences religieuses immédiates.
Non seulement une telle arrogance fait commettre de véritables
péchés d'injustice à l'égard d'autrui, mais encore elle conduit à un
mépris pratique des exigences divines et des choses saintes : c'est
un orgueil présomptueux et insolent, souvent impie, parfois sacrilège
(cf. par ex. *Nb.* XV, 30 ; *Pr.* VIII, 13 ; *Ps.* XXX, 24 ; LXXIII, 23 ;
Si. X, 7-18 ; XVI, 8 ; *Jdt.* VI, 19 ; IX, 9 ; *1 M.* I, 21 ; II, 49 ; *2 M.* IX,
7, 11). A cause du rattachement très étroit à 7 c, la portée du terme
ne se limite pas à un mépris pratique des droits des faibles (cf. II,
10-11), mais s'étend à celui des valeurs morales et religieuses. Jadis,
les impies ont édifié leur existence sur ce fondement de l'orgueil ;
ils constatent maintenant le vide, l'inutilité radicale d'une telle attitude, car ils sont restés enfermés en eux-mêmes, sans ouverture sur
l'espérance de l'au-delà.

8 b. La seconde interrogation est rattachée par *kai* (mieux
attesté que *è* A, *Lat., Syr., Sah.*) et complète la précédente. L'accent
porte d'abord sur *ploutos*, car « la richesse » servait de point d'appui
à une telle attitude orgueilleuse, mais le mot est précisé aussitôt
par *meta alazoneias* (cf. IV, 1 a *meta aretès*). Ce subst. a parfois
un sens très fort (voisin de *huperèphania* et apparenté à *hubris*,
cf. *TWNT* I, p. 227) : c'est l'audace présomptueuse ou l'insolence de
celui qui franchit les limites de l'humaine nature et ne reconnaît
aucun maître au-dessus de lui ; il désignerait alors une insolence
présomptueuse et impie, découlant de la possession de la richesse
(cf. *Siegf., Hein.*). Mais son sens habituel dans l'usage gr. est celui
de « vantardise, jactance, fanfaronnade » (cf. *Corn.*, pp. 187-188) et,
dans les définitions classiques (cf. *Arist., E.N.* 1127[a] 13 ; *Plat., Def.*,
416), c'est le travers de celui qui se vante de biens inexistants ou
possédés à un degré moindre. On le retrouve en XVII, 7 appliqué
aux prétentions des magiciens d'Égypte, tandis qu'en II, 16 le vb.
correspondant signifie « se vanter, se glorifier ». Cependant, ce sens
atténué convient mal ici car le texte doit flétrir autre chose que le
simple « étalage » de la richesse ou la « jactance » qui accompagne

celle-ci. Il s'agit d'une perversion plus profonde dans la façon de la posséder ou d'en user, car elle peut être un bien (cf. VII, 11-12 a ; VIII, 5). En réalité, la richesse peut aller jusqu'à prétendre remplacer les autres valeurs et par fausser entièrement la conception de la vie (cf. *1 Jn.* II, 16). Or telles étaient, jadis, les convictions étalées par les impies (cf. II, 6-11). Selon *Gre.*, le terme désigne ici « the ostentatious display of the materialist, who knows no measure of value except money ». Et c'est pourquoi nous préférons le traduire par « suffisance », en marquant le rattachement étroit à la richesse par « sa ». Les impies avouent maintenant n'en avoir retiré aucun profit réel : *ti sumbeblètai hèmin*, « que nous a valu, rapporté » (pour cet emploi du vb. au sens de « contribuer à, être utile ou profitable », cf. *Lidd.-Sc.* I, 8-9). — *Lat.* a traduit par *divitiarum jactatio* (ou *jactantia* ?), cf. *Corn.*, p. 174 ; *De Br.*, p. 108 ; *Bi. Sa.* ; dans *Syr.* (cf. *Holtz.*, pp. 81-82), *'ûmrô' (= bios)* doit être une corruption de *'ûtrô' (= ploutos)*.

Leur vie entière, identifiée avec des biens illusoires, n'a laissé aucune trace profonde et durable

9. « *Tout cela s'est évanoui comme l'ombre,*
   » *comme un message transmis en courant.*

10. » *Tel le navire qui traverse l'onde agitée*
    » *sans que de son passage on puisse découvrir la trace*
    » *ou le sentier de sa carène dans les flots.*

11. » *Tel encore l'oiseau qui vole dans l'air*
    » *et dont aucune marque ne permet de découvrir le trajet,*
    » *car l'air léger fouetté à coups de rémiges*
    » *et fendu par la violence de l'élan*
    » *imprimé par le mouvement des ailes, a été traversé,*
    » *et ensuite on ne trouve plus d'indice qu'il ait été foulé.*

12. » *Ou telle la flèche lancée vers une cible*
    » *quand l'air fendu revient aussitôt sur lui-même*
    » *si bien qu'on ignore par où elle est passée.*

13. » *Ainsi nous-mêmes, à peine nés, nous avons disparu,*
    » *et, en fait de vertu, nous n'avons pu donner de preuve,*
    » *tandis que nous nous sommes consumés dans notre malice.* »

9 a. Les comparaisons suivantes reprennent ou prolongent des images bibliques (sauf au v. 12) avec une recherche qui détonne dans la bouche des damnés : l'auteur procède à la manière des rhéteurs et des moralistes grecs de l'époque ; il estime que l'enseignement qu'il veut donner portera davantage s'il est illustré par des images expressives. Le vb. *parèlthen*, mis en évidence, peut se traduire par « a disparu » (cf. *Dem., Coron.* 188 *kindunon parelthein*

epoièsen hôsper nephos), ou mieux par « s'est évanoui » pour orienter, dès le début, vers l'idée de ne laisser aucune trace, soulignée de plus en plus ; *ekeina panta,* « toutes ces choses-là », est une généralisation qui prend appui sur « la richesse » (v. 8 b) car celle-ci est censée résumer ou procurer tous les biens, elle nourrit l'orgueil et la suffisance de l'homme ; l'expression désigne donc tous les points d'appui, illusoires et éphémères, de l'existence passée des impies. La première comparaison, *hôs skia* (cf. II, 5 a), renverrait, selon certains critiques, à « l'ombre » projetée par un nuage qui passe *(Gre.),* ou à celle portée par une personne ou un objet *(Hein.) ;* l'auteur associe plutôt la comparaison biblique de l'ombre du jour qui, sans consistance propre, suit la marche du soleil (cf. *Jb.* XIV, 2 ; *Ps.* CXLIII, 4), et celle de l'ombre du soir qui s'évanouit entièrement *(Ps.* CI, 12 ; CVIII, 23), pour évoquer les idées d'inconsistance, puis de disparition totale.

9 b. *Kai hôs aggelia paratrechousa* signifie litt. « et comme un message qui passe en courant » (cf. *Lat. tanquam nuntius percurrens*). Comme l'image reste étrange, on a proposé de donner au substantif le sens de « rumeur » (cf. déjà *Shex., Arm.*) en songeant à une rumeur fugitive qui frappe un instant l'oreille pour « être oubliée » aussitôt *(Corn. a Lap., Gri., Dea., Corn., Hein., Feldm., Schü.,* pp. 161 et 164, *Cramp.*). Mais le sens normal de *aggelia* est celui de « message, nouvelle » (cf. *Lidd.-Sc.*), tandis que celui de « rumeur » n'est guère recommandé par l'usage (ni par *Od.* II, 30, « nouvelle », ni par *Thuc.* VI, 36, 2, où, au plur., la notion de « rumeur » est conférée par le contexte) ; d'autre part, on hésitera à faire signifier à *paratrechein,* « être oublié » (dans le prolongement de quelques emplois exceptionnels : « passer inaperçu, échapper à l'attention », cf. *Lidd.-Sc.* 5), alors que le sens habituel du vb. est celui de « passer ou longer en courant, dépasser à la course, parcourir » et que la *LXX* l'emploie régulièrement de ceux qui courent à côté du char d'un grand ou d'un roi (cf. *1 S.* XXII, 17 ; *2 S.* XV, 1 ; *1 R.* I, 5 ; etc.). En réalité, l'auteur a pensé ici aux messages portés par des coureurs, les « courriers » de l'Antiquité. Leur rapidité proverbiale servait à illustrer la fuite rapide de la vie *(Jb.* IX, 25). Et ils passaient sans s'arrêter quand un message urgent était destiné à plusieurs personnes. Sans donner directement à *aggelia* le sens de « messager » (que n'appuient ni *Hés., Theog.* 781, ni *Polyb.* III, 61, 8) ou sans le traiter comme un équivalent de *aggelos (abstractum pro concreto, Gutb.*), on retiendra donc l'idée d'un « message oral porté en courant et s'éloignant rapidement avec celui qui le porte » (cf. aussi *Ficht., Guil.*). En s'inspirant librement de *Jb.* IX, 25, l'auteur a voulu évoquer directement la course rapide de la vie, son caractère fugitif et sans retour, indirectement le caractère éphémère de la disparition totale des valeurs illusoires cultivées par les impies.

10 a. En *Jb*. IX, 26, l'image du navire succède à celle du coureur (25), avec la même portée selon *TM*, mais la *LXX* introduit une idée nouvelle, celle de disparaître sans laisser de traces *(è kai nausin ichnos hodou)*. La transition s'appuie sur cette idée et l'auteur s'est souvenu en même temps de *Pr.* XXX, 19 (*TM* « le sentier du navire au cœur de la haute mer », *LXX kai tribous nèos pontoporousès*). Au début du v., *hôs* (B S * A presque tous les *min. - Ra., Zie.*) est à préférer à *è hôs* (Sᶜ, *Sah.*) ou à *kai hôs (a, verss)*. Par conséquent, une nouvelle série de comparaisons commence ici et *hôs* a pour corrélatif *houtôs* au v. 13. *Naus*, « bateau, navire », un terme générique dans l'usage gr., doit désigner ici un navire de haute mer. Du reste, le texte le montre « parcourant ou traversant », *dierchomenè*, « l'onde gonflée, soulevée, agitée », *kumainomenon hudôr*, une désignation poétique de la mer. Le sillage des bateaux anciens, plus petits et plus lents que nos navires modernes, était vite brouillé, surtout par une mer houleuse et écumante. L'auteur a pu le constater lui-même à l'occasion de voyages en mer.

10 b-c. La construction *hès* (antéc. *naus*) *diabasès* pourrait être un gén. absolu (« lequel ayant traversé, étant passé »), mais ce gén. dépend plutôt de *ichnos*, « trace de pas, vestige » (en *Jb*. IX, 26 *LXX*, « sillage » *ichnos hodou*), qui est le compl. de *ouk estin heurein* (sur cette formule courante dans le gr. littéraire, cf. *Lidd.-Sc. sub. v. eimi* A, VI). Le sens littéral est donc : « duquel étant passé il n'est pas possible de trouver la trace ». En 10 c, *oude* coordonne étroitement *atrapon* au compl. précédent : « ni non plus le sentier ». Ce subst., rare dans la *LXX* (*Jg*. V, 6 b ; *Jb*. VI, 19 ; XXIV, 13 ; *Si*. V, 9) qui préfère *tribos*, relève de la langue littéraire. Son déterminatif revêt différentes formes chez les témoins du texte (cf. *Zie.*), mais *tropis* *, « quille, carène », est certainement primitif (supposé par *Lat.*, *Sah.* et *Eth.*) ; quant au génitif lui-même, la forme ionienne *tropios* (B 253 ; cf. aussi *tropias* dans S * 534), poétique et ancienne (*Od.* XIX, 278 ; *Hdt.* II, 96), est à préférer à la forme plus récente *tropeôs* (A Sᶜ, la plupart des *min.*, *Cant.*), dans un contexte d'une belle venue littéraire, où les réminiscences poétiques affleurent sans cesse. On notera aussi la paronomase *atrapon/tropios*. Enfin *en kumasin*, « au sein des vagues » ou « des flots », reprend *kumainomenon* de 10 a. *Cant.* se plaît à souligner la précision de tous les termes : c'est « à propos » *(harmozontôs)*, dit-il, que l'auteur a ajouté *kumain. hud.* et *atrap. en kum.*, car le sillage peut subsister un certain temps par une mer calme, non par une mer agitée ; de plus, *tropis* correspond « fort bien » *(charientôs)* à *atrapos*, car le sentier tracé est « proprement » *(kuriôs)* le fait de la quille.

11 a-b. En *Jb*. IX, 26, la comparaison du vol de l'aigle fait suite à celle du navire et la *LXX* continue d'insister sur l'absence de trace ; en *Pr.* XXX, 19, l'ordre diffère : d'abord l'aigle, puis le navire.

L'auteur serre donc de plus près *Jb*. IX, 26 *LXX*, mais il a remplacé « l'aigle » par un terme plus général, « l'oiseau » (*orneou*, gén. de *orneon*, moins usité que *ornis*). Par rapport au v. 10, il a varié la construction de la phrase : le mot principal de la comparaison n'est plus au nominatif (cf. 10 a), mais au gén. (*orneou*) et celui-ci, avec la propos. participiale qui s'y rattache, dépend de *poreias* (11 b). Par conséquent, *hôs* comparatif porte directement sur la propos. principale (11 b) et l'on traduirait litt. en gardant l'ordre du texte : « ou comme de l'oiseau qui a traversé l'air en volant on ne trouve aucune marque du trajet ». Le participe qui dépend de *orneou* se présente sous deux formes : *diaptantos* * (S A Bᶜ, presque tous les *min.*, Mal. Cant.ˡᵉᵐ· ; Dea., Goodr., Hein.-Fri.) et *diiptantos* * (B * V 443 ; Gri., Ficht.-Ra., Zie.) ; la première est un aor. 2 actif qui renvoie directement au vb. *diapétomai*, « voler à travers, accourir ; s'envoler, s'éloigner en volant » (l'aor. 2 moyen est *dieptamèn* ou *dieptomèn*) ; la seconde est un présent actif qui adresse à un vb. *diiptèmi*, lequel aurait le même sens, mais ce vb. n'est attesté qu'au Moyen (cf. *Lidd.-Sc.*), de même que le vb. simple (cf. *Lidd.-Sc. sub. v. hiptamai*). Pour justifier *diiptantos*, Ra. renvoie à *Thack.*, pp. 281-282, mais celui-ci n'allègue que des formes moyennes au présent (en *Jb*. XX, 8, *eptè* est un aor. de *petomai*). Nous préférons donc *diaptantos*, d'autant plus que la nouvelle construction adoptée ici réclame un aor. marquant une relation d'antériorité par rapport à l'affirmation du vb. principal. Dans cette affirmation (*outhen heurisketai tekmèrion poreias*), le pron. *outhen* (sur l'alternance avec *ouden*, cf. II, 4 ; III, 17 ; IV, 5) a été transformé en *hou outhen* dans quelques mss (A, *b*) par imitation servile de la construction précédente (10 b) ; *tekmèrion* * signifie ici, comme dans l'usage poétique puis médical, « signe ou indice certain, marque » (cf. *Lidd.-Sc.* I, 1) ; *poreia*, « marche, démarche, chemin parcouru », peut être traduit par « trajet ».

11 c-e. L'auteur explique maintenant de quelle façon l'air a été traversé momentanément. Introduite par *de* adversatif, cette explication est une nouvelle phrase qui a pour sujet *pneuma kouphon*, et pour vb. principal *diôdeuthè* (11 e). Au début *Lat. (sed tantum sonitus)* a rattaché étroitement 11 c à 11 b et a pu lire sur son exemplaire *plèn èchos* (*De Br.*, p. 131 ; cf. cependant *Zie. Vorl.*, p. 285), mais cette leç. aberrante rendrait la suite du texte inintelligible. *Pneuma* reprend *aera* (11 a) en insistant sur le caractère dynamique de celui-ci : c'est « de l'air en mouvement » (cf. H. LEISEGANG, *Der Heilige Geist* I, Leipzig, 1919, pp. 34-38) pouvant offrir une certaine résistance au battement des ailes ; l'épithète *kouphon* est susceptible de désigner une brise légère (cf. *Soph., Aj.* 558 *kouphois pneumasin boskou*), celle qui souffle dans la partie supérieure de l'atmosphère, mais l'auteur a voulu évoquer plutôt (comme en II, 3 b) la nature propre de l'air (cf. *Cant. tèn phusin... ektithèsi tou aeros*), qui est insaisissable ou instable (cf. *Cant. mèden ti tôn moriôn*

echôn ephizanon) en raison de son extrême légèreté. Aussi le texte le montre « fouetté », *mastizomenon*, « par le frappement du plat des ailes », *plègèi tarsôn*. On notera l'emploi de *mastizein*, forme épique (en XII, 22 et XVI, 16, *mastigoun*, forme attique) ; *tarsos*, « claie, clayon, natte ; toute surface large et plate » et, dans le cas d'un oiseau, « celle des ailes déployées » (BOISACQ, pp. 943-944), parfois avec *ptérugôn* (*Babr.* LXXII, 9 ; *Anth. Pal.* XII, 144) ou *pterôn* comme dét. (cf. *El., N.A.* II, 1 des cailles « qui franchissent des mers très étendues » *tôi tarsôi tôn pterôn*), garde ici ce sens fondamental *(Cant.* glose : *tôi platei tès ektaseôs tôn pterôn).* On peut traduire approximativement par « rémiges » *(Cramp., Guill.).*

L'air est encore « fendu » *kai schizomenon*, « par la violence de l'élan » *biai rhoizou* (11 d) ; pour un même emploi du vb., *Gri.* cite *Virg. Georg.* I, 410 *illa levem fugiens raptim secat aethera pennis ; rhoizos*, exceptionnel dans la *LXX (Ez.* XLVII, 5 ; *2 M.* IX, 7 ; cf. aussi *Dn.* XIV, 36 θ'), signifie proprement le « sifflement » d'un corps qui fend l'air avec impétuosité (flèche, trait), puis d'autres bruits par extension mais, dans certains cas, seule l'idée d'impétuosité est retenue (cf. *Lidd.-Sc.* II, et ajouter *Dn.* XIV, 36, où l'Ange transporte Habaquq « dans l'impétuosité de son souffle »). En relation avec *biai*, on retiendra ici ce dernier sens (cf. *Dea., Gre., Goodr.*, etc.) en traduisant par « élan ». Le gén. *kinoumenôn pterugôn*, « des ailes qui se meuvent », dépend de ce mot : c'est l'élan imprimé et entretenu par le mouvement des ailes qui permet à l'oiseau de fendre l'air. Et il s'est frayé ainsi un chemin dans l'air qui « a été traversé, parcouru », *diôdeuthè* (pour le vb., cf. 7 b) ; *Shex.* note en marge : « c'est l'air qui est parcouru par l'oiseau, comme un chemin sur lequel un homme fait route ».

11 f.   Cette explication du vol de l'oiseau amène l'auteur à répéter l'affirmation de 11 b : « et après cela » *(kai meta touto)*, c.-à-d. après le trajet rapide de l'oiseau dans l'air, « on ne trouve plus d'indice *(ouch heurethè sèmeion)* de sa marche dans celui-ci » *(epibaseôs en autôi).* Pour *sèmeion* signifiant « trace, indice, marque », cf. *Xén., An.* VI, II, 2 ; *Soph., Ant.* 257 ; *epibasis* (cf. XV, 15) est à interpréter d'après *epibainein* « marcher sur, fouler » mais, à cause du compl. *en autôi*, on retiendra seulement le sens de « marche » et l'expression équivaut à un impersonnel passif (« qu'on ait marché en lui, qu'il ait été foulé ») ; le gén. *autou* de S * 755 renverrait à l' « oiseau », alors que le sujet du développement antérieur est « l'air ». *Cant.* explicite de la sorte la portée du texte : les particules de l'air étant instables et ténues, elles ne supportent pas l'amplitude et la rapidité impétueuse du vol ; elles s'écartent et c'est pourquoi le passage de l'oiseau ne laisse subsister aucune trace dans l'air.

12 a.   Cette troisième comparaison est ajoutée à *Jb.* IX, 25-26 (et à *Pr.* XXX, 19). L'auteur adopte une nouvelle construction avec un gén. absolu, *è hôs belous blèthentos* : « ou c'est comme, une

flèche ayant été lancée », *epi skopon*, « vers une cible ». Pour l'expression *epi skopon ballein*, « lancer vers une cible, tirer au but », cf.
Xén., Cyr. I, VI, 29 ; *belos*, « dard, javelot, flèche », traduit presque
toujours *ḥês*, « flèche », dans la *LXX*.

12 b. Le sujet *ho aèr* est précisé par *tmètheis*, d'un vb. signifiant
« couper », mais employé aussi au sens de « traverser en coupant,
fendre » (cf. *Lidd.-Sc.* VI, 6 et *h. Hom.* V, 384 *bathun èera temnon*).
Puis le texte continue par *eutheôs eis heauton aneluthè*. Le vb. crée
une difficulté particulière. Cependant *aneluthè* doit être sa forme
primitive car la var. *anelusen* est une leç. facilitante, les autres
(cf. *Zie.*) sont sans importance, et les différentes corrections proposées (cf. *Gri.* et *Zie.*) sont plus ou moins forcées. D'après l'usage,
on traduirait litt. par « a été délié, détendu, relâché ou dissous »,
avec une allusion à un phénomène de détente succédant à un phénomène de condensation (cf. *Corn. a Lap.* : « Aër sagitta divisus strin-
gitur et condensatur : at post eam solvitur, laxatur, et in se quasi
solutus redit »). En gardant le contact avec ce sens littéral mais en
tenant compte du compl., certains Modernes traduisent par une
forme neutre ou pronominale : « reflue sur lui-même » (*Siegf.*, OSTY),
« se reforme en refluant » (*Hein., Feldm., Ficht.*). D'autres adoptent
le sens de « revenir » (cf. *Dea., Goodr., Web., Schü.*, p. 161, *Cramp.,
Guil.*) : « l'air revient aussitôt sur lui-même ». Mais ce sens, recommandé en II, 1 d, se rencontre seulement à l'actif : or *aneluthè* est
une forme passive. A notre avis, celle-ci a été choisie pour un effet
d'assonance ou de parallélisme avec les vbs *diôdeuthè, heurethè*
du v. 11 (l'aor. marquant l'aspect instantané ou la succession rapide)
et elle peut avoir une valeur pronominale (pour cette tendance de
la *Koine*, cf. *Bl.-Debr.* 78). Mais le vb. lui-même garde plutôt son
sens usuel et semble renvoyer à une théorie quelconque sur la
nature extensible ou dilatable de l'air. Le compl. *eis heauton* signifie
qu'il reprend son état initial, conforme à sa nature : un instant
comprimé, « il se relâche pour redevenir lui-même » (*eis* final) ou
« il reflue sur lui-même ».

12 c. La conséquence est introduite par *hôs*, « en sorte que ».
On supplée généralement *tina* devant *agnoèsai* avec une valeur imper-
sonnelle (cf. 11 f) : « on ignore, on ne discerne plus ». Selon *Gre.*,
le sujet serait l'air « qui n'a plus conscience du passage du trait » :
de même, « le monde ne garde pas conscience de la vie de ceux qui
n'ont marqué en rien le domaine moral ». Cette interprétation n'a
guère lieu d'être retenue. Dans le compl. *tèn diodon autou*, le subst.
signifie « cheminement à travers, passage » et le pron. renvoie à
belos.

13 a. *Houtôs* introduit l'apodose aux trois comparaisons qui
évoquaient une course de plus en plus rapide avec l'absence de
« traces ». Les impies en font l'application à eux-mêmes, *kai hèmeis*,

« de même nous aussi », en insistant non sur le caractère éphémère
de l'existence, mais sur l'insignifiance radicale des œuvres avec lesquelles ils se sont identifiés. C'est ainsi qu'ils rapprochent d'une
façon expressive leur naissance et leur mort : *genèthentes exelipomen*, peut-être en se souvenant de *Jb.* X, 19 *LXX* ; la leç. *genèthentes* est préférable à sa rivale *gennèthentes* (cf. *Zie.*) car l'accent
porte ici sur la naissance, non sur la génération elle-même (cf. II,
2 a) ; le vb. *ekleipein* (intr. : « s'éclipser ; défaillir ; faire défaut,
manquer ; cesser ») peut prendre le sens de « succomber, mourir »
dans le gr. profane (cf. *Plat., Leg.* 759 E ; *Xén., Cyr. VIII*, VII, 26
et *WBNT*) et biblique (cf. *Gn.* XLIX, 33 ; *Ps.* XVII, 38 ; XXXVI,
20, etc.), ou celui de « s'évanouir, disparaître » (dans la *LXX = gâwa'*
ou *kâlah*). Entre ces deux extrêmes, aucune valeur positive, du point
de vue moral, n'a pris place, comme le précise la suite du texte.

13 b. *Kai* a pour fonction principale d'introduire deux propositions reliées étroitement par les corrélatifs *men ... de* avec l'opposition *aretès ... kakiai*. En relation avec les comparaisons précédentes, l'expression *sèmeion aretès* désignerait les « traces » profondes et durables que laisse après elle une vie vertueuse (sur ce
sens de *aretè*, cf. IV, 1 ; sur *sèmeion*, cf. 11 f). Pourtant, le contexte
n'est plus le même car les impies passent maintenant à la réalité
morale et spirituelle évoquée par ces images ; d'autre part, l'expression *ouden eschomen deixai* renvoie à des « signes distinctifs » ou
à des « preuves certaines de vertu » que les impies « n'ont pu
montrer » (pour *echô* avec l'infin. signifiant « avoir le pouvoir, la
possibilité ou la capacité de », cf. *Lidd.-Sc.* A, III, 1). Dans quel
contexte et de quelle façon ? Mentionnons d'abord l'hésitation des
mss entre les leç. *eschomen* et *echomen* : la première, beaucoup
mieux attestée et appuyée par *Lat.* (*valuimus*, cf. *Zie. Vorl.*, p. 286),
doit être authentique, tandis que la seconde, portée seulement par
divers *min.* (cf. *Zie.*), fait figure d'une correction spontanée car on
attend plutôt le prés. que l'aor. Celui-ci, en relation avec *exelipomen*
(13 a), renvoie au terme de la vie, mais l'expression elle-même
implique un jugement ou une comparution (cf. *sèmeia deiknunai*
ou *sèmeion epideiknunai*, « fournir, produire les preuves » devant
un tribunal dans *Eschin.* II, 103 ; III, 46), soit aussitôt après la
mort (cf. *Gri.*) avec les premières sanctions immédiates (cf. IV, 18 b,
19 b, e, f), soit au moment où les impies doivent prendre pleinement
conscience de la sentence portée contre eux (IV, 20). L'auteur ne
précise pas et veut insister sur autre chose : cette incapacité à « présenter une preuve ou un signe précis de vertu » s'enracine dans la
vie passée des impies, qui n'ont voulu laisser après eux que des
« signes de liesse » (II, 9), et elle demeure en eux un état permanent.
En effet, la vertu modèle la personnalité elle-même dans la ligne de
sa destinée authentique (cf. III, 15), son sillage est purement extérieur
et ses « marques » ne se résument pas dans des titres extrinsèques
à faire valoir ensuite devant Dieu. Sur ce plan profond et personnel,

les impies sont demeurés incultes toute leur vie et cette stérilité radicale (cf. IV, 19 e) les a suivis dans l'au-delà et les marque à jamais.

13 c. Et c'est pourquoi l'auteur parle ensuite, en introduisant avec *de* corrélatif un aspect complémentaire, d'une personnalité qui s'est dissipée peu à peu, *katedapanèthèmen* *. Ce vb. composé, employé presque toujours avec un nom de chose comme compl. (cf. *Lidd.-Sc.*), renforce le vb. simple avec le sens de : « dépenser entièrement, dissiper, consumer » d'où, au passif : « nous avons été consumés » (et non pas : « nous avons été enlevés, emportés », *Gri.*, *Hein.*). L'idée d'un processus de désintégration « lent et continu » (*Goodr.*) semble supposée (cf. *Cant. dikèn iou*, « à la façon de la rouille »). On serait tenté de considérer *en tèi kakiai hèmôn* comme le compl. du passif, par imitation d'une tournure hébraïque (cf. *WBNT*, III, 1), d'autant plus que le choix du vb. semble avoir été suggéré par l'idée que le « vice » finit par user quiconque s'y adonne (cf. *Test. Jud.* XVIII, 4 *katadapanai tas sarkas autou*). Mais cette idée est transposée et *kakia* a le sens plus général de « perversité, malice » (cf. II, 22 ; IV, 11). D'autre part, le compl. est placé avant le vb. et reçoit plutôt une valeur circonstancielle : « au sein même de notre malice ». Dès lors, la forme passive *katedapanèthèmen* incline vers un sens pronominal : « nous nous sommes consumés ».

Dans *Lat.*, la plupart des témoins ajoutent ici : *Talia dixerunt in inferno hi qui peccaverunt.* De l'avis général, il s'agit d'une glose ancienne, inspirée peut-être par *Lc.* XVI, 23-26 (cf. *Dea.*). Selon *De Br.* (p. 115), cette addition se serait présentée d'abord sous une forme plus simple (adoptée par *Bi. Sa.*) : *talia dixerunt et peccaverunt* (cf. II, 21 a). Mais *et peccaverunt* n'a plus de sens ; aussi la forme longue, beaucoup plus claire, est sans doute primitive. Aucune raison, en tout cas, de postuler un équivalent quelconque dans le texte gr. original : la transition est marquée suffisamment par *hoti* (14 a), d'une façon beaucoup plus discrète.

Réflexion finale de l'auteur

14. *En vérité l'espérance de l'impie est comme la balle emportée*
par le vent,
et comme l'écume pourchassée par un tourbillon ;
elle se dissipe comme fumée au vent
et elle disparaît comme le souvenir de l'hôte d'un jour.

14 a. L'auteur reprend la parole pour confirmer les regrets stériles des impies : *hoti* rappelle le *kî* affirmatif hébr. (cf. Joüon, 164 b) : « et vraiment, en vérité » ; *elpis* (cf. III, 4 b, 11 b, 18 a), déterminé par *asebous*, désigne ici l'aspiration foncière de l'homme vers le bonheur conforme à sa vraie destinée. Or, dans le cas de

« l'impie », cette aspiration est frustrée définitivement, car il a poursuivi des biens inconsistants au lieu de préparer l'avenir bienheureux de l'au-delà. Cette vérité ressort suffisamment d'un contexte où les impies reconnaissent avoir gâché leur vie et manqué leur destinée. Aussi l'auteur se contente de la fixer dans une série d'images. La première compare « l'espoir de l'impie » à la « balle emportée par le vent », *hôs pheromenos chnous hupo anemou*. Certains *min.* (cf. *Zie.*), avec l'appui de *Syr.*, *Shex.*, *Arm.* et *Ar.*, portent *chous* (« terre amoncelée »), usité parfois dans la Bible au sens de « poussière » (cf. *Jos.* VII, 6 ; *Ps.* XXI, 16 ; *Lm.* II, 10 ; *Mc.* VI, 11) ; mais ce mot n'apparaît pas dans les contextes mentionnant l'action du vent, et il désigne plutôt la couche superficielle du sol que la fine poussière *(koniortos)*. Il faut donc garder *chnous*, « duvet, écume » (cf. *Lat. laguno*), employé souvent de la « balle » dans les textes renvoyant au vannage par le vent, par ex. dans *Ps.* I, 4 ; XXXIV, 5 ; *Is.* XVII, 13 ; et surtout XXIX, 5 *(hôs chnous pheromenos)*, où certains témoins (lucianiques et alexandrins) ajoutent *hupo anemou*. Si l'auteur a connu cette addition, la réminiscence d'*Is.* XXIX, 5 *LXX* serait plus directe encore.

14 b. La leç. *pachnè*, bien attestée (B S A et la plupart des *min.*), fait difficulté. Le mot signifie seulement « givre, gelée blanche ». Or le texte parle d'une réalité *diôchtheisa* (cf. II, 4 e), « pourchassée », *hupo lailapos* (« ouragan, tourbillon, trombe », cf. V, 23), alors que le givre fond sur place sous l'action du soleil (cf. XVI, 29). Cependant divers critiques *(Siegf., Ficht., Cramp., Guil. - Fri., Ra., Zie.)* gardent *pachnè*, mais d'autres *(Gri., Corn., Hein., Feldm., Web.,* OSTY, *Fisch.)* préfèrent la var. *achnè* (d, *Lat. spuma*, « écume » : *Syr. 'ûrô'*, « fétu »), un terme inusité par la *LXX*, désignant toute « efflorescence ou végétation à la surface d'un corps » (BOISACQ, p. 108) et employé souvent de l' « écume ». C'est le cas en particulier (cf. *Risb.*, pp. 209-210) dans un texte de l'*Iliade* (XI, 305-308) qui évoque « l'écume *(achnè)* dispersée par le vent », sous l'action d'une « forte rafale » *(batheièi lailapi)*. Une autre var., *arachnè*, avec le sens de « toile d'araignée », retient l'attention de *Goodr.* et de *Gre.*, surtout à cause de *Jb.* VIII, 13-14 *LXX* ; mais on ne voit plus pourquoi l'auteur fait appel à un « ouragan » ; d'autre part, cette var. peut renvoyer à *achnè* (selon *Risb., ibid. : hôsper achnè > hôs erachnè > hôs arachnè*). En définitive, *pachnè* n'est guère recevable avec son sens habituel (et c'est pourquoi *Ficht.* le traduit par « neige » « wie dünner Schnee »). Aussi nous préférons *achnè*, entendu de « l'écume » plutôt que la fine poussière qui recouvre la surface du sol. Il s'agit de l'écume produite par les vagues qui déferlent et l'on traduira *leptè* par « fine » ou « légère ». Une réminiscence de l'*Iliade* (cf. *supra*) est très vraisemblable.

14 c-d. Dans les deux comparaisons suivantes, l'auteur varie la construction et emploie au lieu du vb. « être » sous-entendu, un vb.

particulier, ici *diechuthè*, « est dissipée, se dissipe » (cf. II, 3 b).
Avec *hôs kapnos*, « comme de la fumée », il désigne quelque chose
de plus léger ou de plus ténu encore. Sur *hupo anemou*, « sous l'effet
du vent », cf. 14 a. Dans la quatrième comparaison *(hôs mneia katalutou), mneia*, « souvenir », prend ici le sens de souvenir inconsistant,
celui que laisse un hôte de passage et qui disparaît avec lui. Le vb.
parôdeusen (cf. I, 8 a ; II, 7 b) signifie, en conséquence, « passer,
disparaître » (pour la var. *diôdeusen*, cf. *Zie.*). *Katalutès* * désigne
non pas l'hôte accueilli amicalement (*xenos*, cf. XIX, 14), mais le
voyageur qui descend à l'auberge, l'hôte de passage (cf. *Polyb.* II,
15, 6 ; *Plut., Sull.* XXV). Le subst. ne se rencontre pas dans la *LXX*,
mais *kataluein* y est assez fréquent et traduit *lîn / lûn*, « passer la
nuit, descendre pour la nuit ». Avec d'autres termes, *Jr.* XIV, 8 parle
également, et dans une comparaison, du « voyageur qui s'arrête
pour la nuit » *(TM)*. Mais notre texte mentionne non « l'hôte d'une
nuit », mais celui « d'un seul jour », *monoèmerou* * (S * 253 534
monèmerou). Cet adj., très rare dans l'usage gr. sous les deux formes
monoèmeros et *monèmeros* (cf. *Lidd.-Sc.*), y signifie : « ce qui est
réglé en un seul jour, ne vit ou ne dure qu'un jour ». On serait
tenté de lire *monoèmeros* (leç. de 637), rattaché étroitement à *mneia :*
« un souvenir qui dure un seul jour », car le soir amène régulièrement d'autres voyageurs » (le nominatif aurait été transformé en
un gén. sous l'influence de *katalutou*). Cependant, on peut retrouver
la même idée dans le texte reçu, en traitant le rattachement de
monoèmerou à *katalutou* comme un hypallage. Mais l'auteur a pu
faire allusion aussi à l'usage, fréquent en Orient surtout par les
fortes chaleurs, de voyager durant la nuit et de descendre au petit
matin, dans une auberge ou un khan pour se reposer et se mettre
à l'abri des chaleurs du jour.

Résumé des vv. 15-23. Ramené, par contraste, à la récompense
qui doit combler l'espérance des justes (15), l'auteur les montre
élevés à la dignité royale (16 a-b). Mais il évoque, en même temps,
une protection toute spéciale (16 c-d) qui les soustraira aux rigueurs
d'un jugement exercé contre les impies. Il décrit ensuite celui-ci.
Figuré comme un guerrier, Dieu revêt une panoplie et arme la
création pour le combat (17). Les principales pièces de l'armure
divine sont énumérées, avec leur portée symbolique (18-19). L'auteur
mentionne ensuite les armes offensives : le glaive d'une colère
inflexible (20 a), puis les grandes forces de la nature (20 b - 23 b).
La terre deviendra déserte (23 c) et les puissances de ce monde
seront renversées (23 d).

Cette section se rattache-t-elle étroitement à la précédente (IV,
20 ss) et renvoie-t-elle à la même phase eschatologique ? Pour
nombre de critiques, il s'agit toujours du jugement dernier (cf. surtout, mais avec des nuances diverses, M.-J. Lagrange, dans *RB*, 1907,
p. 101 ; *Corn.*, p. 197 ; *Hein.*, pp. 101-102, 107-109 ; *Schü.*, pp. 179-186 ;
Bück., pp. 40-41). L'auteur en marque les conséquences ou les prolongements : les justes reçoivent leur récompense éternelle tandis

que les impies sont précipités vraisemblablement en enfer. Le combat livré contre ceux-ci peut n'être qu'une évocation imagée (reprenant divers motifs bibliques) de leur confession définitive (cf. en particulier *Hein.*, pp. 108-109) ; cependant, l'hypothèse d'une résurrection corporelle des justes et des impies est alléguée volontiers pour donner plus de relief à la glorification des uns et aux souffrances physiques des autres, accablés par la nature elle-même (cf. Tobac, p. 134 ; *Schü.*, pp. 192-193 ; *Bück.*, pp. 35-36). Il est possible également que l'auteur revienne en arrière et mentionne ce qui a précédé immédiatement le jugement dernier : un déchaînement inouï des éléments, la dévastation de la terre et la fin du monde présent (cf. *Hein.*, p. 108 ; *Schü.*, p. 184 ; *Fisch.* « schon vor dem Endgericht »). Mais, dans ce cas, le lien avec la section précédente, c.-à-d. avec le jugement dernier, n'est pas nécessairement aussi étroit. Et c'est pourquoi d'autres critiques pensent à un événement eschatologique distinct : soit à une intervention de Dieu sur terre, préludant à l'inauguration du royaume messianique (*Gri.*, pp. 118-119 ; *Reu.*), soit à la reprise du thème apocalyptique d'un assaut final des impies contre la communauté des justes *(Ficht.)* : l'auteur décrirait alors « un jugement de Dieu qui a lieu sur terre au cours de l'histoire et qui culmine dans l'extermination des ennemis des justes » (*Zien. theol.*, p. 107) ; en même temps, il évoquerait les anticipations diverses de cette hostilité et de ce châtiment suprêmes (*Feldm.* ; cf. aussi *Corn.*, pp. 208-209).

Il nous semble difficile de rattacher étroitement les vv. 15-23 à ce qui précède (cf. *Études*, ch. IV, pp. 293-294, 320, 325-326). On ne comprend plus pourquoi les justes, déjà glorifiés (cf. v. 5), reçoivent alors leur récompense, ni non plus le motif d'un tel déploiement de force contre des damnés réduits depuis longtemps à l'impuissance (cf. IV, 19) ; ce ne peut être pour les exterminer, car cette idée ne s'explicite nulle part dans le livre et l'auteur insiste ici sur une dévastation de la terre (23 c). Normalement cette dernière intervention divine doit concerner des justes et des impies vivant encore ici-bas. S'agit-il, dès lors, d'événements qui ont précédé immédiatement le jugement évoqué en IV, 20 ? Cette hypothèse, inspirée par un schéma devenu traditionnel (bouleversements cosmiques marquant la fin du monde présent, puis jugement universel), ne correspond pas à la présentation du texte : tous les vbs des vv. 16-23 sont au futur, non au passé ; à suivre l'ordre des événements indiqué par le ch. V, la comparution des impies déjà morts apparaît plutôt comme le prélude à une manifestation éclatante et définitive de la royauté universelle de Dieu, une royauté qui s'affirme par la suppression radicale des forces hostiles et à laquelle sont associés les justes glorifiés. D'autre part, la scène de jugement évoquée en IV, 20 ss, ne semble pas correspondre exactement au jugement dernier (cf. au contraire *Mt.* XXV, 31-46). Enfin l'auteur reprend successivement ou alternativement des motifs bibliques distincts qu'il plie à son propre dessein. Il peut donc revenir d'une autre manière et sous d'autres influences à la glorification finale des justes, au châtiment radical des impies et à l'avènement d'un règne de Dieu qui s'exercera désormais sur un plan transcendant. A ce titre aussi, le lien avec ce qui précède n'est pas nécessairement aussi étroit qu'on le prétend. Une résurrection des justes et des impies contribuerait, certes, à justifier ce lien ; pourtant, l'auteur ne la mentionne pas explicitement et il s'efforce sans cesse de concilier une eschatologie individuelle transcendante avec les motifs bibliques d'un jugement collectif et d'une royauté des justes avec Dieu.

Les justes sont assurés de leur récompense et elle sera magnifique

15. *Les justes, eux, vivent pour l'éternité,*
    et dans le Seigneur se trouve leur récompense,
    on prend souci d'eux auprès du Très Haut.
16. *Aussi recevront-ils la royauté magnifique*
    et le diadème de beauté de la main du Seigneur,
    car il les aura abrités de sa droite
    et couverts de son bras.

15 a. Sur *dikaioi de*, une formule de transition employée par l'auteur pour opposer le sort des justes à celui des impies, cf. III, 1. Deux interprétations distinctes sont proposées pour *eis ton aiôna zôsin* (cf. *Études*, ch. IV, pp. 293-294). L'une y voit un retour à la condition terrestre des justes, par opposition au vide total de l'existence de l'impie (v. 14) : ils vivent déjà de la vraie vie qui sera éternelle, ou ils vivent dans l'espérance (cf. III, 4) de l'éternité. L'autre l'entend de la vie éternelle qui est déjà le lot des âmes justes dans l'état intermédiaire avant leur glorification finale : elles vivent pour toujours, d'une vie qui dure sans fin (cf. *eis ton aiôna* en VI, 21 ; XII, 10 ; XIV, 13). Nous préférons la première. Enchaînant avec ce qui précède (v. 14), l'auteur oppose à l'espérance frustrée de l'impie la condition différente des justes ici-bas (le vb. est au présent), en insistant sur le fait que l'objet de leur espérance est assuré (15 b-c). Et il évoque ensuite (avec des vbs au fut., v. 16) la réalisation de celle-ci, en passant immédiatement aux rétributions définitives et en négligeant, cette fois, l'état intermédiaire. Il semble même, à cause du cadre terrestre des fléaux suivants, envisager directement les justes — ou plutôt la communauté des justes (cf. *Ficht.* : « les vv. 15-23 traitent non seulement de la destinée individuelle des justes et des impies dans l'éternité, mais encore de la destinée de la communauté des justes et de celle des peuples impies ») — que le grand jugement de Dieu trouvera vivants sur terre et auxquels les justes déjà morts et glorifiés seraient associés. Par là, on répond suffisamment aux partisans de la seconde inter-

prétation, alléguant qu'un retour à la vie terrestre se comprend mal
alors que les justes apparaisent déjà admis dans la société de Dieu
(v. 5). L'expression *eis tòn aiôna* signifie alors « pour l'éternité, en
vue de l'éternité ou du monde à venir » (cf. IV, 2 c), sans qu'il soit
nécessaire de charger *zôsin* d'une intensité particulière (« vivent de
la vraie vie ») : le texte met plutôt l'accent sur une orientation de
toute la vie, par l'espérance et les œuvres vertueuses, vers l'éternité
bienheureuse.

15 b.	La formule *en kuriôi*, « dans le Seigneur », est interprétée
souvent en ce sens que les justes trouvent leur récompense *(ho
misthos autôn)* dans la possession du Seigneur, dans la société avec
lui *(Gri., Dea.)*, dans une « vision immédiate » *(Corn.)* ou « béati-
fique » *(Hein.)* ; ou encore le Seigneur lui-même est leur récompense
(Schü., p. 168). Cependant, avec ce dernier sens, on attendrait plutôt
kai kurios ho misthos autôn (cf. par analogie *Ps.* XV, 5 ; LXXII, 26 ;
CXVIII, 57). Par ailleurs, si l'auteur conçoit bien l'immortalité
comme une vie d'intimité avec Dieu (cf. III, 9, 14 ; V, 5), reprend-il
ici cette idée avec *en kurioi*, en anticipant sur l'usage du *N.T.* ?
A notre avis, il convient d'accorder plus d'importance au mot *misthos*.
Il désigne, normalement, le « salaire » ou la « récompense » (cf. II,
22 b ; X, 17 a) mérités par une vie sainte et vertueuse. Or cette
notion prolonge sans peine l'interprétation proposée précédemment
(15 a) : en s'attachant à des valeurs durables, non seulement l'espérance des justes est assurée de son salaire, mais encore elle s'appuie
sur le Seigneur, dans la certitude qu'il connaît et se réserve de
récompenser magnifiquement la fidélité à ses exigences, l'acceptation
confiante de ses desseins. La formule signifie donc que la récompense
des justes est « en réserve dans le Seigneur », « est assurée en lui »
(cf. *Ar.*), « elle dépend de lui » (cf. *Arm.* et *Shex.*) ou « est en son
pouvoir » (pour ce sens de *en*, cf. *Lidd.-Sc.* I, 6). *Lat.*, avec *apud
Dominum*, semble objectiver davantage la récompense par rapport
à Dieu, mais cette nuance serait marquée plutôt par *para*. De toute
manière, *misthos* adresse à celui qui rétribue, non à celui qui serait
lui-même la récompense, à moins que cette dernière idée ne soit
exprimée clairement. Or ce n'est pas le cas. A côté de *Gn.* XV, 1, on
relève l'influence d'*Is.* XL, 10 et LXII, 11 (formulation identique
dans *TM*, légères différences dans la *LXX*) : ces deux textes, pris
à contresens, pouvaient suggérer l'idée d'un salaire *(śâkâr ; LXX
misthos)* et d'une rétribution *(pe'ûlah ; LXX ergon)* apportés par
le Seigneur venant sauver son peuple avec puissance. L'auteur
semble les avoir entendus ou transposés dans ce sens.

15 c.	A cause du parallélisme étroit entre 15 c et 15 b, *kai hè
phrontis autôn* doit reprendre d'une certaine manière *ho misthos
autôn*. Le subst. signifie selon les cas : « soin, sollicitude ; considération, pensée, réflexion ; souci, inquiétude » (cf. VI, 17 ; VII, 4 ;
XV, 9). Il ne désigne pas ici les « soucis » que les justes confient

à Dieu (cf. *merimna* dans *Ps.* LIV, 23) ou « l'application de leur pensée » à lui (cf. *Lat.*, *cogitatio* ; *Syr.* « méditation »), car *autôn* n'est pas un gén. subjectif, mais objectif. Il s'agit par conséquent de « sollicitude à leur égard », du « soin qu'on prend d'eux » (cf. *Gri.*, *Dea.*, *Siegf.*, *Hein*, etc.), et cela « auprès du Très Haut », *para hupsistôi* (le dat. doit être primitif). Ce nom divin (cf. VI, 3), ancien et poétique dans la Bible *(='èlyôn)*, de plus en plus fréquent dans les écrits post-exiliques (cf. EICHRODT, *Théologie*, I [6], pp. 112-113), se rencontre également dans l'usage grec (cf. A.-J. FESTUGIÈRE, *La religion grecque*, dans *Histoire générale des religions*, II, éd. GORCE-MORTIER, Paris, 1948, pp. 136-139). Il y évoque souvent, comme dans l'usage biblique récent et dans les Apocryphes, une justice supérieure qui protège le droit et rétribue infailliblement. Mais, partout, la notion d'un Dieu suprême ou transcendant reste perceptible ; en *Dn.* VII, « les saints du Très Haut » (18, 22, 25, 27) sont ceux qui méritent d'appartenir au Dieu saint et seul roi de l'univers. Ici, les rétributions définitives sont à l'arrière-plan, en dépendance de celui qui contrôle tout, veille sur les justes et les conduit efficacement jusqu'à l'immortalité bienheureuse. En appliquant *hè phrontis autôn* à l'état intermédiaire (cf. *supra*), on interprète l'expression de la sollicitude avec laquelle Dieu maintient les âmes en paix et en sécurité (cf. *Bück.*, p. 40), ou se réserve de les glorifier au terme. En relation avec la condition terrestre des justes, *Hein.* entend *phrontis* de la « grâce » qui garde ceux-ci du péché et les fait persévérer, de telle sorte que la béatitude serait présentée successivement comme un salaire (15 b) et un don gratuit (15 c). Cette nuance n'est pas certaine car on attendrait un autre terme (cf. *comm.* sur 22 b), mais nous pensons également que l'auteur continue d'envisager la condition terrestre des justes. Après avoir affirmé que leur « salaire » est assuré (15 b), il ajoute qu'ils sont l'objet d'une sollicitude attentive et efficace : leurs luttes et leurs efforts sont enregistrés, le souci de leur destinée est assumé sur un plan transcendant par le maître tout-puissant de l'univers. Pour assurer davantage le parallélisme entre 15 c et 15 b, *Bretschn.* (cité par *Goodr.*) a supposé jadis qu'un mot hébr. *môshâbah*, « repos », avait été lu à tort *mahăshâbah*. Cette conjecture n'est ni éclairante ni satisfaisante (cf. *Goodr.*). Si l'hypothèse d'un original hébr. avait un fondement solide, *misthos* renverrait plutôt à *pe'ûlah* et *phrontis* à *śâkâr* lu par méprise *zêkèr* (le parallélisme inverse en *Is.* XL, 10 ; LXII, 11).

16 a. Avec *dia touto*, « c'est pourquoi », l'auteur introduit la conséquence du v. 15 : une récompense éclatante couronnera la vie terrestre. Le fut. *lèmpsontai*, « ils recevront », indique une phase nouvelle. L'expression *to basileion tès euprepeias* est interprétée diversement. La tournure elle-même, qui substitue à l'adj. un nom au génitif pour mettre davantage en relief une qualité ou une propriété (cf. v. 2 b), se rencontre parfois dans la poésie grecque (cf. *Kühn-Ge.*

II, 1, p. 264) ; mais c'est surtout un hébraïsme (cf. Joüon, 129 f) et
le v. 16 abonde en réminiscences bibliques (cf. *infra*). Dans la *LXX*,
euprepeia (= surtout *hâdâr*) a plus de force que dans l'usage profane
(« belle ou noble apparence ») et y signifie « majesté, splendeur,
éclat » (cf. *Jr.* XXIII, 9 ; *Ps.* XCII, 1 ; CIII, 1 ; *Ba.* V, 1). Les divers
sens de *to basileion*, « palais royal, capitale, trésor royal, couronne,
diadème », se retrouvent dans la *LXX*, avec cette différence que le
mot signifie aussi « royauté, royaume » et alterne avec *basileia*
(cf. I, 14 d ; cf. aussi *Or. Sib.* III, 159). Ce sens préféré par les verss
(Lat., Syr., Shex., Arm., Ar.) est retenu par un bon nombre de
critiques *(Gri., Dea., Corn., Goodr., Hein.,* Stein, *Fisch.* etc.). En
s'appuyant sur la dépendance par rapport à *Ps.* XCII, 1 *LXX (ho
kurios ebasileusen, euprepeian enedusato)* et *Ba.* V, 1, *Gre.* adopte
le sens de « robe ou tunique royale », mais l'idée d'un vêtement royal
caractéristique ne s'y trouve pas affirmée directement, pas plus que
dans d'autres textes mentionnant les vêtements de gloire des élus
(Hén. LXII, 15-16 ; *1 Q S* IV, 8). La « couronne », au contraire, est
un insigne royal caractéristique et c'est pourquoi d'autres critiques
pensent à celle-ci *(RV, Pur.,* pp. 289-290, *Ficht., Skeh. Is.,* p. 299,
Web., Duesb., Mar., Osty, *Guil., RSV).* Ce sens est certainement
possible (cf. *Lidd.-Sc.* II et *2 S.* I, 10 ; *2 Ch.* XXIII, 11) et trouve
un parallèle significatif en *1 Q S* IV, 7, mais on le justifie surtout
(cf. en particulier *Ficht. Alttest.,* p. 167) en invoquant la dépendance
de 16 a-b par rapport à *Is.* LXII, 3 : *kai esèi stephanos kallous ('ăṭèrèt
tiphe'èrèt) en cheiri kuriou/kai diadèma basileias (ṣenîph melûkak)
en cheiri theou sou,* car l'auteur emploie ensuite (16 b) *to diadèma
tou kallous.* Cette dépendance est certaine, mais elle n'est ni littérale,
ni exclusive. Les deux expressions ne peuvent être ramenées à *TM*
(Pur., p. 290, critiqué par *Ficht., ibid.)* ; l'hypothèse d'une traduction
grecque parallèle à la *LXX* pourrait expliquer, à la rigueur, *basil.
tès eupr.,* mais non *diadèma tou kallous.* L'auteur aurait donc seulement combiné les mots *kallous* et *diadèma* et forgé l'expression
parallèle *to basileion tès euprepeias.* Mais d'autres textes ont exercé
ici une influence au moins aussi grande, en particulier *Dn.* VII, 18.
Il y est dit, en effet, que « les saints du Très Haut recevront le
royaume *(TM yiqabelûn malkûtâ' ; LXX* et θ' *paralèmpsontai tèn
basileian)* ». Comme la *LXX* de *Dn.* traduit volontiers *malkûtâ'* par
to basileion (IV, 34 ; V, 23 ; VII, 22 ; etc.), l'auteur semble bien
avoir emprunté à *Dn.* le thème de la royauté des justes, et cette
dépendance invite à traduire *to basileion* par « royauté ». Quant à
euprepeia, il aurait été suggéré soit par *Ps.* XCII, 1 qui l'emploie
de la royauté de Dieu, soit par *Ba.* V, 1 (même transposition que
pour *Is.* LXII, 3). L'idée d'une association des justes glorifiés à la
royauté de Dieu apparaissait déjà en III, 8 et elle est reprise en
VI, 21 b.

16 b. La mention de la royauté appelle celle de la couronne
ou du diadème, l'insigne royal par excellence (cf. R. de Vaux, *Les*

Institutions de l'A.T., I, pp. 159-160). En dépendance d'*Is.* LXII, 3, l'auteur parle du « diadème de beauté », *kai to diadèma tou kallous* (cf. *stephanos kallous Ez.* XXVIII, 12 ; *doxès Jr.* XIII, 18 ; cf. aussi *Ba.* V, 2), reçu « de la main du Seigneur », *ek cheiros kuriou.* Le mot *diadèma* désignait proprement le bandeau qui entourait la tiare royale, mais comme ce bandeau fut remplacé ensuite par une couronne en matière précieuse, il est souvent synonyme de *stephanos*. Dans la *LXX*, il traduit *ṣânîph*, « turban » (cf. précisément *Is.* LXII, 3 ; puis *Si.* XI, 5 ; XLVII, 6), ou *kètèr* (*Est.* I, 11 ; II, 17 ; VI, 8). Comme il réapparaît en XVIII, 24 c à propos d'Aaron, l'auteur a pu se rappeler en même temps les évocations sacerdotales de *ṣânîph* en *Za.* III, 5 et *Si.* XL, 4 (cf. XVIII, 24 c). Le « diadème » désignerait alors non seulement l'élévation à une dignité royale et la consécration d'un triomphe (cf. IV, 2 c), mais encore l'accomplissement de la promesse d'*Ex.* XIX, 6 (cf. IV, 14 d).

16 c-d. Le motif d'une protection divine est rattaché étroitement par *hoti* (causal) et doit renvoyer à une phase qui précède immédiatement la glorification des justes ; aussi les fut. *skepasei autous*, puis *huperaspiei autôn* équivalent à des fut. antérieurs. Pour souligner cette protection, le texte parle de la « droite », *tèi dexiai*, puis du « bras », *tôi brachioni*, de Dieu, deux termes coordonnés également en *Ps.* XLIII, 4 *LXX* : le premier insiste sur les idées d'assistance et de sollicitude ; le second (cf. XI, 21 ; XVI, 16) symbolise la force, la puissance déployée et peut renvoyer spécialement (*Ficht. Alttest.*, pp. 167-168) à *Is.* LIX, 16 *LXX* (*kai èmunato autous tôi brachioni autou*). Le vb. *skepazein*, « couvrir, abriter, protéger », apparaît dans un contexte analogue en *Ex.* XXXIII, 22 et *Is.* LI, 16 (cf. aussi *So.* II, 3, puis *Ps.* XVI, 8 ; XXVI, 5 ; LX, 5) ; *huperaspizein* renvoie également à la *LXX* (= *gânan*) où il est toujours employé métaphoriquement avec Dieu comme sujet : « couvrir, protéger comme avec un bouclier, servir de bouclier » (cf. *Gn.* XV, 1 ; *Dt.* XXXIII, 29 ; *Os.* XI, 8 ; *Za.* IX, 15 ; etc.).

Quel est le motif de cette protection divine et de quels périls abrite-t-elle les justes ? *Hein.* pense aux dangers de la vie terrestre : les justes parviennent à la glorification céleste parce que *(hoti)* Dieu les assiste et les protège jusqu'au terme (les fut. seraient des fut. gnomiques). D'autres critiques voient les justes préservés des fléaux qui séviront lors du châtiment final des pécheurs, et *Bück.* (p. 41) allègue comme parallèles *Hén.* C, 4-5 et *Or. Sib.* III, 705-706. Dans le premier texte (cf. *Études*, ch. II, p. 108), lors du « grand jugement au milieu des pécheurs », le Très Haut confiera la protection de tous les justes à des anges qui les garderont « jusqu'à ce qu'il ait consumé tout mal et tout péché ; et si les justes dorment d'un long sommeil, ils n'auront rien à craindre » ; le second (cf. *ibid.*, p. 142), après la mention de toutes sortes de fléaux déchaînés contre les peuples impies, nous montre « les fils du grand Dieu vivant en paix autour du Temple, car Dieu lui-même les protégera et les assistera seul avec puissance *(autos gar skepaseie monos megalôsti parastas)* ». Ces parallèles sont éclairants, d'autant plus que *Hén.* semble envisager à la fois le sort des justes déjà morts et celui des justes encore vivants, et que *Or. Sib.* insiste sur l'existence idyllique ou paradisiaque que mènera ensuite le peuple de Dieu. L'auteur doit reprendre ici des motifs semblables, mais sans vouloir en préciser les prolongements. La royauté des justes ou des saints du Très Haut semble s'exercer désormais sur un plan transcendant ; pourtant la possibilité d'une reprise de la vie terrestre dans un univers purifié et rénové, avec une présence plus directe de Dieu, une interférence continuelle entre le ciel et la terre, n'est pas exclue.

La panoplie du justicier

17. *Son zèle vengeur saisira une panoplie*
    et armera la création pour la répression des ennemis.
18. *Il revêtira comme cuirasse la justice,*
    et il mettra pour casque un jugement irrévocable ;
19. *il prendra comme bouclier la sainteté invincible,*
20a. *puis il affûtera une colère inflexible en guise d'épée.*

17 a.   L'asyndète marque le début d'une description particulière : par l'intermédiaire de 16 c-d, l'auteur passe du sort glorieux réservé aux justes au châtiment antérieur des pécheurs. Selon un procédé caractéristique du livre, deux idées distinctes sont énoncées d'abord, puis développées successivement : Dieu — ou plutôt le « zèle » divin — « prend une panoplie », *lèmpsetai panoplian* (17 a), détaillée en 18-20 a, et il « arme la créature » (17 b), dont les principales activités sont évoquées en 20 b - 22. Peu fréquent dans la *LXX* et usité surtout par les écrits composés en gr. (par ex. *2 M.*), *panoplia* désigne proprement l'armure complète d'un hoplite : bouclier, casque, cuirasse, épée et lance. L'idée de représenter Dieu comme un guerrier qui s'arme pour le combat apparaît déjà en *Is.* LIX, 17 ; l'auteur s'inspire de ce précédent, mais avec des différences notables. La première concerne le rôle attribué au « zèle » divin : en *Is.*, il s'identifie avec le manteau *(me'îl ; LXX peribolaion)*, ici avec la panoplie elle-même, du moins selon la leç. commune des *mss.* Presque tous, en effet, portent *ton zèlon autou* (compl. attributif de *panoplian*). On justifie ainsi cette identification : c'est le « zèle » qui excite Dieu à déployer ses autres attributs, symbolisés ensuite par les différentes pièces de la panoplie *(Gri., Feldm.)*. Mais S * porte *to zèlos*, traité par *Lat.* comme sujet du vb. *(accipiet armaturam zelus illius) ;* cette forme neutre se rencontre dans la *LXX (So.* I, 18 ; III, 8) et le *N.T. (2 Co.* IX, 2 ; *Ph.* III, 6 ; cf. *Thack.*, p. 158 ; *Bl.-Debr.* 51 et *Anh.*), et peut donc avoir été employée par l'auteur (le mot n'apparaît

qu'ici en *Sag.*). On l'aurait transformé très tôt en un accus. masc. sous la pression de l'usage gr. ordinaire (y compris celui de la *LXX*) et parce que la construction semblait la même qu'aux vv. 18-19 (avec un double accus.) ; en fait l'art. n'est employé qu'ici, de même que le dét. *autou*, destiné, semble-t-il, à faciliter le changement de sujet. Cette hypothèse dispense d'expliquer pourquoi le « zèle » est identifié d'abord avec la panoplie, puis les autres attributs avec les pièces de celle-ci. Le « zèle » est moins un attribut qu'une réaction énergique de plusieurs attributs à la fois, et c'est pourquoi l'auteur en précise ensuite les composantes ou les mobiles. D'autres textes bibliques l'avaient déjà personnifié (cf. *Is.* IX, 6 ; XXXVII, 32 ; *Ez.* XVI, 38, 42 ; puis *Is.* XLII, 13 ; LXIII, 15 ; *Ps.* LXXVIII, 5) et le terme serait repris ici, nous dit-on (avec la leç. *ton zèlon*), « sous la forme où l'anthropomorphisme est le moins accusé, celle où la *qine'ah* est une sorte d'hypostase » (B. RENAUD, *Je suis un Dieu jaloux, Lect. div.* XXXVI, Paris, 1963, p. 138, n. 1). La leç. *to zèlos* accentue davantage ces traits. Le mot lui-même, éclairé par son arrière-plan biblique, évoque à la fois l'ardeur du guerrier qui s'apprête au combat (cf. *Is.* XLII, 13), la réaction d'une sainteté offensée et jalouse de son honneur, enfin la volonté de rétablir un ordre de justice violé, en assurant la continuité d'un plan de salut et en faisant triompher définitivement la cause des justes (cf. aussi B. RENAUD, *ibid.*, p. 134). En plus d'*Is.* LIX, 17, l'auteur s'est souvenu des textes où *zèlos* est mentionné à propos du « jour de la colère » contre les peuples (cf. par ex. *So.* I, 18 ; III, 8 ; *Is.* XXVI, 11 ; *Ez.* XXXVI, 6 ; XXXVIII, 19) ou de l'inauguration d'une ère nouvelle (cf. *Is.* IX, 6 ; XXXVII, 32 ; LXIII, 15). Ces différentes évocations sont rendus imparfaitement par les mots « zèle » ou « jalousie » et l'on traduira plutôt par une périphrase : « zèle vengeur, courroux vengeur, ardeur jalouse ». Personnifié comme étant celui qui incite Dieu à intervenir, ce « zèle » divin serait donc figuré comme un guerrier qui « saisit » sa panoplie et en revêtira ensuite les principaux éléments (18-20 a).

17 b. Il prépare également comme armes supplémentaires ou offensives les forces de la nature : *kai hoplopoièsei* tèn ktisin.* C'est le premier emploi de *hoplopoiein* dans l'usage gr. (cf. ensuite *Strab.* XV, 3, 18) ; il signifie normalement « fabriquer des armes » (cf. *hoplopoiia* et *hoplopoios*), mais l'auteur lui donne un sens spécial : « armer » (cf. *Lat.*, *Syr.* et *Shex.*), ou plutôt « transformer en armes » (cf. la var. *hoplon poièsei* et *Ar.*). Se souvenant peut-être d'une tournure sémitique (cf. *'âśah* avec double acc., JoÜON, 125 w), il a voulu exprimer ainsi une conception originale : les créatures elles-mêmes sont transformées en des armes offensives (cf. 20 b-23). La paronomase intentionnelle *panoplia/hoplopoièsei* suffit à ôter toute autorité à la var. *hodopoièsei* S * (sur celle-ci cf. *Dea.*). Précédé de l'art., *ktisis* (cf. II, 6 b) désigne ici l'ensemble des créatures inanimées et irrationnelles, par opposition à l'homme. Deux interpré-

tations de *eis amunan* * *echthrôn* sont possibles : « pour repousser
les ennemis » *(Cant., Dea., Reu., Siegf., Gre., Corn., Goodr., Feldm.,
Ficht., Fisch., Guil.,* Osty, *RSV)* ou « pour les châtier, en tirer vengeance » *(Lat., Syr., Ar., Shex., Mal., AV, RV, Gri., Hein.,* Stein, *Schü.,*
p. 178, *Web., Cramp., Mar.).* Ignoré apparemment de la *LXX* (cf.
infra), amuna se rencontre avec ce double sens dans l'usage gr.
(cf. *Lidd.-Sc.* I et II). Le premier, prédominant chez *Phil. (Agr.* 147
pros echthrôn amunan ; Abr. 213 ; *Mos.* I, 170 ; *Mut.,* 159), est recommandé par l'emploi de *amunesthai* en XI, 3 (cf. aussi *Ps.* CXVII,
10-12 ; *2 M.* VI, 20 ; X, 17), par une dépendance possible (cf. *Ficht.
Alttest.,* p. 168) d'*Is.* LIX, 16 *LXX (kai èmunato autous tôi brachioni
autou)* et par la reprise apparente du thème d'un assaut final des
« ennemis » du peuple de Dieu (cf. *Ez.* XXXVIII-XXXIX ; *Za.* XIV).
Le second, connu également de *Phil. (Mos.* I, 244) et conforme à
d'autres emplois bibliques de *amunesthai (Jos.* X, 13 ; *Est.* VIII, 12 s.),
trouve un appui plus direct en *Is.* LIX, 18, où certains mss portent
amunan tois echthrois autou (= TM) avec le sens de « rétribution,
châtiment » *(= gemûl) ;* présentée comme hexaplaire (cf. Ziegler,
Isaias, p. 343), cette addition peut avoir été empruntée à un courant
de la tradition manuscrite ou provenir d'une accommodation ancienne
à l'hébr. L'auteur aurait connu ce type de texte, ou bien il renverrait
lui-même, avec *amuna,* à l'hébr. *gemûl,* et les « ennemis » seraient
en réalité les ennemis de Dieu (d'où, peut-être, l'absence de
déterminatif).

Les deux interprétations sont recevables et c'est pourquoi notre
traduction reste générale (« pour la répression des ennemis »). On
ne peut tirer argument, en faveur de la seconde, de l'impuissance
des damnés à se défendre et surtout à attaquer *(Schü.,* p. 181, n. 1),
car il doit s'agir d'une phase eschatologique distincte. En revanche,
le motif d'un assaut final des peuples impies, évoqué par *echthrôn,*
n'est pas reprise par la suite : l'auteur décrit en réalité un châtiment
soudain et dévastateur, opéré par le déchaînement des grandes forces
de la nature. L'idée de faire participer celles-ci à l'exécution des
jugements divins est ancienne dans la Bible (cf. les récits de l'Exode ;
Jg. V, 20-21, etc.) et réapparaît en contexte eschatologique. L'auteur
reprend ce thème avec une note originale : il généralise et parle de
la « créature » comme telle ; il insiste sur son rôle d'instrument en
lui prêtant une semi-conscience (cf. déjà *Si.* XXXIX, 28-31) ; elle
prend en quelque sorte sa revanche après avoir été profanée par
l'homme (cf. 23 c et II, 6 b). Le thème sera traité avec plus d'ampleur
en XI-XII, XVI-XIX (cf. surtout XVI, 17, 24 ; XIX, 18), mais il est
déjà amorcé. *Gri.* allègue comme parallèles *Phil., Mos.* I, 96 ; *Fl. Jos.,
Ant.* II, 292 ; *Hom. Clem.* XI, 10 *(PG* II, 281) ; *Recogn.* V, 27
(PG I, 1343).

18 a.   Dieu est souvent figuré comme un guerrier dans la Bible
(cf. H. Fredriksson, *Jahwe als Krieger,* Lund, 1945). Ici son « zèle
vengeur » prend successivement cuirasse, casque, bouclier, épée

(ordre inverse en *Jr.* XLVI, 3-4), dont la portée symbolique est indiquée sous forme d'accusatif attributif ; ainsi en premier lieu : *endusetai thôraka dikaiosunèn.* Avec *thôrax*, « cuirasse » (qui couvre la poitrine), le vb. *enduesthai*, « revêtir », est normal dans l'usage profane et biblique (cf. *1 S.* XVII, 5 ; *Jr.* XXVI, 4 ; *1 M.* III, 3 ; etc.) ; par extension, l'*A.T.* parle aussi de « revêtir » certaines qualités (cf. par ex. « revêtir la justice » dans *Jb.* XXIX, 14 ; *Ps.* CXXXI, 9). Ici, la « cuirasse » symbolise « la justice » et le parallèle le plus direct est évidemment *Is.* LIX, 17 : *enedusato dikaiosunèn hôs thôraka* (puis *Ep.* VI, 14). Il s'agit de la justice divine « vindicative » (cf. *Corn.*), se disposant à sévir en toute rigueur contre le mal. La « cuirasse » signifie la volonté de ne plus se laisser émouvoir ; le temps de la patience et de la miséricorde divines ont pris fin (cf. XII, 2, 10, 27 ; XIX, 1) et le « zèle » ne tiendra compte que de l'honneur de Dieu et des exigences du Droit suprême.

18 b. Dans le prolongement de *dikaiosunèn*, *krisin* doit désigner le jugement ou la sentence (cf. VI, 5 ; VIII, 11 ; IX, 3, 5 ; etc.), symbolisée par le « casque » ; *perithèsetai korutha** rappelle *Is.* LIX, 17 *kai perietheto perikephalaian*, mais l'auteur remplace le subst. hellén. *perikephalaia* par *korus*, un mot ancien et poétique, ignoré de la *LXX ;* quant au vb. lui-même, « mettre autour de soi ou autour de sa tête, ceindre », il est employé couramment, dans l'usage profane (cf. *Lidd.-Sc.* I) et biblique (cf. *Si.* VI, 31 ; *Est.* I, 11 ; *1 M.* XI, 13 ; etc.), au sens de « ceindre » une couronne ou un diadème. Le mot difficile est *anupokriton***, qui précise *krisin*. On ne sait dans quelle mesure il était usité avant *Sag.* (cf. *Lidd.-Sc.* et *WBNT*), mais il devient relativement fréquent dans le *N.T.* (*Rm.* XIII, 9 ; *2 Co.* VI, 6 ; *1 Tm.* I, 5 ; etc.) où il signifie « sans feinte, sincère, véridique » (comme l'adv. chez *Mc-Aur.* VIII, 5). Ce sens est retenu ici, avec des nuances diverses, par *Syr.* (« sans mensonge »), *Shex.* (« qui ne fait pas acception de personne »), *Arm.* (« qui ne trompe pas ») et *Ar.* (« sans dissimulation »), de même que par *Cant.* (κρίσις πάσης δωροδοκίας ἐλευθέρα καὶ πάσης προσωπολημψίας ἀνεπίδεκτος) et *Mal.* (κριτής ἐστιν ὁ θεὸς ἀπροσωπόληπτος καὶ ἀποδίδωσιν ἑκάστῳ κατὰ τὰ ἔργα αὐτοῦ). Les Modernes développent d'une façon ou d'une autre la même notion fondamentale : un jugement sans feinte (cf. *Duesb.*, Osty), sérieux, sévère et rigoureux (cf. *Gri., Goodr., Hein., Feldm.*), sincère, conforme aux faits, véridique *(AV, Reu., Web., Cramp.)*, équitable *(Guil.)* ou impartial *(Dea., Ficht., RSV)*, ne faisant pas acception de personne *(Far., Gre.)*. Cependant, l'adj. réapparaît en XVIII, 16 a, où les notions de sincérité, véridicité ou impartialité ne conviennent guère. Celle de rigueur ou de sévérité pourrait être retenue si l'auteur n'employait alors *apotomos* (cf. précisément XVIII, 15 b et VI, 5 b *krisis apotomos*). Mais il est une explication plus simple, suggérée par l'emploi assez récent de l'adj. et l'intention qui a dicté son choix : visant une correspondance stylistique *(oxymoron)* avec *krisin*, l'auteur aurait donné à *anupokriton* le sens de *hupokri-*

nesthai (« répondre, donner la réplique ») ou de *hupokritès* (« celui qui répond »). Il aurait donc voulu signifier une « sentence sans réplique, sans appel, indiscutable ou irrévocable » (cf. les adj. verbaux parallèles *anapologètos, anapodeiktos*). Ce sens convient parfaitement en XVIII, 16 a et s'accorde avec le symbolisme du « casque » : le justicier s'enferme délibérément dans sa décision et aucun appel n'est plus possible.

19. Le vb. *lèmpsetai* a déjà été employé en 16 a ; c'est une addition à *Is.* LIX, 17 ; *aspidos* désigne soit le « bouclier » en général, soit un bouclier plus petit que celui désigné par *to hoplon* et symbolise la « sainteté » de Dieu, *hosiotèta*. Pour justifier *aequitatem* de *Lat., Corn.* (pp. 202-203) s'efforce de montrer que *hosiotès* reprend avec une nuance distincte l'idée de justice. Cette démonstration n'est pas convaincante. L'auteur reprend avec un terme grec la notion biblique de sainteté (*hagiotès* est exceptionnel dans la *LXX*) où il évoque une pureté transcendante s'opposant radicalement au péché de l'homme (cf. II, 22 ; XIV, 30). Cette sainteté est dite *akatamachètos* *. Cet adj., attesté peut-être pour la première fois en *Sag.* (on le rencontre dans *Ps. Callisth.* II, 11 ; *Test. Jud.* XIX, 4 ; *Mc-Aur.* II 11 ; *Luc., Philop.* VIII ; et σ' sur *Ct.* VIII, 6 ; *Ex.* XXVIII, 7 ; XXX, 11 ; XXXII, 11), est formé sur le vb. récent *katamachomai*, « vaincre dans un combat », et il signifie selon les cas « invincible, indomptable, inexpugnable ». Appliqué à la sainteté divine, il précise que celle-ci ne peut être vaincue par le mal : elle maintient jusqu'au bout ses exigences et on ne l'outrage pas impunément. Elle est symbolisée par le bouclier, parce que la puissance du mal doit se briser finalement sur elle *(Gri.)* ou parce que ses exigences resteront inflexibles dans l'exécution du jugement. Certains critiques *(Siegf., Goodr.)* rattachent l'adj. à *aspida*, mais les expressions parallèles *krisin anupokr.* (18 b) et *apotomon orgèn* (20 a) le déconseillent nettement (cf. *Hein.*). *Ar.* insère ici un second stique qui traduit en fait 22 a.

20 a.   Après les asyndètes précédentes, *de* marque un changement de point de vue : des armes défensives, l'auteur passe aux armes offensives. Il mentionne seulement l'épée, *rhomphaia*. Plusieurs textes bibliques parlent de l'épée de Yahvé (*Dt.* XXXII, 41 ; *Is.* XXXIV, 6 ; *Jr.*, XII, 12 ; XLVII, 6), en particulier *Is.* LXVI, 16 (contexte eschatologique) et *Ez.* XXI, 8-22, 33-36. L'influence de ce dernier texte prédomine ici (la *LXX* répète *oxunou* et emploie *orgè* au v. 36). Le vb. *oxunei* signifie au sens propre « aiguiser, affûter » (cf. *Lidd.-Sc.* I), au sens métaphorique : « aiguillonner, exciter, irriter » (cf. *Lidd.-Sc.* II et *Pr.* XXIV, 22 d *ean gar oxunthèi ho thumos autou*). Le premier convient à « l'épée », le second à « la colère ». Le choix est difficile, car l'auteur adopte une construction différente. Au lieu de mentionner d'abord telle pièce de l'armure, puis sa signification symbolique, il commence par la réalité visée, *apotomon orgèn*, et

la fait suivre du compl. *eis rhomphaian* qui indique le résultat de
l'action verbale (construction hébraïsante), mais la comparaison est
sous-jacente : « comme on fait d'une épée » ou « comme pour en
faire une épée ». Peut-être est-il préférable de traduire par « exciter »,
à cause de la proximité immédiate de *orgè* et parce que l'idée d'un
raffinement de dureté (impliqué par « aiguiser, affûter ») n'est pas
recommandée par le contexte (cf. *infra*) ; d'autre part, la réalité de
l' « épée » est beaucoup plus estompée qu'en *Ez.* XXI : la colère
divine est une arme par elle-même et son effet propre est de
déchaîner les éléments contre les impies (20 b). L'adj. *apotomos* *,
« coupé à pic, abrupt », a pris progressivement le sens métaphorique
de « dur, âpre ; rigoureux, sévère ; décisif » (cf. déjà *Eur., Alc.* 981 ;
puis *Diod. Sic.* II, 57, 4 ; *Phil., Sacr.,* 32 ; etc.). Ce sens est supposé
partout en *Sag.* (cf. VI, 5 ; XI, 10 ; XII, 9 ; XVIII, 15 ; et l'adv.
en 22 c) et la notion commune serait, selon *Gre.,* « stern to inexora-
bleness ». On le traduira donc ici par « sévère, inflexible, implacable »
et il s'agit d'une colère qui déchaînera et poursuivra sans pitié le
châtiment. Une telle colère, mentionnée aussi par *Is.* LIX, 19 *(hèxei
gar ... hè orgè para kuriou)*, ne se déploie en toute rigueur qu'aux
temps eschatologiques (cf. Eichrodt, *Theologie,* I [6], pp. 173-176).
Elle est en relation très étroite avec la justice divine. *Corn.* rappelle
qu'elle n'implique ni trouble ni passion, en alléguant deux textes
d'*Aug. (civ. D.* XV, 25) et de *Thomas d'Aq. (in Rom.* I, 18, *Lect.* VI,
110). Mais elle devient, en quelque sorte, l'envers de l'amour de Dieu
pour l'homme. C'est sur cette note que s'achève cette évocation
originale où la profondeur théologique s'allie à la recherche littéraire.

Pour atténuer les anthropomorphismes antérieurs, l'auteur
semble avoir reporté sur le « zèle » divin personnifié le thème
biblique du Dieu guerrier. Ce « zèle » ne s'arme pas pour résister
à une attaque véritable ; du moins l'allusion à celle-ci reste-t-elle
discrète ou indécise (cf. 17 b). Les attributs qu'il revêt sont ceux
du justicier, mais leurs symboles (cuirasse, casque) signifient en
même temps la volonté de rester insensible à toute autre considération. Cette volonté de vengeance invoque les exigences de la justice
et de la sainteté divines ; elle excite en elle une colère implacable,
comme pour être sûre d'aller jusqu'au bout. Par rapport à *Is.* LIX,
17-18, la dépendance est certaine, mais très libre. Le « zèle » y était
figuré comme un manteau (v. 17 selon *TM*, mais l'omission de *zèlou*
dans la *LXX* peut être accidentelle) : il est identifié ici avec la
panoplie. Si le motif de la « cuirasse » avec son symbolisme provient
d'*Is.,* celui du « casque » est repris avec un autre terme, *korus,* et
reçoit une application différente : non pas la « justice qui sauve »,
mais la « sentence sans appel » qui condamne définitivement. Le
« bouclier », omis par *Is.* et symbole habituel de la protection divine
assurée aux fidèles (*Gn.* XV, 1 ; *Ps.* XVII, 36 ; XXVII, 7 ; etc.), devient
le symbole d'une sainteté qui ne peut plus tolérer le mal. Enfin *Is.*
ne parle pas d'arme offensive et ne mentionne la « colère » qu'au
v. 19 ; notre texte ajoute l' « épée » (probablement sous l'influence

d'*Ez.* XXI ; p.-ê. aussi d'*Is.* LXVI, 16), mais celle-ci s'identifie avec la « colère » et ne semble pas intervenir directement pour faire périr les impies. En s'inspirant librement d'*Is.* LIX, 17-18, l'auteur en modifie donc la tonalité. Il se rapproche et s'écarte à la fois de la *LXX*, probablement parce qu'il adapte, transforme celle-ci ou se contente de réminiscences (cf. *Ficht. Alttest.*, p. 169), peut-être aussi parce qu'il a accès en même temps à l'hébreu.

Un autre problème est celui de la relation d'*Ep.* VI, 13-17 à notre texte. Y a-t-il dépendance ? On y note également la mention initiale d'une « panoplie divine », puis celle du « bouclier » et du « glaive de l'esprit ». Mais, par ailleurs, l'expression « casque du salut » est empruntée litt. à *Is.* LIX, 17 et aucun terme (à l'exception de « panoplie ») ne correspond à ceux de notre texte. Il est possible que Paul se soit souvenu de *Sag.* en même temps que d'*Is.* Mais cette dépendance est difficile à prouver, d'autant plus qu'il utilise librement d'autres textes encore et que, chez lui, la « panoplie » résume les armes spirituelles du chrétien.

La nature se déchaîne pour exécuter le châtiment

20b. *Le monde aussi entrera en guerre avec lui contre les hommes*
                                                            stupides.
21. *Alors partiront, bien dirigés, les traits des éclairs,*
     comme d'un arc bien tendu par les nuages, ils bondiront vers
                                                            le but,
22. *et d'une fronde seront lancés des grêlons pleins de fureur.*
     Contre ces êtres les eaux de la mer se déchaîneront
     et les fleuves déborderont d'une façon redoutable.
23. *Un souffle de puissance se lèvera contre eux*
     et tel un ouragan les dissipera.
     Ainsi l'iniquité aura dévasté la terre entière
     et la pratique du mal renversé les trônes des puissants.

20 b. La nature collabore avec le justicier (cf. 17 b) ; ou plutôt, c'est par elle que s'exerce la « colère » (20 a). La transition est marquée par *de* (cf. *Zie.*), « aussi », et *ho kosmos*, qui reprend *hè ktisis* (17 b), désigne ici le « monde » physique, la nature inanimée (cf. I, 14 ; XVI, 17). Le vb. *sunekpolemein*, rare dans l'usage gr. (*Diod. Sic.* XV, 25, 4 ; XVI, 43, 2 « vaincre à la fois »), mais attesté deux fois dans la *LXX* (*Dt.* I, 30 ; XX, 4 « combattre avec »), a été suggéré plutôt, à cause de l'analogie du contexte, par *Jos.* X, 14 (texte reçu *sumpolemein*, var. *sunekpolemein*) ; selon *Gri.*, *ek* marquerait l'idée d'achèvement et signifierait une victoire complète, mais l'idée d'entrée en guerre ou de provocation à la guerre s'attache à l'emploi de *ekpolemein* (cf. *Thuc.* VI, 91, 5 ; *Xén. Hell.* V, 4, 20).

On traduira donc *sunekpolemèsei autôi* par « entrera ou partira en guerre avec lui ». Le compl. *epi tous paraphronas* * fait intervenir un terme littéraire, différent de *aphrôn* (cf. I, 3 ; III, 2, 12 ; V, 4) et désignant celui dont la raison s'égare ou qui est hors de sens (σ' l'emploie en *1 S.* XXI, 15). Il a été choisi soit pour signifier un état d'hébétude provoqué par l'imminence du châtiment (cf. *en paraphronèsei* en *Za.* XII, 4), soit pour opposer à des êtres devenus stupides ou se comportant comme des brutes, une nature qui s'anime pour une œuvre de justice et rejoint, elle, les vraies fins de l'esprit. De toute façon, la traduction doit marquer ce choix d'un mot rare et expressif (« déments, égarés » ou « stupides »). Un texte de GRÉGOIRE LE GRAND, reproduit par *Dea.*, commente longuement 20 b (*Hom. 35 in Ev.*, *PL*, LXXVI, 1260).

21 a. La nature agit d'abord sous la forme d'un orage épouvantable (cf. *Ex.* XIX, 16 ; *Ps.* XVIII, 14-15 ; etc.). L'asyndète marque le début d'une nouvelle description et *poreusontai*, placé en tête, suggère l'exécution immédiate des ordres divins : « alors, partiront... ». Dans le sujet *(bolides astrapôn)*, *bolis* renvoie surtout à l'usage de la *LXX* où il est assez fréquent (= *hês* « flèche, trait »), tandis qu'il est peu usité et récent dans le gr. profane (« trait, javelot ») ; le gén. *astrapôn* est soit un gén. d'apposition, « les traits qui consistent en des éclairs », soit une sorte de gén. de provenance, « les traits qui proviennent des éclairs », c.-à-d. « les traits de la foudre ». Tous ces termes rappellent *Ha.* III, 11 (εἰς φῶς βολίδες σου πορεύσονται, εἰς φέγγος ἀστραπῆς) et *Za.* IX, 14 (κύριος ἐξελεύσεται ὡς ἀστραπὴ βολίς ... καὶ πορεύσεται ἐν σάλῳ ἀπειλῆς αὐτοῦ). L'auteur s'est souvenu de l'un ou de l'autre de ces textes, peut-être des deux à la fois ; en effet, ces traits que sont les éclairs et la foudre y figurent comme les armes du Dieu guerrier qui combat au-dessus de son peuple *(Za.)* ou illumine l'obscurité d'une façon terrifiante *(Ha.)*. Mais il les détache davantage de Dieu et leur prête une action propre. Ils « partent » (cf. *Ha.* III, 11 et *Ps.* LXXVI, 18 *LXX*) *eustochoi* *, « bien tirés, bien dirigés » ou « visant juste » : cet adj., un terme littéraire (seulement *eustochôs* en *1 R.* XXII, 34 ; *2 Ch.* XVIII, 33), est employé au sens passif à propos de projectiles, au sens actif à propos d'un tireur (cf. *Lidd.-Sc.* I et II).

21 b. Les traits de la foudre reçoivent l'impulsion nécessaire pour « bondir vers le but » *(epi skopon halountai)*, parce qu'ils sont tirés « comme par un arc bien courbé, *hôs apo eukuklou toxou*, constitué par les nuages, *tôn nephôn* ». L'adj. *eukuklos* *, « bien arrondi », peut être emprunté à la poésie homérique et suggéré en même temps par *Il.* IV, 124-125 *(kukloteres mega toxon eteine / ...alto d'oistos)* à cause du même emploi de *hallesthai* (« s'élancer, bondir »). L'image elle-même semble prendre appui sur la présentation biblique de l'arc-en-ciel (cf. *Dea.*, *Goodr.*), désigné comme « l'arc de Dieu dans la nuée » *(to toxon mou en tèi nephelèi Gn.* IX, 13-16) : ce signe

du pardon et de la fidélité divines deviendrait un instrument de colère, dirigé contre les impies. Mais l'auteur veut préciser également le rôle des nuages dans les théophanies du Dieu justicier : ce sont eux qui envoient les éclairs et la foudre. Le texte des verss pour ce v. est plus ou moins troublé. *Lat.* contient un doublet sur 21 b : *exterminabuntur ad certum locum insilient ;* ou bien *exterminabuntur* a été ajouté postérieurement avec le sens d' « être lancé vers un but » (REUSCH, *Thielm., Corn., Hein.*), ou bien c'est la trad. primitive du vb. (rattaché d'une façon ou d'une autre à *haliskesthai*) et *insilient* serait une correction postérieure sur le gr. (*De Br.*, p. 111). Au prix d'une série de corrections, *Holtz.* (pp. 82-83) s'efforce de rétablir le texte primitif de *Syr. ;* dans *Ar.*, l'ordre des mots est bouleversé, certains n'ont pas été compris, des doublets sont réemployés dans un autre contexte, de telle sorte que l'original est méconnaissable.

22. Le plur. *chalazai*, « grêlons » (cf. XVI, 16), est employé conformément à l'usage classique (cf. *Plat., Symp.* 188 B, *Rep.* 397 A, etc.) ; la *LXX* connaît seulement le sing. et exprime le plur. par l'expression *lithoi chalazès*, « pierres de grêle » (cf. *Jos.* X, 11 ; *Ez.* XXXVIII, 22 ; etc.). Ils sont « lancés » *(rhiphèsontai* fut. 2 passif de *rhiptô)* à partir d'un instrument appelé *petrobolos.* Ce mot, appliqué d'abord à des personnes (cf. *Xén., Hell.* II, 4, 12 « les lanceurs de pierres »), désigne ensuite (cf. *Lidd.-Sc.* II) un engin balistique, utilisé surtout dans les sièges (cf. *Fl. Jos., Ant.* IX, 221) : « pierrier ; baliste, catapulte ». La *LXX* l'emploie soit comme subst. avec le sens de « fronde » (cf. 1 *S.* XIV, 14 ; *Jb.* XLI, 20), soit comme adj. dans l'expression *lithous petrobolous* (des pierres lancées par des frondes ou par des pierriers) en *Ez.* XIII, 11, 13, avec la mention expresse de la « fureur » divine *(en thumôi epaxô).* Ici, *ek petrobolou* est suivi de *thumou plèreis* et trois interprétations ont été proposées. Ou bien *petrob.* est traité comme un adj. qualifiant *thumou :* « d'une colère lançant des pierres » ; cf. déjà *Shex.,* p.-ê. aussi *Lat. (et a petrosa ira,* mais *De Br.*, p. 128, suppose un subst. *petrosa* syn. de *ballista),* puis *Mal.* (ὁ θυμὸς ὁ θεῖος οἰονεὶ σφενδόνη τις γίνεται καὶ τὰς πυκνὰς καὶ μεγάλας ἀφίησι χαλάζας) et divers anciens cités par *Gri.*, enfin *Les.*, CORLUY et *Gutb.* (cf. *Corn.*). Ou bien *thumou* est considéré comme un gén. d'apposition : « d'un pierrier qui est fureur » *(Gri., Far., Reu.).* Dans les deux cas, *plèreis*, sans compl., reçoit le sens de « denses, épais, drus ». Ou enfin *thumou* est rattaché à *plèreis ;* cf. déjà *Cant.* (ἐκ πετροβόλου ὀργάνου ... ῥιφήσονται ἐκ νεφῶν ἀπὸ κοίνου χάλαζαι, πλήρεις θυμοῦ, μεγέθει τε καὶ πλήθει ἄξιαι οὖσαι τῷ τοῦ κυρίου θυμῷ) puis la majorité croissante des Modernes (*Dea., Siegf., Corn., Goodr.*, etc.). Cette troisième interprétation est la seule défendable (cf. *Hein.*). L'auteur anime donc en quelque sorte les grêlons : il les montre « pleins de fureur » car ils partagent la colère divine et s'acharnent, de même que les traits de la foudre, sur leur cible. Le *petrobolos* qui est censé les envoyer doit s'identifier avec les nuages (cf. *Cant. apo koinou, Hein., Web.*),

car le lien entre 21 b et 22 a (marqué par *kai*) est assez étroit et
hôs reste sous-entendu. Les nuées d'orage seraient donc comparées
d'abord à un arc qui lance des traits, puis à une baliste ou plutôt
à une fronde qui envoie des « pierres de grêle ». La grêle intervient
souvent dans les châtiments divins (*Ex.* IX, 13-35 ; *Jos.* X, 11) ou
dans les évocations du jugement final (*Is.* XXVIII, 17 ; *Ez.* XIII, 13 ;
XXXVIII, 22 ; cf. aussi *Ap.* VIII, 7 ; XI, 19 ; XVI, 21) ; notre texte
rappelle surtout *Ez.* XXXVIII, 22, mais *petrobolos* doit avoir été
suggéré par *Ez.* XIII, 11, 13 *LXX*.

22 b-c. L'eau s'associe à la foudre et à la grêle (l'asyndète
marque sa collaboration distincte). L'expression *hudôr thalassès*,
indéterminée, suppose que toute l'eau de la mer se déchaîne en
même temps et le vb. *aganaktèsei*, placé en tête et suivi de *kat'autôn*,
« contre eux », insiste davantage sur l'hostilité des éléments : la mer
« s'indigne (cf. XII, 27 a), s'emporte, se déchaîne furieuse ». En 22 c,
l'action propre des « fleuves » *(potamoi de)* est signifiée par *sugklu-
sousin* (certainement la bonne leç. ; pour les var., cf. *Zie.*). Ce vb.
(sugkluzein/sugkluein), usité deux fois par la *LXX* avec le sens actif
de « submerger » (*Is.* XLIII, 2 ; *Ct.* VIII, 7), apparaît dans le gr.
profane à partir du Iᵉʳ s. av. J.-C. et s'y trouve employé seulement
au passif pour signifier : être submergé, battu ou envahi par les
flots ; être secoué, agité ensemble ; être plongé dans la confusion »
(cf. *Lidd.-Sc.*). Notre texte le traite apparemment comme un intransitif, car aucun ms. n'ajoute *autous* (pas davantage *Lat.* avec *concur-
rent duriter* ; cf. aussi *Shex.* et *Arm.* : « inonderont soudainement »
ou « sans pitié »), et il doit lui donner le sens de « déborder, inonder
ou submerger à la fois ». Les fleuves franchiront leurs rives et
submergeront les terres habitées, soit par suite d'un soulèvement
général de la mer et de raz de marée gigantesques, soit sous l'effet
de pluies torrentielles. L'adv. *apotomôs* ** (paronomase avec *potamoi*)
est à interpréter d'après l'adj. correspondant (cf. 20 a) : « d'une façon
sévère, impitoyable, menaçante ou terrifiante ».
    On rappelle volontiers, à propos de 22 b, le châtiment des
« ennemis » dans les eaux de la mer Rouge (*Ex.* XIV, 23-XV), tandis
que 22 c serait une réminiscence de *Jg.* V, 21. L'auteur a songé
plutôt à un nouveau déluge (cf. X, 4 a), causé cette fois par un
débordement des mers et des fleuves ; ses autres sources bibliques
seraient des textes comme *Jr.*, LI, 42 ; *Am.* V, 8 ; *Ha.* III, 8, 10.
L'eau se voit ainsi attribuer un rôle prépondérant dans le châtiment
définitif du mal sur terre (cf. aussi *Hén.* LIV, 7-10 ; LXVI), tandis
que les autres écrits juifs et *2 P.* III, 7, 10 voient le feu à l'œuvre
(cf. Volz, *Esch.*, p. 318 s., 335 s.), sans doute à cause de *Gn.* IX, 11, 15
et conformément à une théorie stoïcienne courante. Cependant
Sénèque mentionne aussi, à la suite de Bérose (*Nat. Quaest.* III,
29, 1), des déluges périodiques destinés à purifier la terre des
hommes mauvais (*ibid.* III, 27-30).

23 a.   Pour achever cette œuvre de destruction, un souffle appelé *pneuma dunameôs* « se dressera ou se lèvera contre » les impies, *antistèsetai autois* (sur le vb., cf. II, 18 b ; X, 16 b). Faut-il entendre *pneuma dunameôs* du « souffle de la Puissance » divine, en ce sens que « l'auteur abandonnerait maintenant la personnification des éléments naturels et montrerait à l'œuvre l'agent principal qui les utilise » *(Hein.)* ? On allègue habituellement comme parallèle éclairant XI, 20 c et on renvoie aux textes montrant les méchants dispersés ou exterminés par le seul « souffle de la colère de Dieu » *(Jb.* IV, 9), par « celui de ses lèvres » *(Is.* XI, 4 ; *2 Th.* II, 8), par sa « puissance » *(Ps.* LVIII, 12), etc. Cependant l'idée d'une intervention divine immédiate ne s'impose pas. En effet, l'auteur semble avoir voulu associer « l'air » (en mouvement, cf. *pneuma* en 11 c ; XIII, 2 ; XVII, 18) au feu (du ciel) et à l'eau. Par ailleurs l'expression, absente comme telle de la *LXX*, reste indéterminée et fait figure d'un hébraïsme (cf. les formules *anèr, huioi dunameôs* ou *phônè dunameôs* en *Ps.* LXVII, 34) où le déterminatif remplace un adj., mais en insistant davantage (cf. vv. 2 b, 16 a-b). Par conséquent, elle désigne plutôt un souffle très puissant, d'une violence inouïe, déchaîné par Dieu (cf. *Syr.* « un vent terrible » ; *Ar.* « un vent très fort » ; *Cant.* : πνεῦμα ἰσχυρὸν καὶ βίαιον καὶ τῇ ἑαυτοῦ σφοδρότητι ὄρη μετακινῶν).

23 b.   La suite du texte le compare précisément à un tourbillon ou à un ouragan, *kai hôs lailaps* (cf. 14 b), en signifiant l'effet de son intervention par *eklikmèsei autous*. Ce vb. composé (attesté seulement par *Jdt.* II, 27 *LXX*) doit renforcer le sens de *likman (ek = entièrement)* : « vanner » (cf. *Il.* V, 500 ; *Xén., Oec.* XVIII, 6 ; dans la Bible, *Rt.* III, 2 ; *Is.* XXX, 24 ; *Si.* V, 9), puis, au sens figuré, « disperser, disséminer, dissiper » (cf. *Jr.* XXXVIII, 10 ; *Ez.* XXIX, 12 ; XXX, 23, 26 ; XXXVI, 19), parfois « faire disparaître » (cf. *Dn.* II, 44 ; *Jb.* XXVII, 21 add. hex.) ou même « détruire, écraser » *(Lc.* XX, 18 ; *BGU* 146, 8). Les impies seront non seulement « dispersés », mais « dissipés entièrement », pour disparaître tout à fait de la surface de la terre. Le « souffle de puissance » achève ainsi l'œuvre commencée par les autres agents de la colère divine, selon une progression qui rappelle la succession des fléaux apocalyptiques. Plusieurs réminiscences bibliques affleurent ici : *Is.* XLI, 16 ; *Jr.* XXV (XXXII), 32 ; *Dn.* II, 44 parlant d'une destruction des royautés terrestres (cf. 23 d). Mais il y a surtout *Is.* XXIV, 1 mentionnant une « dispersion » *(LXX diasperei* ; *TM hêphîṣ)* des habitants de la terre, puis une dévastation radicale de celle-ci à cause du péché (vv. 2-6 ; or cf. 23 c) ; *eklikmèsei* peut être une traduction différente ou personnelle de l'hébr. *hêphîṣ.*

23 c-d.   *Kai* consécutif (« et ainsi », cf. *Gri., Dea., Hein*) introduit deux propos. coordonnées qui indiquent à la fois le résultat et la

cause directe de tous ces fléaux. Le vb. *erèmôsei*, « dévastera, rendra désert », évoque la réalité effrayante du désert, bien connue des écrivains bibliques, et non pas seulement une désolation relative par suite du manque d'habitants ; le compl. *pasan tèn gèn* désigne avec insistance « la terre entière, toute la terre » ; le sujet *anomia*, « absence de loi », parfois « refus de la loi » (cf. V, 7 a), prend dans le gr. biblique le sens général d' « iniquité, transgression, péché, injustice » ou « corruption » (chez *Ez.*, il rend très souvent *tô'êbah*, « abomination, impureté »).

En 23 d, le sujet *hè kakopragia**, usité habituellement au sens de « mésaventure, échec » (cf. *Lidd.-Sc.*), reçoit ici une portée morale et semble avoir été choisi pour correspondre aux formules bibliques désignant « ceux qui commettent le mal » (cf. *Os.* VI, 8 ; *Mi.* II, 1 ; *Ps.* V, 6 ; VI, 9 ; etc.) et c'est pourquoi on le traduit litt. par « la pratique du mal ». Le vb. *peritrepsei**, certainement authentique (pour les var., cf. *Zie.*) et employé fréquemment par σ' avec le sens de « secouer, ébranler » (cf. *Jb.* IX, 6 ; XII, 19 ; etc.), doit signifier ici « renverser de fond en comble » (cf. *Lidd-Sc.* II, 2). Dans le compl. *(thronous dunastôn), dunastès* (cf. VIII, 11) désigne étym. « celui qui détient la puissance » et s'applique, selon les cas, soit à celui qui exerce l'autorité suprême, soit aux « princes, roitelets ou dynastes », avec une allusion fréquente à un gouvernement tyrannique ou despotique ; ces différentes nuances se retrouvent dans la *LXX* (en relation avec plusieurs mots hébr.). Il suffit de le traduire ici par « puissants ».

Cette évocation du châtiment final des impies s'achève apparemment sur une note inattendue, avec la mention d'une terre devenue déserte et le renversement des royautés terrestres. En réalité, l'ensemble reste homogène si l'on tient compte des sources bibliques utilisées. L'auteur s'est souvenu d'abord d'*Is.* XXIV qui, dans le contexte d'un jugement général, montre les impies « dispersés » (cf. *comm.* sur 23 b) et la terre réduite en désert (v. 1 *erèmôsei autèn*), car elle « a commis l'iniquité » *(LXX ènomèsen)* par ses habitants (v. 5) ou « l'iniquité *(hè anomia)* a dominé sur elle » (v. 20) ; et le dernier trait annonce un châtiment collectif des « rois de la terre » (vv. 21-22). On relève également des réminiscences d'*Is.* XIII, où le châtiment de Babylone prend l'aspect d'un grand jugement de Dieu : « Yahvé et ses combattants *(LXX hoi hoplomachoi)* viennent ravager toute la terre » (v. 5), « la transformer en désert *(erèmon theinai)* et en exterminer les pécheurs » (v. 9) ; en ce « jour de colère » (v. 9 *orgès*), « le ciel est rempli de fureur » (v. 13 *ho gar ouranos thumôthèsetai*), car Yahvé va « punir l'univers pour sa méchanceté... humilier l'arrogance des tyrans » *(TM 'ârisîm ; LXX huperèphanôn*, v. 11). Dans notre texte, *dunastôn* pourrait renvoyer au dernier mot selon l'hébr. (*'ârîs* est traduit de la sorte en *Jb.* VI, 23 ; XV, 20 ; XXVII, 13), mais l'auteur a pu se souvenir également de *Jb.* XII, 19 *LXX (dunastas de gès katestrepsen)*. Enfin on ajoutera, sur 23 d, une influence générale de *Dn.* (la destruction des royaumes terrestres prélude à la royauté des « saints ») et p.-ê. aussi d'*Ag.* II, 21-23 : « je vais ébranler le ciel et la terre... renverser les trônes des royaumes *(LXX katastrepsô thronous basileôn)* et détruire la puissance des rois des nations ». En un mot, la reprise de motifs bibliques est manifeste, mais les réminiscences s'associent librement et demeurent difficiles à identifier. Elles soulignent, en tout cas, le contexte terrestre de ce grand jugement de Dieu et nous renseignent davantage sur les intentions de l'auteur. Celui-ci est revenu au grand thème biblique du jour de la colère de Dieu. Précédemment, son insistance sur les destinées individuelles et les sanctions transcendantes semblait rendre inutile une intervention finale de Dieu sur terre. Pourtant, il a tenu à l'intégrer dans une sorte de synthèse des fins dernières de l'homme et de l'humanité. Bien plus, il l'a rattachée au thème des sanctions transcendantes, si les impies déjà morts (ressuscités ou non) assistent à ce déploiement de la colère vengeresse et si les justes déjà glorifiés sont associés à ceux que ce jugement trouvera vivants sur terre et qui seront, eux, protégés (16 c-d). En tenant compte des voies nouvelles frayées par le livre, souvent à partir de données obscures ou difficilement conciliables, on verra au moins en 15-23 l'esquisse d'un jugement général, à la fois terrestre et transcendant, avec des incidences cosmiques. Sur ce dernier point, cependant, on notera la sobriété des traits. Au lieu d'un ébranlement de l'univers entier, ramené au chaos ou au néant, seuls certains éléments sont à l'œuvre et se voient prêter une efficacité extraordinaire et semi-consciente. La condition même de l'univers physique ne semble pas altérée essentiellement. La terre seule retient l'attention : elle devient déserte, mais le texte ne parle pas de sa destruction (sur celle-ci, cf. VOLZ, *Esch.*, pp. 334-335). Comme la raison en est le péché de l'homme et que l'auteur se maintient sur un plan moral, elle pourrait être habitée de nouveau par un peuple de justes, après une purification radicale du mal. La royauté des justes glorifiés sera-t-elle purement transcendante ou inclura-t-elle une nouvelle existence terrestre, aux conditions différentes ? Le texte ne permet pas de préciser.

Deuxième partie (VI, 1 - XI, 1)

CHAPITRE VI

DEUXIÈME PARTIE. C'est un éloge progressif de la Sagesse. Indispensable aux souverains, elle achemine tous ses disciples vers l'immortalité et dispense tous les biens, dans le présent comme par le passé, car elle est divine et elle « aime l'homme ». Sur le genre littéraire de cette section, cf. *Intr.*, ch. III, p. 109 ; sur l'enchaînement des idées, cf. *ibid.*, pp. 104 et 120-121 ; sur les conceptions mises en œuvre, cf. *Études*, ch. V, pp. 329-414 ; sur les milieux visés et l'arrière-plan vraisemblable, cf. *Intr.*, ch. III, pp. 114-115, 117-118, et ch. V, pp. 153-155.

Résumé du chapitre VI. L'auteur s'adresse de nouveau (cf. I, 1) aux souverains — qu'il semblait avoir perdu de vue — pour leur demander de prêter attention, de réfléchir, de se laisser instruire (1-2, 9, 11). Il leur rappelle que leur autorité n'est pas irresponsable : c'est une délégation de la souveraineté divine et ils auront à rendre des comptes (3-4). Bien plus, Dieu se montrera plus exigeant à leur égard, car ils ont moins d'excuses et le Juge suprême ne se laissera pas intimider par eux (5-8). Au contraire, s'ils gouvernent selon la justice (4), s'ils observent fidèlement les « saintes lois » ou acceptent d'en être instruits, ils seront reconnus « saints » et leur apologie les suivra (10). Cette longue exhortation, amorcée par la mention d'un renversement des royautés terrestres (V, 23 d), forme une sorte de transition entre *Sag. I* et *Sag. II*. En effet, l'auteur y reprend l'idée d'un jugement individuel, le thème de « l'enquête » (3 c, 8), il évoque la récompense finale de la « sainteté » (10 a), la nécessité d'être défendu par ses œuvres (10 b), si bien que le châtiment des souverains infidèles n'est qu'un *a fortiori* de celui des impies. Mais cette section est davantage encore une introduction à l'éloge de la Sagesse. Si celle-ci n'est mentionnée qu'une fois (9 b), le texte renvoie manifestement à ses doctrines. D'autre part, le style est celui de l'exhortation sapientiale et le personnage fictif de Salomon occupe déjà la scène. La section suivante (vv. 12-21) est sur le thème du « désir de la Sagesse » (amorcé au v. 11). L'auteur veut signifier par là qu'une ouverture sincère aux valeurs religieuses du Judaïsme engage les païens sur le chemin du salut. Il évoque d'abord l'attirance radieuse de la Sagesse et la facilité avec laquelle on la trouve (12). Bien plus, elle prévient en quelque sorte les désirs ou les initiatives de l'homme (13-16). Ensuite, par une argumentation grecque, il montre comment le désir sincère de la Sagesse conduit l'individu, par une série de démarches étroitement liées, jusqu'à l'immortalité. En même temps, il esquisse une ascension spirituelle dont le terme est l'introduction dans la société de Dieu et la participation à sa royauté (17-20). A propos de ce dernier trait, il renoue à la fois avec le v. 11 et l'adresse initiale : les souverains ont une raison particulière de s'ouvrir à la Sagesse (21).

Les souverains doivent apprendre la Sagesse
pour bien exercer la charge confiée par Dieu

1.	*O rois, écoutez donc et réfléchissez*
	laissez-vous instruire, vous qui dictez le droit jusqu'aux confins
	de la terre.
2.	*Prêtez l'oreille, vous qui dominez sur une multitude*
	et êtes si fiers de vos foules de nations.
3.	*Car vous tenez du Seigneur votre accession au pouvoir,*
	du Très Haut votre souveraineté,
	et c'est lui qui examinera vos actes et scrutera vos desseins,
4.	*pour n'avoir pas, vous les ministres de sa royauté, jugé selon*
	le droit,
	ni respecté la loi,
	ni agi selon la volonté de Dieu.

1 a. *Lat.* insère au début : *melior est sapientia quam vires, et vir prudens (magis) quam fortis* (cf. *Bi. Sa.*). Cette addition isolée surprend. Elle rappelle le style de *Qo.* IX, 16 et *Pr.* XXIV, 5 (cf. aussi *Qo.* IX, 18 et *Pr.* XVI, 32). On la considère volontiers comme un titre (cf. *Gri., Dea., Hein.,* etc.), reproduisant p.-ê. un texte gr. *(kreissôn sophia dunameôs kai anèr phronimos ischurou),* mais ce titre serait impropre. Quoi qu'il en soit, cette addition ne peut représenter le texte original. L'auteur y interpelle les « rois », *basileis,* en se souvenant de *Ps.* II, 10 *(LXX kai nun basileis sunete)* et en rattachant cette exhortation à ce qui précède (V, 23 d) par *oun,* « donc, or donc ». Il les invite d'abord à « écouter », *akousate,* une invitation caractéristique du style didactique et sapiential (cf. *Dt.* V, 1 ; VI, 4 ; IX, 1 ; *Pr.* I, 8 ; IV, 1 ; V, 7 ; *Si.* III, 1 ; VI, 23 ; etc.). Le vb. coordonné *kai sunete* renvoie à *Ps.* II, 10 LXX (cf. *supra*) où il traduit *haśkilû* (« soyez ou devenez intelligents »). Ailleurs il

traduit aussi *bîn* ou *hêbîn* (« comprendre, percevoir ») et il est parfois associé à *akouein* (*Is.* VI, 9 ; LII, 15 ; *Ne.* VIII, 2). Dans l'usage profane, un tel emploi absolu de *sunienai* se rencontre également, avec le sens de « comprendre, se montrer intelligent », parfois « faire attention, observer ». Ici l'auteur demande aux rois d'appliquer leur intelligence aux paroles entendues, de « comprendre » ou de « réfléchir ».

1 b. Avec *mathete*, « apprenez », il réclame leur docilité à un enseignement, à des doctrines proposées d'autorité (*paideuthète* de *Ps.* II, 10 faisait intervenir l'idée d'éducation, cf. 11 b et III, 5). La formule *dikastai peratôn gès* doit reprendre d'une façon ou d'une autre *basileis* (la) et elle semble prendre appui, mais d'une façon originale, sur l'expression « juges de la terre » de *Ps.* II, 10 *TM* (pour la *LXX*, cf. *comm.* sur I, 1). En effet *dikastès*, employé toujours en contexte judiciaire dans l'usage profane (« juge », parfois « juré ») et presque toujours (sauf *Ba.* II, 1) dans la *LXX* (= *shophèt*), ne peut désigner ici une catégorie subordonnée aux rois : les « juges » chargés de rendre la justice. Il insiste plutôt sur une prérogative royale par excellence, celle de juge suprême (*dikastès* a cette portée en IX, 7). La tradition biblique ancienne présentait déjà le roi dans ce rôle (cf. *2 S.* XV, 1-6 ; *1 R.* III, 16 ; *Pr.* XXIX, 4, 14), au point que *shâphaṭ* peut prendre le sens de « gouverner » (cf. *comm.* sur I, 1). Le fait est illustré aussi par diverses pratiques ou théories hellénistiques. Ainsi, dans l'Égypte ptolémaïque, le roi exerçait la juridiction suprême (cf. *Hein.*), qui se réservait toute une série de cas et restait le maître de la vie et de la mort (cf. CUMONT, *Eg. Astr.*, p. 44, n. 2 et p. 28) ; à l'époque romaine, ces attributions passèrent au préfet d'Égypte. Dans les traités néo-pythagoriciens *Sur la royauté*, c'est l'une des trois fonctions principales du roi idéal (cf. *Études*, ch. III, p. 219 et, pour l'emploi de *dikastan*, n. 5). Enfin *Phil.* voit également dans le roi le juge par excellence (cf. BRÉHIER, *Idées*, p. 19), et son insistance sur ce point trahirait l'influence de conceptions grecques (cf. HEINEMANN, *Bildung*, pp. 183-184, 202-203).

Mais l'auteur s'est-il contenté de reprendre sous cet aspect le titre de « rois » ? Ou bien a-t-il employé une expression susceptible d'évoquer d'autres formes de pouvoir absolu, se traduisant précisément par le droit de juger et de condamner sans appel ? Ici *dikastai* est déterminé par *peratôn gès*, une expression qui signifie proprement les « confins de la terre » (cf. *Il.* VIII, 478 ; *Xén.*, *Ages.* IX, 4 ; etc.), par extension, les pays habités les plus lointains (cf. *Thuc.* I, 69, 5 ; *LXX Ps.* XVIII, 5 ; *Mt.* XII, 42), mais peut n'être qu'une périphrase désignant la terre entière (*Ps.* XXI, 28 ; XCIV, 4 ; cf. aussi *1 S.* II, 10). L'auteur n'a aucune raison de s'adresser d'une façon exclusive aux princes des « régions les plus lointaines ». Il désignerait plutôt, en dépendance de *Ps.* II, 10, l'ensemble des souverains qui, à des titres divers, régissent « la terre entière ». Pourtant, la formulation même du texte reste étrange, elle fait penser à des

personnages qui étendent très loin leur autorité, sont les juges
suprêmes et dictent le droit jusqu'aux extrémités de la terre ; et
cette impression est confirmée par 2 b. Il ne s'agit pas d'une simple
formule hyperbolique, comme dans les titres universalistes décernés
volontiers aux souverains à partir de l'époque perse (cf. *Dn.* IV, 21
LXX, 22 θ' ; CUMONT, *Eg. Astr.*, p. 27 et n. 1), en accord avec le
caractère universel de la royauté hellénistique (cf. J. KAERST,
Geschichte des Hellenismus, II², Leipzig, 1926, pp. 302 et 307 ss).
En effet l'hyperbole n'est pas apparente, lorsque le pouvoir est divisé
et qu'on parle des souverains au pluriel. Mais l'auteur semble penser
ici moins à une pluralité de souverains se partageant la terre, qu'à
une autorité s'exerçant, par des représentants divers *(dikastai)*,
jusqu'à l'extrémité du monde connu. Une allusion à la puissance
romaine, que les Juifs avaient reconnue bien auparavant (*1 M.* VIII ;
2 M. IV, 11) et qui apparaissait de plus en plus comme une puissance mondiale, est fort possible, mais reste à préciser (cf. *Intr.*
ch. V, pp. 143-144, 153-155). Enfin, si cette adresse aux rois relève
apparemment du même genre littéraire que celle de I, 1, elle est
prolongée pour elle-même et avec un autre arrière-plan (cf. *Intr.*
ch. IV, pp. 117-118).

2. Le vb. *enôtisasthe*, « ouvrez ou prêtez l'oreille », est propre
au gr. biblique (*LXX* et *N.T.* ; cf. son association à *akouein* en *Is.*
XXVIII, 23 ; *Jr.* XIII, 15 ; XXIII, 18 ; *Si.* XXXIII, 19). En le reprenant, l'auteur veut rendre son exhortation plus solennelle. Les souverains sont désignés d'abord comme *hoi kratountes plèthous* : le vb.,
employé déjà en III, 8 (cf. aussi X, 2 ; XIV, 19), signifie ici « être
maître de, dominer sur, régir en maître » (cf. *Lidd.-Sc.* I, 3 et *Pr.*
VIII, 16 ; *Est.* IV, 17 b) ; au sujet de *plèthos*, « multitude », *Gri.* note
le contraste implicite entre le petit nombre des maîtres et la multitude des sujets. Ils sont présentés ensuite (2 b) comme *gegaurômenoi
epi ochlois ethnôn*. Le partic. (mal lu par *Ar.*, cf. *Intr.*, ch. I, p. 74)
renvoie à *garousthai* « se glorifier, se montrer fier, s'enorgueillir »,
et le parfait insiste sur un état habituel (« vous qui êtes tout fiers ») ;
la construction avec *epi* et le dat. se rencontre déjà chez *Xén.* (*Hier.*
II, 15), mais le dat. seul est plus normal (cf. *Lidd.-Sc.* et *3 M.* VI, 5) ;
ochlos, « foule ; masse, multitude ; populace », parfois « peuple,
population » (cf. *WBNT* 2), est employé ici au plur. et déterminé
par *ethnôn*, « nations, peuples » (cf. III, 8), si bien que l'expression
reste étrange. A la rigueur, on pourrait penser aux « foules qui
composent les nations » respectives des souverains, mais cette idée
a déjà été exprimée en 2 a ; aussi est-il préférable de traduire litt.
par « foules, multitudes de nations ou de peuples ». L'auteur envisage donc une forme d'autorité s'exerçant sur un grand nombre
de peuples distincts et l'allusion à la domination romaine s'accentue.

3 a. *Hoti*, « (sachez) que », prend un sens causal en liaison
avec ce qui précède : les souverains ont un besoin urgent de se

laisser instruire, « car » ils tiennent leur pouvoir de Dieu (3 a-b) qui leur demandera des comptes (3 c). Le vb. *edothè*, « a été donné », met en relief, dès le début, la notion centrale des vv. 3-4, et son compl. *humin* (*humôn* est secondaire, cf. *Zie.*) est rejeté à la fin de 3 a pour que les termes intermédiaires se détachent davantage. En employant d'abord *para kuriou* (sans art.), « de la part du Seigneur, par le Seigneur », l'auteur fait remonter tout pouvoir au Dieu révélé qui est le seul « seigneur » et roi de l'univers. Puis, avec le sujet *hè kratèsis* * (la présence de l'art. insiste d'une autre manière), il désigne soit l'accession au pouvoir, soit la domination elle-même. Le second sens se rencontre dans une citation libre de MANÉTHON (*ap. Fl. Jos., C. Ap.* I, 26, « la domination des Pasteurs paraissait un âge d'or à côté de celle des Solomytes »). Ailleurs, le subst. apparaît comme un terme technique dans des récits assez récents. On notera son emploi dans les papyrus (à partir du IIᵉ s. av. J.-C.) pour désigner un « titre ou droit de possession » (cf. *Lidd.-Sc.* II, 2), et surtout le sens de « prise du pouvoir ; début de la domination » (cf. *Lidd.-Sc.* I, 2-3), en particulier lorsqu'on désigne, en Égypte, l'ère qui commence avec la prise d'Alexandrie par César Auguste en l'an 30 av. J.-C. (cf. par ex. *BGU*, 174 : « l'an 34 *tès Kaisaros kratèseôs*). Comme il reprend ici *kratein* (2 a), on peut se contenter de le traduire par « domination ». Mais ensuite (3 b), *dunasteia* a pratiquement le même sens et il n'y aurait aucun progrès sensible de la pensée. Pour cette raison, et aussi parce que les mots en *-èsis* ont plutôt un sens actif ou marquent l'entrée dans un état, l'auteur nous semble avoir choisi un terme rare pour signifier « l'accession au pouvoir » : c'est le Seigneur qui confère en réalité celui-ci (cf. *Dn.* II, 37 ; IV, 22, 29 ; etc.). Nous admettons également une influence probable de l'emploi égyptien de *kratèsis* pour désigner l'ère de César Auguste (cf. *Intr.*, ch. V, pp. 153-154).

3 b. Avec *hè dunasteia*, l'auteur désigne le fait d'avoir « puissance » et autorité sur d'autres, de les tenir en son pouvoir. On peut le traduire par « souveraineté, empire ». Dans la *LXX*, il rend le plus souvent *gebûrah* (« force, vigueur » ; d'où *Lat., virtus ; Syr.* « force »), on notera surtout *Dn.* XI, 5 et *2 M.* III, 28. Le compl. *para hupsistou* reprend *para kuriou* avec une nuance distincte : ce terme, plus familier à des lecteurs grecs, leur rappelait en même temps qu'il y a un Juge suprême, le Dieu Très Haut (cf. V, 15 c).

3 c. Cette propos. relative, rattachée au compl. de la propos. principale (3 a-b), laisse à celle-ci son importance propre : le v. 3 affirme donc d'abord que le pouvoir est donné par Dieu, puis que celui-ci demandera des comptes, et *hos* a une portée consécutive (« lequel, en conséquence »). Le vb. *exetasei* (employé de nouveau en XI, 10 ; cf. aussi *exetasis* en I, 9 ; *exetasmos* en IV, 6) signifie « examiner attentivement ; soigneusement ; soumettre à une enquête » ; employé fréquemment en contexte juridique dans l'usage

4

profane, il implique souvent une culpabilité supposée ou une accusation à éclaircir. La référence au jugement sévère de l'au-delà est manifeste. Le vb. coordonné *diereunèsei* * (pour les graphies aberrantes, cf. *Hein.*), usité au sens de « suivre à la piste, soumettre à des investigations, scruter, fouiller » (cf. XIII, 7), marque une gradation. Celle-ci est accentuée par la progression des compl. respectifs : d'abord les « œuvres » ou les « actes », *ta erga* (cf. I, 12 b ; II, 4 b, 12 b ; III, 11 c), puis les « intentions elles-mêmes », *tas boulas*. Avec ce dernier mot, l'auteur n'entend pas opposer les « délibérations, décisions ou décrets » officiels à la conduite personnelle ; il suit l'usage biblique où *boulai* désigne soit les « délibérations ou résolutions intérieures » (cf. p. ex. *Ps.* XI, 3), soit les « plans, desseins, pensées » (cf. p. ex. *Jb.* V, 12 ; *Is.* LV, 8). L' « enquête » pénétrera dans le domaine des pensées (cf. *Lat.* et *Syr.*) et des intentions. Même insistance sur les fautes intérieures en I, 3-5, 9. On rapproche aussi *hai boulai tôn kardiôn* en *1 Co.* IV, 5.

4 a. *Hoti* causal *(Dea.)* ou plutôt complétif (« sur ce que, de ce que ») introduit directement les principaux points sur lesquels portera « l'enquête », indiqués successivement par *ouk ekrinate orthôs* et les deux propos. coordonnées (4 b-c) ; mais il a aussi une valeur conditionnelle (cf. le *kî* hébr. avec ce sens ; Joüon, *Grammaire de l'hébreu biblique*, Rome, 1947, § 167) car tous les souverains ne sont pas supposés d'emblée coupables et passibles d'une condamnation. La propos. participiale du début, *hupèretai ontes tès autou basileias* est concessive-adversative (« alors que vous êtes... ») et elle apporte une nouvelle précision sur la subordination des souverains à Dieu : ils ne sont que « des ministres de sa royauté ». *Basileia* signifie ici « royauté » (comme en VI, 20 ; X, 10, 14), celle que Dieu possède à un titre éminent et qu'il exerce effectivement ; *hupèretès* (étym. : « rameur en sous-ordre », Boisacq, p. 275) désigne dans l'usage gr. quiconque est sous les ordres d'un autre ou à son service (avec le compl. au gén. ou au dat., cf. *theôn Esch., Pr.* 954 et *tôi theôi Plat., Leg.* 773 E), et insiste sur l'idée de subordination ou de dépendance, avec les notions adjacentes de collaboration (cf. *Plut., princ. iner.* II, 3 *tous archontas hupèretein theôi pros anthrôpôn epimeleian kai sôtèrian*) ou d'imitation (cf. le fragment de Sthenidas cité dans *Études*, p. 220, n. 1 : le roi doit devenir, par la sagesse et la science, un « imitateur et un serviteur » du Dieu suprême, seul roi par nature, *basileus te kai dunastas*). Dans l'Ancien Orient, le roi aimait se dire « serviteur » de la divinité et la Bible donne couramment ce titre aux rois et aux chefs d'Israël, parfois à des princes païens (*Jr.* XXV, 9 ; XXVII, 6 ; XLIII, 10), mais la *LXX* emploie régulièrement *pais* (cf. II, 13) ou *doulos* (cf. IX, 5), et elle ignore pratiquement *hupèretès* (seulement en *Pr.* XIV, 35 ; *Is.* XXXII, 5 ; *Dn.* III, 46). En choisissant un terme plus froid et qui n'évoquait pas des relations d'intimité avec Dieu ou une collaboration privilégiée à une histoire de salut, l'auteur a voulu signifier que tous les souverains, dans l'exercice

même de leur autorité, restent des « ministres de la royauté de Dieu ». Pour lui, il n'y a qu'une seule souveraineté véritable, celle de Dieu. Celle des rois terrestres est non seulement déléguée (3 a-b), mais subordonnée. Par conséquent, ils doivent se soumettre à des normes supérieures dans l'exercice de leur charge. Enoncées sous une forme négative, ces obligations sont résumées sous trois chefs distincts.

Il y a d'abord celle de « juger droitement » *(ouk ekrinate orthôs).* Selon divers critiques *(Gri., Corn., Hein.,* etc.), le vb. signifierait « gouverner » (cf. I, 1 a) et l'adv. aurait une portée générale, précisée ensuite par 4 b-c : « bien gouverner », ce serait respecter la loi et les exigences divines. D'autres *(Gre., Goodr.,* etc.) retiennent le sens de « juger », avec une référence précise à l'exercice de la justice. Cette seconde interprétation, adoptée déjà par *Cant. (krisin orthèn kai mèdemian dôrodokian è prosôpolèmpsian),* est préférable : elle rend mieux compte de la suite des idées, avec un élargissement progressif ; la fonction de juge appartient aux souverains à un titre éminent (cf. 1 b ; IX, 3 b, 5 c, 7 b) ; ce privilège redoutable qui livre les autres et surtout les faibles à leur merci réclame d'eux le respect du droit (cf. le « miroir » du roi idéal en *Ps.* LXXI), car ils seront jugés à leur tour avec rigueur (cf. 5 b, 7) ; enfin l'expression *krinein orthôs,* inusitée par la *LXX,* s'éclaire par les formules grecques analogues (cf. *orthôs dikazein Plat., Pol.* 305 B-C) ou identiques (cf. *Études,* ch. III, p. 219, n. 6) signifiant « juger selon le droit ».

4 b. Le respect de la loi est impliqué par l'exercice équitable de la justice, mais *oude ephulaxate nomon* réclame davantage des souverains. Le vb., suivi de *nomon,* a couramment le sens d' « observer » la loi, dans l'usage biblique et profane (cf. *Lidd.-Sc.* B, 3). Mais de quelle loi s'agit-il ? Le mot est employé sans art. et indéterminé *(legem justitiae* de *Lat.* est une add. explicative ; de même « sa loi » ou « ses lois » de *Sah.* et *Arm.).* Quelques critiques *(Corn.* et *Goodr.)* le voient désigner la Loi israélite. Les autres l'interprètent d'une façon ou d'une autre de la loi naturelle : il résumerait « les principes naturels du droit et de l'équité » *(Gri.),* « cette loi du juste et de l'injuste à laquelle même les païens sont soumis » *(Dea.,* renvoyant à *Rm.* I, 19 ss), « la loi naturelle » rappelée en réalité, à travers les rois païens, à tous les hommes *(Hein.),* « la loi divine universelle » *(Ficht.,* renvoyant à *Rm.* II, 15). A notre avis, l'identification pure et simple avec la Loi israélite est déconseillée par le contexte : l'auteur s'adresse réellement aux souverains païens et l'absence de l'art. peut renvoyer non seulement à une loi suffisamment connue (cf. II, 12 ; XVIII, 4), mais à la loi en général, susceptible de recevoir des déterminations diverses. D'autre part, le mot ne nous semble pas désigner directement ou exclusivement la loi naturelle : il inclut certaines lois positives et *Cant.* glose précisément 4 b par *phulakè tôn tethentôn nomôn.* Déjà *phulassein* suppose la conformité à des normes précises, formulées clairement.

Par ailleurs, *nomos* se trouve employé en contexte judiciaire des déterminations diverses (selon les pays) de la loi du juste et de l'injuste, auxquelles les juges doivent se conformer (cf. *Plat., Pol.* 305 B ; *Leg.* 715 B) ou que le roi modèle doit connaître pour bien juger *(Diotog.,* chez *Stob., Anth.* IV, pp. 263 s. *phusin dikaiô kai nomô kalôs ekmathôn).* Enfin, débordant l'exercice de la justice, le mot désigne encore l'ensemble des lois qui régissent la vie d'une cité ou d'un peuple et sont revêtues le plus souvent d'un caractère sacré. La soumission à la loi, vrai « roi et seigneur des hommes » *(Plat., Ep.* 354 A), apparaît alors comme le seul critère de distinction entre le roi et le tyran (cf. *Xén., Mém.* IV, 6, 12 ; *Arist. Cyr.* chez *Stob., Anth.* IV, p. 300). Dans les écrits néo-pythagoriciens *Sur la Royauté* (cf. *Études,* ch. III, p. 219), la loi qui domine le roi ne s'identifie pas avec la seule justice naturelle : elle inclut tout un système de lois positives (cf. V. VALDENBERG, dans *REG,* 1927, p. 159). A vrai dire, ce sont les Stoïciens qui ont conféré à *nomos* une portée universelle et absolue (cf. ZELLER, *Phil.* III, 1 [4], pp. 226-227). Ils en ont fait une loi de nature, informant tous les êtres, dominant les choses divines et humaines (cf. p. ex. *SVF* III, p. 77, n. 314) : elle impose ses exigences, de l'intérieur, à tout être raisonnable, invité à mettre sa vie en harmonie avec le Tout, ou même avec « la volonté du principe qui gouverne l'univers » *(Dio. Lae.* VII, 88 *pros tèn tôn holôn dioikètou boulèsin).*

L'auteur ne nous semble pas viser directement une telle loi de nature qui imposerait à chaque conscience les mêmes impératifs et qu'il montrerait ensuite (4 c) reflétant la volonté d'un Dieu personnel. Se souvenant de la distinction courante entre roi et tyran ou désireux de réagir contre les autorités despotiques qui créent le droit suivant leurs caprices, il songe plutôt à des lois positives, envisagées dans ce qu'elles ont d'essentiel ou de commun : elles représentent une autorité supérieure et précisent les grandes obligations morales ou sociales. Certes, il accorde une primauté absolue à la Loi juive (cf. XVIII, 4) et il se propose précisément d'acheminer jusqu'à elle tous les princes par l'intermédiaire des doctrines de sagesse. Pourtant, le contexte universaliste et le jugement porté sur la conduite actuelle des souverains supposent que les autres législations incarnent déjà des valeurs fondamentales qui s'imposent à eux.

4 c. Ils seront tenus encore pour responsables de « n'avoir pas marché selon la volonté de Dieu », *oude kata tèn boulèn tou theou eporeuthète.* Le vb. est employé au sens biblique de « se conduire, vivre », et il résume le comportement pratique habituel. Le mot *boulè* (cf. IX, 13, 17), qui désigne généralement dans la *LXX* le « conseil » ou le « dessein » du Seigneur, doit signifier ici « volonté » (cf. *Lidd.-Sc.* I, 1 ; *TWNT* I, p. 632). Par conséquent, il s'agit de conformité pratique à une volonté divine suffisamment connue : celle-ci pèse sur la conduite des souverains et son domaine doit

avoir plus d'extension que celui réglé par la loi (4 b). Sous quelle
forme se manifeste cette volonté et quel est son contenu ? Le gén.
tou theou renvoie normalement au Dieu unique et personnel que
tous les hommes devraient découvrir à partir de ses œuvres (XIII,
1-9). L'auteur peut supposer aussi, du moins chez certains souverains,
une connaissance plus ou moins précise des volontés du Dieu révélé,
de ses exigences vivantes et personnelles. Pourtant il n'emploie pas
tou kuriou, alors que la formule *boulè kuriou* est caractéristique de
la *LXX* tandis que *boulè theou* ne s'y rencontre pas formellement.
Il semble donc avoir choisi volontairement une formule générale,
susceptible d'applications ou d'évocations diverses. Et on rappellera
peut-être le thème de la *boulè theou* dans la mystique hellénistique
(cf. *TWNT* I, p. 632 ; mais cf. aussi Dodd, *The Bible*, p. 129). Dans
la réalité, *Cant.* interprète l'expression de l'accomplissement des
devoirs de la piété *(ta pros theon eusebein)* ou « des bonnes dispositions à l'égard de Dieu » *(kalèn echein tèn peri tou theou eunoian)*,
Mal., lui, de la sagacité et de l'empressement du serviteur à « conjecturer » *(katastochazesthai)* la volonté de son maître. On peut penser,
assurément, à l'exercice d'une piété éclairée et personnelle. Cependant, la progression mise en œuvre dans ce v. fait songer plutôt à
une pratique générale de la vertu, à une vie sainte et vertueuse,
laquelle rend disponible à la lumière dispensée intérieurement par
la Sagesse (cf. VII, 27 c).

Il resterait à résumer la doctrine des vv. 3-4 au sujet de l'origine
du pouvoir, « donné » par le Seigneur, et de la nature même de
l'autorité, conçue comme une délégation et un « service » de la
royauté universelle de Dieu. Nous avons montré ailleurs comment
cette doctrine s'enracine dans la tradition biblique antérieure (surtout
Pr. VIII, 15-16 et *Dn.*) mais marque un progrès notable à la fois par
sa rigueur et sa portée universelle (cf. *Lumière et Vie*, n° 49,
pp. 84-98). Le souci de réagir contre des conceptions fausses ou des
abus, ainsi que l'influence de théories grecques sur la royauté (cf.
en particulier *Études*, ch. III, pp. 219-220) semblent avoir stimulé
une telle mise au point. Cependant, l'attention reste fixée sur les
devoirs et les responsabilités des gouvernants, rappelés à leur condition véritable devant Dieu. A la différence de *Rm.* XIII, 1-6, le problème de l'obéissance et du respect dus aux souverains païens n'est
pas envisagé. D'autre part, tout en affirmant avec plus de rigueur
encore l'origine de tout pouvoir (*Rm.* XIII, 1 ; à rapprocher *Jn.*
XIX, 11), Paul n'établit aucune relation avec la royauté universelle
de Dieu.

Qu'ils se préparent à un jugement d'une extrême sévérité

5.   *De façon terrible et soudaine il se présentera à vous*
     car un jugement impitoyable s'exerce contre les grands.
6.   *Le petit, lui, est excusable et digne de pitié,*
     mais les puissants seront examinés avec vigueur.

7. *Car il ne capitulera devant personne, le souverain maître de tous,*
   et il ne tiendra compte d'aucune grandeur,
   lui qui a fait le petit comme le grand
   et prend soin de tous au même titre.
8. *Mais aux forts une dure enquête est réservée.*

5 a. L'auteur revient sur la perspective d'une « enquête » (3 c), mais pour insister sur la sévérité du Juge suprême à l'égard des grands de ce monde. Les adv. *phriktôs* * *kai tacheôs* se renforcent l'un l'autre : le premier, un *hap. leg.* dans l'usage gr., a le sens de l'adj. correspondant : « d'une manière effroyable, terrifiante », le second est à traduire ici par « soudainement, brusquement » (cf. *Lidd.-Sc., tachus* II, 2). Le fut. moyen *epistèsetai* (le vb. réapparaît au v. 8 et en XVIII, 17), suivi de *humin,* signifie soit « se présentera à vous, vous apparaîtra » (cf. *Lidd.-Sc., ephistèmi* B, III, 1 et *Lat. apparebit vobis*), soit « se dressera, surgira contre vous » (cf. *Lidd.-Sc.* B, III, 1 et 2, pour accuser ou avec l'idée d'hostilité), soit « viendra, fondra sur vous » (cf. *Gri., Goodr., Hein.,* etc.). Le sujet du vb. est *theos* (4 c) ou *kurios* (3 a) ; divers témoins du texte ont introduit *olethros* (cf. *Zie.*), sous l'influence probable de *1 Th.* V, 3.

5 b. Précisant la nature de cette intervention divine, l'auteur l'identifie avec un « jugement sévère ou impitoyable », *hoti krisis apotomos* * (sur l'adj., cf. V, 20 a), qui « a lieu contre les grands », *en tois huperechousin ginetai.* L'emploi absolu de *hoi huperechontes* désignant « ceux qui sont élevés au-dessus des autres », détiennent l'autorité et la puissance, est hellén. (cf. *Polyb.* XXVIII, 4, 9 ; XXX, 4, 17 ; *Dio. Lae.* VI, 78, etc. ; dans la *LXX,* Jg. V, 25 B) ; *en* signifie ici « à l'égard de » (cf. *Soph., Aj.* 1315 ; *Epict., Ench.* XXXIII, 12 ; *Ps. Luc., Philopatr.* X) ou « contre » (hébraïsme = *be* marquant l'hostilité ou introduisant le compl. des vbs « juger, faire justice de », cf. *Ex.* XII, 12 ; *Nb.* XXXIII, 4 ; *Ez.* V, 10). Le prés. *ginetai* surprend après le fut. précédent (*Lat.* l'a traduit par *fiet*). Selon *Goodr.,* l'accent porterait sur *apotomos,* à traiter comme un prédicat ; *Corn.* voit énoncée ici une norme générale des jugements divins (comme en *Lc.* XII, 48). En réalité, l'auteur entend bien déterminer *epistèsetai,* mais il le fait sous une forme générale, valable pour tous ceux qui détiennent l'autorité. Et il envisage le jugement de l'au-delà, non des revers ou des châtiments terrestres. Ce jugement concerne évidemment les individus et semble bien s'exercer déjà immédiatement après la mort (cf. IV, 18 b-19).

6 a. L'affirmation de 5 b est reprise et appuyée *(gar)* par son contraire (cf. *Gri., Hein. : probatio ex contrario*) : par opposition aux « grands », *ho elachistos,* avec l'art. qui généralise, désigne « le petit » ou « les petits » (superlatif absolu, cf. *WBNT,* 2 a). L'adj. *suggnôstos* * (cf. XIII, 8) signifie « excusable, pardonnable » dans

l'usage gr. et s'applique également à des personnes (cf. *Lidd.-Sc.* 2), mais le compl. au gén. indique alors la matière ou le motif du pardon (cf. *Phil., Jos.* 53 ; *Max. Tyr.* XXXIII, 3 Hobein ; *Philostr., VS* I, 8, 3 Kayser, p. 10). Or *eleous* (qui correspond à *krisis apot.*) joue ici un rôle différent, car le sens visé doit être que les petits ont des titres particuliers à la miséricorde divine (cf. *Lat., exiguo... conceditur misericordia ; Arm.* « mérite la pitié » ; *Ar.* « sera pardonné en raison de la miséricorde » ; *Shex.* « on lui pardonne avec miséricorde »). Pour justifier grammaticalement ce sens, certains traitent *eleous* comme un gén. de cause *(Gri., Dea. ;* cf. *Ar.)* par analogie avec le compl. des vbs ou adj. exprimant un sentiment ; d'autres *(Corn., Hein.)* pensent à une construction complexe : après avoir signifié que les « petits » sont « excusables », l'auteur aurait voulu ajouter qu'ils ont droit à la miséricorde et, en conséquence, construit *eleos* au gén., par analogie avec le compl. des adj. signifiant « digne de, susceptible de ». Cette solution est préférable et autorise à traduire : « sont excusables et dignes de pitié ». Pour l'idée, cf. surtout *Jr.* V, 4 *(Dea.* renvoie à *Pr.* VI, 30). *Hein.* commente : les petits n'ont pas reçu l'éducation nécessaire, ils sont aux prises avec les nécessités de l'existence et leurs fautes n'ont pas les mêmes répercussions sur autrui.

6 b.   Avec *de* adversatif, l'auteur revient à ceux qui « détiennent la puissance ». L'association *dunatoi dunatôs,* choisie pour un effet d'assonance expressive, trouve des analogies dans la *LXX* (cf. *Za.* XI, 2 *megalôs megistanes... ; Pr.* VIII, 6 *megistanes megalunontai*), mais rappelle surtout les procédés chers à la rhétorique courante ; pour l'adj. substantivé, cf. *Thuc.* II, 65 ; pour l'adv. « avec puissance, vigueur, ou rigueur », cf. *Eschin.* II, 48 et *1 Ch.* XXVI, 8. On donne volontiers à *etasthèsontai* le sens d' « être châtié » (cf. *Gri., Dea., Reu., Siegf., Feldm., Ficht.)* d'après *Gn.* XII, 17 *LXX* et la portée réelle de *exetazein* en XI, 10 et *Si.* XXIII, 9. Cependant, le sens habituel du vb. (« examiner, éprouver », cf. II, 19 a) est recommandé par le contexte (cf. *Goodr., Hein.),* après la mention d'un jugement (5 b) et avant la reprise de l'idée d' « enquête » (8 ; cf. 3 c). Il s'agit donc d'un examen ou d'une enquête judiciaire et le vb., déterminé par *dunatôs,* doit signifier que les puissants seront soumis à un interrogatoire serré, à une enquête rigoureuse et impitoyable de la part du Juge suprême. Le v. 6 est cité par *Bas. (PG,* XXX, 216), *Theodt. (PG,* LXXX, 448), Photius *(PG,* CI, 1112) ; 6 b par *Chrys. (PG,* LVII, 341), Modeste *(PG,* LXXXVIB, 3248), *Theod. Stud. (PG,* XCIX, 666, 1321).

7 a-b.   La sévérité de ce traitement est justifiée *(gar)* en fonction de l'impartialité du souverain Juge qu'aucune grandeur n'impressionne. L'ensemble du v. s'inspire de *Dt.* I, 17 *LXX* puis de *Jb.* XXXIV, 17-19 (plutôt *TM* que *LXX*). Le sujet *ho pantôn despotès* (cf. VIII, 3) est rejeté après le vb. pour prendre plus de relief.

L'expression est employée déjà par *Jb.* V, 8 ; *despotès* désigne dans l'usage gr. (cf. *TWNT* II, pp. 43-44) le maître de maison, le maître qui commande aux serviteurs et aux esclaves, puis tel despote oriental (du type des rois perses) et plus tard l'empereur romain (cf. *Lidd.-Sc.* I, 2), enfin les dieux eux-mêmes (cf. *WBNT*) lorsqu'on veut souligner leur puissance ; dans la *LXX* (cf. *TWNT* II, p. 44), si *kurios* a la préférence, *despotès* insiste davantage sur la puissance absolue et illimitée du Seigneur, avec le rappel fréquent de l'œuvre de la création (cf. *Jdt.* IX, 12 ; *3 M.* II, 2). Ici l'expression souligne la maîtrise souveraine et absolue de Dieu « sur toutes choses » (*pantôn* neutre) ou « sur tous les hommes » (masc.). Et c'est pourquoi il ne peut se laisser influencer ou intimider par personne, *ou gar huposteleitai prosôpon.* Le vb. *hupostellesthai* signifie principalement (avec l'acc.) « se retirer, reculer devant ; avoir peur de ; taire, cacher par peur » (cf. *WBNT* 2 et *Lidd.-Sc.* II, 2-4) et l'expression rappelle *Dt.* I, 17 *LXX (ou mè huposteilèi prosôpon anthrôpou)* pour traduire *gûr miphenê 'îsh* « craindre devant quelqu'un, avoir peur de quelqu'un » (traduction différente en *Nb.* XXII, 3 ; *1 S.* XVIII, 15 ; *Jb.* XIX, 29 ; *Si.* VII, 6). Cependant le compl. *prosôpon* est employé seul, et avec le sens de « personne », comme dans la formule biblique courante « faire acception de personne ». Ou bien l'auteur a visé ce dernier sens (d'après le contexte), mais en évitant intentionnellement les associations étranges *lambanein* ou *thaumazein prosôpon ;* ou bien il a voulu signifier, en reprenant presque litt. *Dt.* I, 17 *LXX,* « ne recule devant personne, ne redoute personne » (cf. *Web., Cramp.,* Osty).

L'expression coordonnée (7 b), *oude entrapèsetai megethos,* doit prolonger la précédente. Le vb. (fut. 2 passif avec sens moyen de *entrepesthai,* cf. II, 10) prend le sens de « tenir compte de, respecter, craindre » et rappelle surtout l'usage biblique ; cf. en particulier le parallélisme *entrep. broton / thaumazein prosôpon* en *Jb.* XXXII, 21-22. A cause du compl. *megethos,* « une grandeur quelconque, aucune grandeur », nous préférons traduire par « tenir compte de ». En effet, le texte insiste moins sur l'indifférence souveraine de Dieu à l'égard des puissances et grandeurs terrestres que sur son impartialité absolue (outre *Jb.* XXXIV, 19, cf. *Si.* XXXV, 12-14).

7 c-d. A l'appui *(hoti)* des affirmations précédentes, l'auteur rappelle d'abord la création commune de tous. Le vb. *epoièsen* a le sens biblique de « faire, créer » (cf. I, 13 ; II, 23) ; le pron. *autos,* qui aurait, selon *Gri.,* le sens prégnant de *hû'* en *Dt.* XXXII, 39 ; *Ps.* XXXVI, 5 ; CI, 28 (cf. aussi *Is.* XLI, 4 ; XLIII, 10, 13), insiste sur le sujet : « c'est lui précisément », ou « c'est lui-même, lui seul » ; le compl. *mikron kai megan* reproduit litt. *Dt.* I, 17, mais c'est dans des textes comme *Jb.* XXXIV, 19 ; XXXI, 15 et *Pr.* XXII, 2 que le motif de la création est allégué pour justifier l'impartialité divine. Le texte affirme directement non que Dieu est l'auteur de la distinction entre « grands et petits » (c.-à-d. des inégalités sociales),

mais que les uns et les autres sont ses créatures au même titre ; une supériorité quelconque n'ajoute rien à cette condition foncière.

La notion de Providence (7 d) prolonge celle de création, la relation étant marquée par *te* (cf. I, 3 b ; IV, 2 a) : *homoiôs te pronoei peri pantôn*. Le vb. *pronoein* (cf. XIII, 16) signifie ici « pourvoir à, prendre soin de » (cf. *Lidd.-Sc.* II, 2 ; les écrivains attiques préfèrent les formes moyennes, d'où la var *pronoeitai*, cf. *Zie.*) ; il désigne par conséquent la sollicitude avec laquelle le Créateur veille sur ses œuvres, mais il implique aussi l'idée de prévoyance (cf. *Lidd.-Sc.* II, 1). L'auteur renvoie donc bien à la Providence du Dieu unique. L'idée d'une sollicitude divine universelle est affirmée par de nombreux textes de l'*A.T.* (cf. en particulier *Ps.* CIII, 27-30 ; *Jb.* X, 12), et aussi celle d'une sagesse supérieure qui ordonne d'avance les événements, puis préside à leur réalisation (cf. en particulier *Is.* XL-LV). Mais c'est sous l'influence de l'hellénisme que les mots *pronoein* et surtout *pronoia* (cf. XIV, 3 ; XVII, 2) se sont chargés d'une signification théologique rigoureuse. Le compl. *peri pantôn* (masc. à cause du contexte) isole davantage le vb., car l'usage gr. emploie normalement le gén. seul (cf. cependant *Lys.* III, 37 *pronoeisthai peri toutôn* ; *Soph., Ant.* 283 *pronoian echein peri tinos*), si bien que l'on pourrait traduire : « sa providence s'exerce au sujet de tous, à l'égard de tous ». Enfin l'adv. *homoiôs*, le mot principal, signifie selon les cas : « de la même manière, pareillement ; également ; au même titre » (cf. *Lidd.-Sc.* II). On ne peut l'interpréter en ce sens que Dieu dispenserait également à tous les mêmes biens ou les mêmes grâces (cf. *Hein.*). Aussi *Cant.* songe aux seuls biens naturels essentiels, offerts à tous et au même titre : « l'air que chacun respire également, la possibilité de fouler l'eau et la terre, de regarder le ciel... les réalités qui suffisent à nos besoins, tout cela est réparti également pour tous et offert pareillement à l'usage de tous (ἴσα πᾶσι καὶ διανενέμηται καὶ τοῖς αὐτοῖς ὁμοίως χρῆσθαι παρέσχηκε) ». Néanmoins cette interprétation n'épuise pas la portée du texte, car elle limite trop la notion de Providence et estompe l'application individuelle de celle-ci. Aussi, en définitive, on retiendra plutôt l'idée d'une Providence qui s'occupe également de tous au même titre et veille sur chacun, non seulement avec la même sagesse et bonté (cf. *Thom. Aq.* I, q. 20, 3, ad 1 : « non quia aequalia bona sua cura omnibus dispenset, sed quia ex aequali sapientia et bonitate omnia administret »), mais encore avec les mêmes exigences et le même souci de justice (cf. v. 8). — L'ensemble du v. est cité par *Clém., Strom.* VI, 6 (*St.-Fr.* p. 457), 7 c-d par ANDRÉ DE CRÈTE (*PG* XCVII, 1252).

8. L'auteur reprend sous une autre forme l'affirmation de 5 b et 6 b, avec une allitération expressive *(tois krataiois ischura... ereuna)*. Le rattachement est marqué par *de* adversatif qui renvoie plus spécialement à 7 d (cf. *Gri., Corn.*) : Dieu prend soin de tous également, mais le jugement sera plus sévère pour ceux qui auront

dominé sur les autres et abusé de leur pouvoir. Ils sont appelés cette fois *hoi krataioi* : dans l'usage profane, l'adj. n'est guère appliqué à des personnes qu'en contexte magique ou astrologique (cf. *Lidd.-Sc. ad fin.*) et on le traduirait alors par « dominateurs » ; mais l'auteur doit suivre la *LXX* des *Pss* (cf. *Ps.* LIII, 5 ; LVIII, 4 ; LXXXV, 14 ; CXXXIV, 10 ; CXXXV, 18) ou celle de *Jg.* V, 13 B *(hoi ischuroi / hoi krataioi)* où le terme prend le sens de « forts, puissants, cruels » (pour les équivalents hébr. cf. *Hatch-Redp.*). Le subst. *ereuna** (forme tardive *erauna*) signifie, selon les cas, « enquête, recherche minutieuse, perquisition » (cf. *Phil., Her.* 92) et *ischura* caractérise une enquête « menée avec vigueur, sévère, rigoureuse, dure ». Enfin le vb. *ephistatai* (cf. 5 a), interprété par certains *(Gri., Ficht.)* au sens actif de « survenir, fondre sur », a plutôt un sens passif *(Siegf.)* ou neutre (cf. *Goodr., Hein., Feldm.*, etc.) : « est placée sur, menace, est réservée ». Dès maintenant cette enquête, décidée par Dieu, est suspendue au-dessus de la tête des « forts ».

L'exhortation se fait plus pressante

9. *C'est donc à vous, ô souverains, que s'adressent mes paroles,*
    afin que vous appreniez la sagesse et évitiez tout manquement.
10. *Ceux qui auront observé saintement les saintes lois seront*
    déclarés saints,
    et ceux qui en auront été instruits trouveront une défense.
11. *Soyez donc avides de mes paroles,*
    désirez-les ardemment et vous serez éduqués.

9 a.   Dans cette reprise de l'apostrophe initiale (cf. v. 1), avec la répétition de *oun*, les rois sont interpellés cette fois par *ô turannoi*. L'auteur doit donner à *ô* une valeur expressive (contrairement à l'usage attique), mais quel est le sens du subst. ? Certains critiques lui donnent une note péjorative, en raison de son emploi le plus fréquent ou du contexte (cf. *Gri.* « ungerechte, gewalttätige Herrscher » ; *Goodr.* « o despots » ; cf. aussi *Ar.* « ô insolents transgresseurs », avec corruption probable de *djâra* en *djâza*). En réalité, *turannos* est une *vox media (Dar.-Sagl.* V, p. 569, n. 2) dans l'usage gr. et c'est seulement à partir d'une certaine époque qu'il en est venu à désigner un pouvoir arbitraire, obtenu illégalement et s'exerçant d'une manière despotique : d'où la distinction classique entre « roi » et « tyran » (on la retrouve chez *Phil., Leg.* III, 79). Mais ce sens péjoratif n'est jamais devenu exclusif. Dans les formules de prières, on continue d'appliquer *turannos* aux dieux. D'autre part, la distinction entre « roi » et « tyran » s'estompe à l'époque hellénistique, car tout pouvoir monarchique tend à devenir absolu et despotique. Dans les textes égyptiens, les « tyrans » sont soit les « dictateurs qui se sont emparés du pouvoir dans leurs patries » par

opposition aux dynasties royales ou aux « princes des petits États »
(cf. CUMONT, *Eg. Astr.*, p. 25, n. 2), soit les « princes » ou « roitelets »
des régions voisines d'Égypte (cf. *OGI*, 654, 8 et *Ditt.*, p. 364, n. 12).
Dans la *LXX*, *turannos* alterne avec *basileus* en *Jb*. II, 11 et il s'agit
en réalité de princes locaux ; en *Dn*. III, 2-3 et IV, 36 θ', les *turannoi*
sont rangés parmi les fonctionnaires du roi ; mais en *Ha*. I, 10 et
Pr. VIII, 15-16, ils désignent des maîtres souverains à l'égal des rois.
Si le terme a été emprunté à la *LXX*, ce serait à *Pr*. VIII, 16 *(kai
turannoi di' emou kratousi gès)*, mais on le retrouve ailleurs dans le
livre, avec des nuances diverses (cf. v. 21 ; VIII, 15 ; XII, 14 ;
XIV, 16). En définitive, l'usage profane ou biblique n'oblige pas à
traduire ici par « tyrans, despotes ». Le contexte antérieur immédiat
ne suffit pas non plus à imposer ce sens péjoratif. En effet, l'auteur
ne peut espérer obtenir l'audience des souverains en leur décernant
un titre qui serait une injure. Il a donc employé un terme général
susceptible de recouvrir toutes les formes de pouvoir personnel et
de s'appliquer à tous ceux qui exercent l'autorité, quels que soient
leur mode d'accession au pouvoir et l'étendue de leur empire. Aussi
on traduira par « souverains » ou « princes ». Après *pros humas...
hoi logoi mou*, « vers vous... mes paroles », il est à peine besoin de
suppléer un vb. *(ginontai Gri., Dea., Hein.)*, tellement le sens est
clair. Cette invitation à écouter les paroles d'un sage, et non celles
de Dieu ou de sa Sagesse *(Pr*. VIII), imite le style sapiental (cf. *Pr*.
IV, 4, 20 ; V, 7 ; etc.).

9 b. Salomon se propose d'enseigner la sagesse, *hina mathète
sophian*. Le mot employé déjà en III, 11, mais sans relief particulier,
suffisait à attirer l'attention des Grecs cultivés ; chargé d'évocations
multiples (cf. *Études*, ch. V, pp. 350-356), il suggérait soit l'idée
d'une science supérieure ou universelle, soit une doctrine de perfection morale, soit des connaissances plus mystérieuses réservées
à des initiés. Ici, l'auteur pense surtout à une doctrine de vie (pour
les différents sens de *sophia* en *Sag.*, cf. *Études*, ch. V, pp. 356-361),
assurant la rectitude morale et religieuse (d'après le contexte ; cf.
aussi vv. 17-21). Par suite, *mathète* signifie plus qu'une acquisition de
connaissances : les souverains doivent se mettre à l'école de la
Sagesse, se laisser former et éduquer. Ils seront préservés ainsi non
pas simplement de l'erreur, mais de toute « défaillance » *kai mè
parapesète*. Ce vb. signifie litt. « tomber à côté » ou « tomber en
chemin, défaillir », mais prend différents sens dans l'usage gr. :
« arriver, survenir ; se méprendre, se tromper (cf. *Xén., Hell*. I, 6, 4 ;
Polyb. XVIII, 19, 6 ; *Vett. Val*. LXXIII, 25), s'égarer » (cf. *Lidd.-Sc.*
IV, 2 et *WBNT*) ; dans la *LXX*, il traduit *mâ'al*, « être infidèle »,
chez *Ez*. (XIV, 13 ; XV, 8 ; etc.) et désigne alors l'infidélité religieuse
ou l'apostasie (cf. aussi *He*. VI, 6). A la rigueur, il pourrait signifier
ici : « pour ne pas être infidèle à votre charge, ne pas trahir vos
obligations ». Mais l'auteur a voulu plutôt suggérer la notion générale
de péché (cf. XII, 2 et *paraptôma* en III, 13) par un terme moins

précis que *hamartanein* et avec une référence possible à la terminologie stoïcienne (cf. *parapiptein tou kathèkontos* chez *Polyb.* VIII,
11, 8). On traduira donc plutôt par « ne pas défaillir, éviter tout
manquement, ne pas commettre de fautes ». *Gre.* pense à une adaptation libre de *Ps.* II, 12 *LXX (mè apoleisthe ex hodou dikaias).*

    10 a. Tout ce v. est semé d'obscurités : la fonction précise de
gar, les conceptions religieuses supposées par 10 a, la relation de
10 b à 10 a. Le texte, cependant, est bien assuré et appuyé par les
citations de *Clém.* (*Strom.* VI, 11 ; *St.-Fr.* 478) et, pour 10 a, de
Ps. Cypr. (*sing. cler.* XVII). Commençons par l'explication littérale.
Au début, *hoi gar phulaxantes* désigne « ceux qui auront observé ou
gardé » (cf. 4 b ; la var. *phulassontes* est secondaire, tandis que *Fri.*
restitue sans raison *phulaxontes*). Puis le texte continue avec trois
termes de même racine : *hosiôs ta hosia hosiôthèsontai.* Le mot
important est le compl. *ta hosia*, repris par *auta* en 10 b. Éclairé
par l'usage profane, il désignerait tout ce qui est couvert, permis ou
sanctionné par une loi ou ordonnance divine, donc les « obligations
saintes, sacrées » (cf. *Lidd.-Sc.*). Dans la *LXX*, on le rencontre seulement en *Is.* LV, 3 à propos des témoignages de fidélité qui furent
donnés par Dieu à David et qui restent attachés à sa dynastie
(LXX ta hosia... ta pista) ; mais le mot hébr. correspondant, *ḥasedêy*,
apparaît ailleurs pour signifier soit les « fidélités » ou les « faveurs »
du Seigneur (cf. *Gn.* XXXII, 11 ; *Is.* LXIII, 15 ; *Ps.* XVI, 7 ;
LXXXVIII, 2 ; CVI, 43), soit les « témoignages de piété envers lui »
(cf. *2 Ch.* XXXII, 32 ; XXXV, 26 ; *Ne.* XIII, 14). A une réminiscence
probable d'*Is.* LV, 3 *LXX*, on ajoutera peut-être une réminiscence
plus lointaine de *Ps.* CVI, 43, mais *ta hosia* doit être employé ici
en un sens différent. En effet, si l'expression désignait l'alliance
davidique, les faveurs divines ou les institutions religieuses d'Israël,
phulassein signifierait « conserver, garder comme un dépôt ; rester
fidèle à ; veiller sur ». Or, d'après 4 b, le vb. doit avoir le sens
d' « observer » et il implique la conformité à des obligations supérieures (cf. le neutre *hosion* en *Pr.* XVII, 26 et XVIII, 5 : « il n'est
pas permis, légitime »). Et c'est pourquoi les critiques interprètent
généralement *ta hosia* des ordonnances ou préceptes divins : « sancta
Dei praecepta » *(Gri.)*, « the commandements of God » *(Dea.)*, « the
'holy' precepts of God » *(Goodr.)*, « les préceptes divins, la volonté
de Dieu » *(Hein.)*.
    L'adv. *hosiôs* précise avec quelle attention scrupuleuse (cf. *Corn.*,
Goodr., *Hein.*), ou plutôt dans quels sentiments ou dispositions
(cf. *Gri.*, *Dea.*) se sera exercée cette conformité aux volontés saintes
de Dieu : « avec piété, dévotement, religieusement » (cf. *Phil.*, *Mut.*
208 *hosiôs hermèneuein ta hosia*). Il peut avoir été suggéré par
1 R. VIII, 61 *LXX (kai hosiôs poreuesthai en tois prostagmasin autou
kai phulassein entolas autou),* un texte qui éclaire la portée réelle
de *phulassein ta hosia.* Enfin le vb. *hosiôthèsontai* signifierait normalement dans l'usage gr. « seront sanctifiés, purifiés ou consacrés » ;

par exception, « se garderont purs » (cf. *Eur., Ba.* 114). Dans la *LXX*, la même forme apparaît en *Ps.* XVII, 26 (= *2 S.* XXII, 26) où *meta hosiou hosiôthèsèi* traduit « tu te montreras saint » *(TM)* mais signifie plutôt : « tu seras reconnu saint ». Ce dernier sens est retenu volontiers par les critiques (cf. *AV* « shall be judged holy » ; *Gri.* « seront reconnus et traités comme pieux » ; *Hein.* « seront considérés comme saints lors du jugement » ; *Ficht.* « als heilig erklärt werden » ; Osty). D'autres, cependant, préfèrent traduire par « seront rendus saints, sanctifiés » (cf. *Cramp., Mar., Guil., RSV*), ou reviennent à l'idée d'une justification progressive ou finale (cf. déjà *Lat., justificabuntur*, puis *Corn. a Lap., Far., Goodr., Duesb.*). Si l'on éclaire le vb. par les emplois de *hosios* et *hosiotès* en *Sag.*, on écartera la notion d'appartenance immédiate à Dieu, signifiée habituellement par *hagios* ; l'accent reste mis sur un état de sainteté ou de pureté, en relation immédiate avec la vertu et la piété (cf. II, 22 ; VII, 27 ; IX, 3 ; X, 15, 17 ; XVIII, 1, 5, 9). Cet état est considéré comme définitif en IV, 15, où *hosioi* s'applique à la condition eschatologique. Par conséquent, ou bien le texte parle d'un état de sainteté et de justice intérieures acquis dès la vie présente : « seront sanctifiés », c.-à-d. deviendront saints et purs ; ou bien il envisage les rétributions définitives : « seront déclarés, reconnus saints » ou « rangés parmi les saints ». A cause de l'opposition entre le fut. et l'aor. et de la portée eschatologique de *heurèsousin* en 10 b, la seconde hypothèse est préférable. Enfin, si cet emploi de *hosioun*, suggéré probablement par *Ps.* XVII, 26, dénote en même temps l'intention d'imiter la langue des Mystères (cf. *Eur., Fr.* 472, 15 Nauck et *Plut., Rom.* XXVIII), la réalité signifiée équivaut en fait à une justification définitive.

10 b. Coordonné au précédent, ce stique ne peut guère reprendre ou accentuer la même idée. Après la mention de ceux qui observent pieusement les volontés saintes de Dieu, on nous parle, avec *hoi didachthentes auta*, de ceux qui les ignorent et doivent se laisser instruire ; après l'assurance d'une sainteté consommée ou d'une justice confirmée, *heurèsousin apologian* fait intervenir la nécessité de pouvoir se défendre lors du jugement. Pour maintenir l'application aux mêmes personnes, *Gri.* envisage d'abord la possibilité d'une progression inverse (un *husteron proteron*) ; mais l'auteur n'a pas l'habitude de présenter sa pensée en désordre. Il propose ensuite de donner à *hoi didachth.* le sens d' « exercés à, experts dans » (cf., au partic. prés. et avec le gén. *Il.* XVI, 811 ; XXVI, 487 ; cf. aussi, en hébr., *1 Ch.* V, 18) ; mais nous avons ici un aor., et l'acc. *auta* indique normalement l'objet d'une instruction acquise progressivement, d'où la seule trad. possible : « ceux qui se sont laissés instruire à leur sujet ». D'autres critiques *(Dea., Corn.)* croient discerner une opposition entre la simple obéissance ou le comportement extérieur (10 a) et la connaissance parfaite ou les dispositions intérieures (10 b), mais c'est méconnaître la formulation emphatique de 10 a et la portée de *hosiôs*. Enfin *Gri.* traduit encore *apologia* par

« excuse » (cf. *Ar.*), en renvoyant à *Si.* XVIII, 20 b, et pense aux fautes légères commises avant ou malgré la familiarité avec les préceptes divins : elles « trouveront une excuse », seront facilement pardonnées à ceux que Dieu « considère comme pieux ». Cependant, on s'accorde à voir dans *heurèsousin apologian* une référence à l' « enquête » ou au jugement final de Dieu (cf. *Dea., Corn., Goodr., Hein.*, etc.) et *apologia* ** est toujours employé de paroles prononcées pour sa propre défense ou celle d'un autre, donc au sens de « défense, justification, apologie » ; dans la terminologie stoïcienne, il intervient plusieurs fois dans la définition du *kathorthôma* (*SVF*, III, p. 70) ou du *kathèkon* (*ibid.*, p. 134 *ho prachthen heulogon apologian echei* ; cf. aussi *Dio. Lae.* VII, 107) ; celui qui recherche « les préférables ou les fins les plus fréquentes de la nature » et y conforme sa vie « peut, du moins, rendre raisonnablement compte de sa conduite » (G. RODIER, *Études de philos. gr.*, Paris, 1926, p. 288). L'auteur peut avoir choisi le mot pour évoquer une notion semblable chez des lecteurs grecs, mais il l'a transposé : ce n'est plus la justification de sa propre conduite envers soi-même, mais devant le tribunal suprême de Dieu.

Après cette explication littérale du v., résumons l'interprétation qui nous paraît la plus vraisemblable. 10 a et 10 b ne doivent pas désigner les mêmes personnes. Pour justifier *(gar)* l'exhortation du v. 9, l'auteur propose d'abord en exemple le cas d'une piété exemplaire et la sanction directe de celle-ci. En des termes recherchés qui veulent être évocateurs, il fait entrevoir la conformité parfaite à des obligations saintes. Dans la réalité, il songe à ceux qui observent fidèlement les volontés positives du Dieu de l'Alliance et verront cette fidélité consacrée dans l'au-delà. L'allusion aux souverains israélites pieux est manifeste : David a donné l'exemple et son fils Salomon reçoit autorité pour rappeler à leurs devoirs tous ceux qui continuent de gouverner le peuple juif. L'auteur envisage ensuite (10 b) le cas des souverains païens, invités à accéder aux mêmes valeurs religieuses en apprenant à connaître les volontés saintes de Dieu résumées dans la sagesse israélite (9 b). Si la sanction est présentée, cette fois, sous une forme négative, c'est sans doute en raison des menaces formulées antérieurement : par leur docilité, ceux-là éviteront le châtiment des mauvais princes, pourront rendre compte de leur mandat (4 a) et justifier leur conduite. Mais ils auront accès, également, aux bénédictions divines, car se mettre à l'école de la Sagesse, c'est marcher sur une voie qui conduit à l'immortalité et assure une royauté éternelle (18-21). On ne peut donc tirer du texte l'idée de deux catégories distinctes chez les élus (correspondant à la distinction entre « fils d'Abraham » et « prosélytes »).

11. Avec la répétition de *oun*, « donc » (cf. vv. 1, 9), l'exhortation rebondit sur la perspective des biens qu'assure la possession de la sagesse (10) et l'auteur veut éveiller maintenant le désir de

celle-ci. Il le fait d'abord avec le vb. *epithumèsate*, suivi du compl.
tôn logôn mou : ces « paroles » sont celles de Salomon, le maître
de sagesse par excellence, fondateur d'une école où la Sagesse est
non seulement enseignée, mais enseigne elle-même. Ce thème du
désir de la sagesse apparaît déjà en *Si.* I, 26 et XXIV, 19, mais se
rencontre aussi chez *Plat., Rep.* 475 B *ton philosophon sophias
phèsomen epithumètèn einai.* L'auteur peut faire allusion à ce
dernier texte et dire en réalité aux souverains : « en désirant entendre
mes paroles, aspirez à devenir de vrais philosophes » (cf. 24 a). En
11 b, *pothèsate* marque une gradation, car le vb. caractérise habituellement un désir ardent ou passionné (cf. IV, 2). Bien que *Lat.*
ait suppléé le compl. *(diligite illos)* et que l'on sous-entende généralement *autous,* il peut être employé absolument (cf. XV, 6 et
Lidd.-Sc. III) : « soyez tout désir, pleins d'ardeur ». Ensuite *kai* est
consécutif (« et ainsi, de la sorte ») et *paideuthèsesthe,* suggéré
par *Ps.* II, 10, signifie ici : « vous serez éduqués, formés » (cf. III, 5).
Le désir de la sagesse conduit à accepter sa *paideia* (cf. 17-20) :
l'enseignement s'accompagne de la réforme des mœurs, de la soumission à toute une discipline de vie.

La Sagesse est une réalité attirante et prévenante

12. *Radieuse est la Sagesse, et son éclat impérissable ;*
    elle est discernée aisément par ceux qui l'aiment
    et elle se laisse trouver par ceux qui la cherchent.
13. *Elle prévient ceux qui la désirent, en se faisant connaître à*
                                                          l'avance.
14. *Quiconque part tôt vers elle ne se fatiguera pas,*
    car il la trouvera assise à sa porte ;
15. *s'être ainsi passionné pour elle, c'est atteindre la perfection du*
                                                          discernement.
    Et quiconque aura veillé à cause d'elle sera bientôt rassuré.
16. *Car, de son côté, elle circule en quête de ceux qui sont dignes*
                                                          d'elle,
    dans leurs sentiers mêmes, elle leur apparaît avec bienveillance
    et, dans chaque détermination, elle vient à leur rencontre.

12 a. Les vv. 12-20 sont cités (*om.* 12 c et 14 b) et glosés par
Clém. (Strom. VI, 15 ; *St.-Fr.,* p. 492) ; 12 a est cité implicitement
par *Or. (C. Celse* V, 10 ; *Koet.,* p. 11). L'asyndète indique un développement distinct : l'auteur présente maintenant la Sagesse, *hè sophia.*
En relation implicite avec le thème du désir, il fait d'elle une
beauté radieuse. Quelle que soit l'image sous-jacente (cf. *infra*), l'adj.
lampra a ici le sens propre et habituel de « brillante, éclatante »,
non le sens métaphorique de « manifeste, évidente » (cf. *Lidd.-Sc.* I,

6) ; dans l'usage gr., cet adj. s'applique à diverses réalités sensibles
(cf. *Lidd.-Sc.* III, 1), à la Beauté elle-même *(Plat., Phedr.* 250 B *kallos
èn idein lampron)*, ou à l'éclat des astres (cf. *Lidd.-Sc.* I, 1 et, dans
la *LXX, Ba.* VI, 59 ; *Tb.* XIII, 13 S). L'adj. coordonné *amarantos* **,
peu attesté avant *Sag.* (noter surtout *Archiv. Pap. Forsch.* I, 220
menoit' epi gès amarantoi, du temps d'Evergète II), signifie étym.
« qui ne se consume pas peu à peu, ne se flétrit pas », d'où « impérissable, immarcescible ; inaltérable, incorruptible » (cf. *1 P.* I, 4).
On le trouve employé de la fraîcheur perpétuelle d'une « prairie »
(Luc., Dom. IX) ou de « fleurs » *(Apoc. Petr.* XV), mais il peut
évoquer aussi l'éclat inaltérable d'une réalité astrale *(marainein* est
employé des rayons lumineux par *Arat., Progn.* 130). L'affirmation
de la nature « incorruptible » de la Sagesse se rencontre chez *Phil.*
(Leg. I, 78 ; *Cher.* 50), mais dans un autre contexte et avec d'autres
termes.

12 b.   En raison de telles propriétés (*kai* consécutif), la Sagesse
attire sans peine les regards et en tout temps : « elle est discernée
aisément », *eucherôs theôreitai.* L'adv. *(class.)* se rencontre trois fois
dans la *LXX (Pr.* XII, 24 ; *Jdt.* IV, 7 ; *3 M.* II, 31). Le vb. (repris
en XIII, 5 ; XVI, 6 ; XVII, 6 ; XIX, 7-8) ajoute plusieurs nuances
aux vbs *horan / idein* en *Sag.* : c'est regarder avec insistance ou les
yeux grands ouverts à cause de l'importance et du caractère extraordinaire du spectacle offert aux yeux ; il peut même désigner directement une perception intellectuelle, prenant appui sur une perception sensible et l'interprétant (XIII, 5). Ici, on hésitera à traduire
theôreitai par « est contemplée », car il ne s'agit pas de vision directe ;
on préférera : « est discernée, perçue ». En effet, le texte suppose
un dédoublement de plans : à travers un corps de doctrines perce
une vérité supérieure s'identifiant avec la Sagesse divine elle-même :
ces doctrines émanent d'elle et font remonter jusqu'à elle. En
d'autres termes, on percevrait l'aspect révélé ou la source divine
de la sagesse israélite. Cette perception est réservée à ceux qui
« aiment la Sagesse », *hupo tôn agapontôn autèn,* c.-à-d. à ceux qui
sont inclinés vers elle ou se trouvent déjà en affinité avec elle (sur
agapan, cf. I, 1 et IV, 10 ; le vb. signifie ici un amour d'inclination,
cf. I, 1 a et IV, 10 a).

Plusieurs réminiscences bibliques affleurent en 12 b. Au début,
le parallèle le plus direct est une addition de la *LXX* — ou plutôt
une seconde lecture de *TM* (cf. G. MEZZACASA, *Il libro dei Proverbi,*
Roma, 1913, pp. 61 et 120) — en *Pr.* III, 15, déclarant la Sagesse
« aisément connaissable à tous ceux qui l'approchent » (litt., selon
l'hébr. supposé : « à quiconque vient au-devant d'elle »), *eugnôstos
estin pasin tois eggizousin autèi ;* d'après *Si.* VI, 27, « elle se fait
connaître *(gnôsthèsetai)* à quiconque la cherche » (mais d'après *Si.*
VI, 22 elle est, par nature, cachée au grand nombre). L'auteur a dû
se souvenir ensuite de *Pr.* VIII, 17 *(egô tous eme philountas agapô)*
et 21 *(tois eme agapôsin)* mais, tandis que ces textes envisagent

plutôt l'accomplissement généreux des préceptes (cf. A. ROBERT, dans *RB*, 1934, p. 190), il parle, lui, d'une ouverture du cœur à ces valeurs supérieures que patronne la Sagesse : cette disposition d'âme crée déjà une certaine affinité avec elle, la rend plus proche et la fait « discerner ».

12 c. Ce stique est omis par B, certains *min.* et *Clém.* (cf. *Zie.*), mais il s'agit d'une omission accidentelle (par *homoioteleuton*, cf. *Hein., Ficht.*). L'auteur s'inspire maintenant de la suite de *Pr.* VIII, 17 *(hoi de eme zètountes heurèsousin)*. Sur le sens de *heurisketai* et sur le thème biblique « chercher... trouver », cf. I, 2 a. On relève ici une progression par rapport à 12 b : « rechercher » la Sagesse, c'est déployer des efforts soutenus pour atteindre l'idéal discerné par l'esprit ou entrer en contact avec une réalité mystérieuse, mais attirante ; la « trouver », c'est passer sous le rayonnement de celle-ci, percevoir l'origine divine de ses doctrines ou les transformer en valeur de vie.

Ajoutons toutefois qu'une incertitude subsiste au sujet de la notion de sagesse supposée par le v. et au sujet de l'image sous-jacente en 12 a. *Clém.* (*Strom.* VI, 15) entend tout le passage de la « gnose » et certains ne voient ici que la personnification « rhétorique ou poétique » d'une doctrine *(Reu.)* ou d'une vérité qui brille au milieu des ténèbres de l'ignorance *(Goodr.)* et devient « la parure inflétrissable de l'esprit » *(Gri.)*. Quant à l'image sous-jacente, elle est identifiée soit avec une réalité céleste lumineuse *(Gri.)*, soit avec une fleur céleste (CORLUY, cité par *Corn.*), soit avec une vierge ou une fiancée à la beauté éclatante et inaltérable *(Corn., Hein, Feldm.,* renvoyant surtout au v. 16) ; mais d'autres *(Gre., Ficht.)* ne découvrent aucune image en 12 a : les deux adj., en dépendance étroite de *Pr.* VIII, 17, désignant directement des propriétés spirituelles de la Sagesse, reflet de la lumière divine (cf. VII, 26) et source de vie immortelle. A notre avis, il n'est pas nécessaire de restituer une image quelconque ; en tout cas, ce serait plutôt celle d'un astre lumineux, au rayonnement indéfectible (cf. VII, 29-30). Par ailleurs, les vv. suivants accentuent la notion d'une réalité spirituelle et divine. Dans le prolongement des doctrines de sagesse (cf. v. 11), l'inspiratrice supérieure de ces doctrines s'identifie avec la Vérité divine elle-même, qui sollicite et éclaire intérieurement les âmes en les attirant dans sa sphère immortelle.

13. Au v. précédent (12 b-c), la Sagesse semblait se contenter de répondre à l'initiative de l'homme. L'auteur complète sa pensée en affirmant la priorité de la Sagesse, ici dans l'ordre de la connaissance (cf. 12 b), puis (vv. 14-16) par rapport à la « recherche » de l'homme (cf. 12 c). Cette précision nouvelle est introduite par *phthanei* (lu *phainei* par *Syr.*, cf. *Holtz.*, p. 124) qui signifie non pas « atteindre » *(Arm.)*, mais « devancer, prévenir ». Elle est renforcée ensuite par *prognôsthènai* (cf. *infra*). Mais la construction est

complexe : *phthanei* est suivi d'abord de l'acc. (cf. *Lidd.-Sc.* I) *tous epithumountas*, « ceux qui désirent » (*autèn* a été ajouté par divers témoins, cf. *Feldm. Mat.*, p. 55 et *Zie.*), puis d'un infinitif en prenant alors le sens d' « être le premier à faire ou à subir quelque chose » (le partic. est plus régulier, mais l'infin., parfois employé en *class.*, devient plus fréquent par la suite, cf. IV, 7 et *Lidd.-Sc.* III, 3). En réalité, l'auteur a combiné deux constructions distinctes. Il a voulu dire d'abord : la Sagesse « prévient, devance » ceux qui parviennent au stade du désir (l'omission de *autèn* donne plus de relief à la notion même de désir, dégagée de *agapan* en 12 b) ; puis il a ajouté *prognôsthènai* **, qui dépend virtuellement de *phthanei*. Cet infin., préféré p.-ê. au partic. pour insister sur l'action verbale (cf. *Corn.*), renvoie au passé et le préfixe *pro-*, pléonastique (comme dans certains partic. dépendant de *phthanein*, cf. *Thuc.* II, 91, 1 ; III, 83, 3 ; 112, 1 ; *Pap. Zen.* XVI, 3), accentue l'idée de priorité : « en s'étant déjà fait connaître à l'avance ». Le vb. lui-même, employé de nouveau en VIII, 8 d et XVIII, 6, caractérise souvent dans l'usage gr. une prévision inductive ou obscure (pronostics, pressentiments, prédictions astrologiques). Ici, la façon selon laquelle la Sagesse « se fait connaître à l'avance » doit demeurer voilée ou mystérieuse ; elle se fait plutôt entrevoir ou pressentir. Mais elle est déjà présente. On ne rend pas compte de l'insistance du texte en identifiant la Sagesse avec une doctrine qui préexiste à l'éveil du désir chez l'homme : le contexte est psychologique et fait penser pour le moins à une lumière divine intérieure qui fixe l'attention sur cette doctrine et la rend attirante. Il ne s'agit pas non plus d'un simple langage hyperbolique (cf. la critique de *Corn.*) signifiant que la Sagesse répond et commence à se révéler, avant même que le désir ait eu le temps d'être formulé et exprimé (cf. *Ficht.*, renvoyant à *Is.* LXV, 24 ; cf. aussi *Hein.* et *Feldm.* distinguant entre désirs implicites et explicites). En effet, en affirmant avec force la priorité de la Sagesse, l'auteur ne semble pas tenir compte de la distinction entre désirs naissants et formulés, mais du fait que tout désir procède d'une certaine connaissance. Avant même l'éveil du désir, la Sagesse s'est déjà fait connaître, soit parce qu'elle apparaît à l'arrière-plan d'une doctrine proposée extérieurement, soit plutôt parce qu'elle agit mystérieusement dans les âmes et les incline vers elle. Et cette initiative divine fait songer à la grâce prévenante (cf. *Dea.*, *Corn.*, *Goodr.*).

14. La priorité de la Sagesse est affirmée maintenant en fonction de la « recherche » de l'homme. L'expression *ho orthrisas* fait intervenir un vb. propre à la *LXX* et qui se substitue au *class. orthreuein* (« être éveillé avant l'aube, être debout à l'aurore »). Il y traduit surtout *hishekîm*, « se lever de bon matin, faire quelque chose très tôt, avec ardeur », mais parfois aussi *shaḥêr*, un vb. signifiant « chercher, rechercher avec soin » ; par contrecoup, *orthrizein* a pris, dans différents textes, le sens de « chercher », surtout lorsqu'il est construit avec *pros* et l'accus. (cf. en particulier *Si.* IV,

12 *hoi orthrizontes pros autèn*). Ici la notion étymologique reste
présente à cause de l'image exploitée (cf. *infra*) ; par conséquent,
l'hypothèse d'une traduction fautive de *shaḥêr* signifiant « chercher »
et interprété d'après *shâḥar* « aurore » (MARGOLIOUTH, p. 272) est à
écarter. Pour le compl., la leç. *ep' autèn* semble originale (cf. *Fri.*,
Zie.) et *epi* marque la direction ou le but. Le fut. *kopiasei* (du vb.
« être las, se fatiguer, peiner », cf. IX, 10 a) a l'aspect inchoatif ou
éventuel, donc : « ne connaîtra pas la fatigue, n'aura pas à se
fatiguer ». Dans la *LXX*, cf. *Pr.* IV, 12 ; *Si.* VI, 19 ; et pour la nuance
précise du vb., *Jr.* II, 24.

La raison de cette absence de fatigue est indiquée en 14 b. Le
mot *paredros* *, employé surtout comme subst. (« assesseur, assistant, conseiller », cf. *Lidd.-Sc.* II), peut aussi garder sa valeur propre
d'adj. : « qui est assis près de », « se tient auprès de, assiste »
(cf. *Lidd.-Sc.* I). Déterminé ici par *tôn pulôn autou*, il doit signifier :
« assise ou se tenant près de sa porte » (*pulai* peut désigner la porte
d'une maison ou d'un appartement en poésie). L'image reste discrète
et il n'y a pas lieu de la solliciter (*Heyd.* « comme une amante »)
ou de la transposer (*Dea.* « comme un conseiller royal qui siège à
la Porte pour rendre la justice »). Elle a été suggérée non par le
thème des déesses ou génies « parèdres » (cf. IX, 4), mais par *Pr.* I,
21 ou VIII, 3 *LXX*, deux textes où la Sagesse est le sujet de *paredreue*,
avec *pulais dunastôn* pour compl. ; deux textes qui s'écartent de *TM*,
où la présence de *paredreuein* est difficile à justifier (cf. G. MEZZACASA,
op. cit. sur v. 12 b., pp. 47, 101, 115, 131) et qui ont pu se contaminer
mutuellement : le vb. serait seulement original en VIII, 3 *(para de
pulais < poleôs > paredreuei)*, tandis que I, 21 portait primitivement
epi de pulais dunastôn tharrousa legei. Quoi qu'il en soit, l'auteur
s'est souvenu de cette figuration de la Sagesse, mais il l'a pliée à son
propre développement. Si la Sagesse « se tient assise devant la
porte », c'est parce qu'elle prévient celui qui a décidé de partir tôt
à sa recherche : il la trouve en sortant de chez lui. On ne peut donc
se contenter de donner à *orthrizein* le sens de « rechercher, désirer
ardemment », ou de traduire par « se lever tôt, devancer l'aurore ».
L'idée de sortir de chez soi est contenue implicitement dans *ho
orthrisas ep' autèn* qu'on traduira par conséquent : « celui qui part
de bonne heure (ou avant l'aube) pour elle (à sa recherche) ».

15 a. Cette notion abstraite dans un contexte imagé est une
sorte de parenthèse, d'autant plus que *ho agrupnèsas* (15 b) correspond à *ho orthrisas* (14 a). Néanmoins, elle doit appartenir à la
composition originale, car l'auteur introduit volontiers des précisions
de cette sorte dans ses développements. Cette notice explicative prend
appui *(gar)* sur l'idée d'ensemble du v. 14 : la ferme résolution de
partir à la recherche de la Sagesse. L'expression *to enthumèthènai
peri autês* ne signifie pas simplement « penser, réfléchir à elle »
(cf. *Lat., cogitare de illa* ; *Reu., Goodr., Feldm., Ficht., Web., Cramp.*).
Le vb. (cf. III, 14 ; puis VII, 15 ; IX, 13) insiste sur une application

ou préoccupation de l'esprit (cf. *Siegf.* et *Hein.* « mit ihr in Gedanken sich beschäftigen ») et il implique des dispositions affectives et volontaires (cf. *Gri.*, *Corn.* « de illa cum amore ac desiderio meditari viamque quasi indagare qua ad illam perveniatur »). C'est donc, après avoir pris conscience de la réalité d'une sagesse supérieure, « en être venu à se décider ou à se passionner pour elle, l'avoir prise à cœur ». L'auteur voit là « la perfection de la prudence » *phronèseôs teleiotès*. Une distinction entre *phronèsis* et *sophia* est certainement supposée. Elle s'explique non par l'usage de la *LXX* (cf. *Études*, ch. V, p. 334) qui suggérait tout au plus une dépendance de la *phronèsis* par rapport à la *sophia* en *Pr.* VIII, 1 et X, 23, mais par l'influence de la pensée grecque (cf. *ibid.*, pp. 351-354). Dans le Stoïcisme, en particulier, la *sophia* caractérise à la fois une vertu et une science parfaites, tandis que la *phronèsis* devient de plus en plus une vertu inférieure et limitée : c'est la « science des biens et des maux » (cf. *Dio. Lae.* VII, 92 ; *Sext. Emp.*, *Math.*, XI, 170), « des choses à rechercher ou à éviter » (cf. *Cic.*, *Offic.* I, XLIII, 153), une science empirique dégagée des fins poursuivies ordinairement par la nature. Cette distinction se retrouve dans de nombreux textes de la période romaine (cf. *Cic.*, *Offic.* I, XLIII, 153 ; II, II, 5 ; DIELS, *Dox.*[3] 273 ; *Sén.*, *Ep.* LXXXV, 5 ; *Strab.* I, I, 1 ; cf. aussi *Plut.*, *Virt.* V, 443 E) et elle sert à éclairer notre texte : *phronèsis* y désigne (cf. *Études*, ch. V, p. 359) le discernement vertueux des biens et des maux, la sagesse pratique qui rectifie les tendances ou les passions de l'homme et lui fait choisir les vrais biens (cf. *Mal.* φρόνησίς ἐστιν ἡ περὶ τὰ ἀνθρωπίνα καταγινομένη καὶ ὅσα περὶ τὸν βίον λυσιτελῆ καὶ ἐν οἷς ἡ εὐδαιμονία συνίσταται · τέλος δὲ τῆς εὐδαιμονίας καὶ οἱ ἔξω σοφοὶ τὴν σοφίαν ἴσασιν, ἣν ἐξετάζων τὰ παρόντα τάδε καὶ φαινόμενα ὁ φρόνιμος καὶ τὴν εὐζωίαν, ταύτην εὑρίσκει τέλος). On traduira donc le mot par « prudence, discernement » ou « discernement vertueux ». Mais, d'après le texte, la *phronèsis* ne peut se contenter d'assurer une vie sage et heureuse ; elle doit s'orienter vers les valeurs supérieures (cf. *Mal. pros tèn heuresin tou kalou te kai alèthous*), tendre efficacement vers la Sagesse, car c'est alors qu'elle est parfaite, elle trouve sa consommation, *teleiotès* (cf. *teleioun* en IV, 13) ou atteint pleinement son but (*Cant.* glose : τέλος φρονήσεως σοφία τυγχάνει, ὥσπερ ἄν τις οἰκίας τὴν στέγην λάβοι, ἢ πόλεως τὸ τοὺς ἐν αὐτῇ φυλάττειν, ἢ ἰατρικῆς τὴν ὑγείαν). Non seulement elle met l'homme en contact avec la règle suprême et divine de toute activité humaine, mais elle l'ouvre à cette Sagesse idéale ou transcendante qui éclairera supérieurement son esprit et l'acheminera jusqu'à l'immortalité bienheureuse.

15 b. En liaison étroite avec 15 a, *kai* serait consécutif (« aussi, par suite ») mais il marque plutôt une corrélation avec 14 a en introduisant une formule parallèle, *ho agrupnèsas di' autèn*. Le vb. « veiller » peut prendre le sens métaphorique (fréquent dans la *LXX*) de « se montrer vigilant ; se préoccuper, se soucier, prendre soin de »,

avec un compl. d'objet construit, soit au dat. (cf. *Plut., Mor.* 337 B),
soit au gén. avec *huper* (*He.* XIII, 17), soit à l'accus. avec *epi* (*Dn.*
IX, 14 *LXX*). Comme il est employé ici absolument, à cause du
compl. *di' autèn*, « à cause d'elle, pour elle », on traduirait alors :
« celui qui a été préoccupé, en souci ». Cependant il nous paraît
préférable de garder l'image évoquant les veilles laborieuses d'un
disciple ou une attente anxieuse. L'auteur s'est souvenu d'abord
de *Pr.* VIII, 34 (*makarios anèr... agrupnôn ep' emais thurais*), puis
de *Ps.* CXXVI, 1-2 (*LXX*, avec les vbs *kopian, agrupnein, orthrizein*),
p.-ê. aussi de *Si.* XXXI, 1 ; XLII, 9 (où *agrupnia* est repris par
merimna). Celui qui aura « veillé » de la sorte « sera promptement
sans souci », *tacheôs* (cf. IV, 16 b) *amerimnos* ** *estai*. L'adj. est
interprété le plus souvent d'une disposition habituelle du sage,
« without care, independant, self-sufficing » (*Goodr.* ; cf. VII, 23 b)
ou délivré de l'agitation inquiète causée par les biens apparents et
trompeurs (*Gri.* ; cf. ARISTOBULE, *ap. Eus. Praep. ev.* VII, 14, MRAS,
p. 390 ἀκολυθοῦντες τῇ σοφίᾳ συνεχῶς, ἀτάραχοι καταστήσονται δι' ὅλου
τοῦ βίου), ou enfin comblé de tous les biens (cf. VII, 11) et n'ayant
plus rien à désirer (OSTY). A notre avis, *amerimnos* doit avoir le
même objet que *agrupnèsas* et signifier directement la délivrance
d'un état de veille anxieuse (cf. *Heyd.* et *Bauerm.*, cités par *Gri.*).
L'auteur rejoint ainsi le thème de l'empressement de la Sagesse à
rejoindre la recherche de l'homme (14) et prépare l'affirmation du
v. 16. Indirectement, le texte peut évoquer aussi la condition du
sage « libre de tout souci » (*Hein.* présente les deux interprétations
en ordre inverse) ; pourtant ce privilège est réservé, en principe, à
celui qui possède déjà pleinement la Sagesse.

16 a.   Nous préférons lire *autè* (cf. 7 c ; VII, 15 c, 17 a), marquant
l'opposition (« elle, de son côté ») ou la spontanéité (« d'elle-même »)
plutôt que *hautè* « celle-ci » (*Gri., Corn. - Fri., Zie.*). Le vb. *perier-
chetai* *, « circuler, aller çà et là », est employé absolument et le
compl. *tous axious autès* dépend du partic. *zètousa*, « recherchant ».
Ce compl. est mis en relief au début du v. ; *axios* y insiste sur l'idée
d'affinité (cf. I, 16 ; III, 5) et l'expression caractérise ceux qui, par
leur état d'âme et la rectification de leur désir (cf. 15 a), sont « dignes
de la Sagesse », c.-à-d. sont déjà au niveau des valeurs supérieures
qu'elle incarne, ouverts par conséquent à ses communications ulté-
rieures. En expliquant *(hoti)* directement 15 b, l'auteur envisage donc
maintenant non plus les prévenances de la Sagesse (13-14), mais sa
réponse aux efforts sincères de l'homme. L'image de la Sagesse
« circulant à la recherche » des âmes de bonne volonté doit être
une réminiscence de la situation évoquée par *Pr.* I, 20-21 ou VIII, 1-3 :
à la façon d'un prophète, la Sagesse est en quête de l'homme et
s'efforce de le rencontrer dans les endroits fréquentés habituellement
par lui.

16 b.   L'expression *kai en tais tribois* renvoie au même contexte,
notamment à *Pr.* VIII, 2 (cf. aussi VIII, 20), mais le sens est trans-

posé : il s'agit des « sentiers » suivis par ceux qui sont déjà en
affinité avec la Sagesse. Dans l'usage biblique, le mot (cf. II, 15 ;
V, 7) désigne en réalité la manière de vivre, la conduite habituelle
ou les œuvres de l'homme (cf. déjà *Clem., Strom.* VI, 15 τρίβοι δὲ ἡ
τοῦ βίου διεξαγωγὴ καὶ ἡ κατὰ τὰς διαθήκας πολυειδία). Mais la suite
du texte invite à garder l'image : la Sagesse « apparaît », *phantazetai*,
à ses aspirants obscurs dans les sentiers mêmes qu'ils suivent ou
alors qu'ils cheminent sur ceux-ci. Le vb. *phantazesthai* (dans la *LXX*,
seulement *Si.* XXXIV, 5), « devenir visible, apparaître, se manifester »,
s'emploie souvent d'une apparition qui a lieu en vision ou en songe
et provoque l'effroi (cf. les subst. correspondants en XVII, 15 a et
XVIII, 17). La Sagesse, au contraire, se présente « d'une façon gracieuse, affable, bienveillante », *eumenôs* * (cf. l'adj. en *2 M.* XII, 31 ;
XIII, 26). *Lat.* et *Ar.* ont pensé à une apparition « souriante ». La
nature de cette « apparition » dépend de la notion de la Sagesse
que suppose ce v. (cf. *infra*) : ou bien révélation extérieure d'une
doctrine, ou bien manifestation de la vérité ou de l'origine divine
de celle-ci, ou bien illumination intérieure progressive.

16 c.   Le vb. se présente sous deux formes (cf. *Zie.*), *hupantai*
et *apantai* : la première (adoptée par *Ra., Zie.*) fait intervenir un vb.
moins fréquent et employé volontiers d'une rencontre amicale et
préméditée (« venir à la rencontre de, aborder, se présenter à ») ;
la seconde semble secondaire, avec un vb. plus courant et usité
surtout à propos d'une rencontre imprévue ou agressive (cf. *Gri.*,
malgré les réserves de *Feldm. Mat.*, p. 55 et de *Hein.*). Parce que
epinoia renvoie soit à l'exercice de la pensée avec ses conceptions,
propos ou desseins (cf. IX, 14 b et *Lidd.-Sc.* I, 1 et 4), soit à la
fécondité ingénieuse de l'esprit avec ses inventions ou trouvailles
(cf. XIV, 12 ; XV, 4 et *Lidd.-Sc.* I, 2 et 3), le compl. *en pasèi epinoiai*
fait l'objet d'une double interprétation : « dans chaque pensée,
dessein ou résolution » (*Syr., Shex., Ar. ; Mal., Cant.*, et la majorité
croissante des Modernes) et « par toute sorte d'inventions, de procédés ingénieux » (*Lat., Arm.* ; divers Anciens cités par *Gri.*, puis
CORLUY, *Gutb., Les.*, ZENNER et, avec une simple préférence, *Corn.*).
Dans le second cas, l'expression prolongerait le sens de *eumenôs*
en insistant sur une bienveillance active et prévenante : la Sagesse
déploie sa sollicitude ingénieuse pour venir à la rencontre de l'homme
et le gagner progressivement à elle. Dans le premier cas, on invoque
le parallélisme avec *en tais tribois* (16 b) : des actes, l'auteur passerait
aux pensées et aux réflexions qui les inspirent (cf. *Cant.* οὐ γὰρ μόνον
τοῖς ἔργοις αὔτη παρυφίσταται, ἀλλὰ καὶ ἐν οἷς ὁ πράττων διαλογίζεται
λόγοις τε καὶ πρακτέοις ἀρεστὸς γινόμενος). A notre avis, il précise
plutôt la portée réelle d'une image empruntée telle quelle à *Prov.*
(cf. 16 b) : c'est surtout dans le domaine des pensées et des intentions que la Sagesse « apparaît » aux âmes bien disposées. Par
ailleurs, l'expression doit signifier autre chose qu'une simple activité
de l'esprit (« dans chaque pensée »). Elle évoque une progression

et prépare le développement suivant. Il s'agit donc des démarches successives d'une intelligence ou d'une volonté qui s'orientent de plus en plus vers la Sagesse (cf. *Mal.* κατὰ πᾶσαν τῆς ψυχῆς αὐτῶν λογικὴν κίνησιν ἡ σοφία ἐνώπιον γίνεται). Et celle-ci vient à la rencontre de ces efforts pour les éclairer, les guider et les fortifier.

Mais nous retrouvons, à la fin de cette section, la même diversité d'opinions au sujet de la nature de la Sagesse mise en scène (cf. v. 12 c). Ainsi *Clém.* (*Strom.* VI, 15) entend 16 c de la perception des aspects divers d'une doctrine, par l'intermédiaire de la *paideia* *(poikilôs theôroumenè, dia pasès dèlonoti paideias)*. *Gri.* voit ici la personnification « rhétorico-poétique » de l'idée que la Sagesse est atteinte de multiples manières par ceux qui sont en affinité spirituelle avec elle et il cite *Nan.* : « quandocumque animus aliquid prudens meditatur, ibi statim sapientia occurrit ». Selon *Corn.*, le contexte reste celui d'une exhortation à l'étude de la Sagesse, considérée avant tout comme une doctrine ; pour *Hein.* (p. 118), l'auteur « décrirait la sagesse humaine en tant que don de Dieu ». Le contexte (vv. 9-11 et 17-18) fait certainement penser à une doctrine. Par ailleurs, on souligne avec raison la dépendance par rapport à *Prov.* Pourtant, l'auteur atténue le réalisme des images (cf. *Gri.*) et insiste sur les dispositions subjectives de l'homme : les prévenances de la Sagesse se font plus intimes ou s'insèrent dans une évolution morale intérieure. Il est donc amené à la fois à fixer son attention sur la source divine d'une doctrine et à faire dépendre l'acquisition ou l'assimilation de celle-ci d'une influence divine qui s'exerce sur l'homme et, tour à tour, prévient ou féconde les efforts de celui-ci. Or c'est cette influence, nous semble-t-il, que la présente section personnifie en premier lieu. C'est, si l'on veut, la grâce subjective qui dispose à accueillir la grâce objective, c.-à-d. une doctrine révélée.

Du désir de la Sagesse à une royauté éternelle

17. *Car son commencement très authentique, c'est le désir de son*
                                                    instruction,
18. *l'application à son instruction produit l'amour,*
    l'amour fait observer ses lois,
    la fidélité aux lois est une garantie d'incorruptibilité
19. *et l'incorruptibilité donne place auprès de Dieu.*
20. *Ainsi le désir de la Sagesse élève jusqu'à la royauté.*
21. *Si donc vous, souverains des peuples, prenez plaisir aux sceptres*
                                                    et aux trônes,
    rendez hommage à la Sagesse pour régner éternellement.

17. Prenant appui sur 16 c (cf. *comm.*) et revenant au thème du désir (cf. vv. 11, 13), l'auteur va esquisser les démarches succes-

sives qui conduisent non pas à la possession plénière de la Sagesse, mais à la royauté éternelle qu'assure la fidélité à sa doctrine. De l'avis général, il utilise l'argument appelé « sorite » qui, dans la logique grecque, se présente d'abord — mais sans le nom — sous deux formes distinctes : le sorite « aristotélicien » ou *rectus* et le sorite « goclénien » ou *inversus* (cf. T. PESCH, *Institutiones logicae et ontologicae*, I ², Frib. i. Br., 1914, pp. 179-181). On désigne alors une suite de propositions liées de telle sorte que le prédicat ou le sujet de la première deviennent le sujet ou le prédicat de la suivante ; et dans la conclusion, on retrouve associés soit le sujet de la première au prédicat de l'avant-dernière, soit celle du sujet de l'avant-dernière au prédicat de la première. L'argumentation est valable si les mots ont même valeur ou signification et si aucune des prémisses n'est fausse ou douteuse. C'est en fonction de la logique stoïcienne que le mot « sorite » a été mis en circulation (cf. *Dio. Lae.* VII, 82 et 192). Celui dit « chrysippien », qui ajoutait ou retranchait insensiblement à une chose donnée de façon à la changer, était un véritable sophisme (cf. V. BROCHARD, *Les Sceptiques grecs* ², Paris, 1932, pp. 130-131) contre lequel on mettait en garde (cf. *Cic., Acad. II,* XVI, 49 ; XXIX, 93 ; *Sext. Emp., Math.* VII, 416). Cependant, le mot pouvait recouvrir un procédé d'argumentation plus positif (mais entaché des insuffisances d'une logique qui opérait avec l'idée de loi et se limitait aux rapports de succession constante ou de coexistence, cf. V. BROCHARD, *Études de philos. ancienne et moderne*, Paris, 1926, p. 226). Dans la Stoa récente et à l'époque du syncrétisme, le recours au sorite est fréquent (cf. *Cic., Tusc. III,* VII, 14-15 ; *Sén., Ep.* LXXXV, 2, 24, 30 ; etc.). Sa présence ici témoigne d'une certaine familiarité avec la logique grecque, déjà notée par *Clém.* (*Strom.* VI, 15 ; *St.-Fr.* p. 492). L'argumentation s'apparente au sorite « aristotélicien », car elle suppose que le prédicat de la propos. précédente doit devenir le sujet de la suivante (mais l'auteur évite à dessein la répétition littérale des mêmes mots, cf. *infra*) et la conclusion, introduite régulièrement par *ara*, s'applique à joindre la notion initiale au prédicat de l'avant-dernière proposition. Toutefois le rapport établi entre les termes successifs, un rapport de conséquence ou de progression interne, rappelle plutôt la logique stoïcienne. Quoi qu'il en soit, le procédé n'a pas été suggéré par l'*A.T.* (il n'y a ni raisonnement ni désir de prouver en *Os.* II, 23-24 ; *Am.* III, 8 ; *Jl.* I, 3-4) ; il diffère aussi de celui employé par *Rm.* V, 3-5 *(climax)*, X, 13-15 et *1 P.* I, 5-7 (inclusion), ou par deux textes rabbiniques (cités par *Str.-Bill.* I, 194 et III, 222 ; cf. aussi LAGRANGE, *Judaïsme*, p. 443) qui enchaînent seulement des points de vue complémentaires ou des conséquences déterminées d'une façon extérieure et arbitraire.

La phase initiale est indiquée par *archè gar autès*, une expression qui reprend d'une façon originale la formule biblique *archè sophias* (*Pr.* I, 7 ; IX, 10 ; etc.) car le gén. *autès* est plutôt subjectif qu'objectif en dépendance du développement précédent : c'est le

« commencement » de la pénétration de la Sagesse dans la vie d'un homme. Cette phase initiale est identifiée avec *epithumia paideias*, « le désir de la *paideia* », un mot (cf. I, 5 ; II, 12 ; III, 11) qui comporte l'idée d' « instruction » (traduction la plus commune) car il s'agit d'une doctrine à assimiler, mais qui inclut en même temps la résolution de se soumettre à une « discipline de vie » morale et religieuse, après une rectification antécédente des passions (15 a), pour faire passer cette doctrine dans la vie. Dans la conclusion (20), l'auteur emploie *epithumia sophias* : ou bien il revient alors sur le thème qui a provoqué le sorite, ou bien il a voulu souligner ici que le désir sincère de la Sagesse conduit nécessairement au désir de recevoir la *paideia*. Mais à quel mot se rapporte *hè alèthestatè* ? Cette épithète est rattachée soit à *archè* (*Ar., Shex. ; Aug., mor. eccl.* I, 32 ; *AV* et *RV, Gri., Reu., Dea., Gre., Corn., Goodr., Web., Schü.,* p. 71, n. 1), soit à *epithumia* (*Lat., Arm. ; Siegf., Lagr.,* p. 94, *Hein., Feldm., Ficht., Bück.,* p. 13, etc.). La première solution, adoptée spontanément par *Mal.* (qui glose : *prôton alèthes hormètèrion*) et par *Cant. (tèn alèthestatèn archèn tès sophias tithèsi)*, nous semble préférable car la présence de l'art. (son omission dans certains *mss* semble secondaire, cf. *Zie.*) s'explique mieux ; en outre, dans la mise en œuvre du sorite, aucun membre n'est précédé de l'art. ou accompagné d'un adj. L'auteur aurait donc voulu signifier à la fois que le désir de la Sagesse est un commencement, et un commencement « très vrai, authentique, sûr, certain », quand il se transforme en un désir d'être instruit en tout ce qui la concerne ou de se soumettre à l'éducation qu'elle patronne ou dispense.

18 a. Dans la transformation de l'attribut en sujet, *epithumia* est remplacé par *phrontis* qui introduit certainement une notion distincte (en *Sag.* : « souci, préoccupation ; soin, sollicitude », cf. V, 15 ; VII, 4 ; VIII, 9 ; XV, 9), car son emploi au sens de « désir » est exceptionnel dans l'usage gr. (*Pind., Pyth.* X, 62). Mais la principale difficulté concerne l'identification établie maintenant avec *agapè*. On s'accorde à suppléer *autès* après ce mot : il s'agit donc d'un « amour » (cf. III, 9 b) ayant pour objet la Sagesse, un amour d'inclination ou de choix portant sur une réalité suffisamment connue, un amour qui garde un caractère volontaire et réaliste mais peut se transformer en un amour de complaisance. Il n'y a pas lieu, nous semble-t-il, de presser l'identification supposée par le texte : avoir le « souci de l'instruction », c.-à-d. la préoccupation ou la volonté sincère de s'instruire, ce serait « déjà » aimer la Sagesse (cf. *Lagr.,* p. 84). On estime plutôt (cf. *Gri., Hein., Feldm., Schü.,* p. 71) que cet amour résulte de l'application à l'étude de la Sagesse ou d'une familiarité croissante avec celle-ci (*Corn.* parle d'une métonymie identifiant la cause et l'effet), car le sorite marque une progression réelle, par une série de conséquences. En définitive, *phrontis* doit signifier l'application studieuse de l'esprit (sens fréquent, cf. *Lidd.-Sc.* I, 2) aux doctrines de la Sagesse, avec le souci

de les mettre en pratique *(Clém., Strom.* XVI, 15 glose par *askèsis paideias).* Cette application procède assurément d'un certain amour d'inclination vers la Sagesse, mais *agapè* désigne plutôt un amour éclairé et délibéré, résultant d'une connaissance et d'une affinité croissantes (cf. *Cant.* ἐπιθυμήσαντες τὴν παιδείαν καὶ κατ᾽ αὐτὴν ἐμφρόντιδες γενόμενοι, ταύτῃ τῇ συνεχείᾳ καὶ μελέτῃ εἰς ἕξιν ἀγάπης ἥκομεν τοῦ ζητουμένου).

18 b. Cet amour se traduit précisément par « l'observation de ses lois », *agapè de tèrèsis nomôn autès.* L'emploi de *tèrèsis* (« garde, sauvegarde ») au sens d' « observation » de lois est propre au gr. biblique *(Si.* XXXII, 23 ; *1 Co.* VII, 19). L'association « aimer Dieu » et « garder ses commandements » est caractéristique de la religion de l'*A.T.* (cf. *Ex.* XX, 6 ; *Dt.* V, 10 ; X, 12-13 ; XI, 1 ; XXX, 16 ; *Is.* LVI, 6 ; *Si.* II, 15 ; etc.), car la fidélité pratique est essentielle à l'amour que Dieu réclame (cf. A. ROBERT, dans *RB*, 1934, p. 190). Mais cet amour ne s'identifie pas avec l'obéissance qu'il inspire : il est d'abord un état d'âme, caractérisé par la spontanéité d'une volonté généreuse et fervente (surtout dans le *Deut.* et le courant prophétique). Dans notre texte également, l'identification n'est qu'apparente et l'auteur marque, cette fois encore, une progression par voie de conséquence : l'amour de la Sagesse conduit à l'observation de ses lois et témoigne ainsi, secondairement, de son authenticité (cf. *Gri., Corn., Hein,* etc.). De quelles « lois » s'agit-il ? On rappellera que les doctrines de sagesse avaient été influencées de plus en plus par les exigences morales et religieuses de la Loi israélite et assimilées progressivement, quant à leur autorité, aux préceptes de celle-ci (cf. A. ROBERT, dans *RB*, 1934, p. 204). Cependant la *LXX* n'emploie presque jamais le plur. *nomoi* pour désigner ces préceptes (sauf en *2 M.*) ; elle lui préfère surtout *entolai,* un terme usité également par *Pr.* et *Si.* pour désigner équivalemment les lois de la Sagesse (*Pr.* IV, 5 ; VII, 1-2 ; X, 8 ; *Si.* I, 26 ; XXXII, 23). Le choix de *nomoi* paraît donc ici intentionnel. Ou bien, dans un contexte où la notion de royauté est à l'arrière-plan, l'auteur a voulu présenter les préceptes de la Sagesse comme les lois régissant un royaume spirituel qui transcende les royautés terrestres (lesquelles ont leurs *nomoi* propres, cf. *Est.* I, 19 ; III, 8, 13 e ; VIII, 11, 12 l ; *1 M.* X, 37) ; ou bien, *nomoi* a semblé plus ouvert que *entolai,* plus dégagé des implications précises et particularistes de la Loi mosaïque, plus apte par conséquent à attirer vers la Sagesse les âmes de bonne volonté ; ou enfin il s'est souvenu de la présence de *nomoi* en *Jr.* XXXVIII *(TM* XXXI), 33, un texte qui envisage, dans le cadre de l'Alliance nouvelle, des lois gravées par Dieu dans les cœurs, et il aurait songé, par-delà les lois positives contenues dans l'ensemble de la révélation israélite, à ces lois intérieures ou non-écrites qui s'adressent à la conscience de chaque homme. E. GOODENOUGH *(By Light, Light,* p. 274) identifie délibérément les « lois » de la Sagesse avec des révélations privilégiées, mystiques (d'après IX, 9 c-d) : à

notre avis, la Loi divine écrite reste au cœur des « lois » de la Sagesse.

18 c. La reprise de *tèrèsis* par *prosochè (Lat.* répète *custoditio)* fait intervenir un terme *(hellén.)* signifiant proprement « application de l'esprit, attention », parfois « soin, diligence » (cf. *Lidd.-Sc.* et *Si. Prol.* 13 ; XI, 18). Comme le gén. *nomôn* est un gén. objectif qui remplace le compl. au dat. avec le vb., l'auteur s'est sans doute rappelé certains emplois de *prosechein / prosechesthai* (« se consacrer à ; s'attacher à », cf. *Lidd.-Sc.* I, 4 b et 6) ou l'expression *prosechein entolais (Si.* XXIII, 27 ; XXXII, 24 ; XXXV, 1) et il a voulu insister, moins sur l'attention prêtée aux lois que sur l'attachement à celles-ci ou sur la diligence apportée à les observer. Dans l'attribut, *bebaiôsis,* « confirmation » (*Lat. : confirmatio* d'après *De Br.,* p. 115), se trouve employé souvent par les papyrus au sens de « garantie légale » (cf. PREISIGKE ; A. DEISSMANN, *Bibelstudien,* 1895, pp. 100 ss ; MITTEIS-WILKEN, *Grundzüge u. Chrest.* II, 1, pp. 188 s.) ; dans les contrats, c'est la « garantie » ou l' « assurance » fournies par un tiers ou par le vendeur lui-même, pour prévenir une éviction possible ; cette garantie est antérieure à la remise de l'objet du contrat et concerne son acquisition future. Ce sens juridique est supposé ici : la « fidélité aux lois de la Sagesse », inspirée par l'*agapè,* crée une garantie certaine, un titre incontestable, pour obtenir un jour l'immortalité voulue et octroyée par Dieu (c'est à la foi une récompense et une grâce, cf. *comm.* sur II, 22) ou plutôt l' « incorruptibilité », *aphtharsia* (cf. II, 23 c). Quelques critiques ont appliqué ce mot à la vie terrestre (« Die Bewahrung vor Strafe und Vernichtung » W. WEBER, dans *ZWT,* 1905, p. 421) ; « länges persönliches Leben » *Gärt.,* p. 27 ; « moral incorruption » *Gre.*), surtout pour concilier 18 c avec une interprétation « terrestre » de la royauté promise aux vv. 20-21. Mais cette interprétation est contestable (cf. *infra*) ; on ne peut songer non plus à l'absence de corruption morale, assurée dès ici-bas par la vertu (cf. *Hein., Bück.,* p. 14) ; en outre *bebaiôsis* renvoie à un état futur ; enfin *aphtharsia* (et *aphthartos,* cf. XII, 1 ; XVIII, 4) s'oppose directement à ce qui est périssable ou mortel par nature. Aussi les commentateurs estiment généralement que l'auteur désigne ainsi l'immortalité personnelle de l'au-delà. Mais a-t-il eu une raison particulière de préférer ici *aphtharsia* à *athanasia* ? Comme les deux termes étaient devenus souvent interchangeables, on peut seulement avancer quelques hypothèses. Ou bien, se rappelant l'emploi du mot dans certains courants philosophiques (surtout chez Épicure et ses disciples) pour désigner une propriété exclusive de la nature divine, il aurait voulu suggérer ainsi que l'homme est admis, grâce à la Sagesse, à participer à l'éternité que Dieu possède en propre (cf. v. 19 et REESE, *Hellenistic Influence,* p. 67) ; ou bien il aurait transposé un terme accrédité dans certains cercles religieux invitant l'homme à se dégager progressivement de la matière corruptible (GOODENOUGH, *op. cit.* sur II, 23 c, qui voit ce motif orphique repris par *Phil.*, en particulier dans *Mut.* 210, 213 ; *Somm.* I, 181 ; *Fug.* 56) ; ou enfin le terme resterait susceptible d'intégrer la croyance en une résurrection corporelle (cf. *comm.* sur II, 23 c). — IRÉNÉE (*adv. Haer.* IV, 38, 4) modifie la formulation de 18 c *(horasis de theou peripoiètikè aphtharsias)*, mais reproduit ensuite litt. le v. 19.

19. L'incorruptibilité « fait être près de Dieu, *eggus einai poiei theou* ». Cette expression, reprise par *basileia* dans la conclusion du sorite, rappelle précisément *Est.* I, 14 où la formule « ceux qui voient la face du roi » (sur cette formule, cf. R. DE VAUX, *Institutions*, I, p. 185) est traduite : *hoi eggus tou basileôs.* Dans les textes astrologiques, on mentionne également « ceux qui sont près des rois » *(eggus basileôn, Vett. Val.*, pp. 66, 23 ; 89, 3 KROLL), c.-à-d. ont accès habituellement auprès d'eux, à titre de familiers ou d'amis (cf. CUMONT, *Eg. Astr.*, pp. 29 et 34). L'auteur doit prendre appui sur cet usage, car son Dieu est roi et le seul vrai roi (cf. VI, 4 a). Et c'est pourquoi il a omis le dernier chaînon du sorite : être admis auprès de Dieu, jouir de cette dignité, c'est être associé à la royauté du monarque suprême et régner avec lui. Mais il reste à expliquer le rapport de dépendance établi par le texte avec *poiei*, « fait, cause ». On attendrait le rapport inverse quand on interprète délibérément *aphtharsia* de l'immortalité bienheureuse, car la cause réelle de la béatitude, c'est l'admission en présence de Dieu. On explique alors que l'effet d'une cause formelle serait signifié en termes de causalité efficiente *(Corn.)*, ou qu'on ne doit pas réclamer d'un sorite une distinction tranchée entre cause et effet *(Hein.)*. En réalité, c'est compliquer l'interprétation du texte que d'élargir ainsi la portée du terme. Il désigne essentiellement un état opposé à la corruption et à la mort, que Dieu a voulu pour l'homme à l'origine (II, 23 a) et qui reste assuré à la justice (I, 15). Envisagé en fonction du mérite, cet état apparaît donc comme la sanction infaillible de l'effort vertueux. Or il élève l'homme sur un plan supérieur, le rapproche du Dieu incorruptible par nature et le rend digne d'être admis auprès de lui. Le texte ne veut pas dire autre chose. Mais sa formulation même rappelle-t-elle un thème cher aux penseurs grecs spiritualistes : celui d'une assimilation progressive de l'âme au divin ou d'une affinité (native et retrouvée) avec celui-ci ? *Ficht.* note que *eggus* peut marquer une proximité qualitative (« approchant, ressemblant, apparenté », cf. *Lidd.-Sc.* IV et V) et traduit : « Unvergänglichkeit aber macht Gott-ähnlich-sein ». On parle aussi *(Gri., Goodr.)* de reprise d'un thème platonicien en renvoyant à différents textes du *Phédon :* l'âme se rend auprès des dieux et habite avec eux (63 C, 69 B), elle rejoint « ce qui lui est apparenté et assorti » (84 B trad. ROBIN). Des conceptions de cette sorte peuvent expliquer implicitement la démarche de la pensée. Néanmoins, l'expression reste originale et l'idée exprimée se rattache aux conceptions bibliques traditionnelles. Ainsi, au lieu de *eggus poiei theou*, susceptible d'être interprété « rend semblable à Dieu », le texte porte *eggus poiei einai*, qui désigne un état privilégié dans la proximité du Roi suprême. L'idée d'une parenté originelle du *nous* ou de l'âme avec le divin, fondamentale dans les conceptions grecques de l'immortalité (cf. FESTUGIÈRE, *Idéal*, pp. 48-50, 81), n'est exploitée nulle part en *Sag.*; tout au plus est-elle intégrée, sous une autre forme, dans le thème biblique de « l'image » (cf. *comm.* sur II, 23 b). Chez les Grecs, c'est l'assimilation progressive au divin qui assure l'immortalité : or le texte suppose une relation inverse et il met l'accent, d'autre part, non sur une séparation progressive de l'âme et du corps ou sur l'activité contemplative du *nous*, mais sur l'obéissance vertueuse à des « lois ». Si l' « incorruptibilité » semble dépendre des seuls efforts de l'homme (et sur ce point surtout le texte se rapproche des conceptions grecques), elle reste cependant une faveur et une récompense, proposées et accordées par un Dieu personnel et créateur. Enfin l'idée de faire culminer la vie de l'au-delà dans l'association à la royauté de Dieu est inspirée par la Bible (cf. III, 8 ; V, 16 a) : si les Stoïciens (et certains pythagoriciens) parlent volontiers de la royauté des sages, les « seuls vrais rois » (*Plut., comm. not.* III, 1060 B), cette royauté se limite à la vie terrestre ou bien l'immortalité perd son caractère personnel.

20.   La conclusion du sorite est introduite par *ara* « ainsi donc » (transformé ensuite en *gar*, cf. *Zie.*) employé régulièrement ici comme second mot (cf. au contraire V, 6). Elle réunit deux termes non exprimés explicitement : *epithumia sophias*, supposé au v. 17 (cf. *comm.*), et *basileia* « royauté », une notion évoquée au v. 19 par *eggus einai*. Le vb. *anagei epi*, non seulement « mène à, conduit à » *(Lat. : deducit)*, mais « élève jusqu'à » (cf. *Syr., Shex., Ar.*), résume bien la relation établie entre les termes du sorite : celui-ci n'enchaîne pas une série d'équivalences notionnelles ; il évoque les étapes réelles et successives d'une ascension progressive vers une royauté transcendante. Quelques critiques, il est vrai, ont proposé plus ou moins nettement, et pour des motifs divers, de limiter l'horizon à une simple royauté terrestre (cf. W. WEBER, dans *ZWT*, 1905, p. 421 ; *Gärt.*, pp. 25-27 ; *Goodr.* ; *Foc.*, pp. 38-40 ; F. NÖTSCHER, *Auferstehungsglauben*, p. 225) ; mais cette hypothèse (critiquée par *Bück.*, pp. 13-15) méconnaît le sens propre des termes employés et la façon dont le v. 21 prend appui sur le v. 20 ; il n'y a aucune raison non plus d'interdire à l'auteur — qui doit être le même que celui des ch. I-IV — de transposer la notion de royauté sur un plan spirituel et eschatologique (comme les notions de longévité ou de fécondité charnelle antérieurement) ou de rappeler la destinée immortelle de l'homme.

On a comparé (cf. *Études*, ch. III, pp. 208-209) l'ascension esquissée par le sorite à celle que trace PLATON dans le *Banquet* (210-212). Cependant, l'analogie reste lointaine et les différences s'étendent jusqu'au genre littéraire lui-même : la dialectique ascendante du *Banquet* évoque l'initiation progressive aux Mystères et le souci de décrire l'emporte sur celui de démontrer (le résumé de 211 C ne rappelle en rien la conclusion d'un raisonnement). En se souvenant peut-être de la gradation platonicienne, l'auteur a tout au plus remplacé, au point de départ, le thème de la beauté sensible par celui du désir de la Sagesse, mais il a adopté délibérément un mode d'exposition plus rigoureux à ses yeux, apparenté surtout à la logique stoïcienne. D'autre part, les notions mises en œuvre gardent des attaches profondes avec la sagesse biblique et certains de ses développements dans les milieux juifs hellénisés. Un texte de *Phil.*, en particulier (*Qu. Gn.* III, 27), est assez proche (cf. *Études*, ch. II, p. 175), mais notre texte n'accorde pas la même importance (avec le mot *paideia*) à la culture et aux connaissances profanes : il met ici l'accent sur les doctrines morales et religieuses de la sagesse israélite et sur la docilité concrète à celles-ci. Quelques remarques enfin sur le sorite lui-même. Certains chaînons font défaut et plusieurs termes ne sont pas strictement synonymes. Mais les philosophes eux-mêmes ne se croyaient pas tenus à une rigueur excessive lorsque le sens était suffisamment clair (cf. le sorite d'Arcésilas rapporté par *Sext. Emp., Math.* VII, 158) ; or l'auteur est un poète qui a voulu éviter des répétitions fastidieuses. D'après certains critiques, il aurait visé un chiffre symbolique (cf. *Gri., Feldm., Ficht.*) : cette intention est possible, mais non apparente, car le sorite n'a que six membres et il n'y a aucune raison de supposer une omission accidentelle (au début : *epithumia sophias archè sophias*, ou après le v. 19 : *eggus de einai theou basileia*).

21 a. L'auteur tire pour les souverains la conséquence *(oun)* de l'affirmation précédente. Le mot *turannoi* (cf. v. 9 a) semble résumer toutes les formes d'autorité personnelle et absolue ; en tout cas, une nuance péjorative n'est pas recommandée par le contexte. Le gén. *laôn* peut désigner à la fois (cf. 2 b) les peuples respectifs de chaque souverain et les différents peuples groupés sous l'autorité d'un seul maître. L'expression *ei hèdesthe epi thronois kai skèptrois* (sur *hèdesthai* avec *epi* et le dat., *class.* « se réjouir de, trouver son plaisir ou son contentement dans », cf. *Plat., Phlb.* 48 B ; *Xén., Cyr.* VIII, 4, 11 ; *Héllen.* VII, 1, 32 ; *Mém.* IV, 5, 9) peut être elliptique et désigner la satisfaction éprouvée, non seulement dans la possession et l'exercice du pouvoir, mais encore dans l'annexion d'autres royautés. La formule *thronoi kai skèptra* (cf. aussi VII, 8) se retrouve dans le gr. profane (cf. *Soph. OC* 425 *hos... skèptra kai thronous echei*) et le plur. doit être réel (non un plur. de majesté) ; *Lat.* a dû traduire par *sedibus et stemmatibus* car le traducteur évite le plus possible *sceptrum* (*stemma* est un mot grec latinisé ; cf. *De Br.*, p. 115).

21 b. « Honorer la Sagesse » *(timèsate sophian)*, ce n'est pas seulement la « tenir en estime » ou l' « apprécier » à sa juste valeur (cf. *Lidd.-Sc.* II, 1), mais c'est reconnaître effectivement son excellence, lui rendre hommage (cf. *Lidd.-Sc.* I) par une soumission de

la vie entière à ses enseignements et à son influence. A la lumière de formules bibliques semblables, *basileuein eis ton aiôna* pourrait signifier seulement un règne très long, le souverain lui-même parvenant à un âge avancé (cf. *1 R.* I, 31) ou sa dynastie étant assurée d'une durée perpétuelle (cf. *2 S.* VII, 16). Mais si cette hyperbole est de mise sur les lèvres d'un sujet ou d'un courtisan, elle se comprend mal sous la plume d'un auteur qui s'abrite derrière l'autorité de Salomon pour enseigner aux rois des vérités capitales. De plus, la progression marquée par le v. 21 concerne normalement une réalité à la fois personnelle et transcendante, car le plaisir de gouverner doit trouver satisfaction sur un autre plan et d'une façon plénière. Enfin, le sens de *basileuein* dépend de celui de *basileia* au v. 20, et non l'inverse, car le sorite est un tout fermé avec sa conclusion propre et le v. 21 n'est qu'une application « topique » de celle-ci. Le texte parle donc d'une royauté éternelle. L'expression *hina eis ton aiôna basileusète* se rencontre litt. en *Pr.* IX, 6 *LXX*, mais ce texte porte la marque de déformations *(zèsesthe > zètèsate)* ou de corrections successives *(hina biôsète*, cf. G. MEZZACASA, *Il libro dei Proverbi*, Rome, 1913, pp. 101-102 et 133), auxquelles s'est ajoutée, entre l'époque de l'Ancienne Latine et celle de la recension hexaplaire, une réminiscence de *Sg.* VI, 21 (p.-ê. par l'intermédiaire de l'add. *eis ton aiôna* après *biôsète* ou par corruption de ce vb. en *basileusète*). En tout cas, l'expression se trouve en surcharge et apparaît secondaire en *Pr.* IX, 6 *LXX* tandis qu'elle est parfaitement à sa place ici. — Un bon nombre de *mss lat.* (cf. *Bi. Sa.*) insèrent à la fin du v. 21 (23) un stique supplémentaire : *Diligite lumen sapientiae omnes praeestis populis.* Cette addition est expliquée comme une glose marginale servant de transition (*Corn.*, pp. 237-238), ou comme un doublet (REUSCH).

Résumé de VI, 22 - VIII, 1. Une nouvelle section (marquée par le *de* de transition) commence au v. 22. Les souverains étaient en droit d'attendre plus de précisions sur cette réalité mystérieuse qui leur a été recommandée avec une telle insistance. Salomon se propose maintenant de le faire. Il va dévoiler les mystères de la Sagesse, les exposer à tous et au grand jour (22) : non seulement il ignore les cachotteries jalouses des pseudo-sages (23), mais il est profondément convaincu du rôle capital que doit jouer la Sagesse pour assurer « le salut du monde », surtout par l'intermédiaire des rois « sages » (24) ; d'où la reprise de l'adresse aux souverains (25). Comme la doctrine qu'il va livrer procède d'une expérience privilégiée, il précise en avoir bénéficié, non en raison d'une supériorité de nature sur les autres hommes (VII, 1-6), mais à la suite d'une prière (7) qui donnait à la Sagesse la préférence sur tous les biens possibles (8-10). Cette prière fut exaucée au-delà de ses vœux : il reçut non seulement la Sagesse, mais encore tous les autres biens avec elle (11). Et il apprit ainsi qu'elle est créatrice de tous ces biens, que sa richesse inépuisable est ouverte à tous ceux qui acceptent la *paideia*, se recommandent par là à Dieu et sont établis ensuite dans son amitié (12-14). Mais il n'a pas dit encore ce qu'elle est en elle-même (malgré la précision fournie par 12 b). Se rappelant sa promesse, il se recueille et il invoque, pour traiter dignement d'un tel sujet, l'aide de Dieu qui préside à la dispensation et à l'exercice de toute sagesse (15), car il contrôle toute activité et toute connaissance humaine (16) ; il peut même, en octroyant sa Sagesse, conférer d'un seul coup une science universelle. Ce fut le cas pour Salomon (17-21). Mais celui-ci précise : une telle science correspond à l'activité créatrice universelle de la Sagesse et peut donc être enseignée directement par celle-ci (22 a). Des effets, Salomon remonte aux propriétés : ce sont celles d'un Pneuma à la fois divin et cosmique (22 b - 23), justifiant l'activité universelle de la Sagesse (24). Il s'efforce alors de déterminer la nature et l'origine divines de celle-ci en la situant dans le rayonnement propre de l'être divin (25-26). En conséquence, elle est à la fois unique et toute puissante, toujours identique à elle-même et sans cesse à l'œuvre pour innover (27 a-b) ; elle exerce une influence proprement divine dans les âmes (27 c - 28) ; elle est la lumière spirituelle par excellence, à l'abri de toute contamination du mal (29-30). Enfin, son activité universelle s'identifie avec celle de la Providence (VIII, 1).

Annonce d'une révélation sur la Sagesse

22. *Ce qu'est la Sagesse et quelle a été son origine, je vais l'annoncer.*
    Loin de vous cacher les mystères,
    je remonterai jusqu'au début de son existence
    et j'exposerai au grand jour la connaissance de sa réalité.
    Je ne passerai certes pas à côté de la vérité ;
23. *je ne cheminerai pas non plus avec l'envie qui se ronge,*
    car elle n'a rien de commun avec la Sagesse.
24. *La multiplication des sages, au contraire, c'est le salut du monde*
    et un roi sensé assure la prospérité d'un peuple.
25. *Par conséquent laissez-vous instruire par mes paroles*
    et vous y trouverez profit.

22 a. Les deux formules *ti estin sophia* et *pôs egeneto* sont les questions posées spontanément au sujet d'une réalité mystérieuse : « Qu'est-elle ? Quelle est son origine ? » La première était aussi la formule usitée dans les écoles pour introduire une définition : elle interroge directement sur la nature d'une chose, non sur ses qualités ou propriétés *(poion)*. La seconde imite sans doute les introductions aux discours sacrés, se proposant de révéler l'origine des dieux ou des héros célèbres dans les Mystères (cf. *Plat., Tim.* 27 C « avant de discourir sur le Monde et de dire comment il est né, *hèi gegonen* »).

On a proposé parfois de suppléer *moi* ou *emoi* après *egeneto (Cant. ;*
Bois, p. 388 ; cf. aussi les auteurs cités par *Gri.*), sans doute pour
le « devenir » de la Sagesse divine : Salomon voudrait raconter
comment celle-ci lui fut communiquée et il le ferait à partir de
VIII, 21. Une autre addition, *en anthrôpois* (248 et d'autres *mss*
d'après *Mal.*), dépend de *Ba.* III, 38. En réalité, l'omission du pronom
serait inexplicable si l'expression annonçait le récit de l'expérience
personnelle de Salomon (cf. *Gri.*). Les Modernes ont donc raison
d'accepter l'emploi absolu d'un vb. qui renvoie d'une façon générale
à l'origine de la Sagesse, une origine extra-temporelle (nous avons,
du reste, *pôs* et non *pote*), et qui ne soulève pas le même problème
que *ktizein* en *Pr.* VIII, 22 ; *Si.* I, 4, 9 et XXIV, 8. Si *Lat.* a traduit
par *et quemadmodum facta sit* et si les commentateurs anciens
(cf. *Corn.*, p. 242) ont pensé alors à la sagesse créée ou communiquée
à l'homme, la suite du discours ne permet pas de restreindre de la
sorte la portée de *egeneto* : la sagesse répandue dans l'univers, de
même que celle enseignée à l'homme ou possédée par lui, ne sont
que les effets ou les manifestations diverses d'une Sagesse unique
et personnelle qui réside en Dieu et procède de lui (cf. surtout VII,
25-26). Avec *apaggelô* (fut. immédiat), « je vais l'annoncer, l'exposer »,
le ton se fait solennel, que l'on songe à l'annonce d'un message
important ou à la révélation d'une doctrine mystérieuse (par un
mystagogue ou un hiérophante).

22 b. Le vb. coordonné *ouk apokrupsô* (fut. de volonté), « et je
n'entends pas tenir cachés, garder secrets », fait précisément allusion
à la manifestation de vérités non encore divulguées. Mais le compl.
mustèria dit davantage. Employé absolument, il ne désigne pas ici
les « secrets desseins » ou les « plans mystérieux » de Dieu (cf. II,
22 a et ici *Lat. : sacramenta Dei*). Il concerne la Sagesse elle-même
(cf. *Ar.* « ses secrets ») et résume tout ce qui a trait à sa réalité,
sa nature, son origine, ses propriétés, son action. On l'éclairerait
plutôt par *Dn.* II, 28, 29, 47 (*LXX* et θ') ou par *Si.* IV, 18 *(ta krupta
sophias)*. Mais la référence aux mystères grecs est plus immédiate :
en employant une tournure négative (au lieu de dire simplement
kai apokalupsô humîn mustèria), l'auteur fait allusion au secret
gardé jalousement dans ceux-ci et dévoilé aux seuls initiés. Dans
ce contexte, cependant, le mot « mystères » ne renvoie pas directement à des Mystères cultuels ; il prend appui sur le genre des
Mystères philosophiques (cf. WOLFSON, *Philo* I, pp. 24-26) ou littéraires
(cf. FESTUGIÈRE, *Idéal*, pp. 119-131), un genre inauguré par Platon et
qui, à l'époque hellénistique et romaine, s'étendra aux disciplines
les plus diverses (cf. aussi *Études*, ch. IV, p. 259). Chez *Phil.*, l'accès
aux arcanes du texte sacré est présenté volontiers comme une initiation, réservée à des privilégiés (*Hein.* renvoie à *Cher.* 48 ; *Sacr.*
131 ; *Somn.* I, 191) ; en fait, le Mystère consiste à introduire des
spéculations philosophiques ou mystiques dans la lettre de l'Écriture
pour en découvrir le sens caché, accessible à ceux-là seuls qui, au

terme des études préliminaires, sont mûrs pour la philosophie et qui, en même temps, sont doués d'une saine nature ou exercés à la vertu (cf. WOLFSON, *ibid.*, pp. 43-55). Moïse est considéré alors comme le grand « mystagogue » (*Virt.* 178 ; cf. WOLFSON, *ibid.*, p. 43). Notre texte assigne un rôle semblable à Salomon. Par ailleurs, les « mystères » de la Sagesse supposent également l'intégration de spéculations profanes ou philosophiques dans la sagesse traditionnelle d'Israël, avec une tendance marquée vers la « gnose » (cf. VII, 17 a, 21) et dans un climat mystique (cf. VII, 28 ; VIII, 2-18). Pourtant l'auteur n'oublie pas que la Sagesse est une doctrine de vie, une doctrine révélée rappelant les exigences morales d'un Dieu unique et personnel ; et ce Dieu sanctionnera le bien ou le mal, non d'après les connaissances acquises ou reçues, mais d'après une vie sainte et juste. Enfin, si les « mystères » de la Sagesse sont dévoilés à tous, c'est en accord avec la tendance universaliste des écrits sapientiaux antérieurs (surtout *Pr.* VIII).

22 c.   Pour renforcer la déclaration précédente, Salomon remontera jusqu'à l'origine, *alla ap' archès geneseôs exichniasô*. Le vb. *exichniazein*, propre à la *LXX (Jb.* et *Si.)* qui le préfère à *exichneuein*, rappelle en particulier *Si.* I, 3 ; XXIV, 28 ou *Jb.* XXVIII, 27, où le compl. est la Sagesse ; il signifie proprement « rechercher les traces, suivre à la piste, traquer » puis « poursuivre ses investigations, rechercher, scruter ». L'expression *ap' archès geneseôs* ne peut s'appliquer à la génération ou à la naissance de Salomon (*Cant.* et quelques critiques cités par *Gri.*, puis BOIS, p. 389, mais pas nécessairement *Lat. : ab initio nativitatis*). Mais se rapporte-t-elle à l'origine de la Sagesse (cf. *Ar.* « à partir du commencement de son existence ») ou aux origines du monde (cf. *Arm.* « dès le début des créatures » ; *Shex.* « dès le commencement de la création » ; ou *Syr.* « de ce qui était avant les créatures ») ? La première opinion (préférée en particulier par *Corn., Hein., Gir., Duesb., Mar.,* OSTY, *Guil.*) est justifiée de la sorte : le parallélisme avec *mustèria* (concernant la Sagesse) et *gnôsin autès* (22 d) invite à sous-entendre *autès* ; l'auteur a déclaré précédemment (22 a) qu'il traiterait de l'origine *(pôs egeneto)* de la Sagesse et il montre plus loin comment elle procède de Dieu ou se situe en Dieu (VII, 25-26 ; VIII, 3-4) ; enfin *(Corn.)*, à l'imitation de *Jb.* XXVIII, 12-28, il doit vouloir remonter aux origines mystérieuses de la Sagesse avant la création du monde ; du reste, si celle-ci était visée, on attendrait *ap' archès ktiseôs* (cf. *Mc.* X, 6 ; XIII, 19 ; *2 P.* III, 4). La seconde opinion (adoptée entre autres par *RV, Gri., Dea., Goodr., Feldm., Web., Ficht., Reid., Fisch., Cramp., RSV)* fait valoir : *autès* devrait être explicite si l'expression renvoyait à la Sagesse ; *genesis* peut désigner la « création du monde » d'après *Gn.* II, 4 *LXX* et *archè* le « commencement » de celle-ci d'après *Gn.* I, 1 ou *Pr.* VIII, 22-23 ; enfin l'auteur tiendrait son propos soit en VIII, 4 et IX, 1-2, 9, soit plutôt en X, 1ss.

La première interprétation nous semble préférable. Certes,

l'emploi absolu de *genesis* pour signifier l'origine du monde reste possible, soit sous l'influence des textes grecs où le terme désigne « le Devenir » (cf. *Plat., Tim.*), soit en supposant qu'il était devenu un terme reçu (la « genèse ») dans le judaïsme hellénisé sous l'influence de la *LXX* (*Gn.* II, 4). Cependant, on attendrait normalement un déterminatif (cf. *Corn.*) et, si celui-ci doit être suppléé d'après le contexte, l'application du terme à la Sagesse est tout indiquée. Par ailleurs, l'auteur parle d'une « investigation » qui va s'efforcer de remonter le plus haut possible, « depuis le début de l'origine » : or son attention ne se fixe pas sur la création du monde et sur l'antériorité de la Sagesse (comme en *Pr.* VIII, 22-31), mais sur l'origine même et sur la nature transcendante de celle-ci (ch. VII-IX) ; quant à l' « investigation » du ch. X, elle se limite à déterminer le rôle de la Sagesse dans une histoire de salut concernant l'humanité. Ajoutons que *genesis* garde partout en *Sag.* le sens de « génération active » (cf. I, 14 b), mais peut se traduire selon les cas par « naissance, origine » ou « existence » (cf. VII, 5).

22 d. La formule *tithenai eis to emphanes*, qui combine plusieurs tournures grecques, n'est pas attestée ailleurs, mais trouve des analogies chez *Phil.* (*eis toumphanes agein Somn.* I, 76 ; *Spec.* III, 121 ou *epideiknusthai Spec.* III, 152). Elle est certainement emphatique : non seulement « manifester » ou « rendre manifeste », mais « présenter au grand jour, mettre en pleine lumière ». Le compl. *tèn gnôsin autès* peut signifier soit la connaissance que j'en ai eue, soit plutôt la connaissance de sa réalité, de sa nature ou des vérités qui la concernent. Et *gnôsis* (cf. II, 13 ; VII, 17) évoque ici une connaissance particulière qui pénètre dans le mystère divin, une sorte de gnose. Mais, par une contradiction dans les termes, une contradiction voulue et significative, cette gnose est exposée au grand jour et proposée à tous.

22 e. Salomon entend dire toute la vérité, *kai ou mè parodeusô tèn alètheian.* Le vb. (cf. I, 8 ; II, 7 ; V, 14 ; X, 8), à cause du compl., peut prendre le sens métaphorique d' « omettre, négliger, taire », mais la présence de *sunodeuein* au v. suivant invite à retenir la notion étymologique : « passer le long de, à côté de » ; *ou mè,* suivi du subj., est une négation énergique (« il n'y a pas à craindre que ») qu'on peut rendre par « certes ». L'expression a quelque chose d'étrange et trahit une certaine recherche (cf. *infra*).

23 a. Les habitudes littéraires de l'auteur nous sont trop peu connues pour décider nettement entre les var. *oute mèn* (la plupart des *mss*), *oude mèn* et *oude mè. Gri.* adopte même *oute mè* (leç. d'un *ms.* collationné par Thilo), parce que *oute mèn* ne peut être suivi du subj. Cependant, on peut garder la leç. commune des *mss* (adoptée par *Fri., Dea., Ra., Zie.*) : l'auteur a dû vouloir rattacher étroitement 23 a à 22 e par *oute* (l'idée exprimée est complémentaire), mais il a choisi une construction différente, *mèn* ponctuant l'affir-mation et le fut. *(sunodeusô)* remplaçant le subj. Le vb. *sunodeuein,* récent dans l'usage gr. (dans la Bible, *Tb.* V, 17 S ; *Ac.* IX, 7 ; puis *Flav. Jos., Ant.* I, 226 ; *Plut.,* etc.), signifie « faire route, cheminer avec », mais se trouve employé métaphoriquement dans *Poim.* 28 *(C.H.,* I, p. 17 *hoi sunodeusantes tèi planèi)* et usité par les astro-logues comme un terme technique (« être en conjonction avec », cf. *Lidd.-Sc.* II) correspondant à *parodeuein* (cf. *comm.* sur I, 8 b). C'est sans doute en se souvenant de cette correspondance que l'auteur a voulu rehausser le ton de son discours par des termes savants, mais sans retenir pour autant leur sens technique. A cause du parallélisme avec *alètheia,* le compl. du vb. doit être *phthonôi* (cf. *Lat., cum invidia tabescente,* et la presque unanimité des cri-tiques) plutôt que *tetèkoti (Mar.).* Ce part. parfait a normalement un sens intr. (cf. *Lidd.-Sc.* II) : « l'envie qui se consume, se ronge elle-même ». Par hypallage, l'auteur attribue à l'envie personnifiée l'état de celui qui « se consume d'envie » *(= tôi tetèkoti phthonôi).* L'expression ne se rencontre pas telle quelle dans les textes grecs qui, cependant, comparent très souvent l'envie à une maladie consu-mante (cf. ceux recueillis par *Stob., Anth.* III, HENSE, pp. 709-713), et le célèbre portrait de l'Envie chez OVIDE, *Met.* II, 760-782). *Cant.* fait remarquer que ce vice, à la différence de tous les autres, n'est que passivité *(phthonos de to paschein echei monon kai tèkein ton kektèmenon).*

23 b.   Parce que l'auteur justifie *(hoti)* l'affirmation précédente, *houtos* renvoie à *phthonos* et veut signifier une incompatibilité absolue entre l'envie et la sagesse *(Lat.* a dû traduire par *quoniam ista ;* la leç. *talis homo* apparaît une correction postérieure, cf. *Bi. Sa.).* Le fut. *koinônèsei,* mieux attesté que le prés. *koinônei* (cf. *Zie.),* a valeur d'un fut. gnomique ou insiste (avec la nég.) sur l'idée d'impossibilité (« ne peut... »). Si le vb. signifiait ici « avoir part à, participer à », il serait suivi normalement du gén. (quelques ex. au dat. sont cités par *WBNT,* 1 b) et il supposerait une interprétation individuelle de *houtos.* Certains de ses emplois avec le dat. convien-nent mieux : « avoir des relations, des rapports ou des traits communs avec » (cf. *Lidd.-Sc.* I, 3) ; aussi l'on traduit par « n'avoir rien en commun avec ». Dans ce v., *phthonos* désigne donc l'envie qui est jalouse de garder pour elle un bien propre et craint de subir un détriment en le mettant à la portée des autres. Déjà *Plat.* *(Phedr.* 247 A) excluait l'envie de l'assemblée des dieux : ils ne se jalousent pas mutuellement. Cependant le texte rejoint plutôt (cf. WOLFSON, *Philo* I, p. 25, n. 149) un passage d'ARISTOTE *(Met.* 983 ᵃ 2-3) estimant impossible que la divinité, par jalousie, se soit réservée la possession exclusive de la sagesse. Il rappelle aussi l'épithète *koinônikos* (« sociable ») appliquée par les Stoïciens au sage *(Dio. Lae.* VII, 123). Mais les parallèles les plus directs se rencontrent chez *Phil. :* l'envie, répète-t-il à l'adresse des faux maîtres, des

sophistes ou des mystagogues, est incompatible avec la sagesse (cf. en particulier *Prob.* 13 *theiotaton de kai koinônikôtaton sophia ; Virt.* 223 ; *Post.* 150-151 ; *Spec.* I, 320).

24 *a*. Il y a une opposition tacite (*de* adversatif) entre l'idée d'une sagesse gardée jalousement par quelques privilégiés et celle d'une sagesse désireuse d'avoir de nombreux disciples à travers le monde. En liaison avec le v. 23, *plèthos sophôn*, « une multitude de sages », signifie équivalemment : « la multiplication des sages, si les sages se multiplient ». *Kosmos* désigne ici non pas l'univers (VII, 17 ; IX, 9 ; XI, 17, 22) ou le monde terrestre (II, 24 ; IX, 3 ; XIV, 14), mais le monde des hommes, l'humanité (cf. aussi X, 1 ; XIV, 6 et *TWNT* III, p. 881). Ce sens, préparé par l'une des définitions stoïciennes (*to ek theôn kai anthrôpôn sustèma*, Stob., *Anth.* I, 184), apparaît dans l'usage vers la fin du Iᵉʳ s. avant notre ère (*OGI*, 458, 40 ; cf. *TWNT* II, p. 879 ; *Phil. ap. Eus., Praep. ev.* VIII, 14, 58). On le rencontre ensuite dans le titre de « sauveur ou de maître du monde » décerné de plus en plus aux empereurs romains (cf. *infra*), puis dans le *N.T.* (cf. *TWNT* III, pp. 890-891), *Or. Sib.* (I, 189 ; IV, 184), *4 M.* (XVII, 14), etc. Le mot *sôtèria* (cf. V, 2 et l'adj. en I, 14) a certainement ici une portée terrestre et concerne la condition présente de l'humanité. Il signifie fondamentalement la « délivrance » d'un mal quelconque, dans la *LXX* comme dans l'usage profane (pour des applications diverses, cf. Festugière, *Idéal*, pp. 74, n. 2 ; 109 et n. 4 ; 133). Cependant, il se charge souvent d'un contenu plus positif (pour la *LXX*, cf. *comm.* sur V, 2) et il inclut plusieurs biens à la fois (prospérité, bien-être, fécondité, etc. ; cf. par ex. la prière publique pour la *sôtèria* de la cité dans *SIG* ³, 589, 27-31). Comme on apprécie de plus en plus le bien de la paix, condition de tous les autres, c'est en fonction de celui-ci que le titre de « sauveurs » sera décerné aux souverains et concernera même l'humanité tout entière. L'empereur romain sera appelé *sôtèr tou kosmou*, un titre décerné d'abord et progressivement, semble-t-il, à César Auguste : les villes d'Asie (vers l'an 29 av. J.-C. ?) le saluent comme le *sôtèr tou koinou tôn anthrôpôn genous* (cf. Bouché-Leclercq, *Histoire des Lagides*, II, p. 358, n. 1) ; une autre inscription, de Myre en Lycie, l'appelle *ton euergetèn kai sôtèra tou sumpantos kosmou* (cf. Petersen-Luschan, *Reisen in Lykien*, Vienna, 1889, II, p. 43). Notre texte pourrait réagir contre une telle appellation : sans la sagesse, les souverains sont incapables d'assurer la vraie paix et le bonheur des hommes. Cependant, *sôtèria* y signifie avant tout la délivrance d'un mal. L'auteur, en effet, estime critique la condition présente de l'humanité : la destinée des peuples est livrée à l'arbitraire de quelques maîtres souverains (cf. 1-2), les fondements mêmes de l'ordre familial et social sont ébranlés (XIV, 24-31) et le monde actuel est menacé d'une purification radicale du mal (V, 17-23). Il s'agit donc, en définitive, de « salut du monde ».

Pour assurer celui-ci, il faudrait que les sages se multiplient.

L'auteur pense en fait à la propagation d'une doctrine qui doit comprendre les vérités fondamentales de la révélation israélite, avec leurs prolongements directs en climat sapiential hellénisé. L'acceptation de la « lumière » apportée par la Loi est supposée (cf. XVIII, 4), mais dans un contexte plus ouvert aux valeurs accessibles à toute âme droite et sincère. S'ensuit-il que le texte envisage l'établissement progressif du règne de Dieu par le seul rayonnement des doctrines de sagesse en reléguant dans l'ombre les aperçus eschatologiques et prophétiques de la section précédente ? Certains critiques soulignent l'opposition et parlent même d' « antinomie » *(Gri.)* ou de « contradiction » *(Goodr.).* L'auteur adopterait alors des vues analogues à celles de *Phil.* (cf. Lagrange, *Judaïsme*, pp. 571-575) ou subirait l'influence des théories grecques sur le rôle salutaire exercé par les sages ou les philosophes dans le gouvernement des États, l'éducation morale des peuples et des individus (cf. *Plat., Rep.* 473 D ; 500 E ; *Phil., Qu. Gn.* III, 44 : « le sage est le fondement et le ferme soutien des nations et de l'humanité... le sauveur des peuples et leur intercesseur auprès de Dieu » ; cf. aussi *Spec.* II, 48 esquissant le tableau d'une humanité idéale, composée uniquement de sages). Pourtant, on ne peut oublier la portée précise du texte et négliger aussi aisément son contexte. Le mot *sôtèria*, nous l'avons vu, signifie directement la délivrance de maux menaçants ou présents et cette délivrance ne s'identifie pas nécessairement avec la réalisation plénière et définitive du règne de Dieu sur l'humanité. A l'exemple des prophètes, l'auteur envisage le présent et réclame une conversion sincère (à la Sagesse), dans la conviction que le cours actuel des choses en serait modifié et que l'histoire terrestre pourrait devenir une sorte de préparation homogène au règne final de Dieu (cf. III, 8) ou au royaume spirituel de l'au-delà (cf. v. 21 b). Cependant, il ne peut s'abandonner à une confiance excessive, ni pour le présent car le mal est profondément enraciné et il sera difficile d'échapper aux rigueurs de l' « enquête » dans l'au-delà (vv. 3 c, 5-8, 10 b), ni pour l'avenir car l'Écriture parle d'un grand Jugement qui modifiera (ou arrêtera ?) le cours de l'histoire, mettra fin au règne du péché favorisé par les royautés terrestres (cf. V, 23 d) et inaugurera la royauté des « saints » (cf. V, 16). Or l'exhortation aux souverains reste inscrite sur cet arrière-plan. A ce point de vue et dans l'hypothèse d'une conversion générale des princes, ceux-ci et leurs sujets pourraient échapper aux rigueurs de ce Jugement final de Dieu. Mais, répétons-le, l'expression « salut du monde » a une portée actuelle et concerne la délivrance des maux qui ravagent présentement l'humanité ou la menacent. Si elle insiste sur l'influence salutaire des doctrines de sagesse, elle n'exclut pas les interventions futures de Dieu dans l'histoire pour établir son règne (cf. aussi XIV, 11).

24 b. En imitant le style gnomique, l'auteur applique à chaque roi l'affirmation précédente et il se maintient sur le même plan. L'adj. *phronimos*, fréquent en *Pr.* et *Si.*, mais employé seulement

ici en *Sag.*, reprend *sophos* et désigne un roi « prudent, sensé, avisé ». L'attribut *eustatheia dèmou* exprime en réalité une relation causale ; le subst. *eustatheia (hellén.)*, « stabilité, fermeté, tranquillité », caractérise souvent la condition paisible et prospère d'une cité ou d'un pays, car le bon ordre y règne, on y jouit d'une paix solide et durable ; or ce sont là les conditions essentielles de la prospérité et du bien-être (dans la *LXX*, cf. *Est.* III, 13 ; *2 M.* XIV, 6 ; cf. aussi *Phil.*, *Jos.* 57 ; *Somn.* II, 166 et *Lidd.-Sc.* 1). Un « roi sensé » assure donc à son peuple soit une paix durable, soit la prospérité ou le bien-être. Une relation causale analogue était déjà affirmée par *Pr.* XXIX, 4 ; *Si.* X, 1-3.

25. Au début de la phrase, *hôste* consécutif joue le rôle de particule de liaison (cf. *Lidd.-Sc.* II, 2), mais conclut avec plus de force : « aussi, par conséquent, c'est pourquoi ». Ce n'est pas la simple conséquence de 24 b, mais plutôt une conclusion d'ensemble, car l'attention a été ramenée sur les rois par l'intermédiaire de *basileus* (24 b) et ils sont interpellés pour la dernière fois. L'auteur renvoie donc aux considérations développées successivement à l'adresse des souverains. Ils sont exhortés de nouveau à « se laisser instruire par les paroles » de Salomon, *paideuesthe* (cf. v. 11) *tois rhèmasin mou*, avec l'assurance « qu'ils y trouveront profit », *kai ôphelèthèsesthe*. Leur docilité à écouter les paroles du Sage par excellence et à se mettre à l'école de la Sagesse leur procurera d'abord des avantages personnels : ils seront sans reproche devant le tribunal de Dieu (3-10) et ils régneront éternellement (21). Ils auront ensuite la satisfaction de régner sur un peuple pacifié ou prospère et de contribuer, pour leur part, au « salut du monde ».

CHAPITRE VII

Condition purement humaine de Salomon

1. *Assurément je suis moi aussi un homme mortel égal à tous*
   et descendant du premier qui fut modelé de terre ;
   dans le ventre d'une mère j'ai été ciselé en un être de chair
2. *durant dix mois, ayant pris consistance dans le sang*
   à partir d'une semence d'homme et du plaisir accompagnant le
   sommeil.
3. *Et moi aussi, sitôt né, j'ai aspiré l'air qui nous est commun*
   et je suis tombé sur la terre où l'on souffre pareillement,
   car mon premier cri fut semblable à celui de tous, des pleurs
   également.
4. *J'ai été élevé dans les langes, au milieu des soucis.*
5. *Aucun roi, en effet, n'a eu un autre début d'existence.*
6. *Et il n'y a pour tous qu'une façon d'entrer dans la vie et pareille*
   façon d'en sortir.

1 a. Avec *eimi men kagô*, « je suis moi aussi », Salomon met
en relief son propre moi pour affirmer avec force qu'il partage
entièrement la condition de tous les hommes. Cette protestation
d'humilité a pour but immédiat de préparer l'affirmation du v. 7 :
c'est à la suite d'une prière qu'il est devenu maître en sagesse (mais
d'autres raisons expliquent l'insistance du texte, cf. *comm.* sur v. 6).
Le *men* du début appellerait donc un *de* corrélatif au v. 7 : la
longueur du développement intercalaire explique sans doute l'omission ou l'oubli de cette particule (remplacée par *dia touto*). Les
deux mots *thnètos anthrôpos*, « un homme mortel », vont ensemble
(*Gre.* les dissocie à tort) et le second (omis accidentellement ou jugé
superflu par B * S) contribue à faire porter l'accent non sur la
condition mortelle de Salomon, mais sur sa condition strictement
humaine (par opposition aux êtres divins ou semi-divins). Comme
l'adj. *isos* signifie habituellement non une simple ressemblance (cf.
Lat. : similis omnibus), mais une égalité rigoureuse (qualitative,
numérique, proportionnelle, etc.), *isos hapasin*, « égal à tous », désigne
ici l'égalité foncière de condition ou l'identité de nature avec tous
les autres hommes.

1 b. Cette égalité est signifiée encore par le rattachement à l'ancêtre commun de l'humanité, avec la même bassesse d'extraction originelle. Le mot *apogonos*, « né ou issu de ; descendant », ne renvoie pas nécessairement à une descendance immédiate (dans la *LXX*, cf. *2 S.* XXI, 11 ; *1 Ch.* XX, 6 ; *Jdt.* V, 6) et peut être glosé, en raison du contexte et du rattachement par *kai :* « et descendant, au même titre... ». Il a pour compl. *gegènous prôtoplastou*. Le subst. *prôtoplastos* *, ignoré de la *LXX* et du *N.T.*, et attesté seulement dans des écrits juifs postérieurs à *Sag.* (*Phil.*, *Qu. Ex.* II, 46, MARCUS, p. 251 ; *Test. Sal.* D I, 2, McCOWN, p. 88 * ; *Or. Sib.* I, 285), puis dans la littérature patristique (cf. LAMPE, *A patristic greek Lexikon*), peut avoir été forgé par l'auteur lui-même ; il signifie « le premier formé, celui qui fut façonné ou pétri en premier », en référence à *Gn.* II, 7 *LXX (kai eplasen)* et à son contexte. On rapprochera *1 Tm.* II, 13 *(prôtos eplasthè)* ou l'opposition philonienne entre « l'homme selon l'image » et le *plastos anthrôpos, to peplasmenon ek gès* (*Leg.* I, 54-55, 90 ; II, 4 ; etc.). L'adj. *gegènès*, sans relief particulier dans la *LXX* (cf. *Jr.* XXXIX, 20 ; *Pr.* II, 18 ; IX, 18), à l'exception de *Ps.* XLVIII, 3 *(hoi te gegèneis / hoi huioi tôn anthrôpôn)*, se rencontre assez souvent dans l'usage gr., en particulier dans les allusions au mythe des premiers hommes sortis de terre (*Hdt.* VIII, 55 ; *Esch.*, *Suppl.* 250 ; *Plat.*, *Pol.* 269 B) ou à celui des Titans issus de Gaia (cf. *Lidd.-Sc.* II). Parfois, il a le sens atténué de « terrestre, apparenté à la terre ou en affinité avec elle », par opposition à l'esprit qui est divin (cf. *Plat.*, *Leg.* 727). Comme le terme apparaît souvent chez *Phil.* (cf. *Index* LEISEGANG), surtout à propos du premier homme formé par Dieu (cf. *Op.* 69, 136 ; *Leg.* I, 33 ; *Abr.* 12, 56 ; *Virt.* 199, 203), les Juifs hellénisés semblent l'avoir repris volontiers pour montrer aux Grecs que le récit de *Gn.* II, 7 lui donnait son vrai sens. Sa présence dans notre texte provient sans doute d'une préoccupation semblable. En tout cas, il y signifie « né ou issu de la terre » et il complète *prôtoplastos :* « descendant du Premier qui fut modelé de terre ».

1 c. Au rappel d'une même extraction originelle succède celui d'une même formation immédiate « dans le ventre d'une mère », *en koiliai mètros*. Exceptionnel dans l'usage gr. pour désigner le sein maternel (cf. *Lidd.-Sc.* II, 4) et employé le plus souvent en un sens réaliste ou vulgaire (« ventre, abdomen, panse ; intestins »), *koilia* peut avoir été préféré pour cette raison ; toutefois il est assez fréquent dans la *LXX* (= *bètèn*, *Jg.* XVI, 17 ; *Jb.* I, 21 ; ou *rèhèm*, *Jb.* III, 11 ; X, 18). *Egluphèn*, aor. 2 passif de *gluphein* « tailler, graver, ciseler, sculpter » (cf. aussi XIII, 13), compare la formation de l'embryon à l'action exercée par un sculpteur sur un bloc de matière informe, avec cette différence que la matière est donnée progressivement et que le ciselage est simultané. D'autres textes préfèrent la comparaison du « tissage » (*Jb.* X, 11 ; *Ps.* CXXXVIII, 13)

et voient Dieu directement à l'œuvre. Cette action de Dieu n'est pas exclue ici ; elle semble même supposée par l'image du ciselage. Le nominatif *sarx* a valeur de prédicat (en sous-entendant *kai egenomèn* ou *hôste genesthai*) et, dans la tournure active correspondante, l'acc. marquerait le résultat. On interprétera donc : « j'ai été ciselé en un être de chair » ou « jusqu'à devenir chair », le mot « chair » résumant tout ce qui concourt à la formation et au développement progressif du foetus, avec une complexité analogue à celle du mot hébr. *bâsâr*. Le silence au sujet de l'âme s'explique par la préoccupation immédiate du texte : Salomon résume ce qu'il a en commun avec les autres hommes ; il n'a pas à faire état des différences possibles entre telle ou telle âme (cf. VIII, 19 b) ou à préciser le moment de l'union de l'âme au corps. Mais on en conclurait plutôt qu'écartant le traducianisme ou l'idée d'une formation parallèle de l'âme, il suppose la création immédiate de celle-ci par Dieu (en accord avec la conception israélite commune). — Les vv. 1 c - 2 a sont cités par Photius (*PG*, CIV, 252) au milieu de considérations (grecques) sur la formation de l'embryon. *Cant.* se montre plus précis et commente ainsi 1 c : τὴν διάπλασιν ἡμῶν καθ' ἕκαστον ὑποτίθεται ... τὸ γὰρ σπέρμα εἰσελθὸν ἐν τῇ νηδύι καὶ μὴ ἠρεμοῦν ἐπισπᾶται τῇ κινήσει πνεῦμα · τὸ δὲ πνεῦμα διαθέρμαινον αὐτό, τὴν κατὰ τοὺς ὄγκους ἐνίησι διάστασιν · διιστάμενον δὲ εἰδωλοποιεῖται, καὶ οἱονεί τινα γλυφὴν πρὸς ὅπερ ἡ φύσις αὐτῷ πέφυκε λαμβάνει, σὰρξ ἀποτελεσθέν.

2 a.   Le compl. circonstanciel *dekamèniaiôi* * *chronôi* marque la durée « durant dix mois » (*en* est souvent omis en poésie) et la forme de l'adj. (habituellement *dekamènos*) se rencontre ailleurs (dans l'arétologie d'Isis de Kymé, l. 18 *egô gunaiki dekamèniaion brephos eis phôs exenegkein etaxa* ; chez *Plut.*, *Num.* 12 ; *Alex. Aphr.*, *Pr.* I, 40). Se rattache-t-il étroitement à 1 c en indiquant le temps requis pour le « ciselage » du foetus (cf. *AV* et *RV*, *Gri.*, *Siegf.*, *Corn.*, *Hein.*, *Duesb.*, *Web.*, *Fisch.*), ou bien se rapporte-t-il à ce qui suit, c.-à-d. *pageis en haimati* (cf. *Reu.*, *Ficht.*, *Cramp.*, *Mar.*, Osty, *Guil.*) ? Le choix dépend du sens donné à cette expression. En effet, elle peut renvoyer au processus de la conception et signifier « fixé, durci, coagulé dans le sang » : l'auteur rejoindrait alors une explication supposée par *Jb.* X, 10 et développée par divers écrits grecs, selon laquelle le sperme agit comme un ferment qui coagule le sang féminin (cf. par ex. *Arist.*, *Gen. an.* 739 [b] 20-31 ou *Hésych.* : *haima · to katamènion haima tèi katabolèi tès gonès pagen kai sarx genomenon*). Mais on peut l'entendre aussi en ce sens que l'embryon, alimenté continuellement par le sang maternel, « prend consistance » et devient chair (cf. *Hipp.*, *nat. puer.* XIV, Littré VII, 492 *kationtos tou haimatos apo tès mètros kai pègnumenou, sarx ginetai*). Les raisons suivantes recommandent la première interprétation : *en haimati* a normalement un sens local (cf. *Gri.*), tandis qu'on attendrait *ek haimatos* dans le second cas ; à cause du compl. *ek spermatos...* (2 b) qui en dépend directement, *pageis* tend à désigner un processus

initial. Néanmoins, comme 2 a constitue un stique bien équilibré
(= Swe., Ra., Zie.) et qu'il n'y a pas lieu (avec Fri.) de distribuer
autrement les éléments du v. 2, l'expression *pageis en haimati* peut
être ambivalente et embrasser à la fois la conception et le développement progressif de l'embryon. De toute façon, l'auteur s'inspire
d'opinions grecques courantes (surtout au sujet de la causalité matérielle du sang féminin, cf. *Phil., Op.* 132 ; DIELS, *Dox.*[3], pp. 418-419 ;
PLINE, *H.N.* VII, 15), mais en se rapprochant plutôt d'Aristote que
du Portique. *Cant.* souligne bien cet arrière-plan grec, mais en faisant
intervenir des théories stoïciennes (comme *Phil., Op.* 67) ; d'autre
part, il se rallie à la première opinion dans sa conclusion, en
déclarant que le texte suit un ordre inverse : πρῶτον γὰρ τὸ σπέρμα,
εἶτα τὸ εἰς αἷμα τοῦτο παγῆναι, μεθ' ὃ τὸ εἰς σάρκα γλυφῆναι ἐν
δεκαμηνιαίῳ χρόνῳ.

En fixant à dix mois le temps de la gestation, l'auteur s'écarte
de *2 M.* VII, 27 (neuf mois) et de *Phil.* (pas plus de huit mois, cf.
Op. 124 ; *Leg.* I, 9), mais suit une opinion assez répandue. Aux citations d'auteurs grecs et latins reproduites par *Gri.*, on ajoutera les
précisions fournies par les traités hippocratiques : « La meilleure
condition de viabilité est la naissance... au bout de sept quarantaines,
ce qui est dit naître à dix mois » (*ta dekamèna kaleomena, Septim.*
VII ; LITTRÉ, VII, p. 446) ; « les foetus de dix mois sont mis au
monde de préférence au bout de sept quarantaines de jours » (*Oct.*
VIII ; LITTRÉ, VII, p. 453). Dans les barèmes dressés par les astro-
logues (cf. A. BOUCHÉ-LECLERCQ, *L'Astrologie grecque*, ch. XII, surtout
p. 380), la cote pour les *dekamèniaioi* allait de 288 à 258 jours, selon
qu'on avait recours « aux mois calendaires de 30 jours, aux mois
lunaires de 29 jours et demi (révolution synodique) ou de 28 jours
(révolution anomalistique) ». Il faut donc tenir compte et de l'habitude de compter comme entier le dixième mois commencé et de la
référence possible à des mois lunaires. *Mal.* allègue précisément ces
deux façons de justifier le texte. Enfin, celui-ci peut attester une
influence égyptienne : F. JONCKHEERE (dans *Chr. Eg.*, XXX, 59,
janv. 1955, pp. 34-35) a attiré l'attention sur une inscription d'un
sarcophage de l'époque romaine : « ta mère t'a enfanté jusqu'au
premier jour du dixième mois » ; S. SAUNERON (dans *BIFAO*, LVIII,
1959, pp. 33-34), sur deux textes de l'époque de Trajan, où la mention
d'une gestation de dix mois (« pendant dix mois ») est plus nette
encore. En rapprochant l'arétalogie d'Isis (cf. *supra*) — et p.-ê. aussi
4 M. XVI, 7 —, on en conclut que les Égyptiens, du moins à la
basse époque, estimaient à dix mois le temps de la grossesse ; et
ces mois égyptiens « avaient une durée uniforme de 30 jours »
(JONCKHEERE, *ibid.*, p. 44, n. 5).

2 b. Le premier membre, « à partir d'une semence d'homme »,
ek spermatos andros, n'offre pas de difficulté, mais plutôt le second,
kai hèdonès hupnôi sunelthousès. Ce doit être le texte primitif, car
la var. *hupnou* (S V, divers *min.*, Lat., Syr., Ar.) rend *sunelthousès*

inexplicable, tandis que l'introduction de *gunaikos (Sah.* et *Or. ;* cf. *Feldm. Mat.,* p. 56 et *Zie.)* s'explique sans peine mais est inutile (le rôle de la femme a été évoqué par *haima* en 2 a). Le problème reste celui de la portée précise du texte reçu et de sa construction grammaticale. Dans ce contexte, *hèdonè* signifie certainement le plaisir lié à l'union sexuelle (cf. *Phil., Op.* 161 : « par lui se réalisent la fécondation et la procréation ») et *hupnos* désigne cette union par euphémisme (cf. IV, 6). Mais divers critiques coordonnent *hèdonès* à *spermatos* (cf. *Gri., Dea., Siegf., Goodr., Schü.,* pp. 21-22, *Ficht.,* etc.) et relèvent même l'intention d'attribuer au « plaisir » un rôle efficace dans la conception (cf. en particulier *Ficht.*) ; d'autres (cf. *Gutb., Corn., Hein., Feldm., Web., Fisch.*) traitent plus ou moins nettement la propos. participiale comme un gén. absolu, donnent à *kai* une valeur adverbiale (« et même, bien plus ; aussi ») et voient le texte insister sur le caractère humiliant, voire même honteux, de la délectation sexuelle (cf. surtout *Corn.*). A notre avis, *kai* est copulatif et les gén. suivants dépendent de *ek.* Mais en faisant passer le « plaisir » au premier plan au lieu de mentionner directement le « sommeil », l'auteur a cédé d'abord au désir d'insérer ici une notice scientifique. Nous voyons, en effet, les écrits médicaux ou naturalistes accorder une importance particulière à l'*hèdonè* dans la procréation. Ainsi ARISTOTE *(gen. an.)* qui mentionne évidemment le plaisir préludant à l'émission du sperme (728 ª 9-11), envisage, dans le cas de la femme, la possibilité pour celle-ci de concevoir sans avoir éprouvé de plaisir (727 ᵇ 7-9 ; 739 ª 28-31), mais ajoute que cette sensation et la modification organique qu'elle provoque facilitent singulièrement l'efficacité de l'acte conjugal (739 ª 31-35) ; le traité ps. hippocr. *de generatione,* puis GALLIEN, s'exprimeront avec moins de nuances et feront de l'*hèdonè* un facteur normal de la fécondité des rapports sexuels. Du reste, le mot est déterminé ici par *hupnôi sunelthousès* pour caractériser non pas la volupté charnelle comme telle, mais le plaisir qui « a accompagné » ou « s'est produit en même temps que » l'union conjugale et a rendu celle-ci féconde. Assurément, le contexte confère à ce dernier trait (d'une progression inverse) une certaine note péjorative. Mais cette qualification péjorative indirecte n'équivaut pas à un jugement moral et ne peut être rapprochée sans plus de *Ps.* L, 7 ou *Jb.* XIV, 4 : l'auteur se maintient sur un plan de nature pour souligner l'origine vile et obscure de tout homme, fût-il le grand roi Salomon.

3 a. *Kai egô de* reprend *kagô* de 1 a, mais *de* marque la transition à un autre point de vue : l'auteur envisage maintenant la naissance ou plutôt, avec *genomenos,* ce qui a suivi celle-ci : « une fois né, aussitôt né ». Le vb. *espasa* (« tirer, attirer », parfois « sucer ») prend le sens d' « aspirer » à cause du compl. *aera,* et l'adj. *koinon* semble bien renvoyer à un thème cynique, repris ensuite par la diatribe. Mais l'expression trouve un parallèle littéral dans un texte de MÉNANDRE, rapporté à la fois par *Plut. (Cons. Apoll.* V, 103 C-D)

et *Ps. Plut.* (*nobil.* XII) et concernant également l'enfant qui vient
de naître : εἰ δ' ἐπὶ τοῖς αὐτοῖς νόμοις / ἐφ' οἷσπερ ἡμεῖς, ἔσπασας
τὸν ἀέρα / τὸν κοινόν (d'autres textes parlent du même air aspiré
continuellement par chacun ; *Philod. ap. Stob., Anth.* III, p. 280
HENSE : *hôs anthrôpos ôn... ton auton aera heterois sunelkeis ;* cf.
aussi *Dio. Chrys., orat.* XII, 30-31, VON ARNIM I, p. 163, avec une idée
analogue à celle exprimée en 3 b : ἐπειδὰν ἐκπέσῃ τῆς γαστρός ... τὸ
βρέφος, δέχεται μὲν ἡ γῆ ... ὁ δὲ ἀὴρ εἰσπνεύσας).

3 b. L'emploi du vb. « tomber », *katepeson,* rappelle *Il.* XIX, 110
pesein meta possi gunaikos, « tomber entre les pieds de la femme »
(d'après le Scholiaste, un euphémisme pour désigner l'accouchement) ;
il s'éclaire aussi par la formule hebr. « laisser tomber, c.-à-d.
enfanter » (*nâphal hi.,* cf. *Is.* XXVI, 19) ou par les expressions lat.
matre cadens ou *tellure cadens* (cf. LEWIS and SHORT, *sub. v. cado,*
I, B 4). On renvoie de la sorte à un mode primitif d'accouchement :
la mère se tenait accroupie (ou assise « sur deux pierres » *Ex.* I, 16)
et, en l'absence de sage-femme, l'enfant « tombait » normalement
sur le sol. Le vb. a précisément pour compl. *epi tèn gèn.* Cependant
l'auteur ne renvoie pas nécessairement à cette pratique primitive.
Certains critiques (cf. *Corn., Hein.*) considèrent *katepeson* comme
un « aor. de tentative » (le nouveau-né serait tombé sur la terre, si
la sage-femme n'était intervenue, cf. *Corn., Hein.*) ; on peut se
contenter de donner à la formule un sens atténué : être déposé à
terre, prendre contact avec le sol. En tout cas, l'auteur a tenu à
mentionner l'élément « terre » après l'élément « air » et il a voulu
évoquer en même temps l'impuissance totale du nouveau-né. Mais
pourquoi a-t-il ajouté *homoiopathè* ** (cf. *Ac.* XIV, 15 ; *Jc.* V, 15),
enclavé entre l'art. et le subst. ? D'après l'étymologie et l'usage, cet
adj. signifierait normalement : « qui éprouve des passions semblables,
est affecté ou souffre pareillement ». Il s'agirait alors d'une solidarité
de passivité ou de souffrance entre le nouveau-né et la terre. Cette
interprétation, déjà adoptée par *Shex.* (« sur la terre semblablement
émue » et n. marginale : « il nomme ainsi la terre parce qu'elle a
part comme nous aux souffrances »), puis par *Cant.* (τὴν διόλου καὶ
καθόλου τὰ μόρια παθητὴν οὖσαν καὶ τρεπτήν, ἐν οἷς τὲ φύει καὶ ἐν οἷς
πάσχουσα δρᾷ, καὶ ἡμῖν διὰ τὴν ἐξ αὐτῆς ἡμῶν γέννησιν τὰ ὅμοια
παρυφίστασθαι παρασκευάζουσαν), est défendue encore par KUHN
(*Exeg.*, pp. 447-448), traduisant « auf die leidensverwandte Erde » et
insistant sur une même soumission au changement et à la corruption.
D'autres critiques retiennent l'idée d'une parenté de nature entre
la terre et l'homme (cf. *Lat. similiter factam,* AV et RV, *Dea., Goodr.,*
RSV) : dans l'usage, *homoiopathès* peut désigner « ce qui est de
même condition ou nature », parce que les réactions sont semblables
(cf. *Plat., Tim.* 54 C ; le vb. et le subst. correspondants chez *Strab.*
I, 1, 9 ou chez *Diod. Sic.* XIII, 24, 2 *hè koinè tès phuseôs homoiopa-
theia*) ; par conséquent, à sa naissance, l'homme entrerait en contact
avec cette terre à laquelle il reste apparenté par son corps « ter-

restre » (cf. 1 b et *geôdès* en IX, 15 ; XV, 13). Ces deux interprétations sont en soi possibles. Néanmoins, à cause de l'insistance du contexte sur la condition strictement humaine de Salomon, de nombreux critiques voient l'adj. signifier plutôt une relation étroite entre celui-ci et les autres hommes : ou bien on se contente de traduire comme s'il y avait *homoiôs (Syr.* « comme tous les hommes » ; *Bauerm.* « eodem modo quo alii nati sunt » ; *Mar.)* ou *homoian (Cramp.* « la même terre » ; *Guill.* « la même pour tous »), ou bien on développe diversement l'idée que la terre est affectée, touchée, foulée de la même manière par tous, les reçoit pareillement (cf. *Gri., Gutb., Gr., Corn., Hein.,* etc.). Enfin une autre interprétation est défendue encore par *Ficht.* : selon lui, *homoiopathè* désigne la terre « sur laquelle tous souffrent la pareille », c.-à-d. se trouvent dans les mêmes conditions ou font les mêmes expériences. Cette interprétation rend mieux compte, nous semble-t-il, de l'emploi d'un terme recherché et même technique. Assurément, l'adj. reçoit alors une acception originale : « où l'on souffre pareillement, semblable quant à la souffrance ». Mais le livre offre d'autres exemples d'un sens original donné à tel mot composé ou technique. En tout cas, cette hypothèse ménage la transition à l'idée exprimée au stique suivant.

3 c. Si le sens visé est clair, la formulation est compliquée. Elle commence par l'acc. *prôtèn phônèn* qui dépend de *klaiôn* (acc. de qualification avec vbs intr.) : « pleurant » en émettant comme « premier son ou cri ». Mais l'accent porte, à cause de la présence de l'art., sur le qualificatif *tèn homoian pasin,* « le même que tous ». Enfin *isa,* « également, pareillement » (dans la *LXX,* une particularité de *Jb.),* insiste sur la même notion. On traduira donc litt. : « comme premier son, le même que celui de tous, pleurant également ». Et cette propos. participiale se rattache étroitement à 3 b. Dans les *mss* gr., *isa* a été parfois supprimé ou modifié (cf. *Zie.),* mais seule la leç. *hèka* de *Compl.* (aor. de *hièmi,* signifiant souvent : « émettre, proférer des sons ») mérite de retenir l'attention car plusieurs *verss* peuvent y renvoyer : *Lat. (primam vocem... emisi plorans),* puis *Sah.* et *Eth.* (cf. *Feldm. Mat.,* p. 56), p.-ê. aussi *Ar.* Considérée jadis comme primitive par quelques critiques (cités par *Gri.)* et supposée par *AV,* elle est écartée cependant avec raison par les Modernes : *isa* reste la leç. difficile (car *hèka* fournit le vb. attendu) et cette leç. est attestée par la plupart des *mss* gr. (et par *Chrys. PG,* L, 97) ; quant aux *verss,* l'hypothèse d'une traduction libre, suppléant spontanément un vb. personnel d'après le sens, a plus ou moins de poids selon les cas. Comme parall. à ce v., *Dea.* allègue *Lucr.* V, 223 ss. Cf. aussi *Ps. Plat., Ax.* 366 D : « A son entrée dans la vie, l'enfant ne pleure-t-il pas *(ou kata men tèn prôtèn genesin to nèpion klaei)* et n'est-ce pas par le chagrin qu'il débute dans l'existence ? » (trad. Souilhé).

4. A cause du double compl. *en sparganois* (« langes »)... *kai phrontisin* (« soucis, inquiétudes »), *anetraphèn,* « j'ai été nourri,

élevé », est certainement la bonne leç. ; la var. *anestraphèn* (aor. 2 passif de *anastrephô*), attestée seulement par A et *Syr.* (« je fus enveloppé de langes avec soin »), est due sans doute au voisinage immédiat de *sparganois.* Par un zeugma expressif, Salomon résume donc sa toute première enfance : il a été élevé, comme les autres, « au milieu des langes et des soucis ». Le second subst. rappelle combien la vie d'un nourrisson, incapable de se faire comprendre, est fragile. Elle réclame une sollicitude et une inquiétude continuelles. Le discours de la nourrice d'Oreste, chez ESCHYLE (*Choeph.* 751-760), se présente comme un commentaire direct du v. 4 et l'auteur peut fort bien l'avoir connu (cf. en particulier 753-754 *to mè phronoun... trephein anagkè ;* 755 *ou gar ti phônei pais et' ôn en sparganois*). Cf. aussi *4 M.* XVI, 8 *hupemeina... chalepôteras phrontidas anatrophès.*

5. Une nuance existe entre « aucun roi » *oudeis basileus* (B S, etc., cf. *Zie.*) et « nul d'entre les rois » *oudeis basileôn* (A, divers *min., Cant., Mal.*) : la seconde leç., plus expressive, peut être primitive. Dans la suite du texte, l'accent porte sur *heteran*, « autre », placé avant le vb. *eschen.* Parce que l'auteur renvoie ici (avec *gar*) à l'ensemble des vv. 1-4, on s'accorde à traduire le compl. *archèn* par « commencement ». Pour la même raison, le dét. *geneseôs* ne doit pas désigner la conception ou la génération elles-mêmes. A la rigueur, on pourrait le traduire par « naissance » (cf. *Lat. nativitatis initium ; Shex., Ar.*) ou par « origine » en le traitant comme un gén. explicatif ou appositif : ce commencement qu'est la naissance (cf. *Gutb., Corn., Gre.*) ou l'origine *(Hein., Web.).* Cependant, comme il résume les phases successives du devenir humain jusqu'aux premiers débuts dans la vie, il est plus indiqué de le traduire par « existence » (cf. *Plat., Phedr.* 222 D *prôtèn genesin biôteuein*).

6. L'auteur reprend sous une autre forme, en l'étendant à tous les hommes (*de* signifie « du reste, d'ailleurs »), l'idée exprimée au v. 5 a : « une seule entrée de tous dans la vie, *mia pantôn eisodos eis ton bion* ». Puis par un enchaînement naturel, il associe étroitement la « sortie » de la vie (cf. III, 2) à cette « entrée » : *exodos te isè.* Cette « sortie » est « égale, subie également, pareille », et *te* souligne la relation étroite, naturelle, entre le premier et le dernier acte d'une vie humaine. Au lieu du compl. *eis ton bion*, divers témoins portent (cf. *Zie.*) ou supposent *(Syr., Sah., Arm., Ar.) eis ton kosmon*, sous l'influence de textes parallèles (*Sg.* II, 24 ; X, 8 ; XIV, 14 ; *Rm.* V, 12 ; *He.* X, 5 ; *Jn.* I, 9 ; etc.) ; en réalité, *bios* désigne ici l'existence humaine, les conditions de vie qui sont celles des hommes en général (cf. *Études*, ch. IV, p. 295).

Les vv. 3-6 sont repris librement et dirigés contre les riches par THÉODORET (*orat.* VI, *provid., PG*, LXXXIII, 657) qui retrouve ici un thème cher au Cynisme, à la diatribe ou à la prédication morale populaire. Mais d'autres raisons plus directes expliquent l'insistance du texte. Tout en voulant montrer explicitement que la sagesse de

Salomon fut obtenue par la seule prière (cf. v. 7), l'auteur semble
bien réagir contre des légendes ou croyances attribuant à une naissance surnaturelle la sagesse insigne de tel personnage du passé ou
faisant du roi un être d'exception, apparenté au divin. Dans le
premier cas, on songe surtout à Pythagore, considéré tour à tour
comme une incarnation d'Apollon (pythien ou hyperboréen), un
daimôn descendu de la lune ou un fils d'Hermès (cf. A. DELATTE,
Études sur la litt. pythagoricienne, Paris, 1915, pp. 279-280 ; cf. aussi
I. LÉVY, *La légende de Pythagore de Grèce en Palestine*, Paris, 1927,
pp. 3-15). On rappellera aussi l'idéalisation de Moïse par certains
Juifs syncrétistes (cf. *Études*, ch. II, p. 135, n. 6). Cependant, c'est
directement comme roi et non comme sage, que Salomon affirme
sa condition purement humaine. Or la tendance à situer le souverain
dans une sphère divine, attestée sous différentes formes dans l'Ancien
Orient (cf. H. FRANKFORT, *Kingship and the Gods*, Chicago, 1955),
s'épanouit surtout en Égypte (cf. A. MORET, *Du caractère religieux
de la royauté pharaonique*, Paris, 1902) où les rites en vigueur pour
la déification du souverain réclament à la fois la nativité et l'intronisation divines de celui-ci. Avec Alexandre, ces conceptions pénètrent en milieu grec : les monarques hellénisés se verront attribuer
une origine ou des prérogatives divines (cf. NILSSON, *Gesch.*,
pp. 128-175) et leurs successeurs romains subiront à leur tour la
même attraction (cf. NILSSON, *ibid.*, pp. 366-376). Dès lors, la réflexion
philosophique réagira contre de telles prétentions ou tentera certaines
mises au point. C'est le cas, par ex., dans les traités pythagoriciens
Sur la royauté. Ainsi un texte d'ECPHANTE (*Stob., Anth.* IV, p. 272),
cité par E. R. GOODENOUGH (*Philo's Politics*, p. 99), affirme que le roi
possède un corps issu de la même matière commune *(to men skanos
tois loipois homoios, hoia gegonôs ek tas autas hulas)*, mais persiste
à voir en lui un être d'exception (« ce qu'il y a de mieux dans la
nature commune »), façonné sur le modèle divin. Un fragment de
Phil. (MANGEY, II, 673) fait une mise au point analogue : par nature,
le roi est « égal à tout homme » *(isos tou pantos anthrôpou)*, il est
façonné de la même matière terrestre *(konei choikèi sumpeplèktai)* ;
par sa dignité et sa puissance, « il est semblable au Dieu suprême »,
une sorte de Dieu sur terre. Ce souci de ménager au maximum le
divin dans le roi est complètement absent de notre texte.

La Sagesse fut obtenue par une prière qui la préféra à tout

7. *Aussi ai-je prié et le discernement m'a été donné,
   j'ai invoqué et la Sagesse sous forme d'esprit est venue à moi.*

8. *Je l'ai préférée aux sceptres et aux trônes
   et j'ai tenu pour rien la richesse auprès d'elle ;*

9. *Je ne l'ai pas comparée à la pierre sans prix.
   C'est que tout l'or ensemble, en face d'elle, serait un peu de sable
   et l'argent serait estimé de la boue devant elle.*

10. *Plus que la santé et la beauté physique je l'ai aimée ;*
    j'ai même choisi de l'avoir de préférence à la lumière
    car son éclat n'a pas de déclin.

7. Au lieu de *de* correspondant à *men* du v. 1, l'auteur emploie
dia touto, « c'est pourquoi », et motive ainsi la prière de Salomon
par l'infirmité native de la condition humaine (d'autres raisons sont
alléguées en VIII, 21 et IX, 5-9). Le vb. *euxamèn* signifie ici non
pas « désirer, souhaiter » (cf. *Lat. : optavi*), mais « prier », adresser
une prière à Dieu, un sens courant dans l'usage profane (cf. *Lidd-Sc.*
passim) et biblique (= surtout *nâdâr*, puis *'âtar*) ; l'aor. renvoie à
une prière déterminée, celle rapportée par *1 R.* III, 5-9 (*2 Ch.* I, 8-10)
et que Dieu a exaucée (*1 R.* III, 11-12 ; V, 9). Le vb. parallèle *epeka-*
lesamèn, « invoquer », est synonyme dans l'usage, sans impliquer
(cf. *Corn.*) l'idée de « prier avec insistance, supplier » *(Cant. to*
suneches endeiknumenos tès pros theon autou epimonou deèseôs),
en contradiction du reste avec *1 R.* III, 5 ; son emploi absolu en
contexte religieux (cf. *Jb.* V, 1 ; *Ps.* IV, 2 ; *Rm.* X, 14 ; *Ac.* VII, 59)
se justifie par la fréquence des compl. *theon* ou *theous* dans l'usage
gr. (cf. *WBNT*, 2 b) ou par les formules bibliques courantes « invoquer (= *qârâ'*) le Seigneur ou son nom ». Le parallélisme synonymique des deux vbs implique-t-il celui des deux expressions signifiant
le résultat de la prière : *phronèsis edothè moi*, puis *èlthen moi*
pneuma sophias ? Une distinction réelle entre *phronèsis* et *sophia*
(cf. VI, 15 et VIII, 7) est relevée par *Mal.* (ἔλαβον φρόνησιν, δι' ἧς
ἱκανὸς τὰ κατὰ τὸν ἀνθρώπινον βίον διοικεῖν οἷός τε ἦν) et *Cant.*
(ἐπίβασις γὰρ τῆς σοφίας ἡ φρόνησις καὶ ὁ καλῶς παιδευθεὶς σοφίαν αἰτεῖν,
μηδ' ἂν ἄλλως αἰτεῖτω, εἰ μὴ πρότερον δοθείη φρόνησις). Cette
distinction reste voilée car l'auteur emprunte ici les deux termes
(et aussi *edothè*) à ses sources bibliques où ils sont pratiquement
synonymes *(1 R.* III, 12 *dedôka soi kardian phronimèn kai sophèn ;*
III, 28 *phronèsis theou en autôi ;* V, 9 *edôken... phronèsin kai sophian*
pollèn). Nous traduisons *phronèsis* par « discernement » en dépendance de la notion qui prédomine en *1 R.* III, 9-12. En revanche,
l'emploi de l'expression *pneuma sophias* dénote une intention particulière. Selon *Mal.*, l'auteur désignerait ainsi une réalité divine perfec-
tionnant la partie directrice de l'âme et apportant lumière et force
(τοῦ πνεύματος ἐλλάμποντος τῷ ἡγεμονικῷ τῆς ψυχῆς ... χάρις σοφίζουσα
τῇ τοῦ θείου πνεύματος ἐνεργείᾳ) ; selon les Modernes, il insisterait
soit sur l'idée d'une Sagesse devenant dans l'homme un principe
dynamique et directeur *(Corn.),* soit sur la nature spirituelle de la
Sagesse *(Hein.),* soit sur l'idée que la sagesse communiquée à l'homme
dépend de la Sagesse qui est Esprit (cf. I, 6 a ; *Gri.*). Ces diverses
interprétations contiennent toutes une part de vérité et trouvent
ailleurs des appuis en *Sag.* On souligne avec raison la portée subjective de l'expression, car *èlthen moi*, « est venu à moi », est parallèle
à *edothè moi.* Il est certain, d'autre part, que cette sagesse reçue
par Salomon est en relation immédiate avec la Sagesse divine qui

possède la nature et agit à la façon d'un *Pneuma* (cf. I, 6 ; VII, 22 b ; IX, 17) ; pourtant, le mot *pneuma* n'intervient pas ici, nous semble-t-il, pour souligner cette relation de dépendance. L'accent porterait plutôt sur l'idée d'un principe intérieur, permanent et dynamique : déjà la possession de la Sagesse avait été assimilée à celle d'un esprit divin (cf. *Études*, ch. V, p. 363, n. 5) et l'auteur lui-même parle d'une présence intérieure de la Sagesse (I, 4 ; VII, 27 c) ou envisage la possibilité de son influence continuelle sur l'esprit et dans la vie de l'homme. Néanmoins, l'emploi du mot *pneuma* nous paraît faire allusion au mode même de communication de la Sagesse : celle-ci « est venue » sous la forme d'un *pneuma*, d'un souffle surnaturel ou d'un esprit. Il n'y a pas lieu, en effet, d'évacuer entièrement le sens propre de *èlthen*, en se contentant d'interpréter : « m'a été accordée, m'est échue en partage » (cf. *Gri.*, *Hein.*). D'autre part, lorsque *pneuma* prend un relief spécial en *Sag.* (cf. VII, 22 b - 24), c'est pour évoquer un mode d'action souverainement efficace, qui échappe aux limites de la matière et de l'espace et qui caractérise équivalemment une énergie spirituelle. Rappelons aussi que *Jb.* XXXII, 8 assimile la communication de la sagesse à celle d'un souffle divin. Le texte signifierait donc, en réalité, que la Sagesse « est venue sous forme d'esprit » ou désignerait « l'esprit (ou un esprit) envoyé par la Sagesse, émanant d'elle ». Mais ces nuances hypothétiques ne peuvent guère passer dans une traduction qui doit rester littérale. En tout cas, l'accent porte sur un principe spirituel de connaissance (apportant sagesse pratique et science), non sur un principe surnaturel dans l'ordre de la grâce. L'auteur garde le contact avec le récit de *1 R.* III, et ce souci de fidélité explique peut-être la progression marquée ensuite par le ch. VIII où Salomon désire davantage : la possession de la Sagesse elle-même, un mariage mystique avec elle ! Sur la nécessité de la prière pour obtenir la sagesse, *Gri.* renvoie à *Jc.* I, 5 ; *Lc.* XI, 13 et cite le début du traité *de Iside* de *Plut.*

8 a. Expression d'un désir, la prière suppose un jugement de valeur ou un choix. Salomon a d'abord « préféré la Sagesse *(proekrina autèn)* aux sceptres et aux trônes ». Le vb. est un terme littéraire (sur la constr. *ti tinos* cf. *Lidd.-Sc.* I, 2 et *Xén.*, *Mém.* III, V, 19 ; *Diod. Sic.* IV, XLII, 6 ; *Plut.*, *Them.* XVIII) ; le compl. *skèptrôn kai thronôn* (cf. VI, 21) est un plur. réel : Salomon, élevé par Dieu à la royauté sur Israël (IX, 7), n'a guère pu envisager de renoncer à celle-ci ; mais il a écarté la possibilité de régner en même temps sur d'autres peuples *(Lat.* a dû traduire par *regimoniis et sedibus*, cf. *De Br.*, p. 115 et *Bi. Sa.*). Ce thème de la « préférence » accordée à la Sagesse provient de *1 R.* III (cf. aussi *2 Ch.* I, 11) : il est implicite dans la prière de Salomon (vv. 7-9), explicite dans la réponse de Dieu (10). Mais l'auteur le développe d'une façon originale : il ajoute l'exclusion d'autres souverainetés (cf. *supra*) ; il amplifie le motif de la richesse (cf. v. 9), il passe sous silence la « longévité » (une valeur

relative à ses yeux, cf. IV, 8-16) et la « vie des ennemis du grand
roi » (un motif jugé inopportun ou choquant), enfin il mentionne
deux biens particulièrement chers aux Grecs, la santé et la
beauté (10). Pour le motif de la richesse et des pierres précieuses
(8 b - 9), il s'inspire aussi de *Pr.* III, 14-15 ; VIII, 10-11, 19 ou de
Jb. XXVIII ; et le souci de varier à chaque fois les vbs et les
formules de comparaison rappelle *Jb.* XXVIII, 15-19 (*TM*, car *LXX*
a omis cette section).

8 b.   Avec *hègèsamèn*, « j'ai estimé, considéré », *ouden*, prédicat
de l'acc. *plouton*, est plus expressif que les expressions courantes
peri oudenos, par' ouden : « et la richesse, je l'ai tenue pour rien,
estimée néant ». A propos de *en sugkrisei autès*, on notera que
sugkrisis a ici le sens de « comparaison », conformément à l'usage
gr. littéraire (cf. *Lidd.-Sc.* II) et contrairement à celui de la *LXX*
(= presque toujours *pitâron* « interprétation », surtout en *Dn.*) et
des papyr. gr. d'Égypte (où *en sugkrisei* signifie : « qui est en litige
et attend une décision », cf. *Lidd.-Sc.* III, 2). *Lat.* traduit *ploutos*
par *honestas* (cf. *De Br.*, p. 115), un terme repris par *Aug.* qui, dans
C. Adim. XIX, 2, cite *Sag.* VII, 7-9.

9 a.   *Oude homoiôsa autèi*, « et je ne lui ai pas assimilé,
comparé », reprend sous une autre forme l'idée exprimée en 8 b.
En effet, *homoioûn* (construit régulièrement avec un double compl.
au dat. et à l'acc., cf. XIII, 14), « rendre semblable, assimiler »,
prend dans certains textes le sens de « comparer » (cf. *WBNT*, 2) ;
en *Is.* XL, 18, il traduit *'ârak*, un vb. employé par *Jb.* XXVIII, 17, 19
et dont *Sag.* a pu se souvenir ici. L'expression *lithon atimèton* désignerait normalement « la pierre méprisée ou non évaluée » ; néanmoins *atimèton* * doit signifier ici « inappréciable, sans prix », dont
la valeur défie toute estimation (cf. *Lat., Syr., Shex., Arm., Ar.*), et ce
sens particulier de l'adj. se rencontre ailleurs, cf. *3 M.* III, 23 et
Epigr. Gr. 805, Kaibel *(agalma atimèton).*

9 b-c.   Avec *hoti*, l'auteur entend motiver non pas *lith' atim.*,
mais l'idée exprimée par 8 b et 9 a reliés étroitement par *oude* :
aucune richesse ne peut être comparée à la Sagesse. En effet,
déclare-t-il d'abord, « tout l'or ensemble » ou « tout l'or du monde »
(ho pas chrusos) ne serait qu' « un peu de sable *(psammos* * *oligè)*
en face d'elle » *(en opsei autès ;* sur l'expression cf. III, 4 ; VIII, 11 ;
XV, 19). Quant à l'argent *(arguros)*, « il serait considéré comme de
la boue *(hôs pèlos logisthèsetai)* devant elle *(enantion autès)* ». *Pèlos*
prend ici le sens de « boue » (cf. *Lidd.-Sc.* I, 2 ; dans la *LXX* = souvent *ṭiṭ*, par ex. *Za.* IX, 3), plutôt que celui de « argile, mortier,
limon » (cf. XV, 7, 8, 10) ; le fut. *logisthèsetai* (« sera estimée,
considérée » ; pour ce sens cf. III, 2, 17 ; V, 4 ; pour la constr.
avec *hôs* cf. *WBNT*, 1 b) énonce une vérité générale qui se verrait
confirmée si l'on plaçait tout l'argent possible devant la Sagesse :

la confrontation serait écrasante. Selon *Gre.*, la comparaison de
l'argent à de la « boue » rappellerait la dépréciation du métal blanc
sous Salomon (*1 R.* X, 21).

10 a. Des biens extérieurs, Salomon passe aux biens corporels
estimés les plus précieux : la santé et la beauté. En raison du contexte
et du compl. avec *huper* (« par-dessus, plus que »), *ègapèsa* signifie
un amour de préférence ou de choix (sur le vb., cf. I, 1 ; cf. aussi
agapè en III, 9 ; VI, 18). Le subst. *hugieia*, occasionnel dans la *LXX*
(*Gn.* XLII, 15, 16 ; *Is.* IX, 6 ; *Ez.* XLVII, 12 ; *Tb.* VIII, 17, 21 ;
Est. IX, 31), n'a pas de correspondant hébr. défini : tout en appré-
ciant la santé, les Israélites ne la considéraient pas isolément et la
voyaient incluse dans les notions de « vie » (*ḥayyîm*) ou de *shâlôm ;*
elle ne retient l'attention pour elle-même que chez le *Siracide* (cf.
en particulier XXX, 14-16 ; cf. aussi I, 18 et XXXI, 20). Le mot
eumorphia * (seulement en *4 M.* VIII, 10 ; l'adj. en *Si.* IX, 8) est
peu fréquent dans l'usage gr. et employé alors avec un déterminatif
(cf. *Lidd.-Sc.*) ; cependant, il renvoie à une notion éminemment
grecque, car il insiste sur la proportion harmonieuse des formes
(*Plat., Symp.* 218 E le distingue à ce point de vue de *kallos ;* cf. aussi
Leg. 716 A). Si l'*A.T.* sait, à l'occasion, signaler ou exalter la beauté
physique (cf. *1 S.* IX, 9 ; *Ps.* XLIV, 3 ; *Si.* XXVI, 16-17 ; XXXVI, 22
et surtout le *Cant.*), celle-ci est considérée habituellement comme
un ensemble complexe de charge, de grâce et de finesse, ou bien
on voit dans la seule beauté physique une réalité indifférente ou un
piège (cf. *Pr.* XXXI, 30 ; *Si.* IX, 8). En définitive, une telle mise en
relief de la « santé » et de la « beauté physique » relève d'une men-
talité grecque. Richesse, santé, beauté sont, pour celle-ci, les trois
biens fondamentaux, associés fréquemment dans les textes (cf. *Plat.,
Euthyd.* 279 A-B, 218 A ; *Men.* 87 E ; *Gorg.* 451 E). Mais pour le
dernier trait, l'auteur a pu rejoindre une tradition (fondée sur *Ps.*
XLIV, 3 et sur le *Cant.*) au sujet de la beauté exceptionnelle de
Salomon.

10 b-c. L'idée de choix est exprimée cette fois par *kai proeilomèn
autèn*, mais *proaireisthai* (« préférer »), construit ici avec l'infinitif,
signifie plutôt « se résoudre, décider » (cf. *Lidd.-Sc.* II, 4) et *kai*
doit marquer une progression : « je décidai même de l'avoir à la
place de la lumière *(anti phôtos echein)* ». Dans l'usage gr., *phôs*
désigne principalement la lumière du jour, celle du soleil, parfois
la lumière des yeux ou la vue elle-même (cf. *Lidd.-Sc.* I, 3). Selon
l'opinion commune des critiques, le texte renvoie à la première, car
10 c précise par contraste : « l'éclat qui provient de la Sagesse *(hoti...
to ek tautès pheggos)* est sans déclin », ne connaît pas l'éclipse de
la nuit (cf. aussi 29-30). L'attribut *akoimèton* *, « qui ne dort pas,
ne se repose pas », fait image (*Esch., Prom.* 139 l'applique à la mer ;
Plut., Cam. XX, 5 au feu perpétuel entretenu par les Vestales, etc.,
cf. *Lidd.-Sc.*) ou évoque le « coucher » du soleil à l'Occident (cf.

SCHLEUSNER, cité par *Gri.* : « vespere occidit et, ut vulgus loquitur, it cubitum et dormitum »). Mais il reste à déterminer la nature du choix fait par Salomon. A prendre le texte à la lettre, il aurait envisagé la privation de la lumière du jour, soit en restant confiné dans les ténèbres d'une caverne ou d'un cachot, soit même (cf. cependant les objections formulées par *Hein.*) en étant frappé de cécité (l'aspect objectif ayant été substitué, par une sorte de métonymie, à l'aspect subjectif). Il est vrai qu'une interprétation plus simple de *anti phôtos* a été parfois proposée : l'expression signifierait « pour lumière » ou « à titre de lumière » (cf. déjà *Lat. pro luce* ; puis ARNOLD cité par *Dea.*, enfin ZORELL, *ap. Corn.*, p. 255, n. 1, renvoyant à *1 Co.* XI, 15) ; Salomon aurait seulement décidé de prendre la Sagesse pour lumière et pour guide ou de la placer au-dessus de toute autre lumière. Néanmoins, l'idée d'un choix effectif entre deux réalités est trop appuyée dans les vv. 8-10 a pour que cette explication soit satisfaisante. Le trait marque plutôt une progression audacieuse (cf. *Gri.*) par rapport à la santé et la beauté : la lumière physique est un bien universel qui résume ou enveloppe tous les autres, et elle est l'expression la plus pure de la beauté ici-bas (cf. 29 a) ; être privé d'elle, c'est, à la limite, être privé de tous les autres biens sensibles (cf. *Ps. Plat., Ax.* 365 C *ei sterèsomai toude tou phôtos kai tôn agathôn*). Mais Salomon sait que la Sagesse est une lumière infiniment supérieure qui éclaire intérieurement et achemine vers l'immortalité bienheureuse (cf. *Hein.*). *Mal.* commente : on peut jouir de la lumière sensible en étant privé de la lumière spirituelle de la sagesse, mais quiconque bénéficie de celle-ci peut « être plongé dans les ténèbres sensibles ou n'avoir plus de lumière dans ses yeux sensibles » (κἄν ἐν τῷ αἰσθητῷ τις ᾖ σκότει, καὶ τοῦ ἐν τοῖς αἰσθητοῖς ὄμμασι φωτὸς ἀμοιρῇ), il agira bien, sera meilleur et beaucoup plus lumineux que ceux qui voient, car cette lumière l'éclaire sans cesse et prendra possession de lui après la vie présente.

La prière fut exaucée d'une façon inattendue et instructive

11. *Or tous les biens à la fois me sont venus avec elle*
    et ses mains m'apportaient une richesse incalculable.

12. *Et j'ai joui de tous ces biens, à la pensée que la Sagesse les*
    dirige,
    mais j'ignorais qu'elle-même en fût créatrice.

13. *Ce que j'ai appris loyalement, je le communique sans réserve*
    jalouse,
    je ne tiendrai pas cachée sa richesse.

14. *Car elle est pour les hommes un trésor inépuisable ;*
    ceux qui l'ont exploité se sont concilié l'amitié avec Dieu,
    après lui avoir été recommandés par les dons provenant de la
    pratique vertueuse.

11 a. A cette préférence exclusive, la Sagesse a répondu magnifiquement, car tous les biens auxquels Salomon avait renoncé accompagnèrent sa venue : « ils vinrent à lui avec elle, *èlthen de moi* (cf. 7 b)... *met' autès*. Le *de* de liaison est soit transitif (« or »), soit adversatif (« et pourtant »). On notera la progression cumulative marquée par *ta agatha homou panta :* « les biens, à la fois, tous ». En réalité, l'auteur simplifie les faits dans une préoccupation didactique. Il entend désigner tous les biens extérieurs et physiques que Salomon est censé avoir possédés : or ceux-ci ne sont pas venus « d'un seul coup », Salomon possédait déjà certains (p. ex. les qualités physiques) et il en a acquis d'autres progressivement.

11 b. L'expression *kai anarithmètos ploutos*, « et une richesse innombrable, incalculable », renoue avec 8 b et reprend l'un des traits saillants, d'après la tradition biblique, du règne prospère de Salomon (cf. *1 R.* III, 13 ; X, 11-29 ; *2 Ch.* I, 12, 14-17 ; *Si.* XLVII, 18). *Lat.* continue de traduire *ploutos* par *honestas* (sur ce terme, cf. ici les remarques de *Dea.* et *Corn.*). Deux interprétations de *en chersin autès* sont en présence : « par ses mains, par son intermédiaire » (*Lat.* ; *Gri., Corn.,* OSTY) et « dans ses mains » (*Siegf., Goodr., Hein., Ficht.*, etc.). La seconde est plus naturelle (au sens instrumental, on attendrait *en cheiri = beyad*, ou *dia cheirôn*) et recommandée par une réminiscence probable de *Pr.* III, 16. Par conséquent, nous avons ici une image représentant la Sagesse comme une bienfaitrice généreuse, apportant avec elle des richesses de toutes sortes (on sous-entend habituellement *èn*). Comme parallèle évangélique au v. 11, *Cant.* cite *Mt.* VI, 33 (*Lc.* XII, 31).

12 a. L'octroi de tous ces biens *(pasin* et *autôn* renvoient à *agatha* de 11 a, précisé par *ploutos)* a procuré à Salomon de la joie et il a cru pouvoir en jouir sans réserve : *euphranthèn de*, « et je me suis réjoui ». Le compl. du vb. se présente sous deux formes dans les *mss* : *epi pantôn* (B *d*) et *epi pasin (cet.).* La première leç. (préférée par *Gri., Hein.*) ressemble à une correction savante, soucieuse de faire dépendre directement *hoti* du vb. (« je me suis réjoui, à propos de tous, de ce que... ») ; aussi la seconde (adoptée par *Fri., Ra., Zie.*) est plus probable : le compl. d'objet de *euphrainesthai* peut se construire, en *class.*, avec *epi* et le *dat.* (cf. *Aristoph., Ach.* 5 ; *Xén., Symp.* VII, 5 ; etc.) et cette construction est courante en *Sag.* avec d'autres vbs de sentiment (cf. I, 13 b ; V, 2 b ; VI, 2 b, 21 a). La propos. suivante, *hoti autôn hègeitai sophia*, est interprétée diversement. Selon certains, Salomon justifierait sa joie en alléguant que ces biens lui furent apportés par la Sagesse, que celle-ci « les amenait » à sa suite (cf. en particulier *AV*, BOIS, pp. 390-391, *Ficht.,* OSTY, *Guil., RSV*). Cette interprétation, déjà supposée par *Lat.* *(quoniam antecedebat ista sapientia ;* ensuite *me* a été ajouté par une méprise sur *ista*, rattaché à *sapientia ;* cf. *De Br.*, p. 115 et

Bi. Sa.), donne à *hègeisthai* le sens de « marcher devant, en tête ; amener, conduire ». Mais on attendrait alors l'acc. (cf. *Corn.* et *Lidd.-Sc.*) et l'impf. *hègeito* (non attesté) au lieu du prés. *hègeitai*. D'autres adoptent le sens de « diriger, guider », en interprétant le texte de l'influence exercée par la Sagesse pour une juste appréciation et un bon usage des biens physiques (cf. *Gri., Far., Goodr., Feldm., Web., Cramp., Mar., Reid.*). D'autres enfin soulignent davantage cette influence en traduisant par « régler, gouverner » (*Reu., Corn., Hein., Fisch.*). A notre avis, le texte fait certainement allusion à une influence de cette nature (*Cant.* glose : οὐχ ὡς προοδοποιοῦσα μόνον, ἀλλὰ καὶ ὡς ἄρχουσα, καὶ πάντα μεθ' ἑαυτῆς κατορθοῦσα ; cf. aussi *Mal.* πάντων ἀπέλαυσα καὶ ὡς ἔδει) et le prés. *hègeitai* s'explique soit par les règles du discours indirect avec les vbs de perception (*hoti* : « à la pensée que, dans la conviction que »), soit parce que l'auteur a voulu insérer ici une vérité de portée générale (*hoti* causal). Quant au sens du vb., on a le choix, à cause du gén., entre « diriger, contrôler » (cf. *Lidd.-Sc.* I, 2) et « dominer, gouverner » (cf. *Lidd.-Sc.* II, 1 et 2). Certains parallèles grecs illustrent directement l'idée visée avec un même emploi de *hègeisthai* (une correspondance d'autant plus significative que ce vb. a partout ailleurs en *Sag.* le sens d' « estimer, considérer » ; cf. I, 16 ; VII, 8 ; XII, 15 ; XVII, 6). Ainsi, selon *Plat.*, richesse, santé et beauté ne sont utiles à l'homme et ne le rendent heureux que s'il en use selon la sagesse (*Euthyd.* 280 B - 281 E), *epistèmè hègoumenè kai katorthousa tèn praxin* (281 B)... ; « dirigés par l'ignorance *(ean autôn hègètai amathia)*, ils deviennent des maux pires que leurs contraires ; s'ils le sont par la raison et la sagesse *(ean de phronèsis te kai sophia)*, ils prennent plus de valeur » (281 D). En effet, seule la *phronèsis* est capable de régler le bien-agir (*monè hègeitai tou orthôs prattein Men.* 97 C) et, par suite, d'assurer le bon usage des biens extérieurs et corporels (*ibid.* 87 E - 88 E). Plus tard, nous voyons *Euthyd.* 281 D repris par *Jambl., Protr.* V (p. 26 PISELLI). Rappelons aussi que les Stoïciens, tout en rangeant les mêmes biens parmi les « choses indifférentes », n'ont jamais cessé de reconnaître leur légitimité ou leur utilité relative dans le contexte d'une vie vertueuse (cf. ZELLER, *Phil.* III, 1⁴, p. 290). En définitive, la précision apportée par le texte relève de préoccupations grecques : à propos du Salomon idéal, pris du reste dans sa jeunesse (cf. VIII, 10 b), l'auteur a voulu noter en passant dans quelles conditions la possession et l'usage des biens extérieurs et physiques sont légitimes et peuvent aider l'homme à réaliser sa vocation ou à atteindre sa fin.

12 b. Salomon confesse pourtant (*de* advers.) avoir été dans l'ignorance *(ègnooun)* sur un point précis, à savoir *autèn genetin* * *einai toutôn*. Cette ligne, qualifiée d' « exceedingly mysterious » par *Goodr.*, n'a cessé d'embarrasser les commentateurs anciens (cf. *Corn.*, pp. 258-259) et modernes. La leç. *genetin* (A, la plupart des *min., Lat., Eth., Shex., Arm.*, sans doute aussi *Sah.* ; cf. *Feldm. Mat.*, p. 56),

adoptée par toutes les édit., doit être primitive, alors que sa rivale *genesin* (B S V, quelques *min.*, *Cant.* ᵗᵉᵐ·, *Ar.*) ne peut guère recevoir une explication satisfaisante (*Siegf.* parle d' « abstractum pro concreto ») et que l'hypothèse d'un original *genetèn* (*Cant.* ᶜᵒᵐ· ; *Gre.* renvoyant à *Phil.*, *Fug.* 51-52) est inutile. En réalité, c'est une formation féminine analogue à *technitis* (VII, 22 a ; VIII, 6), *mustis*, *hairetis* (VIII, 4), et comme le mot n'est attesté qu'une autre fois dans l'usage gr. (chez AGLAÏAS, un élégiaque du Iᵉʳ s. ap. J.-C., cf. *Lidd.-Sc.*), le mot peut fort bien avoir été forgé par l'auteur (imitant une habitude littéraire devenue fréquente, cf. REESE, *Hellenistic influence*, p. 7). Son sens correspond à celui du masc. *genetès*, « géniteur, père, auteur », par conséquent « génitrice *(Gri.)*, mère *(AV et RV, Goodr., Web., Cramp., Mar.,* OSTY, *Guil., RSV)*, créatrice » *(Siegf., Feldm., Hein., Ficht., Fisch.)*. Dans le contexte, il doit caractériser le rôle joué par la Sagesse dans la production même des biens terrestres, et non pas seulement dans leur dispensation. A quel moment renvoie l'impf. *ègnooun* ? Selon l'opinion la plus commune, il marquerait un retour en arrière et renverrait soit à la période assez longue qui se termina par une prière fervente *(Hein.)*, soit au moment même où Salomon formula celle-ci (cf. déjà *Calm.*, puis *Far., Corn., Goodr., Feldm.*) : en demandant la Sagesse à l'exclusion des autres biens, il « avait ignoré » qu'elle puisse les procurer supérieurement ou les causer. Selon *Gri.*, au contraire, il s'agit d'un état d'ignorance qui succéda à l'octroi des biens communiqués avec la Sagesse et persista assez longtemps durant la jouissance de ceux-ci ; en effet, c'est par des procédés indirects que la Sagesse fit parvenir Salomon au comble de la richesse et de la puissance ; aussi aurait-il mis du temps à rattacher ces biens à leur cause véritable ou à réaliser que la Sagesse est leur « mère ». Cette dernière interprétation, assez subtile, a du moins le mérite de chercher à expliquer l'impf. d'après son contexte antérieur immédiat, c.-à-d. la situation marquée par 12 a. Mais on rend mieux compte du texte en insistant sur la substitution de l'auteur réel à l'auteur fictif. Tout d'abord, *genetis* est à prendre à la lettre : le mot désigne la Sagesse divine « créatrice » et *Ficht.* renvoie avec raison à VII, 21 et VIII, 4 (cf. aussi VIII, 5-6). On notera encore la mise en relief de *autèn :* « j'ignorais que c'est *elle* »... D'autre part, 12 b relance un développement qui, au v. suivant, prend un ton solennel, car l'auteur entend dévoiler des vérités nouvelles. Il estime ici que l'idée d'une Sagesse créatrice et artisane universelle n'a pas été mise suffisamment en lumière par les écrits sapientiaux antérieurs, en particulier par les *Proverbes* de Salomon (sur la position objective du problème, cf. *Études*, ch. V, pp. 334-336, 339 et n. 2 ; 341-345). Il suppose donc, en vertu d'une fiction, que Salomon a été éclairé plus tard sur ce point et en fait part dans un écrit récent. Mais comme il renonce à situer la perception de cette vérité dans la suite de l'histoire du Grand Roi, *ègnooun* reste en suspens (« j'ignorais encore... »). En tout cas, il se montre beaucoup plus explicite que ses devanciers sur l'activité créatrice de la

Sagesse divine personnifiée (cf. *Études*, ch. V, pp. 349 ; 388-390). On notera enfin, dans ce v., le passage de la sagesse subjective, qui règle l'usage des biens sensibles (12 a), à une Sagesse qui non seulement préside à leur dispensation, mais est elle-même créatrice avec Dieu. *Gre.* rappelle que *Phil.* (*Ebr.* 30-31) parle de la Sagesse « mère et nourrice de l'univers », en dépendance de *Pr.* VIII, 22 (mais cf. *Études*, ch. II, p. 157, n. 1).

13 a. Il y a une correspondance étroite et une relation de conséquence, soulignées par *te...te*, entre *adolôs* ** *te emathon*, d'une part, et *aphthonôs* * *te metadidômi*, d'autre part. Bien que le rattachement à 12 b soit marqué par *emathon*, « j'ai appris » (ce que j'ignorais »), la formulation garde un caractère général et il n'y a pas lieu de suppléer un compl. précis (cf. *Lat.* : *quam... didici*). L'adv. *adolôs*, « sans ruse, sans fraude », peut faire allusion soit aux moyens suspects employés par les sciences occultes ou magiques pour forcer les secrets de la nature ou du monde des esprits (cf. déjà *Pind.*, *Olymp.* I, 53 et la note de A. PUECH dans coll. BUDÉ), soit aux manœuvres déloyales pour s'approprier indûment la science d'autrui, soit à la cupidité et aux mobiles intéressés de prétendus sages (cf. *Phil.*, *Gig.* 39). *Aphthonôs* se trouve associé également à *metadidonai* (« faire part de, communiquer, transmettre ») dans le *De Mundo* (391ᵃ 16 : parvenue à la contemplation du divin, l'âme désire *pasin aphthonôs metadounai*). Cet adv. ne signifie pas seulement « généreusement, libéralement » (cf. *Lidd.-Sc. sub v. aphthonos* I, 2 et II, 1) : le motif de l'envie (cf. VI, 23), jalouse de garder pour soi ce qu'elle possède, afin que les autres n'en puissent tirer avantage, reste perçu. Par conséquent, le second membre fait allusion aux doctrines tenues secrètes, cachées jalousement au public et réservées à des initiés, par imitation des Mystères cultuels (cf. *comm.* sur VI, 22 b). On notera, à ce propos, la portée que finit par prendre le terme dans un tel contexte ; tout en maintenant l'obligation du secret, on sait gré aux vieux auteurs ou maîtres de n'avoir pas gardé jalousement leurs révélations ou découvertes, mais de les avoir mises par écrit ou transmises à des disciples (cf. p. ex. la *Collection des anciens Alchimistes grecs*, éd. BERTHELOT, livre I, pp. 27, 33, etc.). Ici, la doctrine sera communiquée sans réserve aucune, en accord avec la tendance universaliste de *Pr.* I-VIII (cf. aussi *Si.* XXIV, 32 et XX, 30 ; XLI, 14) et l'esprit de la révélation biblique. Plus tard, JUSTIN dira à son tour (*Apol.* I, 6, 2) : « la doctrine que nous avons apprise, nous la transmettons libéralement *(aphthonôs paradidontes)* à quiconque veut s'instruire » (trad. PAUTIGNY). Comme parallèle évangélique à 13 a, on allègue habituellement (déjà *Mal.* et *Cant.*) *Mt.* X, 8. Le texte est cité, avec une var. notable (cf. *Zie.*), par *Eus., in Ps.* XXXIII, 8 (*PG* XXIII, 296).

13 b. *Ouk apokruptomai* rappelle VI, 22 b, mais le vb. est cette fois au prés. (avec le sens d'un fut. immédiat : « je ne vais pas

garder secrète ») et la forme moyenne ajoute p.-ê. la nuance de
« garder pour soi ». Le compl. *ton plouton autès* emploie maintenant
le mot « richesse » (cf. 8 b, 11 b) au sens métaphorique, avec une
certaine emphase marquée par l'art. : l'auteur veut désigner à la
fois les richesses internes de la Sagesse, c.-à-d. ses qualités et propriétés, et les biens qu'elle dispense, surtout les biens spirituels et
intellectuels. Saint Paul parlera, lui aussi, de la « richesse » du Christ
(cf. *Ep.* III, 8, 16 ; I, 7 ; *Col.* I, 27) ou de Dieu (*Rm.* II, 4 ; IX, 23 ;
Ph. IV, 19).

14 a. Le sujet est soit la Sagesse (par l'intermédiaire de *autès*
en 13 b), soit sa richesse, sans différence notable de sens. L'idée de
« richesse » est reprise par celle de « trésor » *(thèsauros)*, mais les
mots importants sont *aneklipès* et *anthrôpois*. Le second, indéterminé, est un dat. de destination concernant les hommes en général,
quels qu'ils soient. L'adj. *aneklipès* * (repris en VIII, 18 b), non
attesté ailleurs dans l'usage gr. qui connaît seulement *anellipès*
(mais, au simple, les deux formes *eklipès* et *ellipès* sont classiques),
signifie « qui ne fait pas défaut ; intarissable, inépuisable ». Dans un
autre contexte, et à propos de *Nb.* XI, 17, *Phil.* déclare que la
science communiquée à des disciples « ne s'amoindrit en aucune
de ses parties ; souvent même elle gagne en excellence, comme c'est
le cas, dit-on, des sources auxquelles on puise » (*Gig.* 25, trad.
A. Mosès).

14 b. Le relatif a pour antécédent *thèsauros*, mais la tradition
textuelle est divisée : d'une part *hon hoi chrèsamenoi* (var. *hôi
chrèsam.*) dans B S * V O 46, 534, 755 avec l'appui de *Lat. (quo qui
usi sunt)*, Sah. (cf. *Feldm. Mat.*, p. 57), *Arm.* et *Ar. ;* d'autre part
hon hoi ktèsamenoi dans A Sᶜ *cet.*, *Mal.*, *Cant.* avec l'appui de *Syr.*
et *Eth.* (cf. *Feldm. Mat., ibid.*). La première est adoptée par *Fri.*
et la majorité des commentateurs (entre autres *Gri., Dea., Gre.,
Corn., Hein., Goodr., Feldm., Ficht., Reid., Fisch.*) ; la seconde, par
Ra., Zie. et *Gärt.* (p. 180), *Web., Mar.,* Osty, *Guil., RSV.* Les arguments favorables à l'authenticité de *hon hoi chrèsamenoi* nous
paraissent décisifs. C'est en effet une leç. à la fois ancienne et
difficile ; l'emploi de *chrèsthai* avec l'acc. est une construction rare,
bien qu'attestée à diverses époques (cf. *WBNT*, 2 b) ; le mot « trésor »
appelait si naturellement le vb. « acquérir » *(ktasthai)* qu'on ne voit
pas pourquoi on aurait modifié la leç. rivale. Comme le partic. avec
l'art. est restrictif par rapport à *anthrôpois*, l'auteur envisage donc,
après avoir parlé d'un trésor offert à tous, « ceux qui en ont usé,
l'ont exploité ». Par-delà l'image, il pense non à une richesse inerte
communiquée d'un seul coup, mais à une appropriation progressive
et vertueuse. A ce propos, on rappellera non seulement la distinction
courante entre *ktèsis*, simple « acquisition ou possession », et *chrèsis*,
« usage, mise en œuvre » (en contexte philos., cf. *Arist., Eth. N.* 1098 ᵇ
32 et *Index* Bonitz), mais encore l'importance prise par les termes

chrèsthai, chrèsis dans les théories sur la fin de l'homme et sur la vertu. Le résumé d'ARIUS DIDYME *peri telous (Stob., Anth.* II, pp. 45 ss *Wachsm.),* qui reproduit sans doute celui d'Eudore d'Alexandrie (cf. *Études,* ch. III, pp. 234-235), est très significatif : rapportant une définition péripatéticienne du *telos (to ek pantôn agathôn sumpeplèrômenon),* il propose une correction *(energoumenon)* pour mettre en évidence *to chrèstikon tès aretès* (p. 46) ; l'enseignement de *Plat.,* résumé dans la formule « vivre selon la vertu », équivaut donc (p. 50) à *ktèsis hama kai chrèsis tès teleias aretès ;* la béatitude est définie d'après Aristote *chrèsis aretès teleias en biôi teleiôi* (p. 50), avec cette remarque *hè men oun chrèsis esti pleon tès ktèseôs ;* les sages stoïciens sont dits (p. 99) *dia pantos tou biou chrèsthai tais aretais.* Par conséquent, *chrèsamenoi* doit évoquer ici les efforts vertueux qui « exploitent » le trésor inépuisable de la Sagesse. De la sorte, l'homme s'oriente vers sa fin authentique et trouve le vrai bonheur.

Plus précisément, « l'amitié avec Dieu » est au terme de ces efforts *pros theon esteilanto philian.* L'expression *stellesthai philian* n'est pas attestée ailleurs. Le sens courant du vb. au moyen (« s'équiper, se préparer, se disposer, etc. », cf. XIV, 1) ne peut guère être retenu ; à cause du compl. *philian,* on préférera le sens trans. d' « amener, faire venir, attirer à soi » (cf. *Lidd.-Sc.* III), donc « se concilier » *(Corn.).* Du reste, l'auteur parle d'une amitié réalisée en fait (cf. 27 d), non d'une simple disposition à celle-ci. Mais il semble avoir évité à dessein un vb. évoquant une amitié contractée d'égal à égal. Enfin l'aor. est gnomique, mais supposant réalisée la condition indiquée par *chrèsamenoi* (aor. proprement dit). Sur *philia,* le terme usuel pour signifier l'amitié ou l'amour d'amitié, cf. VIII, 18 a et *philous theou* en VII, 27 d. Sa construction avec *pros* est *class.* et usuelle (cf. *Xén., Mém.* II, VI, 29 ; *Anab.* VII, III, 16 ; *Isocr.* V, 32 ; etc. ; *1 M.* X, 20, 54 ; XII, 1, 16 ; XIV, 22).

14 c. L'auteur prend appui sur les notions contenues en 14 b, avec l'image de cadeaux offerts à un haut personnage pour solliciter son « amitié » et l'identification de ceux-ci avec les œuvres vertueuses (or cf. *chrèsamenoi).* Dans ce contexte, le partic. aor. passif *sustathentes* doit signifier « ayant été recommandés » (cf. *Lidd.-Sc. sub v. sunistèmi* IV et *WBNT* 1 b : « introduire ou recommander quelqu'un à un autre, le lui présenter, le mettre en relations amicales avec lui » ; cf. aussi *Phil., Fug.* 38) et c'est ainsi que l'a compris déjà *Lat. (commendati ;* cf. aussi *Arm.* « présentés »). Son compl., *dia tas... dôreas,* fait intervenir précisément l'idée de « dons, présents, cadeaux » (cf. aussi XVI, 25), mais l'emploi de l'accus. après *dia* surprend (« à cause de, en raison de »), car on attendrait plutôt le gén. (« par le moyen, l'intermédiaire de »). Cependant, *Kühn.-Ge.* (II, 1, p. 485) rappelle que la poésie ancienne connaît seulement l'accus. et que la distinction introduite par la prose est toute en nuances, selon que l'influence est plus ou moins directe et efficace

(« *dia* c.g. bezeichnet die Wirksamkeit einer Sache oder Person unmittelbarer und stärker, *dia* c.a. mittelbarer und entfernter »). Or cette mise au point est ici éclairante, car les « présents » offerts par l'homme ne le recommandent pas à Dieu d'une façon immédiate et déterminante. Mais cette nuance ne peut guère passer dans la traduction (« en raison de, eu égard à, grâce à » ?). Enfin le texte parle de présents provenant *(ek)* de la *paideia*. Ce mot doit renvoyer ici à l'assimilation progressive, avec la mise en pratique, des enseignements de la Sagesse (cf. VI, 17-18 a), et l'expression doit désigner équivalemment les œuvres vertueuses (cf. *Études*, ch. V, pp. 359-360). Assurément, on pourrait être tenté, à cause du développement suivant (vv. 17-22), de donner à *paideia* une portée plus intellectuelle et d'entendre le terme soit des sciences préliminaires ou « encycliques » (chez *Phil.*, cf. WOLFSON, I, pp. 145-147), soit de la philosophie elle-même subordonnée à la Sagesse révélée (chez *Phil.*, cf. WOLFSON, I, pp. 147-151), soit de l'ensemble des connaissances humaines, « au sens humaniste, un corps d'enseignement profane devenu acquis, la culture entendue au sens objectif, perfectif » (T. FINAN, p. 45 ; cf. *Études*, ch. V, p. 397). Néanmoins l'ensemble du ch. VII est trop complexe, avec l'alternance continuelle de notions complémentaires, pour imposer cette façon de voir. A partir d'un cas privilégié, l'auteur envisage celui des autres hommes *(anthrôpois)*, invités à une même amitié avec Dieu, avec une communication analogue des lumières de sa Sagesse. Mais il estime nécessaire de rappeler les dispositions morales requises : l'effort vertueux, la docilité effective à des normes morales et religieuses proposées objectivement par la Sagesse. D'après *Gri.*, l'auteur peut opposer tacitement aux offrandes cultuelles les œuvres de vertu ou d'obéissance, les vrais « présents » qui plaisent à Dieu et attirent son amitié. Nous avons signalé aussi la transposition possible d'un motif stoïcien (cf. *Études*, ch. V, p. 359, n. 4).

Appel à l'assistance divine

15. *Mais que Dieu m'accorde de discourir selon mon propos*
    et de concevoir des pensées dignes des dons reçus,
    puisqu'il est à la fois le guide de la Sagesse
    et le régulateur des sages.

16. *Car il tient en son pouvoir, et nous-mêmes, et nos discours,*
    ainsi que toute Sagesse pratique et toute compétence technique.

15 a. Au début, le pron. emphatique *emoi*, suivi de *de* (de transition plutôt qu'adversatif), souligne la reprise de la première personne après l'affirmation générale du v. 14 : Salomon revient à son propos, énoncé déjà en VI, 22 et rappelé au v. 13. Il éprouve alors le besoin d'invoquer Dieu, qui maîtrise et contrôle tout. Des

invocations semblables se rencontrent chez les Grecs : cf. par ex.
Théogn. 759-760 (« qu'Apollon guide notre langage et nos pensées,
orthôsai glôssan kai noon », trad. CARRIÈRE), et surtout *Plat., Tim.*
27 C-D : Si tout homme ayant tant soit peu de sagesse invoque
toujours la divinité avant une entreprise quelconque, combien plus
convient-il, avant de « discourir sur le Monde..., de prier les Dieux...
afin que nos propos soient avant tout entièrement conformes à leur
pensée *(panta kata noun ekeinois men malista)* et, quant à nous,
logiquement ordonnés *(hepomenôs de hèmin eipein)...* afin aussi que
les idées conçues sur le sujet soient exposées le plus clairement
possible » (d'après trad. RIVAUD). En même temps, l'auteur s'est souvenu des exordes oratoires et des règles rhétoriques : un discours
parfait requiert à la fois la perception claire de l'objet et l'expression exacte (cf. *Cic., Tusc.* I, 3, 6 ; cf. aussi le comm. de *Nan.*,
reproduit par *Gri.* et *Corn.*). Le subj. *dôiè*, appuyé primitivement
par *Lat. (det*, cf. *Bi. Sa.*), remplace ici l'optatif selon un usage de
plus en plus fréquent dans la *Koine ;* en raison du contexte, *eipein*
signifie soit « parler, trouver les paroles, choisir les mots » (cf.
Feldm.), soit « discourir », mais l'interprétation de *kata gnômèn*
reste indécise. Le subst. prend divers sens dans l'usage : « pensée,
jugement, intelligence » (cf. *Lidd.-Sc.* II, 1), « avis, opinion, sentiment » (cf. *Lidd.-Sc.* III, 1), « volonté, désir ; intention, dessein »
(cf. *Lidd.-Sc.* II, 2 et III, 5). Quelques critiques rapportent la formule
à Dieu (*Gre.* « according to God's mind » ; *Ficht.* « nach seinem
Sinn » ; OSTY « à son gré ») ; cependant, sans déterminatif, elle
s'applique normalement à celui qui va parler et c'est ainsi qu'on
l'interprète communément, mais en adoptant tel ou tel des sens
possibles. Si l'auteur a voulu marquer une correspondance entre
la pensée et son expression, *kata gnômèn* signifierait « avec intelligence, à propos » (mais on attendrait plutôt *apo gnômès*) ou « selon
ma pensée ». Néanmoins, comme *gnômè* est sans relief en *Sag.*
(c'est son seul emploi) et que 15 b mentionne ensuite les pensées,
on préférera soit le sens de « désir » (cf. *kata gnômèn* chez *Eur.*,
Andr. 737 et en *2 M.* IX, 20), soit celui de « dessein, propos », car
Salomon se dispose précisément à tenir sa promesse.

15 b. Le vb. *enthumèthènai* (cf. III, 14 b ; VI, 15 a ; IX, 13 b)
insiste sur l'activité de l'esprit et le domaine des pensées. L'adv.
axiôs, « dignement, d'une manière digne de » (cf. XVI, 1), commande
le gén. suivant, mais celui-ci est attesté sous deux formes : *tôn
dedomenôn* (var. *didomenôn*) et *tôn legomenôn* (cf. *Zie.*). La seconde
(adoptée par *Fri.* et *Gärt.*, p. 181) pourrait être retenue à la rigueur,
à condition de l'entendre d'une correspondance entre les pensées et
le discours qui va suivre (le prés. *legomenôn* ayant le sens d'un fut.
immédiat). Néanmoins, la première (adoptée par *Ra., Zie.* et presque
tous les critiques) est à préférer pour plusieurs raisons (cf. *Gri.*) :
on attend une forme verbale au passé car les conceptions doivent
correspondre à un objet supposé antérieur et déjà existant ; la men-

tion de dons reçus s'accorde avec un contexte où Salomon fait état d'une expérience privilégiée (cf. *edôken* en 17 a) ; l'indétermination du partic. s'explique mieux car *emoi (dôiè)* de 15 a subsiste virtuellement ; enfin la leç. rivale provient soit d'une corruption accidentelle (en écriture majuscule, cf. *Feldm. Mat.*, p. 57), soit d'une correction intentionnelle : comme Salomon désire avant tout parler dignement de la Sagesse elle-même et non de « dons » déjà mentionnés (vv. 7-21), on aurait substitué une leç. plus générale (« de tout ce que je vais dire »). Enfin, au sujet de *dedomenôn*, lu volontiers *didomenôn (Gri.* ; cf. aussi *Far.)*, quelques critiques *(Gri., Feldm. Mat.*, p. 57, *Hein.)* proposent une interprétation assez subtile : le partic. renverrait, par une sorte de chiasme, au « don » de l'éloquence (15 a) supposé accordé, et Salomon demanderait maintenant que le fond du discours corresponde à la forme. En réalité, le texte doit parler de dons antérieurs à l'invocation elle-même et résumer tous les biens intellectuels communiqués à Salomon : à la fois les connaissances énumérées aux vv. 17-21 et les lumières concernant la Sagesse elle-même.

15 c. Avec *hoti*, l'auteur va légitimer cet appel à l'assistance divine. *Autos* est emphatique (« c'est lui, lui-même »), comme pour maintenir la place essentielle de Dieu ; *kai* est corrélatif du suivant (« à la fois ») et *hodègos (hellén.)* signifie communément (cf. XVIII, 3 b) : « celui qui dirige sur le chemin ou le montre ; guide, conducteur » (cf. aussi *hodègein* en IX, 11 ; X, 10, 17). Mais ce subst. est déterminé par *tès sophias* (avec l'art.). On a entendu parfois l'expression de Dieu qui « dirige (les hommes) vers la Sagesse » (cf. déjà *Ar.*, puis divers anciens cités par *Gri.)*, mais *sophias* doit être un gén. objectif, correspondant au compl. d'objet du vb. *hodègein*. Dès lors, en quel sens Dieu est-il « le guide de la Sagesse » ? Selon *Gri.* et *Hein.*, il s'agirait de la Sagesse divine qui opère dans le monde : Dieu la conduit vers les hommes, l'y fait pénétrer et agir, détermine son activité. Par conséquent, elle n'exerce pas une activité indépendante de sa source et sa subordination à Dieu est totale. D'autres critiques envisagent plutôt la sagesse déposée dans l'homme comme un « don » (cf. *Corn.)* et comme ce qui reste dans une dépendance continuelle par rapport à Dieu (cf. *Web.*). Autrement dit, pour en user et en bien user, l'assistance divine serait nécessaire. Dans le contexte, Salomon réclame bien une assistance de cette sorte ; pourtant, on ne sait si l'expression a directement cette portée subjective (à cause de 15 d) et les deux interprétations semblent plutôt complémentaires.

15 d. Dieu est aussi *tôn sophôn diorthôtès* *. Ce subst. apparaît d'abord dans l'usage gr. au Iᵉʳ s. av. J.-C. avec le sens de « reviseur, censeur littéraire » *(Dio. Sic.* XV, 6, 1 *tôn poièmatôn... diorthôtas)* ; ensuite il garde une note assez sévère (« réformateur », cf. *Plut.*, *Sol.* XVI, 5 ; « correcteur, censeur, inspecteur »), en particulier

lorsqu'il désigne (cf. déjà *Epict.* III, 7 titre) les *correctores romani* (sur ceux-ci, mentionnés seulement vers la fin du Iᵉʳ s. ap. J.-C., cf. *Dar.-Sagl.* I, pp. 1538-1539). Ici, on le traduit communément par « directeur ». Pourtant, cette traduction correspond mal à l'emploi habituel de *diorthoun* (« ramener sur le droit chemin, rectifier ; corriger, amender ») et *diorthôsis* (« rectification, correction »). Certes, les mots « correcteur, censeur » (cf. *Lat., emendator ; Siegf.* « Verbesserer ») sont trop forts car ils supposent des erreurs ou des fautes réelles. Mais un terme comme « régulateur » ou « rectificateur » rend mieux compte du sens visé : même après avoir reçu une sagesse supérieure, le sage n'est pas à l'abri de toute méprise ou erreur ; il garde ses limites, ses défaillances, et il a besoin d'être maintenu dans la voie droite par un Dieu qui assure au fur et à mesure la rectitude de ses pensées et de ses paroles. Denys d'Alexandrie cite 15 c-d - 16 après *Pr.* II, 6).

16 a. Le v. 16 est cité par *Clém.* (*Strom.* VI, 11 ; *St.-Fr.* p. 478) et *Or.* (*Princ.* III, 1, 14 ; *Koet.* p. 221), 16 a très souvent par *Aug.* (cf. *A.M.*, LA BONNARDIÈRE, *Biblia Augustiniana*, pp. 281-282). Le besoin d'une assistance divine a pour fondement *(gar)* une dépendance totale et radicale, signifiée par l'expression biblique *en cheiri autou* (cf. III, 1). Dans l'énumération qui suit, les deux premiers éléments sont détachés par *kai* répété : *hèmeis* désigne les personnes elles-mêmes, « nous-mêmes, par tout notre être », et l'on renvoie avec raison à *Ac.* XVII, 28, bien que *Qo.* IX, 1 fournisse un parallèle plus littéral (« les justes et les sages, et leurs œuvres, sont dans la main de Dieu ») ; mais, en raison du contexte, l'auteur mentionne au lieu des « œuvres » les « paroles » ou les « discours », *kai hoi logoi hèmôn* (cf. VI, 8).

16 b. Avec la coordination *te... kai*, il ajoute deux réalités qui ont un lien étroit entre elles, *pasa* qualifiant à la fois *phronèsis* et *ergateiôn epistèmè*. On peut, dès lors, commencer par préciser la seconde. Si *epistèmè* signifie couramment « science, savoir », *ergateia* * n'est attesté, en dehors de *Sag.*, que dans trois papyrus : l'un d'Alexandrie et de l'époque d'Auguste (*BGU*, IV, p. 293, 1, 9 et 21), les deux autres du IIᵉ et du IIIᵉ s. ap. J.-C. (cf. PREISIGKE, qui traduit par « Arbeit, Tätigkeit »). Son sens doit être distinct de celui de *ergasia*, employé en XIII, 19 (« travail ») et XIV, 20 (« œuvre, ouvrage ») ; il ne suffit donc pas de le traduire ici par « œuvres, opérations » *(Syr., Shex., Arm.)*. Selon *Corn.*, il équivaudrait à un adj. verbal, avec une portée générale *(rerum gerendarum scientia)*, mais l'expression s'appliquerait en fait à l'éloquence : un orateur doit savoir accommoder son discours aux auditeurs et tenir compte des circonstances (cf. en ce sens *Aug., doctr. chr.* IV, 15). D'autres traductions sont aussi générales (« savoir-faire » *Reu., Web., Cramp. ;* « habileté dans les choses pratiques » *Hein. ;* « capacité d'agir efficacement » *Ficht. ;* etc.), mais certaines précisent davantage, avec une

application artisanale, artistique ou technique : cf. *AV, Dea., RV, Siegf., Goodr.* et *Reid.* (« knowledge of crafts »), *Feldm., Fisch., RSV* (« skill in crafts »), *Duesb.* (« habileté technique »), Osty (« notre technique »), *Guil.* (« les connaissances techniques »). Cette dernière interprétation rend mieux compte du texte : *ergateia* doit signifier des œuvres réalisées selon des techniques précises (*Plat., Symp.* 205 C, exprime la même idée par une périphrase : *hai hupo pasais tais technais ergasiai*, « les ouvrages qui dépendent des arts », trad. Robin) et l'expression doit désigner « toute compétence (*epistèmè*, cf. *Lidd.-Sc.* I, 1 et 2) artistique ou technique ». Une réminiscence d'*Ex.* XXXI, 3-7 (cf. aussi XXXV, 31 - XXXVI, 1) est presque certaine (cf. en particulier v. 3 *pneuma... epistèmès en panti ergôi*).

Revenons maintenant à *phronèsis*, auquel cette expression se rattache étroitement. Le mot doit désigner soit les facultés inventives de l'intelligence ou l'ingéniosité de l'esprit, soit, d'une façon plus générale, l'intelligence ou la sagesse pratique. Enfin *pasa*, sans art., signifie « toute sorte, toute forme de... ». Dans un autre contexte, *Phil., Cher.* 68-74, fait dépendre également de Dieu toutes les sciences et techniques humaines (71, *tas dianoèseis, tas epistèmas, tas technas*). Rappelons aussi qu'Isis est présentée volontiers comme ayant inventé ou inspiré certains arts ou techniques (hymne de Kymé, 1, 15, l'art et la navigation ; 1, 51, la fortification des villes). Tout en se souvenant d'abord d'*Ex.* XXXI, 1-7 (cf. *supra*), l'auteur a pu songer aux compétences requises pour la construction du Temple (cf. *1 R. V,* 16-VII). Mais il se maintient sur un plan de nature pour souligner l'universalité de la causalité divine et la nécessité de la prière pour tous. Au v. suivant, au contraire, il rejoint la tradition d'une sagesse charismatique accordée à Salomon (sur la base de *1 R. V,* 9-13).

Dieu a communiqué un savoir universel par sa Sagesse

17. *C'est lui précisément qui m'a donné une connaissance certaine*
des êtres,
    en m'apprenant la structure du monde et le jeu des éléments,
18. *le commencement et la fin et le milieu des temps,*
    les alternances des solstices et les changements de saisons,
19. *les cycles d'années et les positions des étoiles,*
20. *les natures des animaux et les humeurs des bêtes sauvages,*
    les impulsions des esprits et les mentalités des hommes,
    les variétés de plantes et les vertus des racines.
21. *Tout ce qui est caché et apparent, je l'ai connu.*
22a. *Car c'est l'artisane de l'univers, la Sagesse, qui m'a instruit.*

17 a. *Autos gar* (« c'est lui précisément, aussi est-ce lui ») prend appui sur les affirmations précédentes, tandis que *moi edôken* (« qui m'a donné ») revient à l'expérience privilégiée de Salomon. Dans le compl., *gnôsin* a déjà son relief propre car le mot est partout emphatique en *Sag.* (cf. I, 7 b ; II, 13 a ; VI, 22 d ; X, 10 d ; XIV, 22 a), mais il est qualifié encore par *apseudè* **. Dans l'usage gr., cet adj. signifie surtout « qui ne ment pas, ne trompe pas ; véridique » (cf. *Lidd.-Sc.* I, 1), mais aussi « qui ne se trompe pas, exempt d'erreur, infaillible ». Ce second sens (intrans.) se rencontre p. ex. dans le *Théétète* de PLATON (152 C, 160 D), un dialogue préoccupé de définir la science *(epistèmè)* et de déterminer la connaissance véritable des êtres *(ta onta* cf. 160 D, 199 B), par opposition à la connaissance trompeuse, sujette à l'erreur et à l'illusion. Ce sens intrans. doit être visé ici. Sans conclure, pour autant, à une réminiscence du *Théétète*, on admettra la reprise d'un langage philosophique pour signifier une connaissance certaine (parce que communiquée par Dieu). Le dét. *tôn ontôn* renvoie à la même ambiance (cf. *supra*) mais désigne simplement les êtres existants (cf. VIII, 6 b).

17 b. L'infin. *eidenai* dépend virtuellement de *edôken* (« m'a donné de connaître » ; cf. *Lidd.-Sc.*, *didômi* I, 4) ou a valeur finale (« pour connaître » ; cf. *Kühn.-Ge.* II, 2, pp. 16-17). Salomon va donc énumérer les composantes principales d'une telle révélation, d'abord *sustasin kosmou* et *energeian stoicheiôn*, deux expressions mises en relation étroite. Si *stoicheia* ** renvoie implicitement à la doctrine grecque courante des quatre « éléments » (terre, eau, air, feu) et non aux astres (*Syr. : mâwzelôtô'* ; DÄHNE cité par *Goodr.* ; A. DIETERICH, *Abraxas*, 1891, p. 61), *sustasis* peut avoir un sens actif (« formation, assemblage, constitution ») ou passif (« structure, organisation interne, consistance »). Le premier correspond à la question classique *pôs sunestèken ho kosmos* (cf. DIELS, *Dox.*[3], p. 289[a]) et se rencontre déjà chez *Plat.* (*Tim.* 32 C *hè tou kosmou sustasis*, avec mention des quatre éléments ; cf. ensuite *De Mundo* 396[b]23 ; *Diod. Sic.* I, 7 ; *Plut., def. or.* XXXII, 427 B)) ; le second apparaît surtout chez les Stoïciens, préoccupés d'expliquer l'unité et la stabilité du monde par le jeu des éléments (cf. p. ex. *SVF* II, 555, p. 175 ; DIELS, *Dox.*[3], p. 458). *A priori*, l'auteur a pu essayer de retrouver la doctrine des quatre éléments dans le récit biblique de la Genèse (comme l'a fait *Phil.*). Cependant, le contexte dénote l'intention non de remonter aux origines du monde, mais d'expliciter une connaissance universelle de ce qui existe (17 a). Le Cosmos est donc envisagé dans son état actuel et il est considéré comme un ensemble structuré, un tout cohérent et organique (un « système » d'après le *De Mundo* 391[b]9 ; cf. *Siegf.* : « das System der Welt »). Ce sens passif a, du reste, la préférence des trad. anciennes (*Lat.*, *dispositionem* ; *Syr.* « comment se tient le monde » ; *Shex.* et *Arm.* « structure » ; *Ar.* « ordre ») et modernes.

La mention de « l'énergie des éléments » doit expliquer le comment de cette structure ou organisation interne. Le mot *energeia* (repris en VII, 26 ; XIII, 4 ; XVIII, 22 ; cf. aussi *Ep. Ar.* 266 ; *2 M.*

III, 29 ; *3 M.* IV, 21 ; V, 12, 18) est difficile à traduire. Aristote l'oppose comme « l'acte » à la puissance, ou comme « l'opération, l'activité » aux dispositions habituelles. Plus tard, Galien (*nat. fac.* I, 2, 7) lui assignera une position intermédiaire entre l'*ergon* et la *dunamis (energeian de tèn drastikèn onomazô kinèsin kai tèn tautès aitian)*. Appliqué fréquemment à Dieu, aux facultés de l'âme ou aux forces cosmiques dans les *Hermetica*, il y signifierait fondamentalement d'après W. Scott (I, p. 233 ; III, pp. 327 s. ; cf. aussi I, pp. 392 s.) « a force-at-work ». Ici, il signifie davantage que « puissance, vertu » *(Corn., Mar.)* ou « propriétés » *(Cramp.,* Osty) ; il évoque l'idée d'une « force » ou d'une « énergie » se déployant d'une façon incessante, exerçant une activité continuelle. Pour éviter les périphrases telles que « force opérante, vertu active ou efficace », on peut se contenter de le traduire par « activité, efficacité » (cf. *Goodr., Hein., Ficht., Guil.*) ou par « jeu ». En tout cas, dans la physique grecque commune, l'activité incessante des éléments expliquait aussi bien la permanence et l'harmonie vivante du Cosmos, que les échanges continuels dont il était le théâtre. Mais la doctrine pouvait être présentée sous différentes formes et avec bien des nuances : par ex. le mot « élément » désignait des substances différentes des corps qui tombent sous l'expérience sensible (cf. *Arist., gen. et corr.* 330 [a-b] ; *Dio. Lae.* VII, 137), ou bien l'attention se fixait sur les qualités primaires de la matière (« le chaud, le froid, l'humide, le sec », cf. Diels, *Dox.*[3] p. 288 [b] ; *SVF*, II, pp. 133-134) ou sur les propriétés les plus diverses (« le lourd et le léger, les lois d'inclination vers le haut et vers le bas, la densité, la perméabilité, etc... », cf. *SVF*, II, p. 175, n. 555 ; etc.). Alors que *Cant.* retrouve ici la doctrine grecque des quatre éléments, identifiés avec les réalités matérielles sensibles, l'auteur se montre plus discret (cf. cependant XIX, 18). Pris objectivement, le texte parle de réalités premières, relativement simples, essentiellement dynamiques, qui sont le fondement commun de tous les êtres et expliquent à la fois la permanence de l'univers et les transformations incessantes qui s'y opèrent. Mais l'intention de présenter Salomon comme un philosophe est manifeste : il connaît les grandes lois de la Physique grecque (sans qu'il y ait lieu d'introduire la distinction postérieure entre Cosmologie et Physique).

18 a. La formule *archèn kai telos kai mesotèta***** rappelle des formules grecques analogues. Les plus courantes sont appliquées à Zeus ou à la divinité par des textes orphiques de différentes époques (cf. déjà *Plat., Leg.* 715 E ; plus tard *De Mundo* 401 [a] ; *Aristob. ap. Eus., Praep. ev.* XIII, 12 ; *Fl. Jos., c. Ap.* II, 190 ; *Plut., adv. Col.* XXX, 1124 F ; *comm. not.* XXXI, 1074 E ; *def. or.* XLVIII, 436 D). D'autres apparaissent souvent en contexte pythagoricien à propos du nombre, surtout le nombre « trois » ou le nombre impair (cf. déjà *Arist., De Coelo* 268 [a]10 ; puis *Bouther.* dans *FHG*, II, p. 50 ; *Aristox. ap. Stob.* I, 6, 16 ; *Phil., Her.* 126 *archèn mesotèta teleutèn echonta* et

Qu. Gn. IV, 6). On les rencontre encore dans la définition de l'infini (*Plut., Stoic. rep.* XLIV, 1054 B) ou de l'instant (*Arist., Phys.* 222 ª), à propos de la triple division du temps (*Sext. Emp., Math.* X, 197 ss) ou, en contexte religieux, à propos de l'*Aiôn* ou de l'éternité (*archèn mesotèta telos ouk echôn, SIG* ³, III, n. 1125, 10, de l'époque d'Auguste). On y a recours enfin pour rehausser le ton d'un discours ou présenter un exposé exhaustif (*Beros., fragm.* 27 ª *ap.* P. SCHNABEL, *Berossos und die babyl.-hellen. Literatur*, Leipzig, 1923, p. 264 ; *Plut., educ. puer.* VIII ; *Luc., rhet. praec.* XV, 234). Et il faudrait ajouter les emplois innombrables de la formule simple *archè kai telos*. Dans notre texte, le mot important est le dét. *chronôn*. Ces « temps » ne sont pas les différentes phases de l'histoire humaine, comme dans les écrits apocalyptiques, car le contexte renvoie à des disciplines grecques. *Cant.* pense à des spéculations philosophiques sur les trois grandes divisions du temps (passé, présent et futur) et *chronoi* peut en effet avoir cette portée (cf. *Sext. Emp., Math.* X, 169 s ; *fr. herm.* X *ap. Stob.* = *C.H.* III, p. 52). Néanmoins, la suite du texte (18 b, 19) oriente vers des déterminations plus précises et plus concrètes. Aussi les Modernes parlent-ils de chronologie astronomique *(Gri., Gutb., Dea.)*, de connaissances astronomiques requises pour établir un calendrier *(Far., Goodr.)* et obtenues à la fois par des observations et des calculs mathématiques *(Hein.)*. Ce type d'interprétation est justifié : *chronoi* doit s'appliquer aux divers temps mesurés par le circuit du soleil, de la lune et des autres planètes. *Phil. (Op.* 60) commente *Gn.* I, 14 en ce sens : « Les astres sont nés pour servir de mesure au temps. » Grâce à leurs révolutions périodiques « surgissent les jours, les mois et les années... Et la nature du nombre apparut, révélée par le temps » (trad. ARNALDEZ). Mais un passage du *Timée* (37 E-38 E) est plus éclairant encore : le temps est une imitation de l'*aiôn*, mais il progresse en cercle, suivant la loi des nombres, et ses divisions sont les jours et les nuits, les mois et les saisons ; tous les astres concourent à constituer les temps, chacun selon son circuit propre, mais il existe aussi un temps pour leurs courses respectives (cf. aussi l'application de *chronoi* au mouvement des astres dans *fr.* 48 de BÉROSE, *ap.* SCHNABEL, *op. cit.*, p. 163). L'auteur a pu se souvenir de ce passage de *Plat.* Quant à la formule précédente, elle pourrait signifier simplement une connaissance exhaustive de ces divers « temps » ; ou encore elle renverrait à des spéculations sur le nombre (*mesotès* est alors fréquent) en insistant sur les compétences mathématiques de Salomon. Mais elle atteste plutôt l'influence de théories opposant le temps à l'*aiôn* qui, lui, n'a « ni commencement, ni milieu, ni fin » (cf. *supra ;* l'éditeur de cette inscription la rapproche de *Tim.* 37 E-38 E).

18 b. Le texte de *Lat.* est troublé (cf. *Bi. Sa.*) avec un doublet (cf. *De Br.* p. 112) dû apparemment à une double lecture : *tropôn* (de *tropè*) et *tropôn* (de *tropos*). Le plur. *tropai* (cf. *Dt.* XXXIII, 14 ;

Jb. XXXVIII, 37) désigne couramment dans l'usage gr. (déjà *Hés.*, *Trav.* 479, 564, 663) les deux solstices d'été et d'hiver, lorsque le soleil est censé infléchir sa course, « tourner », et on le précise volontiers par *therinai* ou *cheimerinai* (cf. *Lidd.-Sc.* I, b ; cf. aussi *tropai dittai* dans *Ps. Plat., Ax.* 370 C), parfois il s'applique à d'autres astres (cf. *Plat., Tim.* 39 D ; *Arist., hist. an.* 542 ᵇ23 ; *de coelo* 296 ᵇ4 ; *Epict., Ep.* II, Usener, p. 40) ou il embrasse les équinoxes (mais cette extension est exceptionnelle, cf. *Lidd.-Sc.* I, b). D'après l'usage ordinaire, il renvoie donc normalement aux solstices. Du reste, il détermine *allagai* *, « changements, échanges », ou plutôt « alternances », car l'expression doit renvoyer non aux changements introduits dans la nature par les solstices (cf. les remarques de *Gri.* et *Corn.*), mais à des observations astronomiques s'accompagnant de calculs. Une longue note marginale de *Shex.* (reproduite et traduite par *Feldm. Mat.*, p. 27) l'interprète de la « succession des quatre saisons de l'année » (avec extension de *tropai* aux équinoxes), mais cette idée est signifiée directement par l'expression coordonnée, *metabolas* (« changements, vicissitudes ») *kairôn*. En effet *kairos*, qui précise avec différentes nuances l'idée de temps (cf. II, 5 ; III, 7 ; IV, 4 ; VIII, 8), prend parfois le sens de « saison » (cf. *Plat., Leg.* 709 C ; *Lidd.-Sc.* III, 2) et *Phil.* le retrouve dans l'expression *eis kairous* de *Gn.* I, 14 *(Op.* 59 *kairous de tas etèsious hôras hupeilèphen einai).* Ce sens est tout indiqué après la mention des « solstices » : comme ceux-ci renvoient à l'été et à l'hiver, l'auteur ajouterait le printemps et l'automne qui commencent avec les équinoxes ; au cas où *tropai* inclurait ces derniers, la progression serait différente : de la cause, connue scientifiquement, l'auteur passerait à l'application immédiate, c.-à-d. à la division de l'année en saisons. Cette connaissance des saisons s'accompagne de celle de la durée respective des jours et des nuits *(Phil., Her.* 133, 136, 146-148, s'attache à montrer qu'elle reste proportionnellement égale) ; elle commande aussi la détermination des mois et des semaines, si bien que *kairôn* peut désigner également ces autres divisions du temps (cf. *Gri., Dea., Hein.*, etc.). Pourtant l'intérêt se concentre sur les saisons et sur leur détermination précise. Selon *Phil. (Somn.* I, 20), ce sont elles qui constituent essentiellement le « cycle de l'année » *(ex hôn ho eniautou kuklos pephuke peratousthai),* c.-à-d. qu'elles interviennent nécessairement pour fixer le commencement et la durée de ce « cycle ». Or cette concordance était beaucoup moins nette chez les Anciens et elle avait provoqué des mises au point successives, surtout dans l'Égypte hellénisée. Si l'année lunaire était entièrement détachée du rythme des saisons et si les années luni-solaires ne coïncidaient pas non plus avec celui-ci, l'année solaire elle-même eut besoin d'être rectifiée progressivement, en fonction des solstices et des équinoxes. Chez les Grecs, Hipparque (IIᵉ s. av. J.-C.) détermina la durée de l'année tropique en s'aidant des observations d'équinoxe, et ceci l'amena à constater la durée inégale des saisons. En Égypte, l'année commençait au solstice d'été, qui coïncida anciennement et

pendant longtemps avec le lever héliaque de Sothis (ou Sirius).
Mais comme l'année civile (ou année « vague ») comprenait douze
mois de trente jours, suivis de cinq jours *épagomènes* (ou inter-
calaires), le décalage progressif entre l'année tropique et l'année
civile finissait par détruire toute concordance entre la seconde et
le retour périodique des saisons. Pour remédier à cet inconvénient,
Ptolémée III Evergète, dans le décret de Canope, décida qu'on ajouterait un jour tous les quatre ans, « afin que les saisons suivent
une règle absolue » (cf. A. BOUCHÉ-LECLERCQ, *Histoire des Lagides*, I,
Paris, 1903, p. 270) ; puis en l'an 45, Jules César, conseillé par
Sosigène, un astronome grec d'Alexandrie, fixa à 365 jours un quart
la durée de l'année tropique et introduisit une année de 366 jours
tous les quatre ans ; enfin, en l'an 26, Auguste introduisit l'année
alexandrine fixe, soudée au calendrier julien (cf. A. BOUCHÉ-LECLERCQ,
ibid., p. 376). Le rappel de ces faits peut éclairer l'importance accordée
ici aux « solstices et aux saisons ». Alors que *Phil.* insiste sur les
équinoxes (*Qu. Gn.* II, 31, 46, 47) et disserte longuement (*Qu. Ex.*
I, 1), à propos d'*Ex.* XII, 2, pour montrer que l'Écriture demande
de faire débuter le cycle des mois avec l'équinoxe de printemps,
l'auteur s'inspire plutôt de l'usage égyptien en mentionnant d'abord
les solstices, et il semble bien tenir compte de déterminations
récentes du « cycle de l'année » dans ce pays.

19. La pensée progresse dans le même contexte, qu'on lise
eniautou kuklous « les cycles de l'année », ou *eniautôn kuklous* « les
cycles d'années », deux leç. qui alternent dans les *mss* (cf. *Zie.*) et
possèdent apparemment la même autorité. La première (préférée
entre autres par *Gri.*, *Web.*, OSTY, *Guil.*, *RSV* et *Zie.*) parlerait de
cycles distincts à l'intérieur d'une même année (ceux des mois en
particulier) ou des différentes manières de calculer le point de
départ ou la durée de celle-ci. La seconde (adoptée en particulier
par *Cant.*, *Dea.*, *Corn.*, *Hein.* et *Ra.*) renvoie plus directement aux
divers computs de l'année en usage selon les peuples (cf. *Phil.*,
Qu. Ex. I, 1). Mais les faits rappelés au v. précédent font plutôt
songer, en gardant aux deux plur. toute leur force, à des cycles
d'années qui reviennent périodiquement, en particulier à ceux de
quatre ans pour accorder année civile et année astronomique ou
tropique ; on connaissait aussi des cycles plus longs (p. ex. les
périodes « sothiaques », cf. *SDB*, II, col. 767 et 861), sans parler du
thème de la « grande année », cf. P. BOYANCÉ, *Le Songe de Scipion*,
Paris, 1936, pp. 160-171). *Cant.* inclut dans l'expression la science de
certaines révolutions sidérales, telles celles de Mars, de Jupiter et
de Saturne.

L'expression suivante, coordonnée étroitement, doit servir à cette
connaissance. Le plur. *theseis* est certainement authentique (*thesis*
peut s'y ramener, cf. *Zie.*, p. 67, et les autres var. sont secondaires).
A l'exception de S* (*astrôn* plur. de *astron*), tous les *mss* portent
asterôn (plur. de *astèr*) comme dét., mais cette alternance est moins

rigoureuse ailleurs (cf. *Zie.*, pp. 80-81). Rappelons à ce propos que les Grecs gardaient le sens d'une certaine distinction entre les deux termes au sing. : *astèr* signifiait proprement « étoile », tandis qu'*astron* s'appliquait de préférence aux planètes (cf. *Posidon. ap.* DIELS, *Dox.*[3], p. 466 *astra idiôs hèlion kai selènèn legesthai*) par opposition aux « fixes » (cf. *Plat.*, *Tim.* 38 C) et n'était employé qu'exceptionnellement d'une étoile particulière, Sirius ; mais pour désigner un système d'étoiles, on employait couramment *astron* (non *astèr*) et le plur. *astra* pouvait renvoyer non seulement aux planètes, mais encore aux étoiles. L'alternance *asterôn / astrôn* est donc sans importance réelle, mais la présence de *theseis* (« positions, dispositions, arrangements ») fait penser aux étoiles (cf. déjà *Lat.*) ou aux astres en général. Au v. 29, l'expression *astrôn / asterôn thesin* équivaut à « constellation » et semble préluder à l'emploi plus tardif de *astrothesia* (*Athen.* 490 f ; MEINECKE, II, 397, à propos des Pléiades ; cf. aussi antérieurement *astrothetein* chez *Strab.* I, 1, 6). Dans les textes astrologiques (cf. *Vett. Val.*, *Anth.*, ed. KROLL), nous voyons précisément alterner *thesis asterôn* (p. 103, 1-2) avec *astrothesia* (p. 157, 24 ; p. 356, 26) et les principales constellations du zodiaque entrent alors en ligne de compte. Selon *Hein.*, le texte parle d'une science permettant de déterminer l'appartenance respective des étoiles à une constellation distincte et de calculer le temps d'après leur apparition ou leur position. Peut-être l'auteur était-il aussi au courant du déplacement progressif, dans le ciel, des constellations du zodiaque, en raison de la précession des équinoxes (la leç. *eniautôn kuklous* recevrait alors une justification supplémentaire). En tout cas, l'orientation proprement « astrologique » du texte n'est pas apparente ; la connaissance des « positions des étoiles » sert à déterminer non l'horoscope, mais les « cycles d'années ».

20 a. Connaître les « natures des animaux » relevait de la compétence d'un philosophe. Aristote avait composé divers traités sur les animaux et donné le branle à une étude scientifique qui connaîtra du reste un gauchissement progressif (cf. *Études*, ch. III, p. 195 et n. 4). Si le mot *phuseis* * semble prétentieux, il gardait une certaine élasticité dans l'usage gr. (« origine ; constitution, forme naturelle ; caractère, instinct ») et nous voyons les traités classiques s'occuper à la fois de la classification des animaux en espèces, de leur mode de génération, de leurs propriétés anatomiques ou physiologiques, de leurs mœurs, etc.

L'expression coordonnée, *thumous thèriôn*, relève un aspect particulier de la connaissance du monde animal. Parce que *thèria* désigne habituellement les bêtes sauvages ou féroces, parfois les bêtes venimeuses ou les serpents (cf. XVI, 5), on pourrait donner à *thumoi* le sens de « fureur » (cf. XI, 18 ; XVI, 5 et *2 M.* XII, 35), le plur. signifiant la pluralité des actes. Néanmoins, la relation étroite avec *phuseis* fait penser plutôt à une disposition permanente et **caracté-**

ristique : « humeurs farouches, mœurs, instincts ». Par ce trait, l'auteur souligne d'abord la science exceptionnelle de Salomon (cf. *Corn., Hein.*) car les bêtes sauvages sont les plus difficiles à observer et à connaître. Une telle connaissance permettait également d'échapper aux dangers qu'elles font courir à l'homme (dans l'Égypte ptolémaïque, elles causaient des morts nombreuses, cf. CUMONT, *Eg. Astr.*, pp. 61-62) ou même d'y remédier (cf. les *Theriaca* de Philinos, de Nicander, etc.). Enfin elle comportait l'art, si apprécié et auquel les textes astrologiques d'Égypte font souvent allusion (cf. CUMONT, *ibid.*, p. 64), de les apprivoiser ou de les domestiquer (*Cant.* glose : καὶ ὅπως ταῦτα καταγοητεύεται καὶ τιθασσοῦται, καὶ τὴν ἀγριότητα πρὸς τὸ φιλάνθρωπον μετασκευάζει) ; il y avait des lions apprivoisés à la cour des Ptolémées et la curiosité des savants fut stimulée par les nombreux animaux exotiques réunis dans le parc royal. L'ensemble du stique prend appui sur *1 R.* V, 13 (« il parla des quadrupèdes, des oiseaux, etc. », peut-être aussi (cf. *Dea.*) sur certains textes de *Pr.* (VI, 6-8 ; XXX, 19, 24-28).

20 b. La portée exacte de *pneumatôn bias* reste indécise (cf. *Études,* ch. III, p. 199). *Lat. (vim ventorum)* et *Arm.* l'entendent des « violences des vents » et cette interprétation, adoptée spontanément par *Mal.* (cf. *infra*) et *Cant.* (ὅτι τε τυφῶνες, καὶ ὅτι ἐκνεφίαι, καὶ ὅτι ἀργίται, καὶ τί ποτ' ἄρα τούτοις τὸ αἴτιον), préférée par divers anciens (cités par *Gri.*), puis par *Gre.*, peut faire valoir les raisons suivantes : l'expression se rencontre avec ce sens en divers textes, soit au sing. (cf. *Polyb. I*, XLIV, 4 ; XLVIII, 5), soit au plur. (cf. *De Mundo* 400 ᵃ28 *biai te pneumatôn kai tuphônôn ; Phil., Op.* 58 ; *Mos.* I, 41 *pneumatôn bias*) ; *pneuma* alterne couramment avec *anemos* (cf. H. LEISEGANG, *Heilige Geist,* I, pp. 34-36), tandis que l'emploi de *pneumata* au sens « d'esprits » angéliques ou démoniaques ne correspond pas à l'usage gr. ordinaire (cf. *TWNT*, VI, p. 337) ; la mention de ces « esprits » surprend dans une énumération renvoyant à des disciplines grecques ; dans le contexte, il y aurait un lien implicite soit entre les réactions soudaines ou imprévisibles des fauves et des ouragans, soit entre l'allure mystérieuse des vents (cf. *Jn.* III, 8) et le cours capricieux des pensées de l'homme (*Mal.* assimile d'abord les humeurs « différentes » des bêtes sauvages et les mentalités « différentes » des hommes, puis voit dans *pneumatôn bias* une image des pensées humaines *pros ta enantia rhepontôn te kai hoion pneontôn*). Le texte évoquerait alors la météorologie, une science cultivée par les philosophes et les savants (cf. en particulier *De Mundo* 394 ᵃ7-395 ᵇ17). Cependant, comme on attendrait *biai anemôn* (comme en IV, 4), divers anciens (cités par *Corn.*) et presque tous les Modernes entendent *pneumata* des « esprits » (cf. 23 d) dangereux ou malfaisants (à cause de *biai*), en expliquant autrement la progression des idées : « la mention de la fureur des bêtes sauvages fait songer aux esprits mauvais qui assaillent l'homme » *(Hein.).* Cette croyance en l'influence nocive des esprits, contre-

carrée par l'action bienfaisante de certains « mages » ou « sages »,
est attestée en divers milieux hellénisés (cf. *Études*, ch. III, p. 194
et Cumont, *Eg. Astr.*, pp. 167-171). Or Salomon doit être représenté
moins comme un philosophe ou un savant de type classique que
comme un sage de l'Orient hellénisé. Bien plus, ses dons d'exorciste
sont célébrés par une tradition juive attestée déjà chez *Fl. Jos.*
(cf. *Études*, ch. III, p. 196), puis dans les textes rabbiniques, mais
surtout (cf. *ibid.*, n. 3) dans le *Testament de Salomon* (cf. en particulier XXII ; McCown, p. 65 * : ἐδόθη σοι σύνεσις ἐπὶ πάντων τῶν
πνευμάτων ἀερίων τε καὶ ἐπιγείων καὶ καταχθονίων). Ce trait n'est
pas biblique ; il semble dériver, d'après *Fl. Jos.*, de la connaissance
des plantes ou des racines. Si *pneumatôn bias* faisait suite à la
mention de celles-ci (cf. 20 c), on n'hésiterait pas à entendre l'expression des « violences exercées par les démons ». En fait, on la rencontre dans un autre contexte et l'identification ne va pas de soi :
l'emploi de *daimonôn* lèverait toute équivoque et *pneumata* n'a pas
une portée péjorative en 23 d (cf. *comm.*). Mais l'interprétation précédente soulève également des difficultés : dans les deux autres
stiques, la seconde expression particularise la première et il doit
en être de même ici. Aussi nous paraît-il plus indiqué de donner
à *pneumata* une portée directement psychologique. Le terme désignerait les impulsions soudaines qui agissent dans l'homme et
s'emparent de lui : elles sont rattachées à des « esprits » et le champ
d'action de ceux-ci recouvre en réalité tout le domaine des passions
violentes. L'accent porte alors non sur le caractère surnaturel des
pneumata, mais sur leur influence psychologique. Un tel emploi du
terme peut s'inspirer à la fois de motifs bibliques (p. ex. l'irruption
soudaine d'un esprit dans l'homme, cf. *1 S.* XI, 6 ; XVI, 14 ; etc.)
et de théories grecques (ainsi celle des courants pneumatiques à
l'œuvre dans les sensations ; cf. G. Verbeke, *L'évolution*, pp. 31-32 ;
74-76 ; 193 et *Plut., Plac.* IV, 21) ; il trouve une certaine correspondance dans les *Test.* (cf. la note de R.-H. Charles, *The Testaments...*
translated, London, 1908, pp. 3-5 ; et pour la litt. récente, *TWNT*,
VI, p. 389, n. 339).

Le sens de l'expression coordonnée, *dialogismous anthrôpôn*,
dépend de l'interprétation du premier terme, susceptible de signifier
en particulier « calculs, raisonnements » (cf. *Si.* XXXIII, 5), « délibérations » (cf. *Ps. Plat., Ax.* 367 A), « réflexions, pensées » (*Ep. Ar.*
216 ; *Fl. Jos., G.J.* I, 320 ; cf. aussi *Lidd.-Sc.* II et *WBNT*, 1), « débat,
discussion » (cf. *Lidd.-Sc.* III), « conversation » (*Si.* IX, 15 ; XXVII, 5),
mais qui prend souvent dans la *LXX* une note péjorative (cf. *Ps.*
LV, 6 ; XCIII, 11 ; CXLV, 4 ; *Is.* LIX, 7 ; *Jr.* IV, 14 ; *Lm.* III, 60-61).
L'auteur semble s'être souvenu de *Ps.* XCIII, 11 (« le Seigneur
connaît *tous dialogismous tôn anthrôpôn* »), mais sans attribuer
pour autant à Salomon une connaissance directe des pensées intimes
(*Siegf.* renvoie à *Jn.* II, 26, mais *Mal.* note déjà que c'est le privilège
de Dieu seul). Par ailleurs, le contexte d'ensemble (et même immédiat, cf. *supra*) n'oblige pas à entendre le terme en un sens péjoratif

(« machinations, calculs, desseins pervers »). On peut se contenter de le traduire par « pensées » (cf. déjà *Lat. : cogitationes*). Ou bien le texte parlerait d'un don exceptionnel de pénétration et de discernement à partir des moindres indices (cf. *Hein.*), un don illustré par un jugement célèbre (*1 R.* III, 16-28). Ou bien, avec une portée plus générale, Salomon serait présenté comme un fin psychologue (le mot Psychologie est employé par *Gri., Dea., Hein., Ficht.*), expert à analyser et à décrire les divers types d'hommes avec leurs tempéraments, leurs tendances, leurs « caractères ». Cette dernière interprétation, supposée par *Mal.* (qui parle de mentalités différentes ou changeantes), devient plus explicite chez *Cant.* : εἰ σκολιοί εἰσιν, εἰ εὐθεῖς, εἰ εἰς βάθος μηχανῶνταί τι καὶ κρύπτουσιν, ὡς ἐπὶ πολὺ ἀστεῖοι φαινόμενοι, εἰ θυμώδεις, εἰ ὀξεῖς, εἰ καρτερικοί. Enfin, si l'on retient le sens de « raisonnements, arguments », l'art de la dialectique serait visé et il n'est pas impossible que l'auteur ait voulu évoquer à la fois par un terme particulier (employé seulement ici en *Sag.* et inusité par *Phil.*) et la connaissance des hommes ou de leur psychologie, et celle de leurs raisonnements, de leur langage astucieux ou savant.

20 c. Avec *diaphoras phutôn*, il passe au règne végétal (que *Phil.* associe au règne animal avec une expression identique : *zôiôn kai phutôn diaphoras Somn.* I, 203 ; *phutôn kai zôiôn amuthètous diaphoras Spec.* I, 339) et *diaphorai* doit signifier une classification en espèces (cf. *Thphr., H.P.* VI, 4, 5 ; VII, 4, 1 ; *Plut., qu. conv.* IV, 4, 2, 667 E), tandis que *phuta* désigne d'une façon générale les plantes ou les végétaux (cf. *Lidd.-Sc.* I, 1). Il s'agit donc en réalité de botanique, une science illustrée chez les Grecs par des traités célèbres (celui d'*Arist.* est perdu, mais cf. les *peri phutôn historias* et *peri phutôn aitiôn* de *Thphr.*). Si le point d'appui biblique doit être *1 R.* V, 13, ce texte mentionne seulement l'emploi des plantes dans des comparaisons ou des fables (cf. E. MEYER, *Der Papyrusfund von Elephantine*, Leipzig, 1912, p. 118) et *Fl. Jos., Ant.* VIII, 44 l'interprète en ce sens.

L'expression coordonnée, *dunameis rhizôn*, prolonge la précédente d'un point de vue particulier et *dunameis*, dans ce contexte, désigne les « propriétés naturelles » (cf. *Lidd.-Sc.* II, 2 b) ou insiste sur les « vertus curatives, salutaires » (comme dans les textes médicaux, cf. *Lidd.-Sc.* II, 4). Divers critiques *(Siegf., Goodr., Hein.)*, cependant, relèvent ici une allusion plus ou moins nette aux vertus magiques ou même antidémoniaques (cf. *Études*, ch. III, p. 196) de certaines racines. De son côté, *Cant.* rejoint une interprétation de *1 R.* V, 12-13 proposée par Théodoret (cf. *ibid.*, p. 197, n. 3) et devenue traditionnelle : Salomon aurait connu les affinités mystérieuses entre les êtres les plus divers en vertu de la grande loi de la sympathie universelle. En réalité, il n'y a pas lieu de solliciter de la sorte la portée de *dunameis*. Assurément, l'auteur reste l'homme d'un temps où la frontière entre science et magie était sans cesse franchie. Néanmoins, la manière dont il s'exprime fait penser d'abord, sinon exclusivement, aux vertus curatives médicinales des racines : *Si.* XXXVIII, 3-7 fournit un parallèle éclairant ; d'autre part, le discernement et la classification des racines rentraient de plein droit dans la médecine ou la pharmacie alexandrines (cf. *Études*, ch. III, p. 190, n. 2 et 3).

L'énumération des vv. 17-20 entend donc prêter à Salomon des connaissances dites profanes, cultivées par les Grecs. Sur la base de *1 R.* V, 13 et par un glissement analogue à celui relevé chez *Fl. Jos., Ant.* VIII, 44 (cf. *Études*, ch. III, pp. 195-196), Salomon est transformé en un philosophe et un savant ; comme les hommes cultivés de l'époque, il s'intéresse moins aux questions spéculatives qu'à la science du réel et aux applications pratiques. Les commentateurs s'efforcent souvent d'identifier chaque terme de l'énumération avec une discipline précise (cf. *Gri. :* « cosmologie, physique, météorologie, chronologie, astronomie, angélologie, psychologie, botanique, pharmacie ; *Dea. :* « philosophie naturelle, chronologie et astronomie, zoologie, psychologie, botanique, pharmacie » ; *Hein. :* « cosmologie, physique, chronologie et astronomie, zoologie, démonologie, psychologie, botanique, médecine » ; *Ficht. :* « cosmologie, physique, astronomie, zoologie, démonologie, psychologie, botanique, pharmacie »). Une telle rigueur est sans doute excessive, car elle isole d'une façon abstraite ou moderne des sciences dont les limites restaient fluides. Mais l'énumération garde tout son intérêt et laisse une autre impression que d'autres portraits de Salomon ou d'autres types de sages (cf. *Études*, ch. III, pp. 199-200). En réalité, l'auteur entend rattacher à Dieu toutes les connaissances théoriques et pratiques cultivées par les milieux profanes : il est la source de toute vérité en quelque domaine que ce soit. Si le texte les montre communiquées directement au Sage par excellence dans la tradition israélite, c'est pour affirmer qu'elles sont susceptibles d'être intégrées dans la Sagesse révélée, sans incompatibilité possible puisque Dieu a créé le monde et tout ce qui existe par sa Sagesse. — Les vv. 17-20 sont souvent cités par les Pères, malheureusement sans commentaire de détail. Ainsi *Clém.* (*Strom.* II, 2, 5 ; *St.-Fr.* 115) cite 17-22 ; *Or.* (*in Nb.* XII, 1 ; *Baeh.* 95) 17-20, ou (*in Mt.* XII, 15 ; *Benz-Kl.* 104) 17 a ; *Eus.* (*Praep. ev.* XI, 7 ; *Mras* 21-22) 17-22 a ; *Bas.* (*in Is.* V ; *PG,* XXX, 389) 17-20 ; *Greg. Ny.* (*C. Eun.* I, 315 et III, 67 ; *Jaeg.* I, 135 et II, 209) 18 a ; *Ps. Chrys.* (*PG,* LVI, 558) 17, 18 a, 19-22 a ; *Ambr.* (*exc. fr.* II, 31 ; *CSEL,* LXXIII, 265) 17 b - 20 b.

21. *Hosa te*, « tout ce qui », généralise, mais en prenant appui sur l'énumération antérieure. Salomon conclut « avoir connu », *egnôn* (cf. *gnôsis* en 17 a), et les « réalités cachées ou secrètes », *krupta*, et celles qui sont « manifestes ou visibles », *emphanè* (cf. VI, 22 d). Les *mss lat.* traduisent le second adj. par *improvisa* (selon REUSCH, une corruption possible de *in provisu* ; cf. *in prospectu* en IX, 16), à l'exception de A * qui porte *invisa* et rejoint la var. *aphanè*, attestée seulement chez *Eus.* (*Praep. ev.* XI, 7) et qui ne

doit pas être primitive. Le texte reçu parle donc non de la connaissance des « êtres spirituels » après celle des réalités du monde sensible (*Clém., Strom.* II, 2, 5 ; *SC*, XXXVIII, pp. 35-36), mais d'une connaissance de toutes les causes apparentes ou cachées (cf. *Cant.* μηδεμίαν γάρ φησι τῶν ὄντων αἰτίαν αὐτὸν λεληθέναι, εἴτ᾽ ἐμφανής ἐστιν, εἴτ᾽ ἀφανής), à partir de l'observation des phénomènes visibles. Certes le ton est prétentieux et côtoie la tendance à faire de Salomon un gnostique éminent. Pris à la lettre, il signifierait même une participation à l'omniscience divine. Il convient cependant de faire la part de l'hyperbole (cf. déjà *Cant. huperballôn kai houtos ho logos,* puis *Corn.*) et surtout de rappeler que la généralisation s'appuie sur l'énumération précédente.

22 a. Revenant sur l'origine charismatique de cette science universelle, l'auteur l'attribue non plus à Dieu, mais à la Sagesse qu'il appelle *hè pantôn technitis.* Quelques *mss* (cf. *Zie.*) ainsi qu'*Arm.* et *Ar.* ont tourné la difficulté en lisant *technitès* et *sophian* (« car l'artisan de l'univers m'a enseigné la sagesse »). Mais le texte reçu est certainement primitif. La Sagesse, présentée d'abord comme créatrice (cf. *infra*), est donc ramenée au premier rang pour justifier *(gar)* le v. précédent : c'est elle qui « a enseigné » ou inspiré immédiatement à Salomon, *edidaxen me sophia,* toutes les connaissances possibles. Il ne peut s'agir (cf. *Hein.*) de la sagesse communiquée à l'homme et qui contiendrait virtuellement ces connaissances (cf. *Hein.*). En raison même de la substitution à Dieu, le texte renvoie à la Sagesse divine ; bien plus, celle-ci est personnifiée comme une influence universelle inséparable de Dieu, et c'est là le fondement immédiat d'une telle substitution (cf. *Corn., Hein., Ficht.*). Le subst. *technitis,* peu employé et relativement tardif (attesté d'abord dans un texte du IIᵉ s. av. J.-C., *Fouilles de Delphes, Epigr.* nº 230 *technitin rhaphidèan,* puis dans *Anthol. Pal.* XI, 73 ; *C.H.* IV, p. 85 ; *Luc., Tox.* XIII), est le féminin de *technitès,* un terme qui qualifie un ouvrier habile, expert (artisan ou artiste) et qu'on trouve appliqué à l'auteur de l'univers (cf. XIII, 1 c). On ne peut penser ici à la Sagesse inspiratrice des œuvres d'art (cf. *Syr.* « habile en toutes choses ») : la référence à la création, confirmée du reste par VIII, 6 b, est incontestable et le dét. *pantôn* désigne tous les êtres existants. Le texte assigne donc à la Sagesse un rôle actif dans la création elle-même (cf. *Études,* ch. V, pp. 388-390). A vrai dire, comme la même causalité est rapportée ailleurs à Dieu (cf. en particulier I, 14 a ; IX, 1-2, 9 a-b ; XI, 17 b ; XIII, 1-5), la Sagesse ne se distinguerait pas de lui sur ce plan, sinon en tant qu'elle se verrait attribuer directement tout ce qu'il y a d'intelligence, de science, d'art et d'ingéniosité dans l'œuvre de la création. Mais parce que l'auteur voit la création initiale se prolonger dans une influence divine universelle incessante et que, dans ce rôle, la Sagesse prend un relief personnel distinct, cette distinction aurait été reportée jusqu'à la création elle-même, devenue une œuvre de la Sagesse

avec Dieu et en Dieu. Néanmoins, on doit s'interroger aussi sur les influences qui ont pu amener l'auteur à employer le mot *technitis* (cf. *Études*, ch. V, p. 389). Du côté grec, on pense surtout au motif stoïcien du Feu, du Logos ou de la Nature « artistes » (cf. *Dio. Lae.* VII, 156 *pur technikon, hodôi badizon eis genesin ; Cic., nat. deor.* II, 22, 57-58 *non artificiosa solum, sed plane artifex ; SVF*, I, p. 42, n. 160 *artificem universitatis ; SVF*, II, pp. 328-329) : le principe immanent à l'univers produit sans cesse des êtres nouveaux, avec un art infiniment supérieur au nôtre, et il pourvoit à tout avec une habileté consommée. Evidemment, ce motif serait transposé, car la Sagesse reste un principe transcendant, et elle doit être créatrice au même titre que Dieu. Du côté biblique, on signale le rapprochement avec *Pr.* VIII, 30 *(Gri., Reu., Far.),* en parlant même de dépendance directe (WOLFSON ; cf. *Études*, p. 389, n. 4). On sait, en effet, le problème soulevé dans ce texte par le mot *'âmôn* de *TM* et que *LXX* a traduit par *harmozousa* (cf. *Études*, ch. V, pp. 334-336). Ici, on ne peut faire état des trad. de *Syr. ('ûmônoyô')* et *Shex. ('ûmônetô)* car elles étaient pour ainsi dire obligées. Mais le fait que *pantôn* ou *ontôn technitis* intervienne à deux reprises (cf. VIII, 6) comme une expression reçue fait songer à un terme déjà accrédité dans certains milieux juifs pour rendre *'âmôn* de *Pr.* VIII, 30 (avec le sens d' « architecte, maître d'œuvre »), à moins que l'auteur lui-même n'ait proposé cette interprétation (ou voulu rectifier ainsi, sous des influences grecques, *harmozousa* de la *LXX*). Quoi qu'il en soit, l'idée exprimée a des attaches bibliques (cf. *Pr.* III, 19 ; *Ps.* CIII, 24 ; *Jb.* XXVIII ; *Pr.* VIII, 22-31 ; *Si.* XXIV). Pourtant, en attribuant à la Sagesse personnifiée la toute-puissance créatrice, l'auteur a conscience d'expliciter la révélation antérieure (cf. VII, 12 b). La suite du texte fait intervenir précisément des spéculations grecques sur le *Pneuma* universel : si la Sagesse est *technitis* de tous les êtres et peut tout enseigner à ce titre, c'est qu'elle possède un esprit divin, souverainement actif et efficace.

La nature de la Sagesse en fonction de son Esprit

22b. *Car il y a en elle un Esprit intelligent, saint,*
   unique, multiple, subtil,
   agile, distinct, sans tache,
   clair, inaltérable, aimant le bien, diligent,

23. *indépendant, bienfaisant, ami de l'homme,*
   ferme, assuré, tranquille,
   tout-puissant, contrôlant tout,
   et pénétrant à travers tous les esprits,
   les intelligents, les purs, les plus subtils.

24. *Aussi la Sagesse se meut plus vite que tout mouvement*
   et elle passe et pénètre à travers tout à cause de sa pureté.

22 b. Deux leç., avec deux accentuations possibles dans chaque cas, sont en présence : d'une part *estin gar autè* « elle est elle-même » (ou *hautè* « celle-ci est... ») dans A, la plupart des *min.*, *Eus., Praep. ev.* VII, 12 ; d'autre part *estin gar en autèi* « il y a en elle » (ou *en hautèi* « elle est en elle-même », Bois, p. 391) dans B S V O et quelques *min.*, avec l'appui de *Lat. (est enim in illa*, cf. *Bi. Sa.)* et des autres *verss* (cf. *Feldm. Mat.*, p. 58). La critique textuelle recommande nettement la seconde, préférée du reste par les Modernes (à l'exception de *Siegf.)* avec la lecture *en autèi* (pronom de rappel très fréquent en *Sag.)* ; assurément l'accentuation *en hautèi* (envisagée comme possible par *Gre., Hein.* Osty) ramè-nerait à la première, mais on ne peut invoquer en sa faveur 27 d dont la pointe est différente. L'auteur affirme donc qu'il y a dans la Sagesse ou qu'elle possède un *Pneuma* (pour la démarche de pensée sous-jacente et les points d'appui possibles, cf. *Études*, ch. V, pp. 367-369 ; sur les antécédents, la nature et le mode de l'identi-fication de la Sagesse avec l'Esprit, cf. *ibid.*, pp. 363-367 et 411-412). En s'exprimant de la sorte, il accentue la personnification de la Sagesse (cf. *Hein.*, tandis que *Reu.*, p. 531, n. 1, est d'un avis contraire) : comme tout être vivant, et surtout comme Dieu lui-même, la Sagesse possède un *pneuma*, un principe essentiellement dyna-mique qui accuse davantage sa personnalité vivante et agissante. Une certaine distinction entre la Sagesse et l'Esprit est ainsi sup-posée. Mais cette distinction tend à se résoudre, car si l'auteur fait appel à une doctrine du Pneuma pour illustrer la nature et l'activité de la Sagesse, les propriétés de l'Esprit deviennent celles de la Sagesse et leur activité se confond. *Corn.* rappelle que de nombreux Pères et commentateurs anciens ont retrouvé dans le texte le dogme trinitaire et, selon lui, l'Auteur principal de l'Écriture y a préparé clairement cette révélation. Une telle intention ne ressort pas suffi-samment du sens littéral, car si l'identité de nature est affirmée, la distinction « personnelle » tend à s'estomper. Selon *Hein.*, « l'Esprit Saint a certes préparé ici la révélation de la Trinité, mais uniquement en tant que la Sagesse est hypostasiée » (sur la réalité préfigurée par celle-ci, cf. *Études*, ch. V, pp. 410 ss et compléter n. 1 de la page 411 par A.-M. La Bonnardière, *Biblia Augustiniana*, pp. 196-197, n. 162).

La liste suivante d'attributs appelle quelques remarques préli-minaires. Les *mss* gr. s'accordent sur le nombre de 21 (à part deux omissions dans deux *mss* isolés, cf. *Zie.)* et l'on n'attachera aucune importance à la liste incomplète d'*Eus., Praep. ev.* VII, 12 et XI, 14 (*Mr.*, pp. 387 et 35), car d'autres Pères usent d'une grande liberté : *Méth., Symp.* VII, 1 (*Bonw.*, p. 71) cite seulement les trois premiers attributs, le choix de *Greg. Naz., Orat.* XXXI, 29 (*PG*, XXXVI, 168), se limite à 9, tandis qu'*Ambr.* fait alterner listes partielles (*Spir. S.* III, 6 et 18 ; *PL*, XVI, 784 et 808) et liste complète (*Incarn. sacr.* X ; *PL*, XVI, 846). Si certaines *verss* semblent supposer un chiffre plus élevé, ce surplus n'est qu'apparent : dans *Lat.*, les vingt-cinq attributs de l'éd. Clémentine sont réductibles à vingt et un car *benignus* est un doublet sur *humanus* (cf. *De Br.*, p. 112) et le sing. *intelligibilis, mundus, subtilis* (v. 23e) est une corruption d'un plur. primitif (cf. *Bi. Sa.*) ; dans *Syr.*, le chiffre 27, souvent allégué, doit être réduit car on relève un doublet sur *saphes* (« sage et sûr ») et sur *pantodunamon* (« fort et tout-puissant »), une surcharge après *panepiskopon* (due à une erreur de copiste, cf. *Holtz.*, p. 83), et la transformation du plur. en sing. en 23 e (restituer en effet : « et embrassant tous les esprits, intelligent, pur et éclatant ») ; dans *Ar.*, deux attributs synonymes (« aimant la sagesse, philosophe ») ont été insérés librement entre *philanthrôpon* et *bebaion*. Le chiffre 21 est considéré généralement comme intentionnel et symbolique (cf. *Études*, ch. V, p. 369). Le genre littéraire est celui de l' « accumulation », mais le souci doctrinal l'emporte sur l'effet oratoire (comme ex. de rhétorique exubérante, cf. les 147 épithètes du « jouisseur » chez *Phil.*, *Sacr.* 32). L'énumération s'apparente surtout à celle des propriétés du « Bien » dans un fragment stoïcien attribué à CLÉANTHE (*SVF*, I, p. 127) et reproduit par *Clém.* (*Protr.* VI, 72 ; *SC*, II, p. 128) ou *Eus.* (*Praep. ev.* XIII, 13 ; *Mr.*, p. 213). On rapproche aussi (HEINEMANN, *Poseid.*, p. 137, n. 2) certaines prières juives, en particulier 'èmèt weyaṣṣîb (cf. *The Jewish Encyclopedia*, V, p. 152 ; trad. anglaise dans *The authorized daily prayer book*) qui allègue seize attributs de la Parole divine. Plus lointaines sont les analogies avec les litanies sur la divinité « aux noms multiples » : on y concentre sur un principe unique tous les noms divins possibles (cf. ZELLER, *Phil.* III, 1[4], pp. 334-335) ou l'on rappelle les titres décernés à tel dieu ou déesse, leurs différents lieux de culte, etc. (pour Isis, cf. *Plut. Is. et Os.* LIII, 372 F ; *Pap. Ox.* XI, n° 1380 ; pour Déméter, cf. *Aegyptus*, 1934, pp. 447 s.). On alléguerait plutôt les arétalogies où la divinité prend la parole pour rappeler ses exploits mythiques, ses attributions cosmiques ou son rôle bienfaisant à l'égard des hommes (en particulier Isis, cf. *Études*, ch. IV, p. 257, n. 4 ; puis Sérapis, cf. CUMONT, *Rel. or.*, p. 237, n. 44) ; cependant, l'énumération des propriétés du Pneuma présente un autre caractère (le tableau comparatif avec les louanges d'Isis dressé par REESE, *Hellenistic influence*, pp. 46 ss, est peu significatif sur ce point) : l'auteur veut évoquer la nature éminente et le mode d'action transcendant de ce Pneuma, sans préciser son activité dans le monde des hommes et en insistant seulement sur les dispositions permanentes qui découlent de sa nature. Cette préoccupation didactique dénote l'influence de l'esprit grec et de spéculations philosophiques, tandis que la mise en œuvre utilise les procédés de la rhétorique grecque (assonances, allitérations, etc.). Si l'énumération ne suit pas un ordre logique apparent, elle n'est pas pour autant incohérente (cf. *Études*, ch. V, pp. 369-370) et une progression notionnelle est perceptible, avec des points d'appui distincts (cf. *ibid.*, pp. 370-372).

Noeron * signifie proprement « intelligent, pensant, doué de la faculté de penser ». Usité anciennement (cf. *Études*, ch. III, p. 207,

n. 5), l'adj. désigne dans la Stoa l'état le plus élevé du Souffle : il s'applique par excellence au Pneuma cosmique (*SVF*, I, p. 32, 110 ; II, p. 112, 310 ; p. 299, 1009 ; DIELS, *Dox.*³ 302 b ; cf. *Études*, ch. III, p. 230 et n. 2), puis à l'âme (DIELS, *Dox.*³ 388 b), au soleil (*SVF*, II, p. 196, 652 ; DIELS, *Dox.*³ 349 a) ou aux astres (*SVF*, I, p. 34, 120), car la forme la plus « chaude », la plus « éthérée », la plus « subtile » de la matière entraîne la faculté pensante. Plus tard, sous l'influence du dualisme platonicien ou pythagoricien, il désignera en fait l'activité intellectuelle de substances immatérielles (ainsi chez Plotin, Jamblique, Proclus, cf. *Lidd.-Sc.*). En le juxtaposant immédiatement à *pneuma*, l'auteur a dû évoquer ou se rappeler l'une des définitions courantes du Pneuma stoïcien. Que celui-ci ait connu ou non une spiritualisation progressive (cf. LEISEGANG, *Heilige Geist*, I, pp. 42-50, 116-117 ; HEINEMANN, dans *MGWJ*, LXIV, 1920, pp. 101-122 ; VERBEKE, *L'évolution*, pp. 134-138, 246-249, 259-260), *noeron* ne suffit pas à caractériser une substance purement intellectuelle ou spirituelle. Cependant cette notion est retenue ici par *Mal.* (ἄϋλόν τε καὶ νῷ μόνῳ κατὰ τὸ ἐννοηθῆναι μόνον νοούμενον ὅτι ἔστιν, οὐχὶ ὁποῖον τί ἐστιν) et *Cant. (nôi monôi lèpton)*. Certes l'auteur a pu vouloir assimiler ainsi le Pneuma au *Nous* (cf. *Corn.*) ou désigner une nature qui n'est qu'intellection (COLOMBO, *Pneuma*, pp. 115-117), mais, par lui-même, l'adj. signifie directement « intelligent, pensant ».

Hagion, juxtaposé étroitement, renvoie à une notion biblique. L'usage gr. ordinaire l'emploie seulement de choses (avec l'idée de consécration à la divinité, « saint, sacré » cf. *TWNT*, I, pp. 87-88) ; certes, l'adj. se rencontre postérieurement comme épithète de telle ou telle divinité (cf. *ibid.*, p. 88), mais c'est presque toujours sous une influence sémitique (cf. CUMONT, *Rel. or.*, p. 260, n. 65). Dans la Bible, précisément, *hagios* (= qôdèsh, qâdôsh) est employé couramment de Dieu et des êtres qui l'approchent (cf. V, 5). Si cet usage biblique est évité avec soin par *Fl. Jos.* (cf. *TWNT*, I, p. 97), *Phil.* au contraire s'y conforme (*ibid.*, p. 96). En I, 5 et IX, 17, l'adj. est associé à *pneuma* comme dans une expression reçue pour désigner une influence surnaturelle et sainte ; ici, il se détache davantage et qualifie avec plus de relief le *pneuma* lui-même. L'accent porte sur l'appartenance de celui-ci à la sphère divine. En effet, la notion biblique de sainteté implique une opposition de nature : Dieu est « saint » parce qu'il se distingue et diffère de tout le créé, si bien que le mot sainteté peut signifier équivalemment la divinité (cf. *les Théologies de l'A.T.* de A. B. DAVIDSON, 1904, p. 145 ; E. KAUTSCH, 1911, p. 224 ; O. PROCKSCH, 1950, p. 533 ; etc.). Or l'Esprit participe à cette sainteté qui est séparation radicale du créé et des imperfections de celui-ci (*Phil., Fug.* 196 déclare la Sagesse *hagia* parce qu'elle n'a rien de terrestre). *Hagion* signifie donc ici non une simple relation d'appartenance à Dieu (cf. IX, 8 c, 10 a), mais une affinité de nature avec le Dieu transcendant.

22 c.   *Monogenes* et *polumeres* * ont une même assonance finale et doivent se compléter l'un l'autre. Bien que le premier soit employé

volontiers d'un fils unique (cf. *Esch.*, *Agam.* 898 et *TWNT* IV, p. 746, n. 4 ; dans la *LXX* et le *N.T.*, *Jg.* XI, 34 ; *Tb.* III, 15 ; *Lc.* VII, 12 ; IX, 38 ; *Jn.* I, 14 ; etc.), son sens étym. n'est pas « seul engendré » (= *monogennètos* ; cf. *M.-M.*, pp. 416-417). Rattaché au vb. *gignesthai* (cf. *TWNT*, IV, p. 745) et *mono-* caractérisant alors le mode d'origine, il désignerait celui qui est « issu comme seul, à titre d'unique » (cf. *TWNT*, IV, pp. 745-746). Rapproché de *genos* (autre étym. ; cf. *M.-M.*, p. 416), il signifierait « unique en son genre, seul de son espèce ». Dans l'usage, en tout cas, la notion d'origine s'estompe souvent pour ne laisser subsister que l'idée de « seul, unique » (dans la *LXX*, cf. *Pss* XXIV, 16 ; XXI, 21 et XXXIV, 17). Ou encore, l'accent porte sur le caractère unique, incomparable, d'une réalité quelconque, dans son mode d'existence ou d'agir (cf. *TWNT*, IV, p. 746 ; cf. aussi F. M. WARDEN, cité dans *JBL*, LXXII, 1953, p. 214) ; c'est le cas en certains contextes religieux, à propos de telle ou telle divinité (cf. *Hymn. Orph.*, ed. ABEL, XXIX, 2 ; XXXII, 1 ; XL, 16) ou même du Dieu suprême (*Pap. gr. mag.*, ed. PREISENDANZ, IV, 1585 ; XV, 16 ; XII, 174) et R. REITZENSTEIN (*Zwei religionsgesch. Fragen*, Strassburg, 1901, p. 86, n. 3) suggère alors la persistance d'un usage égyptien (« der Einzig-artige » rappelle fort l'épithète hymnique fréquente « der einzig Eine »). En tenant compte de la diversité de l'usage, il suffit de retenir ici le sens d' « unique » (cf. *Lat.*, *Syr.*) : la Sagesse n'a qu'un seul Pneuma ; en outre, celui-ci est unique, incomparable, quant à son mode d'existence, son essence et ses propriétés. Par contre, le terme n'évoque pas directement l'idée de simplicité de nature (cf. *Gri.*², *Corn.*), comme le suppose *Mal. (anti tou haploun kai apathôs para theou huparxin echon kai monotropôs)*. Enfin, dans l'hypothèse d'une réminiscence philosophique, on songerait à une transposition stoïcienne de *Plat.*, *Tim.* 31 B ou 92 C.

L'unicité du Pneuma n'est pas signe de pauvreté : elle s'accompagne d'une richesse interne évoquée par *polumeres*. Ce terme concret, « aux parties nombreuses, composé de parties multiples », garde son sens étym. dans divers textes : à propos des éléments (expliqués géométriquement, *Tim. Locr.* 98 D, *FPG*, p. 41, 5 ; *Plut.*, *def. or.* 427 B, F) du monde (*Sext. Emp.*, *Math.* IX, 119), de l'âme sensitive (*Max. Tyr, Or.* IX, 7 a HOBEIN), de l'âme en général (*Jambl.*, *Myst.*, PARTHEY, p. 78, 1, 14). Parfois, cependant, l'idée de parties composantes s'atténue pour faire place à celle de multiplicité ou de diversité : cf. déjà *Arist.*, *Pol.* 1311 ª33 ; plus tard *Max. Tyr* (*Or.*, I, 2 b ; VII, 2 d ; XV, 4 g) ou *Vett. Val.* (KROLL, p. 132, 1, 5 ; 272, 26 ; 359, 8-9, 34) avec l'association fréquente à *poikilos, polutropos*. Ici, si la trad. de *Syr.*, *Shex.* et *Ar.* est littérale (« nombreux en parties »), *Lat.* a interprété par *multiplex* et *Arm.* par « distribuant des < parts > multiples ». En réalité, l'idée de complexité matérielle est à écarter : le fait d'être composé de parties multiples ne serait aucunement à l'éloge du Pneuma (on attendrait plutôt un adj. comme *leptomeres* « composé de parties ténues, subtiles »). Il reste

donc celle de multiplicité ou de diversité qui reçoit deux applications distinctes. L'une, supposée déjà par Cant. (ὅτι πρὸς ἅπαντα
διήκει, ἵνα τὰ πάντα τοῦ προσήκοντος μὴ διαπίπτῃ λόγου), envisagée
par *Corn. a Lap.* (« per singulas mundi partes se quasi per ramos
diffundat et multiplicet... ») et reprise par *Gri.*, pense à l'activité
universelle du Pneuma, une activité diverse et multiple qui implique
en même temps le caractère inaltérable de sa nature unique : le
Pneuma est une énergie qui, tout en se communiquant, « en se
divisant », reste toujours et partout la même. L'autre, adoptée déjà
par *Mal. (poikilon gar tais dunamesi)*, retient la notion de richesse
interne, d'une multiplicité d'énergies (cf. *Vett. Val.*, p. 359, 34 *dia
tas polumereis tès phuseôs energeias*), de virtualités ou de puissances.
Comme les premiers attributs envisagent le Pneuma en lui-même,
non dans ses activités ou manifestations, la seconde interprétation
est sans doute préférable. On ne sait sous quelles influences l'auteur
a choisi ce terme qu'aucun texte stoïcien n'applique au Pneuma
cosmique. Peut-être s'est-il souvenu de l'adj. *leptomeres* (cf. *supra*)
employé surtout du feu et, par suite, du Pneuma *purôdes* (dans
Pap. Leid. VII, 41 = DIETERICH, *Abraxas*, p. 191, 11, le feu est invoqué
comme *polumeres*). Mais il aurait évité un terme qui risquait
d'évoquer une nature matérielle et lui aurait substitué *polumeres*,
susceptible d'applications diverses.

Puis il aurait employé *lepton* seul. Cet adj. signifie litt. « dépouillé
de sa pellicule ; mince, menu, fin ; grêle, petit » (BOISACQ, p. 569),
mais prend souvent dans l'usage la nuance de « délié, subtil », au
sens propre ou métaphorique (cf. *Lidd.-Sc.* II). Divers critiques
(Mal. asômaton te kai aulon, puis *Gri., Dea., Corn., Hein., Ficht.)* le
voient désigner équivalemment l'immatérialité du Pneuma et rappellent volontiers un texte d'Anaxagore déclarant le *Nous leptotaton
te pantôn chrèmatôn kai katharôtaton (Vorsokr.*[8] II, p. 38, B 12).
Mais ce texte fait l'objet d'interprétations diverses (cf. ZELLER,
Phil., I[5], pp. 990-994 ; J. ZAFIROPULO, *Anaxagore*, Paris, 1948, p. 299 ;
W. JAEGER, *The Theology of the early Greek Philosophers*, Oxford,
1948, pp. 160-161 ; etc.). Pour le soustraire au « mélange universel »,
le *Nous* est présenté comme la réalité « la plus capable de se glisser
entre toutes choses, pour les diviser d'abord, pour les animer ensuite
sans risquer cependant de se mêler à elles » (L. ROBIN, *La pensée
grecque*, Paris, 1923, p. 152). Quelle que soit sa portée métaphysique,
la représentation reste physique. Par la suite, la notion de subtilité
sera associée davantage à celle de mouvement. *Plat., Crat.* 412 D
parle de « ceux (Anaxagore) qui croient l'univers en mouvement »
et le voient « parcouru d'un bout à l'autre par un principe... très
prompt et très subtil *(tachiston kai leptotaton)* », capable, à ce
double titre, de « traverser tout le réel » (trad. MÉRIDIER) ; dans
le *Tim.*, il classe les éléments d'après leur degré de « subtilité » et
d' « agilité » (58 B - 59 D), en assignant au feu le premier rang (61 E).
Ailleurs, on déclare le feu *eukinatotaton kai leptomerestaton (Tim.
Locr.* 100 E) ou on définit l'âme : « un corps subtil principe de son

propre mouvement » (*SVF*, II, p. 218, n. 780). En définitive (cf. aussi
la conclusion de l'enquête de COLOMBO, *Pneuma*, pp. 117-120, citée
dans *Études*, ch. V, p. 373, n. 2), l'étymologie et l'usage n'autorisent
pas à donner directement à *lepton* le sens d' « immatériel » (*Cant.*
glose : ὅτι καὶ μέχρι μυελῶν καὶ ὀστέων διικνεῖται, καὶ πᾶσιν ἀχράντως
ἐπιβατεύει · καὶ ἐν τοῖς ἐλαχίστοις καὶ σχεδὸν ἀτόμοις διὰ τὴν
σμικρότητα ὅλον αὐτοτελῶς πάρεστι). Cependant, on retiendra sa portée
précise dans les textes d'Anaxagore et du *Cratyle*, où il caractérise
moins une substance qu'une propriété essentielle : l'aptitude à
pénétrer au plus intime des êtres et à agir partout avec une rapidité
extrême. A ce titre, il reste susceptible de s'appliquer à une réalité
spirituelle. Or la même propriété est visée par notre texte qui associe
précisément *eukinèton* à *lepton*.

22 d. Toutefois *eukinèton*, « aisément mobile », pose un problème en assignant au Pneuma non seulement le mouvement, mais
une sorte de passivité. Dans l'usage gr., il est vrai, le sens passif
s'atténue souvent, en particulier lorsqu'on insiste sur la mobilité ou
l'agilité d'une nature quelconque : tout en subissant des influences
extérieures, celle-ci peut se mouvoir elle-même (cf., à propos de
l'âme, *Arist.*, *M.M.* 1199 ᵇ32 et surtout *Max. Tyr, Orat.* VI, 4 f, ἡ τοῦ
ἀνθρώπου ψυχὴ τὸ εὐκινητότατον οὖσα τῶν ὄντων καὶ ὀξύτατον). Bien
plus, en contexte stoïcien, la « mobilité » devient une propriété caractéristique de tout principe ou cause (cf. aussi *Phil., Cher.* 28). Ainsi,
selon Chrysippe, l' « élément » était « ce qui est le plus mobile par
soi » et cette notion était appliquée par lui au « Principe », à la
« Raison », à la « Puissance éternelle » (DIELS, *Dox.*³, 459 = *SVF*, II,
p. 137) ou à l'*hègemonikon tou kosmou* identifié avec l'éther le plus
pur (*Dox.*³, 465). Loin de considérer le mouvement comme une
imperfection, les Stoïciens l'identifiaient avec la cause (cf. E. BRÉHIER,
*Chrysippe*², Paris, 1951, pp. 127-131 et *SVF*, II, p. 119, n. 338 *hoi
Stôikoi to prôton aition hôrisanto kinèton*) et, pour eux, la cause
par excellence était « le corps le plus mobile et qui a en lui-même
la source de son mouvement, le souffle » (BRÉHIER, *ibid.*, p. 129).
A la lumière de ces conceptions, la « mobilité » du Pneuma doit être
spontanée, active, et fonder la mobilité incomparable de la Sagesse
(cf. v. 24 a). On peut donc traduire *eukinèton* par « agile » (*Dea.*
propose même : « active, energetic »), mais il ne suffit pas de parler
d'une simple mobilité d'influence : celle d'une énergie qui transcende
l'espace et le temps (cf. *Mal.* πάντα γὰρ ὅσα θέλει δύναται καί ...
ἀχρόνως ἅπαντα ἐργαζόμενον καὶ πανταχοῦ διῆκον ἀχρόνως) et préside
à tout mouvement (cf. *Cant.* ὡς πάσης κινήσεως καὶ πάσης ἀεικινησίας
δημιουργόν, καὶ δι' αὐτοῦ πᾶσα κίνησις). La représentation reste
concrète et s'apparente à un système où la Cause première possède
une agilité extrême. Et c'est d'une autre manière que l'auteur
s'applique à souligner la nature transcendante du Pneuma. Il continue
précisément de le faire avec les quatre attributs suivants, groupés
par deux.

Tranon reçoit les sens les plus divers : « éloquent » (cf. déjà *Lat.*, *Syr.*, et X, 21), « simple » *(Arm.)*, « transparent, lumineux » *(Shex., Siegf., Goodr.)*, « net » *(Guil.)*, « clair » *(RSV)*, « perçant, pénétrant » *(Dea., Far., Hein.*, etc.), « lucide, perspicace, sagace » *(Reu., Corn., Web.*, Colombo, p. 120). Dans l'usage gr., la notion étym. (« perçant, pénétrant », cf. *tetrainô*) est habituellement transposée et aucun texte ne semble la reprendre au sens physique et actif. En réalité, l'adj. qualifie tout ce qui est « clair, net, distinct ». On le rencontre très souvent chez *Phil.* (cf. *Index* Leisegang), en particulier à propos de « représentations claires, distinctes » (un terme technique stoïcien ? cf. au sujet de la « perception compréhensive », Rodier, *Et. phil. gr.*, p. 275, n. 1 et *Sext. Emp., Math.* VII, 258), puis de propriétés ou particularités nettement accusées (*Congr.* 135 ; *Prob.* 47), d' « empreintes nettes, précises » (*Leg.* III, 16 ; *Spec.* I, 106 ; *Op.* 71), etc. Il doit avoir ici le même sens, mais caractériser le Pneuma en lui-même, non comme un objet de connaissance dans sa relation à la Sagesse. Si sa subtilité et sa mobilité lui permettent d'être présent et d'agir partout, il garde intacte sa « distinction » propre.

Et c'est pourquoi il demeure *amolunton* *. Cet adj. verbal, qui ne semble pas attesté avant le Ier s. de notre ère, écarte le fait ou la possibilité d'une souillure (physique ou morale) et signifie dans l'usage : « non taché ou souillé » (cf. *Epict.* IV, 11, 8 ; *IG*, XIV, 264 *mètèr thugatri parthenôi amoluntôi ; Alex. Aphr., Probl.* I *psuchè amoluntos ousa tou sômatos*) ; « qui ne se tache pas » (*Muson.*, fr. 18 B, Hense, p. 105) ; « qui ne tache pas » (cf. *Lidd.-Sc.* II). On peut retenir le premier sens (cf. *Lat., Syr., Shex., Ar.*) ou le second avec la nuance d'impossibilité (cf. *Mal. anepidekton kata phusin pantos rhuptou* et *Corn.*). Le contexte et la relation étroite avec *tranon* invitent à insister (cf. *Gri., Dea.*, Colombo, p. 120) sur la pureté physique, ou plutôt métaphysique, du Pneuma : sa distinction de nature le préserve intact, l'empêche de contracter aucune souillure au contact des réalités terrestres. Par là, il est transcendant, divin (cf. *Mal. dia toutou de tès theias phuseôs einai didaskei to pneuma*). Le *Nous* d'Anaxagore, lui aussi, « ne se mélangeait à rien » (cf. *Vorsokr.*[8] II, p. 37 ; *Plat., Crat.* 413 C) : une réminiscence de ce motif, par des intermédiaires que nous ignorons, reste possible.

22 e. Les deux épithètes *saphes, apèmanton* sont parallèles aux deux précédentes (avec un *homoioteleuton*). La seconde est un terme poétique signifiant ordinairement « intact, indemne, non atteint par le malheur » (cf. *Lidd.-Sc.* I et *2 M.* XII, 25 ; *3 M.* VI, 6, 8) et exceptionnellement « qui ne fait pas de mal, n'est pas nocif » (*Nic., Ther.* 492). Ce dernier sens, qui s'attache en fait à *apèmôn* (susceptible de signifier « bienveillant, propice », d'où *Lat. : suavis*), n'a cessé d'être défendu (*Corn. a Lap., Corn., Mar.* « inoffensif ») ou envisagé comme possible *(Gri., Hein., Ficht.)* à cause de la proximité immédiate de *philagathon* ; l'Esprit ne cause aucun mal car il aime

le bien. Cependant l'usage recommande le sens passif, qu'on détermine diversement : « inviolable » *(Syr.* corrigé d'après *Shex. ; Reu., Goodr., Guil.),* « invulnérable » *(Siegf., Hein., Ficht.,* etc.), « impassible » *(Gri., Web., Cramp.,* etc.) ; cf. aussi *Mal. : para mèdenos... parablaptomenon.* Pour préciser davantage, il faut revenir à *saphes,* en retenant la notion fondamentale de « clarté ». En raison du contexte, celle-ci n'est pas celle d'un objet de connaissance, « manifeste, évident » *(Cant. ;* cf. aussi *Hein.).* Elle s'applique à la nature même du *Pneuma* (dans l'usage gr., l'adj. est souvent associé ou parallèle à *tranos ;* cf. p. ex. *Phil. Leg.* III, 121 ; *Jos.* 145 ; *Dec.* 33) et désigne en réalité sa pureté absolue, avec l'image sous-jacente de transparence ou de limpidité. Une telle « clarté » ne peut être ternie ; elle demeure « inaltérable » *(apèmanton),* à l'abri de toute contamination comme de tout changement (cf. *Mal.* : σαφὲς τῇ ἑαυτοῦ φύσει ... καὶ ὂν ἀεὶ καὶ μηδέποτε τοῦ εἶναι παυόμενον οὐδὲ ἀλλοῖον γινόμενον ... ἀεὶ ὡσαύτως ὤν, καὶ μηδέποτε ἀλλοιούμενον). *Gri.* rappelle le *nous apathès* d'Anaxagore *(Arist., Phys.* 256 ᵇ25) ou la notion stoïco-pythagoricienne d'un principe cosmique actif qualifié par *Phil., Op.* 8 d' « intellect universel, absolument pur et sans mélange » *(trad.* ARNALDEZ) ; *Gre.* renvoie à une définition stoïcienne déclarant la divinité *kakou pantos anepidekton (Dio. Lae.* VII, 147).

Avec *philagathon* ** commence une nouvelle série d'attributs qui culmine dans *philanthrôpon* (cf. *Études,* ch. V, p. 371) et dont il n'y a pas lieu d'intervertir l'ordre (cf. *ibid.,* n. 1). Employé d'abord par ARISTOTE *(M.M.* 1212 ᵇ18), *philagathos* était devenu un terme courant (cf. *Lidd.-Sc. ; WBNT* sur *Tt.* I, 8 ; pour les papyr., cf. PREISIGKE) et même un titre honorifique : tantôt l'accent porte sur l'amour de la vertu ou des « belles choses » (cf. *Polyb.* VI, 53, 9 ; *Plut., praec. conj.* XVII ; *comp. Thes. Rom.* I ; *Phil., Mos.* II, 9 ; etc.), tantôt sur des dispositions bienveillantes ou généreuses à l'égard d'autrui (cf. *SIG* ³, 1105, 5 dans un décret d' « orgéons » dionysiaques). La notion étym., « qui aime le bien », affleure toujours et peut être retenue ici, avec deux applications possibles : ou bien l'auteur prête au Pneuma une inclination foncière vers le bien, analogue à celle qu'inspire la vertu, car il est « saint » (cf. *Hein.)* ; ou bien l'accent porte sur ses dispositions bienveillantes, car il veut et recherche uniquement le bien des créatures dans son activité universelle.

L'adj. *oxu* peut recevoir des sens multiples et ceci explique la diversité des trad. anciennes et modernes ; de plus, l'on ignore souvent quelle interprétation est supposée. C'est le cas, en particulier, pour « aigu, tranchant, acéré ; perçant, pénétrant ». L'idée de « division » ou de « coupure », que *Plat., Tim.* 61 E assignait déjà au Feu (comme élément) mais qu'on illustre surtout par la comparaison avec le Logos « diviseur » de *Phil.* (sur cette notion, cf. BRÉHIER, *Idées,* pp. 86-89 ; WOLFSON, I, pp. 332-342) et avec *He.* IV, 12, appartient à des contextes différents ; d'autre part, si *oxu* signifie bien « aigu, tranchant » en XVIII, 16, c'est à propos d'un « glaive ». Quant à l'idée de « pénétration » irrésistible du Pneuma à travers les êtres, elle a déjà été signifiée par *lepton* ou aurait dû être soulignée après *eukinèton ;* celle de pénétration intellectuelle ou de sagacité (cf. en particulier *Gutb., Cramp.*) ne s'attache à l'adj. qu'en raison du contexte (cf. précisément VIII, 11) et, d'autre part, le lien avec *akôluton* n'est plus apparent. En réalité, la notion de « promptitude » (retenue par *Mal., Cant., AV, Corn.,* Colombo, p. 121) est à préférer (cf. *oxeôs* en III, 18 ; XVI, 11), en accord avec l'un des emplois courants de l'adj. : « vif, ardent, empressé, prompt, rapide » (cf. *Lidd.-Sc.* III et IV ; dans la *LXX,* cf. *Pr.* XXII, 29 *oxeis en tois ergois*). L'auteur pourrait reprendre alors, d'un point de vue différent, l'idée exprimée par *eukinèton* (les deux termes sont associés par *Max. Tyr,* cf. *comm.* sur ce mot) et insister non plus sur la mobilité extrême du Pneuma, mais sur la vivacité ou la rapidité de son action dans le monde (cf. Colombo, p. 121 : « agile et promptum quam maxime ad operationem »). Cependant une référence tacite à l'ordre moral explique mieux le choix du terme : le Pneuma posséderait excellemment une qualité de l'homme vertueux. Selon *Plat.* (*Polit.* 306 C-E), la « promptitude » *(oxutès)* est louable dans toute une série de nobles actions ; selon *Arist.* (*Eth. Nic.* 1116 [a]9) les hommes courageux, « calmes avant l'action, agissent avec promptitude » *(en tois ergois oxeis) ;* énumérant les qualités de « celui qui ne tarde pas », *Poll.* (*On.* I, 43 ; Bethe, p. 13) juxtapose : *oxus... energos... spoudaios.* Et le dernier terme évoque plus spécialement le sage stoïcien qui agit vertueusement avec force et promptitude. Un tel arrière-plan nous semble expliquer la succession inattendue *philagathon, oxu* (« aimant le bien, prompt à l'accomplir ou à agir »). *Mal.* commente ainsi ὀξύ, ἀκώλυτον : μηδὲ βραδύνον, μηδὲ κάμνον περὶ τὴν τοῦ ἀγαθοῦ ἐργασίαν, ἀλλὰ ταχέως καὶ ἀκωλύτως πάντα ποιοῦν (mais il note plus loin que promptitude et facilité ne sont pas toujours louables chez les hommes) ; *Cant.,* lui, interprète d'abord *oxu* de la promptitude du Pneuma à devancer et à exaucer les prières, puis de sa mobilité à accomplir ou promouvoir partout le bien.

23 a. *Akôlutos* * signifie « qui n'est pas empêché ou ne peut être empêché » (dans *Lat.,* par une série de corruptions successives, *quem nihil vetat, benefaciens* est devenu *qui nihil vetat benefacere*). Dans l'usage gr., cet adj. se rencontre surtout dans deux contextes précis ; dans les théories sur la liberté souveraine du sage stoïcien (implicitement, cf. *SVF,* III, pp. 88, n. 363 ; 150, n. 567 ; 153, n. 582 ; explicitement, cf. A. Bonhöffer, *Epiktet und das NT,* Giessen, 1911, p. 224 ; cf. aussi Aulu-Gelle, *noct. att.* I, 2 ; Hertz, p. 37), et dans les définitions stoïciennes de la Loi ou Nature universelles et du Destin (cf. *SVF,* II, p. 269, n. 935 ; 269, n. 937 [trad. Bréhier, *Chrysippe* [2], p. 175, n. 1] ; 292, n. 997 ; 296, n. 1003 ; 297, n. 1005). L'un ou l'autre de ces emplois spécialisés semble ici transposé et cet arrière-plan justifie suffisamment la présence de *akôluton* dans son contexte immédiat (cf. *Études,* ch. V, p. 372).

Les deux adj. *euergetikon* * et *philanthrôpon* sont très souvent associés dans l'usage gr. Le premier, attesté d'abord chez Aristote et appliqué souvent à l'homme (cf. *Lidd.-Sc.* ; à noter *Ps. Plat., def.* 412 E ; *Muson., fr.* 8, HENSE, p. 39), s'est substitué progressivement à *eupoiètikon* (un attribut divin introduit par Antipater ; cf. *SVF*, III, p. 249, n. 33 et HEINEMANN, *Poseid.*, p. 108, n. 4) dans les définitions stoïciennes de la divinité. En liaison étroite avec *philanthrôpos*, il exprime alors une doctrine commune du Portique : νομιστέον προνοεῖν τῶν ἀνθρώπων τὸν τὰ ὅλα διοικοῦντα θεόν, εὐεργετικὸν ὄντα ... καὶ φιλάνθρωπον (DIELS, *Dox.* ³, p. 464, 29 ; cf. aussi *Muson.*, fr. 17, HENSE, p. 90 *ho theos ... euergetikos kai philanthrôpos* et *Plut., Stoic. rep.* XXXVIII). A cette lumière, le Pneuma apparaît dans une fonction proprement divine, celle de la Providence. Il est « bienfaisant » parce qu'il « comble toutes les créatures de ses bienfaits » *(Hein.)*, « fait lever son soleil sur les méchants et sur les bons et remplit l'univers de sa propre bonté » *(Cant.)*. Il est « philanthrope », au sens étym. du terme (cf. *comm.* sur I, 6 a), car il s'intéresse d'une manière toute spéciale à l'homme et cherche à promouvoir son vrai bien (cf. *Cant.* διαφερόντως τὰ καθ' ἡμᾶς φιλεῖ, καὶ ἡμῖν ἐνοικίζεται πράως καὶ ὁδηγεῖ ἡμᾶς εἰς εὐθείας ὁδούς ...).

23 b. *Bebaion* signifie litt. « ferme, solide, stable » ; d'où « constant, fidèle » (appliqué à des personnes), « sûr, certain, assuré » (en contexte de connaissance) ; *asphales* (qu'on ne peut abattre ou faire chanceler, cf. IV, 3 c) exprime une notion voisine : « ferme, inébranlable ; assuré, à l'abri ; indéfectible, sûr ; certain, infaillible ». Dans le prolongement des précédents, ces deux attributs pourraient signifier que le Pneuma reste ferme et inébranlable dans sa volonté efficace de bien et son amour de l'homme. Néanmoins, *bebaion* doit inaugurer une nouvelle série d'attributs, à laquelle *amerimnon* se rattache étroitement. Comme points d'appui possibles, on mentionnera d'une part les définitions stoïciennes de la science : celle-ci a pour propriétés essentielles d'être *asphalè kai bebaian* (cf. *SVF*, I, p. 20, n. 68 ; II, p. 30, n. 95 ; III, p. 26, n. 112). Procurée immédiatement par les « représentations compréhensives » (sur celles-ci, cf. *supra, comm.* sur *tranon*), elle est une sorte d'infaillibilité que possèdent seuls les sages, dont toutes les conceptions sont assurées et fermes, inchangeables et inébranlables (cf. *SVF*, I, p. 17, n. 54 ; III, pp. 146-147, n. 548). Avec le temps, cependant, cette infaillibilité perdra son caractère immédiat et spontané ; elle supposera un choix critique (cf. V. GOLDSCHMIDT, *Le système stoïcien et l'idée de temps*, Paris, 1953, pp. 113-121) et l'on parlera plutôt de fermeté inébranlable dans les jugements (cf. *Plut., comm. not.* VIII, 1061 E ; *Cic., fin.* III, 18, 59), mais en maintenant avec autant de force l' « ataraxie » du sage *(Plut., loc. cit.)*. Il y a, d'autre part, les définitions de la vertu qui incluent fréquemment les notions de « fermeté » et de « stabilité inébranlable » (cf. *Arist., Eth. Nic.* 1105 ª28 ; *SVF*, I, p. 16, n. 53 ; p. 50, n. 202 ; III, p. 111, n. 459 ; *Cic., fin.* III, 15, 50

« virtus stabilitatem, firmitatem, constantiam totius vitae complec-
titur »). Sous l'influence de courants de pensée semblables, l'auteur
a pu vouloir attribuer au Pneuma, et réserver à lui seul, d'autres
traits caractéristiques d'une sagesse éminente ou idéale ; il insisterait, en particulier, sur la science incomparable du Pneuma, sur
sa connaissance certaine et infaillible de tout (et c'est pourquoi il
est « sans inquiétude », cf. Mal. οὐδὲ γὰρ δέδοικε τὴν ἀποτυχίαν, οὐδὲ
ἀγνοεῖ τὸ μέλλον ... ἀλλὰ ἀχρόνως πάντα νοεῖ τε καὶ δύναται). Néanmoins, comme la transposition est indéniable, le comportement du
Pneuma dans son rôle de Providence peut être envisagé d'une façon
plus générale : il se montre ferme, assuré, inébranlable (à la fois
dans ses décisions et leur exécution, cf. Gri., Corn., Hein., Feldm.,
Ficht.). De toute façon, cette tâche grandiose ne trouble en rien sa
sérénité ou son autonomie.

Amerimnos **, « sans souci, sans préoccupation, sans inquiétude »
(cf. déjà VI, 15 b), caractérise immédiatement un état d'esprit ou
un état d'âme, devenus le privilège du sage idéal : celui-ci est affranchi
de tout besoin, souci ou trouble (cf. Sext. Emp., Math. XI, 117, où
amerimnos reprend chôris tarachès). Dans la transposition au
Pneuma, la raison profonde d'un état analogue est indiquée déjà
par les deux épithètes précédentes puis explicitée davantage en 23 c
(cf. infra) : il n'y a pas à redouter non plus l'intrusion d'une puissance rivale ou d'une causalité imprévue dans l'exécution de ses
desseins. L'adj. implique donc à la fois une souveraine maîtrise de
soi et un contrôle absolu de tout. Bien plus, comme le Pneuma ne
dépend en aucune façon des créatures, amerimnon conduit à l'idée
d' « autosuffisance », mais sans qu'il y ait lieu de le considérer
comme un simple équivalent « mal choisi » de anendees ou autarkes
(cf. Gri., Corn.), car l'auteur prend appui sur un autre système de
pensée.

23 c.   Rare et tardif dans l'usage profane (cf. Lidd.-Sc.), pantodunamos * a pu être forgé par l'auteur ; cependant, sa réapparition
en XI, 17 et XVIII, 15 rend assez vraisemblable son emploi antérieur
en milieu juif hellénisé. On avait besoin, en effet, d'un terme concis
et abstrait pour résumer l'attribut divin de toute-puissance, signifié
généralement d'une manière concrète dans l'A.T. (cf. les théologies
de l'A.T., p. ex. P. HEINISCH, pp. 47-49 ; P. VAN IMSCHOOT, pp. 55-56).
L'adj. équivaut à panta dunasthai (27 a ; cf. Jb. XLII, 2 ; cf. aussi
Xén., Cyr. VIII, 7, 22, où les dieux sont dits pant' ephorôntas kai
panta dunamenous). Cette toute-puissance garantit l'efficacité souveraine du Pneuma et sa pleine autonomie. (Lat. a traduit ici par
omnem habens virtutem, mais en XI, 18 et XVIII, 15 par omnipotens.)
L'attribut suivant se présente sous deux formes dans les mss
(cf. Zie.) : panepiskopon * est mieux attesté et se rencontre seul dans
l'usage gr., mais les deux textes allégués semblent postérieurs à Sag.
(cf. Lidd.-Sc. citant en premier lieu Anth. P., VII, 245, du Ier s.
ap. J.-C.). L'adj. signifie litt. « qui observe tout, surveille tout,

contrôle tout » (cf. *episkopos* en I, 6 d et *pantepoptès / panepoptès*
en *2 M.* IX, 5 et *Or. Sib., fragm.* I, 4, *Geffck.*). D'après le contexte,
il s'agit d'un contrôle actif, efficient, au service d'une Providence
universelle, mais la participation à l'omniscience divine est supposée.
On notera qu'en I, 6-7, la pensée progresse en ordre inverse : l'expression *episkopos alèthès* est appliquée à Dieu lui-même, puis justifiée
par le rappel de l'activité universelle de l'Esprit. L'auteur assigne
donc au Pneuma deux attributs proprement divins. Il aurait pu
terminer là son énumération. Pourtant, c'est par un autre trait qu'il
conclut cette évocation d'une nature transcendante.

23 d-e. Le Pneuma « pénètre à travers » tous les autres *pneu-*
mata, quel que soit leur degré de perfection. La proposition constitue
un seul attribut, car la forme plur. des adj. est certainement primitive (pour les var. des *mss* gr., cf. *Zie.* ; pour les *verss*, cf. *supra*,
p. 481). Le vb. *chôroun*, avec *dia* et le gén., signifie ici non pas
« contenir » *(Lat. : et qui capiat omnes spiritus)*, mais « passer, se
répandre ou pénétrer à travers » (cf. COLOMBO, p. 124, « sensus per-
meandi, penetrandi omnino retinendus est »). Il est devenu un terme
technique stoïcien (*SVF*, IV, p. 164) qu'on rencontre surtout dans
la théorie du « mélange total » (cf. *SVF*, II, pp. 151 ss) : « deux
substances se pénètrent et s'étendent l'une à travers l'autre en
gardant chacune leurs propriétés spécifiques » (BRÉHIER, *Chrysippe* [2],
pp. 125-126) ; on l'emploie aussi pour caractériser le mode d'action
des « souffles » particuliers qui conservent intacte leur force de
tension (ainsi l'âme dans le corps, cf. *SVF*, II, p. 152, n. 467) et
celui du Pneuma universel dans le monde (cf. *SVF*, II, p. 307, n. 1033
to di' holou kechôrèkos pneuma). Ici, le contexte rappelle cette
spécialisation du vb., mais l'application reste originale : l'auteur
montre le Pneuma « pénétrant à travers tous les autres », *dia pantôn*
pneumatôn, comme le signe incontestable d'une supériorité de nature
et de puissance. Les qualificatifs suivants, *noerôn, katharôn, lepto-*
tatôn, supposent une hiérarchie de « souffles ». Or l'on rappellera
que le Stoïcisme voyait à l'œuvre de nombreux souffles dans chaque
corps comme dans l'univers (cf. RODIER, *Études de phil. gr.*,
pp. 255-256 ; BRÉHIER, *Chrysippe* [2], p. 121) et tenait pour supérieurs
ceux qui sont « intelligents » (l'âme, les astres ; cf. *comm.* sur *noeron*
en 22 b). Avec le temps aussi, la croyance aux « esprits » qui
peuplent l'atmosphère (cf. ROHDE, p. 475 et n. 5) ou l'hypothèse de
« vivants » multiples dans le ciel astral, l'éther et l'air (*Plat., Epin.*
984 B - 985 D) semblent avoir été rattachées à la doctrine du Portique ; selon H. LEISEGANG (*Heilige Geist*, I, p. 52), Posidonius aurait
tenté cette synthèse et estimé l'air rempli d'êtres invisibles : les âmes
préexistantes (cf. ROHDE, pp. 523-524, n. 3) ou survivantes (mais
Études, ch. III, p. 230), les héros et les *daimones* (cf. *Sext. Emp.*,
Math. IX, 86). Peut-être en trouve-t-on l'écho chez *Phil.* (cf. BRÉHIER,
Idées, pp. 126-131), notamment dans *Somn.* I, 133-144 et *Gig.* 6-16 où
l'inspiration platonicienne se tempère d'influences stoïciennes (cf.

Bréhier, *ibid.*, p. 128). En tout cas, on notera que celui-ci, préoccupé surtout de justifier l'existence des anges et des âmes préexistantes ou séparées du corps, insiste à la fois sur leur nature incorporelle ou spirituelle (*Somn.* I, 135) et sur divers degrés de « pureté » ou d' « intelligibilité » : les anges sont les âmes « les plus pures » *(katharôtatai)*, « intelligibles par tout elles-mêmes » *(holai di' holôn noerai Spec.* I, 66), tandis que d'autres sont plus ou moins inclinées vers la matière, mélangées « de raison et d'irrationnel » (Bréhier, *Idées*, p. 129) ; et la même pureté absolue est attribuée aux astres, « des âmes entièrement pures et divines » (*Gig.* 8 trad. Mosès), des « esprits d'une absolue pureté » (*Somn.* I, 135 trad. Savinel).

Alors que *Phil.* emploie habituellement les mots « âmes » ou « vivants », l'auteur parle ici de *pneumata* et entend désigner ceux du degré le plus élevé. A cause de la progression marquée par le texte, il nous semble préférable de traduire le terme par « esprits » plutôt que par « souffles ». Le premier qualificatif *(noerôn)* a déjà été appliqué au Pneuma lui-même (cf. 22 b) : il garde la même portée immédiate et peut renvoyer non seulement à l'âme humaine, mais encore à tous les êtres considérés comme supérieurs à l'homme. Le second doit désigner une « pureté » d'essence ou de nature (cf. *katharotès* en 24 b). Anaxagore l'associait déjà à *leptos* (cf. *comm.* sur 22 c) et c'était aussi une qualification ancienne de l'éther (cf. *Plat., Phed.* 111 B) reprise par Chrysippe pour définir la « Raison directrice » du monde (*ton aithera ton katharôtaton* Diels, *Dox.*³, p. 465, 9). Il ne cessera non plus d'être appliqué aux âmes délivrées de la contamination du corps (cf. déjà *Xén., Cyr. VIII*, VII, 20). Avec le temps aussi, il désignera volontiers les essences supérieures soustraites aux conditions du monde terrestre ou irréductibles aux éléments matériels qui composent celui-ci (cf. *Phil., Somn.* I, 140) ; chez *Plut.* enfin, il est associé à des termes abstraits qualifiant une nature « simple, sans mélange » (cf. *comm. not.* XLVIII, 1085 B ; XLIX, 1085 C ; *def. or.* XXXV, 429 D). Ou bien il désigne ici des substances éthérées, très différentes de la matière commune (à cause de *leptotatôn* qui suit) ; ou bien il signifie en réalité « purs de toute matière, immatériels » (cf. *Gri., Corn., Hein.,* etc.). A-t-il en même temps une portée morale *(Gri., Hein.)* en s'appliquant seulement aux âmes « pures » (cf. I, 3-5 ; VII, 27) et aux anges (à l'exclusion des esprits ou des démons) ? Dans un écrit juif, il est normal qu'on pense d'abord aux substances angéliques (cf. *Greg. Naz., PG*, XXXVI, 168, glose 23 d-e : *aggelikôn, oimai, dunameôn ; Cant.* déclare : *pneumata gar hè theia graphè tas aggelikas phèsi dunameis,* et renvoie à *Ps.* CIII, 4) et l'extension de *katharôn* aux âmes justes rangées parmi les « fils de Dieu » (V, 5) est de soi possible. Cependant, l'influence prédominante de conceptions grecques dans ce passage oriente plutôt vers une notion neutre, susceptible de s'appliquer à tous les « esprits », psychiques, aériens, astraux ou célestes. D'autre part, le contexte est celui non d'une présence de grâce, mais d'une influence universelle. Enfin l'auteur ne partage

pas la croyance en la préexistence de l'âme (cf. VIII, 19-20) et il
ne conçoit pas l'immortalité comme le retour de celle-ci à sa
« pureté » originelle.

Le superlatif *leptotatôn* est au terme d'un crescendo. Selon les
critiques qui ont entendu *lepton* (22 c) au sens d' « immatériel »,
il renforcerait la notion d'immatérialité (superlatif absolu, cf. *Hein.*)
ou marquerait ses différents degrés (*Corn.*, p. 288). En réalité, pris
à la lettre, il désignerait les substances formées de la matière la
plus fine ou subtile. Mais l'attention de l'auteur se fixe sur une
propriété très précise des *pneumata* les plus élevés : la faculté de
s'insinuer avec facilité et promptitude dans les substances inférieures
et d'exercer une plus ou moins grande puissance d'action ; « les plus
subtils » sont susceptibles de se mouvoir avec la rapidité la plus
grande et la plus efficace (*eukinèton* succède à *lepton* en 22 c-d et
l'affirmation de 24 a à *leptotatôn*). Certes, en retenant surtout les
notions d'efficacité et de puissance, on peut appliquer une telle
propriété à des substances spirituelles. Pourtant, la progression
marquée par le texte a recours à des représentations différentes.
L'auteur envisage les *pneumata* comme des réalités essentiellement
dynamiques et fixe son attention sur leur mode d'influence, leur
puissance et leur pénétration respectives. L'emploi du vb. *chôrein*
rappelle cet arrière-plan. Le Pneuma « pénètre à travers tous », parce
qu'il est non seulement plus « intelligent » et plus « pur », mais
encore plus « subtil », c.-à-d. plus puissant (cf. *Hein.*) et capable de
les dominer ou de les maîtriser entièrement (cf. *Cant. hôs despozon
kai kurieuon*). L'exégèse ancienne a voulu retrouver (d'après *Ep.*
I, 21 ; *Col.* I, 16 ; II, 10 ; *1 P.* III, 22) dans les trois qualificatifs
de 23 e toute la hiérarchie angélique (*Cant.* voit *noerôn* désigner
les Chérubins, Séraphins et Trônes, *katarôn*, les Puissances, Sei-
gneuries et Vertus, *leptot.* les Principautés, Archanges et Anges).
De telles précisions sont introduites (cf. *Corn.*) dans un texte qui
prend une autre signification : le Pneuma exerce une influence intime
et dominatrice sur tous les esprits, sur toutes les substances iden-
tifiées ou apparentées alors à ceux-ci, en particulier l'âme humaine,
les astres (censés déterminer le cours des choses), les démons,
les anges.

24 a. Ce v. prend appui sur 23 d-e : la notion de « subtilité »
(leptotatôn) évoque celle d' « agilité » extrême, *katarôn* est repris
par le subst. correspondant et *chôrein* est renforcé par *dièkein*.
La Sagesse réapparaît donc au premier plan après une digression
sur son Esprit. Cette substitution s'explique sans peine si l'on admet
une identification explicite en 22 b (cf. *comm.*). Elle se justifie également si celle-ci reste implicite (avec la leç. *en autèi*), car l'énumération des propriétés et activités de son Esprit nous renseigne sur
la nature transcendante de la Sagesse. Si une certaine distinction
notionnelle subsiste, avec la possibilité d'évocations distinctes, c'est
que l'Esprit apparaît comme un principe immédiat d'opérations

agissant selon sa nature propre, la Sagesse comme le centre d'attribution, le foyer plus personnel de ces mêmes activités. Avec *pasès kinèseôs kinètikôteron* *, le texte revient sur l'idée exprimée déjà par *eukinèton* (cf. 22 d). Cette fois, il est vrai, l'auteur emploie *kinètikos*, susceptible d'être entendu au sens actif (« qui meut, met en mouvement », cf. *Lidd.-Sc.* I) et de désigner une causalité motrice incomparable qui présiderait à tout mouvement (cf. *Cant.* οὐχ ἁπλῶς κινητικώτερον τῆς ἐν ἅπασιν ὁρωμένης κινήσεως, ἀλλὰ καὶ ποιητικὸν αὐτῆς καὶ τὸ πρώτως κινοῦν αὕτη πέφυκε). Pourtant la formulation même du texte recommande un autre sens. L'objet de la comparaison est le « mouvement » lui-même entendu au sens de motion rapide et l'adj. prédicat au neutre a valeur d'un subst. (« chose, être, objet » *class.*) et suggère une réalité mobile. Aussi est-il préférable d'adopter le sens intrans. (« qui se meut ») qui perce habituellement dans les emplois « passifs » (cf. *Lidd.-Sc.* II) du terme (cf. *Plat. Tim.* 58 D ; *Arist., H.A.* 590 ªª33 ; *G.A.* 775 ª7 ; *Plut., prim. frig.* I, 945 F ; XVII, 952 E) et qui a été retenu assez nettement par les *verss* anciennes (« mobile » *Lat., Shex.* ; « se meut » *Syr., Co.*). Le texte signifierait donc : « la Sagesse est une réalité qui se meut d'un mouvement surpassant tous les autres », avec une facilité et une rapidité incomparables. HEINEMANN, *Poseid.*, p. 139, éclaire la conception mise en œuvre par *Plat., Crat.* 412 D (« ceux qui croient l'univers en mouvement... le disent parcouru... par un principe... si rapide qu'auprès de lui le reste est comme immobile ») : une reprise directe de ce texte n'est pas apparente car le vocabulaire diffère ; on doit supposer une transposition ou des intermédiaires stoïciens (*Hein.* avance le nom de Posidonius). Pour sauvegarder l'immutabilité absolue de la Sagesse divine, THOMAS D'AQUIN (*Sum. theol.* I ª, qu. 9, art. 1, ad sec.*) propose ici une interprétation métaphorique (la Sagesse est cause efficiente de tout et « sa ressemblance se répand jusqu'aux derniers éléments des choses ») que *Corn.* juge inadéquate : c'est la Sagesse elle-même, et non pas seulement son influence, qui est à l'œuvre. Mais, selon ce critique, sa « mobilité » est celle d'une substance parfaitement simple et entièrement en acte, « *actus purissimus* » ; selon COLOMBO (*Pneuma*, pp. 126-127) « *kinèsis* hic accipienda est sensu metaphysico... Exinde Sophia est actus purus, quum sit mobilior et actuosior ipso motu metaphysico ». De telles justifications, prises de trop loin, font intervenir un système de pensée étranger au livre. En fonction des conceptions stoïciennes évoquées par les deux vbs de 24 b, la cause première est essentiellement mobile (cf. *comm.* sur *eukinèton* en 22 d) ; mais ce mouvement la laisse pleinement en acte, elle ne connaît « ni usure, ni fatigue », « reste après ce qu'elle était avant » (E. BRÉHIER, *Chrysippe* ², pp. 127 et 131) et son immanence, expliquée par la théorie du « mélange total » (cf. *comm.* sur *chôroun* en 23 d) n'entraîne ni confusion, ni altération. C'est dans cette perspective que l'agilité incomparable de la Sagesse implique son « actualité » parfaite : en « se mouvant », elle ne s'actualise pas ; elle ressemble plutôt à une énergie qui se possède entièrement elle-même et qui, intimement présente à tous les êtres, les soutient, les « tend » par son propre dynamisme. L'auteur a voulu exprimer de la sorte non seulement la causalité universelle de la Sagesse, mais encore sa présence instantanée à tous les êtres, une présence active et personnelle.

24 b. C'est un autre aspect (marqué par *de* copulatif) de l'activité de la Sagesse : sa « pénétration à travers tout », en dépendance directe de sa « pureté » transcendante. Le vb. *chôrei* (cf. 23 d) est précédé cette fois de *dièkei** (que *Lat.* et *Boh.* ont traduit par « atteindre », *Ar.* par « s'étendre », mais que *Syr.* et *Arm.* ont remplacé par *dioikei*). Ce vb., à peu près synonyme (« s'avancer, passer à travers ; pénétrer, traverser ») et réservé pratiquement à l'usage littéraire, est devenu un terme technique stoïcien (cf. *SVF*, II, p. 154, l. 6 ss ; *Dio. Lae.* VII, 138 ; *SVF*, II, p. 137, n. 416) qui apparaît sans cesse dans les définitions des Doxographes (DIELS, p. 306[a]5 ; 323[a-b]2 ; 571, 10 ; etc. ; *Plut., Plac.* I, 8, 17) ; on le trouve repris également dans le *De Mundo* et appliqué à la Puissance du Dieu cosmique (396[b]28 ; 398[b]8). L'arrière-plan stoïcien des deux vbs n'a pas échappé à *Clém.* (*Strom.* V, 14, 89 ; *St.-Fr.* 385) qui éclaire le texte par une définition stoïcienne de la divinité et le justifie en déclarant qu'il s'applique non à Dieu lui-même, mais à la Sagesse « première créature de Dieu » (cf. M. SPANNEUT, *Le Stoïcisme des Pères de l'Église*, Paris, 1957, p. 341). Le compl. des deux vbs, *dia pantôn*, doit désigner tous les êtres (« à travers tout ») et non pas seulement les *pneumata* (cf. *Gri.*). Ensuite *dia tèn katharotèta* (B A S[c] de nombreux *min., Mal. ;* cf. *katharôn* en 23 c) ou *kathariotèta* (S * V *Clém., Cant.*) doit signifier une pureté de nature ou de substance et désigner, selon les critiques, une substance immatérielle *(Gri., Goodr., Hein.)* ou absolument simple *(Gre., Corn.,* COLOMBO, p. 127 « simplicitatem metaphysicam » ; cf. aussi *Mal.*, associant les deux notions : καθαρότητα δέ φησι τὴν ἀϋλίαν καὶ τὴν ἀπάθειαν καὶ τὸ ἀκάματον, τό τε ὑπὲρ τ' ἄλλα πάντα, καὶ τὸ πάντῃ ἁπλοῦν). A propos de *katharôn* (23 e), nous avons indiqué les différentes applications ou évocations de l'adj. correspondant. Ici, la notion de « pureté » se détache avec insistance, prend en quelque sorte une valeur absolue et semble résumer d'une façon éminente les propriétés reconnues précédemment au Pneuma. D'après la progression marquée en 23 e ou les associations d'idées qu'on relève chez *Plat., Crat.* 412 D et dans maints exposés stoïciens, on attendrait le rappel de la notion de « subtilité » pour justifier les deux vbs précédents. Mais l'attention de l'auteur se fixe maintenant sur la Sagesse elle-même : sa nature se définit essentiellement par une « pureté » transcendante, métaphysique, justifiée par sa relation très intime au Dieu de la foi israélite (le développement des vv. 25-26 prend appui sur *katharotès*). Si elle peut agir en tout et partout, c'est qu'elle est infiniment supérieure à tout le créé et qu'elle n'entre en composition avec aucune réalité. En définitive, le terme évoque la simplicité

d'une nature qui est radicalement distincte des créatures et se réfère
tout entière à Dieu.

La relation de la Sagesse à Dieu

25. *Car elle est l'effluve de la puissance de Dieu*
     et l'irradiation limpide de la gloire du Maître souverain ;
     aussi rien de souillé ne se glisse en elle.
26. *Elle est précisément le reflet de la lumière éternelle,*
     le miroir sans tache de la vertu active de Dieu
     et l'image de sa bonté.

25 a. Bien qu'*Eth.* et *Arm.* aient lu *aktis* « rayon (lumineux) »
(une leç. envisagée avec faveur par *Goodr.*) et que *Boh.* ait traduit
par « flamme », *Ar.* par « ardeur » *(wahadjûn)*, il faut garder *atmis*,
leç. unanime des témoins du texte gr., appuyée par *Lat. (vapor)*, *Syr.*
(« souffle ») p.-ê. aussi par *Sah.* (cf. *Burm.*, p. 155). Ce mot signifie
proprement « vapeur, exhalaison humide » (par opposition à *kapnos*,
cf. *Arist.*, *Mete.* 359^{b}30 ; cf. aussi *Si.* XXII, 24), mais désigne souvent
dans l'usage la fumée de parfums qu'on fait brûler (cf. *Phil.*, *Spec.* I,
72 ; dans la *LXX*, *Gn.* XIX, 28 ; *Lv.* VIII, 11 ; *Si.* XXIV, 15). Comme
il alterne avec *atmos*, sans différence notable de sens (cf. *Lidd.-Sc.*),
mais que ce dernier terme signifie aussi « haleine, souffle » (cf. *Esch.*,
Eum. 137-138 ; *Eur.*, *fragm.* 781, NAUCK² ; *Poll.*, *On.* I, 15, BETHE,
p. 4), en particulier dans les trad. de α', σ' et θ' *(= hèbèl,* cf. *Hatch-*
Redp.), on pourrait à la rigueur reporter ce sens sur *atmis* ; néanmoins, le seul point d'appui dans l'usage gr. serait une citation
d'*Hipp.* (p. 385, 14) dans le *Thesaurus* d'ÉTIENNE *(hôs mè atmis pros*
to pneuma tou kamnontos prospherètai), et encore il s'agit alors
de la « vapeur » ou « buée » de la respiration. En fait, les critiques
qui adoptent ici le sens de « souffle, haleine » (« the breath » *AV ;*
« a breath » *RV, RSV ;* « ein Hauch » *Gri., Siegf., Hein., Feldm.,*
Ficht., Fisch. ; « le souffle » *Cramp. ;* « un souffle » *Web., Mar.*)
allèguent des parallèles bibliques : *Jb.* XXXII, 8 et XXXIII, 4 *(LXX :*
pneuma // pnoè) et surtout *Si.* XXIV, 3, où la Sagesse « sort de la
bouche du Très-Haut et couvre la terre à la façon d'une brume »
(hôs homichlè). Cependant, même le dernier n'est pas convaincant
(cf. aussi *Corn.*, COLOMBO, p. 128). Tandis que le Siracide reprend le
thème ancien de la Parole sortant de la bouche de la divinité pour
agir dans le monde des créatures, l'auteur veut illustrer la « pureté »
essentielle de la Sagesse et *atmis* est mis en rapport immédiat, non
avec Dieu lui-même, mais avec sa Puissance ; du reste ce mot (de
même que *aporroia*) a valeur d'image évocatrice (cf. *Gre., Corn.*) et
ne doit pas être isolé comme s'il prétendait définir à lui seul le
mode d'origine ou même la nature de la Sagesse. L'accent porte
donc davantage sur le dét. *tès tou theou dunameôs* (noter les deux

art.). Cette « puissance de Dieu » doit être envisagée en elle-même, non dans son exercice ou ses manifestations (cf. XI, 20 c et V, 23 a). D'autre part, ce n'est pas une simple désignation de la majesté souveraine de Dieu (*Corn.* défend cette interprétation en renvoyant à *Mt.* XXVI, 64 et parall., aux doxologies bibliques comme *1Ch.* XXIX, 11-13, *Mt.* VI, 13 ; *Ap.* IV, 11 ; VII, 12 ; etc., et en notant une correspondance étroite entre *dunamis* de 25 a et *doxa* de 25 b) : l'affinité incontestable entre les notions de puissance, de majesté et de gloire (cf. *TWNT*, II, pp. 292-296) n'empêche pas que Dieu possède la Puissance comme un attribut exclusif et qu'aucune de ses interventions sur le plan créé n'en donne la mesure. Dans un contexte distinct de celui des doxologies, on doit donc penser à sa « toute-puissance » (cf. XI, 23 a ; VII, 27 a et *pantodunamos* en 23 c ; XI, 17 et XVIII, 15) conçue comme une plénitude d'être (cf. Colombo, p. 129), une source inépuisable d'énergies, un principe aux possibilités illimitées. Autrement dit, la Puissance est envisagée ici dans sa source.

En relation avec elle, *atmis* est susceptible de plusieurs interprétations. Comme le sens de « souffle » ne peut être écarté absolument, la plus simple consiste à voir dans la Sagesse « un souffle » de cette Puissance ; cependant l'expression « souffle de la Puissance » évoque ailleurs (XI, 20 et V, 23) une intervention violente sur le plan créé, alors que le texte doit envisager une relation permanente sur un plan transcendant et réclame plutôt l'identification de la Sagesse avec « le souffle » dans lequel s'exprime ou se concrétise en quelque sorte la Puissance. Mais comme *atmis* signifie proprement « vapeur, émanation vaporeuse », on pourrait songer à la « buée » du souffle de la respiration (cf. *supra*), la Puissance étant alors représentée implicitement comme un souffle vital : la comparaison vaudrait en quelque sorte pour elle-même en suggérant une dépendance très étroite et en situant la Sagesse au jaillissement permanent de l'énergie divine créatrice et vivifiante. Il reste enfin la possibilité de traduire délibérément par « vapeur » (*Goodr., Duesb., Reid.*) ou « effluve » (*Guil.,* Osty ; cf. aussi *Corn. vapor seu exhalatio*). L'exégèse ancienne, qui cite très souvent les vv. 25-26 (cf. *infra*) en les appliquant au Christ et en insistant sur l'identité de substance, a retenu plus spécialement l'idée d'émanation vaporeuse ou d'effluve aromatique : *Or.* (*Apol. ap. Pamph., PG,* XVII, 581) déclare *Vaporis nomen... de rebus corporalibus assumpsit... secundum similitudinem ejus vaporis qui de substantia aliqua procedit ;* Eus. (*Dem. ev.* IV, 3 ; *PG,* XXII, 256) voit l'image « empruntée à un corps odoriférant, fleurs ou parfum, *euôdès tis anthôn te kai arômatôn pnoè* » ; selon *Cant., atmis* (de même que *aporroia*) insiste sur l'identité d'essence *(homoousion)* et évoque l'évaporation de potions fermentées ou les parfums tirés des fleurs (ἀτμὶς γὰρ ὦν ἐστιν ἀτμὶς τῶν ἐκείνων παραφυλάττει οὐσίαν, ὥσπερ ὁρῶμεν ἐπὶ τῶν ἐκ τέχνης ἰατρικῆς ἐξατμιζομένων οἴνων, ἢ καὶ τῶν ἐκ τῶν ἀνθέων συλλεγομένων ἀτμῶν). Chez les Modernes, cette explication est envisagée avec faveur par *Corn.*

(à la suite de Corluy) et défendue par Colombo (p. 129) qui traduit
atmis par *suavis odor*. Quelle que soit l'interprétation adoptée,
l'auteur a voulu à la fois affirmer une dépendance très étroite,
« substantielle », entre la Sagesse et la Puissance et évoquer une
réalité infiniment pure ou éthérée. Il ne nous semble pas mettre
l'accent sur l'activité terrestre de la Sagesse (manifestant ainsi extérieurement et visiblement la Puissance divine, Colombo, p. 129) ou
avoir pensé à un effluve quelconque se détachant de sa substance
pour mener une existence indépendante et agir à titre d'intermédiaire
sur le plan créé. La Sagesse demeure en relation immédiate avec
la Puissance de Dieu envisagée dans sa source. Ajoutons, au sujet
de la traduction elle-même, que la fonction attributive de *atmis*
légitime l'emploi de l'article défini.

25 b. Au début, *emanatio quaedam* de *Lat.* suppose *aporroia* *
tis (cf. *De Br.*, p. 131), mais le parallélisme avec 25 a recommande
l'art. *tès*. Le subst. lui-même, bien traduit par *Boh.* (cf. *Burm.*,
p. 156) et *Shex.* (« flux, écoulement ») mais non par *Sah.* (« et de
la gloire »), *Syr.* « elle se tient dans la gloire ») et *Ar.* (« elle est la
louange inénarrable »), se trouve employé dans l'usage gr. avec le
sens étym. de « flux, écoulement », mais signifie surtout « émanation,
effluve » (il alterne avec *aporroè*, considéré comme plus noble, mais
sans différence notable de sens). Anciennement, il est lié à une
théorie proposée par Empédocle : des effluves sortent de tous les
corps et pénètrent dans les autres par des pores invisibles (réf.
dans *Études*, p. 207, n. 6). Il réapparaît ensuite dans le rappel ou
les critiques de cette théorie (cf. *Plat.*, *Men.* 76 A-D ; *Thphr.*, *De
sensu* ; etc.). Par ailleurs, il alterne avec *apospasma* dans la Stoa
récente (cf. *M. Aur.* II, 4, 2) pour désigner l'âme humaine, émanation
ou parcelle de l'âme du monde (cf. Zeller, *Phil.* III [4], 1, p. 204, n. 1) ;
on le trouve également employé des astres qui exercent une influence
continuelle sur le monde terrestre par leurs effluves (cf. R. Reitzenstein, *Poimandres*, 1904, p. 16, n. 4). Mais c'est surtout dans la
littérature gréco-égyptienne (sous l'influence de vieilles doctrines
égyptiennes, cf. Reitzenstein, *ibid.*) que le terme est usité à tout
propos, par ex. pour expliquer l'origine de telle divinité (Hermès,
le couple Isis - Osiris, les divinités du Destin, cf. *C.H.* IV, p. 20 ;
Pap. Leid. II, 14 ss. = A. Dieterich, *Abraxas*, 1891, p. 195), l'influence
bienfaisante des dieux (cf. *C.H.* IV, p. 2 ; *Plut.*, *Is. et Os.* XXXVI),
l'origine divine des rois (*C.H.* IV, p. 52) et de la vraie sagesse
(*C.H.* II, p. 11), etc. On notera surtout un texte de la *Koré Kosmou*
(61 ; *C.H.* IV, p. 20) où les Éléments demandent au Seigneur de
l'univers d'envoyer « sinon sa personne même, du moins quelque
émanation sacrée de sa propre nature » *(sautou tina hieran aporroian)*. Dans ces divers emplois, *aporroia* désigne une réalité détachée
de la substance qui l'émet et menant ensuite une existence distincte
ou exerçant une activité propre. L'auteur a pu connaître des spéculations analogues. Toutefois, une conception spirituelle de la

substance divine entraîne une transposition du terme. D'autre part, celui-ci se trouve repris dans un contexte original : habituellement, il sert à expliquer des phénomènes sensibles ou la manière selon laquelle une influence divine s'exerce sur terre (sous forme d'effluves détachés ou par un intermédiaire privilégié), tandis qu'il doit illustrer ici la nature transcendante de la Sagesse en la rattachant le plus possible à Dieu (cf. *Hein. aporr.* indique « dass die Weisheit teilhat an dem göttlichen Wesen ») ; la présenter comme une émanation limitée ou partielle de la substance divine irait à l'encontre du but visé.

Mais le terme, déterminé par *tès tou pantokratoros doxès*, est mis en relation immédiate avec la « gloire » divine. L'auteur exploite-t-il une représentation matérielle de celle-ci ? Envisage-t-il son rayonnement terrestre ? Notons d'abord l'arrière-plan biblique de l'expression : *doxa* renvoie à la « gloire » (= *kâbôd*) du Dieu de l'*A.T.* (cf. *TWNT*, II, pp. 245-248) ; *pantokratôr*, en dépit de quelques emplois profanes (cf. *WBNT, init.*), est caractéristique de la *LXX*, mais d'après l'étym. (et le terme voisin *autokratôr*, « maître ou souverain absolu ») doit signifier ici « souverain universel, maître suprême », plutôt que « tout-puissant ». Dans la Bible, la « gloire » (pour une vue d'ensemble, cf. *TWNT*, II, pp. 240-245 et les théologies de l'*A.T.*) peut être une manifestation visible, concrète, de la majesté ou de la sainteté du Roi suprême : elle « remplit l'univers » (*Is.* VI, 3), « les cieux la racontent » (*Ps.* XVIII, 2), elle se concentre en tel lieu privilégié (l'endroit d'une théophanie, la Tente de réunion, le Temple) ou bien elle enveloppe momentanément ou protège tel personnage insigne. Pourtant, la portée d'ensemble des textes interdit de l'identifier avec le reflet de la majesté divine sur la création ou de la réduire à des manifestations extérieures et limitées d'une sainteté transcendante. Elle appartient en propre à Dieu (de même que *kâbôd* renvoie à la valeur intrinsèque d'un individu ; cf. J. PEDERSEN, *Israël* I-II, London, 1946, pp. 213 ss ; P. VAN IMSCHOOT, *Theologie* I, pp. 212-213) ; elle est le rayonnement propre et permanent de son être transcendant (cf. E. JACOB, *Théologie*, p. 64). C'est pourquoi elle ne peut être vue par aucun mortel (*Ex.* XXXIII, 18-23) et Ezéchiel contemple seulement en vision « l'aspect de la ressemblance de la gloire de Yahvé » (II, 28) ; chez lui surtout, la « gloire » apparaît comme une réalité transcendante (cf. W. EICHRODT, *Theologie* II [4], pp. 13-14), identifiée en quelque sorte avec Dieu (cf. E. JACOB, *ibid.*, p. 65) : elle est l'éclat propre de sa nature évoquée comme un foyer ardent et lumineux. Ici, *doxa* doit avoir une portée semblable : l'auteur parle ailleurs d'une Sagesse unique (v. 27 a) partageant l'intimité de Dieu (VIII, 2) et envoyée « du trône de la gloire » (IX, 10 b).

En relation avec cette « gloire », *aporroia* évoquerait, selon *Gri.*, le rayonnement ou la diffusion de la lumière (comme chez *Phil.*, *Spec.* I, 40 *tèn aporroian tôn aktinôn*, ou *Athénag., Apol.* XL *to hagion pneuma aporroian... tou theou, aporreon... hôs aktina hèliou*) ; par suite, la note de « majesté éclatante, lumineuse » (« Lichtherrlich-keit ») s'attacherait à *doxa* (comme en *Lc.* II, 9 et *He.* I, 3). Nous retenons également pour *aporroia* le sens de « rayonnement, irra-diation », mais le terme nous semble exploiter plutôt l'image du feu que celle de la lumière : le foyer rayonnant est incandescent, d'une nature ignée supérieure. Rappelons à ce propos que *Thphr.* (*De sensu*, XX *ap.* DIELS, *Dox.*³, 505, 5-6) voyait le vb. correspondant s'appliquer proprement à l'élément « feu » *(monou doxei tôn stoi-cheiôn tou puros aporrein)* ; ou encore les conceptions courantes au sujet de la nature des astres, composés d'un « feu divin, éternel » (cf. *SVF*, II, p. 200, n. 682), et certaines définitions stoïciennes de la lumière *(SVF*, II, p. 142, n. 432 *ètoi pur è puros aporroè, hèn augèn te legousin)* ou du soleil *(SVF*, II, p. 196, n. 650 *eilikrines pur).* En tout cas, à la façon du rayonnement émis par le soleil ou les astres, la Sagesse reste en union constante et intime avec son foyer transcendant. Bien plus, elle s'identifie en quelque sorte avec le rayonnement propre de celui-ci. Sans doute convient-il de ne pas trop appuyer sur les représentations sous-jacentes, d'autant plus que la « gloire » apparaît plutôt dans le livre comme une notion abstraite. Cependant, l'auteur n'oublie pas entièrement les images de feu et de lumière suggérées par le terme et *aporroia* prend discrè-tement appui sur celles-ci pour évoquer une union aussi étroite que possible entre la « gloire » et son « irradiation » propre. L'adj. *eilikrinès* **, rejeté à la fin du stique, se rapporte à *aporroia* et sou-ligne la transparence absolue de la Sagesse : la « gloire » s'irradie parfaitement en elle. D'après l'étym. (« considéré à la lumière du soleil », BOISACQ, p. 223), le terme désigne en effet une pureté telle que le soleil n'y révèle aucune tache, d'où « clair, limpide, trans-parent ». *Phil.* (*Op.* 31) lui donne un sens très fort : « rien, dit-il, n'est absolument pur dans le monde sensible *(eilikrines gar ouden tôn en aisthèsei)* ». Il s'agit également ici d'une transparence de nature ou d'une pureté transcendante.

25 c. Par suite (*dia touto*, « et c'est pourquoi, aussi »), la Sagesse est à l'abri de toute contamination, elle ne peut être atteinte par les « miasmes » du monde créé. *Ouden memiammenon*, « rien de souillé », ne vise pas spécialement les souillures morales résultant du péché ; l'expression a d'abord une portée métaphysique (HEINE-MANN, *Poseid.*, p. 140, l'éclaire par *Plat.*, *Crat.* 413 C *oudeni memeig-menos* et *Phed.* 81 B *ean memiasmenè apallattetai*) : en regard de la pureté essentielle de la Sagesse, toute créature apparaît comme imparfaite et souillée. Bien plus, toute tentative d'altération est vouée d'avance à l'échec, tout effet de surprise est impossible : le vb. *parempiptei* *, employé souvent d'une intervention hostile ou subrep-tice (cf. *Lidd.-Sc.* I, 2), signifie ici, avec le compl. *eis autèn*, « l'assaillir de côté, à l'improviste » ou « s'insinuer, se glisser en elle » (cf. *Gri.* « daneben, unbemerkt hineingerathen » ; *Dea.*, *Goodr.* « steal into unnoticed »). L'image sous-jacente semble empruntée aux rayons du

soleil qui éclaire indistinctement tous les êtres sans que les émanations terrestres puissent éteindre ou ternir son éclat. Assurément,
l'image est déficiente car la nuit l'emporte sur le jour (cf. v. 30)
et les « miasmes » de l'atmosphère obscurcissent le rayonnement
solaire, tandis que la Sagesse est d'un autre ordre. *Or.* cite une
fois le texte en remplaçant précisément *memiammenon* par *skoteinon*,
« ténébreux » (*PG*, XIII, 20), mais se conforme ailleurs au texte reçu.

Les vv. 25-26 sont fréquemment cités dans la littérature patris-
tique. Rappelons qu'ils sont allégués à la suite de 22 b-24 par *Eus.*
(*Praep. ev.* VII, 12 et XI, 14). On les rencontre aussi chez *Or. : C. Cels.*
III, 72, *Koet.* 263 (la définition révélée de la Sagesse) ; VIII, 14,
Koet. 231 (après *He.* I, 3) ; *in Jn.* XIII, 25, *Preu.* 249 (application
libre au Fils des différents termes de 25-26) ; *Princ. I*, II, 5, *Koet.*
33-34 (citation suivie d'un *comm., I*, II, 9-13, *Koet.* 39-47) ; *in Prov.*
I, 2, *PG*, XIII, 20 ; *Apol. ap. Pamph.*, *PG*, XVII, 581 (citation de
25 a-b signifiant la « consubstantialité du Père et du Fils ») ; *C. Cels.*
VI, 63, *Koet.* 133 (26 c est rapproché de *Gn.* I, 27). *Meth.* cite 25 a-b
avec application christologique directe (*sang.* VII, *Bonw.* 484) ; *Eus.*
cite et commente 26, puis 25 a-b (*Dem. ev.* IV, 3, Heikel 152-153) et
allègue ailleurs 26 (*c. Marcel.* I, 4, 25, *Klost.* 25, après citat. de *Ph.* II,
6 et *He.* I, 3 ; *Theol. eccl.* I, 9 et 12, et surtout II, 7, *Klost.* 67, 72
et 106) ; *Ath.* cite 26 a (*Sent. Dion.* 15, *PG*, XXV, 502) ; *Cyr. Al.* 26
(*Thes. assert.* 35, *PG*, LXXV, 629 B) ; *Greg. Naz.*, 26 c (*PG*, XXXVI,
96) ; *Greg. Nys.* 26 a (*C. Eun.* I, 358, *Jaeg.* I, 132-133). — Chez les
Latins, cf. A.-M. La Bonnardière, *Biblia Augustiniana*, pp. 154-156 ;
chez *Aug.* lui-même, cf. *ibid.*, pp. 158-168.

26 a. La pensée doit progresser, *gar* n'étant pas strictement
parallèle à celui de 25 a. Apparemment, l'auteur veut insister sur
la pureté inaltérable de la Sagesse (25 c) et il explicite l'image d'un
foyer lumineux, impliquée en 25 b. Nous reviendrons sur le mot
apaugasma et nous examinons d'abord le dét. *phôtos aidiou*. A cause
de l'omission de l'art., l'expression désignerait selon *Gri.* « un être
qui est lumière éternelle » (l'art., au contraire, renverrait à une
lumière déterminée ou connue comme telle). Mais cette omission
peut être expliquée autrement : le subst. n'est pas suivi d'un dét.
(comme au v. 25) mais précisé par un adj. ; dans l'usage gr., *phôs*
est employé couramment sans art. (la « lumière » par excellence,
celle du jour) ; enfin l'auteur s'inspire d'*Is.* LX, 20 (*estai soi kurios
phôs aiônion*). Dans la réalité, cependant, l'expression renvoie bien
à l'Être divin lui-même, envisagé sous l'aspect de lumière ou défini
comme une lumière transcendante, car tous les dét. des vv. 25-26
mentionnent explicitement une propriété ou une prérogative divines.
La « lumière éternelle » est donc celle que Dieu possède en propre,
qui évoque éminemment sa nature ou dont il est le foyer. Dans
l'*A.T.*, la « lumière » n'est pas un attribut divin proprement dit
(*Is.* LX, 1 n'a pas cette portée). On évoque seulement une lumière
mystérieuse qui émane de l'Être divin ou l'enveloppe (*Ha.* III, 4),

« réside auprès de lui » (*Dn.* II, 22), constitue le rayonnement de
sa gloire ou accompagne sa présence. Mais aucun texte ne nous dit
que « Dieu est lumière » et une telle identification n'apparaît pas
non plus dans les écrits du Judaïsme palestinien (cf. *Études*, ch. V,
pp. 378-379). Le Judaïsme hellénisé, au contraire, conçoit Dieu
volontiers comme une lumière spirituelle, un « soleil intelligible »,
principe éminent de la lumière qui éclaire l'esprit (cf. *ibid.*, p. 380).
A notre avis, l'expression prend appui sur la notion de « gloire » et
en explicite un aspect essentiel (cf. *ibid.*, p. 378), mais l'auteur
semble avoir songé en même temps à une lumière spirituelle qui
éclaire sans cesse l'intelligence divine et est à la source de toute
vérité (cf. *ibid.*, pp. 380-382) ; dans la suite du v., la Sagesse est mise
en relation avec deux attributs qui imprègnent l'activité divine.

Le mot *apaugasma* **, attesté ici pour la première fois dans
l'usage gr., se retrouve ensuite chez *Phil.* (*Op.* 146 ; *Plant.* 50 ;
Spec. IV, 123) et en *He.* I, 3 (pour d'autres emplois plus tardifs,
cf. *Lidd.-Sc.*). Il peut avoir soit un sens actif, « rayonnement, irra-
diation, splendeur » (cf. *Lat.*, candor, *Syr.* « éclat », *Shex.*, *Ar.*), soit
le sens passif ou neutre de « reflet » *(Arm.)*. Le premier, assuré
chez *Phil.*, *Spec.* IV, 123 et adopté en *He.* I, 3 par « l'unanimité
des Pères grecs » (WESTCOTT, *The Epistle to the Hebrews* [2], London,
1892, p. 11), supposé par *Mal.* et *Cant.*, est préféré chez les Modernes
par *AV* et *RV*, *Dea.* (« radiance » scl. « light emitted, splendour,
like *phôs ek phôtos* of the Nicene Creed »), *Duesb.* (« un rayon
émané »), *Cramp.* (« resplendissement »), REESE, *Hellenistic influence*,
p. 6 (« radiance ») ; on pense aussi (*Gärt.*, p. 131, et surtout HEINE-
MANN, *Poseid.*, p. 138) à la reprise d'un terme stoïcien désignant
l'âme humaine comme une « émanation » de la lumière divine.
Le sens de « reflet », adopté ou préféré par la grande majorité des
Modernes (*Gri.*, *Corn.*, *Hein.*, etc.), peut convenir chez *Phil.*, *Op.* 146
(cf. trad. ARNALDEZ) et il est recommandé par les termes coordonnés
dans *Plant.* 50 (cf. *Études*, ch. V, p. 378, n. 1 et *TWNT*, I, p. 505) ;
en outre, le subst. parallèle *apaugasmos* a nettement ce sens chez
Plut., *quom. quis in virt.* XII, 83 D (ceux à qui les songes n'annoncent
rien de fâcheux « sont censés y voir des reflets de leur progrès »)
et *de facie XXI*, 934 D (à propos de fleuves qui réfractent la lumière
du soleil « par des reflets multiples et divers »). *Gri.* invoque aussi
l'analogie des formations *apèchèma*, *aposkiasma*, mais *apo-* peut
également indiquer la provenance ou l'origine. En réalité, le principal
argument en faveur de « reflet », c'est la progression marquée par
le v. 26 (qui prend appui sur 25 c) ; aussi *apaugasma* n'est pas strictement parallèle à *aporroia* mais va de pair avec *esoptron* et *eikôn*
qui désignent des réalités statiques. Rappelons en outre que la
transition de l'idée de « gloire » à celle de « lumière » se fait sur
la comparaison tacite avec les rayons du soleil en 25 c : la Sagesse
est à l'abri de toute contamination possible, non seulement parce
que son foyer permanent est transcendant, mais encore parce que
la lumière divine se réfléchit en elle avec une pureté absolue ; la

Sagesse n'est que « reflet, transparence ». Bien que le terme même de « reflet » suppose habituellement une participation atténuée ou affaiblie, le contexte tend à présenter la Sagesse comme le reflet parfait de la lumière divine ; ou, si l'on veut, tout l'éclat de celle-ci rejaillit en elle.

26 b. Dans l'usage gr., *esoptron*, « miroir » (cf. *Si.* XII, 11 ; *1 Co.* XIII, 12 ; *Jc.* I, 23) alterne avec *katoptron* sans distinction notable d'emploi ou de nuance. L'adj. *akèlidôtos* * (cf. IV, 9 b) a une portée concrète immédiate et caractérise un « miroir sans tache, immaculé », donc parfaitement clair (une qualité revendiquée par les anciens pour leurs miroirs, cf. C. Spicq, *Agapè*, II, Paris, 1959, p. 95, n. 4). Appliquée à la Sagesse, et par conséquent transposée, l'expression est déterminée par *tès tou theou energeias*. Nous avons vu (17 b) que *energeia* désigne une entité intermédiaire entre la simple puissance et l'opération elle-même (ou l'œuvre accomplie). Ce ne doit pas être ici un simple syn. de *dunamis* (25 a) et on hésitera également à l'entendre de l'activité divine exercée en fait ou saisie à partir de ses effets (ainsi *Syr.*, d'après *Holtz.*, p. 60) : « elle est le miroir de la gloire < de Dieu > par rapport à ses œuvres »). Mais on ne peut préciser davantage sans déterminer la fonction exacte du mot « miroir ». Selon l'interprétation la plus commune (cf. *Gri.*, *Hein.*, *Feldm.*, *Fisch.*), l'action de la Sagesse dans le monde permettrait de reconnaître, comme dans un miroir fidèle, une activité proprement divine ; un certain dédoublement entre l'activité de la Sagesse et celle de Dieu est alors supposé et on réintroduit discrètement le thème de la connaissance indirecte de Dieu (le « miroir » étant un symbole fréquent de celle-ci, cf. N. Hugedé, *La métaphore du miroir dans les Épîtres... aux Corinthiens*, Neuchâtel, 1957, pp. 115 ss ; C. Spicq, *op. cit.*, pp. 99-100), tout en ajoutant qu'il s'agit d'un miroir parfait. Le texte nous paraît avoir une portée différente et être attiré indûment dans un contexte de connaissance humaine. Certes, l'auteur s'est bien proposé initialement de justifier l'activité universelle de la Sagesse (24 b) et il revient à cette activité au v. 27. Mais, dans l'intervalle, il s'attache à évoquer, par des termes imagés, sa nature transcendante. Si elle est un « miroir sans tache », c'est par rapport à Dieu. D'autre part, tout le développement des vv. 25-26 va dans le sens non d'un dédoublement, mais d'une identification poussée aussi loin que possible. Enfin *energeia*, traduit imparfaitement par « activité », doit déterminer autrement la puissance divine : c'est, si l'on veut, la puissance « ordonnée » qui choisit et décide efficacement, en disposant de toute la vigueur nécessaire pour réaliser ce qu'elle a voulu. En quel sens, dès lors, la Sagesse est-elle le « miroir » de cette vertu divine efficace ? La présence des mots « reflet » et « image » dans le contexte immédiat n'invite guère à retenir l'emploi métonymique du terme et à l'interpréter de l'image reflétée par un miroir. On doit songer à un emploi métaphorique. Mais l'accent ne porte pas

sur la réalité comparée à un miroir et sur sa distinction par rapport à l'objet qu'elle réfléchit. L'auteur veut insister soit sur la « réflexion » elle-même (cf. N. HUGEDÉ, *op. cit.*, p. 70 : « La notion du miroir va même jusqu'à s'effacer devant celle de la *réflexion* qu'il permet. Il y a, du point de vue du sens, transposition de l'instrument à la fonction »), soit sur une relation de dépendance essentielle entre l'image reflétée par le miroir et sa source : la Sagesse est à la fois si intimement unie à Dieu et si pure que la vertu active de Dieu se réfléchit parfaitement en elle ; en outre, elle n'est que dépendance, son « énergie » n'a d'autre réalité que celle de son foyer (sur le développement de cette idée dans le Néo-Platonisme, cf. *Études*, ch. V, pp. 386, n. 7 et 387, n. 3).

26 c. Le troisième terme relatif, *eikôn*, signifie étym. « ressemblance, similitude », mais ce sens reçoit des applications multiples (cf. *TWNT*, II, pp. 386-387 ; F. W. ELTESTER, *op. cit.* dans *Études*, ch. V, p. 383, n. 4) : il ne s'agit pas d'une ressemblance quelconque ou accidentelle, mais de l'imitation ou de la reproduction d'un archétype ou d'un modèle (cf. LIGHTFOOT, *The Epistles to the Colossians and Philemon*, London, 1927, p. 143) ; la correspondance entre l'image et l'exemplaire peut être naturelle ou artificielle et elle comporte divers degrés. Souvent aussi *eikôn* implique la participation à la réalité même du modèle, une conception familière à l'Ancien Orient (cf. J. HEHN, *Zum Terminus « Bild Gottes »*, Festschr. *E. Sachau*, Berlin, 1915, pp. 36 ss) qu'on rencontre également sous différentes formes en milieu grec : les statues des dieux participent à la puissance de ceux-ci et possèdent des propriétés salutaires ou magiques ; les souverains hellénistiques, considérés comme une incarnation de la divinité, sont une « image vivante » de celle-ci (cf. *OGI*, *Ditt.* 90, 3 ; cf. aussi MITTEIS-WILCKEN, *Grundz. u. Chrest.*, I, 2, n. 109, 11). En contexte philosophique, *Plat.* applique souvent le terme aux réalités sensibles, en référence aux Idées (*Études*, ch. V, p. 383) ; à l'inverse *(ibid.)*, *Phil.* n'hésite pas à l'employer des Idées elles-mêmes, du Logos (cf. en particulier *Conf.* 97, 147 ; *Fug.* 101 ; *Somn.* I, 239 ; II, 45) et même de la Sagesse (cf. *Études*, ch. V, p. 384). Notre texte se rapproche de l'usage philonien. Transposé sur un plan transcendant, *eikôn* n'implique pas nécessairement l'idée d'infériorité ou d'imperfection, pas plus du reste que dans certains emplois métaphoriques du terme : seule subsiste la référence à un exemplaire ou à un principe. Rappelons aussi qu'à l'opposé d'une ressemblance purement extérieure, nécessitant d'être reconnue ou interprétée par l'esprit, certaines « images » étaient supposées entraîner la vertu ou la présence de l'exemplaire et en manifester la nature. Enfin, dans le contexte, *eikôn* doit évoquer une relation très intime entre la Sagesse et Dieu, ou plus précisément avec la « bonté » de Dieu, *tès agathotètos autou.* Ce subst., déjà usité en I, 1 b (cf. aussi XII, 22 b), désignerait ici, selon certains, la « sainteté » *(Gri.)*, la « perfection interne » *(Corn.)* ou l' « excellence » *(Duesb.)* divines (cf. aussi

Gärt., p. 108). En réalité, il faut lui garder le sens de « bonté »,
recommandé par l'usage philonien (cf. *comm.* sur I, 1 b) et l'emploi
courant de l'adj. *agathos* pour désigner une divinité bienveillante,
secourable (cf. surtout *agathos daimôn* ; dans la *LXX*, cf. *TWNT*, I,
p. 13) ; par ailleurs, à un point culminant du développement, il est
normal de voir mentionné un attribut caractéristique de la Sagesse
(cf. VI, 12-16 ; VII, 11-12, 14, 27 ; VIII, 1), de son Esprit (I, 6 ;
VII, 23 a) ou de Dieu lui-même (XI, 24-26 ; XV, 1 ; etc.). Le mot
doit désigner, en effet (comme chez *Phil.*), une inclination foncière
à faire du bien, une bienveillance active et généreuse. De cette
« bonté », la Sagesse est « l'image », non pas, nous semble-t-il, en
ce sens que tout son agir apparaîtrait aux yeux des hommes comme
imitant ou représentant la bonté même de Dieu (cf. *comm.* sur 26 b),
mais parce qu'elle est d'abord comme une image vivante de celle-ci :
la bienveillance active de Dieu passe en quelque sorte en elle avant
de s'écouler vers les créatures. Mais *eikôn* demeure avant tout un
terme relatif, chargé d'évoquer, à la suite des mots « reflets » et
« miroir », une dépendance essentielle et continue. Il contribue ainsi
à écarter l'hypothèse d'une émanation au sens strict (des précisions
semblables se rencontreront dans le néo-platonisme, cf. *Études*,
ch. V, p. 386) ou l'opinion qui ferait de la Sagesse une véritable
réalité intermédiaire (cf. *ibid.*, pp. 400-401, 407-408). L'arrière-plan
du v. 26 est plutôt platonicien que stoïcien (cf. *ibid.*, pp. 385-388).
D'autre part, le *N.T.* appliquera au Christ certains des termes
employés aux vv. 25-26 ou fera appel à des images semblables (cf.
en particulier *He.* I, 3 ; *Col.* I, 15 ; *2 Co.* IV, 4), tandis que les
Pères retrouveront spontanément dans ces vv. la doctrine du Fils
consubstantiel et distinct du Père (cf. *comm.* sur v. 25, *in fine*).
Cependant le sens littéral n'a pas cette portée ; ainsi le v. 26 ne
suffit pas à conférer à la Sagesse une personnalité réelle et distincte
(*Gri.* et *Hein.* insistent sur ce point) et il n'affirme pas nettement,
en même temps, son identification parfaite avec l'essence divine (sur
le problème, cf. *Études*, ch. V, pp. 402-412). Notons enfin que, dans
l'exégèse byzantine, *Mal.* applique délibérément le v. 26 à la mission
du Verbe incarné, manifestation concrète de la lumière, de la puissance et de la bonté de Dieu (οὐ γὰρ τὴν οὐσίαν θεοῦ, ἀλλὰ τὴν
ἀγαθότητα καὶ τὴν δύναμιν καὶ τὴν ἐνέργειαν αὐτοῦ γινώσκομεν ἀναλό-
γως . . .), tandis que le *comm.* de *Cant.* revient sans cesse à la
personne de l'Esprit Saint.

L'activité universelle de la Sagesse

27. *Comme elle est unique, elle peut tout ;*
    demeurant en elle-même, elle renouvelle l'univers
    et, passant au long des âges dans les âmes pures,
    elle constitue des amis de Dieu et des prophètes.
28. *Car Dieu aime ceux-là seuls qui partagent l'intimité de la Sagesse.*

29. *C'est une réalité plus radieuse que le soleil*
    et surpassant toute constellation ;
    si on la compare à la lumière, sa supériorité éclate ;
30. *La nuit, en effet, succède à celle-là,*
    tandis que le mal ne reprend pas l'avantage sur la Sagesse.
VIII 1. *Elle s'étend d'une extrémité du monde à l'autre avec vigueur.*
    et gouverne l'univers avec bonté.

27 a. Revenant à l'activité de la Sagesse (cf. v. 24), l'auteur
affirme d'abord son unicité, *mia de ousa*, fondement de sa toute-
puissance, *panta dunatai*. Il n'y a pas lieu, nous semble-t-il, de donner
à la propos. participiale une valeur concessive (« bien qu'elle soit
unique » cf. *Cramp.*, *Mar.*, OSTY, *Guil.*) avec une opposition implicite
(cf. *Gri.*, *Gre.*, *Corn.*) : l'unicité de la Sagesse n'est pas l'indice d'une
puissance limitée ou ne l'empêche pas d'assumer seule toute sa
tâche. La propos. a plutôt un sens causal et l'auteur tire apparemment la conséquence immédiate du développement précédent
en accentuant l'assimilation de la Sagesse à Dieu (cf. *Hein.*) : elle
participe à l'unicité divine, affirmée par l'*A.T.* (cf. *Dt.*, VI, 4 ; *Is.*
XL-LV) pour réagir contre toute division du divin et maintenir la
puissance illimitée de Yahvé, et elle possède également la toute-
puissance (*panta dunasai* s'applique à Dieu en XI, 23 a). Mais, en
même temps, il peut prendre position vis-à-vis des spéculations
grecques, par ex. en écartant l'hypothèse de puissances intermédiaires qui serviraient d'auxiliaires à la Sagesse dans son activité
cosmique (sur les « puissances » dans le Portique et chez *Phil.*,
cf. WOLFSON, I, pp. 276-282) ou en précisant que l'Ame du monde
platonicienne est une (cf. *Études*, ch. V, p. 406).

27 b. C'est un autre aspect de l'assimilation de la Sagesse à
Dieu. *Ta panta kainizei* n'offre pas de difficulté : le compl. désigne
l'univers physique (cf. I, 7 b) ; le vb., un terme poétique et littéraire signifiant « faire quelque chose de nouveau ou d'étrange »,
d'où « inaugurer, étrenner ; innover » (cf. *Lidd.-Sc.*), alterne dans
la *LXX* avec *anakainizein* (« renouveler, rénover ») pour rendre
hiddesh et la notion commune de « renouveler, restaurer » (cf. d'une
part *So.* III, 17 ; *Is.* LXI, 4 ; d'autre part *Ps.* CII, 5 et CIII, 30).
L'auteur a dû se souvenir de *Ps.* CIII, 30 *(kai anakainieis to prosôpon tès gès)* et reporter sur la Sagesse l'activité prêtée à l'Esprit
de Dieu : elle est la cause des renouvellements et des changements
qui se produisent sans cesse dans l'univers et assurent la permanence de celui-ci (cf. I, 14). La formule initiale, *menousa en hautèi*,
litt. « demeurant en elle-même », est plus obscure. On attendrait
menousa hè autè, « demeurant la même », conformément à l'opposition marquée par le *Ps.* CI entre l'immutabilité divine et les changements ou vieillissement des créatures (cf. v. 13 *su de eis ton aiôna
meneis*, et surtout vv. 27-28 *su de diameneis... su de autos ei*), ou à

d'autres emplois du vb. *menein* (cf. *Dn.* VI, 27 *LXX* et θ', de l'éternité de Dieu ; *Ps.* CX, 9, de sa justice ; *Is.* XL, 8, de sa parole ; cf. aussi *Phil., Plant.* 91 insistant sur l'immutabilité absolue de la nature divine). Si l'auteur a préféré néanmoins montrer la Sagesse « demeurant en elle-même », est-ce pour souligner son « immobilité » et corriger en quelque sorte l'affirmation de son « agilité » extrême (24 a) ou de la « mobilité » de son Pneuma (22 d) ? *A priori*, il pourrait se tourner maintenant vers les auteurs affirmant l'immobilité de la Cause première : Xénophane (*Vorsokr.* [8], I, 135, 9, B 25 ; 135, 11-12, B 26), Anaxagore *(ibid.* II, 20, 34-36, A 56 *akinètos ôn)*, Aristote (qui, cependant, fait du mouvement perpétuel le propre de l'âme et de tous les êtres divins, cf. Festugière, *Idéal*, pp. 180-181), Platon (qui finira par trouver dans l' « Ame du monde » le moyen d'expliquer le passage de « l'Intelligible immuable au sensible muable », Festugière, *Révélation*, II, pp. 102-103). Toutefois, si telle était la fonction précise de la formule employée, on attendrait ensuite : « elle meut tout ». Or l'opposition porte en fait sur les renouvellements ou changements perpétuels de l'univers, auxquels la Sagesse doit échapper par nature, tout en les causant. Le texte signifie donc directement qu'en exerçant une activité universelle la Sagesse ne « sort pas de soi », demeure immanente à elle-même et garde son identité propre (cf. *Cant.* οὐ γὰρ ἐξίσταται ἑαυτῆς ἡ τοῦ θεοῦ δημιουργὸς σοφία ... τῆς οἰκείας ταυτότητος μὴ ἐξισταμένη, τὰς ἀπείρους τῶν ὄντων οὐσίας παράγει καὶ ζωογονεῖ καὶ διακατέχει). Sa causalité ne modifie ou n'amoindrit en rien sa richesse interne et le terme de son activité lui reste extérieur. On revient donc à l'idée d'une immutabilité substantielle, mais si l'auteur a modifié intentionnellement l'énoncé de *Ps.* CI, 27-28 ou d'autres textes semblables, c'est pour insister sur une causalité parfaite, possédant en elle-même toute la vertu des effets à produire.

27 c.   Une réminiscence de *Pr.* VIII, 31 explique sans doute (cf. *Hein.*) le passage à l'influence particulière de la Sagesse sur les hommes. Au début, *kata geneas* renvoie à la succession des générations humaines : *genea* garde son sens habituel de « génération ; âge d'homme ; période » (cf. *Lidd.-Sc.* et *TWNT*, I, pp. 660-661), sans qu'il y ait lieu de préférer, d'après *Lat.* (*et per nationes ;* mais cf. I, 14 b ; III, 19 ; XII, 10 b), le sens exceptionnel de « nations, peuples » *(Corn.) ; kata* signifie « en descendant, en suivant ; tout le long de, à travers », plutôt qu'il n'est distributif (« à chaque génération »). L'action de la Sagesse est donc envisagée non plus en fonction des transformations continuelles de l'univers, mais de la succession historique (« tout au long des âges, d'une génération à l'autre », cf. *Gri.*, *Hein., Ficht.*). *Metabainousa* renforce indirectement cet aspect, car ce vb. signifie « passer d'un endroit ou d'un sujet à un autre ». Dans le compl., *eis psuchas hosias*, l'adj. (cf. IV, 15 ; VI, 10 ; etc.) doit insister sur un état intérieur, sur une disposition habituelle de l'âme. Faire intervenir la note de « piété » (« dans les âmes

pieuses »), ce serait mettre l'accent sur une inclination volontaire et effective vers Dieu ou sa Sagesse. Or, en *Sag.*, l'adj. et le subst. correspondant (cf. II, 22 b ; V, 19 ; IX, 3 ; XIV, 30) désignent plutôt la « sainteté » de l'homme (*hagios* étant réservé à Dieu et à tout ce qui lui appartient), une sainteté signifiée volontiers en termes de pureté morale ou d'absence de souillures (cf. le parallélisme en II, 22 b-c et X, 15 a) ; en outre, l'auteur a pu se souvenir ici de *Pr.* XXII, 11 (*LXX agapai kurios hosias kardias* ; *TM* « ceux qui ont le cœur pur ») ; enfin la piété ou la dévotion apparaissent comme le fruit direct de la présence de la Sagesse dans une âme. Par conséquent, l'expression doit désigner ici d'une façon générale les « âmes saintes » ou « pures » qui vivent dans la crainte de Dieu, ont assuré en elles le règne de la *phronèsis* (VI, 15) et accepté de se soumettre à une *paideia* salutaire (cf. VII, 14 c ; VI, 17). La Sagesse vient alors dans ces âmes pour en prendre possession, y habiter (cf. I, 4 ; X, 16), et cette présence intérieure entraîne comme conséquence immédiate « l'amitié avec Dieu » (cf. 27 a et 28). *Hein.* parle de l'octroi de la « grâce sanctifiante » : c'est sans doute trop préciser, en fonction de données relevant de la révélation du *N.T.* et de la théologie qui la prolonge. Un autre problème est celui de savoir si l'horizon se limite à l'histoire israélite et à ses antécédents bibliques directs (cf. X, 1-4) ? Pour *Goodr.*, « l'idée que la Sagesse aurait pu choisir les âmes d'élite parmi toutes les nations païennes est beaucoup trop avancée pour le particulariste Ps. Salomon » ; *Dea.* affirme au contraire : « La sphère d'activité de la Sagesse déborde la Palestine et s'étend au monde entier ; elle ne se limite pas à telle ou telle époque, elle embrasse l'histoire de l'humanité ». La réponse dépend en partie de la portée du mot « prophètes » (selon *Gri.*, l'hostilité de l'auteur à l'égard du paganisme exclut la possibilité de « prophètes » parmi les païens). Pour le moment, notons que 27 c énonce une vérité générale qui peut trouver des applications à chaque période de l'histoire et rappelons la tendance continuelle des ch. VI-IX à rejoindre l'arrière-plan universaliste de *Pr.* VIII.

27 d. Au v. 14 b, l'amitié avec Dieu était attirée par l'acceptation courageuse de la *paideia* ; ici elle est procurée par la Sagesse elle-même. Il est vrai qu'on traduit parfois *kataskeuazei* par « préparer, disposer » (cf. *Gri.*, *Ficht.*), en supposant une construction elliptique : « elle dispose les âmes (à devenir)... ». Néanmoins, comme le vb. alterne avec *poiein* en IX, 2 et XI, 24, il est plus indiqué de le traduire par « établir, constituer ; faire, créer », en accord avec ses emplois habituels à l'actif (cf. *Lidd.-Sc.*). C'est donc la Sagesse elle-même qui constitue « des amis de Dieu et des prophètes », *philous theou kai prophètas*. La première expression, éclairée par 14 b et 28, doit désigner ceux que Dieu aime d'un amour d'amitié et traite en amis. Elle n'est pas courante dans l'*A.T.* (cf. *Zien. theol.*, pp. 88-90). Si Abraham est appelé « ami de Dieu » (*Is.* XLI, 8 et *2 Ch.*

XX, 7), c'est selon *TM* car la *LXX* emploie une périphrase avec *agapan* ; et elle a recours également à ce vb. ou à *agapètos*, à propos d'autres personnages qui sont l'objet d'une dilection spéciale de Dieu (Salomon, *2 S.* XII, 24 ; *Ne.* XIII, 26 ; Cyrus, *Is.* XLVIII, 14 ; les Israélites fidèles, *Ps.* LIX, 7 ; CVII, 7). En réalité, mise à part une traduction aberrante en *Ps.* CXXXVIII, 17, *philos* apparaît uniquement dans *Ex.* XXXIII, 11 à propos de Moïse et d'une façon discrète dans une comparaison. Le titre d' « ami de Dieu » reste donc exceptionnel dans l'*A.T.* et la *LXX* n'a rien fait pour accréditer *philos*. Par la suite, cependant, le terme se trouve appliqué à Abraham comme une formule reçue (*Jc.* II, 23 ; *Phil., Sobr.* 56, citant sous cette forme *Gn.* XVIII, 17), ou encore à Moïse, sur la base d'*Ex.* XXXIII, 11, mais surtout parce qu'il a été un « sage » éminent. *Phil.* insiste sur ce point (*Her.* 21) et rappelle le thème du « sage, ami de Dieu » (cf. MANGEY, II, p. 652, *pas sophos theou philos*), un thème fort répandu dans la littérature grecque de toutes les époques (*Zien. theol., ibid.*, cite de nombreux textes d'après l'étude de E. PETERSON). Ici, on relève également une relation étroite entre « sagesse » et « amitié avec Dieu » ; aussi, des influences grecques (surtout stoïciennes) expliquent vraisemblablement la reprise d'une expression jugée trop audacieuse par la *LXX*. Pourtant l'application reste originale. L'auteur a dû voir en Salomon « l'ami de Dieu » par excellence (VII, 14 généralise la condition privilégiée de celui-ci) et il a pu prendre appui sur *2 S.* XII, 26 et *Ne.* XIII, 26, deux textes où l'idée fondamentale est celle d'une prédilection divine ; il s'agit donc d'abord d'une amitié offerte et accordée par Dieu (cet aspect est souligné au v. suivant avec le vb. *agapan*). Assurément, *philos* implique réciprocité et l'établissement d'une relation d'amitié entre l'homme et Dieu (cf. VII, 14), mais cette relation ne dépend pas des seuls efforts de l'homme, elle ne résulte pas d'une assimilation progressive au divin par la science, la maîtrise de soi ou la vertu. D'autre part, l'auteur fait intervenir un motif intermédiaire emprunté à la Bible, celui d'une familiarité possible et d'une réciprocité d'échanges entre l'homme et la Sagesse (surtout d'après *Pr.* I-IX) : l'amitié avec Dieu se noue par la médiation de celle-ci, par le seul fait qu'elle « passe » dans les âmes et y habite (cf. v. 28).

Le terme coordonné fait intervenir une notion apparemment moins ouverte. Dans la *LXX*, *prophètès* traduit régulièrement *nâbi'*, un mot dont l'étymologie est discutée (cf. EICHRODT, *Theologie* I [6] p. 206 et n. 36 ; *TWNT*, VI, p. 796 ; etc.) et qui, appliqué d'abord à des inspirés frénétiques ou enthousiastes, épouse progresssivement toutes les caractéristiques du prophétisme israélite : appelés par Dieu et chargés d'une mission, organes de l'Esprit ou ministres de la Parole, les prophètes livrent un message clair, compréhensible, car ils annoncent essentiellement les volontés actuelles de Dieu. S'il leur arrive de dévoiler l'avenir, ce trait n'est pas caractéristique du prophète de l'*A.T.* C'est plus tard seulement, à cause de l'importance accordée à la réalisation des oracles anciens, que le mot « prophète » désignera de plus en plus « celui qui prédit l'avenir » (ainsi dans certains courants du Judaïsme et dans le *N.T.*). Dans l'usage gr., *prophètès* désigne étym. « celui qui parle ouvertement, clairement » (cf. *TWNT*, VI, p. 783) ; on le distingue du « devin » *(mantis)* et il est l'interprète par excellence des oracles obscurs et inintelligibles (cf. *ibid.*, pp. 787-788). Lorsqu'il est présenté comme l'organe direct de la divinité (cf. *ibid.*, pp. 785-787), c'est en tant qu'il parle en son nom et fait connaître ses volontés à l'homme ; à ce titre, les poètes deviennent les interprètes des Muses (*ibid.*, pp. 792-793). En Égypte, *prophètès* désigne aussi un personnage éminent du corps sacerdotal, « l'interprète par excellence d'une science divine », c.-à-d. d'une théologie rudimentaire « qu'on décorait du nom respectable de philosophie » (CUMONT, *Eg. Astr.*, p. 119) ; et le mot se rencontre précisément en contexte philosophique (cf. *TWNT*, VI, pp. 794, 11-25) ou à propos d'une connaissance privilégiée du divin (cf. *prophèteuein* dans le *De Mundo* 391 ª15-16). Mais la notion d'interprète autorisé et officiel reste partout fondamentale, tandis qu'on enregistre une réserve constante à lui faire signifier la prédiction de l'avenir. *Phil.* lui-même revient spontanément à cette notion lorsqu'il voit dans le prophète l'interprète des choses de Dieu (cf. *Det.* 39-40 ; *Migr.* 84 ; *Praem.* 55 ; *Spec.* I, 65 ; IV, 48-49).

Cependant son attitude est plus complexe, mais éclairante pour notre texte. Laissons de côté la distinction occasionnelle (*Mos.* II, 191) entre prophétie et interprétation, une distinction expliquée diversement (cf. BRÉHIER, *Idées*, pp. 187-188 ; GOODENOUGH, *By Light*, p. 193, n. 1 ; WOLFSON, II, pp. 41-43). Mais *Phil.* accepte le phénomène du prophétisme biblique et s'efforce de l'éclairer par une théorie grecque (surtout platonicienne) de la connaissance. Le prophète est envisagé alors comme un « inspiré », soumis à une influence divine privilégiée qui s'exerce sous trois formes (par l'Esprit, par des Anges ou par la Voix de Dieu, cf. WOLFSON, II, pp. 24-45), avec des bénéficiaires distincts (cf. *ibid.*, pp. 61-62). La première retient spécialement son attention : ainsi Moïse fut sous l'influence continuelle d'un « Esprit divin de sagesse » (*Gig.* 47-48) et tous les « justes » mentionnés par l'Écriture l'ont subie également, mais d'une façon plus intermittente (*Her.* 259-262), car ce genre de prophétie est incompatible seulement avec le vice (*Her.* 259). *Phil.* semble même admettre, en transposant la théorie stoïcienne sur l'aptitude du sage à la divination (cf. WOLFSON, II, p. 47), que toute âme enracinée dans la vertu ou la sagesse peut en bénéficier (cf. *ibid.*, pp. 47-49). Cette connaissance a pour objet essentiel non l'avenir, mais des vérités inaccessibles au jeu normal de l'esprit humain et perçues d'une façon intuitive (cf. *Mos.* II, 6 ; *Spec.* IV, 192 ; cf. aussi, à titre personnel et sans *prophètès*, *Migr.* 34-35 ; *Somn.* II, 252 ; *Cher.* 27). *Phil.* envisage donc la possibilité, toujours actuelle, d'une illumination surnaturelle de l'esprit humain par un Esprit divin de sagesse ; d'autre part, il associe étroitement « prophète » et « ami de Dieu » dans *Sacr.* 130.

Le mot « prophètes » est employé ici avec une portée semblable. Il ne suffit pas d'affirmer (cf. *Gri.*) que l'auteur admet la persistance du charisme prophétique, en accord avec le Judaïsme hellénisé (chez *Fl. Jos.* cf. *G.J.* I, 78 ; II, 159 ; III, 351-353, 405 ; *Ant.* XIII, 299-300) et à l'encontre du Judaïsme palestinien, car cette opposition est factice (cf. *TWNT*, VI, pp. 813-820). On rappellera plutôt l'extension de la notion même de prophétie chez les Sages palestiniens (cf. *Si.* XXIV, 33) ou sa transformation en milieu juif hellénisé. Apparemment, l'attention ne se fixe pas sur cette forme d'inspiration revendiquée par les Scribes qui commentent l'Écriture et la prolongent : l'horizon est plus général, il embrasse toutes les phases de l'histoire humaine (cf. *Cant.* : καλῶς τὸ κατὰ γενεὰς προσέθηκε, τουτέστι κατὰ συνεκδοχὴν πᾶσιν ἀνθρώποις καὶ ἐν παντὶ καιρῷ) et la seule condition requise est la « sainteté de l'âme ». Si l'allusion aux grandes personnalités religieuses du passé israélite est immédiate (cf. X, 5-16 et *Phil., Her.* 261-262), elle n'est pas exclusive : la Sagesse peut susciter de nouveaux « prophètes » dans le présent et dans l'avenir. D'autre part, sa sollicitude pour les hommes en général (cf. *Pr.* VIII, 4, 31) et sa recherche assidue de ceux qui sont « dignes d'elle » (*Sg.* VI, 16) laissent supposer une extension universaliste du phénomène prophétique. Mais celui-ci perd cet aspect charismatique qui caractérisait les prophètes bibliques : à l'irruption de la Parole vivante dans quelques individus privilégiés, choisis pour une mission précise, succède une influence plus paisible, plus intérieure. L'idée que le prophète est initié aux mystères de Dieu et introduit dans son « conseil » (cf. *Am.* III, 7) est retenue, mais l'association étroite de *prophètai* à *philoi theou* (suggérée p.-ê. par le thème grec du sage ami de Dieu et apte à la divination) fait songer à une intimité avec Dieu dépendant plus directement de la sainteté de vie et intégrée plus profondément dans la vie personnelle. Dès lors, il s'agit plutôt d'une intelligence supérieure, surnaturelle, des vérités ou mystères divins, communiquée par la Sagesse (cf. R. MEYER dans *TWNT*, VI, p. 822 : « im Grunde ist jeder ein Prophet, der die wahre Weisheit als Eigenschaft besitzt »). Bien que le « prophète » soit alors capable d'éclairer les autres (cf. VI, 24) et devienne « l'interprète » compétent de la science divine ou des exigences nouvelles de Dieu, l'accent reste mis, nous semble-t-il, sur une illumination intime et personnelle, en dépendance d'une sorte d' « état de grâce » avant la lettre. Enfin *prophètai* implique-t-il aussi une connaissance anticipée du futur ? Cette extension paraît normale car le terme doit inclure tous ceux qui ont été les organes de la révélation progressive de Dieu (cf. en particulier X, 10 c-d, 16 ; XI, 1) ; par ailleurs, l'auteur lui-même soulève des aperçus prophétiques (cf. II, 12-20 ; XIV, 7, 11), évoque les destinées eschatologiques (II, 22-24 ; III, 1-9 ; etc.) ou confère aux événements du passé une signification apocalyptique (XI, 6-14 ; XII, 27 ; XVI-XIX). Néanmoins, lorsque l'attention se concentre sur l'influence de la Sagesse dans la vie de l'homme, l'horizon intellectuel devient plus statique : la Sagesse préside essentiellement à la dispensation de valeurs permanentes et de vérités actuelles. Or la condition de « prophète », prolongeant celle d' « ami de Dieu », résulte immédiatement d'une affinité spirituelle avec elle.

28. Cette affinité est évoquée par une image conjugale, dans une affirmation énergique qu'on traduirait litt. : « car Dieu n'aime rien, *outhen agapai ho theos* (cf. *Zie.*), sinon celui qui cohabite avec la Sagesse, *ei mè ton sophiai sunoikounta* ». Cette phrase est insolite dans l'usage gr. : on peut seulement rappeler certains emplois du neutre *ouden / mèden* à la place du masc. ou fémin. (cf. *Kühn.-Ge.* II, 1, pp. 60-61 et n. 2) ou *oudeis allos* suivi de *ei mè* restrictif (*ibid.*, II, 2, p. 487, n. 8). Mais des parallèles plus directs se rencontrent dans le *N.T.* (*Mt.* V, 13 ; XXI, 19 ; *Mc.* IX, 29 ; XI, 13) où *ouden*, repris par *ei mè*, accentue énergiquement une exception ou une condition à la manière sémitique. Il suffit de traduire par « seulement, ne... que ». L'amour du Créateur pour toutes ses œuvres (XI, 24 a) est hors de cause, car *agapan* reprend ici *philous theou* et renvoie à un amour d'amitié, inaugurant des relations privilégiées. Cette amitié requiert absolument la médiation de la Sagesse (dans le *N.T.*, celle du Fils : cf. *Jn.* XIV, 21, 23), plus précisément la familiarité avec celle-ci évoquée par *sunoikein*. Ce vb. est usité couramment de la cohabitation conjugale (cf. *Lidd.-Sc.* I, 2 et la *LXX*). Comme l'idée d'une intimité de cette sorte est développée avec insistance au ch. VIII (vv. 2, 9, 16), le vb. doit évoquer une réalité spirituelle analogue, mais supérieure, signifier même que l'entrée de la Sagesse dans une âme inaugure une communauté de vie comparable à celle que crée l'union de jeunes époux (cf. *Is.* LXII, 5 *hôs sunoikôn neaniskos parthenôi*).

29 a. Ce développement sur la beauté transcendante de la Sagesse prend appui sur *sunoikein* : elle mérite bien de devenir une compagne de vie car *(gar)* sa beauté est incomparable. Le démonstratif *hautè* la rend en quelque sorte présente aux yeux ou à l'imagination, comme un objet de contemplation. Avec *euprepestera hèliou*, sa beauté est exaltée d'abord en comparaison du soleil. Si l'adj. *euprepès* (peu usité dans la *LXX* : *2 S.* I, 23 ; XXIII, 1 ; *Za.* X, 3 ; *Si.* XXIV, 14) a une portée plus faible que *kalos* dans l'usage gr. (« de belle apparence ; convenable, séant ; distingué », cf. *Lidd.-Sc.*), le subst. *euprepeia* prend au contraire un sens très fort dans la *LXX* où il désigne la splendeur ou la majesté divine (cf. *comm.* sur V, 16 a). On peut donc traduire l'adj. par « magnifique, splendide, radieuse ». Le *Cantique* (VI, 10) déclare l'Épouse « resplendissante comme le soleil » ; ici le thème de la beauté majestueuse ou radieuse du soleil sert à affirmer que celle de la Sagesse l'emporte de beaucoup.

29 b. L'auteur varie la construction du comparatif et emploie cette fois *huper* (« par-dessus, plus que », cf. 10 a). L'expression

astrôn thesin, au sing. et précédée de *pasan*, signifie certainement
« constellation » (litt. « arrangement, disposition d'étoiles ») et on
se trouve déjà en présence d'une formule reçue, comme si *Sag.*
préludait à l'emploi du composé plus tardif *astrothesia* (cf. *Lidd.-Sc.*).
Au v. 19 (cf. *comm.*), *theseis* avait une portée différente (« positions »),
dans un contexte de science ; ici, les constellations sont considérées
en fonction de leur beauté mystérieuse, devenue, aux yeux de
certains, un objet d'admiration ou même de contemplation. Une
telle attitude à l'égard du ciel étoilé perce surtout dans les *Phénomènes* d'Aratos (cf. Festugière, *Révélation*, II, pp. 335-337 ; cf. aussi
pp. 213-215, 230-231), lus et relus sans cesse dans la suite (cf. p. ex.
Cic., Nat. deor. II, XL, 104 - XLIV, 115, citant de larges extraits).

29 c. Si la Sagesse est comparée maintenant à la lumière elle-
même, *phôti sugkrinomenè*, c'est à un autre point de vue, explicité
au v. 30 : non plus la beauté, mais la nature impérissable (cf. *Hein.*).
Pour avoir méconnu cette transition, certains *min.* (cf. *Zie.*) ont
remplacé *protera* par *lamprotera (Zie.)*, une leç. qui ne trouve aucun
appui dans les *verss.* Du reste, *protera* est recommandé par le vb.
sugkrinein (cf. encore XV, 18 et *sugkrisis* en VII, 8) : deux réalités
sont « comparées » pour savoir laquelle a une priorité de rang
ou de valeur. Or la Sagesse « est trouvée, reconnue *(heurisketai)*
supérieure ».

30 a. Cette supériorité de la Sagesse sur la lumière du jour est
affirmée à partir d'un fait d'expérience : la lumière du jour fait
place à la nuit. *Touto* (accus.) renvoie à *phôs*, *men* introduit une
opposition avec *de* corrélatif en 30 a (une construction rare en *Sag.* ;
cf. V, 13) ; *diadechetai* (avec *nux*, « la nuit », comme sujet) est
employé au sens de « succéder à » avec le compl. à l'acc. comme
dans la *Koine* (à partir d'Aristote), tandis que l'usage classique le
met au datif (cf. *Lidd.-Sc.* II, 1). *Goodr.* allègue comme parallèle
Soph., Trach. 29-30 *nux gar eisagei / kai nux apôthei diadedegmenè
ponon.*

30 b. Deux vbs sont en présence dans les *mss : antischuei* * B *
et *katischuei* (var. *katischusei*, cf. *Zie.*), avec des divergences sur
le cas du compl. (*sophia* S * V, *sophian* A et quelques *min.*,
sophias B, etc.). Le second, adopté par *Ra.* et *Zie.*, fréquent dans
l'usage gr. et la *LXX*, attesté nettement en X, 11 et XVII, 5, signifie
« prévaloir, l'emporter sur » et se construit soit avec le gén. (cf.
Jr. XV, 18 ; *Mt.* XVI, 18), soit avec l'acc. (normal dans la *LXX*) ;
le premier, adopté par *Fri.* (et explicitement par *Gri., Dea., Far.,
Corn., Hein., Goodr.*), est exceptionnel et tardif dans l'usage gr. où
il signifie « reprendre le dessus, l'avantage » (cf. *Dio. Cass.* IV, 11).
Nous préférons *antischuei* pour les raisons suivantes : d'autres mots
rares se rencontrent en *Sag.* et y sont attestés pour la première fois ;
on peut expliquer plus aisément, dans l' « écriture continue », la

transformation de *ouk antischuei* en *ou katiskuei* (avec omission du ν) que le processus inverse (avec insertion du ν) ; enfin une réminiscence de *Mt.* XVI, 18 a pu jouer également (cf. *Goodr.*). Le sens du vb. est plutôt « reprendre l'avantage, prévaloir à son tour » (*anti :* « au lieu de, à la place de ») que « s'opposer avec force, l'emporter sur » (*anti :* « contre » ; cf. *Gri., Hein.*), et le compl. *sophiai* peut être primitif, d'après la leç. de S * V (cf. *supra*). Dans ce contexte, en vertu de la correspondance étroite entre 30 a et 30 b soulignée exceptionnellement par *men... de*, le sujet *kakia* (cf. II, 21 ; IV, 11 ; V, 13) explicite le symbolisme métaphysique latent de la « nuit » et désigne en quelque sorte une puissance des ténèbres ou du mal, « la malice » ou « le mal » personnifiés. Au v. suivant (VIII, 1), par une transition tacite, la Sagesse apparaît précisément dans le rôle d'une Providence souverainement efficace et bonne : si le mal cesse de reprendre le dessus, elle garde le contrôle de tout et exécute irrésistiblement ses desseins ; bien plus, elle échappe par nature à toute contamination possible. L'auteur n'envisage donc pas une lutte continuelle du bien et du mal, avec une domination successive de l'un et de l'autre. La Sagesse devrait alors se retirer, céder la place lorsque le mal l'emporte. Certains critiques l'admettent, en proposant une interprétation psychologique de 30 b (cf. *Dea.* et surtout *Far.* : « Wisdom never enters into contact with vice, but withdraws from the soul, step by step, as evil enters into it »). En réalité, l'auteur se place sur un plan métaphysique et parle de la Sagesse divine transcendante (cf. *Cant.* τῇ δὲ θείᾳ καὶ ἀγαθῇ φύσει οὐδὲν ἐναντίον · οὐδ' ἔστιν εὑρεῖν, τί ἄρα ἀντικείσεται τῇ πανσθενεῖ ἐκείνῃ ἀπειροδυνάμῳ δυνάμει) : non seulement elle brille comme une lumière incorruptible, mais encore elle échappe aux atteintes de la seule puissance qui semblerait susceptible de contrecarrer son action. celle du mal et du péché.

CHAPITRE VIII

1 a. De l'avis général, ce premier v. du ch. se rattache au développement antérieur : l'idée d'une lumière inaltérable (VII, 29-30) ramène à celle d'une puissance souveraine et *de*, en relation étroite avec VII, 30 b, prend une nuance adversative. Comme le vb. *diateinein*, « étendre, étirer », a pris de plus en plus dans l'usage gr. les sens intrans. de la forme moyenne, « s'étendre (dans l'espace ou le temps), parvenir jusqu'à, atteindre », *diateinei* signifie ici soit « elle s'étend » (cf. *Syr., Ar.*), soit « elle atteint » *(Lat.)*. Le second sens (préféré par *RV, Goodr., Corn., Cramp., Reid., RSV*) irait de soi si le compl. indiquait seulement la limite atteinte par l'influence de la Sagesse (p. ex. « jusqu'aux extrémités de la terre », cf. dans la *LXX, Ps.* XVIII, 5 ; XLVII, 11 ; *Dn.* IV, 21 ; *Tb.* S XIII, 13). Mais nous avons ici un double compl. mentionnant les deux extrêmes de l'emprise de la Sagesse sur l'univers : *apo peratos* et *epi peras* (S A divers *min. - Ra.*) préférable à *eis peras* (B V, etc. ; *Fri., Zie.*), car le texte désigne non seulement la direction mais le point d'arrivée. Par conséquent, on traduirait plutôt par « elle s'étend » (cf. *Siegf., Hein., Feldm., Ficht.*, etc.), mais l'adv. *eurôstôs*, « avec force, vigueur » (cf. *2 M.* X, 17 ; XII, 27, 35), fait intervenir aussi l'idée d'énergie ou de tension. Or cette idée accompagne précisément l'emploi de *diateinein* dans le Stoïcisme où le vb. caractérise la diffusion d'une énergie douée d'une tension plus ou moins forte et capable, à ce titre, d'assurer la permanence ou la cohésion des êtres. On le rencontre dans la théorie du « mélange total » (*SVF*, II, p. 158, n. 480), dans l'explication des sensations (*SVF*, II, p. 226, n. 826 ; cf. aussi I, p. 41, n. 150 ; II, p. 227, n. 836), dans la réduction des divinités traditionnelles à des extensions diverses de la « raison directrice » du monde (*SVF*, III, p. 217, n. 33 ; II, p. 305, n. 1021). Bien entendu, les notions de tension et d'extension s'appliquent éminemment au Pneuma cosmique universel. Selon certains Stoïciens, celui-ci atteindrait son degré extrême de tension ou se concentrerait à l'état pur, en tant qu'intelligence supérieure et ordonnatrice, dans l'éther ou le soleil ; pourtant, on ne cesse de maintenir qu'il pénètre à travers tous les êtres et atteint jusqu'aux confins de l'univers, car il possède une mobilité extrême (cf. *comm.* sur 22 d et 24 a ; cf. aussi Verbeke, *L'Évolution*, pp. 71-72). On se trouve donc en présence d'une reprise originale du thème platonicien de l'Ame du monde et l'emploi parti-

culier de *diateinein* a pu être suggéré par *Tim*. 34 B *psuchèn eis to meson autou theis dia pantos te eteinen* (« quant à l'âme, l'ayant placée au centre du corps du monde, il l'étendit à travers le corps tout entier », trad. RIVAUD). Cet usage stoïcien trouve un écho chez *Phil*. (cf. *Imm*. 35 *archetai to pneuma apo tôn mesôn epi ta perata teinesthai ; Leg*. I, 28-29) qui, cependant, préfère parler de la « tension » ou de l' « extension » des puissances divines (cf. *Conf*. 136 ; *Mut*. 28 ; *Migr*. 181 συνέχεσθαι τόδε τὸ πᾶν ἀοράτοις δυνάμεσιν, ἃς ἀπὸ γῆς ἐσχάτων ἄχρις οὐρανοῦ περάτων ὁ δημιουργὸς ἀπέτεινε).

Est-il supposé par notre texte ? COLOMBO (*Pneuma*, pp. 136-137) admet le fait, mais en mettant l'accent sur l'idée de « tension » et en excluant le présupposé panthéiste. En fait, le texte désigne bien au sens propre une réalité qui « s'étend ou se tend avec vigueur » d'une extrémité à l'autre de l'univers pour enserrer entièrement celui-ci. La Sagesse est représentée comme une réalité essentiellement dynamique et « énergique ». En recourant à cette conception, l'auteur a voulu signifier d'abord qu'elle exerce sur l'univers une maîtrise totale et irrésistible, ensuite qu'elle maintient celui-ci dans l'unité (J. ZIEGLER, *Dulcedo Dei*, Münster, 1937, p. 49, ramène ainsi *diateinei* à *sunechein* : « sich erstrecken ; alles zusammenhalten, alles wie eine unsichtbare Kraft tragen » ; ou encore, « sich spannen von einem Ende zum anderen ; alles umspannen ; alles umspannend zusammenhalten »), enfin que son emprise totale est instantanée et continue. Comme la Sagesse diffère, sur des points majeurs, du Pneuma stoïcien ou de l'Ame du monde platonicienne (cf. *Études*, ch. V, pp. 373-376, 405-407), il y a de toute manière transposition. Mais sa causalité divine universelle illustre d'une façon expressive et originale la doctrine de l'immanence de Dieu au monde. *Corn*. cite à propos un texte d'*Aug*. (*ep*. CLXXXVII, 4, *PL*, XXXIII, 837) retrouvant ici la création continue et la conservation du monde : « Sic Deus est per cuncta diffusus, ut non sit qualitas mundi, sed substantia creatrix mundi, sine labore regens et sine onere continens mundum » (pour d'autres aspects de l'exégèse augustinienne de notre texte, cf. A.-M. LA BONNARDIÈRE, *Biblia Augustiniana*, pp. 170-183, 285-286).

1 b. La Sagesse n'est pas seulement la force qui maîtrise, soutient et unifie supérieurement l'univers : elle s'identifie avec la Providence qui le gouverne ou l'administre (cf. aussi *Gri*. et *Gre*.). Le vb. *dioikein*, « administrer une maison », mais employé couramment de l'administration des cités ou du gouvernement des peuples (cf. VIII, 14 a), a été appliqué progressivement au gouvernement providentiel du monde (cf. XII, 18 b et surtout XV, 1 b *dioikôn ta panta*). Cet usage apparaît déjà chez *Plat*. (cf. *Phedr*. 246 C), mais il a été vulgarisé surtout par le Portique (cf. p. ex. le texte cité dans *Études*, p. 375, n. 2) pour signifier une notion de la Providence qui reste marquée par le déterminisme foncier du système mais se veut résolument optimiste (cf. VERBEKE, *L'Évolution*, pp. 86-87) : le monde

est gouverné comme une cité idéale (cf. *SVF*, I, p. 27, n. 98) par un principe « bienfaisant, secourable, philanthrope, juste » et pour des fins utiles (cf. Diels, *Dox.* [3], pp. 464-465 τὸν τὰ ὅλα διοικοῦντα θεὸν εὐεργετικὸν καὶ χρηστόν ... πρόνοιαν δ', ὅτι πρὸς τὸ χρήσιμον οἰκονομεῖ ἕκαστα). Assurément, le rôle de Providence assumé ici par la Sagesse, ailleurs par Dieu lui-même (cf. VI, 7 d ; XIV, 3 a ; XVII, 2 c), s'intègre dans les conceptions d'ensemble du livre (cf. *Études*, ch. V, pp. 391-393). Il reste à déterminer le sens de *chrèstôs* *. Cet adv., peu employé et réservé à l'usage littéraire, y garde un sens très général : « bien, comme il faut » (cf. *Gri., Siegf.* « wohl » ; Colombo, pp. 138-139, « convenienter »). Mais l'adj. correspondant (cf. XV, 1 a) est beaucoup plus fréquent avec des nuances multiples (cf. *Lidd.-Sc.* : « dont on peut se servir ; utile, serviable, secourable ; bon, honnête, vertueux ; bienveillant, aimable, bienfaisant ») ; dans la *LXX*, il alterne avec *agathos* pour signifier la bonté divine, mais avec une note plus chaude, plus personnelle (« bon, bienveillant, secourable », cf. J. Ziegler, *Dulcedo Dei*, pp. 23-27) que les *verss* africaines ont accentuée en traduisant par *suavis* (cf. *ibid.*, pp. 34-35). L'idée de « douceur » retenue ici par *Lat. (suaviter), Syr., Shex.* et *Arm.*, serait recommandée selon certains par l'opposition à *eurôstôs*, car « énergie et douceur — *fortiter in re, suaviter in modo* — sont les conditions d'un bon gouvernement » *(Dea.)*. Une telle opposition ne nous semble pas marquée par le texte qui allègue plutôt deux notions complémentaires ; d'autre part, comme *ta panta* désigne l'univers (cf. I, 7, 14 ; VII, 27), il n'envisage pas seulement le gouvernement des hommes ; aussi les notes de condescendance, de mansuétude ou de miséricorde (cf. XII, 18 b et XV, 1) n'ont pas lieu d'être retenues. On écartera également l'idée d'un gouvernement « saint et équitable » (cf. *Cant.* : *kalôs en hosiotèti kai dikaiosunèi*) et l'on s'en tiendra à l'idée générale de « bonté » (cf. *Mal. kai agathotèti to pan dioikei hôs agathou theou ousa sophia*) qui reste fondamentale dans l'application de *chrèstos* aux dieux et aux souverains : dans son gouvernement de l'univers, la Sagesse poursuit uniquement des fins de bonté et celles-ci ne peuvent être entravées profondément par la causalité limitée de la malice (cf. VII, 30 b). Une même conception optimiste de la Providence du Pneuma se rencontre dans les textes stoïciens (cf. *Études*, ch. V, p. 393, n. 1, et Verbeke, *L'Évolution*, pp. 86-87). *Goodr.* retrouve ici l'image d'une ménagère « administrant fort bien « unto good use, skilfully ») sa maison » ; ainsi serait amorcée la « métaphore matrimoniale » des vv. suivants. Cette interprétation est forcée car le choix de *chrestôs* peut s'expliquer autrement et le v. 2 est rattaché d'une façon plus extérieure (avec *tautèn*) au développement précédent. — Le v. 1 est cité par *Or.* (*in Mt.* XVI, 3 ; *Benz-Klost.* 470-471, avec application directe au Christ), *Eus.* (*Praep. ev.* VII, 12 et XI, 14) et surtout par *Aug.* (cf. A.-M. La Bonnardière, pp. 170-183, 285-286).

Résumé du ch. VIII. Salomon revient à son expérience personnelle, non pour décliner ses titres à parler de la Sagesse avec compé-

tence (cf. VI, 22 - VII, 22 a), mais pour nous faire part de son désir
de l'avoir pour épouse. Dans l'intervalle, il a évoqué une réalité
transcendante et divine, appelée d'abord « artisane de l'univers »
(VII, 22 a) et identifiée finalement avec la Providence universelle
(VIII, 1). Or c'est elle, nous confie-t-il maintenant sur un ton pathétique, qu'il a osé aimer et voulu épouser. Le thème est donné au
v. 2, repris au v. 9 et exploité au v. 16. Le « désir » que doit éveiller
dans l'homme (VI, 13, 20) la beauté attirante de la Sagesse (VI, 12 ;
VII, 10 c, 29) est devenu chez lui un amour passionné et exclusif
pour celle qui présente toutes les qualités d'une épouse idéale : la
beauté (2 c), la noblesse (3), l'intelligence (4), la richesse (5), le savoir-
faire (6), la vertu à un degré éminent (7), enfin ce sens des réalités
qui fera d'elle la conseillère par excellence (8). Assisté par elle dans
sa vie publique et privée (9), Salomon deviendra le type du monarque
honoré (10) et illustre (13), pénétrant au tribunal (11), éloquent (12),
régissant de nombreux peuples (14), à la fois redoutable, bon et
valeureux (15) ; dans l'intimité, la Sagesse ne lui apportera que
détente et joie (16). Dans ce développement, bien des réminiscences
bibliques affleurent : *Prov.* et *Sir.* avaient déjà figuré la Sagesse
comme une fiancée ou une épouse (cf. *Études*, ch. V, pp. 332, 341),
certains traits messianiques sont reportés sur Salomon, d'autres traits
sont empruntés à *Jb.* XXIX, une interprétation allégorique de *Pr.*
XXXI, 10-31 semble supposée au v. 7, enfin l'ambiance générale
n'est pas sans rappeler celle du *Cantique*, interprété p.-ê. de l'amour
réciproque de Salomon et de la Sagesse. Les réminiscences grecques
abondent également : en particulier, l'auteur semble avoir voulu
rapprocher la fine pointe de l'*erôs* platonicien de l'*agapè* biblique,
tandis que d'autres termes évoquent certains courants de la mystique
hellénistique. On notera enfin le caractère idéal de la situation
exploitée : pour éviter toute contradiction formelle avec l'histoire,
l'auteur met en scène un Salomon encore tout jeune (10 b), sans nous
dire clairement si son amour exclusif pour la Sagesse est passé dans
la réalité. Il s'agit plutôt d'une aspiration ou d'un rêve de jeunesse,
ramenés à leur vraie signification par la prière du ch. IX. Celle-ci
est introduite précisément par la fin du ch. VIII (17-21) : Salomon
y récapitule les motifs de sa recherche de la Sagesse (17-18) et
justifie la nécessité de demander celle-ci à Dieu (19-21).

Le jeune Salomon, épris de la Sagesse, voit en elle l'épouse idéale

2. *C'est elle que j'ai prise en affection et recherchée dès ma*
                                                                jeunesse,
    j'ai aspiré à en faire mon épouse
    et je suis devenu l'amant de sa beauté.
3. *Elle illustre la noblesse même, car elle partage la vie de Dieu*
    et le souverain de l'univers l'a aimée.

4.   *Initiée en effet à la science même de Dieu,*
     c'est elle qui décide de ses œuvres.

2 a. *Tautèn*, placé en tête, est emphatique : « C'est elle, cette Sagesse transcendante dont je viens de parler... » L'emploi du vb. *ephilèsa* (unique en *Sag.* ; cf. seulement *philia* en VII, 14 et VIII, 18 ; *philos* en VII, 27) au lieu de *ègapèsa* semble intentionnel et s'éclaire par l'usage gr. ordinaire. Dans celui-ci, alors que *agapan* désigne surtout un amour de préférence et de bienveillance se prouvant par des actes (« Il lie des êtres de condition différente... A l'amour gratuit, désintéressé et généreux de celui qui donne correspond l'accueil et l'amour de gratitude de celui qui reçoit », C. Spicq, dans *RB*, 1953, p. 396), *philein* insiste sur une inclination, une attirance ou une complaisance, plutôt que sur une disposition volontaire et délibérée : la sensibilité et même la passion interviennent, tout en restant normalement sous le contrôle de la raison vertueuse ; aussi le vb. s'emploie par excellence de l'amour d'amitié (« il suppose entre ceux qui s'aiment une certaine affinité, une harmonie, une communauté de pensée et de vie, finalement il requiert une égalité entre ceux qui sont ainsi unis », C. Spicq, *ibid.*, p. 393). Dans la *LXX*, *agapan* s'est imposé partout, même pour désigner toute la gamme des sentiments ou des passions de l'homme ; *philein* est exceptionnel (mis à part les textes où il traduit *nâshaq*, « baiser ») et sans relief particulier (cf. cependant *Pr.* VIII, 17 *egô tous eme philountas agapô* ; XIX, 3 *andros philountos sophian...*). En préférant ailleurs *agapan*, l'auteur se conforme à l'usage de la *LXX*, bien qu'il rejoigne aussi divers emplois du vb. dans l'usage profane (cf. d'une part I, 1 ; VII, 10 ; VIII, 7 ; d'autre part, avec Dieu pour sujet, IV, 10 ; VII, 28 ; XI, 24 ; XVI, 26). Par conséquent, il semble avoir choisi *philein* à dessein pour signifier ici une affection qui s'apparente à l'amitié et suscite le désir d'une société de vie malgré l'inégalité foncière des conditions.

La proposition coordonnée, *kai exezètèsa ek neotètos mou*, est biblique. Le vb., peu attesté dans le gr. profane (cf. *Lidd.-Sc.*), est courant dans la *LXX* (= *dârash*, « chercher avec soin, se soucier de, s'appliquer à » ; *biqqêsh*, « chercher pour trouver » ; etc.) et il a parfois la « sagesse » pour compl. (*Qo.* I, 13 ; *Si.* XXIV, 34 ; XXXIX, 1 ; LI, 14, 21) ; *ek neotètos (mou, sou)* insiste sur la nécessité d'accepter très tôt l'éducation de la Sagesse (cf. p. ex. *Si.*, VI, 18 ; LI, 15), ou caractérise une jeunesse pieuse et vertueuse (*1 R.* XVIII, 18 ; *Ps.* LXX, 5, 17). En fonction de cet usage, le texte signifierait seulement que Salomon s'est appliqué « dès sa jeunesse » à pratiquer la vertu et à tendre vers la Sagesse. Mais ce serait un retour en arrière, par rapport au sens donné à *ephilèsa* ; d'autre part, l'auteur doit vouloir évoquer la dernière étape de l'évolution intérieure du jeune Salomon (les deux aor. marquent l'entrée dans un état) et l'attention reste fixée sur la Sagesse divine elle-même, non sur les valeurs qu'elle patronne ou représente. Aussi *exezètèsa* caractérise plutôt une recherche décisive et personnelle, stimulée par l'affection (*Hein.* traduit le vb. par « Ersehnen » et glose : « es ist das Verlangen des Bräutigams nach der Braut ») ; et *ek neotètos* insisterait sur le fait que Salomon s'est épris de la Sagesse « dès sa jeunesse », à la fleur de l'âge, et non pas, comme la plupart, au déclin de la vie (cf. *Qohéleth*) ; peut-être aussi sur le fait que la jeunesse est le temps du premier amour (cf. « la femme de la jeunesse » en *Pr.* V, 18 ; *Is.* LIV, 6) et celui où le jeune homme désire procréer. *Plat.* (*Symp.* 209 B) transpose précisément ce désir et l'entend de l'âme en quête de la Beauté (cf. 18 e).

2 b. L'interprétation précédente facilite la progression marquée par *kai ezètèsa numphèn agagesthai emautôi*. Le vb. *ezètèsa*, « j'ai cherché », doit s'entendre d'une préoccupation ou tension de l'esprit pour obtenir la réalité désirée. L'expression *numphèn* (« fiancée, épousée ») ou *gunaika agesthai* (parfois *agein*) prend appui sur une coutume grecque ancienne : l'épousée était « amenée » dans la maison du mari par le père, le frère ou des amis (cf. *Od.* IV, 10 ; XV, 238 ; VI, 28 ; *Aristoph.*, *Pl.* 529 ; etc.), ou « emmenée chez lui » par le mari lui-même (cf. *Od.* XIV, 211 ; *Hdt.* I, 59 ; etc.) ; bien plus, *agesthai* seul pouvait signifier « prendre femme, épouser » (*Hdt.* II, 47 ; etc.). Ici *emautôi* semble superflu et doit avoir une valeur expressive (« en insistant sur le rapport réfléchi, marqué d'une façon générale et imprécise par le Moyen » *Kühn.-Ge.* II, 1, p. 111, n. 3) : « devienne mon épouse à moi », de même qu'une femme appartient à son mari. Dans le cas d'une réalité divine, une telle prétention « possessive » n'est pas ridicule, car Dieu se donne sans s'enfermer dans aucune créature ; du reste, l'auteur propose à tous, à travers son héros, une intimité semblable et elle consiste essentiellement dans la « venue » (VII, 7) et l'habitation permanente de la Sagesse dans l'âme (I, 4 ; VII, 27 c). Le symbolisme du mariage rejoint aussi implicitement le thème de la fécondité spirituelle de la vertu bien supérieure à la postérité charnelle (cf. III, 13-15 ; IV, 1-2). Mais on ne peut assurer que le jeune Salomon envisagerait même de renoncer volontairement à celle-ci et à tout mariage humain, contrairement à ses obligations d'héritier de la dynastie davidique. Du reste, avant le songe de Gabaon, il avait déjà épousé la fille de Pharaon (*1 R.* III, 1), peut-être aussi Naama, mère de Roboam (cf. *1 R.* XIV, 21 et XI, 42). Le texte parlerait donc seulement d'une union mystique d'un autre ordre.

2 c. Une nouvelle progression est marquée dans les dispositions du jeune roi. Le mariage peut répondre uniquement au besoin d'une compagne et au désir de procréer. C'est même là son trait dominant dans l'Ancien Orient et dans la Bible, bien que la femme épousée puisse être l'objet d'un amour passionné (cf. *Os.* I, III ; *Pr.* V, 18-19 ; *Ez.* XXIV, 16). Chez les Grecs, « la fin principale du mariage est la procréation d'un enfant mâle... sa fin secondaire, la bonne organi-

sation de la maison » (FESTUGIÈRE, *Idéal*, p. 137) et les tendances
érotiques se tournent vers les courtisanes ou les amours contre
nature. Or Salomon déclare « être devenu » *(egenomèn)*, tombé
amoureux de la Sagesse, plus exactement *erastès tou kallous autès*.
La mise en relief de la « beauté » est une touche grecque (cf. VII, 10 ;
XIII, 3, 7) ; quant à *erastès*, toujours péjoratif dans la *LXX* (cf. *Jr.*
XXII, 20, 22 ; *Ez.* XVI, 33, 36, 37, etc. et *Sg.* XVI, 6), mais suggéré
p.-ê. par *Pr.* IV, 6 *(erasthèti autès kai tèrèsei se)*, il renvoie en fait
à la substitution progressive d'une notion grecque : l'amour-passion
qui agit comme une poussée instinctive, ébranle le contrôle de la
raison, aspire à la possession et a pour objet propre la beauté
physique. Dans divers contextes, ce sens primitif est transposé ou
s'estompe. Chez *Plat.* (*Phedr.* 249 B ss. et surtout *Symp.* 207 A ss.),
l'objet de l'*erôs* devient la beauté de l'âme et de la vertu ; ou encore,
la poussée métaphysique de l'*erôs* doit remonter de la beauté sensible
jusqu'à la Beauté en soi, par une dialectique ascendante (*Symp.*
210 A ss.) qui aboutit à une sorte d'extase dans la contemplation de
l'Idée du Beau (plus tard, chez Plotin, l'*erôs* tendra vers l'union totale
avec l'Un). Dans la terminologie des Mystères, *erastès* n'est souvent
qu'une image ou un symbole de l'aspiration de l'homme vers le
divin et du besoin d'un contact personnel avec lui. Enfin, dans l'usage
littéraire, il prend volontiers les sens atténués d'amateur, admi-
rateur, etc. (cf. *Lidd.-Sc.* 1 b et 2), déclarés cependant impropres par
Plat., *Symp.* 205 D. Ici, à cause du dét. *tou kallous*, on doit retenir
le sens d'amant ou d'amoureux, mais il s'agit d'une « beauté » spirituelle et divine. Une influence plus ou moins directe de la transposition platonicienne est vraisemblable, mais on notera en même
temps la discrétion de l'auteur : *Phil.* (qui emploie souvent *sophias*
ou *phronèseôs erastès*, *Mig.* 101 ; *Her.* 100 ; *Mut.* 37 ; etc.) insiste
davantage (cf. p. ex. *Cont.* 68). Par ailleurs, il ne suffit pas d'alléguer
comme points d'appui *Pr.* IV, 6 *LXX* et les textes où la Sagesse est
figurée comme une fiancée ou une épouse (*Pr.* IV, 8 ; VII, 4 ; *Si.*
XV, 2) : l'expression *erastès tou kallous* introduit une note inaccou-
tumée dans la Bible. Ou plutôt, elle évoque l'ambiance du *Cantique*,
tout entier sur le thème de l'amour-passion (quelle que soit l'interprétation proposée). L'auteur devait le considérer comme l'œuvre
de Salomon et il a pu fort bien identifier « l'épouse » avec la Sagesse
elle-même (une interprétation défendue jadis par F. K. ROSENMÜLLER,
Scholia in VT, II, Leipzig, 1830, pp. 271 ss. puis par G. KUHN, *Erklä-
rung des Hohen Liedes*, Leipzig, 1926, pp. 62 ss, et envisagée comme
possible par J. GOETTSBERGER, *Einleitung in das AT*, Freiburg i. B.,
1928, p. 264), ou reprendre une identification déjà proposée avant lui
(cf. ROBERT-TOURNAY, *Le Cantique des Cantiques*, Paris, 1963, p. 326
sur *Ct.* VIII, 13). Il aurait concilié en quelque sorte deux sommets
distincts de la révélation biblique et de la pensée grecque, ou suggéré
d'éclairer par la fine pointe des spéculations platoniciennes l'allégorie
sapientiale du Cantique. — Le v. 2 est cité par *Hil.* (*PL*, IX, 708),
2 b-c par *Or.* (*in Mt.* XVII, 32, *Benz-Klost.* 686), 2 c par *Or.* (*in Jn.*
XX, 43 ; *Preu.* 386).

3 a. Après la beauté, la noblesse d'origine était réclamée par un prince d'une future épouse (cf. *Ps.* XLV). Chez les Grecs, *eugeneia* renvoie à une valeur très prisée, objet de traités particuliers (par Aristote, Diogène de Babylonie, Plutarque, etc. ; cf aussi *Phil., Virt.* 187-227), car seuls les jeunes gens de bonne naissance *(eugeneis)* avaient accès à la culture (cf. FESTUGIÈRE, *Idéal*, p. 32, 1). Mais on enregistre la tendance continuelle à substituer la noblesse de la vertu à celle de la naissance (cf. les fragments recueillis par *Stob., Anth.* V, HENSE, pp. 702-728). Les Stoïciens voient dans l'*eugeneia* une chose indifférente (*SVF*, III, p. 28, n. 111) ou très secondaire *(ibid.* p. 31, 127), ou bien ils l'entendent d'une âme bien disposée à la vertu ou capable de l'acquérir (cf. *Stob., Anth.* II, *Wachsm.,* pp. 107-108) ; en fonction des qualités requises habituellement d'une future épouse, ils récusent à la fois l'importance accordée à la richesse, à la beauté et à la noblesse (cf. *Antip. Tars.,* ap. *SVF,* III, p. 62, n. 254 *ploutos, eugeneia, kallos ; Muson.,* fr. XII, B, HENSE, p. 69 *ploutos, kallos, eugeneia).* L'auteur a dû se souvenir de cette énumération traditionnelle, mais il l'utilise différemment. Le vb. *doxazei* (cf. XVIII, 8 ; XIX, 22) garde ici son sens habituel dans la *LXX* (« glorifier, illustrer, magnifier ») mais exceptionnel dans le gr. profane (cf. *Lidd.-Sc.* II « exalter, célébrer »). Avec *eugeneian* comme compl., on traduirait donc litt. : « elle glorifie la noblesse ». Une leç. fautive (cf. *Corn.,* p. 303 et *Bi. Sa.)* de *Lat. (generositatem illius glorificat)* a embarrassé les commentateurs latins (cf. *Corn. a Lap.)* ; par la suite, certains (en particulier *Grot.,* puis *Goodr.)* ont continué de rapporter le texte à Salomon : sa noblesse reçoit son lustre véritable de la Sagesse qui l'élève jusqu'à la société de Dieu. Chez les Modernes, deux interprétations ont la faveur : la Sagesse « se montre digne de sa noble origine, y fait honneur » *(Gri., Ficht.)* ou elle « manifeste » celle-ci *(Corn., Siegf., Hein., Holm.).* En fait, on supplée le possessif ou le réfléchi après *eugeneian,* rapporté à la Sagesse. Nous préférons, avec *Dea.,* maintenir l'indétermination du subst. (comme aux vv. 5-8, il s'agit d'une valeur envisagée pour elle-même) : « la Sagesse couvre de gloire la noblesse elle-même, elle éclipse toute noblesse ». La proposition participiale qui suit, *sumbiôsin theou echousa,* a une valeur causale explicite et insiste non sur l'origine éminente de la Sagesse (on peut, du reste, être anobli), mais sur l'état ou la dignité qui en résultent, sur sa condition privilégiée et transcendante. Le mot *sumbiôsis (hellén.),* repris en 9 a et 16 c, signifie la communauté de vie, la vie en commun, et s'emploie surtout de l'intimité conjugale : p. ex., un traité d'*Antip. Tars.* était intitulé *peri gunaikos sumbiôseôs (SVF* III, p. 254, n. 62) ; *Muson.* (fr. XIII A, HENSE, p. 68) déclare que c'est le propre de tout mariage *(dei en gamôi pantôs sumbiôsin einai)* et *Plut. (conj. praec.* XXXIV, 142 F) oppose *sumbioun,* signifiant la fusion complète de deux vies, à *sunoikein* (simple cohabitation). La Sagesse partage donc entièrement la vie de Dieu, comme une épouse.

3 b. C'est aussi une épouse bien-aimée et une reine, car celui qui est *ho pantôn despotès* (cf. VI, 7 a), par conséquent infiniment

plus qu'un prince ou un roi terrestres, « l'a aimée » *ègapèsen autèn*.
Sur le vb., avec Dieu pour sujet, cf. *comm.* sur v. 2 a ; l'aor. renvoie,
de soi, à une initiative antérieure, donc à un amour de prédilection
et de choix, mais l'origine et le mode de cet amour coïncident avec
le mystère des origines et de la nature de la Sagesse. Une gradation
est donc marquée par 3 b, rattaché par *kai* à 3 a. Chez *Phil.*, la
Sagesse est présentée également comme l'épouse de Dieu (*Cher.* 49,
en dépendance de *Jr.* III, 4 *LXX*), mais l'idée de fécondation prédomine et c'est pourquoi la Sagesse est appelée ailleurs « mère de
l'univers » (*Ebr.* 30-31 ; *Fug.* 109) ; on notera aussi *Leg.* I, 64 comme
parallèle lointain à 3 a et le passage de l'idée de sagesse à celle de
« science » *(epistèmè)* dans *Ebr.* 30. Signalons enfin que la trad.
aberrante de *Syr.* pour ce v. (« allégresse et gloire de Dieu est dans
sa société, car Dieu est son père et le maître de tout l'a aimée ») a
été utilisée par MARGOLIOUTH (p. 274) pour étayer l'hypothèse d'un
original hébr. utilisé par *Syr.* (pour la critique de cette opinion,
cf. *Holtz.*, pp. 40-42).

4 a.   Les critiques s'accordent (sauf *Gre.*) à voir dans ce v.,
rattaché par *gar*, une justification du précédent (cf. *Gri., Corn., Hein.,
Feldm.*, etc.) : l'intimité de la Sagesse avec Dieu est telle que celui-ci
n'a pas de secret pour elle et défère à son choix. Le fém. *mustis* *,
très rare dans l'usage gr. et attesté peut-être pour la première fois
en *Sag.* (*Lidd.-Sc.* cite *Anacreont.* IV, 12 ; *IG*, III, 914 Eleusis, s. d. ;
Phil., Sacr. 60 ; *Porph., Antr.* 18 ; *Anth. Pal.* IX, 229), s'éclaire par
le masc. *mustès* et doit signifier « initiée » (cf. *Syr.*, « fille du secret »,
Arm., Ar.). Le sens actif (cf. *Lat., doctrix* ; *Shex.* « initiatrice » ; *Dea.*
« a teacher ») n'est nullement recommandé par un contexte qui
envisage la relation de la Sagesse à Dieu (cf. *Hein.*). Bien que *mustis*
ait le plus souvent une portée métaphorique dans les textes cités,
l'auteur veut certainement évoquer, par un terme recherché, une
participation intime et privilégiée « à la science même de Dieu,
tès tou theou epistèmès. Cette expression n'apparaît pas dans la *LXX*
où *epistèmè*, seul, n'est qu'un simple synonyme de « connaissance,
sagesse, etc. ». En milieu grec, au contraire, *epistèmè* se distingue
de *doxa*, « l'opinion » (cf. *Plat., Rep.* 477 B - 478 A), et signifie une
connaissance rigoureuse et certaine (cf. *Lidd.-Sc.* II, 2). « La science
de Dieu » (*tou theou*, enclavé, est un gén. subjectif) désigne donc
une science certaine et absolue qui appartient en propre à Dieu, qui
est non seulement universelle, mais infinie et qui fait la vérité onto-
logique des choses, décide, choisit, réalise. C'est la propriété d'une
intelligence infinie, aux ressources illimitées qu'aucune création ne
peut épuiser. Dans la Bible, l'attention se fixe sur la connaissance
que Dieu a de ses œuvres. L'auteur parle ici d'une science antérieure
à la création (même horizon en *Pr.* VIII) et débordant infiniment
les limites du créé. C'est à cette science transcendante que la Sagesse
est « initiée ».

4 b. C'est pourquoi elle a pu jouer un rôle déterminant en « choisissant les œuvres de Dieu ». Le fém. *hairetis* *, un *hapax* dans l'usage gr. (le masc. *hairetès* est lui-même rare et tardif ; cf. *Pap. Ox.* 1654.7, du IIe s. ap. J.-C. ; *Vett. Val.*, p. 55, 1, 17 KROLL), a embarrassé les copistes des *mss* (cf. *Zie.* et ajouter *Cant.* pour *heuretis*) et les *verss (Lat.* : *electrix*, un *hapax* également, cf. *Dea.* ; mais *Syr.* « la gloire », *Ar.* « suréminente en puissance », tandis que *Shex.* et *Arm.* ont lu *erastès).* Son sens s'éclaire par les mots *hairetès, haireteos, hairetistès,* où l'idée de « choix » est fondamentale. Il désigne donc « celle qui choisit » et l'hypothèse d'une mauvaise traduction d'un original hébr. portant « compagne » (lu « choisissant » *Spei.,* p. 473) ne s'impose nullement. Déterminé par *tôn ergôn autou* et éclairé par le contexte, il signifie que la Sagesse a fait un choix parmi les possibilités qui s'offraient à l'intelligence divine, qu'elle a conseillé efficacement le Créateur pour l'œuvre à réaliser et qu'elle continue de le faire (car l'affirmation est générale). Cependant, son point d'appui immédiat est la comparaison de la Sagesse à une épouse bien-aimée et à une reine : non seulement Dieu n'a pas de secret pour elle, mais encore il tient compte de ses désirs ou préférences et il exécute ce qu'elle a choisi. L'exploitation de cette image explique sans doute pourquoi la participation active de la Sagesse à la création et au gouvernement du monde, soulignée antérieurement (et rappelée en 5 b et 6 b), est laissée dans l'ombre. En réalité, elle doit exécuter avec Dieu les œuvres qu'elle a choisies. De toute façon, elle a joué un rôle déterminant et donné sa marque décisive à toute l'œuvre de Dieu (cf. *Ps.* CIII, 24 *panta ta erga sou en sophiai epoièsas*). — Le v. 4 est cité par *Proc. Gaz.* (*in Dt.* XXXII, 28 ; *PG,* LXXXVII A, 972) ; les vv. 3-5 par *Aug.* (*mor. Eccl.* I, 16, 27 ; *PL. XXXII,* 1323).

Elle possède éminemment toutes les valeurs souhaitables

5. *Quant à la richesse, si sa possession est désirable dans la vie,*
    qui serait plus riche que la Sagesse, elle qui opère tout ?

6. *Et si l'art est requis pour produire des œuvres,*
    qui en aurait plus qu'elle, l'artisane des êtres ?

7. *Si l'on aime la rectitude,*
    ses labeurs, ce sont les vertus,
    car elle inculque maîtrise de soi et prudence,
    justice et force,
    et il n'est rien de plus utile aux hommes dans la vie.

8. *Si l'on désire encore une riche expérience,*
    elle connaît le passé et conjecture l'avenir,
    elle sait les subtilités des sentences et les solutions des énigmes,
    elle prévoit les phénomènes étranges et prodigieux,
    ainsi que les issues favorables des moments et des temps.

5. La « richesse » (*ploutos*, cf. VII, 8, 11) comptait parmi les biens qu'on pouvait désirer d'une future épouse (cf. 3 b). Pourtant, à partir de ce v., la comparaison de la Sagesse à une épouse idéale perd de son relief, car l'auteur emploie des formules plus générales, comme s'il passait tacitement en revue les valeurs appréciées couramment par les hommes. Le texte débute par *ei de* : « si, d'autre part » (même formule en 6 a mais, pour varier le style, *kai ei* 7 a, *ei de kai* 8 a). L'auteur part d'une vérité d'expérience au sujet de la richesse : elle est « une possession désirable, *epithumèton ktèma* (cf. *ktèmata* XIII, 17) dans la vie, *en biôi* » (« la vie courante, le monde où nous vivons, ici-bas » cf. *Lidd.-Sc.* III). Puis (5 b), par une interrogation oratoire *(ti sophias plousiôteron)*, il concentre en quelque sorte toute la richesse possible dans la Sagesse, en la déclarant *tès ta panta ergazomenès*, c.-à-d. en rappelant que tout ce qui existe dans l'univers est son ouvrage. Toutefois, cette interprétation de *ergazomenès* (S ** *periergazomenès*) a été contestée. Jadis *Nan.* a prétendu (texte cité par *Gri.*) que ce vb. signifiait ici *quaestum facere ; Goodr.* adopte cette opinion (il traduit : « that maketh all things serviceable ») et *Gre.* la retient en partie (*ergazesthai* aurait un double sens : « to work at a trade » et « to gain by trading »). En d'autres termes, le vb. introduirait l'idée de « gains acquis par le commerce » (cf. *Lidd.-Sc.* II, 6) et la Sagesse serait ramenée à cette habileté qui préside au trafic et sait tirer profit de tout. Mais ce sens (rejeté avec raison par *Gri., Corn., Hein.,* etc.) introduirait une note vulgaire dans un tel contexte. Du reste, le vb. signifie normalement « opérer, produire », et *ta panta* désigne l'ensemble des réalités créées (cf. VIII, 1 b). Il y a aussi une opposition tacite entre 5 a et 5 b : la possession de la richesse ici-bas est nécessairement limitée tandis que la Sagesse possède vraiment tous les biens, mais selon un autre mode, en tant qu'elle est au principe de toute richesse possible par sa causalité créatrice (cf. VII, 12 b, 22 a). Bien que l'expression renvoie à une activité permanente, sa portée ne se limite pas à une simple dispensation providentielle (cf. *Pr.* VIII, 18 et *Sg.* VII, 11). Par conséquent, 5 b complète 4 b : la Sagesse ne se contente pas d'exercer un « choix » décisif ; elle réalise, en disposant de la puissance de Dieu.

6 a. La répétition de *ergazesthai*, cette fois sans compl., surprend ; d'autre part, d'après le parallélisme observé aux vv. 5, 7, 8, le bien envisagé devrait être présenté comme désirable. Pourtant, l'ensemble des *mss* gr. appuie pratiquement le texte reçu, *ei de phronèsis ergazetai* (à part la var. *phronèsin* 46 613ᶜ 766 et l'addition de *ti* après le vb. dans *O V b Cant.*) ; les *verss* le supposent ou s'y ramènent : *Lat. (si autem sensus operatur), Sah.* (« et si quelqu'un met en œuvre la prudence », cf. *Feldm. Mat.*, p. 58), *Arm.* (« et si la prudence fait quelque chose »), *Ar.* (« et si par elle l'intelligence réalise »), à l'exception cependant de *Syr.* (« et si l'homme cherche l'habileté pour agir ») qui pourrait renvoyer à un original *ei de*

phronèsin eis erga zètei tis, n'étaient ses libertés contumières à l'égard du texte (cf. *Holtz.*, p. 73 ; *Feldm. Mat.*, p. 58). Diverses conjectures ont été proposées : Grabe (cf. *Gri.*) restitue *erazetai* (mais ce vb. n'existe pas et réclamerait un compl. au gén.) ; Schultess (cf. *Gri.*) propose *ei phrònseôs erai tis* ; *Bauerm.*, suivi par *Hein.*, lit *ei phrònsin ergazetai tis* (le vb. signifiant *studiose appetere* comme en *Jn.* VI, 27) ; Bois (pp. 394-395) préfère *ei phrònseôs eratai (tis ?)* ; enfin, selon *Spei.* (pp. 474 s.), *ergazetai* renverrait à *pe'ullah* (« récompense »), *technitis* à *'âmûn* (« fidèle »), et l'original hébr. signifiait « and if understanding be a reward, what of all things is more faithful ? ». La meilleure solution (cf. aussi *Ficht.*) est celle indiquée en fait par *Syr.* (cf. *supra*), qu'on restitue *ei de phrònsis eis* (haplographie) *erga zèteitai* ou *ei de phrònsin eis erga zètei tis* (cf. 7 a et 8 a). A la rigueur, on peut dégager du texte reçu l'idée que la *phrònsis* est désirable (en glosant : « et si celle de l'homme est capable de produire des œuvres... combien plus... »). Pourtant une corruption ancienne de celui-ci est fort probable. Quoi qu'il en soit, *phrònsis* désigne ici la sagesse industrieuse, la compétence technique ou artistique (cf. VII, 16 b) : des biens existants qui constituent la richesse d'un homme (5 a), l'auteur passe à ceux qu'il façonne par son art. On rappellera la sagesse pratique déployée par les artisans d'*Ex.* XXVIII, 3 ; XXXI, 2-6 ; XXXV, 10, 25-26, 30 ; XXXVI, 1 (dans la *LXX*, *erga*, *ergazesthai* reviennent sans cesse) ; mais en raison du contexte (cf. *Dea.*), *phrònsis* peut résumer aussi le comportement de la femme parfaite, industrieuse et tisseuse habile, de *Pr.* XXXI, 10-31 (dans la *LXX*, cf. *erga* v. 15, *ergon* v. 17, *ergazesthai* v. 18).

6 b. La Sagesse possède éminemment la compétence qui préside aux créations artistiques ou techniques. Cette idée est énoncée sous forme d'*a fortiori*, mais dans une phrase compliquée *(tis autès tôn ontôn mallon estin technitis)*. La leç. *technitis* est certainement primitive (cf. *Zie.* et VII, 22 a) et le gén. *autès* doit dépendre de *mallon* (« plus qu'elle »). Mais il reste à préciser la fonction de *tôn ontôn*. Les *verss* y ont vu un gén. partitif dépendant de *tis* (« qui donc d'entre les êtres » cf. *Feldm. Mat.*, p. 59 et, pour *Syr.*, *Holtz.*, p. 104), et cette interprétation a toujours des partisans *(Siegf., Goodr., Hein., Feldm., Web., Ficht., Fisch.)*. Pourtant, elle explique mal la présence de *autès* entre *tis* et *tôn ontôn* ; d'autre part, elle entend en fait *ta onta* des « êtres qui opèrent, réalisent des œuvres », alors que l'expression désigne en VII, 17 a, « les êtres réels, existants » au sens philosophique courant. Aussi est-il préférable de faire dépendre *tôn ontôn* de *technitis* (cf. *RV, Reu., Far., Corn., Cramp., Mar., Osty, Guil., RSV*) en admettant une sorte de brachylogie : « qui plus qu'elle, l'ouvrière des êtres, est davantage artiste » ou « qui donc serait plus habile qu'elle, l'artisane des êtres » ? En rappelant l'activité créatrice de la Sagesse, l'auteur insiste sur le fait que tous les êtres existants portent la marque d'une technique

incomparable, dans le détail comme dans l'ensemble. 6 b n'est donc pas une simple répétition de 5 b, car *technitis*, éclairé cette fois par le contexte (en VII, 22 a, sa portée est plus générale), met l'accent non sur la participation à la puissance créatrice, mais sur un art consommé, responsable de tout ce qu'il y a de mesure, d'harmonie et de beauté dans la création. Bien plus, les réalisations de la Sagesse « artiste » se succèdent sans cesse dans l'univers (cf. VII, 27 b ; cf. aussi, à propos de VII, 22 a, le thème stoïcien *de natura artifice*).

7 a. Ce v. est cité intégralement par *Clém.* (*Strom. VI*, XI, 95 ; *St.-Fr.* 479-480), pour montrer que la Sagesse révélée a devancé les Grecs au sujet des « quatre vertus » (sur les citations d'*Aug.*, cf. A.-M. La Bonnardière, pp. 247, 287). L'auteur y aborde le thème de la vertu, considérée volontiers par les philosophes de l'époque comme la qualité essentielle d'une future épouse (cf. *comm.* sur 3 a et *Muson.* fr. XIII B, Hense, p. 69 : rechercher avant tout les âmes *pros sophrosunèn kai dikaiosunèn kai holôs pros aretèn euphuestatas*). Le thème est énoncé en fonction de la « justice », présentée comme un bien « aimable », *kai ei dikaiosunèn agapai tis*. Comme *dikaiosunè* désigne ensuite (7 d) une vertu cardinale, son sens doit être plus général. En fonction de la notion biblique correspondante, l'accent porterait sur la conformité aux volontés divines, sur un état de rectitude par rapport à Dieu (cf. I, 1 a). Or, sans exclure la référence à Dieu, l'auteur insiste plutôt sur un équilibre harmonieux et vertueux de la vie morale. Nous sommes ramenés à une conception grecque, en particulier à la vertu générique de Platon, définie comme une harmonie de l'âme (cf. *Rep.* 443 D-E), sa « santé morale » (444 D). Alors qu'en I, 1 a, *dikaiosunèn agapan* reprenait directement une formule biblique, ici une réminiscence platonicienne est fort probable : un texte de la *République* (358 A) range la justice parmi les biens « qu'il faut aimer *(agapèteon)* pour eux-mêmes et pour leurs conséquences si l'on veut être heureux » (trad. Chambry). On peut se contenter de traduire le vb. par « aimer », avec l'idée d' « apprécier, rechercher ». La vertu est réclamée également de la femme, mais avec d'autres termes, par *Pr.* XI, 16 ; XII, 4 ; XXXI, 10 ; *Si.* XXVI, 1-3.

7 b. Le démonstr. *tautès*, au lieu du pronom de rappel *autès*, renvoie à la Sagesse par-delà la « justice ». La mention des « labeurs » de la Sagesse et leur identification avec les « vertus » *(hoi ponoi tautès eisin aretai)* au sens gr. du terme (cf. IV, 1 a) font penser spontanément au thème des « efforts » continus réclamés par la vertu (cf. III, 15 a ; et, à propos de *Phil.*, Bréhier, *Idées*, pp. 265-266). Pourtant, cette idée s'applique mal à la Sagesse elle-même, et encore moins le sens de « peines, fatigues » (prédominant en V, 1 ; IX, 16 ; cf. aussi XV, 4 et XIX, 16). Aussi l'on donne habituellement à *ponoi* (cf. *Gri., Corn., Hein.*, etc.) le sens dérivé ou métonymique de « fruits du travail, œuvres », attesté dans le gr. profane (cf. *Lidd.-Sc.* III)

et biblique *(= yegi'a)* : les vertus sont les « œuvres » de la Sagesse, les « fruits » de son influence dans le domaine moral. Pourtant une autre explication nous paraît préférable. Le texte ferait allusion à l'activité laborieuse de l'épouse idéale de *Pr.* XXXI, 10-31, considérée comme un symbole ou une allégorie de la Sagesse elle-même, avec une identification du « fruit des mains » (*Pr.* XXXI, 16) ou du « fruit des œuvres des mains » (*Pr.* XXXI, 31) avec les vertus. Cette référence implicite justifie mieux la formulation elliptique de 7 b (que nous gardons dans la traduction) et une telle interprétation allégorique de l'éloge de la « femme parfaite » semble antérieure à *Sag.* (pour ses points d'appui dans la *LXX* et *TM*, cf. n. *BJ* sur *Pr.* XXXI, 30).

7 c-d. Précisant *(gar)* les vertus opérées par la Sagesse, le texte énumère les vertus cardinales. Une telle énumération est unique dans la Bible. Certes, on a voulu parfois distribuer dans ce cadre le contenu des écrits sapientiaux (cf. A. Hudal, *Die religiösen und sittlichen Ideen des Spruchbuches*, Rome, 1914). Les Juifs hellénisés l'avaient sans doute tenté avant *Sag.* (cf. plus tard *4 M.* I et V), ce qui expliquerait la hardiesse avec laquelle l'auteur fait de la Sagesse la maîtresse par excellence des quatre vertus. Le composé *ekdidaskei* (cf. *4 M.* V, 23-24) renforce le vb. simple : « enseigne à fond, complètement ; de plus, le contexte suggère davantage que la présentation objective d'une doctrine : la Sagesse est à l'œuvre (7 b) à l'intérieur de l'homme (cf. VII, 27 c, 28) pour stimuler et aider les efforts de celui-ci (cf. III, 15 ; VI, 17-18 ; VII, 14 c) et inculquer progressivement les vertus (cf. *Phil., Leg.* I, 48, 50, 52 : c'est Dieu qui « plante et édifie dans l'âme les vertus »). Mais presser ici la distinction entre vertus infuses et acquises serait hors de propos.

Le schème des quatre vertus cardinales, amorcé déjà par Platon qui le fondait sur une division tripartite de la psychologie humaine (*Rep.* 436 A ss ; cf. aussi *Leg.* 963 A « la vertu est quatre »), précisé ensuite par Aristote (délimitant le domaine précis de chaque vertu, distinguant entre vertus morales et intellectuelles avec une admirable étude sur la *phronèsis*), avait pris tout son relief dans le Stoïcisme (pour les notices concernant les premiers stoïciens, cf. Zeller, *Phil.* III, 1⁴, pp. 244-246 et notes) et s'était imposé surtout sous l'influence de celui-ci. Assurément, la Stoa ancienne s'était appliquée à subdiviser sans fin les quatre vertus (Chrysippe en particulier) et elle les définissait par leurs objets (c.-à-d. les différents domaines de l'activité humaine), mais Posidonius aurait réagi en s'en tenant aux quatre grandes vertus (cf. *Dio. Lae.* VII, 92 et Zeller, *ibid.*, p. 244, n. 1) et en revenant à la distinction psychologique de celles-ci d'après *Plat.* (cf. A. Schmekel, *Die Philosophie der Mittleren Stoa*, Berlin, 1892, pp. 270 ss). En fait, chez *Phil.*, nous retrouvons à la fois des définitions stoïciennes des quatre vertus et leur distinction d'après la psychologie humaine (cf. en particulier *Leg.* I, 63-87 ; *Qu. Gn.* I, 12 ; ou, après un développement sur le *ponos*, l'énumération *phron.*, *sôphros., andr., dikaios.* dans *Mos.* II, 185). A peu près contemporain, Musonius fournit un bon exemple de la diffusion du même schème qui sert de cadre régulier (avec l'ordre habituel *phron., dikaios., sôphros., andr.*) à l'exhortation morale (cf. *fr.* IV, pp. 14-15 Hense ; VI, pp. 23 ss ; VIII, pp. 33 ss ; etc.). Un autre se rencontre en *4 M.* (cf. I, 2-4, 18 ; V, 23-24), bien que l'énumération des vertus cardinales ne suive pas un ordre rigoureux et que la « piété » soit même substituée à la « prudence » (cf. A. Dupont-Sommer sur V, 24 et *Intr.*, p. 55). Au Iᵉʳ s. av. et ap. J.-C., on se trouve donc en présence d'une classification courante qui s'imposait non seulement aux philosophes, mais encore aux prédicateurs de morale et aux rhéteurs (pour ces derniers, cf. cependant *Phil., Leg.* I, 65). Elle garde plus de fermeté chez ceux qui se réclament plus ou moins du Stoïcisme. Mais on enregistre beaucoup d'hésitations ou d'imprécisions au sujet de l'insertion psychologique des quatre vertus, de leur domaine respectif ou de leur rôle propres (en particulier pour la « prudence » et même la « justice »), enfin de leur hiérarchie ; et l'on voit en elles tantôt des « sciences » particulières, tantôt des facteurs de vie pratique qui assurent la maîtrise de soi ou du monde extérieur.

L'ordre suivi par le texte est surprenant : *sôphrosunèn kai phronèsin, dikaiosunèn kai andreian.* Si on le retrouve presque identique chez un stoïcien ancien, Ariston (*SVF*, III, p. 60, n. 256), l'explication qui l'accompagne n'est guère éclairante : la vertu unique de l'âme, définie comme la « science des biens et des maux », prend différents noms selon ses applications pratiques (*sôphros.* pour choisir les biens et fuir les maux, *phron.* pour faire le bien et éviter le mal, *andr.* pour savoir quand il faut résister ou fuir, *dikaios.* pour distribuer à chacun ce qui convient). En réalité, l'auteur ne doit pas attacher une importance particulière à cette séquence ; l'on retiendra tout au plus que le rôle capital assigné à la *phronèsis* dans l'éthique aristotélicienne ne lui est pas familier. On ignore aussi quelle définition de chaque vertu est supposée : *sôphrosunè* et *andreia* n'apparaissent qu'ici en *Sag.* (seulement *sôphronôs* en IX, 11 et *andreios* en VIII, 15 b). Peut-être la première est-elle conçue comme assurant une saine modération des tendances ou un contrôle général des passions (cf. *Phil., Virt.* 13-14) afin de faciliter l'activité propre de la *phronèsis*. Celle-ci doit régler l'agir pratique et s'identifier plus ou moins avec la prudence (cf. *Études*, ch. V, pp. 358-359). La « justice », elle, réglerait plus spécialement les rapports avec autrui selon le droit (cf. II, 11 ; ailleurs la portée du terme est plus générale, cf. 7 a et I, 1, 15 ; V, 6, 18 ; IX, 3 ; etc.). Sur le « courage » ou la « force », cf. *comm.* sur VIII, 15 b. Sans pouvoir préciser davantage, nous supposons que l'auteur insère ici une énumération courante et qu'il le fait sans s'astreindre à un ordre rigoureux. Mais la présence d'une telle énumération dans un écrit biblique est significative : l'auteur intègre dans la révélation israélite les résultats d'une évolution de la morale grecque ; il accentue les exigences morales de la Sagesse divine et insiste sur le fait qu'elle peut assurer à elle seule la rectitude parfaite de tout l'agir humain par l'intermédiaire des quatre grandes **vertus.**

7 e. Le relatif *hôn* renvoie à celles-ci et le gén. dépend de *chrèsi-môteron ouden estin* : « il n'y a rien de plus utile qu'elles » ; et cela « dans la vie (*en biôi*, cf. 5 a) pour les hommes » (*anthrôpois*). Cette notice nous ramène apparemment à une sorte d'utilitarisme moral. En réalité, elle se fait l'écho du sérieux de la morale stoïcienne qui considérait comme les vrais biens non pas ceux qui procurent la joie ou le bonheur, mais ceux qui s'avèrent les seuls utiles ou les plus utiles par rapport à la vraie fin de l'homme (cf. *SVF*, III, p. 19, n. 75 *agathon estin aph' hou sumbainei ti tôn en tôi biôi ôpheleisthai* ; p. 22, n. 87 *pan de agathon sumpheron einai... kai chrèsimon... kai ôphelimon* ; cf. aussi pp. 49-50). Dans un contexte qui énumère toutes sortes de biens, l'auteur accorde donc une importance primordiale aux valeurs morales.

8 a. *Clém.* cite tout le v. (*Strom. VI*, VIII, 70 ; XI, 91 ; *St.-Fr.*, 467 et 478) pour légitimer par l'Écriture le désir des connaissances profanes les plus diverses, dans le prolongement de la foi. Introduit cette fois par *ei de kai* (« et si encore »)... *pothei tis* (« quelqu'un désire » ; pour le vb. cf. IV, 2 ; VI, 11), le thème est donné avec *polupeiria*. Ce mot apparaît d'abord chez *Thuc.* (*I*, LXXI, 3 « riche expérience » trad. DE ROMILLY) et *Plat.* (*Leg.* 811 A « à force d'expérience » trad. DIÈS), puis chez *Diod. Sic.* (*V*, I, 2, à propos de l'historien qui doit avoir connu personnellement les événements ou obtenu des informations concrètes ; cf. aussi l'adj. en *I*, I, 2) et chez *Plut.* (*Sol.* II, 1 : c'est surtout « pour enrichir son expérience » que Solon a voyagé). L'adj. correspondant signifie également « expérimenté », mais aussi par extension « compétent, expert » (cf. une épitaphe citée par *Lidd.-Sc.* ; ou encore *Vett. Val.*, KROLL, p. 37, 28 ss ; p. 40, 21 ; p. 48, 7, 16, 23). Dans la *LXX*, le subst. se rencontre seulement en *Si.* XXV, 6 (une « riche expérience »), l'adj. en XXI, 22 (« expérimenté » ou « avisé », cf. SMEND), XXXIV, 9 (« ayant beaucoup appris » en voyageant) et XXXVI, 20 (« avisé » cf. SMEND). D'après cette enquête, *polupeiria* caractérise des connaissances acquises en contact avec les réalités ou les faits, non par l'étude ou l'enseignement (*polumathia*), et le sens étym. (« beaucoup d'expérience ») subsiste partout. Il est retenu précisément par *Shex.*, *Ar.* (« expérience et science », doublet), puis par *AV* et *RV*, *Gri.*, *Siegf.*, *Goodr.*, *Cramp.*, *Reid.*, *Guil.*, *RSV*. Cependant, selon d'autres, la suite du v. suggère plutôt l'idée de « savoir étendu », de connaissances nombreuses et variées : cf. déjà *Lat.* (*multitudinem scientiae*), *Syr.* (« très savant ») et *Arm.* (« érudit »), puis *Dea.*, *Reu.*, *Corn.*, *Hein.*, *Feldm.*, *Ficht.*, *Fisch.*, *Mar.*, OSTY. Il importe dès lors de préciser la nature et le point d'appui des connaissances énumérées ensuite. Et si l'auteur attribue encore à la Sagesse les qualités d'une épouse idéale, celle-ci doit-elle être très savante ou capable seulement de communiquer à son mari le fruit d'une longue et riche expérience ?

8 b. Le premier membre, *oiden ta archaia*, est indépendant car la leç. *eikazein* (B S * C, quelques *min.* et *Arm.*) est certainement

fautive. Le compl. désigne « le passé » (comme dans la *LXX* en *Ps.*
CXXXVIII, 5 et *Is.* XLIII, 18), mais l'auteur ne précise pas la nature
de ce « passé » et le mode de sa connaissance. L'affirmation reste
générale parce qu'elle s'appuie immédiatement sur *polupeiria* : une
riche expérience suppose la connaissance du passé. Dans le second
membre, *ta mellonta* (cf. XIX, 1) désigne « l'avenir, le futur » (cf.
Jr. XXVI, 23 *LXX* ; *Phil., Spec.* I, 64), mais *eikazei* surprend. Ce vb.
signifie proprement « figurer en traits ressemblants » (BOISACQ, p. 222),
d'où « comparer ; conjecturer, deviner ». Il renvoie à un mode de
connaissance qui procède par comparaison ou par induction et se
trouve employé de l'art de la divination (ainsi dans le vers célèbre :
mantis d'aristos hostis eikazei kalôs (*Eur. ap.* NAUCK, p. 674). On
s'accorde à le traduire ici par « conjecturer », mais certains relèvent
l'intention d'attribuer à la Sagesse un mode de connaissance imparfait
(cf. *Gre.*), tandis que d'autres parlent d'un anthropomorphisme signifiant en réalité une connaissance certaine et totale de l'avenir (cf.
Corn., Hein.). Cette dernière justification est prise de trop loin. On
explique mieux le choix de *eikazein* en tenant compte du lien étroit
entre les deux membres : une solide connaissance du passé permet
de conjecturer l'avenir (cf. *Hein.* et surtout *Corn. a Lap.* : *ex praeteri-
torum enim experientia, vel cognotione historica, fit conjectura
prudens de eventu futurorum*). Mais le texte nous semble prendre
appui sur une théorie plus rigoureuse, illustrée par des textes concernant la mantique rationnelle ou inductive : dans un univers considéré
comme clos et soumis à un déterminisme rigide, l'esprit humain est
capable, grâce à la connaissance du passé ou à des observations mul-
tipliées et comparées, de conjecturer plus ou moins sûrement les
événements futurs. Cf., à titre d'ex., *Cic., Senect.* 21 ; *Divin., I,* XVIII,
34 *(est enim ars in iis qui novas res conjectura persequuntur...
ratione aut conjectura observatis ac notatis signis...)* ; XLIX, 109
*(adfert vetustas omnibus in rebus longinqua observatione incredi-
bilem scientiam),* 110-111 ; LVI, 127 *(cum fato omnia fiant si quis
mortalis possit esse qui conligationem causarum perspiciet animo,
nihil eum perfecto fallit)* ; *Phil., Spec.* I, 334 (τὰ παρεληλυθότα μνήμῃ
διασώζειν ... καὶ τὰ μέλλοντα εἰκότι στοχασμῷ φαντασιοῦσθαι τε καὶ
λογίζεσθαι) ; *Plut., De E ap. Delph.* VI, 387 B-C. Rappelons aussi que
Phil. étend sa critique de la divination à la mantique rationnelle
(cf. BRÉHIER, *Idées*, pp. 181-182) ou qu'il emploie volontiers *stocha-
zesthai* pour caractériser les recherches des savants (ainsi dans *Op.*
58 ; cf. *Sg.* XIII, 9). Mais tandis que ce vb. qualifie une connaissance
approchée, susceptible seulement de « toucher le but », *eikazein*
rapproche des données supposées adéquates à la réalité. Or, en
raison de son activité cosmique universelle, la Sagesse connaît l'inté-
gralité des phénomènes avec leur explication adéquate. Elle est donc
à même de « conjecturer » avec certitude les événements futurs,
connus dans leurs causes (cf. *Cic., Divin. I,* LVI, 127 *qui enim teneat
causas rerum futurarum, idem necesse est omnia teneat, quae futura
sint*). Une telle connaissance est attribuée à Dieu par la théologie

(celui-ci voit les effets dans leurs causes « beaucoup mieux que nous » *Thom. Aq., Sum. Theol.* I, 14, a.7, *ad* 3). Ajoutons que, dans les divers exposés de la mantique rationnelle, on insiste en fait sur la prévision des phénomènes naturels. Il en est de même dans ce v. car l'énumération suivante n'aborde pas de front le problème des causalités libres. Enfin, en relation avec *polupeiria* et le contexte d'ensemble, une telle faculté de « conjecturer » l'avenir ferait de la Sagesse la conseillère par excellence auprès d'un jeune roi obligé de prévoir.

8 c. *Epistatai,* « elle sait », a pour premier compl. *strophas logôn.* En rapport étym. avec *strephô* (« tourner ; retourner ; enrouler ; tordre » Boisacq, p. 919), *strophè* reçoit des applications diverses (cf. *Lidd.-Sc.*) et désigne la « révolution » des astres, le « mouvement tournant » du Chœur, les « contorsions » d'un lutteur pour éluder les prises de l'adversaire (cf. *Plat., Rep.* 405 C), etc. ; dans les emplois métaphoriques, le sens est souvent péjoratif : « détours, subtilités, astuces » (cf. *Lidd.-Sc.* I, 2). Pour la plupart des critiques (cf. *Gri., Corn., Hein.,* etc.), l'expression renvoie au genre proverbial, à l'art d' « enrouler les sentences » en leur donnant une forme subtile et ingénieuse ; du reste, elle se retrouve telle quelle en *Pr.* I, 3 *LXX dexasthai te strophas logôn (TM* différent), puis sous une forme équivalente en *Si.* XXXIX, 2 *(en strophais parabolôn).* Quelques-uns, cependant, l'interprètent de l'art de jouer avec les mots *(Gärt.,* p. 213 « Wortspiele ») ou d'éluder les arguments d'un contradicteur (cf. déjà *Shex.* « répliques », *Ar.* « objections — ou rivalités — de paroles », puis *Gre., Goodr.* « the tricks of arguments »). A notre avis, comme le thème dominant de ce v. est la prévision de l'avenir, fondée sur la connaissance du passé, cette compétence de la Sagesse dans le genre proverbial ou dans l'art oratoire surprend. Aussi l'expression (reprise p.-ê. comme une expression reçue par le traducteur de *Pr.* I, 3) doit déborder le genre biblique proverbial. Son sens s'éclaire en partie par *Si.* XXXIX, 1-3 : pour assimiler toute la sagesse du passé, le scribe étudie l'histoire des hommes célèbres, scrute les prophéties et recherche le sens caché *(strophai* rend un mot signifiant « obscurités » ou « détours », cf. Smend) des proverbes. Or *logoi,* préféré ici à *paroimiai* ou *parabolai,* peut désigner aussi les « oracles » (cf. *Lidd.-Sc.* VII, 1) prophétiques ; par ailleurs, en raison même de sa portée générale, le terme restait susceptible de s'appliquer à toutes les paroles mystérieuses ou obscures de l'antiquité grecque. A côté des vieilles sentences, « vestiges de l'ancienne sagesse » *(Arist., Rhet.* 1395 [a]), on conservait les oracles célèbres qu'on ne cessait de scruter. Rattachés avec les songes à la mantique enthousiaste, ils devaient ensuite être expliqués (cf. *Cic., Divin.* I, LI, 116... *quod erant multa obscura, multa ambigua, explanationes adhibitae sunt interpretum)* et cette interprétation relevait de la mantique rationnelle. Mentionnons que Chrysippe avait recueilli nombre d'oracles anciens *(Cic., Divin. I,* XIX, 37) et rap-

pelons le soin apporté par Plutarque à justifier certains d'entre eux. Dans une autre ambiance, les écrits astrologiques tiennent en haute estime (cf. CUMONT, *Eg. Astr.*, pp. 152-154) ceux qui peuvent dévoiler les révélations contenues dans des écrits « obscurs, malaisément intelligibles ». En définitive, *strophai* signifie plutôt « subtilités » (cf. *Lat.* : *versutias sermonum*) et l'expression doit embrasser toutes les « paroles » anciennes (sentences, oracles, écrits) qui, en milieu biblique et grec, étaient formulées d'une manière contournée et obscure : pour connaître leur signification actuelle ou leur portée prophétique réelle, il était nécessaire de les interpréter. Or la Sagesse possède supérieurement cet art : « elle connaît *(epistatai)* les subtilités des oracles ou des sentences », ou « elle sait comment les retourner, c.-à-d. les interpréter ».

Elle sait aussi les « solutions des énigmes » *(kai luseis ainigmatôn)*. *Ainigma* signifie litt. « ce qui est dit à mots couverts, ce qu'on laisse entendre » et s'applique dans l'usage gr. à toute parole obscure ou ambiguë, y compris l' « énigme » proprement dite. Dans la *LXX*, il traduit généralement *ḥidah* dont le sens est illustré par *Jg.* XIV, 12-19. Cultivée par les Sages comme un genre littéraire (cf. *Pr.* I, 6), l'énigme réapparaît surtout dans les proverbes numériques (cf. *Pr.* XXX, 15-31). Mais en *Ez.* XVII, 2, elle s'identifie avec la « parabole allégorique » de l'aigle et *Si.* XXXIX, 3 parle des *ainigmata parabolôn*. Ici la présence de *luseis* fait penser aux énigmes proprement dites et à l'art de les résoudre. La joute de *1 R.* X, 1-3 est sur ce thème. Mais le contexte suggère davantage qu'un jeu d'esprit. L'art de résoudre les énigmes semble bien relever de la compétence requise pour agir avec prudence et prévoir l'avenir. Or, on se souvient de l'importance accordée par l'antiquité grecque à la solution de certaines énigmes, car la destinée de tel héros légendaire ou historique en avait dépendu (rappelons celles posées aux passants par le Sphinx de Thèbes et la solution donnée par Œdipe, cf. ROSCHER, *Lexikon, Bd* IV, 1366-1369). Ajoutons que les oracles grecs, ceux de la Pythie en particulier, prenaient souvent la forme d'énigmes. Cette fois encore, une notion biblique est élargie pour rejoindre des motifs grecs. — *Lat.*, avec *dissolutiones argumentorum*, a attiré l'expression dans un contexte de sophistique et peut avoir lu *endeigmatôn* (*De Br.*, p. 132), mais cette leç. ne doit pas être originale (cf. *Zie. Vorl.*, p. 287).

8 d.   Le vb. *proginôskei* ** (cf. VI, 13 ; XVIII, 6) désigne habituellement dans l'usage gr. une prévision fondée sur des indices ou sur des signes (ainsi pour les « pronostics » des médecins, cf. *Lidd.-Sc.* I, 1, ou les prédictions des astrologues, cf. CUMONT, *Ag. Astr.*, p. 158), parfois aussi une forme inspirée ou supra-rationnelle de divination (cf. *Vett. Val.*, p. 183, 26 ; *Plut., def. or.* XXXIX, 431 E). Il a pour compl. *sèmeia kai terata*, une association courante dans la *LXX* où elle renvoie aux miracles de l'Exode (cf. *Ex.* VII, 3 ; *Dt.* IV, 34 ; VI, 22 ; VII, 19 ; etc.) et elle garde cette portée en X, 16. Mais on

la rencontre aussi dans l'usage profane (*Polyb.* III, 112, 8 ; *Diod. Sic.*
XVII, 114 ; *Plut., Alex.* 75 ; *El., VH* XII, 57) ; d'autre part, on sait
l'importance prise par *sèmeion* dans le Stoïcisme (cf. *Lidd.-Sc.* II, 3 b)
qui voyait dans les phénomènes naturels des « signes donnés par
les dieux aux hommes » et définissait la mantique comme « la
science qui les perçoit et les interprète » (*SVF*, II, p. 304, n. 1018).
Pour la plupart des critiques (*Gri., Corn., Hein.,* etc.), l'auteur renverrait aux miracles bibliques. Mais comme ceux-ci dépendent d'une
libre intervention de Dieu et constituent même une dérogation exceptionnelle aux lois de la nature (cf. en particulier XVI, 17-25 ; XIX,
6-12, 18-21), la Sagesse les « connaîtrait d'avance » dans la science
même de Dieu (v. 4). Est-ce une participation à cette prescience
divine qu'elle communiquerait à Salomon, en le faisant bénéficier
de la même faveur que Moïse (*Ex.* IV, 1-9, 17 ; VII, 3 ; etc.) ? Cependant une autre interprétation s'accorde mieux avec l'emploi ordinaire
de *proginôskein* et le contexte. Proposée jadis par *Mal.* (τοῖς ἀπείροις
παράδοξα δοκεῖ τὰ ἀμελετήτως ἐργόμενα) et *Cant.* (σημεῖα μὲν τὰ
κατ᾽ οὐρανόν φησι, κομήτας ... ἢ σκοτασμούς τινας ἐν ἡλίῳ καὶ
σελήνῃ ... τέρατα δὲ τὰ ἐπὶ τῆς γῆς, ὄφεις ὑπερμεγέθεις ... ἢ ἄλλως
πως ἐχόντων ἐξαμβώματα φύσεως, πολυκέφαλά τινα ἢ πολύχειρα ...),
puis par *Calm.* (« le sage prévoit les éclipses du soleil et de la lune,
le chaud et le froid, les tremblements de terre, les tempêtes, la ferti-
lité ou la stérilité de la terre, les changements de l'air, les symptômes
des maladies »), elle est adoptée encore par *Gre., Goodr.* et *Reid.*
On identifie alors les « signes et prodiges » avec les phénomènes
naturels considérés comme extraordinaires ou étranges. Pronostiquer
ceux-ci relevait de la mantique rationnelle. Commentant *eis sèmeia*
de *Gn.* I, 14, *Phil.* (*Op.* 58-59) l'entend de signes qui permettent de
conjecturer l'avenir (vicissitudes de la végétation, de la température,
des vents, tremblements de terre, etc.). En définitive, la problématique
du texte reste dominée par *polupeiria* et l'auteur continue de prendre
appui sur une capacité humaine, réelle ou supposée (en X, 16 le
contexte est différent). Assurément, cette capacité devient illimitée
dans la Sagesse ; mais il n'y a pas lieu, nous semble-t-il, de faire
rentrer les miracles proprement dits (au sens biblique) dans la
catégorie de tels « signes et prodiges ».

8 e.   Le compl. *kai ekbaseis kairôn kai chronôn* dépend également
de *proginôskei* avec la même portée. Le plur. *ekbaseis* (cf. XI, 14 ;
le sing. en II, 17) apparaît plusieurs fois à propos de **mantique**
(*Epict.* II, 7, 9 ; *Dio. Lae.* VII, 149 les Stoïciens tiennent la mantique
pour un art « à cause de certains résultats ») ou d'astrologie (*Vett.
Val.*, p. 232, KROLL : « ce qui résulte » des astres et de leurs positions). Suivi de son déterminatif, il désigne ici litt. « les résultats
ou les issues (favorables) des moments et des temps ». Cette dernière
expression doit être inspirée par *Dn.* IV, 37 *LXX* (après *sèmeia kai
terata*), II, 21 *LXX* et θ᾽, et VII, 12, où tel critique (J. A. MONTGOMERY,
The Book of Daniel, ICC, Edinburgh, 1927), considérant les deux

termes comme synonymes (pp. 160 et 302), voit un défi lancé au fatalisme de la religion astrale babylonienne : c'est Dieu qui, dans sa Providence, préside à la succession « des moments et des temps » et détermine les changements politiques (p. 157). Notre texte semble bien prendre appui également sur un certain déterminisme astral (voulu et contrôlé par Dieu) et suppose du moins une correspondance, une relation de cause à effet, entre les différentes périodes du temps et les événements en général. On pourrait songer aux conséquences de la succession des saisons (cf. VII, 18 b) ou des autres fractions du temps sur la nature. Dans *Spec.* I, 92, *Phil.* insiste sur la multiplicité des phénomènes qui, d'après les observations d'hommes sages, sont dus à l'influence des corps célestes. Néanmoins, l'auteur envisage plutôt les initiatives et entreprises humaines : il y a pour chaque chose un temps opportun qu'il importe de discerner (*Qo.* III, 1-8), car l'activité de l'homme est conditionnée de multiples manières. Une extrême sagacité, incluant la connaissance de l'influence et des positions des astres, est donc nécessaire pour prévoir les circonstances favorables ou les temps opportuns. Cela aussi fait partie de cette « expérience consommée » que peut apporter la Sagesse au jeune Salomon. Mais il n'appartenait pas à celui-ci, encore moins qu'aux Apôtres, de « connaître les temps et les moments fixés par le Père » (*Ac.* I, 7). Le texte ne concerne donc pas la succession des différentes phases de l'histoire humaine.

Pour conclure, revenons à *polupeiria*. On peut, nous l'avons dit, garder le sens habituel et traduire par « expérience consommée ». Or, c'est bien ce sens supérieur des réalités, acquis par une longue expérience, par l'observation et la confrontation de données multiples, que pouvait désirer un jeune souverain. Mettre l'accent sur la notion de « savoir » ou de « science », c'est obscurcir la progression des idées et chercher à les unifier dans la Sagesse elle-même, sur le plan de la connaissance et de la prescience divines. Or, tout en ayant insisté sur l'intimité de la Sagesse avec Dieu et sur son activité transcendante (vv. 3-6), l'auteur n'a pas perdu le contact avec les réalités humaines et il est ramené davantage à celles-ci aux vv. 7 et 8. Il envisage donc ici la longue expérience d'un homme informé, averti, perspicace et doté d'une étonnante faculté de prévision. La Sagesse possède éminemment une telle expérience et pourra la communiquer à son favori. Elle sera donc pour lui la « conseillère » idéale (cf. *sumboulos* en 9 b).

Uni à elle, Salomon accomplira parfaitement sa tâche de roi

9. *Je décidai donc de l'épouser, elle, pour un partage de vie,*
   sachant qu'elle me serait une conseillère pour le bien,
   un réconfort dans les soucis et la tristesse.
10. *J'aurai, grâce à elle, de la gloire parmi les foules,*
    de l'honneur auprès des anciens, moi si jeune !

11. *On me trouvera pénétrant au tribunal*
    et en présence des princes je susciterai l'admiration.

12. *Si je me tais, ils attendront ; si je prends la parole, ils seront*
                                                    attentifs,
    et si mon discours se prolonge,
    ils mettront la main sur leur bouche.

13. *J'obtiendrai, grâce à elle, l'immortalité*
    et laisserai un souvenir éternel à la postérité.

14. *Je gouvernerai des peuples et me soumettrai des nations.*

15. *En entendant parler de moi, des souverains redoutables me*
                                           craindront ;
    Je me montrerai bon parmi la foule et vaillant à la guerre.

16. *Rentré chez moi, je me reposerai près d'elle,*
    car sa société ne comporte pas d'amertume,
    ni son intimité de chagrin,
    seulement de l'allégresse et de la joie.

9 a. L'énumération de telles qualités chez cette épouse idéale affermit Salomon dans sa résolution et il va faire valoir maintenant non pas ses propres qualités à lui, mais les avantages qu'il retirera de son mariage avec la Sagesse. *Toinun* (cf. I, 11) est conclusif : « donc, aussi » ; *ekrina* « je décidai, je résolus » (pour ce sens du vb. avec infin., cf. *WBNT*, 3) ; sur *tautèn*, cf. v. 2 ; *agagesthai* signifie ici « emmener chez soi » une épouse, donc « épouser » (cf. v. 2 b ; pour les var. textuelles, cf. *Zie.*), mais il est suivi cette fois de *pros sumbiôsin.* Ce subst. désigne la communauté de vie (cf. 3 a) : Salomon veut épouser la Sagesse pour l'avoir toujours près de lui ; en 3 a, elle partageait la vie de Dieu ; il la voit maintenant partager sa vie à lui.

9 b. Le partic. *eidôs*, « sachant » (après avoir réfléchi et tout considéré), amorce la transition avec le développement suivant, résumé lui-même en 9 b et 9 c : la Sagesse sera à l'œuvre dans la vie publique et privée du souverain. Elle sera d'abord pour lui *(hoti estai moi)* une conseillère avisée (cf. v. 8). L'emploi fém. de *sumboulos*, « conseiller », est class. (cf. *Xén., H.G. III*, I, 13) et se retrouve dans la *LXX* (2 *Ch.* XXII, 3 et 2 *M.* VII, 25) ; *Lat.*, avec *mecum communicabit (de bonis)*, semble avoir lu un autre mot (*sumbolos*, rattaché à *sumballô* « mettre en commun » ?). Deux interprétations du gén. *agathôn* sont proposées : « conseillère de bonnes choses, du bien, pour le bien » (gén. obj. ; cf. *Dea., Siegf., Corn., Hein., Cramp., Marc., Guil.,* OSTY, RSV) et, à cause du parallélisme avec 9 c, « conseillère dans la prospérité, le bonheur » (gén. de dépendance lointaine ; cf. *Gri., Goodr., Feldm., Ficht., Duesb., Fisch.*). La première nous semble préférable : l'emploi du gén. obj. est normal avec *sumboulos* (cf. *Lidd.-Sc.* I et 2 *Ch.* XXII, 3) ; le neutre *agatha* semble bien inclure tous les « biens » (physiques,

moraux, intellectuels) énumérés précédemment et supposés par les
vv. 10-15 ; enfin, les deux gén. de 9 c n'ont pas nécessairement la
même fonction et dépendent du reste d'un mot difficile (cf. *infra*).
La Sagesse donnera en tout à Salomon d'excellents conseils, pour
son bien à lui et pour celui de son peuple.

9 c. Le subst. *parainesis* *, attesté pratiquement par tous les
mss gr. (cf. *Zie.*) et supposé nettement par *Lat.* (*adlocutio*, « réconfort, consolation », cf. *De Br.*, p. 124), est formé sur *parainein*
(« exhorter, recommander, conseiller, informer » ; cf. *2 M.* VII,
25, 26) et signifie en conséquence : « exhortation, recommandation ;
avis, conseil » (cf. *Lidd.-Sc.*). On lui donne habituellement un sens
dérivé, non attesté dans l'usage gr. (cf. *Gre.*, *Goodr.*) mais suggéré
par le contexte, celui de « consolation, réconfort ». Certains *(Corn.,
Ficht.)* restitueraient volontiers *parainetis* (supposé par *Arm.* et *Ar.* ?),
mais seul *parainetès* est attesté, avec une portée péjorative (*Vett. Val.*,
p. 44, 25 KROLL). Les gén. suivants, *phrontidôn kai lupès*, équivalent
alors à un compl. de circonstance (« dans... ») ou sont ramenés à un
gén. d'objet (cf. *Corn.*). Le premier (cf. VII, 4) doit concerner les
« soucis » inhérents à la charge de roi, mais le second fait intervenir la notion de « tristesse, chagrin » (cf. XI, 2) et désigne chez
les Stoïciens l'une des quatre passions ou « maladies de l'âme ».
Il peut s'agir de la tristesse causée par la malice des autres ou par
les maux inhérents à la condition humaine (Salomon n'y sera pas
soustrait). Pourtant, cette note n'est pas reprise dans la suite du
développement : à un jeune roi porté par le succès, estimé par tous,
comblé d'honneurs, la Sagesse apporte tous les biens désirables
(cf. 3-8 et VII, 8-11) et ne procure que repos et détente (v. 16). C'est
pourquoi, sans doute, une telle éventualité est écartée par *Syr.* (« elle
ôtera de moi... ») et *Ar.* (« elle sera pour moi une monitrice et elle
repoussera de moi... » doublet) ; c'est pourquoi aussi tel commen-
tateur ancien (cf. *Gri.*) a proposé de lire *parairesis* (« l'action
d'enlever, d'ôter »). Comme ce subst. serait usité alors d'une façon
assez étrange, on penserait plutôt à l'adj. correspondant *(parairetès)*,
éclairé par certains emplois du vb. *parairein* (cf. *Lidd.-Sc.*, I, 1 avec
les compl. *lupas, phronèmatos, tès lupès*). L'auteur a fort bien pu
forger un féminin *parairetis*, correspondant à *sumboulos* (cf. *hairetis*
en 4 b). Malheureusement, aucun témoin gr. n'appuie cette hypothèse.

10 a. Le vb. est au futur, *hexô di' autèn* (« j'aurai, grâce à
elle »), de même que les suivants, car Salomon suppose la réalisation de son rêve et esquisse ce que sera son existence (dans *Syr.*
et *Ar.* les vbs de 10-12 ou 10-13 a sont au passé). Le compl. *doxan*
a le sens de « gloire, célébrité, prestige » et l'on notera l'application
du terme à Salomon en *1 R.* III, 13 et *2 Ch.* I, 11-12. La portée de
en ochlois est plus difficile à préciser. Dans le gr. profane et biblique,
le mot désigne « les foules, les multitudes », habituellement avec
une nuance péjorative. On ne peut l'entendre directement des peuples

étrangers (cf. *Syr., Ar.*) car en VI, 2 il est déterminé par *ethnôn* (cf. aussi v. 14). Certains critiques *(Gri., Goodr.* ; cf. déjà *Shex.)* l'interprètent des « assemblées du peuple » (comme chez *Xén., Mém. III,* VII, 5 et *Plat., Gorg.* 454 E ; dans la *LXX, ochlos* rend parfois *qâhâl,* cf. *Hatch-Redp.*), tandis que *Corn.* le voit désigner le peuple *(vulgus* ou *plebs)* par opposition à la noblesse *(presbuteroi).* On peut retenir le sens d' « assemblées » ou s'en tenir plus simplement à celui de « foules » (cf. *Lat.*) ; l'auteur semble supposer que Salomon régnait sur des foules nombreuses, analogues à celles qui peuplaient le delta et les grandes villes d'Égypte.

10 b.   La mention des « Anciens » *(para presbuterois)* s'explique par des réminiscences bibliques plutôt que par des données actuelles ; en tout cas, si Auguste confia à un conseil d'Anciens l'administration des affaires de la communauté juive d'Alexandrie (cf. W. W. TARN - G. T. GRIFFITH, *Hellenistic civilisation,* 3 ed., London, 1952, p. 221), ce fut en l'an 10-12 ap. J.-C. (selon V. A. TCHERIKOVER, *Corpus Papyr. Jud.* I, p. 57), une date qui nous paraît postérieure à la rédaction du livre (cf. *Intr.,* ch. V, pp. 153-155 ; 161). Dans la *LXX, presbuteroi (= zeqênim)* désigne régulièrement les Anciens de la ville ou du peuple (cf. R. DE VAUX, *Institutions,* I, p. 108), c.-à-d. les « notables » dont la fonction principale est le conseil. Bien qu'ils soient choisis normalement parmi les hommes âgés ou les vieillards, c'est avec *presbutès* qu'on insiste sur la vieillesse (cf. II, 10 c). Alors que *doxa* mettait l'accent sur l'éclat extérieur, le prestige ou le renom, *timè* renvoie à une appréciation plus réfléchie : c'est l'estime, la considération, se traduisant par des marques d'honneur ou de respect. Enfin *ho neos* est une apposition, avec valeur adversative, au sujet contenu dans *hexô* (cf. *hoi aphrones* en V, 4 b). Dans l'usage gr., *neos* désigne habituellement les jeunes gens, mais peut s'appliquer aux jeunes hommes jusqu'à l'âge de 30 ans (cf. *Xén., Mém. I,* II, 35). Les sources bibliques soulignent à leur façon, avec une note pathétique, la jeunesse de Salomon à son avènement (cf. *1 R.* III, 7 ; *1 Ch.* XXII, 5 ; XXIX, 1 *neos kai hapalos* ; *Si.* XLVII, 14). En fait, d'après *1 R.* XI, 42, il devait avoir alors une vingtaine d'années. Mais *Fl. Jos.* et les textes rabbiniques le font régner à un âge beaucoup plus tendre : 14 ans *(Ant.* VIII, 211) ou 12 ans (cf. GINZBERG, *The Legends,* VI, p. 277). L'auteur ignore ces interprétations postérieures : tout le ch. VII présente Salomon non comme un enfant, mais comme un jeune homme qui parvient à l'âge adulte.

11 a.   *Arm.* rattache ici *ho neos.* En raison du contexte, *oxus* (cf. VII, 22 e) désigne la qualité d'un esprit « incisif, pénétrant » et le vb. *heurethèsomai* « je serai trouvé »,c.-à-d. « j'apparaîtrai, je me montrerai », rappelle une tournure hébraïque, bien qu'on trouve des formules analogues dans la poésie grecque (cf. *Soph., Tr.* 411, 1075 ; *Aj.* 763 ; etc.) et dans la *Koine* (cf. *WBNT,* 2 *ad fin.*). *En krisei* renvoie à l'exercice de la justice (cf. aussi IX, 3 b) : c'était l'une

des tâches principales des monarques orientaux et israélites (cf.
R. DE VAUX, *Institutions*, I, pp. 232-234) ; dans l'Égypte hellénisée
comme dans certains courants de la pensée grecque, le roi fait
également figure de juge suprême (cf. *comm.* sur VI, 4 a). Du reste,
Salomon avait demandé à Dieu le don du « discernement » (*1 R.*
III, 9, 11) et il avait été exaucé, comme en témoignait le célèbre
jugement rapporté par *1 R.* III, 16-28 (cf. en particulier v. 28). Notre
texte fait allusion à cet épisode, mais généralise en supposant que
Salomon a continué par la suite (d'après *1 R.* VII, 7 « le palais de
Salomon comportait un vestibule du jugement, où le roi rendait la
justice », R. DE VAUX, *ibid.*, p. 234). Au lieu de limiter la portée de
krisis à la sentence du juge qui « décide », tranche un différend, on
peut traduire : « dans l'exercice de la justice au tribunal ». En
revanche, la suite du texte (11 b et 12) ne nous semble pas évoquer
tout le déroulement d'un procès *(Gri.)*.

11 b. Précédé du compl. *en opsei* (« à la vue, en présence de »,
cf. III, 4 ; VII, 9) *dunastôn*, le vb. *thaumasthèsomai* signifie normalement : « je serai admiré ou admirable en présence de » (ou, avec
le sens d'une forme moyenne : « je deviendrai un objet d'admiration »). Il est vrai que *thaumazein* marque généralement l'étonnement ou la stupeur dans la *LXX*, qu'il a même *prosôpon dunastou*
comme compl en *Lv.* XIX, 15, et que *dunastès* se rencontre ailleurs
en contexte juridique (un juste juge ne doit pas redouter un
« grand » ou un « puissant » ; cf. *Si.* VII, 6). Pourtant, on ne peut
guère tirer du texte l'idée que Salomon « se montrera redoutable »
en justice « à la face des puissants ». Il serait plutôt un objet d'admiration pour tous les « grands », nobles ou chefs (cf. *dunastai* en
Pr. XVII, 26 ; XVIII, 16 ; XXV, 6 ; *Dn.* IX, 6, 8), chargés eux-mêmes
de rendre la justice dans les juridictions inférieures (sur celles-ci,
cf. R. DE VAUX, *ibid.* I, pp. 235-239 ; cf. aussi pp. 108-110) et donc,
à ce titre, des connaisseurs. Mais une autre interprétation (adoptée
entre autres par *Siegf., Corn., Hein., Feldm., Ficht.*) est plus satisfaisante. Bien que pris souvent en mauvaise part dans la *LXX*
(cf. V, 23 d), *dunastai* peut renvoyer à différentes formes de souveraineté ou désigner les princes en général (cf. *Jdt.* II, 14 ; IX, 3 ;
Dn. II, 10 ; XI, 5 ; et surtout *Pr.* I, 21 ; VIII, 3, 15), conformément
du reste à l'usage profane (cf. *Lidd.-Sc.*). Or il a ici cette portée et
il s'applique non seulement aux rois soumis par David et Salomon
(*1 R.* V, 1 ; *2 Ch.* IX, 26), mais encore à tous les princes étrangers
qui vinrent « entendre sa sagesse » (*1 R.* V, 14 et X, 1-13) et furent
saisis d'admiration. Le contexte de 11 b-12 n'est donc pas celui des
cours de justice. — Sur le doublet de *Lat.*, attesté par tous les *mss*,
cf. *De Br.*, p. 112, qui tient pour primitive la leç. *et facies principum
mirabuntur me.*

12 a. De l'avis général, l'auteur applique à Salomon *Jb.* XXIX,
9-10, 21-24, soit en utilisant librement le texte gr. (les seuls points

de contact littéraux sont *proseschon / prosexousin* et *epithentes epi stomati / epithèsousin epi stoma*), soit en recourant à l'hébr. où l'idée exprimée est formulée plus clairement. Le partic. *sigônta* équivaut, comme les deux suivants, à une propos. conditionnelle ou plutôt temporelle : « lorsque je me tairai » (cf. *Si.* XX, 7 et *Qo.* III, 7 rappelant que le sage doit savoir « se taire »). Alors les princes « l'attendront », *me perimenousin* (dans la *LXX*, seulement en *Gn.* XLIX, 18), non seulement pour respecter son silence, mais avec le désir de l'entendre. Dès qu'il rompra le silence (cf. *Xén., Mém. IV,* II, 6), « ouvrira la bouche » (cf. *Dém., Cor.* 283) ou prendra la parole », *kai phtheggomenôi* (sur le vb., cf. I, 8 a), ils « se feront attentifs » *prosexousin* (*Lat., Syr., Shex.* et *Arm.* ont traduit par « regarder »). Le vb. *prosechein*, employé ici avec ellipse du compl. *ton noun* (cf. *Lidd.-Sc.* I, 3 et 4), est très fréquent dans la *LXX* (ceci ôte de l'importance à la rencontre littérale avec *Jb.* XXIX, 21) où il traduit surtout *hiqeshîb*, « remarquer, prêter attention ».

12 b-c. Enfin, si Salomon « parle davantage », *kai lalountos epi pleion*, « si son discours se prolonge » (sur *epi pleion*, « davantage, plus longtemps qu'on ne s'y attendait », cf. *3 M.* V, 18 et *Lidd.-Sc., sub v. pleiôn* II, 1 *ad fin.*), *cheira epithèsousin epi stoma autôn.* Dans la Bible, cf. B. COUROYER, dans *RB*, 1960, pp. 197-209), on met « la main » (toujours au sing. dans *TM*, presque toujours dans la *LXX*) « à la bouche » ou « sur la bouche » pour fermer les lèvres et s'obliger à garder le silence. C'est tantôt le geste de la discrétion (*Pr.* XXX, 32 ; *Si.* V, 12), tantôt celui de la stupeur ou de la confusion (*Mi.* VII, 16 ; *Jb.* XXI, 5 ; XL, 4) ; une fois seulement, en *Jb.* XXIX, 9, il exprime comme ici l'admiration, et cette rencontre est significative. Mais le texte de la *LXX* est différent : *daktulon* (*TM kaph* « paume ») *epithentes epi stomati*. A la rigueur, l'auteur a pu se souvenir en même temps de celui de *Jb.* XXI, 5 ou XL, 4 pour l'emploi de *cheira*, mais cette hypothèse ne s'impose pas ; par ailleurs, *epitithenai* peut être une trad. spontanée de l'expression hébr. *sim 'al.* Quoi qu'il en soit, la formulation de tout le v. est archaïsante et tend à réintroduire la figure du cheik des temps nomades. En fait, le texte insiste sur le don de l'éloquence, octroyé également par la Sagesse.

13. Reprenant la formule *hexô di' autèn* (cf. 10 a), Salomon envisage maintenant sa gloire posthume. La coordination supposée par la plupart des *mss* latins *(propterea, praeterea)* résulte d'une note marginale *(propter eam* expliquant *per hanc,* cf. *De Br.,* p. 116). Le compl. *athanasian* (cf. III, 4 et IV, 1) est précisé apparemment par 13 b (parallélisme biblique synonymique) : c'est « un souvenir éternel », *mnèmèn aiônion* (sur *mnèmè,* cf. IV, 1 b, 19 g) que Salomon entend « laisser », *apoleipsô* (cf. X, 8 ; XIV, 6) « à ceux qui viendront après lui », *tois met' eme,* c.-à-d. aux générations futures, à la postérité. Par ailleurs, tout le contexte met l'accent non sur la récompense

de la justice ou de la vertu dans l'au-delà (cf. III, 4 et IV, 1), mais sur les faveurs octroyées par la Sagesse ici-bas (cf. *Corn*.). Aussi les Modernes sont-ils pour ainsi dire unanimes à entendre *athanasia* de la seule immortalité du souvenir. Selon *Gri*., cependant, l'immortalité personnelle peut être incluse dans le terme, à cause de IV, 1-2 où elle est associée à celle du souvenir. Dans le livre, en effet, *athanasia* reste évocateur des deux réalités qui sont en quelque sorte complémentaires, et l'auteur insiste tantôt sur l'une, tantôt sur l'autre ; au v. 17 c, précisément, le thème de l'immortalité personnelle prédomine de nouveau. Par ailleurs, le parallélisme synonymique est exceptionnel en *Sag*. et la pensée progresse toujours sur un point particulier. On ne peut prétendre non plus que 13 b se contente de reprendre avec des termes bibliques une notion grecque car *mnèmè aiônios* est une formule grecque (cf. *WBNT, sub v. mnèmè*, 2) qui n'apparaît pas dans la *LXX* (celle-ci préfère *mnèmosunon*, cf. *Ps*. CXI, 6 ; ou *onoma*, cf. *Ps*. XL, 5 ; *Si*. XXXIX, 9). Mais il suffit d'admettre que 13 b explicite la portée immédiate de *athanasia*. Bien entendu, le « souvenir éternel » laissé à la postérité par Salomon sera avant tout celui de sa sagesse (cf., à propos du scribe, *Si*. XXXIX, 9-10).

14. Le problème posé par le texte est celui de savoir s'il se limite au règne historique de Salomon ou s'il contient un élargissement messianique. Le vb. *dioikèsô* signifie bien « régir, gouverner », mais le plur. *laous* surprend : employé en III, 8 et VI, 21 de peuples distincts, il ne peut guère désigner la population israélite elle-même (cf. *Dea.* « my own people ») conçue d'après *1 R*. IV, 20 comme une multitude innombrable, ou les douze tribus d'Israël ; il renverrait plutôt, si l'on s'en tient aux données de l'histoire, aux populations non israélites intégrées dans le royaume salomonien (d'après la notice de *1 R*. V, 1 ; cf. aussi l'énumération des corvéables en IX, 20-21). Dans la propos. coordonnée, *ethnè* est un terme biblique désignant les « nations », plus spécialement les nations païennes (il alterne souvent avec *laoi* ; cf. *comm*. sur III, 8). Mais la formule *hupotagèsetai moi* parle d'une « soumission » de celles-ci. Or Salomon ne fut pas, comme son père, un roi guerrier et conquérant : il connut des adversaires redoutables (*1 R*. XI, 14-15), dut composer avec Hiram de Tyr (*1 R*. IX, 10-14) et laissa Pharaon s'emparer de Gézer (*1 R*. IX, 16). C'est pourquoi on a proposé anciennement (cf. *Gri*.) d'interpréter : « me resteront soumises » ou « seront maintenues par moi dans l'obéissance » ; mais cette reconnaissance tacite de la supériorité guerrière de David ne serait guère à l'honneur de Salomon (représenté du reste en 15 b comme un guerrier valeureux). Certes, le passif du vb. peut signifier directement un état de sujétion ou d'obéissance (cf. *Lidd.-Sc.* II, 2), qu'on traduise « me seront soumises » ou « m'obéiront ». Pourtant, l'emploi du fut. renvoie, de soi, à un état nouveau créé par l'initiative de Salomon. De plus, l'auteur semble bien se souvenir ici du thème biblique de la « soumission »

des nations païennes par Dieu, son peuple ou son oint (cf. avec
hupotassein dans la *LXX, Dn.* VII, 27 ; *Ps.* XLVI, 4 ; XVII, 48).
D'autre part, tout en prenant appui sur certaines notices historiques,
en particulier *1 R.* V, 1 et 4, il idéalise son héros : si Salomon était
devenu ou était resté l'époux mystique de la Sagesse, son règne se
serait étendu au loin et aurait revêtu certains traits messianiques.
Sur ce plan, *laoi* et *ethnè* tendent à signifier la même réalité (cf. leur
alternance en *Ps.* II, 1, 8 ; XLVI, 4 *hupetaxen laous hèmin, kai
ethnè hupo tous podas hèmôn*) : la soumission définitive des nations
et des peuples au règne de Dieu. Rappelons enfin les prétentions
universalistes de la Sagesse elle-même qui dispose supérieurement
des royautés terrestres et confère le pouvoir à qui elle veut (*Pr.*
VIII, 15–16). On évitera cependant de traduire en généralisant : « *les*
peuples... *les* nations ». Il s'agit d'une simple tendance à appliquer
à Salomon un motif messianique. Pour l'auteur (cf. v. 15), un tel
rêve ne s'est pas encore réalisé et demeure un objet d'attente ou
d'espérance.

15 a. Avec *phobèthèsontai me akousantes,* il suppose maintenant
que la renommée de Salomon s'est répandue au loin, non par celle
de sa sagesse, mais celle de sa puissance croissante et redoutable ;
peri emou est sous-entendu après *akousantes* (« ayant entendu parler
de moi »), le pron. ayant déjà été exprimé autrement ; le vb. *pho-
beisthai*, placé au début, insiste sur l'idée de peur ou de crainte
(pour l'acc. de pers., courant dans la *LXX*, cf. aussi *Lidd.-Sc.* B, II, 5)
et le fut. signifie l'apparition d'un sentiment soudain et nouveau
(« prendront peur de moi »). Le sujet *turannoi* n'a nulle part dans
le livre (cf. VI, 9, 21 ; XII, 14 ; XIV, 15) la note franchement péjorative qui s'est attachée au mot « tyran » (cf. *comm.* sur VI, 9) ;
il ne désigne pas non plus de simples roitelets ou princes locaux.
Il renvoie plutôt à une forme de pouvoir absolu qui diffère du type
traditionnel de la royauté : les *turannoi* exercent une autorité despotique sur des peuples nombreux (cf. VI, 21), leur pouvoir ne semble
pas héréditaire et présente un caractère inquiétant pour l'équilibre
du monde. Le terme est déterminé ici par *phriktoi*, un adj. susceptible de signifier (cf. l'adv. en VI, 5) soit « qui se hérisse, frissonne
de peur ; effrayé, terrifié » (cf. *Shex.*), soit « qui fait frissonner ;
effrayant, terrible, redoutable » (cf. *Lat. : reges horrendi ; Ar.* « les
émirs redoutables »). Ce second sens, préféré par les Modernes, ferait
allusion à des souverains à la fois puissants et durs ; le premier
insisterait sur la notion déjà exprimée par *phobèthèsontai*. De toute
façon, le texte laisse percer une menace ou plutôt une espérance,
sous la pression de l'attente messianique, peut-être aussi sous
l'influence des souvenirs de l'époque des Maccabées, car les succès
de ceux-ci étaient censés avoir impressionné les Romains eux-mêmes
(cf. *1 M.* VIII, 1-32 ; XII, 1-4 ; XIV, 16-19 ; XV, 15-24). Idéalisé à
la mesure d'un guerrier redoutable et conquérant, Salomon sera
une menace pour les grands maîtres du monde et pour la puissance
romaine en particulier, en les obligeant à respecter le peuple juif.

15 b. Ce dernier trait concernant la vie publique du Grand Roi oppose deux attitudes différentes, d'abord *en plèthei*, puis *en polemôi*. Mais la première expression est assez difficile à préciser. Le subst. signifie proprement « grand nombre, multitude » (la *LXX* retient presque partout ce sens), mais peut désigner l'assemblée du peuple (*class.* ; cf. aussi *Ex.* XII, 6 ; *2 Ch.* XXXI, 18), la population d'un pays (*Eur., Ph.* 715), le peuple (cf. *2 Ch.* XII, 3 et *3 Esd. passim*), la foule (cf. XIV, 20). Et ceci explique la diversité des traductions : « dans l'assemblée » (*Goodr.*), « parmi le peuple *(Dea., Corn.)* ou la foule » *(Gri.).* Il nous semble préférable de garder le sens de « multitude » : Salomon est supposé régner sur de nombreux sujets (israélites ou non) et frayer simplement avec tous. Et c'est pourquoi « il apparaîtra bon » au milieu d'eux, *phanoumai agathos ;* le vb. (une forme ancienne, corrigée par C en *phanèsomai*) signifie « j'apparaîtrai, je me montrerai » ; quant à l'adj., il doit résumer les qualités de ce qu'on appelle un « bon roi » (bienveillant, clément et juste ; cf. *Corn.*).

L'expression *en polemôi* doit signifier « à la guerre, au combat » (non « en temps de guerre »), car le texte oppose en réalité : « parmi mes sujets... vis-à-vis de mes ennemis ». L'adj. *andreios* renvoie à la vertu de force (cf. 7 d) qui devient « le courage » chez le guerrier. Dans la Bible (cf. *Corn.*), Dieu confère cette force aux juges et aux rois, en leur communiquant son Esprit, et il le fera en particulier pour le roi messianique (*Is.* XI, 2). La Sagesse de *Pr.* VIII, 14 la revendique également (= *gebûrah* « c'est essentiellement une perfection divine et il appartient à Dieu de la communiquer aux hommes » A. ROBERT, dans *RB*, 1934, p. 186). Dès lors, la force peut devenir un don de la Sagesse. Cette idée est prolongée d'une façon originale au v. 7, avec un terme et une notion grecs : la force est communiquée par la Sagesse sous la forme d'une vertu cardinale appelée *andreia* (la vertu « virile » par excellence). Mais une telle transposition grecque de la notion biblique de force avait déjà été préparée par la *LXX* de *Pr.* en fonction de l'adj. *andreios* : celui-ci y prend le sens de force vertueuse se manifestant surtout dans le zèle apporté au travail (cf. X, 4 ; XI, 16 ; XII, 4 ; XIII, 4 ; XV, 19 ; XXXI, 10). — Un texte de l'*Iliade* (III, 179) a jadis été cité par GROTIUS comme parallèle à 15 b : (d'Agamemnon) *basileus t' agathos, krateros t' aichmètès ;* au dire de *Plut.* (*Alex. fort.* X, 331 E). Alexandre plaçait ce vers au-dessus de tous les autres d'Homère.

16 a. Le texte ne dit pas « étant revenu », mais « étant entré dans ma maison », *eiselthôn eis ton oikon mou*, car Salomon ne viendra pas retrouver son épouse après une absence plus ou moins longue : épouse transcendante, la Sagesse l'aura suivi partout, mais son influence se modifie selon les circonstances. Le vb. *prosanapauein** (hellén.), usité surtout au Moyen et avec des applications diverses (« se reposer près de, en s'appuyant sur... », cf. *Lidd.-Sc.*), peut désigner l'intimité conjugale (dans un fragment du *peri gamou*

de Nicostrate, *ap. Stob., Anth.* IV, 23, 65 ; *tèi gunaiki anèr prosana-pauetai*) ou l'appui moral apporté par la présence d'un être cher (*Epict.* III, 13, 2). En raison du contexte et du retour à la situation évoquée au v. 9, on traduira ici *prosanapausomai autèi* par « je me reposerai près d'elle, me détendrai auprès d'elle » (cf. *Lat.* et *Shex.*).

16 b. Le sujet *hè sunanastrophè* (autès)* est un terme recher-ché : usité d'abord par Épicure (au terme d'une progression marquée par *prosopsis, homilia ; Sent. Var.* 18 ; Bailey, p. 108), il caractérise une société plus ou moins intime, avec les idées d' « association » ou « fréquentation » (*3 M.* II, 31, 33), de participation (des êtres raison-nables) à la « société » divine (*Epict.* I, 9, 6) ou même de « compor-tement social » d'un individu ou d'un groupe (*3 M.* III, 5). Il s'agit ici de la « société » de la Sagesse (*Lat. : conversatio illius*), laquelle est sans amertume, *ouk echei pikrian*. Avec ce subst., employé cou-ramment au sens moral dans le gr. profane, l'auteur semble bien écarter de la Sagesse un grief formulé souvent contre la femme par les écrits sapientiaux : plutôt sévères et méfiants à l'égard de celle-ci (cf. *Qo.* VII, 26-28 ; *Si.* XXV, 13-26 ; XXVI, 6 ; XLII, 12-14), ils lui prêtent bien des défauts, lui reprochent de rendre par sa langue la vie de son mari insupportable (cf. *Pr.* XIX, 13 ; XXI, 9, 19 ; XXVII, 15 ; *Si.* XXVI, 27) et celui-ci « gémit amèrement » (*Si.* XXV, 18 *anestenaxen pikra*) ; il est aussi des paroles douceureuses qui se changent en amertume (*Pr.* III, 4) ; enfin Qoheleth, censé résumer l'expérience personnelle de Salomon, déclare même la femme (VII, 26) « une chose plus amère que la mort » (*pikroteron huper thanaton*). Par contraste, la Sagesse ne sera que douceur et tact ; elle aura la délicatesse d'une épouse et la sollicitude d'une mère (cf. *Si.* XV, 2).

16 c. Une progression par rapport à *sunanastrophè* est marquée par *hè sumbiôsis* (cf. vv. 3 a, 9 a) *autès :* non seulement la « société » de la Sagesse, mais encore la vie commune avec elle, « son intimité ». Celle-ci ne comporte également aucune « peine », *oude odunèn*. Ce mot, employé avec un sens prégnant en IV, 19 f, doit insister ici sur les souffrances ou peines morales (cf. *Lidd.-Sc.* 2). Dans les défi-nitions stoïciennes, c'est une des formes de la « tristesse », *lupè* (cf. *SVF*, III, p. 100, n. 413-414), et celle-ci a pour contraire le plaisir, *hèdonè* (cf. aussi *Arist.*, E.N. 1153 [b] ss) qui, selon les systèmes, est soit un bien (à condition d'éviter les excès), soit une chose indiffé-rente ou contraire à la sérénité du sage.

16 d. L'opposition marquée par *alla* fait intervenir non pas *hèdonèn*, mais *euphrosunèn kai charan*. Le premier terme désigne principalement dans l'usage gr. le contentement physique, la gaieté extérieure et exubérante, la liesse des banquets et des fêtes (cf. II, 9 b). Il a souvent une portée analogue dans la *LXX* (cf. *2 S.* VI, 12 ; *1 R.* I, 40 ; *Est.* IX, 22 ; etc.), mais, dans d'autres cas, il évoque un sentiment personnel plus intime, une allégresse spirituelle (cf.

Ps. IV, 8 ; XV, 11 ; etc.) qui est l'apanage des justes (*Pr.* X, 28 ;
XXIX, 6 *dikaios de en charai kai en euphrosunèi estai*) ou qu'on
met en relation explicite avec la crainte du Seigneur (*Si.* I, 11, 12 ;
II, 9) ou avec la fidélité à la Sagesse (*Si.* IV, 12 ; VI, 28 *heurèseis
tèn anapausin autès kai straphèsetai soi eis euphrosunèn;* XV, 6) ;
d'autre part, en *Ct.* III, 11 « le jour des épousailles de Salomon »
fut celui « de la joie *(euphrosunès)* de son cœur ». Le mot *chara*
(seul emploi en *Sag.*) désigne dans la Grèce ancienne la joie pro-
voquée par de bonnes nouvelles, par un retour très attendu ou
inespéré. Plus tard, ÉPICURE (fr. B 1, BAILEY, p. 120) l'associe à
euphrosunè et le distingue de la simple « absence de peine » en
tant que plaisir « actif » ; les textes stoïciens (cf. *SVF*, III, pp. 105-106)
le définissent « un épanouissement raisonnable » *(eulogos eparsis)*
par opposition au « plaisir » *(alogos eparsis).* Dans la *LXX, chara*
(sans relief spécial et sans équivalent hébr. défini) se rencontre
surtout coordonné à *euphrosunè* : il renvoie alors à des réjouis-
sances populaires (cf. *Jl.* I, 16 ; *Est.* VIII, 17 ; IX, 17-18 ; etc.), sauf
en *Pr.* XXIX, 6 (cf. *supra), Jr.* XV, 16 (de la joie intérieure procurée
par la Parole de Dieu) et *Is.* LV, 12 ; on notera par ailleurs sa
présence en *Is.* LXVI, 10. A la lumière de ces parallèles et en raison
du contexte, les deux termes doivent désigner ici une allégresse et
une joie spirituelles qui envahiront l'âme de Salomon. *Phil.* revient
maintes fois sur le thème de la vraie joie (cf. BRÉHIER, *Idées,*
pp. 254-255 ; 276-277), le plus souvent avec *chara,* mais aussi avec
euphrosunè (Spec. I, 191 ; *Qu. Gn.* III, 16). Opposée aux plaisirs
sensuels *(Spec.* I, 176 ; *Qu. Gn.* II, 57), elle s'attache à l'âme et
remplit celle-ci d'un sentiment d'euphorie *(Praem.* 32). Elle est causée
par la facilité à l'étude *(Praem.* 50), par la vertu *(ibid. ; Qu. Gn.* III,
16 ; *Spec.* IV, 141), par la possession ferme de la Sagesse *(Spec.* I,
191) ou par l'habitation de Dieu dans l'âme *(Qu. Gn.* IV, 8) ou la
contemplation de l'œuvre divine *(Praem.* 32-35 ; *Qu. Gn.* IV, 138).
Certes, Dieu seul connaît la vraie joie *(Abr.* 202 ; *Cher.* 86 ; *Spec.*
II, 55), et celle-ci ne peut descendre sur terre à l'état pur *(Abr.* 205).
Mais chez le juste, la joie prédomine *(Abr.* 207) et chaque partie
de l'âme peut être occupée par elle *(Praem.* 35). En réalité, *Phil.*
mêle « deux éléments qui se diviseront plus tard ; d'abord la joie
mystique... qui accompagne l'approche de Dieu... puis la satisfaction
morale accompagnant l'exercice de la vertu et lui donnant sa récompense » (BRÉHIER, *Idées,* p. 277). Dans notre texte, l'accent porte
sur le premier.

Rappel des considérations précédentes et nécessité du recours à la prière

17. *Repassant   cela en moi-même
    et considérant dans mon cœur
    que la parenté avec la Sagesse assure l'immortalité,*

18. *que sa tendresse procure une noble jouissance,*
    les labeurs de ses mains, une richesse inépuisable,
    le partage assidu de son intimité, l'intelligence,
    et la mise en commun de ses paroles, la célébrité,
    j'errais cherchant comment l'obtenir pour épouse.
19. *J'étais, certes, un enfant d'une heureuse nature*
    et j'avais reçu en partage une âme bonne ;
20. *ou plutôt, étant bon, j'étais venu dans un corps sans souillure.*
21. *Mais sachant ne pouvoir en prendre possession autrement que*
    si Dieu me la donnait
    — et reconnaître de qui dépend un bienfait, c'était encore une
    marque de discernement —
    je m'adressai donc au Seigneur et je le priai,
    et je dis de tout mon cœur :

17 a-b.   La récapitulation suivante introduit la décision qui fera
sortir Salomon de son embarras (18 e). Le vb. principal apparaît
seulement en 18 e. *Tauta* résume les avantages qui découleront de
la possession de la Sagesse. L'expression *logisamenos en emautôi*
renvoie à des pensées ou raisonnements intérieurs (sur le vb.,
cf. II, 1 et 21) que Salomon agite ou repasse en lui-même. L'expression coordonnée, *kai phrontisas en kardiai mou*, imite une tournure
hébraïque (« dire dans son cœur »), mais n'apparaît pas comme
telle dans la *LXX* et *phrontizein* doit signifier « réfléchir, considérer » *(class.).*

17 c.   *Hoti* dépend de ce vb. seul. Il introduit une série de
propos. complétives détaillant les valeurs qui correspondent aux
divers aspects de l'intimité avec la Sagesse, et tout d'abord *athanasia*
estin en suggeneiai sophias. Le texte est bien assuré, car *in cogitatione*
de *Lat.* peut être une corruption ancienne de *in cognatione* (cf. *Corn.,*
p. 323, n. 1 et *Bi. Sa.*) et la leç. *suggeneia* s'explique par l'élimination
de *en* (haplographie avec *-in*). Ce mot désigne dans l'usage gr.
diverses formes de parenté (à l'exclusion de la consanguinité immédiate entre parents et enfants) ou même d'affinité, et le compl.
au gén. est *class.* (cf. *Plat., Prot.* 322 A ; *Lys.* 205 C). Le texte parle
donc de « parenté avec la Sagesse » et l'idée est précisée par le
contexte : en devenant l'épouse mystique de Salomon, la Sagesse lui
communiquera son *genos*, sa race, sa noblesse (*eugeneia* 3 a), et
un lien analogue à celui du mariage sera créé entre eux (cf. *Corn.*).
Mais les rôles sont renversés : car c'est la future épouse qui confé-
rera à son mari une noblesse transcendante. Une telle transposition
de *suggeneia*, justifiée par tout le contexte du ch., ne devait pas
choquer des lecteurs grecs. Divers systèmes de pensée avaient envisagé ou affirmé la parenté de l'homme avec le divin (cf. REESE,
Hellenistic influence, p. 14 et n. 70, p. 37 et n. 26) : une parenté
d'essence entre le *nous* et l'Idée, assurant au premier l'immortalité

(*Plat.*; cf. FESTUGIÈRE, *Idéal*, pp. 48 et notes, 50-52), une parenté physique avec le feu divin universel (le Stoïcisme ; cf. *ibid.*, pp. 71-72), ou une parenté ramenée à une ressemblance morale, mais garantissant l'immortalité (le néo-pythagorisme ; cf. *ibid.*, pp. 81-82, 84-85). Ici, cette « parenté » devient un don de Dieu, une grâce sollicitée par la prière. Pourtant, il est significatif qu'elle appelle la notion d'immortalité. Selon divers critiques (*Hein., Goodr., Feldm., Bück.*, p. 16), *athanasia* désignerait seulement, comme au v. 13, l'immortalité dans la mémoire des hommes. D'autres *(Far., Corn.)*, cependant, l'interprètent de l'immortalité personnelle : la « *suggeneia* avec la Sagesse » entraîne la participation à l'immortalité qu'elle possède par nature. On maintiendra plutôt, avec *Gri.*, que *athanasia* reste un terme ambivalent (cf. v. 13) et que l'accent porte ici sur l'immortalité personnelle, à cause du contexte immédiat et de l'allusion au v. 3.

18 a. *Kai en philiai autès terpsis agathè.* D'après VII, 14 *philia* peut signifier « amitié » (cf. *Lat. in amicitia illius*) et le gén. *autès* renverrait à l'amitié que la Sagesse accorde ou témoigne. Néanmoins, le subst. nous semble avoir ici une note plus affective ou plus passionnée (cf. d'une part *Pr.* V, 19 ; *4 M.* II, 11 ; d'autre part *Pr.* VII, 18 ; *Si.* IX, 8), à cause de la présence de *terpsis* et parce qu'il s'agit de l'amitié d'une épouse (cf. *Corn., Hein.*). On le traduira donc par « affection » ou « tendresse ». *Terpsis*, occasionnel dans la *LXX* (= *rinnah*, « cri de joie »), renvoie habituellement à une « jouissance » ou « délectation » sensibles (cf. *Lidd.-Sc.*). Certes, le mot peut signifier aussi « joie, agrément » (cf. *Theogn.* 787). Pourtant, l'auteur a conscience de le transposer puisqu'il parle d'une jouissance « bonne », *agathè* : cet adj. doit avoir une portée morale et signifier non seulement « légitime » (cf. *Si.* XIV, 14 *epithumias agathès*), mais « noble » (*Gri., Feldm., Cramp., Guil.*, OSTY) ou « pure » *(Goodr.* « purity is plainly the idea intended », *Hein., Ficht.).*

18 b. Certains témoins (cf. *Zie.*) insèrent *ergôn* (« des œuvres ») entre *en ponois* (« dans les labeurs ») et *cheirôn autès* (« de ses mains ») : cette surcharge doit provenir d'une glose maladroite. Le mot « labeurs » renvoie apparemment à 7 b (cf. *comm.*) et l'image sous-jacente est celle de la femme parfaite qui, comme celle de *Pr.* XXXI, 10-31, travaille de ses mains pour assurer le bien-être de son mari et la prospérité de sa maison (cf. *Gri., Goodr., Hein.*). Pourtant, le rôle de l'épouse n'est pas d'amasser des richesses et surtout d'assurer à son mari « une richesse inépuisable » *ploutos aneklipès.* L'image est donc transposée et il importe de préciser le sens de *ploutos.* Selon certains *(Gri., Corn.)*, le mot désigne seulement la richesse matérielle, à cause de la référence à 5 b et au motif de la richesse proverbiale de Salomon (cf. VII, 11) ; d'autres *(Hein.)* incluraient à la rigueur la richesse de la vertu, d'autant plus que la récapitulation du v. 18 ne contient pas d'autre allusion possible au

v. 7. Le contexte immédiat invite, semble-t-il, à aller plus loin : l'activité laborieuse dont parle le texte s'exerce non sur un plan cosmique universel (5 b) pour faire confluer vers Salomon toutes les richesses du monde, mais sur un plan psychologique pour faire du jeune roi un époux heureux et comblé. D'autre part, l'addition de l'adj. *aneklipès* (« inépuisable ») rappelle directement VII, 14 a où la Sagesse elle-même devient une source intarissable de valeurs morales et spirituelles. On est donc ramené au v. 7 et aux biens de la vertu, mais les « labeurs » de la Sagesse aboutiraient ici à la communication de richesses plus intimes encore ou plus mystiques : elle s'emploierait à enrichir spirituellement son époux et à accentuer la *suggeneia* avec elle. A l'objection tirée du v. 5 ou du thème traditionnel de la richesse de Salomon, on peut répondre en rappelant le comportement de l'auteur à l'égard des données bibliques antérieures : souvent il les pousse à fond, de manière à les faire éclater et déboucher sur des valeurs d'un autre ordre. Personnellement, il ne devait pas attacher une grande importance à la richesse matérielle, après avoir mis en plein relief les seuls biens durables qui s'épanouissent dans l'au-delà (cf. surtout ch. II-V) et rappelé au v. 7 que les vertus sont les biens les plus utiles ici-bas. Mais, à propos de Salomon, il doit respecter une tradition ferme insistant sur la richesse octroyée à celui-ci par la Sagesse. Aussi, dans ce tableau qui oppose discrètement l'idéal à la réalité, il modifie la portée de *ploutos ;* ou plutôt, il laisse entendre, en renvoyant à la fois aux vv. 7 *(ponoi)* et 5, que la Sagesse est au principe de deux sortes de richesse, la plus utile étant celle de la vertu ; bien plus, *aneklipès* évoque la communication incessante de valeurs qui sont avant tout intellectuelles et spirituelles.

18 c. La formule *en suggumnasiai * homilias autès* est étrange. Elle signifierait litt. « dans le commun exercice de sa fréquentation » et elle associe apparemment deux termes susceptibles de désigner les rapports conjugaux (cf. *Hein.* et, avec plus de réserves, *Nan.*, cité par *Gri.*), mais qui reçoivent d'autres applications dans l'usage gr. Le premier, très peu attesté, apparaît d'abord dans une opinion de Zénon (*SVF*, I, p. 36, n. 129) à propos de l'union sexuelle, puis chez le médecin Asclépiade (IIe-Ier s. av. J.-C.) dans une définition de l'âme (*suggumnasia tôn aisthèseôn*, « l'exercice commun ou harmonieux des sensations », DIELS, *Dox.* [3], p. 387) ; on le retrouve ensuite dans des écrits médicaux du Ier et IIe s. ap. J.-C. (cf. *Lidd.-Sc.* 2) pour signifier « l'expérience, la pratique » (*sun-* renforce alors le mot simple : non pas « avec, ensemble », mais « complètement »). Le second garde partout le sens fondamental d' « association, fréquentation ou commerce » habituels, avec des applications diverses : non seulement « relations sexuelles » (cf. *Lidd.-Sc.* I, 2 ; *LXX Ex.* XXI, 10 ; *Phil., Jos.* 43 ; *Mos.* I, 298 ; II, 68 ; *Congr.* 14 ; *Somn.* I, 200, II, 106, etc.), mais « enseignement » (*Xén., Mém.* I, II, 6), « conversation, entretiens ». Ce dernier sens conviendrait si la même

idée n'était exprimée clairement en 18 d (cf. *infra*) ; aussi est-il préférable de s'en tenir à la notion générale d' « intimité ». Quant à *suggumnasia*, interprété tour à tour au sens de « lutte » *(Lat. : in certamine ; Far., Goodr.)*, « commun exercice » *(Shex.)*, « échanges mutuels » *(Gre.)*, « partage » *(Guil.)*, « parfaite accoutumance » *(Gri.)*, « assiduité » *(RV, Cramp.)*, « pratique » *(Dea., Feldm., Ficht.)*, « expérience » *(RSV)*, on le traduira plutôt par « partage assidu ».

Une telle intimité a pour fruit la *phronèsis*. Le terme doit insister ici sur une intelligence supérieure des réalités terrestres et divines. Non seulement il renvoie aux vv. 6 et 8, mais encore il inclut toute une sagesse de vie, une appréciation authentique des valeurs humaines et une affinité croissante avec le sens divin des choses. C'est pourquoi on le traduit habituellement par « intelligence » plutôt que par « prudence ». A travers la formulation compliquée du texte, l'auteur a pu vouloir suggérer une sorte de fécondation de l'âme par la Sagesse (cf. *Phil., Somn.* I, 199-200) ; ou encore il ferait allusion à la fréquentation assidue et laborieuse (cf. *Si.* XXXIX, 1-11) des écrits de sagesse ou des livres saints : une familiarité croissante avec ceux-ci est source d'intelligence.

18 d.   Le mot *eukleia* renvoie à une notion proprement grecque (dans la *LXX, 2 M.* VI, 19 et *3 M.* II, 31) : c'est la « célébrité » acquise par des hauts faits ou des actions d'éclat, mais avant tout par une mort illustre. Salomon l'acquerra *en koinôniai logôn autès*. L'expression est étrange si elle signifie en réalité : « dans mes entretiens avec la Sagesse, dans le fait de converser avec elle » *(Gri.* allègue cependant *Xén., Oec.* VI, 3 *koinônein logôn*, « s'entretenir avec quelqu'un ») ; du reste *eukleia* serait alors mal choisi : « converser avec la Sagesse » peut être un motif personnel de fierté ou de joie, non une cause de célébrité. A notre avis, *koinônia* est en relief parce qu'il reprend l'un des aspects de l'intimité conjugale : la « mise en commun » de tout entre époux. Toutefois, le dét. *logôn autès* tend à modifier ce sens en suggérant l'idée de « communication » (cf. *Lat.*), car Salomon n'est pas introduit dans les entretiens que la Sagesse aurait avec Dieu ou avec d'autres créatures : il s'agit de « paroles » le concernant ; d'autre part, ces « paroles » doivent lui assurer une célébrité éclatante, analogue à celle mentionnée aux vv. 10-13. On songe, dès lors, aux paroles de sagesse attribuées en fait à Salomon et qui deviennent, en raison de son intimité avec la Sagesse divine, des paroles inspirées ou révélées. Cependant, on hésitera à traduire ici *koinônia* par « communication », car ce sens n'est guère recommandé par l'usage (ni pour le subst., ni pour le vb. correspondant, cf. J. Y. CAMPBELL, dans *JBL*, LI, 1932, pp. 360, 367-368) et l'on préfère un terme qui rappelle le thème conjugal de la « mise en commun ».

18 e.   L'impft *perièiein*, en relation avec l'aor. *logisamenos* de 17 a, marque une phase nouvelle, mais non encore décisive : il

évoque l'embarras de Salomon, cherchant le moyen de réaliser son propos. En effet *periienai* * signifie « circuler, errer, aller de-ci de-là », souvent parce qu'on est embarrassé ou en quête de quelque chose. Il est, du reste, précisé par *zètôn hopôs* : « cherchant comment, de quelle manière ». Une formule très proche (avec *perierchesthai*) a été employée en VI, 16 a à propos de la Sagesse elle-même, mais une réminiscence de *Plat., Symp.* 209 B est ici assez directe (*zètei... kai houtos periiôn to kalon...* « il se met de-ci de-là en quête de la beauté dans laquelle il lui sera possible de procréer » trad. ROBIN), d'autant plus que *periienai* n'apparaît pas dans la *LXX.* Certes le contexte diffère : le jeune amant du *Banquet* en est au début de sa recherche et il désire féconder l'âme d'autrui par ses paroles ; le jeune Salomon, lui, s'est épris de la Sagesse, au point de vouloir l'épouser et être assisté en tout par elle. Pourtant, cette coïncidence littérale renforce l'hypothèse selon laquelle (cf. *comm.* sur 2 c) l'auteur a voulu rejoindre les thèmes essentiels de ce Dialogue de Platon : la vraie beauté est divine, la véritable fécondité est selon l'âme. La formule *hopôs labô autèn eis emauton* diffère de celles employées en 2 b et 9 a. On donne habituellement au vb. le sens de « prendre (pour épouse) » tandis que *eis emauton* signifierait « chez moi » (une idée précisée par la var. secondaire *pros emauton,* cf. *Zie.*). Mais ce compl. signifie normalement « pour moi-même, pour moi personnellement » (cf. *emautôi* en 2 b) ; d'autre part, *lambanein* nous paraît suivi régulièrement de *gunaika* lorsqu'il prend le sens de « prendre pour femme » (cf. *WBNT,* 1 c) et il en est de même de *lâqah* en hébr. (à l'exception d'*Ex.* XXXIV, 16). Aussi est-il préférable de retenir l'idée de « recevoir, obtenir », en rappelant que le vb. peut être employé absolument au sens de « recevoir pour femme » en mariage (cf. *Lidd.-Sc.* II, 1 c). On traduirait donc litt. « comment obtenir comme épouse pour moi », et ce sens s'harmonise avec le contexte. Salomon est maintenant embarrassé : il faut que quelqu'un lui donne une telle épouse et c'est, normalement, le fait du père de la jeune fille. Il va donc s'adresser à Dieu et se prépare déjà à cette démarche ultime.

Avant de passer à la motivation immédiate de celle-ci (19-21), ajoutons quelques remarques sur le développement antérieur. Quelques critiques ont signalé des points de contact (*Gri.* sur VIII, 16) avec l'Apologue de Prodikos chez *Xén., Mém.* II, I, 21-33 (surtout 32-33) et parlé même de dépendance (*Far.* sur VIII, 16 ; *Hein., Die griechische Philosophie im B.d.W.,* 1908, pp. 32-35, mais ce dernier change d'avis dans son *comm.,* pp. 168-169). Les ressemblances concernent la personnification féminine de la Vertu et son rôle salutaire dans la vie entière du jeune homme qui la choisit et devient son ami. Néanmoins, les rencontres verbales sont rares et peu significatives. L'ambiance aussi est différente. *Xén.* insiste sur la nécessité de l'effort vertueux pour vivre heureux et honoré, il inculque le sens des responsabilités sociales, avec une note humanitaire très caractéristique. Enfin la personnification de la Vertu reste terne : nulle part celle-ci n'est comparée à une fiancée ou à une épouse et son rôle consiste seulement à stimuler et à soutenir l'effort vertueux. Aussi cet Apologue, connu sans doute de l'auteur (cf. *comm.* sur IV, 1-2 et *Études*, ch. III, p. 208), n'a pas exercé ici d'influence perceptible. Le développement rejoint d'autres courants de pensée, bibliques et grecs (cf. le *comm.*). La personnification féminine de la Sagesse, en particulier, prend appui sur les livres sapientiaux antérieurs. Mais le thème même du mariage mystique avec celle-ci, exploité avec une insistance unique dans la Bible, renvoie plutôt au *Cantique*, en même temps qu'à des motifs platoniciens, repris et prolongés diversement dans la mystique ou la gnose hellénistiques (et peut être appliqués déjà à la Sagesse avec cette portée complexe dans des spéculations juives antérieures à *Sag.* ; cf. plus tard *Phil.*). On notera enfin l'idéal de vie évoqué par tout le développement. Sans s'opposer directement à une épouse terrestre car elle agit dans l'âme (cf. *supra*, p. 520), la Sagesse comblera toutes les aspirations du jeune Salomon et sera pour lui comme une source jaillissante de connaissance, de lumière et de joie. L'auteur peut nous livrer le fruit d'une expérience personnelle ou se faire l'écho des aspi- rations d'un milieu ascétique et contemplatif qu'il connaissait ou fréquentait (cf. *Intr.*, ch. IV, pp. 137-138).

19 a.   Le *de* de liaison rattache à 18 e avec une valeur affirmative - concessive (« sans doute, certes ») et il annonce en fait le *de* adver- satif de 21 a : il équivaut donc pratiquement à *men* (la corrélation *men ... de* est très rare en *Sag.*, cf. V, 13 ; VII, 30). L'impf. *èmèn* renvoie d'abord à la situation évoquée par 18 e et nous met en présence d'un jeune homme (cf. *comm.* sur 10 b) qui réfléchit sur lui-même à un moment décisif de sa vie. Mais ce retour sur soi le ramène indirectement à son enfance, que prolonge son ado- lescence. Ainsi s'explique sans doute l'emploi de *pais*, qu'on peut traduire ici par « enfant », tout en rappelant que le mot ne renvoie pas à la première enfance et peut désigner un jeune garçon ou un jeune homme dans le gr. profane (par opposition à *paidion* ou *meirakion*) et biblique *(= naʿar)*. Par conséquent, *èmèn* fait en quelque sorte le lien entre la situation évoquée en 18 e et un passé antérieur (pouvant remonter jusqu'à l'enfance) qui se prolonge dans le présent. L'adj. *euphuès*, employé couramment d'enfants, d'ado- lescents ou même d'adultes, renvoie à une notion proprement grecque (dans la *LXX*, seulement en *3 Esd.* VIII, 3 et *2 M.* IV, 32). De même que le subst. correspondant, il a désigné d'abord les gens de bonne naissance, mais la réflexion philosophique s'est exercée très tôt sur une valeur trop liée, anciennement, à l'*eugeneia* ou noblesse de race (cf. *Études*, ch. IV, p. 270, n. 5). Elle a mis de plus en plus l'accent sur les dispositions naturelles de l'esprit ou de l'âme ; très souvent aussi, les notions d'éducation ou d'instruction interviennent et l'adj. tend à caractériser ceux qui ont développé, affermi — ou même acquis — des inclinations à l'étude et à la vertu (les deux notions

voisinent sans cesse dans la morale grecque). Dans notre texte, l'on
peut être porté également à mettre l'accent sur les bonnes dispositions de l'âme, sur le plan moral et intellectuel (cf. *Hein.* « *euphuès*
bedeutet in dieser Stelle vor allem geistige Anlagen »). Néanmoins,
parce que l'adj. qualifie *pais* en s'appliquant à tout l'être humain et
que l'âme doit compter avec le corps pour la pratique de la vertu
(I, 4) ou la connaissance du vrai (IX, 15), les qualités physiques ne
sont pas exclues : le corps s'est développé en harmonie avec l'âme
et comme un instrument docile de celle-ci. En revanche, toute l'évolution de la pensée grecque n'autorise guère à limiter la portée du
terme, en pressant plus ou moins son sens étym., aux seules dispositions corporelles (cf. *Corn. : bene figuratus vel formosus ; Schü.*,
p. 27 « bien formé »).

19 b. *Te* rattache étroitement à 19 a (sur cette coordination,
cf. I, 3 ; VI, 7 ; VII, 6, 16) car l'auteur explicite la donnée essentielle
ou allègue la raison déterminante de *l'euphuia* du jeune Salomon :
la qualité de l'âme reçue en partage. Il remonte, cette fois, à la phase
initiale de l'existence : l'aor. *elachon*, succédant à l'impft *èmèn*, a
valeur d'un plus-que-pft (avec aspect ponctuel). Le vb. *lagchanein*
(dans la *LXX*, seulement en *1 S.* XIV, 47 et *3 M.* III, 6) signifie
proprement « obtenir par le sort », d'où « recevoir comme lot, comme
portion » ; il se construit alors avec l'accus. et la note religieuse
reste latente, car « le sort » *(lachos)* manifeste la loi du destin ou
la volonté d'une divinité quelconque. Avec le compl. au gén. (gén.
partitif), il signifie « avoir part à, obtenir possession de, recevoir en
partage » (cf. *Lidd.-Sc.* II) et l'usage ne retient souvent que l'idée
d' « obtenir » ou « recevoir ». Or il a ici pour compl. le gén. *psuchès
agathès.* Interpréter « j'étais parvenu à une âme bonne » en déve-
loppant mes bonnes dispositions naturelles, comme le fait déjà *Mal.*
(οὐχ ὡς ἀπὸ τύχης καὶ τοῦ αὐτομάτου σπουδαῖος καὶ ἐνάρετος εὑρηθεὶς
καὶ περὶ τὸ ἀγαθὸν διακείμενος ... ἀλλὰ γνώμῃ καὶ προαιρέσει τῆς
ἑαυτοῦ ψυχῆς τὴν ἀρετὴν ᾑρετίσατο) puis *Hein.* (dans *BZ*, IX, 1911,
pp. 113 ss), c'est s'écarter de la portée obvie du texte. L'auteur doit
insister sur la qualité de l'âme reçue à la conception ou à la naissance, et ce sens est seul retenu par *Cant. :* οὐχ ὡς ἐκ κλήρου τινός
ταύτην ἢ προγεγονυῖαν λαχών, ἢ μετὰ ταῦτ' ἀπελθοῦσαν αὐτῷ · ἀλλ' ἀντὶ
τοῦ ἁπλῶς ἐκτησάμην αὐτήν, ἅμα τῇ γενέσει δηλονότι, ταύτην μοι συνδη-
μιουργηθεῖσαν. En relation avec le thème grec de *l'euphuia*, cette
« bonté » de l'âme doit comprendre à la fois d'excellentes dispositions morales et intellectuelles. *Phil.* parle de « natures nobles »,
« vertueuses et louables » (*Leg.* III, 75, 77), d'hommes « d'une nature
très douée qu'ils ont gardée inaltérée » (*Abr.* 37, 38), « à qui Dieu
a façonné un bon caractère et de belles dispositions, en leur choisissant d'avance un lot excellent » (*Leg.* III, 85). Mais il ajoute que
Dieu crée tout aussi bien « des natures répréhensibles et coupables
dans l'âme » (*Leg.* III, 75). On ne peut tirer cette conclusion de
notre texte. L'idée que Salomon aurait reçu une âme bonne au lieu

d'une mauvaise serait plus que banal dans un tel contexte. L'auteur suppose seulement qu'il y a des différences entre les âmes, quant aux capacités intellectuelles et à la vigueur morale ou spirituelle, et il donne en réalité à *agathès* le sens d' « excellente » (nous traduisons par « bonne » à cause du v. suivant). Il ne précise pas de quelle manière et à quel moment Salomon a reçu cette âme. En accord avec la tradition israélite, il doit penser qu'elle est créée ou « insufflée » par Dieu (cf. XV, 11 ; cf. aussi *Phil., Op.* 135 : « L'âme ne vient absolument de rien de créé, mais du Père et Maître de l'univers » trad. ARNALDEZ), tout en accordant une certaine importance aux explications physiologiques de la conception et de la formation progressive de l'être humain (cf. VII, 1-3).

20. Introduit par *mallon de* et reprenant l'adj. *agathès* sous la forme *agathos ôn*, ce v. revient sur l'énoncé précédent. Mais en quel sens ? Selon *Gri., mallon de* dénoterait l'intention de rectifier une conception inexacte (c'est aussi le cas, dit-il, en *3 M.* VI, 31 ; VII, 5 ; *Ep.* IV, 28 ; V, 11 ; *Ga.* IV, 9 ; *Xén., Cyr.* V, IV, 49 ; *Mém. III,* XIII, 6 ; *Phil., Jos.* 73 ; *Mos.* I, 112) et l'auteur nous livrerait ici sa pensée personnelle au sujet d'une existence antérieure de l'âme. Reprenant une manière courante de parler qui voit l'homme comme tel exister dès la conception, il avait d'abord l'intention d'écrire *kai sômatos amiantou* (après *agathès*). Mais il s'est repris parce que, selon lui, l'âme est introduite plus tard dans un corps déjà formé et cette âme, identifiée avec le vrai moi, a mené une existence antérieure. Bien plus, la qualité du corps dépend de la condition morale de l'âme préexistante. F. C. PORTER s'est attaché à critiquer en détail cette interprétation dans un long article (référ. dans *Études,* ch. III, p. 180, n. 2), et il récuse, en particulier, la conclusion tirée de l'emploi de *mallon de* (pp. 221-222) : « Dans aucun des exemples allégués, la seconde proposition ne se substitue tout uniment à la première ou ne remplace un énoncé fautif par un énoncé correct... Dans un texte écrit à tête reposée..., chacune a valeur propre aux yeux de l'auteur et celui-ci estime livrer plus complètement sa pensée en laissant subsister les deux et en exprimant sa préférence pour la seconde... Mais celle-ci ne remplace jamais la première et n'est pas nécessairement la plus correcte. Dans beaucoup de cas, elle ne pourrait subsister seule car elle tire sa signification du contraste avec la première. » Cette mise au point (approuvée explicitement par *Schü.,* p. 29 et *Ficht.*) est fondée. Par conséquent, *mallon de* ne signifie pas « ou pour dire la vérité », mais « ou plutôt », en introduisant soit une précision plus rigoureuse, soit une manière de parler qui peut sembler préférable à tel ou tel point de vue, soit un procédé littéraire qui complète la pensée d'une façon originale ou même hyperbolique (cf. *Aristoph., Pl.* 634 ; *Dém.* XVIII, 65). On a donc tort de considérer 19 b sans importance aucune *(Far.)* ; bien plus, c'est la référence à 19 b, avec la substitution qu'elle implique, qui nous aide à préciser la préoccupation sous-

jacente. En réfléchissant sur lui-même et en commençant par expliciter le sens de *euphuès* en fonction de l'âme, Salomon s'est exprimé comme si le moi personnel recevait l'âme. Aussi propose-t-il maintenant une autre formule qui identifie le moi avec l'âme, mais qui n'est pas nécessairement plus heureuse ou plus exacte, car l'auteur considère le corps comme un élément essentiel de la personnalité humaine (cf. *Études*, ch. IV, pp. 274-275). Mais, ce faisant, il subit l'influence ou tient compte d'une préoccupation grecque constante, attestée par de nombreux textes : le vrai « moi » de l'homme, c'est son âme immortelle (cf. *ibid.*, p. 274, n. 2). Cette portée précise du texte est soulignée déjà par *Mal.* (εἶτα ὥσπερ ἐπιλαβόμενος ἑαυτοῦ ὅτι εἶ τε ψυχῆς ἔλαχον ἀγαθῆς, ἡμεῖς γάρ, αἱ ψυχαὶ μᾶλλόν ἐσμεν ἤπερ τὰ σώματα, οἱονεὶ διορθούμενος τὸ ἁπλῶς εἰρημένον, φησὶ μᾶλλον δέ ...), puis par *Lagr.* (pp. 88-90), Porter (*art. cit.*, pp. 222-223), Heinemann (*Poseid.*, pp. 142-143) et *Ficht.*

Mais le souci de lier maintenant la personnalité à l'âme plutôt qu'au corps amène l'auteur à parler d'une « venue de l'âme dans le corps », et dans un corps « sans souillure », *èlthon eis sôma amianton*. La formule n'est pas sans rappeler le mythe platonicien de la descente de l'âme ; aussi divers critiques, pressant le rapport causal entre les deux éléments du v. 20, y ont retrouvé la doctrine de la préexistence de l'âme (cf. *Études*, ch. IV, p. 270, n. 2). D'autres, au contraire, n'ont cessé d'en proposer une interprétation orthodoxe (pour un résumé de l'exégèse ancienne, cf. *Gri.*, pp. 178-179). On a songé, en particulier, aux efforts déployés par le jeune Salomon pour garder son corps sans souillure : cette interprétation, favorisée souvent par *Lat.* (*et cum essem magis bonus*), se rencontre aussi chez *Mal.* (ἀγαθὸς ὢν κατὰ ψυχὴν διὰ τοῦτο φησι καὶ τὸ σῶμα ἀμίαντον ἀπὸ τῶν σπίλων καὶ τῶν μολυσμῶν τῶν ἐξ ἁμαρτίας ἐτήρουν · τὸ δὲ ἦλθον, οὐχ ὡς προϋπαρχούσης τῆς ψυχῆς οὐδὲ ὡς κατὰ γνώμην τούτῳ ἢ ἐκείνῳ τῷ σώματι συναπτομένης ᾧ βούλοιτ' ἄν · ἀλλ' ἵνα διδάξῃ ὅτι παρ' ἡμῖν ἐστι τὸ διατηρεῖν τὸ σῶμα ἀμόλυντον) ; parmi les Modernes, *Corn.* (pp. 329-330) l'envisage comme possible à la rigueur, mais *Gärt.* la défend (pp. 30-33 « parce que j'étais bon, j'étais parvenu à un corps non souillé »), et plus récemment encore Reese (*Hellenistic Influence*, p. 85). Elle ne nous semble pas naturelle : on ne peut guère presser la distinction avec *eiserchesthai eis* (cf. I, 4 ; VIII, 16 ; X, 16), car le contexte est différent et une nuance subsiste entre « entrer dans » et « venir dans » ; par ailleurs, *erchesthai eis* peut difficilement signifier « parvenir jusqu'à (garder) », un sens inaccoutumé dans la *LXX* (cf. seulement *Gn.* X, 12 « s'étendre jusqu'à »), tandis que les parallèles susceptibles d'être allégués dans l'usage gr. se rencontrent habituellement dans des expressions reçues (cf. *Lidd.-Sc.* B, 1, 2, 4 ; cf. aussi *Sg.* XV, 5 « devenir un objet de »).

Une voie différente est ouverte par *Cant.* Selon lui, le v. 20 parle bien de l'union de l'âme au corps, mais sans aucune allusion à sa préexistence par rapport à lui (καὶ οὐχ ἕτερον τοῦ ἑτέρου προυπῆρξε · τοιαῦτα δὲ ὁ θεὸς τὴν ἀρχὴν αὐτὰ κατὰ τὸν ἐκ φύσεως ἡμῖν λόγον, τὴν μὲν ψυχὴν ἀγαθὴν τὸ δὲ σῶμα ἀμίαντον δεδημιούργηκεν ὁ καὶ τῆς φύσεως δημιουργός), et la « correction » introduite par *mallon de (to antipipton antikrus epidiorthoumenos)* a seulement pour but de souligner la prééminence de nature et le rôle directeur de l'âme (δεικνύων ὅτι ἄρχουσά ἐστιν ἡ ψυχὴ τοῦ σώματος ... τοιοῦτον τὸν τρόπον δημιουργηθεῖσαν, ὡς ἄρξουσαν σώματος ἐλθεῖν εἰς σῶμα ἀμίαντον). Divers Modernes parlent également d'une priorité d'importance accordée par le texte à l'âme (cf. *Corn.*, *Lagr.*, p. 90, *Schü.*, p. 30, Osty), mais certains le voient insister sur une corrélation entre la bonté de l'âme et celle du corps (*Schü.*, p. 30 : c'est la première « qui donne droit à un corps pur ») ou sur une harmonie, voulue par Dieu, entre les deux parties constitutives de l'être humain (*Corn.*, p. 329) ; d'autres estiment qu'il ajoute seulement un aspect complémentaire (*Bück.*, pp. 143-144 ; cf. *Études*, ch. IV, p. 273) ou qu'il marque une progression par rapport au v. 19 (*Hein.*, *comm.* et *BZ*, 1911, pp. 170-177) : non seulement Salomon avait développé ses bonnes dispositions naturelles durant sa jeunesse (cf. *comm.* sur le v. 19), mais encore (*mallon de* « bien plus ») il était intact dans son âme et dans son corps dès sa conception même.

Bien que ce type d'interprétation remonte avec raison jusqu'à l'origine de l'existence humaine de Salomon, il n'explique pas suffisamment l'emploi de *èlthon* ou justifie mal, dans certains cas, la substitution marquée par *agathos ôn*. En renvoyant à un exposé antérieur de notre opinion (dans *Études*, ch. IV, pp. 274-278), rappelons que le souci de lier la personnalité à l'âme plutôt qu'au corps a eu pour conséquence immédiate une présentation différente de leur union : en 19 b, c'est le corps qui reçoit l'âme, au v. 20 c'est l'âme qui vient s'unir au corps. Par suite, *èlthon* s'explique d'abord par ce changement de perspective. Comme cette problématique est grecque, l'initiative qui semble prêtée à l'âme peut être une réminiscence des textes grecs parlant de sa venue ou de sa descente dans le corps. Pourtant cette conception ne trouve pas, en *Sag.*, ses points d'appui habituels (cf. *Études*, *ibid.*, pp. 274-275) : en particulier, le corps n'incarne pas le mal inhérent à la matière (cf. aussi *Ficht.*), son union avec l'âme est considérée comme normale et constitue la vraie personnalité humaine (19 b subsiste à côté du v. 20 et garde une valeur relative dans ce passage supposé écrit d'un seul jet et sans arrière-pensée), enfin la vraie destinée humaine se joue sur terre une fois pour toutes et elle apparaît irréversible. Et si l'on insiste sur la mention d'une âme « bonne » et d'un corps « sans souillure », ces deux épithètes s'intègrent difficilement dans les théories courantes de la préexistence de l'âme. En dégageant du texte l'idée que la qualité du corps dépend de la condition morale de l'âme, acquise dans une existence antérieure, et qu'il y a dès lors deux sortes d'âmes, bonnes ou mauvaises, *Gri.* reconnaît que *Plat.* ne dit pas cela mais tient compte seulement de l'intensité de la contemplation antérieure : plus une âme s'est attachée à celle-ci, plus relevée est sa condition terrestre, plus vigoureuse son inclination vers la connaissance du vrai (*Phedr.* 248 C) ; aussi fait-il appel à *Phil.* pour éclairer la distinction entre âmes bonnes et mauvaises. Assurément, l'auteur ne doit pas aller jusqu'à postuler la création des secondes par Dieu (sur les innovations et les confusions de *Phil.*, cf. *Études, ibid.*, p. 272, n. 3) ; il suppose plutôt qu'elles sont devenues mauvaises par leur faute au cours d'une existence antérieure. Une telle déduction ne s'impose nullement. Nous avons vu que l'adj. *agathès* se prête à une interprétation beaucoup plus simple (cf. 19 b). Par ailleurs, *sôma amianton* ne doit pas désigner ici « un corps non souillé par la puissance du sensible ou, en tout cas, capable de résister à l'attirance de celui-ci pour ne pas entraver l'élan de l'âme » (*Gri.*, p. 177). L'association des deux termes serait plutôt étrange en langage platonicien, car c'est l'âme qui risque d'être souillée par le corps (cf. *Phed.* 81 B ; *Rep.* 621 C) et doit tout faire pour échapper à sa contamination. En réalité, l'expression caractérise seulement un corps n'ayant aucune tare physique ou morale, aucune de ces souillures ou flétrissures qui, selon l'auteur, portent la marque de la perversité d'une race ou de la malice des parents (cf. *Études, ibid.*, p. 275). Salomon reçut en partage un corps « intact », susceptible de se plier aux impulsions de l'âme et de favoriser un développement harmonieux et vertueux de toute la vie humaine. Selon cette interprétation, la perspective est plus morale que métaphysique.

Y a-t-il enfin une relation causale entre les deux membres du v. 20 ? A notre avis, l'hypothèse d'une telle relation ne s'impose pas. En effet, si l'auteur s'est proposé, au début, de lier le moi personnel à l'âme, il n'a fait que substituer à 19 b l'expression *agathos ôn*. Par conséquent, celle-ci se suffit à elle-même et l'on traduira : « ou plutôt, étant bon ». Si néanmoins une certaine relation causale demeure latente ou implicite, on songera à une correspondance en quelque sorte obligée entre le corps et l'âme. Dans le *Timée* (87 D ss), *Plat.* parle d'une « symétrie » nécessaire entre l'un et l'autre. Dans l'hypothèse d'une création de l'âme en fonction d'un corps déterminé — une hypothèse qui correspond à *Sg.* XV, 13 —, le texte signifierait que les âmes excellentes appellent des corps « intacts » et que Dieu, dans sa Providence, veille d'une manière privilégiée sur la génération de ceux-ci (cf. *Études, ibid.*, p. 275). Un rapport inverse est envisagé par *Thom. Aq.* I ᵃ qu. 85 art. 7 : les corps les mieux disposés appellent les âmes les meilleures. En définitive, une certaine préexistence de l'âme par rapport au corps — ou plutôt par rapport à une phase quelconque de la formation de celui-ci (cf. VII, 1-3) — est supposée, mais elle diffère certainement de celles des théories platoniciennes ou philoniennes (cf. les réserves de *Gre.*, p. XLIII, ou *Holm.*, p. 531). Elle peut se résoudre dans une création immédiate de l'âme, avant sa « venue » dans le corps. Bien sûr, en serrant de près la portée directe du texte, on dira plus exactement : en voulant donner à l'âme la priorité sur le corps, l'auteur lui prête une priorité d'existence. Mais c'est en tant que sujet personnel ; et ce moi qu'elle

semble résumer à elle seule ne prend son vrai sens qu'en relation
à un corps déterminé pour lequel l'âme est faite (pour plus de
précisions et pour d'autres considérations encore, cf. *Études, ibid.*,
pp. 276-278). — Les vv. 19-20 ont été appliqués au Christ par *Or.*
(*Hom. XII, 4 in Lv., Baehr.*, p. 460) et surtout *Aug.* (*De Gen. ad
litt.* X, 7 et 17-18, *CSEL*, XXVIII, 1, pp. 303-304, 317-321 ; cf.
A.-M. La Bonnardière, *Augustiniana*, pp. 193-195).

21 a. Le *de* advers. répond à celui de 19 a qui équivalait à *men*
(cf. *comm.*). On relève une légère nuance entre *eidôs* de 9 b,
« sachant bien », et *gnous*, « reconnaissant » après mûre réflexion.
La var. *ou kalôs* (A C) doit être une faute de copiste, due à la
scriptio continua (Gri.). L'expression *ouk allôs (esomai) ... ean mè
(ho theos dôi)* est pléonastique, *allôs* étant superflu avec *ei mè* suivi
d'un vb. (si...ne pas) ; elle s'inspire de *ouden allo* suivi de *ei mè*
restrictif (sans vb. ; cf. *Hdt.* I, 200 ; *Xén. An. II*, I, 12). Par cette
construction quelque peu embarrassée, l'auteur a voulu insister :
« pas autrement... si ce n'est que ». Le mot important, *egkratès*,
est déjà l'objet de deux interprétations distinctes dans les *verss :*
d'une part *Lat.* (*continens*, cf. cependant *Si.* XV, 1), *Syr.* (« me
dominer »), *Eth.* et *Arm.* (« sobre, tempérant ») ; d'autre part, *Shex.*
(« saisissant, possédant ») et *Ar.* (« la saisissant »). On les retrouve
dans toute l'histoire de l'exégèse. *Aug.* opte nettement pour la première (cf. A.-M. La Bonnardière, *Augustiniana*, pp. 103-107) et il a
été suivi par nombre d'auteurs anciens (il faut exclure *Cant.*), cités
par *Corn. a Lap.* qui défend à son tour la même opinion. Il est
certain que d'après l'usage gr. *egkratès*, employé absolument et
détaché de son contexte, signifierait normalement « continent », mais
pas nécessairement avec le sens restreint de ce mot dans notre langue.
Dans la philosophie grecque, en effet, l'adj. et le subst. correspondant
ont pris toutes sortes de nuances (cf. *TWNT*, II, pp. 338-339) : la
« continence » est soit le fondement même de la vertu (cf. Gauthier-
Jolif, *Éthique à Nicomaque*, Louvain, 1959, II, pp. 579-580), soit
« une sorte de demi-vertu » (*ibid.*, p. 580), soit une vertu subordonnée à la tempérance (cf. *SVF*, III, p. 64, 1. 23-24), soit « la
maîtrise de soi » (*Plat., Def.* 412 b), soit chez *Phil.* « la vertu primordiale qui s'oppose au plaisir, le principal ennemi de l'âme »
(Bréhier, *Idées*, p. 265 ; cf. aussi *TWNT*, II, p. 339 et Wolfson, II
p. 236). Dans la *LXX*, l'adj. signifie « chaste » en *Si.* XXVI, 15, et
le subst. apparaît dans un titre sur *Si.* XVIII, 30. A la rigueur, le
sens de « continent » (adopté par *Gri.* et *Reu.* chez les Modernes)
pourrait prendre appui sur *sôma amianton* du v. 20. Pourtant, le
contexte recommande la seconde interprétation, adoptée spontanément par *Cant.* (γνοὺς δὲ ὅτι ἀδύνατόν ἐστιν ἄλλως αὐτὴν ἀγαγέσθαι,
καὶ ταύτης ἐγκρατὴς γεγενῆσθαι, ἐὰν μὴ θεὸς δῷ), défendue plus tard
par *Calm.* et qui rallie pratiquement les suffrages des commentateurs ou traducteurs modernes. Salomon se montre préoccupé
d'obtenir la Sagesse pour épouse et le v. 21 introduit précisément

la prière qui la demandera à Dieu. Or *egkratès* signifie couramment (avec le gén.) « possesseur de ; qui a en son pouvoir, maîtrise ou contrôle » (cf. *Lidd.-Sc.* III, 1 ; dans la *LXX*, *Tb.* VI, 3 ; *Si.* XV, 1 ; 2 *M.* VIII, 30 ; X, 15, 17 ; XIII, 13). Si le gén. est alors explicite, une exception se rencontre cependant en *Si.* VI, 27, à propos de la possession de la Sagesse *(...kai egkratès genomenos mè aphèis autèn)*. La connaissance de ce texte, combiné peut-être avec *Ba.* IV, 1 *(pantes hoi kratountes autèn* scl. *tèn sophian)*, explique ici, selon nous (cf. *Études*, ch. II, p. 101), l'emploi absolu de *egkratès* au sens de « possesseur ». Après ce terme, on sous-entendra donc *sophias* et *autèn* après le vb. « donner » de la propos. conditionnelle (omise accidentellement par C).

21 b. Cette parenthèse savante qui prend l'allure de la prose a été quelque peu abîmée dans la transmission manuscrite (cf. *Zie.*), mais il n'y a aucune raison de s'écarter du texte reçu (cf. *Fri.*, *Ra.* et *Zie.*) ; en particulier, la var. *dè* n'est nullement recommandée par l'usage du livre (seulement *hothen dè*, XV, 12 et *dèpote*, XVII, 15). On lit donc d'abord *kai touto d'èn* « et cela aussi, et c'était encore » *(kai* a le sens adverbial et la liaison est *de)*. Le gén. *phronèseôs*, en dépendance du vb. « être », signifie « relevait de, était une marque de » (cf. *Kühn.-Ge.* II, 1, pp. 371 ss) et le subst. lui-même prend ici le sens d' « intelligence, discernement » (cf. v. 18 c). L'apposition explicative *to eidenai tinos hè charis* se traduit litt. : « le fait de savoir de qui (dépend) le bienfait » (sur *charis*, cf. III, 9, 14 ; IV, 15 ; XVIII, 2 et surtout XIV, 26). Apparemment, c'est une définition de la « reconnaissance » *(eucharistia)* dont la portée aurait été modifiée : « reconnaître celui qui a donné le bienfait » serait devenu « savoir qui peut donner ce bienfait ». Pourtant, un texte d'ANDRONICUS *(SVF* III, p. 67, l. 12-13) définit ainsi l'*eucharistia* : ἐπιστήμη τοῦ τίσι καὶ πότε παρεκτέον χάριν καὶ πῶς καὶ παρὰ τίνων ληπτέον, « la science qui indique non seulement à qui et quand il faut accorder un bienfait, mais encore comment et de qui il faut le recevoir ». Les Stoïciens l'intégraient dans la vertu de justice (cf. BRÉHIER, *Chrysippe*, pp. 268-269) et les traités des *Bienfaits* se sont succédé dans l'École et ailleurs (cf. le *peri charitôn* de CHRYSIPPE, les *De Beneficiis* de *Cic.* et *Sen.*). Pour *Phil.*, l'*eucharistia* est aussi une vertu, mais elle a Dieu pour objet et non plus l'homme (cf. *Plant.* 126). Ici l'auteur en fait une espèce ou une propriété de la *phronèsis*. — *Dea.* allègue *Jc.* I, 5, 17 comme parallèle à 21 b.

21 c-d. Cette propos. principale est constituée de trois formules à peu près synonymes signifiant « prier ». D'abord *enetuchon tôi kuriôi* (cf. XVI, 28). Dans l'usage gr., *entugchanein* signifie seulement « se rencontrer avec quelqu'un, l'aborder pour l'entretenir ; solliciter, présenter une requête, faire appel auprès de » (cf. aussi *Dn.* VI, 13 *LXX ; 3 M.* VI, 37). A cause du compl., il a ici une portée religieuse (l'idée de « prière » prolongeant celle d' « entretien » ou

celle de « demande, supplique »), donc « se tourner vers le Seigneur, s'adresser à lui, le prier ». Cette portée se retrouve dans le *N.T.* (*Rm.* VIII, 27, 34 ; XI, 2 ; *He.* VII, 25). La formule coordonnée *kai edeèthèn autou* fait intervenir un vb. employé couramment dans l'usage gr. au sens de « demander » (avec le gén. de la chose et de la personne, cf. *Lidd.-Sc., sub. v. deô*, II, 2) ; dans la *LXX*, il désigne souvent une demande adressée à Dieu (avec des constructions diverses du compl.) ; bien plus, pris absolument, il peut même signifier « prier », avec les notions sous-jacentes de grâce ou de faveur demandées (cf. *Dt.* III, 23 ; *1 R.* I, 13 ; etc.). A cause du compl. *autou*, on traduira : « et je le priai » ou « l'implorai ».

La troisième formule (21 d), *kai eipon ex holès tès kardias mou*, est biblique et le compl. rappelle surtout le style deutéronomique (cf. *LXX Dt.* IV, 29 ; X, 12 ; XI, 13 ; etc. ; *1 S.* VII, 3 ; *1 R.* II, 4 ; VIII, 23, 48 ; etc.) ; *kardia* désigne « le cœur » au sens hébraïque du terme (cf. I, 1 c et VIII, 17 b). On traduira équivalemment : « de tout mon cœur, du fond de mon cœur ». — *Arm.* rattache ce compl. à *edeèthèn autou* et omet *kai eipon*.

CHAPITRE IX

Remarques préliminaires et résumé. La prière suivante s'inspire de celle rapportée par *1 R.* III, 6-9 et *2 Ch.* I, 8-10 (cf. M. GILBERT, *La structure de la prière de Salomon*, dans *Bib.* LI, 1970, pp. 321-326), évoquée déjà en VII, 7-10. Elle prend une forme nouvelle et originale qui correspond non seulement à la situation décrite au ch. VIII (orientée vers la demande de la Sagesse divine elle-même), mais encore aux idées et préoccupations d'un milieu juif hellénisé. Cette libre composition se conforme à une habitude littéraire courante dans les livres historiques de la Bible (cf., à propos de Salomon, *1 R.* VIII, 14-53), et pratiquée par les historiens de l'Antiquité : on fait parler ou prier les personnages mis en scène, soit pour évoquer une situation ou un état d'âme, soit pour tirer la leçon de certains faits. En insérant une telle prière dans un écrit de sagesse, l'auteur suit l'évolution d'un genre littéraire devenu de plus en plus complexe : déjà *Pr.* VIII, 12-31 s'apparente à l'hymne et *Pr.* XXX, 7-9 rapporte une prière d'Agur ; *Jb.* reprend souvent des motifs empruntés aux lamentations individuelles et aux hymnes ; le Siracide accentue l'annexion d'autres genres littéraires et compose même une prière collective (XXXVI, 1-17) et une prière individuelle d'action de grâces (LI, 1-12). Bien plus, selon L. JANSEN (*Die spätjüdische Psalmendichtung, ihr Entstehungskreis und ihr « Sitz im Leben »*, Oslo, 1937), tous les Psaumes contenus dans les écrits du Judaïsme « tardif » (IIe s. av. J.-C. - Ier s. ap. J.-C.) seraient l'œuvre de « sages », poursuivant un but didactique ou édifiant. Certains pouvaient être ensuite récités à l'école, à la synagogue ou en privé, mais d'autres restaient des prières « littéraires » et *Sg.* IX est rangé dans cette catégorie (*ibid.*, p. 125). En effet, l'examen de cette prière (*ibid.*, pp. 90-95) la montre divisée en trois sections : la première (vv. 1-6) se conforme à un schéma courant, traditionnel dans le Judaïsme, et peut être appropriée par n'importe qui ; la seconde (vv. 7-12) fait l'application personnelle à Salomon, en confirmant que *Sg.* IX a bien été écrit comme partie intégrante du livre, et aucun autre sage ne pouvait plus prier de cette façon ; enfin la troisième (vv. 13-18) s'écarterait du contexte avec des considérations générales sur l'infirmité native de l'homme et les limites de sa connaissance pratique. Ce dernier point est contestable car le problème de la condition humaine est posé dès le début et affleure sans cesse. Par ailleurs, les textes de *Qumrân* attestent la persistance, dans le Judaïsme, de prières vivantes et spontanées, suscitées par les événements. Pourtant, ces *Hôdayôt* ou témoignages d'une piété qui veut tout transformer en louange (*1 Q S* X, 9-17) diffèrent de la prière de demande du ch. IX. Au lieu de nous livrer les réactions d'un homme aux prises avec l'épreuve, celle-ci est une composition réfléchie et ordonnée où tous les termes sont pesés. Certes, une note profonde et personnelle n'en est pas absente, mais dans un climat sapiential et universaliste : le sens de la tâche confiée à l'homme par le Créateur, la nécessité du secours d'En-Haut pour atteindre la vraie perfection humaine et connaître la volonté divine retiennent l'attention, avec une perception très vive du désarroi de l'esprit humain en face du mystère de Dieu. Un autre problème est celui de savoir si l'auteur utilise des matériaux préexistants. N. PETERS a voulu retrouver ici la traduction d'un ps. hébr. alphabétique qu'il s'est essayé à reconstituer (dans *BZ*, XIV, 1916, pp. 1-14). Cette tentative accumule les invraisemblances (cf. en particulier la « retraduction » du v. 15) ; d'autre part, l'on reconnaît partout la manière de l'auteur : même style, même adaptation libre de sources bibliques ou profanes, même maîtrise du développement. Aussi deux hypothèses restent seules en présence pour rendre compte de certains hébraïsmes : ou bien l'auteur s'est souvenu de prières qui lui étaient familières et qu'il récitait peut-être en hébreu ; ou bien il s'est appliqué à donner à la prière de Salomon un coloris archaïque en imitant des formules bibliques.

L'analyse littéraire de cette prière a été faite en dernier lieu par M. GILBERT (*art. cit.*, pp. 301-320) qui y retrouve une division en trois strophes (vv. 1-6, 7-12, 13-18), « en surimpression » sur une structure « de type concentrique » marquée par les trois mentions (vv. 4, 10, 17) du don ou de l'envoi de la Sagesse et dont le foyer central est la demande du v. 10. Cette analyse est fondée mais peut être complétée par d'autres éléments susceptibles d'expliquer la formulation et la progression des idées (cf. le *comm.*). L'invocation initiale (1 a) est prolongée par un motif hymnique (avec les vbs au participe ; cf. GUNKEL-BEGRICH, *Einleitung in die Psalmen*, Göttingen, 1933, pp. 44-45) renvoyant à la création, mais pour établir une relation particulière entre la Sagesse et l'homme (1 b - 2 a) et rappeler la tâche grandiose mais difficile assignée par le Créateur à celui-ci (2 b - 3). La première demande de la Sagesse (4 a) s'inscrit sur cet arrière-plan, car Salomon partage entièrement la condition humaine (cf. VII, 1-6) ; et cette demande impérative est motivée non seulement par la conscience d'appartenir au peuple de Dieu (4 b - 5 a), mais par celle de la fragilité et des limites de tout homme (5 b - 6). Salomon fait valoir ensuite des raisons plus pertinentes, tirées non pas de sa simple condition de roi (allusions en 3 b et 5 c), mais du fait que Dieu l'a choisi pour gouverner son peuple (7) et lui a ordonné la construction du Temple (8). A ce double titre, c'est une tâche en quelque sorte divine qui lui est confiée. Se rappelant, à propos du Temple, que la Sagesse assistait à la création du monde (9 a-b), mais sachant aussi qu'elle partage l'intimité de Dieu et sait ce qui lui plaît (9 c-d), il sollicite avec insistance l'envoi de celle-ci (10 a-b) pour qu'elle joue un rôle analogue auprès de lui (10 c-d). Non seulement il sera ainsi à la hauteur de sa tâche, mais toute sa conduite sera vertueuse et sainte (11). En résumé, il agira en tout comme un digne successeur de David (12). La transition à la section suivante s'opère par une interrogation oratoire (13) : Salomon n'est pas le seul à avoir un besoin urgent de la Sagesse divine ; l'humanité tout entière aspire à une communication de celle-ci pour connaître la volonté de Dieu. En effet, les démarches de l'esprit humain sont hésitantes et ses acquisitions fragiles (14), alourdi qu'il est par la corporéité (15) ; aussi connaît-il difficilement ce qui est pourtant à sa portée, tandis que les réalités supra-terrestres lui échappent (16). Mais pour savoir ce que veut le Seigneur, le don de la sagesse lui est absolument nécessaire (17). Or une telle faveur fut accordée aux hommes du passé pour les guider, les éclairer et les sauver (18).

Salomon demande à Dieu la Sagesse
Il partage la condition humaine et appartient au peuple de Dieu

1. *Dieu des Pères et Seigneur qui es fidèle,*
   toi qui as fait l'univers par ta Parole

2. *et par ta Sagesse as façonné l'homme*
   afin qu'il domine sur les créatures venues par toi à l'existence,

3. *qu'il gère le monde avec piété et justice*
   et exerce le jugement dans la droiture d'âme,

4. *donne-moi cette Sagesse qui partage ton trône*
   et ne m'exclus pas du nombre de tes enfants.

5. *Vois, je suis ton serviteur et le fils de ta servante,*
   un homme fragile et dont la vie est brève,
   bien peu expert dans le droit et les lois.

6. *Du reste, quelqu'un fût-il parfait parmi les fils des hommes,*
   s'il lui manque la Sagesse venant de toi, on n'en fera aucun cas.

1 a. L'invocation initiale, *thee paterôn* (Lat. : *Deus parentum*, cf. *Bi. Sa.*), fait intervenir le voc. *thee*, peu usité dans le gr. profane (cf. *WBNT, init.*), rare et plutôt tardif dans la *LXX* (cf. P. Katz, *Philo's Bible*, Cambridge, 1950, pp. 152-153), attesté également dans le *N.T.* (*Mt.* XXVII, 46) et chez *Fl. Jos.* (*Ant.* XIV, 24). La mention des « Pères » réapparaît plus loin et l'auteur semble ajouter le possessif quand il renvoie aux Pères de l'Exode et de la conquête (XII, 6 ; XVIII, 6) mais l'omettre quand il vise directement les Patriarches (XII, 21 ; XVIII, 22) ou les descendants directs de

9

ceux-ci (XVIII, 24). Ici, par conséquent, la référence aux Patriarches est immédiate, mais sans exclure les descendants de ceux-ci, tour à tour porteurs des « alliances et des promesses ». Une invocation semblable, mais plus explicite, se rencontre en *1 Ch.* XXIX, 18 (cf. aussi *Orat. Man.*, 1). Si cette formule « Dieu des pères » est une protestation de foi juive, elle n'éveillait aucune notion précise chez des lecteurs profanes, étrangers à une histoire de salut qui débute avec les ancêtres d'Israël.

La seconde invocation se présente sous deux formes (cf. *Zie.*) : *kurie tou eleous sou* (la plupart des *mss*) et *k. tou eleous* (leç. appuyée par *Syr.*, *Sah.*, *Eth.* et sans doute aussi par *Lat.* ; cf. *Bi. Sa.*). La seconde, préférée généralement, ne ferait que mettre en relief l'attribut divin de miséricorde (cf. *Gri.*, *Hein.*), le gén. pouvant être considéré comme un gén. de qualité (cf. *Gri.* renvoyant à *2 Co.* I, 3 ; *1 P.* V, 10) ou comme l'équivalent d'un adj. (hébraïsme, cf. JOÜON, 129 f ; *Cant.* glose : ὁ μόνος δηλαδὴ ἐλεήμων καὶ πλούσιος ἐν ἐλέει). Elle aurait pour parallèle *Ps.* XXXII, 5 *LXX (tou eleous Kuriou plèrès hè gè)* et elle compléterait ainsi l'invocation précédente : bien qu'il se soit engagé vis-à-vis des Pères et tienne compte aussi de leurs mérites, c'est cependant par miséricorde — le propre de sa nature — que Dieu exauce la prière. La première, plus difficile à interpréter, signifierait d'après l'usage gr. : « maître de ta miséricorde », car tu en disposes à ton gré, l'accordes ou la refuses librement. Cependant, comme *Kurios* renvoie toujours au « Seigneur » en *Sag.* et n'équivaut pas à *ba'al*, on gloserait plutôt : « Seigneur qui gardes ta miséricorde » (cf. *RV* et *Holm.*). Mais cette idée serait formulée alors d'une façon étrange. Pour cette raison surtout, il vaut mieux s'en tenir à la leç. *Kurie tou eleous* qui correspond, par sa concision même, à la première invocation. Mais une question reste posée : *eleos* renvoie-t-il, d'une façon ou d'une autre, à l'hébr. *ḥèsèd* (cf. III, 9 c ; IV, 15) qu'il traduit précisément en *1 R.* III, 6 : Salomon se réclame du *ḥèsèd* témoigné par Dieu à David, comme l'avait promis Nathan (cf., avec la même trad., *2 S.* VII, 15 et *Ps.* LXXXVIII, 29) ? Par ailleurs, *ḥèsèd*, susceptible d'être précédé de l'art., apparaît souvent en contexte d'alliance pour signifier la fidélité entière et cordiale aux engagements pris. Dans une prière juive, *eleos* peut donc renvoyer à une notion semblable et rappeler, après les promesses faites aux Pères, cette fidélité divine à l'Alliance conclue avec un peuple ou avec David. Cette référence implicite à une notion hébraïque présente à la mémoire de l'auteur explique mieux, nous semble-t-il, le caractère plus ou moins étrange des deux formules en présence. Dans l'hypothèse d'un original hébr., *Pur.* (p. 292) suppose *ḥăsidèyka* « tes pieux, tes fidèles », lu fautivement *ḥăsâdêyka* (cf. *Is.* LXIII, 7 et la *LXX*) ; cette correction, assure-t-il, rétablit le parallélisme avec *paterôn* et justifie indirectement la meilleure leç. *(eleous sou)*. N. PETERS, lui, restitue *ba'al hârăḥǎmin* ; or aucun des deux termes n'est recommandé.

1 b. Le rappel de la création, fréquent dans les hymnes du Psautier (cf. *Ps.* XXXII, 6-9 ; CIII, 5-9 ; CXXXV, 5-9) ou dans les prières juives (*Tb.* VIII, 5-6 ; *Jdt.* XVI, 13-15 ; *2 M.* I, 24-25 ; *3 M.* II, 2-3 ; *Hén.* LXXXIV, 2-3 ; *Orat. Man.* 2-3 ; *Apoc. Bar.* XXI, 4 s.), est une véritable profession de foi en la toute-puissance divine qui s'est manifestée alors. Le partic. *ho poièsas* (sur le vb., cf. I, 13) équivaut à une propos. relative (comme la construction participiale qui, dans les hymnes, prolonge souvent l'invocation initiale ; cf. *Ps.* CIII, 2-4). *Ta panta* désigne l'univers, l'ensemble des êtres (cf. I, 7 ; VII, 27 et *3 M.* II, 3 *su gar ho ktisas ta panta*) ou, selon une formule parallèle, « le ciel et la terre » (cf. *Orat. Man.* 2). Avec le compl. *en logôi sou*, l'auteur renvoie au thème de la Parole créatrice (sur ce thème, cf. L. Dürr, *Die Wertung des göttlichen Wortes*, Leipzig, 1938, pp. 38-43 et *passim*) : en *Gn.* I, la Parole qui appelle successivement les êtres à l'existence est avant tout un ordre à l'effet immédiat ; dans les textes qui dépendent plus ou moins de *Gn.* I, la Parole elle-même, assimilée volontiers à un « souffle qui sort de la bouche de Dieu », prend plus de consistance (cf. en particulier *Ps.* XXXII, 6 ; *Jdt.* XVI, 14) ; ailleurs enfin, il s'agit plutôt d'une formule reçue rappelant l'instrumentalité créatrice de la Parole (cf. *Si.* XXXIX, 17 ; LIII, 26 ; *Jub.* XII, 4 ; *Orat. Man.* 3 ; *4 Esd.* VI, 38, Gry, I, p. 113 ; *Bar. syr.* XIV, 17). Ici *en* doit avoir une valeur instrumentale (hébraïsme, cf. Joüon, p. 404 ; mais dans l'usage gr., cf. aussi *Kühn.-Ge.* II, 1, pp. 464-465). C'est la seule mention de la Parole en *Sag. I-II* où l'attention se concentre sur la Sagesse et sur l'Esprit (en *Sag. III*, cf. XVI, 12, 26 ; XVIII, 15-16). En réalité, la Sagesse s'est substituée à la Parole au point d'en assumer l'activité créatrice. Mais dans ce contexte de prière juive, l'auteur reprend un motif traditionnel renvoyant à une autre conception biblique. La tendance à personnifier la Parole n'apparaît pas, et encore moins l'allusion à une théorie quelconque du Logos. La Parole s'identifie plutôt avec l'ordre divin formulé « au commencement », et cette référence à *Gn.* I est soulignée par l'ensemble des commentateurs (*Cant.* renvoie à *Ps.* CXLVIII, 5), avec une insistance particulière sur la notion de toute-puissance. Mais parce qu'il s'agit de puissance ordonnée, tout imprégnée de sagesse, celle-ci est mentionnée ensuite dans une fonction identique ou parallèle, à propos de la création de l'homme (2 a).

2 a. Il faut certainement lire *kataskeuasas* (Fri., Ra., Zie), partic. coordonné au précédent ; la var. *kateskeuasas* a voulu introduire un vb. principal sans attendre le v. 4. Dans l'usage gr., ce vb. (cf. VII, 27 d) signifie couramment « munir, équiper ; construire, constituer, disposer » (cf. *Lidd.-Sc.*). Dans la *LXX*, il désigne une activité créatrice (= *bâra'*) en *Is.* XL, 28 ; XLIII, 7 et XLV, 9 ; ce sens se retrouve en *4 M.* II, 21 (ὁπηνίκα ὁ θεὸς τὸν ἄνθρωπον κατεσκεύασεν), mais il est plus net encore, à cause des vbs parallèles, en *Sg.* XI, 24 et XIII, 4. On peut donc traduire ici par « façonner,

créer ». Selon *Gri.*, il faudrait ajouter la notion complémentaire d'équiper, doter de certaines propriétés et facultés. Cependant, le cas personnel d'Adam, avec ses privilèges, ne retient pas l'attention. Si le texte renvoie bien à la création du premier homme, il envisage celui-ci dans sa condition de nature, partagée par tous ceux qui le suivront (cf. *Corn., Hein.*), et l'absence d'article devant *anthrôpon* accentue la portée générique du terme. La référence à *Gn.* I, 26-28 est donc immédiate ; du reste, l'auteur s'exprime différemment et emploie *plassein* quand il prend appui sur le récit de *Gn.* II et renvoie à *Gn.* II, 7 (cf. VII, 1 b ; X, 1 a ; XV, 11). Le dat. *tèi sophiai sou*, parallèle à *en logôi sou* (l'auteur a voulu varier le style), doit être, lui aussi, instrumental et signifier « par ta Sagesse ». Antérieurement, divers textes bibliques avaient déjà présenté la création de l'univers comme une œuvre de sagesse (*Ps.* CIII, 24 ; *Pr.* III, 19 ; *Jr.* X, 12) en renvoyant directement à l'attribut divin de Sagesse. Il en est de même ici (cf. *Corn., Hein., Gre.*, p. XXXVII, etc.) : l'idée évoquée par le mot *sophia* retient l'attention et la création de l'homme est présentée comme l'œuvre éminente d'une intelligence supérieure (cf. *Cant.* μείζονος γὰρ ὡς ἀληθῶς σοφίας ἡ κατὰ τὸν ἄνθρωπον διασκευή). Par rapport à 1 b, une certaine progression est donc marquée par 2 a, mais non une véritable distinction entre l'œuvre de la Parole (expression d'une volonté toute-puissante et efficace) et celle de la Sagesse. En réalité, l'auteur veut mettre la Sagesse en relation toute spéciale avec l'homme dès l'origine. C'est elle, en effet, que Salomon demande à Dieu afin de pouvoir mener à bien non seulement sa tâche de roi, mais sa tâche d'homme. Déjà *Pr.* VIII, 31 avait souligné ses attaches particulières avec les « enfants des hommes ». Cette idée est reprise et prolongée en divers sens par *Sg.* VI-X : la Sagesse est par excellence la divine inspiratrice de l'homme. — Les vv. 1-2 a sont cités par *Bas., adv. Eun.* V (*PG*, XXIX, 173) ; 2 b - 3 a par *Ath., or.* II *c. Ar.* (*PG*, XXVI, 243).

2 b. Une proposition finale, qui se prolonge au v. 3 et développe seulement 2 a, définit la tâche assignée par le Créateur à l'homme : *hina*, avec le subj. *(despozèi)* et après un vb. au passé, signifie non une possibilité, mais une détermination de fait, accompagnant la création de l'homme. Le vb. *despozein*, « être seigneur ou maître de » (avec compl. au gén. ; cf. *Lidd.-Sc.*, 2), se retrouve appliqué à Dieu en XII, 16 et 18, avec le sens de « disposer en maître absolu » ; dans la *LXX*, il a le plus souvent une application et un sens identiques (cf. *1 Ch.* XXIX, 11 *su pantôn … despozeis ; Ps.* XXI, 29 ; LVIII, 14 ; etc. ; *2 M.* XIV, 46 ; *3 M.* VII, 9). Le texte parle donc d'une souveraine maîtrise confiée à l'homme par le Créateur. Mais une restriction significative est apportée par le compl. *tôn hupo sou genomenôn ktismatôn*. Conformément au sens habituel des mots *ktizein* (cf. I, 14 ; II, 23 ; X, 1 ; etc.) et *ktisis* 'II, 6 ; V, 17) dans le langage biblique, *ktismata* désigne ici les

« créatures » (dans l'usage profane, « fondation, colonie ; construction », cf. *Lidd.-Sc.* 1 et *WBNT*) ; mais un tel emploi du subst. est assez récent : on le rencontre en *Si.* XXXVI, 14, puis en *3 M.* V, 11 (sing.) et dans le *N.T.* (le sing. en *1 Tm.* IV, 4 et *Ap.* V, 13 ; le plur. en *Jc.* I, 18 et *Ap.* VIII, 9). L'expression *hupo sou genomenôn*, substituée au simple possessif, signifie litt. « qui sont devenus par toi », *hupo sou* pouvant être considéré comme un compl. d'agent avec un vb. à sens passif (cf. *Kühn.-Ge.* II, 1, p. 127). Elle insiste sur la causalité divine créatrice, avec une référence probable à *kai egeneto* de *Gn.* I ; c'est Dieu l'auteur du devenir, de la venue à l'existence des créatures, et c'est lui qui délègue à l'homme une souveraine maîtrise sur celles-ci. Cette double vérité reste le fondement des obligations qui pèseront désormais sur l'homme dans le gouvernement du monde (v. 3). Le vb. *despozein* reprend, en l'accentuant, l'idée signifiée par *Gn.* I, 26 et 28 (la *LXX* emploie *archein* et *katakurieuein*), un texte conférant à l'homme le droit de domestiquer la nature et de l'utiliser à son service, et par *Ps.* VIII, 7-9 (*Si.* XVII, 4 renvoie d'une façon assez littérale à *Gn.* I, 26, 28). Une formulation semblable à celle de 2 b se rencontre dans *4 Esd.* VI, 5 : « après quoi, faisant Adam, tu l'établis en maître sur toute la création que tu avais faite » (trad. L. GRY, I, p. 127). *Bar. syr.* XIV, 18 parle, lui, de l'homme établi « administrateur des œuvres de Dieu... il n'a pas été fait pour le monde, mais le monde pour lui ». Cette idée du « monde créé pour l'homme » est dégagée de *Gn.* I et de *Ps.* VIII, 7-9 par le *Pasteur d'Hermas* (*Mandat.* XII, 47, 2-3) avec une réminiscence possible de notre texte : « Dieu a créé le monde pour l'homme, il a soumis toute la création à l'homme, il lui a donné l'empire absolu sur tout ce qui est sous le ciel. L'homme est seigneur de toutes les créatures de Dieu et il les domine toutes » (trad. JOLY, *SC*, LIII, p. 205).

3 a.   Avec *kai diepèi* * *ton kosmon*, une tâche de régence prolonge cette domination conférée à l'homme. Le vb., employé de Dieu en XII, 15 a (cf. aussi *De mundo* 399 ᵃ18 ; *Fl. Jos.*, *C. Ap.* II, 294), signifie litt. « s'occuper continuement de quelque chose », d'où « conduire, diriger ; administrer, gérer ; régir, gouverner » ; s'il s'applique volontiers, dans l'usage postérieur, à une charge exercée par délégation ou substitution (cf. les *papyr.* cités par *Lidd.-Sc.* I, a ; *Plut.*, *Lyc.* III, 2 ; *Ep. Diogn.* VII, 2, *SC*, XXXIII, p. 67), il suppose toujours une autorité réelle. On peut le traduire ici par « régir, gouverner » ou « gérer ». Le rapprochement avec XII, 15 a implique que l'homme a reçu à l'origine une délégation du gouvernement divin. Celle-ci se transmet à tous ses descendants (cf. 2 b) mais s'exerce diversement selon les multiples représentants de l'humanité, car elle a pour objet « le monde ». Ce terme considère l'ensemble des « créatures » (cf. 2 b) comme un tout harmonieux et organique, dont l'homme lui-même fait partie (pour cet arrière-plan humain de *kosmos*, cf. II, 24 ; VI, 24 ; X, 1 ; XIV, 6) ; néanmoins, il désigne

immédiatement le monde matériel, théâtre de l'activité de l'homme
(cf. I, 14 ; V, 20 ; VII, 17 ; XI, 17, 22 ; XIII, 2 ; XVI, 27). D'après
les autres indications du livre, l'homme doit s'appliquer à connaître
le Cosmos et ses différents domaines (VII, 17-20), avec le souci
d'applications pratiques ou pour prévoir la succession des phénomènes (VIII, 8) ; il est invité à déployer sa technique ou son art
pour utiliser et transformer les réalités naturelles (VII, 16 b ;
VIII, 6 a ; XIII, 11 ; XV, 7) ; il doit prendre appui avec confiance
sur la nature (I, 14 ; XIV, 1-4) et s'employer même à faire épanouir
les énergies latentes de celle-ci (XIV, 5). Doué d'une nature supérieure (II, 23) qui l'élève au-dessus des créatures matérielles ou
sans raison (XV, 16-17), il se voit donc confier la tâche de gérer le
monde physique et d'en exploiter les richesses pour des fins utiles.
Bien plus, la destinée de l'humanité est, dans une certaine mesure,
solidaire de celle de l'univers matériel. Créé par un Dieu unique
(XIII, 1-9), celui-ci a sa finalité propre et il tend obscurément à
rendre témoignage à son Auteur, à servir la cause de la justice
(XIV, 7), à favoriser la propagation de la vie (I, 14), à rendre
l'homme plus libre et plus heureux ; abuser de lui pour des fins
mauvaises (II, 6) ou idolâtriques (XII, 23-XV), c'est lui faire violence,
et c'est pourquoi il prendra un jour sa revanche (V, 20 b-23 ; cf.
aussi XVI, 24). Enfin la tâche de régence confiée à l'homme
concerne en premier lieu ceux qui s'élèvent au-dessus des autres
par le pouvoir (VI, 3-4) ou la science (XIII, 6-9) et sont directement
responsables de l'avenir du monde (VI, 24).

Pour prévenir tout abus et éviter toute méprise, le texte précise
d'une façon positive les dispositions essentielles requises de l'homme,
d'abord avec le double compl. *en hosiotèti kai dikaiosunèi*. Le premier
subst. (cf. II, 22 ; V, 19 ; XIV, 30) doit avoir été suggéré par *1 R.*
IX, 4 *LXX (en hosiotèti kardias kai en euthutèti)*, mais il renvoie
en fait à une notion grecque (cf. *comm.* sur II, 22), résumant l'attitude de celui qui observe la loi divine et remplit ses obligations
envers les dieux (par opposition à *dikaiosunè* qui concerne les devoirs
envers les hommes, cf. *Phil., Abr.* 208, et d'autres textes cités par
WBNT). Il a par conséquent une portée religieuse, avec les nuances
de « piété, dévotion ou religion ». On pourrait retenir aussi les
idées de pureté ou de sainteté personnelles, exprimées volontiers
par l'adj. *hosios* (cf. IV, 15 b ; VI, 10 a ; VII, 27 c). Néanmoins, le
contexte fait penser à une attitude religieuse plus générale, comportant un sens authentique de Dieu, la reconnaissance d'une dépendance radicale de l'univers par rapport à lui, le souci de se conformer
en tout aux exigences de sa volonté sainte et la disposition à recourir
à la prière. Le terme coordonné *dikaiosunè* aurait, selon *Corn.*, une
portée analogue et désignerait la rectitude intérieure qui incline à
suivre la volonté divine et rend agréable à Dieu. D'après l'opposition
courante relevée dans les textes grecs (cf. *supra*), il résume plutôt
le comportement général de l'homme à l'égard d'autrui. *Hein.* met
l'accent sur la façon de traiter les créatures (cf. aussi *Goodr.*) en

renvoyant aux prescriptions légales concernant les animaux (*Ex.*
XXIII, 4-5 ; *Dt.* XXII, 1-4, 6-7, 12 ; XXV, 4 ; cf. aussi *Pr.* XII, 10).
Gri. ajoute au respect des créatures irrationnelles ou inanimées,
réclamant d'être utilisées selon leurs fins propres, celui des autres
hommes quand on les gouverne ou qu'on a recours à leurs services.
Cette dernière interprétation est la plus satisfaisante. Dans sa tâche
de régence, l'homme doit observer la « justice » car il rencontre
partout, bien qu'à des degrés divers, des exigences de nature et des
droits qui limitent son arbitraire. On rappelle avec raison que l'*A.T.*
inculque sous différentes formes le respect des créatures (animaux,
semences, plantes, etc.), détermine ce qui convient ou non à la
nourriture de l'homme, prescrit de laisser reposer le sol lui-même
(*Lv.* XXV, 4-5) ; comment aussi il montre la terre souillée par ses
habitants (*Is.* XXIV, 5), rougie par le meurtre (*Gn.* IV, 10 ; *Jb.*
XVI, 18) ou exploitée dans l'injustice (*Jb.* XXXI, 39), jusqu'à « crier
vengeance ». Or l'abus des créatures pour des fins égoïstes ou
mauvaises (luxe, convoitise, débauche, vengeance, etc.) sert habituellement l'injustice à l'égard des autres hommes. Et c'est par ce biais,
nous semble-t-il, que *dikaiosunè* concerne aussi le respect des droits
d'autrui et interdit en particulier d'invoquer la loi de la jungle ou
le primat de la force (II, 11). Une telle extension de *dikaiosunè* aux
relations des hommes entre eux explique pourquoi l'auteur est
amené à insister ensuite sur les responsabilités particulières de ceux
qui ont à rendre la justice.

3 b.   Mais l'expression verbale *krisin krinèi*, précédée du compl.
en euthutèti psuchès, fait difficulté. Selon divers critiques (*Gri.,
Far., Corn., Hein., Feldm., Fisch., Cramp.*), *krinein* signifie « gouverner » (cf. *comm.* sur I, 1 a) et *krisin* développe la notion verbale
(acc. d'objet interne, cf. *Gri.* et *Corn.*, p. 341, n. 1), de sorte qu'on
traduit par « exercer la souveraineté, l'empire, le pouvoir... ». Cette
interprétation est contestable. Si le sens de « gouverner » s'attache
au vb., c'est parce que le pouvoir judiciaire est par excellence une
attribution royale (cf. *comm.* sur I, 1 a ; VI, 1 b, 4 a) ; quant au
subst., loin de renforcer l'idée de gouvernement, il renvoie de soi
à une décision ou sentence juridiques (cf. VI, 5 ; VIII, 11 ; IX, 5 ;
XII, 25, 26 ; XVI, 18 ; XVII, 1) et il tend à accentuer l'idée de
jugement. Par ailleurs, la construction elle-même est sans parallèle
exact dans l'usage gr., car des expressions comme *machèn machesthai*
soulignent l'intensité de l'action verbale (« faire la guerre avec
ardeur ») et le subst. de même racine est généralement accompagné
d'un qualificatif ou de l'article (c'est en latin que le subst., employé
seul, renforce le sens du vb. par une sorte de répétition). Elle
rappelle une tournure hébraïque (sur l'acc. d'objet interne sans
détermination, cf. JOÜON, pp. 373-374) et la *LXX* emploie précisément
krisin krinein soit absolument (*Gn.* XIX, 9), soit avec dét. (*Dt.* XVI,
18 ; *Jr.* V, 28), pour signifier « faire acte de juge, rendre la justice ».
Il est donc tout indiqué de retenir ce sens (cf. déjà *Lat. : judicium*

judicet). Dans le prolongement de *dikaiosunè* (cf. *supra*), l'auteur suppose que certains hommes sont amenés à « exercer le jugement » sur d'autres hommes. Et il réclame avec insistance (le compl. est placé en tête) que cette fonction soit remplie « dans la droiture d'âme ». L'expression a été suggérée d'abord par *1 R.* III, 6 (καὶ ἐν δικαιοσύνῃ καὶ ἐν εὐθύτητι καρδίας) et IX, 4 (ἐν ὁσιότητι καρδίας καὶ ἐν εὐθύτητι), puis par la formule κρίνειν λαοὺς ἐν εὐθύτητι (*Ps.* IX, 8 ; LXVI, 5 ; XCV, 10 ; XCVII, 9). Dans la *LXX*, *euthutès* traduit régulièrement les mots *yoshèr* ou *yisherah*, « droiture, équité », qui désignent la qualité par excellence du juge intègre ; mais le terme tend aussi, surtout déterminé par *kardias* (cf. *supra* et *Ps.* CXVIII, 7), à signifier une attitude d'âme plus générale (cf. *Si.* VII, 6 ; LI, 15), faite de simplicité et de rectitude intérieures. Dans les *Testaments*, le thème de la « droiture du cœur » alterne avec celui de la « simplicité du cœur » (cf. *comm.* sur I, 1 c). De toute façon, un tel emploi moral de *euthutès* est étranger au gr. profane. L'auteur se rattache donc à l'usage biblique et semble avoir substitué *psuchès* à *kardias* pour caractériser plus nettement une attitude intellectuelle ou un état d'âme. Il réclame donc la droiture et la sérénité intérieures, l'absence de tout parti pris, passion ou calcul intéressé, chez ceux qui sont appelés à décréter ou à rendre la justice, à arbitrer les différends ou à faire appliquer le droit.

4 a. Après ces considérations générales, orientées en 3 b vers la tâche qui l'attend personnellement, Salomon adresse à Dieu sa demande avec l'impératif *dos moi*, « donne-moi » (dans la *LXX*, cf. *Ps.* LXXI, 1). Elle a pour objet non pas une sagesse quelconque, mais celle-là même (noter l'enclavement entre l'art. et le subst.) « qui siège à côté sur son trône », *tèn tôn sôn thronôn paredron sophian*. Le plur. *thronoi* (cf. aussi XVIII, 15) est un plur. d'excellence ou de majesté, employé conformément à l'usage gr. où il peut même désigner métaphoriquement le pouvoir (*Soph., O.C.* 368, 448) ou la majesté divine (inscr. d'Antiochus de Commagène, ap. Ch. MICHEL, *Recueil*, n° 135, l. 33 *ouraniôn agchisa thronôn*) ; si l'hébr. connaît ce plur. pour d'autres mots (cf. JOÜON, pp. 416-417), la Bible parle toujours du trône de Dieu au sing. (en *Dn.* VII, 9 l'exception n'est qu'apparente car les « saints » sont appelés à juger avec Dieu). L'auteur a pu vouloir éviter ici le sing. qui, avec un simple possessif et en relation avec *paredros*, risquait d'être trop concret (au v. 10 b il est déterminé par un terme abstrait) ; ou bien il a employé à dessein le plur. pour évoquer la majesté souveraine du Roi de l'univers. Le sens étym. de *paredros* subsistait en VI, 14 (cf. *comm.*) à cause de l'image exploitée, mais l'usage retient surtout le sens d' « assesseur, assistant, conseiller ». Dans la langue religieuse (cf. ROSCHER, *Lexikon*, III, 1, col. 1571-1578), telle divinité est dite « parèdre » quand elle est élevée au rang d'une divinité supérieure et partage sa condition, l'accent portant toujours sur une relation de personne à personne. Le titre peut être appliqué également à

des attributs divins personnifiés (*Dikè, Erôs, Nemesis,* etc. ; cf. *Phil., Mos.* II, 53 *hè paredros tôi theôi misoponèros dikè ; Spec.* IV, 201), ou encore aux Démons, Héros ou Génies avec une insistance particulière sur l'idée d' « assistance » (au point d'équivaloir presque à *phulax* « gardien »). Enfin, dans l'Égypte hellénisée, Isis est la déesse « parèdre » par excellence, à cause de sa relation à Osiris ou à Serapis Helios, et aussi parce qu'elle est associée au gouvernement du ciel (comme *regina coeli,* cf. FESTUGIÈRE, *Idéal,* p. 108, n. 4) et préside à la destinée. A cause de cette élasticité du terme dans l'usage, on explique ici différemment son origine et sa signification propre. Jadis *Corn. a Lap.* retenait le sens de « conseillère, assistante », avec l'idée que Dieu dispose tout avec sagesse, car il s'agit d'une simple figure de langage. Tout en admettant l'influence du thème gr. des divinités ou attributs « parèdres », *Gri.* aboutit à une interprétation semblable (« c'est avec sagesse que Dieu apprécie, ordonne et gouverne tout »). *Corn.* voit le terme suggéré à la fois par la leç. « j'ai été ointe » (comme reine) de *Pr.* VIII, 23 et par *Ps.* CIX, 1 (« siège à ma droite ») pour signifier que la Sagesse, représentée comme une personne divine engendrée du Père, siège à côté du Père, c.-à-d. est égale à lui et son associée en tout. *Hein.,* très réservé au sujet d'un emprunt au thème des dieux « parèdres », relève ici une image analogue à celle de VIII, 3-4, préparée à la fois par *Ps.* CIX, 1 et *Pr.* VIII, 30, pour signifier que la Sagesse hypostatique est de même nature que Dieu (cf. VII, 25-26) et réside auprès de lui pour le conseiller dans toutes ses œuvres (VIII, 4). Enfin, pour *Cant.,* la Sagesse est désignée ainsi comme ὁμόθεος καὶ ὁμόδοξος καὶ ὁμοούσιος τῷ θεῷ. A notre avis, *paredros* renvoie non seulement à la Sagesse divine personnifiée, mais encore à la personnification féminine de celle-ci. En VIII, 3-4, la Sagesse est figurée comme une reine qui possède pleinement la dignité royale ; du reste, c'est elle qui régit l'univers (VIII, 1), et plus spécialement le monde des hommes (cf. VII, 27). Par conséquent, *paredros* évoque avant tout la dignité royale d'une Sagesse que l'auteur identifie le plus possible avec Dieu (cf. VII, 25-26). En même temps, le terme reprend et prolonge discrètement une personnification féminine qui a des antécédents bibliques, mais que l'auteur a pu accentuer pour opposer à l'Isis hellénisée la Sagesse du Dieu unique et révélé : en celle-ci, les aspirations obscures de la piété hellénistique trouvaient une réponse éminente. D'autre part, *paredros* ne nous semble pas avoir été suggéré par *Pr.* VIII, 23 (si la leç. « j'ai été ointe », ignorée par les *verss.,* est authentique, on doit la prolonger pour en dégager l'idée d'une intronisation royale, cf. A. ROBERT, dans *RB,* 1934, pp. 195-198) ou par *Ps.* CIX, 1 (le Roi Messie est invité à prendre place à la droite de Dieu tandis que la Sagesse est depuis toujours auprès de lui) ; l'influence de *paredreuein* en *Pr.* I, 28 et VIII, 3 (sur cette trad., cf. *comm.* sur VI, 14 b) est moins probable encore car ce vb. a l'homme pour objet, tandis qu'ici *paredros* a pour point d'application la royauté divine. Par conséquent, le choix du

terme doit s'expliquer par une réminiscence de l'usage gr. qui, nous
l'avons dit, gardait une très grande souplesse. Mais il y a plus que
la personnification d'un simple attribut divin car la Sagesse des
ch. VII-VIII réapparaît ici avec les mêmes traits personnels et
distincts (sur cette personnification, cf. *Études*, ch. V, pp. 398-410).

4 b. En imitant le parallélisme antithétique si fréquent dans
la Bible, Salomon intensifie sa demande sous une forme négative,
kai mè me apodokimasèis. Ce vb. *(class.)* signifie litt. « rejeter
après épreuve ou examen », donc « rejeter comme indigne, insuf-
fisant ou incapable ». Dans la *LXX (= mâ'as)*, il a généralement
Dieu pour sujet (cf. *Jr.* VI, 30 ; VII, 29 ; XIV, 19 ; XXXVIII, 36)
et il prend le sens religieux de « réprouver » (cf. aussi *Ps.* CXVII, 22)
ceux qui ont d'abord été agréés. A cause du lien étroit avec 4 a,
il doit signifier en réalité « admets-moi » et se traduire par « ne
m'écarte pas, ne m'exclus pas » avec le compl. *ek paidôn sou* (gén.
partitif) : « du nombre de... ». Rappelons (cf. *comm.* sur II, 13 b)
que *paides* est susceptible de signifier « serviteurs » (sens retenu ici
par *Syr., Shex., Arm. ; RV, Goodr., RSV*) ou « enfants ». Comme
Salomon se reconnaît ensuite « serviteur » (*doulos,* v. 5 a) de Dieu
et aspire par conséquent à autre chose, on préfère traduire par
« enfants » (cf. *Lat. : a pueris tuis*). Certes *doulos* n'implique pas
la même intimité que *pais* et peut être une protestation d'humilité
de la part de Salomon qui exprimerait alors le désir d'être compté
parmi les grands « serviteurs de Dieu » (*Cant.* rappelle le privilège
d'Abraham et cite *Gn.* XVIII, 17). Néanmoins, le contexte fait songer
à une faveur à la fois plus générale et plus intime. En reprenant
l'expression « enfants de Dieu », Salomon n'envisage pas simplement
un privilège commun à tous les Israélites fidèles (cf. XII, 7, 20 ;
XIX, 6), car il est déjà un représentant éminent du peuple élu
(cf. vv. 7-8) ; d'autre part, on ne relève pas ici une opposition entre
Israël et les autres peuples. L'accent porte sur une relation particulière de familiarité ou d'intimité avec Dieu. En fait, Salomon
réclame non seulement une assistance charismatique de la Sagesse,
mais encore une véritable union mystique avec celle-ci, après avoir
observé ses « lois » (VI, 18) et mené la vie d'un Israélite fervent.
Mais il réfléchit en même temps sur la condition humaine et sur
son besoin impérieux des lumières et des secours de la Sagesse.
Or celle-ci fut à l'œuvre dès les origines (cf. v. 18) et l'auteur a
tendance à concevoir cette influence universelle comme une présence intime de la Sagesse elle-même (cf. VII, 27 c-d). Assurément,
une telle intimité requiert une vie sainte et vertueuse, conformément
à des doctrines contenues excellemment dans la révélation israélite.
Pourtant les conditions posées gardent un caractère général ou
indéfini, et la Sagesse est à la recherche de tous ceux qui sont
dignes d'elle (VI, 16). Le mot *paides* désigne donc essentiellement,
dans notre texte, une intimité de grâce avec Dieu par l'intermédiaire
de sa Sagesse. Si cette intimité reste une prérogative d'Israël,

familiarisé avec la discipline et les lois de la Sagesse, elle n'est pas exclusive. Enfin l'union mystique recherchée par le jeune Salomon peut être considérée comme le sommet d'une telle intimité. Évidemment, l'effort tenté pour justifier ainsi *paides* dans son contexte est inutile s'il s'agit seulement de la reprise d'un motif traditionnel de prière.

5 a. Contrairement à son habitude, l'auteur reproduit litt. un texte biblique qu'il se contente d'introduire par *hoti*, à savoir *Ps.* CXV, 7 *LXX* (*TM* CXVI, 16) : ἐγὼ δοῦλος σὸς καὶ υἱὸς τῆς παιδίσκης σου. Dans ce texte biblique, la coutume de l'esclavage en Israël est sous-jacente (cf. R. DE VAUX, *Institutions* I, pp. 125-135), mais la transposition en contexte religieux invite à traduire *doulos* (= 'èbèd ; cf. *comm.* sur II, 13 b) par « serviteur » plutôt que par « esclave » ; quant à *paidiskè*, employé par le grec profane au sens de « petite servante, jeune esclave ; prostituée » (cf. *Lidd.-Sc.*), il alterne avec *doulè* dans la *LXX* pour signifier simplement « esclave » ou « servante ». En se déclarant « fils de la servante » (cf. aussi *Ps.* LXXXV, 16 et *Gn.* XXI, 10, 13 ; *Ex.* XXIII, 12), le Psalmiste reconnaît d'abord sa dépendance absolue, car cet enfant devenait la propriété du maître et ne pouvait être libéré (cf. *Ex.* XXI, 4 ; XXIII, 12). Mais parce que l'esclave né dans la maison et ayant grandi avec la famille était d'ordinaire plus attaché au maître que les autres, la formule devient une protestation d'appartenance à Dieu depuis toujours, pour attirer davantage sa bienveillance ou sa compassion. Cette note émotive prédomine ici (en accord avec les considérations suivantes qui dépendent également de *hoti*) : plutôt que de protester de son indignité, Salomon rappelle à Dieu qu'il n'a cessé de lui appartenir et de le servir.

5 b. Pour incliner Dieu à les exaucer et chercher à l'émouvoir, les Psalmistes allèguent souvent leur faiblesse ou leur misère, mais sur un plan très personnel (maladie, vieillesse, pauvreté, épreuve, persécution). Seul *Ps.* LXXXIX fait appel à des considérations plus générales, tirées de la fragilité de l'homme et de la brièveté de sa vie. Il en est de même ici : *anthrôpos* renvoie à 2 a et les adj. *asthenès kai oligochronios* * s'appliquent à la condition humaine. Le premier n'a pas la même portée qu'en *Ps.* VI, 3 et parle d'une « faiblesse » ou fragilité de nature : la créature humaine est changeante et instable ; elle est dominée par des forces qui lui échappent ou qu'elle peut difficilement prévenir et contrôler (cf. VIII, 8) ; elle est sujette à la souffrance et à l'erreur ; elle est surtout impuissante à découvrir la vérité et à se fixer dans le bien. Le second adj. ne signifie pas « ayant peu vécu » (avec allusion à la jeunesse de Salomon, cf. VIII, 10 b), mais « dont le temps de vie est court, éphémère », conformément à l'usage gr. Ce motif de la brièveté de la vie humaine, rappelé différemment en II, 1 b et XV, 8, est développé avec insistance par le *Ps.* LXXXIX (cf. surtout vv. 5-6, 9, 10 avec textes paral-

lèles dans *B.J.*), et le v. 12 en déduit même (selon *TM*) la nécessité de se confier à la Sagesse ; il apparaît enfin dans la dernière prière de David (*1 Ch.* XXIX, 15). Il est repris ici surtout pour évoquer la nécessité d'une assistance de la Sagesse divine : la brièveté d'une vie d'homme ne permet pas d'acquérir la compétence et l'expérience requises pour vivre sagement ou de parvenir à la connaissance de toutes les vérités essentielles.

5 c. Le comparatif *elassôn* (« plus petit, moindre, inférieur à »), beaucoup plus fréquent dans l'usage que le positif *elachus* (« petit, court »), pourrait se rapporter à l'homme en général : l'auteur passerait à un domaine où celui-ci rencontre des difficultés plus grandes, se trouve « particulièrement déficient ou démuni » (compar. intensif). Mais il est préférable de voir ici un retour au cas personnel de Salomon (avec un terme de comparaison implicite) : à cause de sa jeunesse, celui-ci se reconnaît « inférieur » à d'autres, plus âgés ou plus experts, il lui manque cette science qui s'acquiert à la fois par l'étude, une longue expérience et la pratique. Cette interprétation rejoint l'aveu de *1 R.* III, 7. On peut se contenter de traduire par « inférieur » ou insister : « bien inférieur, particulièrement démuni, dépourvu ». L'objet de cette infériorité est introduit par *en*, « en matière de, en fait de », et *sunesei*, suggéré par *1 R.* III, 9 (τοῦ συνίειν ἀνὰ μέσον ἀγαθοῦ καὶ κακοῦ) et 11 (σύνεσιν τοῦ εἰσακούειν κρίμα), signifie couramment « compréhension, pénétration, discernement » (cf. *comm.* sur IV, 11 a). L'expression est déterminée par le double compl. *kriseôs kai nomôn.* L'opinion selon laquelle *krisis* renverrait à l' « administration politique » et prendrait le sens de « gouverner » *(Gre.)* doit être écartée (cf. 3 b). On pense habituellement aux « jugements » rendus dans l'exercice de la justice (cf. VIII, 11) : l'auteur parlerait de la compétence et de la pénétration d'esprit nécessaires pour décider entre les parties, démêler le vrai du faux et rendre une juste sentence. Cette notion reste sous-jacente en *1 R.* III, 9-12 et elle est illustrée ensuite par un jugement célèbre ; d'autre part, *krisis* a souvent le sens concret de « jugement » dans la *LXX (= mishpaṭ)* et celui de « décision ou sentence juridiques » dans le gr. profane. Néanmoins, une notion plus générale et plus abstraite, celle de « justice » ou de « droit », correspond mieux à la construction employée (cf. *Hein., Feldm., Gir., Ficht.,* Osty) ; du reste, une sentence juridique est censée exprimer le droit. Ce sens de *krisis*, rare dans le gr. profane (cf. WBNT, 3), est assez fréquent dans la LXX (cf. *TWNT*, III, 943, § 3) surtout pour signifier le droit défendu par un juste juge en faveur des opprimés (cf. aussi *Ps.* XXXII, 5 ; *Is.* XL, 14, 27 ; XLII, 1, 4 ; XLIX, 4). Dans ce cas, *kriseôs* peut être considéré comme un véritable gén. objectif dépendant de la notion verbale contenue dans *sunesis* : il s'agit du « discernement » de ce qui est droit ou juste. Le gén. coordonné *nomôn* remplit la même fonction, mais en se rattachant plutôt à l'idée de « connaissance ». Ces « lois » renvoient-elles aux préceptes particuliers de la

Loi israélite ou désignent-elles aussi les législations en vigueur chez
les autres peuples ? Alors que le plur. est fréquent dans l'usage gr.
pour désigner toute l'économie législative d'une cité ou d'un peuple,
la *LXX* emploie normalement le sing. avec une portée collective et
les exceptions revêtent un caractère particulier : lois inscrites dans
les cœurs (*Jr.* XXXVIII, 33), imposées à la nature (*Jr.* XXXVIII, 36)
ou inculquées par les maîtres de sagesse (*Pr.* VI, 20), lois du
Judaïsme (*Ne.* IX, 13) comparées à celles des autres peuples (*Est.*
I, 15, 19 ; III, 8 ; *2 M.* IV, 17 ; VII, 9 ; etc.). En *Sag.*, l'auteur emploie
habituellement le sing. (de la loi israélite en II, 12 ; XVI, 6 et
XVIII, 4, 9 ; cf. par ailleurs II, 11 ; VI, 4). Le plur. apparaît seulement en VI, 18 (des « lois » de la Sagesse) et doit donc avoir été
choisi ici à dessein. Il ne semble pas désigner les préceptes de
la Loi, car l'idée de préceptes positifs donnés par Dieu n'est pas
appelée par le contexte (on attendrait du reste *entolai*, comme en
9 d ; VI, 18 ; XVI, 6). Employé sans déterminatif, *nomoi* doit garder
une portée générale et s'interpréter d'après l'usage gr. : le sens de
« lois » l'emporte sur celui de préceptes imposés par Dieu. Certes
ceux-ci constituent bien la législation spécifique d'Israël, mais les
autres peuples ont aussi leurs lois. L'auteur aurait donc voulu évoquer
toutes les normes positives qui régissent la vie de chaque peuple
et qui, dans une certaine mesure, particularisent la loi du juste et
de l'injuste (cf. *comm.* sur VI, 4). Non seulement chaque juge, mais
encore chaque souverain a le devoir de les connaître, de les interpréter et même d'en promulguer de nouvelles. Et c'est ainsi qu'on
verrait volontiers dans le second gén. une référence implicite au
gouvernement politique.

6 a. La leç. *kan gar (tis èi teleios)* doit être authentique : *kan*,
suivi du subj., introduit une conditionnelle concessive au mode
éventuel (« même s'il existe » ; l'optat. *eiè*, peu attesté, soulignerait
qu'il s'agit d'une simple hypothèse) ; *gar* a un sens adverbial : « en
vérité, du reste » (cf. *Kühn.-Ge.* II, 2, pp. 332-334 « nämlich ja »).
On peut supposer aussi une contamination des deux formules *kan*
« même si » et *kai gar* « et même », et traduire par « et même si ».
En tout cas, le v. 6 reprend 5 c, et plus spécialement *elassôn*, avec
une légère opposition : « en vérité, du reste, cette infériorité importe
peu : même s'il se trouve quelqu'un de parfait... ». Le compl. *en
huiois anthrôpôn* fait intervenir une expression biblique *(= benê
âdâm)* désignant les hommes en général, avec une allusion fréquente
à leur condition fragile : ils sont non seulement les « humains »
(par opposition au divin), mais les « mortels ». La prépos. *en* doit
signifier « parmi » et non pas « aux yeux de, au jugement (super-
ficiel) de » *(Far., Goodr.)*, car on attendrait alors *en opsei* ou
en ophthalmois (cf. III, 2, 4). Il n'y a pas lieu non plus de retrouver
ici la manière hébraïque d'exprimer le superlatif (cf. JOÜON,
pp. 437-438) en interprétant : « et même si quelqu'un était le plus
parfait des hommes » *(Gri., Corn., Hein.,* N. PETERS) ; en effet, pris

au sens fort, *teleios* n'a pas besoin d'être renforcé par le superlatif et le texte n'insiste pas sur différents degrés de perfection. L'auteur envisage donc l'éventualité d'une perfection réelle « chez les hommes », considérés alors selon leurs dispositions naturelles, leurs efforts et les résultats auxquels ils peuvent aboutir par eux-mêmes. La nature de cette « perfection » est à préciser d'abord en fonction du domaine où Salomon reconnaît son « infériorité » (5 c) : il s'agit de qualités de l'intelligence pratique. Mais les qualités morales requises pour exercer la justice et bien accomplir toute sa tâche d'homme ont été rappelées avec force au v. 3. Par ailleurs, l'ensemble du ch. insiste sur la nécessité de lumières supérieures à celles de l'intelligence humaine pour connaître la volonté divine et s'y conformer (cf. 9 c-d, 10 d, 11 b, 13-17). Par conséquent, *teleios* désigne une perfection à la fois intellectuelle et morale qui est une véritable sagesse. Or la philosophie courante, surtout stoïcienne, parlait d'une perfection semblable et la déclarait accessible à l'homme. Le « sage » stoïcien possède en principe toutes les vertus à la perfection (*SVF*, III, p. 73, n. 299 ; pp. 139-140, n. 519) et il a compétence dans tous les domaines (cf. les « paradoxes » stoïciens, *SVF*, III, pp. 146-164). Sa justice éminente est « la vertu d'un juge impartial » (Bréhier, *Chrysippe* [2], pp. 267-268), et elle le qualifie pour faire les lois (*ibid.*, p. 268 ; G. Rodier, *Et. phil. gr.*, p. 284) ; il jouit de l'omniscience et « sa pensée est identique à la pensée divine ou, tout au moins, elle en est le reflet » (Rodier, *ibid.*, p. 286). Certes, une telle perfection gardait un caractère exceptionnel et les Stoïciens ne pouvaient assurer qu'un être semblable ait vraiment existé (cf. Bréhier, *ibid.*, p. 214 ; Rodier, *ibid.*, p. 287 ; Festugière, *Idéal*, p. 69). Mais elle restait théoriquement possible. *Phil.* parle également de la « difficulté de trouver un seul sage » (*Leg.* I, 102) ; ailleurs, cependant, il reconnaît seulement que les sages (philosophes, observateurs de la nature, ascètes et maîtres de leurs passions) sont une minorité dans les cités (*Spec.* II, 47). La formulation de notre texte suggère une réminiscence du thème du sage idéal, mais « difficile à trouver » ; en tout cas, *teleios* adresse à une perfection humaine naturelle, plus spécialement à celle des philosophes ou des sages de ce monde.

6 b. Or, « en l'absence de la sagesse qui vient de Dieu », *tès apo sou sophias apousès*, une telle perfection n'a apparemment aucune valeur. La formule *eis ouden* (var. *outhen*, cf. Zie., p. 72) *logisthèsetai*, « sera compté, estimé, tenu pour rien », est biblique (cf. III, 17 ; cf. aussi II, 16) ; le fut. est une sorte de fut. gnomique, avec telle ou telle des nuances du fut. dans l'usage gr. (pouvoir, devoir, éventualité, etc. ; cf. *Kühn.-Ge.* II, 1, pp. 173-175). Il n'y a pas lieu de faire intervenir le jugement final de Dieu ou de supposer une opposition entre l'opinion des hommes (6 a) et l'appréciation de Dieu, ou d'imaginer une sanction exercée par les sages authentiques : confronté à ceux-ci, le « parfait » finirait par être confondu ; ou encore, sa « perfection » ne résisterait pas au temps ou à l'épreuve.

A cause de son indétermination, la formule nous livre plutôt un jugement porté par l'auteur lui-même (« doit être tenu pour rien ») qui oppose à la manière sémitique deux ordres de valeurs objectives pour affirmer, en définitive, le besoin rigoureux d'une communication de la Sagesse et la supériorité incomparable de celle-ci. Sans doute s'est-il souvenu des textes répétant que toute sagesse authentique vient de Dieu (cf. *Pr.* II, 6 ; *Si.* I, 1 ; *Jr.* IX, 22-23 ; etc.). Mais dénie-t-il vraiment toute valeur à une perfection acquise par les seules forces et lumières naturelles ? Il veut signifier plutôt, à cause du caractère biblique de l'opposition mise en œuvre, qu'une perfection purement humaine manque encore de l'essentiel (du point de vue d'un écrivain juif familiarisé avec la révélation de Dieu) : la lumière qui remédie aux insuffisances d'un esprit limité fait connaître la volonté divine et la vraie fin d'une vie humaine ; l'assistance intérieure qui permet de se comporter en tout vertueusement et saintement. — Le v. 6 est cité par *Or., C. Cels.* VI, 13, *Koet.* 83 (« de la distinction entre sagesse divine et sagesse humaine ») et *Comm. in Mt.* X, 19, *B.-Klost.* 26 (avec application à la foi et aux vertus particulières), puis par *Chrys., in Jr.* IX, 23, *PG*, LXIV, 857.

Salomon doit remplir parfaitement sa tâche de roi dans des conditions difficiles

7. *C'est toi qui m'as préféré pour être roi de ton peuple,*
   juge de tes fils et de tes filles.

8. *Tu as prescrit de bâtir un temple sur ta montagne sainte*
   et un autel dans la ville où tu as élu domicile,
   à l'imitation du tabernacle saint que tu avais préparé d'avance
   à l'origine.

9. *Or elle est avec toi, la Sagesse, elle qui connaît tes œuvres.*
   et était présente lorsque tu créais le monde,
   elle qui sait ce qui est agréable à tes yeux,
   ce qui est droit selon tes préceptes.

10. *Délègue-la des cieux saints,*
    du trône de ta gloire, envoie-la,
    afin qu'elle m'assiste et peine avec moi
    et que je connaisse ton bon plaisir.

11. *Elle qui sait et comprend tout,*
    elle me guidera dans mes actions d'une façon sensée
    et elle me gardera dans sa gloire.

12. *Ainsi mes actes seront agréés,*
    je jugerai ton peuple selon la justice
    et je serai digne du trône de mon père.

7 a. L'asyndète marque le changement de thème, c.-à-d. le passage à des motifs plus personnels. Au début, *su* est emphatique (« c'est toi-même ») et il est rapproché intentionnellement du compl. du vb., *me proeilô*. Cette forme verbale (de *proeilamèn* aor. 1, cf. *exeilato* en X, 1) est mieux attestée que *proeilou* (de *proeilomèn* aor. 2, cf. VII, 10) et le vb. lui-même doit signifier ici « choisir délibérément, préférer », avec une allusion probable à l'élimination d'Adonias (*1 R.* I) ou des autres fils de David (cf. *1 Ch.* XXVIII, 5-6). Certains critiques *(Gri., Corn.)* ajoutent le sens de « choisir d'avance », avant la naissance (cf. *2 S.* VII, 12) ou de toute éternité : cette idée peut être aisément sous-entendue (cf. *proaireisthai* en *Dt.* VII, 6, 7) mais ne nous semble pas visée par le texte. Salomon a été choisi comme roi d'un peuple qui appartient en propre à Dieu (cf. *Dt.* VII, 6), *basilea laou sou* (même insistance sur *laou sou* en *1 R.* III, 8, 9 et *2 Ch.* I, 10-11 ; cf. aussi *1 Ch.* XXVIII, 4-5). Dieu a donc une raison très personnelle de lui octroyer sa Sagesse.

7 b. *Kai dikastèn* (cf. VI, 1 b), suggéré par les vbs *krinein*, *diakrinein* en *1 R.* III, 9 ; *2 Ch.* I, 10-11, souligne l'une des attributions royales par excellence : « rendre la justice, dicter le droit ». Le dét. *huiôn sou kai thugaterôn* explicite *laou sou* avec une note plus pathétique. En effet, la mention des « filles de Dieu » est pour ainsi dire insolite dans l'*A.T.*, enclin à voir les hommes seuls constituer le peuple de Dieu et l'assemblée cultuelle d'Israël (cf. L. KÖHLER, *Theologie des AT* [2], Tübingen, 1947, p. 53). On la rencontre seulement en *Is.* XLIII, 6 où les femmes sont supposées participer à la même vocation et aux mêmes privilèges. Mais ce texte d'*Is.* avait retenu l'attention, puisqu'on le retrouve en *2 Co.* VI, 18, intégré dans une extension de la prophétie de Nathan (*2 S.* VII, 14) à tous les Israélites. L'auteur le reprend également, mais il évoque aussi, en insistant sur la fonction de juge, le récit de *1 R.* III, 16-28. Rappelons, d'autre part, en quels termes il a parlé de la récompense réservée à la femme vertueuse (III, 13 ; IV, 1-2).

8 a. L'asyndète détache cette œuvre particulière confiée à Salomon : la construction du Temple. Il s'agit en fait d'un ordre, εἶπας. Le vb. est employé non au partic. (εἶπας), mais à la 2e pers. (cf. déjà *Lat., Arm., Shex., Ar.*), car il s'agit d'une tâche distincte de la précédente, et il doit signifier ici « prescrire, ordonner », un sens fréquent en hébr. (= *'âmar*) et possible en gr. (*Lidd.-Sc. sub. v. eipon* III). L'auteur s'est souvenu de *2 Ch.* VI, 20 (εἰς τόπον ... ὅν εἶπας ἐπικληθῆναι τὸ ὄνομα ...). S'il n'a pas ajouté *moi*, c'est que l'ordre fut donné non à Salomon, mais à David. Certains textes l'affirment nettement (*2 S.* VII, 13 ; *1 R.* V, 17-19 ; *1 Ch.* XXVIII, 2, 6, 11) en expliquant pourquoi David n'exécuta pas cet ordre : Dieu en avait décidé ainsi (*2 S.* VII, 13 ; *1 Ch.* XXVIII, 6) ; ou encore, David voulait bâtir le Temple, il avait même tout préparé et fait un plan détaillé (*1 Ch.* XXVIII, 2 et 11-19), mais des guerres conti-

nuelles l'en empêchèrent (*1 R.* V, 17) ou Dieu estima qu'il avait versé trop de sang (*1 Ch.* XXVIII, 3). En fait, ce fut l'œuvre de Salomon (cf. *1 R.* V, 15 - IX, 25 ; *2 Ch.* I, 18 - VII, 10). Ces différents textes emploient régulièrement l'expression *oikodomein* (« bâtir, édifier ») *ton oikon kuriou*. L'auteur a gardé le vb. *(oikodomèsai)* mais remplacé *oikon* par *naon*, un mot qui alterne avec *hieron* dans la langue du Judaïsme hellénisé pour désigner le Temple (cf. *TWNT*, IV, 886 ; III, 232-234). L'expression *en orei hagiôi sou* est une réminiscence de la *LXX* des *Pss* XLVII, 2 et XIV, 1 (cf. aussi *Ps.* XXIII, 3). Dans ces textes, il est vrai, la colline de Sion (cf. F. M. ABEL, *Géographie de la Palestine*, I, p. 374, et II, pp. 360-361) est appelée « sainte » parce qu'elle porte le Temple. Cependant, l'auteur ne commet pas un véritable anachronisme car la « montagne sainte », consacrée par le choix divin, avait été sanctifiée auparavant par l'Arche d'Alliance (*2 S.* VI), par l'érection d'un autel sur l'aire d'Arauna (*2 S.* XXIV, 18-25) et une apparition de l'Ange de Yahvé (*1 Ch.* XXI, 15-30) ; bien plus, d'après *2 Ch.* III, 1, par le sacrifice d'Isaac. D'autre part, il emprunte l'expression à certains *Pss :* or l'opinion juive contemporaine attribuait couramment le Psautier à David. — On ne discerne dans le texte aucune pointe contre le temple de Léontopolis (sur celui-ci, cf. LAGRANGE, *Judaïsme*, pp. 490-493 ; R. DE VAUX, *Institutions*, II, pp. 189-190).

8 b.   La mention parallèle de la Ville, *kai en polei*, a pour dét. *kataskènôseôs sou*. Ce subst. *(hellén.)*, formé sur *kataskènoun*, « établir son camp, prendre ses quartiers », a plutôt un sens actif (« l'action de camper », cf. *Lidd.-Sc.* 1) que passif (« lieu de séjour, demeure », cf. *WBNT*, 2) dans l'usage profane ; on le rencontre dans la *LXX* en *1 Ch.* XXVIII, 2 (où le sens actif reste latent), *Ez.* XXXVII, 27 et *Tb.* I, 4. Il a été suggéré ici soit par *1 Ch.* XXVIII, 2, soit par l'emploi plus fréquent de *kataskènoun* (cf. en particulier *2 Ch.* VI, 1-2) et il nous semble désigner, au sens actif, la ville « où Dieu a établi sa tente, élu domicile, voulu habiter ». L'auteur caractérise ainsi l'ancienne Sion, devenue d'abord la cité de David, puis la cité de Dieu à cause de la présence de l'Arche et surtout du Temple. Divers textes insistaient sur le choix délibéré de cette ville (cf. *1 R.* VIII, 16 ; *2 Ch.* V, 5-6 ; *Ps.* CXXXI, 13-14). Par ailleurs, le thème de la « montagne sainte » ou du « mont Sion » alterne souvent avec celui de la « ville sainte, cité de Dieu ou du Très-Haut » (cf. p. ex. *Ps.* XLVII), sans différence notable de sens car la référence au Temple reste immédiate.

Le mot *thusiastèrion* renvoie-t-il à celui-ci ou à un autel particulier ? Ce néologisme de la *LXX*, repris uniquement par les écrivains juifs hellénisés (*Phil.*, *Mos.* II, 106 juge nécessaire de l'expliquer : ὡσανεὶ τηρητικὸν καὶ φυλακτικὸν θυσιῶν), n'apparaît pas ailleurs en *Sag.* A la rigueur, l'auteur pourrait lui faire signifier « un lieu de sacrifices » (cf. *dikastèrion*), en reprenant *oikon thusias* de *2 Ch.* VII, 12. Cependant, il doit suivre l'usage de la *LXX* et désigner un « autel » distinct. En fait, trois autels sont mentionnés en relation avec le Temple. L'un, destiné aux holocaustes, aurait été construit déjà par David, puis agrandi par Salomon (cf. *2 S.* XXIV, 25 *LXX ; 1 Ch.* XXI, 26 - XXII, 1), mais ces notices postérieures trahissent la gêne causée par l'autel salomonien « dont le type était étranger à la coutume et à la loi d'Israël » (R. DE VAUX, *Institutions*, II, p. 285). D'après les autres textes, en effet, Salomon construisit un autel des holocaustes en bronze (cf. *1 R.* VIII, 64 ; IX, 25 et *2 Ch.* IV, 1), lequel était placé devant le Temple ; c'est encore lui qu'*Ez.* décrit en XLIII, 13 et auquel on renvoie, à l'époque des Maccabées et du *N.T.*, quand on parle de l'autel du Temple (cf. K. GALLING, *Biblisches Reallexikon*, Tübingen, 1937, 19-22 ; DE VAUX, *Institutions*, II, pp. 284-289). On mentionne enfin, à propos du temple salomonien, un autel des parfums ou « autel d'or » (cf. *1 R.* VI, 20-21 ; VII, 48 ; *1 M.* I, 21 ; IV, 49 ; *Lc* I, 9-11 et DE VAUX, *ibid.*, pp. 285-286) qui se trouvait, lui, à l'intérieur du Temple devant le « Saint des Saints ». Mais il était loin d'avoir la même importance que le précédent. En définitive, *thusiastèrion* doit renvoyer ici à l'autel des holocaustes : distinct du Temple, il était visible par tous et c'est sur lui qu'on immolait toutes les victimes (*1 R.* VIII, 22, 54, 62-64).

8 c. *Mimèma** est une apposition au double compl. de 8 a-b (temple et autel), en dépendance de l'ordre donné par Dieu. Il désigne une imitation concrète (« reproduction, copie, réplique ; ressemblance ») d'un objet considéré alors comme modèle ou exemplaire *(paradeigma)*. Très fréquent chez *Phil.* (cf. *Index* LEISEGANG), il est déterminé ici par *skènès hagias*, une expression qui apparaît seulement en *Si.* XXIV, 10. Le mot *skènè* (« tente, cabane ») traduit dans la *LXX* '*ohèl* (« tente ») et *mishkân* (« demeure »), deux termes qui relèvent de traditions distinctes (cf. DE VAUX, *Institutions*, II, p. 123) mais désignent une même réalité : la Tente (ou Tabernacle) qui abritait l'Arche d'Alliance et constituait une sorte de sanctuaire portatif (cf. DE VAUX, *ibid.*, pp. 123-124). Dans la relative *hèn proètoimasas ap' archès*, le vb. signifie « préparer d'avance » (cf. *Phil.*, *Op.* 77) ; la *LXX* l'emploie seulement en *Is.* XXVIII, 24, mais le simple *hetoimazein* y est fréquent et évoque volontiers les « préparations » divines (cf. *Gn.* XXIV, 44 ; *Ex.* XXIII, 20 ; *Ps.* LXXXVIII, 4 ; *Si.* XLIX, 12 ; *Tb.* VI, 18). Enfin, *ap' archès*, « dès le commencement, dès l'origine », peut renvoyer de soi à un commencement absolu ou relatif (cf. XII, 11 ; XIV, 13). Mais il reste à déterminer la portée réelle du texte.

Trois interprétations sont en présence. L'une, « historique » (divers anciens cités par *Gri.* ; puis *Gri.* 1837, *Dea.*, *Gir.*, *Ficht.*), presse la relation entre les sanctuaires salomonien et mosaïque : le temple et l'autel construits par Salomon furent une « imitation » de la Tente et de l'autel fabriqués par Moïse sur l'ordre de Dieu (cf. *Ex.* XXV ss ; XXXV ss ; XXVII, 1-8) d'après le « modèle » qui

lui fut montré (*Ex.* XXV, 9, 40 ; XXVII, 8 ; cf. aussi *Ac.* VII, 44 ;
He. VIII, 5). Dieu avait donc bien « préparé à l'avance » sous forme
de « modèle » le sanctuaire mosaïque, et cela « dès l'origine » du
monde ou plutôt de l'histoire israélite. *Cant.* adopte cette interprétation en citant *Ex.* XXV, 40 et en ajoutant que Salomon a imité
ainsi la reproduction d'un modèle (ἦν δὲ καὶ σκηνὴ τύπου τύπος).
Mal. partage d'abord le même avis (μίμημα ἦν τῆς ἁγίας σκηνῆς ἣν
οὐρανόθεν ὑπέδειξας τῷ Μωσῇ), mais il se ravise ensuite, à cause de
προητοίμασας ἀπ᾽ ἀρχῆς et de 9 a : le sanctuaire mosaïque imitait la
« figure du monde » (*1 Co.* VII, 31) et le temple salomonien également (εἰς τύπον τοῦ κόσμου ναὸς κατεσκεύασται) ; or, comme elle
assistait à la création, la Sagesse connaît parfaitement ce modèle
et peut dès lors inspirer Salomon.

Cette interprétation « cosmique » est défendue surtout par *Corn.*
chez les Modernes. Selon lui, le texte renvoie à la « fondation »
(sens fréquent de *hetoimazein* dans la *LXX*, cf. *Pr.* III, 19 ; VIII, 27)
et aux origines *(ap' archès)* du monde, et la « tente sainte » s'identifie avec celui-ci. D'autre part, le Temple a été construit d'après un
modèle communiqué par Dieu à David (*1 Ch.* XXVIII, 11-19) et aucun
texte biblique n'en fait une « imitation » du sanctuaire de l'Exode ;
du reste, celui-ci existait encore au temps de Salomon (*1 Ch.* XXI, 29 ;
2 Ch. I, 3 ss) qui, dans l'hypothèse d'une imitation, n'avait qu'à le
regarder. En réalité, les ressemblances entre les deux sanctuaires
s'expliquent par une même référence à un seul archétype, le monde.
Cette interprétation, appuyée par XVIII, 24 a, est présentée sous
une forme réduite par les critiques qui identifient la « tente sainte »
avec le ciel *(Gri., Hein., Feldm., Web.).* La Bible, en effet, considère
celui-ci comme la demeure de Dieu par excellence, mais « sans distinguer nettement le ciel étoilé et le lieu supérieur où Dieu réside »
(Hein.). Plusieurs textes du *N.T.* le désignent du reste comme la
vraie « tente » de Dieu (*He.* VIII, 2 ; IX, 11 ; *Ap.* XIII, 6 ; XV, 5),
par comparaison avec le sanctuaire mosaïque *(Gri.).* Enfin, c'est à
la formation du ciel que s'applique *hetoimazein* en *Pr.* III, 19 ;
VIII, 27.

Un troisième type d'interprétation fait intervenir la théorie
platonicienne des Idées *(Heyd.* d'après *Gri. ;* GFRÖRER d'après *Hein. ;*
cf. aussi BOIS, pp. 271-272 et *Gre.)* ou les réalités préexistantes des
textes rabbiniques *(Bauerm.* et *Gutm.,* cités par *Gri. ; Far., Holm.,
Reid., Guil.).* Dans le premier cas, le Temple et l'autel seraient
considérés comme la matérialisation imparfaite d'Idées éternelles et
distinctes, destinées à recevoir dans le temps des imitations ou
participations sensibles ; *Phil.* (*Mos.* II, 74, 127) applique précisément
la théorie des Idées au tabernacle et au mobilier mosaïques. Dans
le second, il s'agit de réalités créées par Dieu dans le ciel avant la
création du monde. Le Temple fait partie des sept énumérées par
le Talmud babylonien (*Pesah.* 54 a ; pour d'autres référ., cf. MOORE,
Judaism, I, p. 526, n. 7) ; avec « son autel et sa liturgie », il imite
« un archétype céleste » (BONSIRVEN, I, p. 168), conçu du reste
comme une réalité sensible, physique.

A notre avis, la « tente sainte » ne peut guère s'identifier avec le monde. L'auteur veut exalter le Temple en fonction d'une réalité plus sainte encore (*hagia*, cf. *comm.* sur VII, 22 b) et objet d'une « préparation » divine toute spéciale. Or l'univers matériel ne remplit pas ces conditions par rapport au Temple salomonien. Par ailleurs, le symbolisme cosmique de celui-ci, ignoré pratiquement par la Bible (cf. DE VAUX, *Institutions*, II, pp. 287 et 169-170), n'est mentionné qu'incidemment chez *Fl. Jos.* (*Ant.* III, 179 ss ; *G.J.* V, 207) et *Phil.* (*Mos.* II, 74-83). Ici, du reste, il s'agit non de symbolisme, mais d'une « imitation » de la « tente sainte » par excellence. L'identification de celle-ci avec le Ciel lui-même, illustrée par le *N.T.* (cf. *supra*), trouve déjà des appuis dans l'*A.T.* lui-même : Dieu réside au-dessus du firmament dans son sanctuaire (*Ps.* X, 4 ; XVIII, 7 ; XCVI, 6) ; la prière prêtée à Salomon lors de la dédicace (*1 R.* VIII ; *2 Ch.* VI) oppose constamment demeure terrestre et demeure céleste de Dieu, parfois avec une désignation assez étrange de la seconde dans la *LXX* (*1 R.* VIII, 39, 43, 49 ; *2 Ch.* VI, 30, 33, 39), provenant d'une trad. fautive (*mâkôn* lu *nâkôn*) : *ex hetoimou katoikètèriou*. Mais cette particularité ne suffit pas à expliquer l'emploi de *proètoimasas* et l'on attache plus d'importance à la présence de *hetoimazein* en *Pr.* VIII, 27 (ἡνίκα ἡτοίμαζεν τὸν οὐρανόν, συμπαρήμην αὐτῷ), un texte qui expliquerait la transition de 8 c à 9 a (cf. *Mal.*). Toutefois, cette interprétation « céleste » laisse subsister des difficultés. Parce que *mimèma* concerne à la fois le temple et l'autel, l'auteur introduirait l'autel des holocaustes dans le sanctuaire céleste et ferait de celui-ci un lieu du culte sacrificiel (dans *Ap.* VI, 9, l'arrière-plan est différent). Par ailleurs, *skènè* est pratiquement inusité dans l'*A.T.* pour désigner la « demeure » céleste de Dieu (dans *Ps.* XVII, 12 et CIII, 2, simple comparaison poétique) et *proetoimazein* signifie bien « préparer d'avance » et non pas « établir, créer ».

Dès lors, l'expression *skènè hagia* ne renvoie-t-elle pas plutôt, ou d'abord, au sanctuaire mosaïque ? Elle a cette portée dans le seul parallèle biblique explicite, *Si.* XXIV, 10, qui témoigne d'une vénération pour l'antique sanctuaire du désert et établit une continuité entre celui-ci et le Temple. Si la Bible n'affirme nulle part que le premier ait servi de modèle au second, la ressemblance entre l'un et l'autre est manifeste mais l'explication est différente : « le sanctuaire du désert est conçu comme un temple démontable, juste moitié moins grand que le Temple de Jérusalem, qui a servi de modèle pour cette reconstitution » (DE VAUX, *Institutions*, II, pp. 124-125). Une telle explication critique échappait bien sûr à l'auteur qui tenait le sanctuaire de l'Exode pour antérieur. Il n'avait pu remarquer non plus, en interprétant différemment le témoignage de quelques textes, que la Tente proprement dite ne devait plus exister sous Salomon (cf. DE VAUX, *ibid.*, p. 126) ; il était amené seulement à supposer la disparition de l'autel mosaïque (à cause de *2 S.* XXIV, 25). Mais ces remarques importent peu si Salomon n'avait qu'à imiter le sanctuaire mosaïque, car l'auteur doit l'imaginer connaissant les textes de l'*Exode* et leurs descriptions détaillées. La difficulté que rencontre ce type d'interprétation provient de la formulation même du texte et de la présence de *proètoimasas*: l'auteur insiste sur une œuvre divine qui n'est pas réductible à la confection du sanctuaire de l'Exode (réalisé du reste par Moïse et ses collaborateurs).

Par conséquent, il doit renvoyer directement à l'exemplaire divin de celui-ci (les textes qui le mentionnent ont retenu également l'attention de *Phil.* et du *N.T.*, cf. *supra*). On peut même préciser davantage les démarches implicites de sa pensée. Il se trouvait en présence d'indications analogues concernant le Temple lui-même : *1 Ch.* XXVIII, 11-19 parlait d'un modèle transmis par David à Salomon et « écrit de la main de Dieu » ; *Ex.* XV, 17 envisageait déjà (avant la construction du sanctuaire mosaïque) un temple, préparé par Dieu (la *LXX* introduit *hetoimon* et traduit ensuite par *hètoimasan*) « de ses propres mains », qui serait posé en quelque sorte à Jérusalem. Diverses interprétations du second texte ont été proposées (cf. celle rapportée dans *VT*, VII, 4, p. 387, n. 3, ou celle de M. Noth, dans *Das AT deutsch*, V, pp. 99-100), mais la référence au Temple de Jérusalem paraît s'imposer (cf. G. Beer, *Exodus*, dans *HZAT*, III, p. 83). Considéré par l'auteur comme ayant été composé intégralement après le passage de la mer Rouge, ce cantique suggérait dès lors l'idée d'une « préparation » lointaine, par Dieu lui-même, du Temple salomonien, et sous forme d'exemplaire concret. Comme, par ailleurs, le sanctuaire mosaïque et le Temple se ressemblaient manifestement et avaient une même destination, l'auteur a dû vouloir relier ces différentes données en remontant à un même exemplaire divin. Selon cette interprétation, *proètoimasas* renvoie bien à une « préparation » divine antérieure et celle-ci, précisée par *ap' archès*, se situe avant l'Exode et semble même perdre tout point d'appui dans la succession historique. Il s'agit donc d'une œuvre divine, préparant sous forme d'exemplaire ou d'archétype le sanctuaire futur : ce « tabernacle saint » connut deux réalisations successives, au désert d'abord, avec le Temple ensuite. On ne sait si l'auteur concevait cet exemplaire sous une forme idéale, à la manière de *Phil.* (et de *Plat.*), ou s'il l'imaginait d'une façon plus concrète, selon un vieux mode de pensée sémitique (cf. de Vaux, *ibid.*, pp. 97-98) repris plus tard par les rabbins. Peu importe, car la notion théologique reste la même : « dès l'origine » Dieu a projeté d'établir sa « tente sainte » parmi les hommes dans un sanctuaire qui serait non seulement un lieu de culte, mais de sacrifice, en prévision, selon le sens spirituel, de celui qui « entra une fois pour toutes dans le sanctuaire... avec son propre sang » (*He.* IX, 12).

9 a.   Ce retour à la Sagesse prépare la reprise, au v. 10, de la demande du v. 4, mais la formule d'introduction, *kai meta sou hè sophia*, « et avec toi la Sagesse », semble plutôt terne. Divers anciens (cités par *Gri.* et *Corn.*) ont voulu rattacher étroitement 9 a à 8 c,

en sous-entendant *su* après *proètoimasas* (« toi et la sagesse avec toi »), et *Corn.* défend encore ce rattachement en rappelant qu'il a identifié l'exemplaire du Temple avec le monde (cf. *supra*) : en créant celui-ci avec Dieu, la Sagesse a collaboré à la « préparation » de celui-là. Mais cette identification est contestable. Aussi une telle insistance sur la participation de la Sagesse à l'élaboration du sanctuaire idéal se comprend mal au début d'un développement de caractère plus général et qui s'oriente dans un autre sens : la Sagesse connaît à fond les œuvres de Dieu et elle sait dès lors comment on doit se comporter en tout pour lui plaire. Du reste, 8 c n'est qu'une simple apposition. Par conséquent 9 a nous paraît introduire une phrase distincte qui prend appui sur l'ensemble des vv. 7-8 en renvoyant plus spécialement à 7 a : « c'est toi... or, avec toi... ». Le *kai* initial rappelle le *waw* hébr. (« or ») au début d'une phrase indépendante (cf. JoÜon, p. 488, 159 f) et l'on suppléera *estin*, « elle est » (*Gutb., Dea., Siegf., Goodr.*, etc.) plutôt que *èn*, « elle était » (*Gri.*). L'expression « avec toi » insiste sur une union très intime et indissoluble (cf. 4 a, 10 a-b ; cf. aussi *Si.* I, 1) ; l'idée d'assistance n'est appuyée, dans la Bible, qu'à propos de la relation de Dieu à l'homme (cf. *Jr.* I, 8 ; XV, 20 ; etc.). Dans l'apposition *hè eiduia ta erga sou*, l'art. est emphatique devant le partic. (« elle ou celle qui ») et celui-ci prend un sens prégnant : il désigne non seulement une connaissance parfaite de tout le réel (cf. VII, 17 a), mais encore une science antérieure à la venue des êtres à l'existence (cf. VIII, 4). Cette connaissance privilégiée inclut assurément l'archétype du sanctuaire salomonien ; pourtant, le compl. garde une portée plus générale et s'étend aussi aux « œuvres » que Dieu continue de réaliser, dans la nature ou dans l'histoire.

9 b. Par une propos. coordonnée, *kai parousa*, l'attention se concentre maintenant sur la création elle-même « lorsque Dieu faisait le monde », *hote epoieis ton kosmon*. L'impft *epoieis* (sur le vb. au sens de « créer », cf. v. 1 b) semble bien renvoyer à une création successive, celle exposée par *Gn.* I et évoquée par *Pr.* VIII, 22-31 ; *parousa* a été suggéré par *Pr.* VIII, 27 *(TM* « j'étais là », *LXX sumparèmèn autôi)* et 30 *(TM* « j'étais à ses côtés », *LXX èmèn par' autôi)* et doit signifier, en relation avec l'impft, « était présente ». Cette « présence » inclut-elle assistance et coopération ? On le pense volontiers (cf. *Gri., Hein.*, M. GILBERT, *art. cit.*, pp. 327-328) en renvoyant au thème de la Sagesse créatrice (*Pr.* VIII, 30 « maître d'œuvre » ; *Sg.* VII, 12 b, 22 a ; VIII, 6 b ; IX, 2 a), en rappelant certains emplois de *pareinai* (cf. *Lidd.-Sc.* I, 4) et surtout de *sumpareinai* (cf. 10 c et *Lidd.-Sc.* 2), enfin en soulignant la correspondance structurale avec 10 c (où la Sagesse peine avec l'homme, cf. M. GILBERT). Cependant le vb. est employé absolument comme en IV, 2 ; XI, 11 ; XIV, 17 et XIX, 14, où il signifie partout « être présent », tandis que l'idée d'assistance est explicitée habituellement par un compl. au datif ; d'autre part, une participation active de

la Sagesse n'est pas certaine en *Pr.* VIII, 30 (cf. *Études*, ch. V, pp. 334-336) et, du reste, *parousa* renvoie plus directement à *Pr.* VIII, 27 (cf. *supra*) ; rappelons aussi le problème posé par *Sg.* VII, 12 b (cf. *comm.*), avec la fiction d'une vérité découverte postérieurement, une fiction que l'auteur a pu vouloir respecter dans cette prière prêtée à Salomon (cf. *Études*, ch. V, p. 388, n. 1) ; enfin, dans ce contexte de prière tissé de nombreux motifs bibliques, il n'est pas obligé de réintroduire toutes les notions développées auparavant et il peut être amené à insister sur tel aspect particulier de la Sagesse. Sans cesser d'attribuer à celle-ci la puissance, rappelée en 2 a à propos de l'homme, son attention se concentre en fait sur une qualité de l'intelligence divine, parce que la Sagesse est présentée éminemment comme la conseillère, l'inspiratrice et le guide de l'homme. Par conséquent, il suffisait ici de lui prêter une science transcendante de tout, illustrée à la fois par son intimité avec Dieu et le rappel (biblique) de sa « présence » à la création du monde.

9 c.   Coordonné par *kai* (avec une nuance consécutive), le partic. *epistamenè* renvoie précisément à une science certaine (cf. *epistèmè* en VII, 16 et VIII, 4). L'objet de celle-ci est indiqué par un double compl., d'abord *ti areston en ophthalmois sou*. Cette formule est biblique : l'adj. désigne « ce qui plaît, est agréable » et traduit selon les cas *ṭôb* (*Is.* XXXVIII, 3), *yâshâr* (*Dt.* XII, 8 ; *Ez.* XV, 26) ou *râṣôn* (*Esd.* X, 11) ; si l'expression *en ophthalmois* garde son sens physique dans le gr. profane, elle alterne dans la *LXX* avec *enantion* ou *enôpion* pour signifier : « au jugement de, aux yeux de » (cf. *Thack.*, p. 43). Il s'agit d'une attitude religieuse générale, impliquant une relation de personne à personne. La Sagesse sait donc parfaitement comment l'homme doit agir pour se rendre agréable à Dieu et attirer sa bienveillance.

9 d.   Dans le second compl., *kai ti euthes en entolais sou*, la forme *euthes* (au lieu de *euthu*) trahit déjà un emprunt à la *LXX* (cf. *Thack.*, pp. 177-178) où cet adj. apparaît en particulier à propos du jugement porté sur chaque roi, selon qu'il a fait ou non « ce qui est droit » aux yeux du Seigneur (*1 R.* XI, 33, 38 ; XIV, 8 ; XV, 5 ; etc.) ; souvent l'exemple de David est rappelé et sa fidélité à observer les « commandements » (cf. *1 R.* XI, 38). Le mot *entolai*, « prescriptions » ou « ordonnances », émanant d'une autorité constituée, plus spécialement du roi, se trouve appliqué par la *LXX* (= surtout *miṣwôt*, rac. « prescrire, ordonner ») aux « commandements » ou « préceptes » du Seigneur (dans les législations deutéronomique et sacerdotale). Comme il ne peut être question d'un choix « parmi les préceptes » car tous ceux du Seigneur sont droits (cf. *Ps.* XVIII, 9), l'expression *en entolais sou* doit signifier « d'après tes préceptes » (*en* prend alors l'un des sens du *b*ᵉ hébr., « selon, d'après », cf. KOEHLER, *Lexicon*, p. 103, n. 7). 9 d marque donc une progression par rapport à 9 c : faire ce qui plaît au Seigneur, c'est

se conformer à ses préceptes révélés. Cependant, il s'agit ici d'une connaissance attribuée directement à la Sagesse. Or celle-ci n'a pas à être éclairée par la révélation dispensée à Israël. Ou bien l'auteur la situe au principe même de cette révélation, ou bien il veut signifier que la Sagesse « sait » comment maintenir une vie humaine, envisagée dans sa complexité et ses problèmes concrets, en conformité précise avec la volonté divine exprimée dans les préceptes.

10 a. Cette reprise de la demande formulée déjà au v. 4 (avec l'asyndète également) est plus solennelle et constitue le centre de la prière. Le choix de *exaposteilon* vise à l'effet. Ce vb. *(hellén.)* signifie surtout dans l'usage gr. « dépêcher des délégués ou ambassadeurs » ou « renvoyer, congédier, laisser aller » ; très usité par la *LXX* avec l'un ou l'autre de ces sens, il peut désigner une mission divine : Dieu « envoie » les prophètes (*Jr.* VII, 25), son Ange (*Ml.* III, 1), son Souffle (*Ps.* CIII, 30) ou (sans compl.) « il envoie d'En Haut » (*Ps.* XVII, 17), « des cieux » (*Ps.* LVI, 4). Bien que la *Koine* ajoute souvent un second préfixe pour renforcer seulement la notion verbale, *ek-* implique de soi l'idée de « partir » ou « venir d'un lieu donné » pour remplir ailleurs une mission confiée ; ici ce préfixe est repris et précisé par *ex hagiôn ouranôn*. La demande de Salomon suppose à la fois que la Sagesse appartient au monde céleste et que Dieu peut l'envoyer en mission sur le plan humain, pour entrer en relations privilégiées avec certaines âmes. Le vb. implique sa subordination à Dieu et son intimité avec lui (cf. *Corn.* « intima quaedam relatio missi seu legati ad mittendum connotatur »). Mais il n'y a pas lieu de le presser dans le sens d'une distinction personnelle (*Corn.* citant *Ga.* IV, 4, 6 ; cf. au contraire F. ZORELL, *ibid.*, p. 353, n. 1). Dans cette prière, l'auteur situe délibérément la Sagesse en Dieu ou insiste sur sa condition divine (cf. 2 a, 4 a, 9 a-b, 10 b) et il veut personnifier, en réalité, une influence proprement divine (cf. *Études*, ch. V, pp. 409-410). L'expression « les cieux saints » rejoint un thème biblique : Dieu habite dans les cieux (cf. *Ps.* II, 4, etc.) ou au-dessus du ciel visible, « au plus haut des cieux » (*Dt.* X, 14 ; *1 R.* VIII, 27 ; *Ps.* CXLVIII, 4 ; etc.). L'emploi du plur. (cf. aussi 16 c et XVIII, 15 a) doit vouloir désigner les cieux par excellence et l'adj. *hagiôn* joue le rôle d'une épithète distinctive : ce lieu céleste particulier qui est sanctifié par la présence divine. L'expression ne se rencontre pas telle quelle dans la *LXX* (cf. seulement *Dt.* XXVI, 15).

10 b. Elle est reprise par *apo thronou doxès sou* (en *Is.* LXVI, 1, le ciel est le trône de Yahvé). Le « trône » divin a déjà été mentionné en 4 a, mais au plur. Cette alternance souligne l'indifférence de l'auteur à l'égard de la matérialité du symbole. Seule importe la réalité évoquée : en 4 a la majesté souveraine du Roi suprême, ici la splendeur qui émane de lui et l'environne. Dans sa vision de la gloire de Yahvé, *Ez.* contemple une « ressemblance de trône »

(I, 26 ; X, 1). Le gén. *doxès* équivaut à l'adj. « glorieux » (hébraïsme ; cf. *1 S.* II, 8 ; *Is.* XXII, 23 ; *Jr.* XVII, 12), mais on pourrait y voir un gén. d'apposition, identifiant le « trône » avec la « gloire » ; la trad. « ton trône de gloire » laisse ouverte cette possibilité. En VII, 25 b, la Sagesse était mise en relation immédiate avec cette gloire elle-même (cf. *comm.*). L'impér. *pempson* reprend le précédent sans distinction apparente de sens. Du moins, celle proposée par *Dea.* et *Goodr.* ne nous semble pas fondée : *exaposteilon* signifierait l'envoi d'un représentant, *pempson* impliquerait que l'envoyeur accompagne son messager. Certes, il est inconcevable que la Sagesse se sépare de Dieu. En réalité, la reprise de formules bibliques a ramené l'auteur à une notion spatiale de la transcendance divine ; lorsque son attention se fixe sur l'immanence divine, il est plus à l'aise pour affirmer l'action immédiate de la Sagesse. Mais celle-ci, parce qu'elle est divine au sens fort du terme, n'apparaît jamais comme un véritable intermédiaire entre Dieu et le monde. Par conséquent, elle restera unie à Dieu dans sa mission et pourra exercer à ce titre une influence proprement divine. L' « envoi » de la Sagesse signifie donc la création d'une relation nouvelle et permanente entre elle et le jeune Salomon.

10 c.   Par une proposition finale, l'auteur insiste précisément sur une assistance continuelle, mais « fatigante », *hina sumparousa moi kopiasèi*. Le texte est assuré dans les *mss* gr. et appuyé par *Lat.* (*ut mecum sit et mecum laboret*), *Syr.* (« afin qu'elle vienne et travaille avec moi ») et *Shex.* (« afin qu'étant proche de moi, elle se fatigue »). On notera d'abord une correspondance entre *sumparousa* et *parousa* de 9 b ; le vb. lui-même, attesté dans la *LXX* seulement dans *Pr.* VIII, 27 et *Tb.* XII, 12 (B A) avec le dat., signifie soit « être présent avec » ou « en même temps » (cf. *Lidd.-Sc.* 1), soit « assister, venir en aide » (*ibid.* 2), et ce second sens prédomine ici (avec l'aspect d'entrée dans un état, « venant m'assister »). *Kopian*, non traduit par *Ar.* tandis qu'*Arm.* (« afin que... elle se repose chez moi ») a pu lire un autre vb. *(kopasèi ?)*, met l'accent sur l'idée de labeurs fatigants (cf. VI, 14 a), car il signifie étym. « être las » (BOISACQ, p. 492), et cette notion subsiste dans l'usage gr. (cf. *Lidd.-Sc.* 1), tandis que le sens de « peiner, travailler dur ou péniblement » apparaît surtout dans la *LXX* (cf. *Ps.* CXXVI, 1 ; *Si.* VI, 9 ; XI, 11 ; LI, 27) et le *N.T.* (*1 Co.* XV, 10 ; *2 Tm.* II, 6). En tout cas, on ne peut se contenter de le traduire ici par « travailler ». Or, comme l'idée que la Sagesse puisse « se fatiguer, peiner » est surprenante (cf. *Is.* XL, 28, *oude kopiasei !*) et que son rôle serait plutôt d'alléger la peine de ses protégés (cf. VIII, 9 c), on suppose communément que *moi* a une double fonction : il dépend directement de *sumparousa* mais il joue ensuite le rôle d'un comitatif (« avec moi », cf. *Kühn.-Ge.* II, 1, pp. 430-432). Le texte signifierait donc, en réalité, que la Sagesse assistera Salomon dans ses labeurs fatigants, y prendra part, « peinera » en quelque sorte avec lui (cf.

les trad. de *Reu.*, *Cramp.*, *Mar.*, OSTY, etc.). *Cant.* rejoint cette interprétation en se contentant de déclarer : τὴν συνεχῆ μετ’ αὐτοῦ ἀναστροφὴν ἐν τοῖς παρ’ αὐτοῦ πονουμένοις τῆς τοῦ θεοῦ σοφίας αἰνίττεται ; *Mal.*, lui, s'applique à justifier l'emploi métonymique du vb. qui signifie, en réalité, que la Sagesse sera à l'œuvre en Salomon et allégera les fatigues dépassant ses forces (τροπικῶς ἀντὶ τοῦ ἐργάσηται ἐν ἐμοί, ἐπειδὴ παρ’ ἡμῖν, τοῖς ἐργαζομένοις ἕπεται κόπος, τουτέστιν ἵνα μου συναντιλαμβανομένη κουφίζῃ τὸν ὑπὲρ τὴν ἐμὴν ἰσχὺν κόπον). De toute façon, l'image reste audacieuse et semble vouloir évoquer une solidarité totale et continuelle (cf. VIII, 9-18) ; l'auteur peut penser plus spécialement aux labeurs pénibles qu'imposera la construction du Temple, en voyant dans Salomon l'architecte ou le maître d'œuvre de celui-ci, et le thème de la Sagesse *technitis* de l'univers (VII, 22 a ; VIII, 6) serait rappelé indirectement. En tout cas, une corruption du texte primitif n'est pas apparente et l'on ne voit pas quel mot pourrait cacher *kopiasèi*. L'hypothèse d'un original hébr. serait plus féconde, en fonction du rôle essentiel de la Sagesse dans cette prière (éclairer, inspirer, guider) : *taggiah* « éclairer, illuminer » (cf. *Ps.* XVIII, 29), p.-ê. avec suffixe, aurait été lu fautivement *tiga‘*, « se fatiguer, peiner ». Mais cette hypothèse a, par ailleurs, si peu de titres à être retenue ! *Corn.* s'efforce de dégager du texte une notion théologique de la grâce et du libre arbitre.

10 d. Salomon connaîtra aussi, *kai gnôi*, à mesure qu'il accomplira sa tâche, ce qui est entièrement conforme au bon plaisir de Dieu, *ti euareston estin para soi*. L'adj. *euareston** (cf. IV, 10) renforce la forme simple (cf. v. 9 c) : « ce qui est pleinement agréable à Dieu, ce qu'il agrée et accepte aisément ou sans réserve » (cf. *Rm.* XII, 2 ; *Ep.* V, 10). Le compl. *para soi*, au lieu du dat., subit l'influence des formules signifiant « trouver grâce auprès de Dieu » (cf. *Ex.* XXXIII, 16) ou correspond à l'emploi fréquent de *enôpion* dans l'expression « agréable devant Dieu » (cf. *Esd.* X, 11 ; *Tb.* III, 6 ; IV, 21 ; etc.) et *para* signifie en réalité « au jugement de » (cf. *WBNT*, 2 b).

11 a. Avec *oiden gar*, l'auteur justifie immédiatement 10 d ; *ekeinè* équivaut à un pron. de rappel, mais en insistant : « car celle-là, elle qui... ». La Sagesse « sait tout », *panta*, en raison de son intimité avec Dieu (cf. VIII, 4 a), de son assistance à la création (9 b) ou de sa participation à celle-ci (VIII, 4 b, 6 b) et de son activité universelle (VIII, 5 b). Le vb. coordonné, *kai suniei*, est le prés. de *sunieô*, forme secondaire de *sunièmi* (les deux formes alternent dans l'usage gr., cf. *Lidd-Sc.*, init., dans la *LXX* et le *N.T.*, cf. *WBNT*, init.). Employé déjà en III, 9 a et VI, 1 a, il correspond assez bien, pour le sens, à notre vb. « comprendre ». Il renforce souvent l'idée de « connaître » ou de « savoir » (cf. *Is.* XLI, 20 ; XLIII, 10 ; XLIV, 18 ; *Jr.* IX, 23 ; etc.), et l'on peut se contenter de le traduire par un adv. ou une locution adverbiale. Il insiste ici soit sur une connaissance

pénétrante, complète, exhaustive, soit sur un sens supérieur des réalités terrestres et humaines (cf. VIII, 8) qui prolonge l'omniscience de la Sagesse. Les Modernes font de *panta*, intercalé, le compl. des deux vbs et cette traduction est la plus indiquée.

11 b. Dès lors (*kai* conséc., « aussi »), la Sagesse sera pour Salomon le guide par excellence, *hodègèsei me*. Le vb. (cf. X, 10, 17 ; cf. aussi *hodègos* en VII, 15 c) signifie « conduire sur le chemin, guider », au sens propre ou métaphorique ; le second est fréquent dans la *LXX* (cf. *Ps.* XXII, 3 ; XXVI, 11 ; etc.) et dans l'Hermétisme (cf. *WBNT*, 2), parfois avec l'image du Pasteur qui conduit son troupeau (*Ps.* LXXVI, 21 ; LXXVII, 53, 72). Ici la métaphore reste discrète, avec un compl. assez abstrait, *en tais praxesin mou*, « dans mes actions ». L'adv. *sôphronôs* ** (cf. *Tt.* II, 12) correspond à l'adj. *sôphrôn* qui signifie fondamentalement « sain d'esprit, sensé, prudent, sage » (BOISACQ, p. 852), puis « modéré, maître de soi, tempérant, chaste » (cf. *sôphrosunè* en VIII, 7). Comme il caractérise la manière selon laquelle la Sagesse « guidera » Salomon dans tous ses actes d'homme et de roi, il n'est guère indiqué de retenir les notions de « mesure, modération, sobriété » (cf. *Lat., Shex., Arm.*) ; ce sera plutôt « avec circonspection, prudemment, intelligemment » ou même « vertueusement » (cf. *Cant.* κατὰ πάσης γὰρ ἀρετῆς γενική τις οὖσα ἡ σωφροσύνη τυγχάνει, ἐν πάσαις λοιπὸν πράξεσιν ἀρκείη ἂν ἡ σωφροσύνη ἀντὶ πασῶν τῶν ἀρετῶν λέγεσθαι). Enfin l'auteur a pu se souvenir de l'emploi de *hodègein* à propos de la nuée de l'Exode en *Dt.* I, 33 ; *Ne.* IX, 12 et *Ps.* LXXVII, 14, car l'évocation de celle-ci réapparaît en 11 c : Salomon serait dirigé en tout par la Sagesse comme jadis le peuple de l'Exode par la colonne de nuée.

11 c. A cause du compl. de personne, *phulaxei me* doit signifier « me gardera, me protégera » (cf. X, 5 ; XIX, 6), conformément à l'emploi habituel du vb. ; ce sens se retrouve dans la *LXX* (où cependant l'idée d' « observer » la Loi, les préceptes, prédomine), notamment en *Ex.* XXIII, 20 : l'Ange envoyé par Dieu « protégera » Israël tout le long du chemin à parcourir (*hina phulaxei se en tèi hodôi*). L'expression *en tèi doxèi autès* doit désigner la « gloire » (cf. 10 b) qui appartient en propre à la Sagesse (*autès* gén. possessif). Cette gloire est envisagée sous l'aspect de puissance par *Lat. (in sua potentia)*, un aspect mis en relief par différents textes bibliques (cf. *TWNT*, II, p. 247), surtout par *Is.* LXIII, 12 *(ho brachiôn tès doxès)* dans un rappel de l'Exode. Pour certains critiques *(Gri., Feldm.)*, elle est avant tout une lumière (cf. *Is.* LX, 1-3 ; *Ba.* V, 7, 9) qui éclairera la route de Salomon et l'empêchera de s'égarer. Selon d'autres *(Dea., Corn., Hein.)*, elle résume les attributs divins par lesquels la Sagesse préservera Salomon de toute séduction et de tout danger (*Cant.* glose : μὴ συμπαρέλκεσθαι δηλονότι ταῖς κατὰ τὸν βίον ἀπάταις εὐεπιχειρήτοις οὔσαις πρὸς κακίαν καὶ εὐδρόμοις). Cette dernière interprétation rend mieux compte du texte où le rôle de

la « gloire » est de protéger, de garder, d'envelopper en quelque
sorte (en peut avoir un sens local métaphorique). Un parallèle assez
éclairant, car il s'agit de protection assurée par la Sagesse, est
fourni par Si. XIV, 27 (σκεπασθήσεται ὑπ' αὐτῆς ἀπὸ καύματος / καὶ ἐν
τῇ δόξῃ αὐτῆς καταλύσει), un texte qui reprend le thème de la nuée
de l'Exode, soit directement, soit par l'intermédiaire (cf. SMEND)
d'Is. IV, 5 (cf. aussi Is. LVIII, 8 LXX hè doxa tou theou peristelei se
« t'enveloppera »). La « gloire » (cf. VII, 25 b) est alors conçue
comme une irradiation de la sainteté de Dieu plutôt que de sa
majesté transcendante. Enveloppé par elle, Salomon sera protégé de
tout mal et conformera sa vie entière aux exigences divines. Certes,
cette « gloire » est chargée de puissance ; elle est aussi une lumière
qui éclaire et guide, non plus visiblement ou extérieurement comme
la colonne de feu ou la nuée, mais intérieurement. Pourtant, la
réduire à l'un ou l'autre de ces aspects, ce serait appauvrir la portée
du texte. Celui-ci envisage une présence toute spéciale, intime et
permanente, de la sainteté divine dans la vie du jeune protégé de
la Sagesse. Nous avons là une sorte d'anticipation de la grâce
habituelle.

12 a.   Kai est consécutif (« ainsi ») par rapport à 11 b-c ; estai
prosdekta correspond à euareston de 10 d. Inusité dans le gr. profane, l'adj. prosdektos, « acceptable », se rencontre deux fois dans
la LXX (= rașôn), en Pr. XI, 20 et XVI, 15 ; dans le premier texte,
il a kuriôi pour compl. et ce même compl. est à sous-entendre ici,
car c'est bien Dieu qui « acceptera, agréera ». Le sujet ta erga mou
a une portée générale : non pas simplement les « travaux, entreprises », mais les « œuvres, actes, actions » (cf. II, 4, 12 ; III, 11 ;
VI, 3 ; etc.).

12 b.   Les obligations propres d'un souverain israélite sont
maintenant rappelées, le compl. ton laon sou renvoyant litt. à 7 a.
Le vb. diakrinô prend son sens habituel dans la LXX (= le plus
souvent shâphaṭ) et doit être emprunté à 1 R. III, 9 (καὶ διακρίνειν
τὸν λαόν σου ἐν δικαιοσύνῃ) ; le sens de « gouverner, régir » passe
au premier plan, mais en incluant l'idée de « juger, rendre la
justice » (cf. 7 b). Dès lors, l'adv. dikaiôs, « avec justice » ou « selon
la justice », qualifie un gouvernement juste et équitable qui, d'après
la pensée commune de la Bible, protégera les faibles et défendra
leur cause (cf. Ps. LXXII ; cf. aussi Pr. XXXI, 9 κρῖνε δικαίως, διάκρινε
πένητα καὶ ἀσθενῆ).

12 c.   La présence de l'adj. axios (kai esomai axios), un terme
qu'affectionne l'auteur (cf. I, 16 ; III, 5 ; VI, 16 ; etc.), est à noter
dans le contexte particulier de cette prière. Le plur. thronôn, certainement authentique (cf. Lat. : sedium patris mei) est un plur. d'excellence ou de majesté (cf. 4 a) : la dignité éminente de la royauté de
David (patros mou) provenait d'un choix divin tout particulier (1 S.

XVI, 1-13 ; *2 S*, VII, 8), des promesses attachées à la dynastie (*2 S*. VII, 11-16), enfin d'une délégation de la souveraineté même de Dieu sur son peuple (*2 S*. VII, 8). Cette référence à la royauté de David comme à un modèle et à un idéal correspond à la tradition biblique qui voit en David le roi juste et pieux par excellence (cf. *1 R*. III, 6, 14 ; etc.), le grand roi de l'histoire israélite. Si Salomon est présenté comme un incomparable maître de sagesse, ses qualités de souverain, idéalisées au ch. VIII, ne peuvent faire oublier les mérites supérieurs de son père et même la place capitale de celui-ci dans une histoire de salut dirigée par Dieu. Certes, dans le livre, la Sagesse se substitue en quelque sorte au Messie davidique et l'auteur envisage, pour l'avenir, un rayonnement universaliste de la sagesse d'Israël (cf. VI, 24) ou de sa Loi (cf. XVIII, 4). Pourtant, il n'oublie pas entièrement — notre texte l'atteste — que Salomon reste l'héritier des promesses faites à David et de l'alliance établie avec celui-ci. Mais ce messianisme davidique subit, en fait, une transformation originale. Idéalisé à tel point qu'il est beaucoup plus un personnage de l'avenir que du passé (cf. déjà VIII, 14), Salomon aspire à devenir l'époux de la Sagesse divine elle-même. En outre, cette faveur n'est pas considérée comme exclusive : toute âme qui écoute les appels de la Sagesse divine et met en pratique ses doctrines peut aspirer à la même « parenté » avec Dieu.

L'humanité a besoin d'une révélation pour connaître la volonté de Dieu

13. *Quel homme, en effet, peut connaître la volonté de Dieu ?*
    Ou qui peut concevoir ce que réclame le Seigneur ?
14. *Les raisonnements des mortels sont hésitants,*
    instables, nos idées.
15. *Car le corps corruptible appesantit l'âme,*
    et elle alourdit, cette tente terrestre, un esprit sollicité en tous
                                                        sens.
16. *Aussi c'est avec peine que nous imaginons les réalités terrestres,*
    même ce qui est à notre portée, nous le découvrons avec effort.
    Mais les réalités célestes, qui les a explorées ?
17. *Et ta volonté, qui donc l'aurait connue, si tu n'avais donné ta*
                                                        Sagesse
    et envoyé d'en haut ton saint esprit ?
18. *Ainsi furent rectifiés les sentiers des habitants de la terre,*
    les hommes furent instruits de ce qui te plaît
    et sauvés par la Sagesse.

13 a. Par une transition plutôt artificielle, constituée de deux phrases interrogatives, l'auteur envisage la condition humaine en

général. On ne peut parler d'addition d'un élément étranger au contexte : un élargissement semblable s'est rencontré déjà antérieurement (cf. 2-3, 5 b-c, 6) et la tonalité d'ensemble de cette prière reste celle d'une pensée réflexe, méditative. L'auteur suit donc la pente naturelle de son esprit, mais avec plus de liberté maintenant car il dépend moins de motifs bibliques préexistants. Salomon devient le porte-parole d'une humanité qui avoue son besoin impérieux d'une révélation pour connaître la vérité de sa condition et vivre selon Dieu. Au début du v., *gar* rattache à la demande précise formulée par Salomon : celle-ci est justifiée car tout homme a besoin d'être éclairé d'En Haut. *Anthrôpos* renforce *tis* avec une insistance voulue sur la condition humaine comme telle. Le fut. *gnôsetai*, gnomique, comporte la nuance de pouvoir ou de capacité (cf. *Kühn.-Ge.* II, 1, pp. 173-175) : « sera capable de connaître », par ses seules ressources humaines. Le compl. *boulèn theou*, interprété diversement par les *verss* (cf. *Lat.* et *Syr.* « conseil », *Shex.* « pensée », *Arm.* « pensées » ou « desseins », *Ar.* « manière de penser »), l'est aussi par les Modernes (« volonté, conseil, dessein »). Ce n'est pas l'équivalent exact de la formule *hè boulè tou kuriou* (cf. *Is.* V, 19 ; *Mi.* IV, 12 ; *Ps.* XXXII, 11 ; *Pr.* XIX, 21) renvoyant à un « dessein » précis du Seigneur devant se réaliser dans l'histoire : l'expression reste indéterminée (les deux art. sont omis et *theos* remplace *kurios*) et concerne l'homme en général affronté d'une manière plutôt individuelle et statique au mystère de Dieu. A la rigueur, on pourrait traduire *boulè* par « conseil » ou « pensée » (cf. *TWNT*, I, p. 631, l. 30-31), avec un appui possible en *Is.* XL, 13 *(TM 'êşah, LXX tis egnô noun kuriou)*. Mais le sens de « volonté », possible dans l'usage gr. (cf. *Lidd.-Sc.* I, 1 ; *WBNT*, 2 b) et attesté déjà en VI, 4 c (cf. *comm.*) est recommandé par le contexte : il s'agit avant tout pour l'homme de connaître les exigences divines à son égard. On traduira donc par « volonté de Dieu » (cf. aussi *Gri., Reu., Siegf., Hein., Ficht., Fisch.*, M. GILBERT, *art. cit.*, p. 320), voire même par « volonté divine » (à cause de l'indétermination des termes).

13 b. La seconde interrogation, introduite par *è tis*, doit marquer une progression ; *enthumèthèsetai* (cf. III, 14 ; VI, 15 ; VII, 15) renforce *gnôsetai* en signifiant ici non pas « prendre à cœur » (la volonté divine pour s'y conformer pratiquement, cf. *Gri., Hein.*), mais « se faire une idée, concevoir » (en *Si.* XVI, 20, τὰς ὁδοὺς αὐτοῦ τίς ἐνθυμηθήσεται, le vb. a le sens de « prêter attention, examiner attentivement ») ; l'expression *ti thelei ho kurios* reprend, à son tour, *boulèn theou*, mais avec des évocations différentes. Comme la distinction entre *boulesthai* (« vouloir » délibérément) et *thelein* (« désirer, souhaiter ; consentir ») n'est rigoureuse ni dans l'usage gr., ni en *Sag.* (cf. *boulesthai* en XII, 6 ; XIV, 19 ; XVI, 21 et *thelein* en XI, 25 ; XII, 18 ; XIII, 6 ; XIV, 5), la progression peut être marquée seulement par l'emploi de *ho kurios*, « le Seigneur » qui a révélé ses volontés positives à Israël. Sous la plume d'un écrivain

juif, le texte suggère spontanément cette interprétation. Au cas cependant où *thelei* exprimerait une nuance distincte (cf. XIII, 6 et XIV, 5), éclairée par certains emplois du vb. dans la *LXX* (= *ḥâphêṣ* « prendre plaisir à, agréer ; aimer, désirer » cf. *1 S.* XVIII, 22 ; *2 S.* XV, 26 ; *1 R.* IX, 1 ; X, 9 ; *1 Ch.* XXVIII, 9 ; *Ps.* CXXXIV, 6 ; etc.), la progression serait différente, *ti thelei* signifiant « ce que désire le Seigneur, ce qui lui plaît » et *ho kurios* insistant sur la notion d'un Dieu vivant, désireux de pénétrer toujours davantage dans la vie concrète de l'homme. Il importe, dès lors, de connaître ses exigences ou ses préférences d'une manière plus intime ou plus personnelle, grâce à un éclairage surnaturel permanent ou à une sorte d'inspiration continuelle. L'auteur irait au-delà de la simple fidélité légale, limitée à l'observation de préceptes positifs. En fait, cette interprétation rejoint la préoccupation majeure de Salomon dans sa demande de la Sagesse. Mais on ne peut assurer que cette idée soit visée maintenant par l'auteur. En tout cas, il se fait l'écho, dans ce v., d'une humanité ignorant la Loi et la Révélation israélite, s'interrogeant sur les moyens de connaître la volonté de la divinité et de plaire au Dieu caché. Chez les Grecs, Théognis déclare (381-382) : « Il n'est point de règle établie par la divinité à l'égard des hommes, point de chemin tracé qu'on puisse suivre pour plaire aux Immortels » (trad. Carrière). — Les vv. 13-16 (om. 16 b) sont cités par *Or.* (*de Orat.* 1 ; *Koet.*, p. 297) ; 13-18 par *Ps. Cypr.* (*sing.* XVI, *CSEL*, III, 190) ; 13-17 par *Anast.* (*PG*, LXXXIX, 528) et *Dam.* (*PG*, XCV, 1265). Sur les citat. d'*Aug.*, cf. A.-M. La Bonnardière, *Augustiniana*, pp. 289-293.

14 a. Souvent cité par *Chrys.* (*PG*, XLVIII, 542 ; LIII, 28 ; LVI, 272 ; LIX, 48), ce v. l'est aussi par Theodoret (*PG*, LXXXI, 32) puis par *Andr. Cret.* (*PG*, XCVII, 1252). L'auteur y allègue la raison immédiate (le v. 15, la raison profonde) de l'impuissance de l'homme à discerner la volonté divine. Le subst. *logismoi* (cf. I, 3, 5) n'a pas ici une note péjorative. Les *verss* l'ont traduit par « pensées » (cf. *Lat., Syr., Shex., Ar.* et, au sing., *Arm.*) et ce sens, préféré par les Modernes, demeure possible, d'après l'usage de la *LXX* ; mais celui de « raisonnements » (adopté par *Far., Goodr., Corn., Web.*), conforme à l'usage profane, l'est également (cf. *logizesthai* en II, 1, 21 ; VIII, 17). Le dét. *thnètôn* fait intervenir un plur. inusité dans la *LXX*, mais courant dans l'usage gr. pour désigner les humains : ils sont les « mortels » (cf. VII, 1 ; XV, 17) par opposition aux Immortels. L'adj. *deilos* signifie étym. « craintif, peureux, lâche », et ce sens subsiste dans la *LXX*, de même qu'en IV, 20 a et XVII, 11 a ; c'est pourquoi l'on préfère souvent le traduire ici par « timide » (*Lat., RV, Goodr., Reid., Mar.,* Osty), ou « peu sûr, mal assuré, hésitant, incertain » (cf. *Reu., Hein., Feldm., Fisch., Cramp., Web.*). Par extension, surtout appliqué à des noms de choses (cf. *Lidd.-Sc.* II), il signifie aussi « vil, misérable, faible » ; comme il caractérise ici des pensées ou raisonnements, cette notion est retenue par d'autres avec des

nuances diverses : « (pensées) faibles, infirmes *(Syr.),* basses *(Shex.,
Guill.),* pauvres *(Duesb.),* misérables *(AV, Ficht.),* sans valeur » *(Siegf.,
RSV).* Mais ce qui est dit de l'homme peut fort bien s'étendre à ses
pensées (cf. *Gre.).* Aussi cette seconde interprétation ne s'impose pas.
L'auteur ne dénie pas toute valeur réelle aux raisonnements ou
pensées et ne veut pas les rabaisser le plus possible : il dénonce
plutôt leur caractère « hésitant, incertain », soit à cause de la
complexité des réalités d'ici-bas (cf. *Corn.),* soit en face des réalités
supraterrestres.

14 b.   Le sujet parallèle, *hai epinoiai,* est suivi du dét. *hèmôn*
pour rappeler apparemment la condition humaine de Salomon, mais
en réalité parce que l'auteur fait appel à un fait d'expérience
commune. Le subst. lui-même (cf. VI, 16 ; XIV, 12 ; XV, 4) désigne
le résultat d'un effort de pensée ou d'une application de l'esprit
(cf. *epinoein* en XIV, 2, 14) et signifie selon les cas, « pensées, conceptions, idées, réflexions », « inventions, trouvailles » ou « intentions,
desseins ». D'où la diversité des traductions proposées ici. En raison
du contexte, nous pensons que l'auteur veut désigner les « idées »
acquises par l'homme, les « conceptions » qu'il a élaborées et qu'il
croit solides. Or elles sont, nous dit-il, *episphaleis* **. La notion
radicale de cet adj. (l'adv. en IV, 4 b) est celle d'instabilité :
« instable, chancelant ; fragile, précaire ». L'esprit humain est donc
incapable de se fixer dans ce qu'il a conçu ou découvert, il quitte
sans cesse une idée ou une opinion pour une autre. En employant
un autre adj., *Phil.* (*Somn.* I, 192) exprime une constatation semblable
(cf. *Études,* ch. II, p. 177, n. 1). Les critiques qui ont interprété
epinoiai au sens de « desseins, projets » (cf. *Siegf., Goodr., Hein.,
Feldm., Ficht.)* peuvent être conduits à faire porter l'insistance du
texte sur une faiblesse de la volonté : même après être parvenu à
discerner le bien du mal (14 a), l'homme serait incapable de prendre
une résolution énergique à cause de ses passions, ou de s'y tenir
en surmontant les obstacles imprévus *(Hein.).* Pourtant, l'auteur ne
semble pas fixer son attention sur ce point, car il reste préoccupé,
dans ce ch., par la connaissance du « vrai pratique » (sur le plan
religieux et moral) et il allègue comme explication (v. 15) non
l'influence néfaste des passions ou un état de péché latent, mais la
condition « charnelle » de l'âme. Aussi *Corn.* dit plus justement que
tout le v. 14 « infirmitatem intellectus nostri iis, quae omnes quotidie
experimur, illustrat ac demonstrat ». Même insistance sur une infirmité congénitale dans l'ordre de la connaissance chez *Cant.* (sur
14 a-b : ἐκ γὰρ δύο τινῶν τὰ πολλὰ τῶν ἡμετέρων ἔσφαλται διανοιῶν,
ὅτι τε ἡμεῖς οὐκ ἐξαρκοῦμεν ὀρθῶς λογίσασθαι περὶ τῶν πραγμάτων,
φθάνομεν γὰρ ἀποθνήσκοντες, καὶ ὅτι οὐδ' αὐτὰ τὰ πράγματα μένειν
πέφυκεν · ἀλλ' ἡμῶν νῦν ὀρθῶς περὶ τούτων βουλευομένων, αὔριον ἀλλοῖα
γεγονότα τὴν ἀκριβῆ τούτων ἐπίσκεψιν διέφθορε) et *Mal.* (14 a : les
pensées de l'homme ne parviennent pas à maturité et il en est
réduit à des hypothèses ou conjectures ; 14 b : ses conceptions sont

hésitantes et manquent d'assurance parce que le poids du corps empêche l'âme d'agir simplement et de penser sans défaillance).

15 a. L'ensemble du v. est cité par *Or.* (*Hom. in Nb.* XXIII, 11, *Baeh.* 222 ; allusion dans *Exhort. mart. II*, VII et XLVII, *Koet.*, pp. 4, 9 et 43) et divers auteurs lat. (cf. A.-M. LA BONNARDIÈRE, *Augustiniana*, p. 206, n. 3), mais tout spécialement par *Aug.* (cf. *ibid.*, pp. 206-221, 289-292). L'auteur y allègue la raison profonde des limites de l'esprit humain. Au début, il met en relief *phtharton gar sôma.* L'adj. est pratiquement inusité dans la *LXX* (seulement en *2 M.* VII, 16 et deux var. sur *Lv.* XXII, 25 et *Is.* LIV, 17), sans doute parce que l'*A.T.* n'emploie le mot « corruption » qu'à propos de l'état qui suit la mort. Dans divers courants de la pensée grecque, au contraire, la condition propre du corps, c'est d'être « corruptible » comme tout ce qui est matière, par opposition aux natures « incorruptibles » (cf. XII, 1) qui échappent au devenir et aux altérations successives. C'est pourquoi le corps est appelé volontiers *phtharton* (ou *thnèton*, cf. *Plat.*, *Tim.* 69 C) et distingué à ce titre de l'âme (cf. p. ex. *Hipparch.*, dans *FPG*, II, 17 a ἐγνωκότες ἑαυτούς, ὅτι ἐντὶ θνατοὶ καὶ σάρκινοι, εὐαδίκητον καὶ φθαρτὸν κεκταμένοι ... σῶμα ; *Fl. Jos.*, *G.J.* III, 372 τὰ μέν γε σώματα θνητὰ πᾶσιν καὶ ἐκ φθαρτῆς ὕλης δεδημιούργηται, ψυχὴ δὲ ἀθάνατος ἀεί). Ici il est dit « alourdir » ou « appesantir » celle-ci, *barunei psuchèn* (sur le vb., cf. II, 4 f). L'auteur évoque ainsi la nature différente de l'âme, faite pour s'élever et exercer librement son activité propre. Cette conception est grecque. Si divers textes de l'*A.T.* soulignent la fragilité ou la faiblesse de l'homme en rappelant qu'il n'est que « chair », le point de vue est différent : la « chair » n'est pas ce qui fait obstacle à l'âme, mais ce qui caractérise l'homme tout entier, envisagé dans sa condition de créature limitée et éphémère (cf. *Gn.* VI, 3 ; *Is.* XL, 7 ; *Ps.* LXXVII, 39 ; *Si.* XIV, 17-19 ; etc.). La distinction (cf. I, 4 ; VIII, 19-20) et surtout l'opposition *sôma ... psuchè* ne correspondent pas à la notion hébraïque de l'homme (cf. P. VAN IMSCHOOT, *Théologie*, II, pp. 11-16 ; cf. aussi *Études*, ch. IV, p. 263, n. 2).

15 b. Cette affirmation parallèle et apparemment synonymique précise en réalité la précédente : le corps est « corruptible » parce qu'il est « terrestre » et il « alourdit l'âme » en accablant l'esprit de soucis. *Brithei* * est un vb. poétique ancien qui est resté confiné à la langue littéraire (la *LXX* ignore également *brithos* « fardeau », *brithus* « lourd ») et qui est usité surtout au sens intrans. : « être alourdi ou chargé ; être lourd, pesant ; incliner, pencher sous le poids » (cf. *Lidd.-Sc.* I) ; le sens trans. « appesantir, alourdir, charger » est rare et poétique (cf. *Lidd.-Sc.* III) mais doit être visé ici. Le vb. est donc parallèle à *barunei* (cf. *Cant.* πρὸς τὸ βαρύνει τὸ βρίθει καταλλήλως τίθησι). D'après le contexte, on pourrait le traduire par « accabler » (*Lat. deprimit*, *Arm.* « abaisse ou fait pencher », *Ar.* « accable », *Shex.* « fait pencher » ; *Syr.* omet 15 b et *Syp.* ne

traduit pas le vb.). L'expression *to geôdes* * *skènos* ** reprend *phtharton sôma* et l'art. équivaut à un démonstratif. L'adj. *geôdès* (cf. XV, 3), « terrestre, fait de terre, apparenté ou semblable à la terre », se rencontre en particulier chez *Plat. (Phed.* 81 C ; cf. *infra), Arist.* (cf. *Index* BONITZ), *Phil. (Migr.* 9 ; *Congr.* 96 ; *Mut.* 33), *M. Aur.* (IV, 4 ; IX, 9). Le subst. signifie litt. « tente » mais, dans l'usage et par opposition à *skènè*, il désigne presque toujours (cf. *Lidd.-Sc.* II, 2) le corps « tente ou enveloppe de l'âme » ; cet emploi métaphorique apparaît déjà chez *Dém.* (cf. *Études*, ch. III, p. 207, n. 7), *Hipp. (Cord.* VII *sôma // skènos),* puis chez *Tim. Locr. (de anima mundi,* IX, p. 44 ; X, 45 b ἀ φύσις οἷον ὄργανον ἁρμόζατο τὸ σκᾶνος) et dans un autre texte néo-pythagoricien cité par *Clém. (Strom.* V, 5, 29, *St.-Fr.,* p. 344), chez *Ps. Plat., Ax.* 366 A (cf. *infra),* dans la littérature hermétique *(C.H.* II, p. 205 ; III, pp. 4, 6, 31), dans les inscriptions funéraires grecques (cf. FESTUGIÈRE, *Idéal,* p. 205, n. 1), etc.

En dépit de cet éclairage grec, l'expression n'a-t-elle pas été suggérée par la Bible ? Celle-ci voit dans l'homme un hôte de passage (cf. *Ps.* XXXVIII, 13 ; CXVIII, 19 ; *1 Ch.* XXIX, 15), et parle de la « tente » *(skènè,* jamais *skènos)* qui lui sert d'abri momentané et est ensuite arrachée (cf. *Jb.* IV, 21 ; *Is.* XXXIII, 20 ; XXXVIII, 12). Pourtant ce n'est qu'une simple image ou comparaison s'appliquant à toute l'existence humaine, non une métaphore faisant du corps « l'enveloppe » de l'âme. L'adj. *geôdes* rejoint plus directement le thème biblique de l'homme « tiré de la terre » *(Gn.* II, 7 ; III, 19 ; etc.) ; il le reprend même expressément en XV, 8. On rappelle aussi que *Jb.* IV, 19 désigne les humains comme les « habitants de maisons d'argile ». Mais on se trouve également en présence d'une conception grecque (cf. *gègenès* en VII, 1) : bien que composé des quatre éléments (cf. *Plat., Phil.* 29 A-E ; *Tim.* 82 A), le corps est en affinité spéciale avec la terre (cf., à propos des « autochtones », *Soph.* 248 C ; *Polit.* 269 B, 271 A) ; un texte de GALIEN *(SVF,* II, p. 144, 438) rapporte une conception stoïcienne analogue *(geôdè tèn ousian einai)* et l'*Axiochos* (365 E-366 A) affirme qu'à la mort l'âme laisse un « corps de terre » *(sôma geôdes)* et se débarrasse d'une « enveloppe *(skènos)* ajustée, pour notre mal, par la nature » (trad. SOUILHÉ). Comme *geôdes* et *skènos* n'apparaissent nulle part dans la *LXX,* il semble que le judaïsme hellénisé se soit appliqué à retrouver dans la Bible les notions grecques correspondantes (cf. les textes de *Phil.* cités à propos de *geôdès)* et qu'il ait prêté attention aux textes susceptibles de figurer le corps comme une « tente » *(Phil., Qu. Gn.* I, 28), ou même comme une « tente de terre » *(Clém., Strom.* V, 14, 94, *St.-Fr.,* p. 388, peut reprendre un thème apologétique plus ancien). C'est par ce biais seulement que l'expression *geôdes skènos* peut rejoindre aussi les motifs bibliques. S'il est, dès lors, légitime de traduire *skènos* par « tente », bien que l'image biblique soit transposée dans un autre contexte, on évitera cependant de faire intervenir les notions d' « argile » ou de « limon » à propos de *geôdes,* en rattachant trop délibérément à *Gn.* II, 7.

L'adj. signifie seulement « fait de la terre, constitué de terre, apparenté à la terre ». Plutôt que de le traduire par « terrestre » (employé au sens d'existence terrestre, sur terre), nous préférons le déterminatif « de terre ».

Le compl. *noun poluphrontida* reprend *psuchèn* de 15 a avec d'autres précisions. L'adj. *poluphrontis* *, attesté une seule fois ailleurs (*Anacreontica* 50, ed. Rose ὅτ' ἐγὼ πίω τὸν οἶνον / ἀπορίπτονται μέριμναι / πολυφρόντιδές τε βουλαί) et susceptible d'avoir été forgé par l'auteur, est l'objet de deux interprétations distinctes : « aux pensées multiples, qui pense beaucoup, plein de pensées, méditatif » (cf. déjà *Lat. : multa cogitantem*, puis *Gri., Reu., Dea., Far., Siegf., Goodr., Hein., Feldm., Ficht., Duesb., Fisch., Cramp., RSV*), et « aux soucis multiples, plein de préoccupations ou de soucis » (cf. déjà *Syp.* « qui a beaucoup de préoccupations », *Shex.* « qui se préoccupe beaucoup » et *Ar.*, puis *RV, Corn., Gre., Web., Mar., Guil., Osty*). La seconde, adoptée spontanément par *Mal.* (ἐν ταῖς πολλαῖς καὶ παντοδαπαῖς ταῖς σωματικαῖς τε καὶ βιωτικαῖς μερίμναις) et *Cant.* (οὐκ ἐᾷ τὸν νοῦν καθ' αὐτὸν ἀπολύτως λογίσασθαι, ἀλλὰ μυρίαις αὐτὸν συνέχει φροντίσιν ἐκ τῶν κατὰ τὴν ὕλην πολυμόρφων ἐπιπλοκῶν), nous paraît préférable : elle correspond mieux à l'emploi de *phrontis* en *Sag.* (cf. VII, 4 ; VIII, 9 ; puis V, 15 ; VI, 17 ; XV, 9) ; l'idée que l'esprit « agite beaucoup de pensées » ne va pas sans banalité et l'opposition ferait attendre plutôt « aux pensées nobles, élevées ». Par ailleurs, la présence du mot *nous*, exceptionnel en *Sag.* (seulement en IV, 12), contribue à accentuer la tonalité grecque de tout ce v. Et ceci nous amène à examiner de plus près l'influence exercée par les conceptions grecques pour déterminer ensuite la portée d'ensemble du texte.

Les réminiscences platoniciennes sont les plus apparentes et il importe d'abord d'en préciser la nature (sur le problème, cf. surtout F. C. Porter, dans *Memorial* Harper, pp. 227-229, cf. *comm.* sur VIII, 20 ; *Hein.*, pp. 188-189 ; *Schü.*, pp. 37-39 ; cf. aussi, avec une attitude plus négative, Reese, *Hellenistic influence*, pp. 86-87). Les deux vbs *brithein* / *barunein* se rencontrent dans le mythe de l'attelage en *Phedr.* 247 B ((βρίθει ὁ τῆς κάκης ἵππος μετέχων, ἐπὶ τὴν γῆν ῥέπων τε καὶ βαρύνων ...), un texte supposant une division tripartite de l'âme et illustrant une « lutte intérieure de tous les temps » (Festugière, *Idéal*, p. 200). Dans le *Phédon* (81 B-C), *Plat.* parle d'une âme qui, s'étant prêtée à tous les désirs du corps durant son existence corporelle, garde en elle une inclination vers le corps : « c'est quelque chose de pesant, de lourd, de terreux et de visible que porte en elle cette âme : aussi elle est alourdie et attirée de nouveau vers le lieu visible » (ἐμβριθὲς δέ ... καὶ βαρὺ καὶ γεῶδες καὶ ὁρατόν ... ἡ τοιαύτη ψυχὴ βαρύνεταί τε καὶ ἕλκεται πάλιν εἰς τὸν ὁρατὸν τόπον, trad. Robin). Enfin, nous avons noté la présence de *geôdes* et de *skènos* dans un texte de l'*Axiochos*. Précisons d'abord que le rapport à *Phedr.* 247 B demeure lointain et n'invite nullement à postuler ici une division tripartite de l'homme : le *nous* n'est pas distinct, par nature, de la

psuchè et supérieur à elle (cf. *Études*, ch. IV, pp. 265-266). L'auteur
a voulu seulement mettre en relief, sous l'influence de réminiscences
grecques, l'activité supérieure ou intellectuelle de l'âme (cf. *Gri.*
« *nous* ist nichts Anderes als die *psuchè* nach ihrer Thätigkeit als
Denkkraft »). La relation à *Phed.* 81 B-C semble plus directe mais
pose un autre problème : *Plat.* parle d'une âme qui reste souillée
après avoir vécu « charnellement » et devra revenir dans un autre
corps ; l'auteur envisage la condition normale de l'âme pour noter,
sans nuance péjorative particulière, que le corps s'avère pour elle
un fardeau ou un obstacle. Les termes n'ont donc pas la même
portée et l'idée visée par le texte rejoindrait plutôt *Phed.* 66 B-67 B,
où *Plat.* mentionne les multiples obstacles suscités par le corps au
libre essor de l'esprit, dans la condition actuelle de l'homme, mais
conclut à la nécessité de fuir le corps le plus possible car il reste
« un mal » (66 B). Cette conclusion, l'auteur ne la tire pas et il se
contente d'affirmer la nécessité d'une assistance de la Sagesse divine.
Du reste, il conçoit différemment l'union de l'âme et du corps. Le
mot *skènos*, en effet, ne doit pas être sollicité indûment. Si l'*Axiochos*
(365 E-366 A) l'emploie en rappelant que l'homme est essentiellement
une âme, « enfermée dans une prison mortelle », dans « un corps
de terre », il n'équivaut pas, de soi, aux termes « prison, tombeau,
cadavre, etc. » (cf. S. PÈTREMENT, *Le dualisme chez Platon*, Paris,
1947, pp. 117-118) indiquant plus clairement que l'âme se trouve
dans une « demeure étrangère » (cf. *Cic., Tusc. I*, XXII, 51), comme
une déchéance ou un châtiment. Pour l'auteur, le corps reste un
instrument nécessaire ou normal de l'âme et la pensée d'ensemble
du livre va dans le sens d'une sorte d'union substantielle entre l'un
et l'autre. Certes, la métaphore de la « tente » suppose une union
moins étroite, dans un contexte qui suggère non seulement une
distinction, mais une opposition de nature. Pourtant, on ne peut
en tirer ni l'idée d'une existence antérieure de l'âme, ni une conception pessimiste de son union au corps ; on y verra surtout un écho
de la croyance en une destinée propre et immortelle de l'âme. Par
conséquent, la présence de termes platoniciens dans le v. 15 ne
signifie pas l'adoption d'un système de pensée, mais dénote une
transposition personnelle et réfléchie.

On éprouve plus de peine à préciser les points d'appui immédiats d'une telle transposition. Comme on estime peu vraisemblable
que l'auteur ait lu en entier certains Dialogues platoniciens, *Hein.*
songe à un ouvrage « de troisième ou quatrième main, peut-être un
traité de vulgarisation dans lequel la phrase de *Phed.* 81 C était déjà
détachée de son contexte », *Schü.* (p. 38) à un « ouvrage philosophique de vulgarisation écrit peut-être sur la trame du *Phédon* et
avec de notables emprunts faits à cet ouvrage » ; HEINEMANN (*Poseid.*,
p. 140) postule un intermédiaire stoïcien (Posidonius), tandis que
REESE (*Hellenistic influence*, pp. 86-87) éclaire directement le texte
par les traités moraux de l'époque hellénistique, en particulier par
les traités néo-pythagoriciens *Sur la Royauté* (cf. *Études*, ch. III,

p. 219, n. 2). On reconnaîtra sans difficulté que le thème du corps
« fardeau » de l'âme et obstacle permanent à la vraie vie se rencontre chez les auteurs les plus divers, car il s'agit d'une vérité
d'expérience morale (cf. *Cic., Senect.* XXI, 77 ; *Tusc.* I, 75 ; *Sén.,
Ep.* LXV, 16 et d'autres textes cités par *Gri.* et *Hein.* ; cf. aussi
Études, ch. IV, p. 251 et n. 6). Pourtant, la réunion, dans un
même v., de plusieurs termes chargés d'évocations platoniciennes
demeure significative ; elle l'est davantage encore si l'*Axiochos* était
déjà rangé, avant *Sag.*, parmi les œuvres de *Plat.* (cf. *Études*, ch. IV,
p. 253, n. 1). Mais il s'agit seulement de réminiscences, intégrées
avec une autre portée dans un développement qui reste personnel.
Et ceci rend plus obscur le problème des sources utilisées et des
intermédiaires possibles (cf. *Études*, ch. III, pp. 223-236).

Mais seule importe, en définitive, la pensée exprimée par l'auteur.
Selon lui, le corps exerce sur l'âme une influence « pesante, alour-
dissante ». D'abord parce qu'il est *phtharton*, c.-à-d. périssable par
nature, soumis aux conditions de la nature matérielle qui change
sans cesse et tend vers la corruption, donc en affinité foncière avec
les réalités matérielles ou sensibles, tandis que l'âme est supposée
d'une nature différente et en affinité avec les réalités spirituelles.
Selon certains critiques (*Corn.*, pp. 361 et 359 ; *Schü.*, pp. 40-41),
l'adj. impliquerait que cette condition n'a pas été voulue primitivement par Dieu : le corps ne devrait pas être « corruptible »
puisque l'homme a été créé pour l'incorruptibilité (II, 23 a) ; de
même dans la perspective d'une résurrection corporelle, il ne sera
pas toujours un « poids » pour l'âme. A notre avis, ces notions
demeurent étrangères à la problématique (grecque) du texte. L'auteur
ne remonte pas ici aux desseins primitifs de Dieu et ne se préoccupe
pas de la destinée eschatologique de l'homme. Il envisage une situation de fait, avec le souci d'expliquer comment l'âme se trouve
entravée dans son activité propre : étant d'une essence supérieure,
elle devrait pouvoir connaître plus librement et plus sûrement les
vérités qui sont son aliment propre. S'il emploi ensuite *geôdes skènos*,
c'est simplement pour rappeler que le corps, demeure fragile et
instable de l'âme, a été formé et reste constitué de terre, sans laisser
entrevoir une condition différente. A ce titre, le corps reste immergé
dans le sensible et dépendant des autres réalités matérielles. Dès
lors, il oblige l' « esprit » à s'occuper sans cesse de lui, en l'empêchant
de vaquer librement à son activité intellectuelle ou contemplative :
il le rend *poluphrontis*. Nous avons dit que *Phéd.* 66 B-67 B se présente comme un commentaire de l'idée exprimée. D'autres parallèles
peuvent être allégués (cf. *Cic., Tusc.* I, 75 ; *Sén., Ep.* LXV, 16), en
particulier *Phil., Plant.* 24-25 et surtout *Gig.* 29-31. Pourtant l'ambiance
n'est pas la même : l'âme n'est pas « emprisonnée » dans un corps
et exhortée à s'affranchir de lui le plus possible ; la libération ne
se trouve pas dans l'étude de la philosophie, dans la contemplation
ou le renoncement à toutes les obligations familiales ou sociales
(Phil.) nouées par l'intermédiaire du corps. L'auteur enregistre un

fait de nature et un fait d'expérience, sans même se livrer à des considérations morales, encore moins aux développements pessimistes qui étaient de mode. La solution, pour lui, c'est de demander à Dieu la Sagesse : elle seule peut venir en aide à la faiblesse et aux insuffisances de l'esprit humain, surtout lorsqu'il s'agit de discerner ce qui est agréable à Dieu et de connaître sa volonté en toute occurrence.

16 a. *Kai* est encore conséc. ; *molis* (qui alterne avec *mogis* en *class.* et dans la *Koine*) signifie soit « à peine », soit « avec peine, difficilement », mais le second sens est à préférer car le mot est placé au début du v. et il est repris en 16 b par *meta ponou*. Le vb. *eikazomen*, employé en VIII, 8 d'une connaissance qui procède par comparaison pour conjecturer l'avenir, doit insister ici soit sur le caractère approximatif ou conjectural de la connaissance humaine (cf. *Cant.* εἰκαστικῶς καὶ οὐκ αὐτὴν τὴν τούτων ἀλήθειαν), soit sur les démarches successives et laborieuses de celle-ci. En effet, le compl. *ta epi gès* ne s'applique pas spécialement ou uniquement aux phénomènes ou événements futurs (« ce qui se produira sur terre ») ; il doit avoir une portée plus générale (cf. v. 14) et désigner l'ensemble des « réalités terrestres » que la science de l'homme s'efforce de connaître ou de scruter (cf. *Gri., Hein.*). Par conséquent, au lieu de traduire le vb. par « conjecturer » ou « deviner » (trad. habituelle ; mais *Lat.* « estimer », *Syr.* « percevoir » ou « comprendre »), nous préférons « imaginer » *(Cramp.)*, « se représenter » *(Guil.)*, « se faire une idée ».

16 b. Ce stique reprend le précédent sous forme de chiasme *(Hein.)*. Le compl. est restrictif par rapport au précédent (*kai*, « et même »), mais il se présente sous deux formes dans les *mss : ta en posin* (S V 613 *Arm.*) et *ta en chersin (cet.)*. La seconde, moins précise, désigne surtout dans l'usage gr. (cf. *Lidd.-Sc.* II, 6 f) ce qu'on est en train de faire (cf. XIX, 3), ce qu'on a bien en main ou des réalités actuelles (cf. *Phil., Abr.* 202) ; la première, plus exacte (pour signifier « ce qui est à portée ») mais plus recherchée (l'usage préfère *ta pro podôn, pros posin*, etc. ; cf. cependant *Soph., Ant.* 1327 *tan posin kaka ; Luc., Nigr.* VII *ta en posi*), suggérée peut-être par la célèbre mésaventure de Thalès qui, les yeux levés vers le ciel, tomba dans un puits (cf. *Plat., Theet.* 174 A-B ὡς ... τὰ ἐν ποσὶν ἀγνοῶν, τὰ ἐν οὐρανῷ προθυμοῖτο εἰδέναι ; *Dio. Lae.* I, 34 σὺ γάρ, τὰ ἐν ποσὶν οὐ δυνάμενος ἰδεῖν, τὰ ἐπὶ τοῦ οὐρανοῦ οἴει γνώσεσθαι ;), serait considérée volontiers comme originale : on l'aurait remplacée très tôt par une leç. plus facile. Mais le processus inverse n'est pas impossible : *en posin* serait la correction d'une leç. estimée banale ou impropre. Le sens visé reste le même : « ce qui est à notre portée ». Le vb. *heuriskomen* (cf. V, 10, 11 ; VI, 12) signifie en raison du contexte « trouver, découvrir » par l'esprit, au terme d'une recherche ou après examen (cf. *Lidd.-Sc.* II, 1 et le mot célèbre d'Archimède

rapporté par *Plut.*, *non posse suav.* XI, 1094 C). Enfin *meta ponou*
insiste sur l' « effort » requis (cf. III, 15 ; V, 1) : ces réalités qui lui
sont pourtant accessibles et même familières, l'homme ne parvient
à les connaître, ne découvre leur nature, leurs rapports et leur
signification pour lui que par un effort laborieux et assidu d'observation et de réflexion.

16 c. Avec *de* advers., l'opposition porte à la fois sur 16 a et 16 b
(cf. *Hein.*), mais *ta en ouranois*, « ce qui est dans les cieux, les
réalités célestes », correspond directement à *ta epi gès* de 16 a.
Dea. allègue comme parallèle *4 Esd.* IV, 21 (« à ceux qui habitent
sur terre il est donné de connaître seulement ce qui est sur terre,
et à celui qui habite au-dessus des cieux de connaître ce qui est au-
dessus des cieux » trad. L. GRY, I, p. 31) et *Gri.* rappelle la distinction rabbinique entre « choses de la terre » et « choses du ciel ». Dans
l'interrogation *tis exichniasen*, la forme aor. appuyée par *Lat.* (cf.
Dea. et *Bi. Sa.*) est à préférer (cf. *egnô* en 17 a) à la forme fut.
exichniasei (attestée par de nombreux *min.*, cf. *Zie.*) due sans doute
à l'influence de *Si.* I, 3. Le vb., propre à la *LXX* (cf. VI, 22) avec
le sens de « rechercher les traces, explorer ; dépister, découvrir »,
y souligne volontiers le caractère insondable de l'œuvre de la sagesse
de Dieu (cf. *Si.* I, 3 ; XVIII, 4, 6 ; XXIV, 28 ; cf. aussi, avec des
termes apparentés, *Jb.* IX, 10 ; XI, 7). L'interrogation elle-même
(avec la mention du « ciel ») rappelle non seulement *Si.* I, 3 (« la
hauteur du ciel »), mais encore *Pr.* XXX, 4 ; *Dt.* XXX, 12 (de la Loi)
et *Ba.* III, 29 (de la Sagesse). Enfin l'expression *ta en ouranois*
désigne-t-elle d'abord les réalités physiques du monde céleste, évoquées en particulier par *Jb.* XXXVIII, 19-35 ? Inclut-elle aussi les
réalités spirituelles ou proprement divines, puisque Dieu, par opposition au domaine terrestre assigné à l'homme, réside au ciel (*Ps.*
CXV, 16), « au ciel du ciel » (*LXX Ps.* CXIII, 24) ou dans les « cieux
saints » (cf. *comm.* sur 10 a) ? Certains critiques (en particulier *Gri.*,
Hein.) insistent délibérément sur le second aspect : non seulement
l'expression désignerait « Dieu, la Sagesse, les Anges et les Saints »
(Hein.), mais encore elle évoquerait le mystère des voies de Dieu,
ses pensées ou ses desseins (cf. *Is.* LV, 8-9), et *boulè theou* en 17 a
ne ferait que déterminer cet ensemble de réalités surnaturelles. Selon
M. GILBERT (*Volonté de Dieu et don de la Sagesse*, dans *NRT*, 1971,
pp. 145-166), l'auteur s'inspirerait de *Dt.* XXX, 12 et *Ba.* III, 29 (cf.
supra) et songerait déjà à la volonté divine révélée dans la Loi
et rendue proche de l'homme par la Sagesse (cf. surtout pp. 153-157).
Cependant, l'expression garde un caractère général et doit résumer
tout ce qui n'appartient plus à la terre, tout ce qui est censé
échapper à la connaissance naturelle de l'homme. Le v. suivant,
introduit par *de* et non coordonné, marque plutôt une gradation :
c'est seulement alors, nous semble-t-il, que l'auteur quitte entièrement le plan des réalités créées. L'impossibilité de connaître la
« volonté divine » apparaît comme le cas extrême des limites radi-
cales de toute connaissance humaine.

17 a. Les vv. 17-18 sont cités par *Clém., Strom. VI*, XI, 92 (*St.-Fr.*, p. 478). L'interrogation *boulèn de sou tis egnô* met en relief *boulè sou* en renvoyant directement, comme en 13 a (cf. *comm.*), à la « volonté de Dieu », c.-à-d. à ses exigences sur l'homme. *Gri.* et *Hein.* excluent même tout autre sens (cf. en particulier « conseil » *AV, RV, Goodr., RSV*, « dessein » *Dea.*) en invoquant les vv. 9-12 et 18 : « non pas ce que Dieu se propose de faire pour l'homme, mais ce qu'il réclame de lui ». Il n'est pas nécessaire de limiter aussi rigoureusement la portée du terme, car cette « volonté » qui s'impose à l'homme s'insère dans un « dessein » qui concerne toute l'humanité et qui procède d'une même décision libre de Dieu (cf. *Corn.*). L'aor. *egnô* (de même que les suivants *edokas* et *epempsas*) pourrait être gnomique, exprimant une vérité générale (« qui la connaît » ?). Néanmoins, comme le v. suivant, rattaché étroitement, introduit un résumé de l'histoire ancienne (ch. X), il doit avoir valeur de passé (cf. *Corn., Ficht.*). L'auteur suppose, en effet, que dans tout le passé de l'histoire humaine, prolongée par celle d'Israël, certains individus ont connu la « volonté » de Dieu. Mais cette connaissance fut le fruit d'une révélation ou inspiration surnaturelle. La mention du « don de la Sagesse », *ei mè su edôkas sophian* (« si toi tu n'avais donné, sans que toi tu aies octroyé ta Sagesse »), ramène au thème central du ch. IX et à la demande formulée par Salomon au v. 4 *(dos moi)*.

17 b. La mention de l' « envoi du saint esprit de Dieu », *kai epempsas to hagion sou pneuma*, est coordonnée selon un parallélisme rigoureux : comme la Sagesse, l'Esprit est « envoyé » (cf. *pempson* en 10 b), et il est envoyé « d'En Haut », *apo hupsistôn* (une formule de la *LXX* alternant parfois avec « les cieux », ainsi en *Jb.* XVI, 19 ; *Ps.* CXLVIII, 1 ; or cf. 10 a). L'expression *hagion pneuma* (cf. I, 5 a), non attestée dans le gr. profane (cf. *TWNT*, VI, pp. 336-337), explicite une notion profondément enracinée dans la pensée de l'*A.T.* (cf. *TWNT*, I, p. 104, 5-25). Dans la *LXX*, on rencontre trois fois la formule *to pneuma to hagion sou / autou* (*Ps.* L, 13 ; *Is.* LXIII, 10, 11), reprise par notre texte. La portée morale de *hagion*, fortement accentuée en I, 5 a, subsiste ici, mais l'auteur insiste en même temps (cf. VII, 22 b) sur l'origine et la nature de l'Esprit : il émane de Dieu, vient d' « En Haut », de la sphère divine (rapprocher *hagiôn ouranôn* en 10 a). Mais quel est le sens de la substitution du « saint esprit de Dieu » à la Sagesse et du parallélisme mis en œuvre dans ce v. ? Dans le livre, le parallélisme synonymique manque de rigueur : habituellement, le second membre explicite le premier à un autre point de vue, complète la pensée d'ensemble ou introduit une idée plus personnelle. D'après les rapprochements antérieurs entre la Sagesse et l'Esprit, le texte pourrait signifier que la Sagesse agit à la façon d'un *pneuma* (VII, 7 b), qu'elle est par nature un *pneuma* divin (VII, 22 b-24), bien plus l'Esprit du Seigneur dont parle l'*A.T.* (I, 4-7). Pourtant, sa portée immédiate est différente : la Sagesse et

l'Esprit s'identifient dans une mission commune : ils « sont envoyés »
pour éclairer, guider et assister l'homme. L'auteur s'est souvenu du
rôle assigné à l'Esprit, présenté comme le guide du peuple saint,
en *Is.* LXIII, 9-13 : dans ce passage, en effet, l'Esprit est désigné
par la même formule que dans notre texte (cf. *supra*) ; en outre,
au v. 11, son assistance intérieure est étendue à tous les Israélites
(plus nettement encore dans la *LXX* : ποῦ ἐστιν ὁ θεὶς ἐν αὐτοῖς τὸ
πνεῦμα τὸ ἅγιον ;). Or l'auteur s'apprête à montrer la Sagesse à
l'œuvre, non seulement comme conductrice du peuple saint, mais
encore comme guide et inspiratrice de l'humanité depuis les origines.
Par ailleurs, on rappellera non seulement l'importance croissante
accordée à l'Esprit comme principe surnaturel de connaissance et
de révélation prophétique ou de vie religieuse et morale, mais encore
le rapprochement progressif entre ses activités et celles de la
Sagesse (cf. *Études*, ch. V, p. 361, n. 2 et pp. 363-364) : ici, par
l'intermédiaire de *Ps.* L, 13 (cf. *supra*), l'influence d'*Ez.* XXXVI, 26-27
demeure latente et le parallélisme synonymique mis en œuvre tend
à signifier que la Sagesse assurera intérieurement une parfaite
conformité au vouloir divin (cf. aussi M. GILBERT, *Volonté de Dieu...*,
pp. 157-162).

18 a. Ce v. sert de transition (préparée déjà au v. 17) et les
vbs sont de véritables aoristes (plus nettement encore que ceux du
v. 17). *Kai houtôs :* « et c'est ainsi », de cette manière seulement,
grâce à cette assistance de la Sagesse à l'œuvre dès le passé. Le vb.
diorthoun (seul emploi en *Sag.* ; le subst. en VII, 15 d) signifie litt.
« rendre droit », d'où « rectifier, corriger ; régler, payer » (cf. *Lidd.-Sc.*
II et III) et l'on notera dans la *LXX Jr.* VII, 3 et 5 *(diorthôsate tas
hodous humôn)* et *Pr.* XV, 29 b *(TM* XVI, 9) ; ici il est préférable
de traduire litt. *diôrthôthèsan* (« ainsi furent rendus droits ») à cause
du sujet *hai triboi* et de l'image qu'il évoque (cf. déjà II, 15 ; V, 7 ;
VI, 16). On prolongerait la même image en glosant le dét. *tôn epi gès*
par « ceux qui cheminent sur terre » ; en tout cas, cette expression
désigne « ceux qui habitent sur terre » par opposition au monde
céleste d'où la Sagesse est envoyée. Le *ms.* C porte *tôn ethnôn epi
tès gès :* un scribe semble avoir voulu insérer ici le thème du salut
des « nations » (cf. *Gri.*).

18 b. *Kai ta aresta sou edidachthèsan* détermine l'affirmation
précédente. Le sujet est cette fois *anthrôpoi* sans art., c.-à-d. les
hommes considérés dans leur ensemble et d'une façon générale, non
tous les individus de l'espèce. *Edidachthèsan* signifie « furent
instruits, enseignés » sans que soit précisé le mode de cet enseignement : en VI, 10 b il s'agit d'une doctrine de sagesse proposée
objectivement à tous les souverains ; en VII, 22 a, d'une communication directe à l'esprit de toutes les connaissances humaines possibles ; en XII, 19 a, d'une leçon donnée par les faits. L'auteur
accepte certainement la présentation biblique de l'histoire humaine,

avec une révélation primitive du dessein de Dieu, puis, entrecoupée de longs temps d'ignorance ou d'égarement, une manifestation progressive des exigences divines qui culmine dans le don de la Loi. Mais celle-ci devra informer toute la vie concrète (cf. 9 d) et recevra pour cela l'apport distinct des Prophètes et des Sages ; par ailleurs, la manifestation de la volonté divine peut correspondre à des tâches particulières ou à une situation personnelle (c'est le cas de Salomon). Le compl. *ta aresta sou* désigne « ce qui plaît à Dieu » et rejoint le thème d'une connaissance pratique des exigences divines (cf. 9 c, 10 d). L'expression a été suggérée très probablement par *Ba.* IV, 4 : « Heureux sommes-nous, Israël, ὅτι τὰ ἀρεστὰ τῷ θεῷ (B τοῦ θεοῦ) ἡμῖν γνωστά ἐστιν. » Mais elle y désigne la Loi, avec laquelle la Sagesse est identifiée. Ici, elle ne nous semble pas avoir cette portée restreinte. En effet, la prière de Salomon fait partie d'une section où la Sagesse domine la Loi (en XVIII, 4 le contexte est différent), où l'auteur tient compte de l'apport original des doctrines de sagesse, garde le contact avec l'universalisme foncier de celles-ci (cf. ch. VI), avec la double tendance à intérioriser et à généraliser l'influence salutaire de la Sagesse (cf. VII, 27 c-d). Par ailleurs, le v. 18 est la conclusion d'une prière qui revient sans cesse à l'homme comme tel ; et s'il introduit en même temps un développement où l'horizon se restreint progressivement, la Sagesse apparaît à l'œuvre dès les origines et antérieurement au don de la Loi (lequel n'est pas mentionné). Assurément, la volonté divine révélée objectivement dans la Loi doit garder une place centrale dans la pensée d'un écrivain juif ; pourtant, l'attention de l'auteur se fixe davantage sur la reconnaissance effective et vitale de cette volonté ; en même temps, il semble envisager une éducation progressive de l'humanité, donc un mode d'enseignement *(edidachthèsan)* plus souple, illustré par le passé (antérieur à la Loi) et susceptible de se répéter dans le présent.

18 c. A la fin de cette prière, on notera la mention intentionnelle de la Sagesse, *kai tèi sophiai (sou* paraît une addition secondaire, cf. *Zie.)*, en relation immédiate avec *anthrôpoi* qui précède (or cf. 2 a), et le relief pris par *esôthèsan*. La Sagesse a « sauvé » les hommes, non seulement en les éclairant sur ce qui plaît à Dieu (18 b), mais encore en les assistant et en les délivrant. C'est le premier emploi de *sôzein* en *Sag.* (cf. seulement *sôtèrios* en I, 14 ; *sôtèria* en V, 2 et VI, 24), mais on retrouve le vb. en X, 4 ; XIV, 4 ; XVI, 7 et XVIII, 5, où il caractérise une œuvre divine de délivrance au milieu de dangers mortels. Selon *Goodr.*, il a ici la même portée et désigne uniquement la délivrance de maux temporels. *Gri.* pense, au contraire, à un salut spirituel : les hommes « furent sauvés du péché et de l'erreur et, par là, rendus aptes à participer au salut éternel » ; *Hein.* déclare également : « les hommes... auraient connu clairement ce qu'il faut faire ou éviter (18 b) pour obtenir l'amitié de Dieu et, finalement, la béatitude éternelle *(esôthèsan)* ». Comme le vb. sert de transition, il est préférable de lui donner un sens

prégnant, d'après ce qui précède et ce qui suit. Au ch. IX, le principal bien de salut assuré par la Sagesse est la connaissance certaine et concrète de la volonté divine ; au ch. X, elle délivre, certes, des dangers temporels jusqu'à préserver l'humanité d'une extermination radicale (v. 4), mais son influence s'exerce également sur un plan spirituel : elle délivre Adam de son péché (v. 1), elle garde Abraham « sans tache » et lui communique la force (v. 5). Par conséquent, elle « sauve » non seulement les corps, mais les âmes, et permet aux hommes de mener une vie agréable à Dieu. On peut même faire intervenir le contexte d'ensemble de *Sag. II* : l'influence salutaire de la Sagesse tend, de soi, à procurer l'amitié avec Dieu (VII, 27 c-28) et à assurer l'immortalité bienheureuse (cf. VI, 18 c-21 ; VIII, 17 c). La Sagesse apparaît donc comme un principe universel de salut pour les hommes en général, et elle s'est déjà révélée telle à l'égard de certains personnages du passé biblique. (Selon M. GILBERT, *Volonté de Dieu...*, pp. 164-165, le pas qui reste à franchir pour que se réalisent pleinement les prophéties de Jérémie et d'Ezéchiel serait l'extension à tout le peuple d'un privilège réservé à certaines figures du passé.)

A la suite de 18 c, un bon nombre de *mss lat.* (cf. *Bi. Sa.*) ajoutent : *quicumque placuerunt tibi Domine a principio*, et le premier membre, détaché de ce qui précède, est alors introduit par *nam*. Mais ce surplus, ignoré par *Ps. Cypr.* (*sing.* 16 ; *CSEL* III, 191), *Aug.* (*Mor. eccl.* I, 16, 28 ; *PL* XXXII, 1323) et *Fulg.* (*ver. praed.* II, 13 ; *PL* LXV, 638), ne devait pas faire partie de la traduction primitive. Du reste *Skeh. n.*, pp. 237-238, a bien montré qu'il résultait de corruptions successives. On ne peut donc s'appuyer sur lui pour restituer un stique supplémentaire *(Gutb.* et *Goodr. ;* cf. en sens contraire *Corn.* et *Hein.*).

CHAPITRE X

Remarques préliminaires. Ce ch. se rattache étroitement à ce qui précède : la Sagesse reste en scène et son intervention salutaire dans l'histoire, évoquée déjà en VII, 27 c, a été préparée par les considérations du ch. IX sur la condition humaine et annoncée aux vv. 17-18. Alors que le ch. VII insistait sur son activité cosmique universelle et l'identifiait avec la Providence (cf. VIII, 1), que le ch. VIII laissait entrevoir son rayonnement possible dans tous les domaines d'une vie individuelle, elle apparaît maintenant à l'œuvre dans l'histoire ancienne. L'auteur recherche « ses traces » (VI, 22 c) non plus sur un plan transcendant en faisant état des lumières « nouvelles » reçues par Salomon, mais en s'appuyant sur les récits de la *Genèse* et de l'*Exode*. En fait, il introduit l'histoire dans la littérature sapientiale. S'il a été devancé sur ce point par *Si.* XLIV-L, les deux initiatives diffèrent profondément. La première se contente de rappeler les grands exemples du passé et laisse les faits parler d'eux-mêmes ; le rattachement à la Sagesse n'est même pas esquissé et il s'agit par conséquent d'une annexion purement extérieure. Ici les événements sont dirigés par la Sagesse divine elle-même, l'auteur prend plus de recul par rapport aux données bibliques et les interprète souvent d'une façon personnelle. Cette tendance s'accusera davantage aux ch. suivants, bien que la Sagesse ne soit plus en scène, et l'auteur s'efforcera de discerner les constantes des voies de Dieu dans l'histoire pour en faire jaillir une lumière supérieure. C'est à leur propos surtout qu'on peut parler d'une sorte de théologie de l'histoire. On retrouve aussi dans ce ch., mais sous-jacente, une philosophie de l'histoire retraçant le développement de la civilisation jusqu'à l'établissement de la royauté (cf. *Études*, ch. III, p. 192 et, moins nettement *Goodr.*, p. 224). A un certain point de vue et à cause de son caractère historique, le ch. X introduit la dernière section du livre et sert de transition entre *Sag. II* et *III*. Pourtant il appartient encore à *Sag. II*. L'auteur y évoque successivement Adam et sa faute (1-2), le meurtre d'Abel (3), le déluge et Noé (4), la tour de Babel et l'élection d'Abraham (5 a), la foi de celui-ci et le sacrifice d'Isaac (5 b-c), Lot et le châtiment de la Décapole (6-8), les tribulations et les expériences spirituelles de Jacob (9-12), Joseph vendu par ses frères et réhabilité merveilleusement (13-14), enfin Moïse avec l'Exode et le passage de la mer Rouge (15-XI, 1).

L'œuvre salutaire de la Sagesse dans le passé
Adam et son relèvement

1. *C'est par elle que le premier formé comme père du monde*
   et créé solitaire, fut gardé avec soin.
   Puis elle l'arracha à sa transgression propre
2. *et elle lui conféra la force de maîtriser tous les êtres.*

1 a. Avec *hautè*, démonstratif emphatique (cf. VIII, 2), la Sagesse est maintenue au premier plan. Nous traduisons « c'est par elle » pour garder l'ordre du texte car l'auteur fait précéder le vb. d'un long compl. Nous rencontrons d'abord *prôtoplaston* * (cf. déjà VII, 1) qui doit signifier « premier façonné, modelé » et renvoie à *Gn.* II, 7. Un texte de *Phil.* (*Qu. Ex.* II, 46 ed. MARCUS, p. 92, n. c et p. 251) applique le terme à celui qui fut modelé le sixième jour, par opposition à l'homme céleste créé à l'image de Dieu le septième jour. L'épithète suivante, *patera kosmou* (*Lat. pater orbis terrarum*), est singulière. « Père du monde », Adam ne peut l'être à titre d'auteur : en *Sag.*, c'est Dieu l'unique auteur ou créateur de tout (cf. I, 14 ; IX, 1 ; XIII, 1, 3-5), l'homme y compris (II, 23 ; IX, 2). Cependant, A. DUPONT-SOMMER (dans *RHR*, 1939, pp. 182-203, plus spécialement 184-188) envisage ici la reprise d'un thème mythique : celui d'un « premier homme » qui aurait joué un rôle important dans la création, bien plus aurait été « plus ou moins l'auteur et le producteur du monde ». Mais cette interprétation soulève des difficultés. Un texte de *Plat.* (*Tim.* 28 C) désigne bien le Démiurge comme le « père de cet univers », mais il reste à expliquer le passage du Démiurge à l'homme lui-même. Les parallèles tirés de *Phil.* ou de l'Hermétisme ne sont pas toujours éclairants ou s'appuient sur des spéculations étrangères à notre livre. Ainsi *Phil.* dégage de *Gn.* I, 26-27 et II, 7 l'idée d'une double création de l'homme : l'homme « divin » ou spirituel se distingue de l'homme « formé de terre » ou terrestre et devient, sous l'influence de la théorie platonicienne des Idées, l'Homme idéal, archétype parfait de l'humanité (cf. BRÉHIER, *Idées*, pp. 121-122). Ou bien *Phil.* donne « une description mythique du premier homme né de la terre » : il est si parfait, si souverain sur la nature entière, qu'il apparaît transcendant et se confond alors avec l'homme céleste (*ibid.*, pp. 122-124). Mais ce dernier a-t-il joué un rôle dans la création ? Selon E. BRÉHIER (*ibid.*, p. 126, n. 1), un seul texte irait dans ce sens, *Conf.* 62-64 « où l'homme incorporel est l'image non du logos, mais de Dieu, et son fils premier-né, et où il joue, comme le logos, le rôle d'intermédiaire entre Dieu et le monde des Idées ». Il y a aussi, dans *Conf.* 41 et 146, l'identification insolite de l'Homme de Dieu avec le Logos que l'on explique d'après tel ou tel présupposé de la pensée philonienne (cf. WOLFSON, I, p. 234 ; J. G. KAHN, *Les œuvres de Philon*, XIII,

pp. 180-181). Mais ces présupposés — surtout la distinction entre l'Homme idéal et celui « formé de terre » ou les spéculations sur le Logos — sont imperceptibles en *Sag.* Bien plus, avec *prôtoplastos*, l'auteur doit renvoyer à la formation du premier homme dans sa condition matérielle, physique (cf. VII, 1 b et XV, 8, 11). C'est donc selon cette condition qu'Adam est appelé « père du monde » et la juxtaposition des deux épithètes invite à interpréter : « le premier formé pour devenir (comme) père du monde ». Par conséquent, *kosmos* désigne ici le monde des vivants et plus spécialement des hommes (cf. *TWNT,* III, pp. 879, 28-44) comme en VI, 24 et XIV, 6 : Adam serait le « père du monde » à titre d'ancêtre de toute l'humanité existante, de principe selon la chair (cf. *Phil., Abr.* 56 γηγενὴς πατὴρ ιοῦ ἄχρι τοῦ κατακλυσμοῦ φύντων ; *Op.* 136 ὁ γηγενὴς ὁ πάντος τοῦ γένους ἡμῶν ἀρχηγέτης). Comme en sémitique « père » signifie souvent « chef, seigneur, maître », la portée de *kosmos* pourrait s'étendre aux créatures irrationnelles, placées à l'origine sous la dépendance d'Adam ; mais cette souveraineté est mentionnée explicitement au v. 2. Il est donc préférable de s'en tenir à l'idée de « premier père » de l'humanité.

1 b. L'expression *monon ktisthenta* ne nous semble pas une simple apposition explicative de la précédente (A. DUPONT-SOMMER, *art. cit.,* p. 192, n. 2, y voit une glose précisant : créature unique et antérieure à toutes les autres) ; elle apporte une nouvelle touche, complémentaire à cette évocation du premier homme et elle peut avoir un rapport plus spécial, pour le sens, avec *diephulaxen* qui suit. Ce vb. signifie dans l'usage gr. « surveiller étroitement ; garder soigneusement » (*dia-* renforçant le vb. simple) et il prend un relief particulier dans certains textes de la *LXX* (cf. *Gn.* XXVIII, 15, 20 ; *Jos.* XXIV, 17 ; *Ps.* XC, 11) ; au v. 12 a, s'ajoute l'idée de protection contre des forces hostiles. *Monon* est traduit diversement par les *verss* (*Lat.* : *cum solus esset creatus ; Syr.* « l'unique qui fut créé dans le monde » ; *Syp.* « qui fut créé unique » ; *Shex.* « lorsqu'il fut créé solitairement ou séparément » ; *Ar.* « qui fut créé lui seul ») et plusieurs interprétations sont en présence. — 1) Adam serait le seul à avoir été « créé » vraiment tandis que tous ses descendants viennent à l'existence par voie de génération (cf. *Lc.* III, 38 rattachant Adam à Dieu et *Phil., Op.* 140 « nous, nous naissons d'hommes, lui, il sortit des mains de Dieu » trad. ARNALDEZ). Proposée entre autres par *Lor., Bretschn.* et *Bauerm.,* cette interprétation est critiquée de la sorte par *Gri., Corn.* et *Hein.* : bien qu'il reconnaisse le processus naturel de la génération (cf. VII, 1-2), l'auteur considère tous les êtres comme les « créatures » de Dieu qui continue d'agir dans la nature et reste à l'œuvre dans l'origine de l'homme, en particulier dans celle de l'âme ou du souffle de vie (XV, 8, 11, 16 b) ; l'emploi de *ktizein* au sens philosophique de « créer » aurait dû être souligné expressément (par ex. *monon kuriôs ktisthenta*) car le vb. n'a pas une telle rigueur dans la *LXX* (= « faire, former ; fonder ») ;

enfin, le premier homme n'avait pas besoin, à ce seul titre, d'être
« protégé » ou « gardé » par la Sagesse. — 2) Adam aurait été un
être « unique », soit comme exemplaire idéal ou archétype céleste
de l'humanité (cf. *supra* et GFRÖRER cité par *Gri.*), soit parce qu'il
était androgyne ; la seconde opinion, dégagée à tort de *Gn.* I, 27, se
retrouve chez *Phil.* (*Leg.* II, 13) et dans le *Talmud* (cf. BONSIRVEN, I,
p. 172). Mais *monon* ne suffit pas à dire tout cela. — 3) Le texte
insisterait sur la condition très particulière d'Adam qui était « seul,
solitaire ». Selon *Dea.* (cf. aussi OSTY), cette solitude était un privilège qui le faisait ressembler à Dieu, comme le notent le *Targum
du Ps. Jonathan* sur *Gn.* III, 22 (« Voici qu'Adam est seul sur la
terre comme moi je suis seul au plus haut des cieux ») et *Phil.*,
Op. 151 (« par son unicité, *kata tèn monôsin*, Adam était semblable
au monde et à Dieu » ; cf. aussi 153 *monèrè bion zôntos...* ») ; et
cette condition privilégiée appelait la compagnie habituelle de la
Sagesse. Selon d'autres *(Corn. a Lap., Calm., Gri., Gre., Holm.)*,
cette « solitude » évoque une existence démunie et incertaine au
milieu de dangers de toute sorte : sans défense (*Gri.* renvoie à *monos*
en *Jn.* VIII, 29 ; XVI, 32), Adam avait besoin d'être aidé, éclairé et
protégé, et la Sagesse aurait joué précisément ce rôle. On rend
mieux compte alors de *diephulaxen*, mais on se heurte à une objection sérieuse (cf. *Hein.*) : d'après *Gn.* II, Dieu assure la vie et la
sécurité d'Adam après l'avoir créé, il plante pour lui un jardin en
Eden et tous les animaux viennent se soumettre à lui (*Gn.* II, 19) ;
par conséquent, rien ne pouvait le troubler ou l'inquiéter. — 4) Le
texte parlerait d'une solitude relative, celle qui a précédé la création
d'Eve. *Monon* a précisément cette portée en *Gn.* II, 18 *LXX* (οὐ καλὸν
εἶναι τὸν ἄνθρωπον μόνον). Cette interprétation (préférée par *Corn.,
Hein., Feldm., Fisch.*) offre l'avantage d'introduire discrètement le
personnage d'Eve avant la mention de la faute d'Adam (1 c). Certes
l'auteur attribue au démon la responsabilité principale de cette
faute (II, 24) et il maintient la culpabilité propre d'Adam (1 c). Il
supposerait seulement, en passant immédiatement de la « solitude »
d'Adam à son relèvement, que sa faute a suivi de près la création
d'Eve, et il s'attacherait à relier les deux épisodes en fonction de
la Sagesse ; il affirmerait donc, en définitive, que la Sagesse assista
Adam avant comme après sa faute. On s'explique mal, cependant,
le silence gardé au sujet d'Eve si *monon* signifie un état de solitude
par rapport à elle. Selon *Hein.*, cette omission découle du désir
d'insister sur le rôle différent de la Sagesse : Eve fut donnée à
Adam non comme gardienne ou protectrice, mais seulement comme
« aide » (*Gn.* II, 18) ; on rappellerait plutôt la figuration de la Sagesse
comme épouse idéale au ch. VIII, sans référence aucune à une
épouse terrestre : pour une raison analogue, l'auteur aurait tu également la création et la compagnie d'Eve pour n'accorder d'importance qu'à la protection spirituelle de la Sagesse ; du reste, Eve
s'était montrée incapable, d'après *Gn.* III, d' « aider » efficacement
Adam. Le partic. aor. *ktisthenta* constitue une autre difficulté car

il résume mal un état se prolongeant jusqu'à la création d'Eve.
Selon *Gri.*, on attendrait *eti monon onta*, « alors qu'il était encore
seul ». *Hein.* élude en partie la difficulté en traduisant « dès qu'il
fut créé seul » et en voyant l'attention se porter sur le début de
l'existence d'Adam : c'est dès ce moment que la Sagesse a pris en
charge l'humanité. Mais d'autres traductions sont plus forcées :
« alors qu'il était encore seul créé » *(Feldm.)*, « tant qu'il fut seul
à avoir été créé », « tant qu'il fut seul dans la création » *(Cramp.).* —
5) Enfin quelques corrections du texte ont été proposées. H. Bois
(p. 399), choqué par le caractère synonymique des trois épithètes et
par la liaison *kai … te* (v. 2), suggère de restituer *ou monon (ou*
éliminé par haplographie) mis en corrélation avec *te*, comme dans
Est. VIII, 12 c *(Corn.*, p. 374, n. 1, conteste ce parallèle), avec le
sens : « non seulement la Sagesse garda le premier homme… une
fois qu'il eût été créé et le préserva (des conséquences) de son péché,
mais encore elle lui donna la force… ». *Siegf.* reprend cette hypothèse
sous la forme *ou monon … te kai*, mais oppose respectivement 1 a-b
et 1 c (« Diese hat nicht nur … beschützt, sondern auch errettet »).
De telles corrections sont recherchées et peu conformes à l'usage gr.
On restituerait plutôt *neon ktisthenta*, « créé jeune » *(neoktistos*
en XI, 18 signifie « récemment créé »), en expliquant *monon* par
une dittographie de la seconde syllabe de *kosmou (mouneon > mou-
non > monon).* Cette hypothèse rejoindrait une opinion rabbinique,
reprise par certains auteurs chrétiens, selon laquelle Adam fut créé
dans l'état d'un jeune homme de 20 ans (cf. GINZBERG, *The Legends*,
I, p. 59 et V, p. 78) ; elle reprendrait aussi le motif de la jeunesse
de Salomon (VIII, 2 a, 10 b), alléguée comme un titre spécial à l'assistance de la Sagesse. L'expression marquerait alors une progression
réelle sans revenir plus ou moins sur l'idée exprimée déjà par
prôtoplastos, et l'aor. serait pleinement justifié ; on n'aurait pas
non plus à réintroduire le personnage d'Eve. Enfin *diephulaxen*
s'expliquerait sans peine : c'est parce qu'il fut « créé jeune » qu'Adam,
comme Salomon, avait besoin d'être gardé et protégé par la Sagesse,
car la jeunesse signifie inexpérience. Or Adam était inexpérimenté
dans l'ordre des connaissances naturelles (il lui fallut « nommer »
tous les animaux) et surtout dans le domaine spirituel : il devait
vivre dans la société de Dieu et discerner en tout son bon plaisir
(ch. IX). Malheureusement, cette conjecture n'a aucun appui dans
les *mss* et les *verss ;* elle doit supposer aussi — ce qui n'est pas
impossible — que 1 b était écrit à la suite de 1 a.

Il faut donc revenir au texte reçu et essayer de choisir entre
les interprétations proposées. L'aor. *ktisthenta* renvoie normalement
à la création même d'Adam et *monon* doit mettre en relief l'unicité
et la solitude de celui-ci dans l'univers créé par Dieu ; de fait, avant
qu'il ait reçu une compagne, le récit de *Gn.* II le montre installé
dans le jardin d'Eden et prenant successivement possession de la
création (vv. 19-20). Cette unicité apparaît plutôt un signe de grandeur
que de fragilité ou d'indigence. En tout cas, *diephulaxen* ne signifie

pas une protection contre des dangers physiques éventuels. Ce vb. résume alors l'influence générale exercée par la Sagesse sur un personnage unique, évoqué par des touches successives : elle l'a « gardé avec soin » et d'une façon continue. Cette influence est avant tout religieuse et doit correspondre au rôle attribué par le ch. IX à la Sagesse. L'auteur rattache apparemment à celle-ci l'exercice des dons surnaturels (cf. *Gutb., Corn., Web.*) conférés d'après *Gn.* II à Adam. Assurément, celui-ci gardait sa liberté et il a succombé au péché. Les péripéties de ce drame sont passées sous silence et il a dû y avoir quelque chose de nouveau. Et c'est pourquoi *monon* tend à résumer la condition solitaire d'Adam jusqu'à la création de la femme. Néanmoins, l'auteur ne mentionne pas celle-ci et se contente de distinguer explicitement deux phases de la vie d'Adam : avant et après son péché. Et il les place l'une et l'autre sous le signe de l'influence salutaire de la Sagesse. Il ne nous invite guère, par conséquent, à réintroduire le personnage d'Eve et à interpréter délibérément *monon* d'une solitude relative à celle-ci.

1 c. Le texte gr. (καὶ ἐξείλατο αὐτὸν ἐκ παραπτώματος ἰδίου) est traduit deux fois par certains *mss* lat. (cf. *Bi. Sa.*) : *et eduxit illum de limo terrae / et eruit (eduxit) eum a delicto suo. De Br.*, p. 112, se fait l'avocat de la première leç. et suppose un texte gr. différent. *Skeh. n.*, p. 238, approuvé par *Zie. Vorl.*, p. 277, voit dans *limo* une corruption de *delicto* et attribue à l'influence de *Gn.* II, 7 l'addition de *terrae*. Il s'agit plutôt d'une glose explicative (sur *prôtopl.* ou *monon ktisth.*) sous la forme *eductus de limo terrae* qu'on aurait modifiée ensuite en *eduxit < illum > de limo terrae* et placée devant *et eduxit (eruit) illum (eum) a delicto suo*. Il faut donc s'en tenir au texte gr. reçu. Le mot *paraptôma*, employé en *Rm.* V, 15-20 du péché d'Adam, doit signifier « faute, transgression » (cf. *comm.* sur III, 13 b). Le qualificatif *idios*, traité souvent comme un simple possessif (cf. déjà *Lat., Shex., Arm., Ar.*) en accord avec un usage gr. assez fréquent (cf. *WBNT*, 2), garde généralement sa valeur propre en *Sag.* (cf. surtout II, 23 b, puis XI, 13 ; XII, 23 ; XVI, 23 ; XVIII, 14, 21) et s'y trouve toujours enclavé entre l'art. et le subst. ; ici, par exception, il est rejeté après le subst. et prend ainsi plus de relief. Il signifie donc normalement « propre, personnel ». A la rigueur, le sens de « particulier, spécial, exceptionnel » (cf. *Lidd.-Sc.* II, 2) pourrait être retenu, mais à la condition d'écarter deux applications inacceptables : le premier homme aurait connu une déchéance très spéciale en tombant de la condition d'un pur esprit dans une existence corporelle (DÄHNE, cité par *Goodr.* et GFRÖRER, cité par *Dea.*) ou son péché serait très particulier parce qu'il affecte la race humaine tout entière et se transmet par la génération ; dans le premier cas, on maintiendra que l'auteur fait allusion à l'histoire de la chute racontée par *Gn.* III ; dans le second, on rappellera le « corps sans souillure » reçu par Salomon (VIII, 20) ou les remarques d'ensemble de F. R. TENNANT (dans *JTS*, II, 1901, p. 223) : « The possibility, and

indeed the actuality, of transmission of a depraved nature by physical descent is plainly asserted (XII, 10, 11) ; but the one essential feature of the doctrine of original sin, derivation of a universal taint from Adam's transgression, is altogether wanting ».

Pour préciser davantage, il importe de revenir au vb. *exeilato* (var. *exilasato* « elle fit propitiation » ? *exeteinen* « elle le tira » ?). Cet aor. moyen de *exairein*, suivi de *ek*, signifie normalement « délivra de, arracha à » (dans l'usage profane et biblique : délivrer d'un mal réel, arracher à une situation dangereuse, affligeante ou mortelle). Mais ne pourrait-on pas l'entendre au sens de « préserver de » (cf. *errusato* au v. 13) ? Adam serait disculpé alors de toute faute personnelle tant qu'il fut « seul » ou verrait sa responsabilité propre atténuée dans une faute causée d'abord par le démon (cf. II, 24), puis par la femme (cf. *Si.* XXV, 24 ; *Hen. sl.* XXXI, 6) ; l'auteur ne ferait état que de sa fidélité première et rappellerait, au v. 2 (rattaché étroitement par *te*), la domination qui lui fut confiée sur les animaux (*Gn.* II, 19-20) avant la création d'Eve et la chute. Mais une telle interprétation de *exeilato* reste forcée et il est peu vraisemblable que l'auteur ait voulu passer sous silence la faute d'Adam, en s'opposant à toute une tradition (rappelons l'insistance de *4 Esd.* sur cette faute et ses conséquences). Par conséquent, *paraptôma* doit renvoyer à la transgression mentionnée par *Gn.* III, 6-24. Elle est dite « propre, personnelle » : ou bien l'auteur entend dégager la responsabilité divine (cf. ZELLER, *Phil.* III, 2, p. 294, n. 1) et plus spécialement celle de la Sagesse, en parlant d'un péché commis librement (cf. I, 12), ou bien il maintient, contre ceux qui rendaient la femme seule responsable, la culpabilité propre d'Adam (cf. *Ficht.* « *parapt. id.* meint nur, dass die Verführung durch Eva für Adam kein Entschuldigung ist »). Celui-ci, établi comme père unique de l'humanité future et favorisé d'une assistance particulière de la Sagesse, se devait de résister à la tentation et de mieux user de son libre arbitre.

Mais la Sagesse, loin de l'abandonner à son sort, l'a arraché à ce péché. Pour préciser les effets de cette initiative miséricordieuse, les critiques reprennent volontiers le commentaire concis de TIRIN : « eduxit illum inspirando poenitentiam et indulgendo veniam » (cf. *Gri., Far., Corn., Hein.*) et s'accordent à voir la Sagesse éclairer Adam, lui montrer le chemin du repentir et de la pénitence *(Hein., Ficht.)* ou lui inspirer le repentir *(Gri., Corn., Gre.)*, mais d'autres ajoutent qu'elle lui aurait obtenu ou accordé le pardon (cf. *Far.:* « Wisdom < is > the redeeming power of God working in the penitent heart of man ») et qu'elle l'aurait rétabli dans l'amitié de Dieu (cf. *Gri., Corn.*). Le thème du repentir et de la pénitence d'Adam, provoqué sans doute par le fait que la malédiction divine tomba non sur lui, mais sur le serpent et la terre (cf. *Reid.*), est illustré déjà vers le Ier s. ap. J.-C. par la *Vita Adae* (CHARLES, *Pseudepigrapha*, pp. 134-136) et très souvent repris par les Pères de l'Église (cf. *Dea.* et *Corn.*). L'auteur a pu fort bien le connaître et le placer sous le signe de l'influence salutaire de la Sagesse. Mais celle-ci a-t-elle accordé elle-même le pardon et ramené le pécheur de la mort à la vie ? M. Gilbert (*Volonté de Dieu...* dans *NRT*, 1971, pp. 164, 166 et n. 64) rappelle l'identification de la Sagesse et de l'Esprit en IX, 17, et le rôle purificateur attribué à celui-ci en *Ez.* XXXVI, 26-29. Il convient aussi d'éclairer la concision du texte par la doctrine de *Sag. I* au sujet de la vraie mort (cf. en particulier I, 12-16 ; II, 23-24), puisque la Sagesse a dû écarter la sentence de mort portée contre Adam en *Gn.* III. Elle l'a fait surtout en l'arrachant à cette mort spirituelle qui pénètre jusqu'à l'âme et transforme la mort physique en une déchéance irrémédiable. Par conséquent, elle l'a rétabli dans la justice (cf. I, 15) avec la possibilité de mener une vie agréable à Dieu. C'est elle, du reste, qui constitue les « amis de Dieu » (VII, 27 d-28) et achemine vers l'immortalité (VI, 18 c-21 ; VIII, 17 c). Dans cette perspective, on serait tenté de restituer *aidiou* (leç. du min. 543) à la place de *idiou*. L'auteur rappellerait ainsi que l'immortalité proposée à l'homme dès l'origine reste voulue par Dieu et que la Sagesse s'emploie à ramener les hommes sur ce chemin. Sans doute l'expression *paraptôma aidion* (« une transgression éternelle ou perpétuelle ») serait-elle insolite. Mais *idiou*, rejeté à la fin du v., a lui aussi quelque chose d'étrange.

2. Le rattachement à ce qui précède est marqué par *edôken te autôi* (« et elle lui donna, lui conféra »). Pris en lui-même, ce v. pourrait suggérer une sorte de maîtrise divine conférée par la Sagesse à Adam : *ischun*, « force, vigueur » (II, 11), est employé en XII, 16, 18 et XVI, 16 de la force irrésistible que pourrait déployer le Maître de l'univers ; *kratèsai* (cf. III, 8 ; VI, 2 ; XIV, 19) signifie une domination et une maîtrise souveraines (cf. aussi *kratos* en XV, 2, 3) ; enfin, *hapantôn*, compl. de ce vb., étend cette maîtrise à tous les êtres. Si l'on ajoute que *kratein*, dans les papyr. magiques, prend souvent le sens de « maîtriser, capter une force occulte ou surnaturelle », on s'explique la tendance à retrouver ici l'influence de spéculations gnostiques ou magiques (cf. A. Dupont-Sommer, dans *RHR*, 1939, p. 201 et Osty) et le rappel de VII, 17-21 (Adam aurait possédé une science analogue à celle prêtée à Salomon). Pourtant cette ligne d'interprétation ne peut guère être suivie. La formulation du texte trahit, tout au plus, une réminiscence de spéculations semblables, mais les autres emplois de *kratein* en *Sag.* n'appuient pas le sens particulier donné au vb. ; d'autre part, il n'est pas question ici de science, mais de force, parce qu'il s'agit de surmonter des résistances possibles ; et celles-ci doivent se rapporter non à la notice de *Gn.* II, 19, 20 (antérieure à la faute d'Adam et exploitée abondamment par le *Midrash*, cf. Ginzberg, *The Legends*, I, pp. 61-62), mais à *Gn.* I, 26, 28 (cette référence est communément admise). Du reste, l'interprétation du v. 2 dépend avant tout de son lien avec ce qui précède. Le *te* copulatif, dans l'usage gr., signale la seconde proposition comme une explication, un éclaircissement ou un complé-

ment naturel de la première (cf. *Kühn.-Ge.* II, 2, p. 242). Or il se rapporte non à l'ensemble du v. 1, mais à 1 c : il annonce donc une conséquence ou un aspect complémentaire de l'influence miséricordieuse de la Sagesse. Devenu plus faible après sa faute, Adam avait besoin d'un supplément de force : la nature elle-même avait changé d'attitude à son égard, sa vie serait désormais difficile et laborieuse (cf. *Gn.* III, 14-15, 17-19). Pourtant, la tâche confiée par le Créateur restait la même : elle est rappelée en *Gn.* IX, 2 (de même qu'en *Ps.* VIII, 7-9 ; cf. *Hein.*) et elle concerne la condition naturelle de l'homme *(Corn.)*. Aussi la Sagesse donna-t-elle à Adam la force nécessaire pour affronter une nature devenue indocile ou hostile et *kratèsai* doit signifier « se rendre maître de, assurer sa maîtrise; maîtriser dans des conditions difficiles » (l'aor. marquant l'aspect inchoatif). Enfin, le compl. *hapantôn* doit désigner d'une façon générale « tous les êtres » inférieurs à Adam, vivants et inanimés. Au cas où le texte envisagerait un pouvoir exceptionnel ou extraordinaire sur ceux-ci, on l'éclairerait plutôt par certaines amplifications de la haggada juive : ainsi, d'après celle-ci, un ange aurait fait connaître à Adam les arts et les techniques qui lui étaient nécessaires (cf. GINZBERG, V, n. 31, pp. 83-84). Mais on peut se contenter de renvoyer à IX, 2 b - 3 a : la tâche assignée à l'homme en général par le Créateur a débuté avec Adam lui-même. Cette interprétation nous paraît rendre compte suffisamment du texte (cf. aussi *Corn., Hein.*) et de sa relation étroite à 1 c. Ajoutons que tout le ch. X ramène ou maintient délibérément les données bibliques sur un plan historique. Enfin, il n'y a pas lieu d'accentuer la relation à 1 c en substituant *kratèsai pathôn* (le thème de la « maîtrise des passions », si cher à *4 M*) à *kratèsai hapantôn*.

Caïn et le déluge

3. *Mais quand se détourna d'elle un injuste dans sa colère,*
    il fut lui-même victime de sa rage fratricide ;
4. *et quand à cause de lui la terre fut submergée, la Sagesse sauva*
    de nouveau celle-ci,
    à l'aide d'un bois vulgaire sur lequel elle pilota le juste.

3 a. Caïn n'est pas nommé — pas plus que les personnages suivants — mais c'est bien de lui qu'il s'agit (cf. *Gn.* IV). Cette omission régulière des noms propres (*Syr.* les supplée à chaque fois) a été expliquée de bien des façons (cf. *Goodr.* sur IV, 10 et *Corn.*, p. 368) : désaffection de l'auteur pour la religion juive officielle, souci de ne pas révéler sa nationalité juive, affectation ou préciosité *(Gri.)*, etc. Elle procède plutôt du désir de donner une portée universelle et typique aux exemples allégués. Une raison plus immédiate est tirée des destinataires du livre : les lecteurs grecs ignorant

l'Histoire sainte seraient déroutés par les noms « barbares » de la Bible (cf. *Ficht.*), tandis que les lecteurs juifs ou prosélytes n'avaient aucune peine à les restituer. Caïn est appelé *adikos*, « injuste (cf. III, 19 ; IV, 16 puis VII, 12 ; XIV, 31 ; XVI, 24), tandis qu'au v. suivant Noé sera désigné comme « le juste » *(ho dikaios)*. Cette opposition structure tout le ch. (cf. *Ficht.*) et correspond à celle déjà rencontrée en *Sag. I*, comme si l'auteur voulait illustrer par l'histoire passée (mais avec une prédominance des sanctions terrestres) les vérités énoncées aux ch. III-IV : aux « justes » qui sont restés dociles à la Sagesse et ont été sauvés par elle, il oppose ceux qui se sont détournés d'elle en s'enfonçant dans l'injustice et l'impiété. Caïn, précisément, « s'est détourné d'elle », *apostas ap' autès* (cf. III, 10 b), par une irritation coupable contre Dieu et son propre frère (cf. *Gn.* IV, 5), « par sa colère », *en orgèi autou*. L'initiative est venue de lui (cf. I, 12) ; il s'est obstiné dans le mal en dépit des avertissements divins (cf. *Gn.* IV, 6-7) et il a même aggravé son cas par sa réplique insolente après le crime *(Gre.)*. Tous ces traits l'opposent à Adam *(de* advers.), bien que celui-ci ne soit pas appelé « juste » et soulignent le contraste entre une faute de faiblesse ou de surprise et une faute de malice, commise avec obstination. La Sagesse n'a pas abandonné Adam, Caïn s'est soustrait délibérément à son influence salutaire. Alors qu'en I, 4-5, elle refusait d'entrer chez un homme souillé par le péché et s'écartait, elle devient ici plus maternelle et plus miséricordieuse : sa sollicitude à l'égard de l'humanité naissante n'est pas découragée par n'importe quelle faute ; seule l'obstination dans le mal l'éloigne définitivement et l'initiative de la rupture vient de l'homme.

3 b. Le châtiment de Caïn est signifié par *adelphoktonois sunapôleto thumois*, une formule dont les critiques s'accordent à souligner la beauté littéraire et le rythme poétique (cf. déjà *Bauerm.* « exquisitissimam verborum compositionem Aeschylii tragoediis haud indignam »), mais qu'ils expliquent différemment. L'adj. *adelphoktonos* *, « fratricide », rare dans l'usage gr. (cf. *Lidd.-Sc.*), est appliqué également à Caïn par *Phil.* (*Fug.* 60 ; *Cher.* 52) ; le plur. *thumoi*, dans ce contexte poétique, renforce le sing. (cf. V, 22) avec le sens de « fureur, rage », plutôt qu'il ne désigne des « accès de colère » (cf. VII, 20) ; enfin le préfixe de *sunapollusthai* peut avoir une valeur intensive (« périr entièrement ») ou signifier « ensemble, avec » (conformément aux divers emplois du vb.). Le sens intensif est préféré entre autres par *Gutb., Hein., Feldm., Ficht.*, qui voient dans le compl. un dat. de cause (cf. *Si.* VIII, 15 ; *Orat. Man.* 13) ou de circonstance (« au milieu de, dans ») et interprètent : en s'abandonnant à sa rage fratricide, Caïn consomma d'avance sa propre perte. En retenant l'idée de concomitance, *Corn.* aboutit à un sens analogue, mais d'autres *(Gri., Far.)* mettent le préfixe en rapport implicite avec Abel : Caïn périt avec la victime de sa fureur, soit en se condamnant lui-même à une existence misérable (terminée selon

des légendes juives par une mort funeste), soit en encourant par le
fait même une mort spirituelle (*Gri.* renvoie à *Phil., Det.* 47-48 : au
lieu de « il *le* tua » on devrait lire « il *se* tua »). On peut se demander
enfin si le sens intensif du vb. ne vise pas l'extermination de la
race de Caïn par le déluge (v. 4) : « il aurait péri entièrement » dans
tous ses descendants ; *Or.* (*in Jn* XX, 4, *Preu.* 331) cite précisément
X, 3-4 pour montrer que le déluge eut pour but d'exterminer la race
du fratricide. Mais *di' hon*, au début du v. 4, semble bien renvoyer
à Caïn lui-même (en marquant un rapport de causalité ; cf. *comm.*).
Dès lors, le texte doit insister sur la « perte » personnelle de celui-ci.
On ne peut guère la réduire à l'existence maudite et misérable
mentionnée en *Gn.* IV, 11-12 ; on ne sait non plus s'il convient de
tenir compte des légendes juives sur la mort tragique de Caïn,
écrasé par la chute de sa maison (*Jub.* IV, 31), tué par Lamek
lui-même (GINZBERG, I, p. 116 et V, pp. 143-144, n. 37) ou noyé par
le déluge (*ibid.*, V, p. 144, fin de la n. 37), car le châtiment de son
crime serait alors reporté à plus tard. Or la formulation même
du texte implique plutôt une sanction immédiate et semble signifier :
« Caïn périt lui-même, fut lui-même victime de sa rage fratricide »
(le dat. étant comitatif ou causal). On est ramené dès lors à l'idée
d'une mort spirituelle, Caïn devient le symbole de cette mort que
l'homme recherche volontairement (cf. I, 11 d-12, 16) et qui colore
désormais son existence terrestre (cf. III, 11). Et, de même que la
race des impies est mauvaise ou maudite (III, 12), il est au principe
de la dégradation croissante qui amena le déluge.

4 a.   La leç. *dio* « c'est pourquoi » (cf. *Zie.*), appuyée par certains
mss lat. (cf. *Bi. Sa.*) et *Ar.*, apparaît secondaire ; en tout cas, il
faudrait lire *di' ho* (*Reid.*) renvoyant d'une façon générale au meurtre
commis par Caïn et à ses prolongements (« à cause de quoi »). La
leç. *di' hon*, mieux attestée, renvoie à Caïn lui-même (relatif de
liaison), mis en relation avec le déluge : « à cause duquel la terre
fut submergée », *katakluzomenèn gèn.* Le vb. *katakluzein*, « baigner
entièrement de ses flots, inonder, submerger » (cf. *Lidd.-Sc.* I),
renvoie au déluge biblique en *2 P.* III, 6 et *kataklusmos* apparaît
dans la *LXX* de *Gn.* VI, 17 ; VII, 6, 17 ; IX, 11, 15 (cf. aussi *2 P.* II, 5).
Dans la suite du texte, le choix est malaisé entre *diesôsen* (B *Mal.*)
et *esôsen* (cet.) car l'auteur emploie à la fois le vb. simple (IX, 18 c ;
XIV, 4 ; XVI, 7 ; XVIII, 5) et le composé (XIV, 5 ; XVI, 11) ; le
plus sûr est de s'en tenir à la leç. la mieux attestée. De toute façon,
il s'agit de l'action salutaire exercée par la Sagesse (*palin esôsen
sophia*) à l'égard de « la terre submergée » (accus.). Mais *palin*,
« encore, de nouveau », suppose une intervention semblable antérieurement. Or la Bible ne mentionne aucune autre catastrophe de
ce genre. En réalité, l'auteur doit songer à l'humanité en parlant
de la « terre » : l'emploi de *gè* s'explique par le rappel du déluge,
mais le terme renvoie aussi aux habitants de la terre (comme dans
l'usage biblique, cf. *WBNT*, 5 b). La Sagesse a donc sauvé deux fois

le genre humain (cf. *Gre.*) : d'abord avec Adam, ensuite avec Noé
(cf. XIV, 6 b). Dans le premier cas — et cette précision indirecte est
importante — elle a donc soustrait Adam à une sentence de mort
immédiate portée contre lui (cf. 1 c).

4 b. Dans le second cas, elle s'est servie « d'un bois vulgaire »
ou « infime », *di' eutelous xulou*. Le mot « bois » désigne également
l'arche en XIV, 5, 7 ; l'adj. *eutelès* * (« qui coûte peu »), employé
avec note péjorative en XI, 15 ; XIII, 14 et XV, 10, signifie ici soit
« commun, vulgaire », soit « insignifiant, infime, minuscule » par
rapport à l'universalité et à la violence des flots ou à la mission
confiée. Le vb. *kubernèsasa*, précédé du compl. *ton dikaion* (« le
juste » cf. *Gn.* VI, 9), a un sens prégnant : la Sagesse gouverna
l'arche — qui n'avait pas de gouvernail — à la façon d'un pilote
et elle sauva Noé en l'aidant de ses conseils et en le dirigeant à la
façon d'une Providence (cf. XIV, 3).

Mais il nous faut revenir à la relation établie au début du v.
entre Caïn et le déluge. L'expression « à cause de lui » ne signifie
pas de soi que le déluge eut pour but de châtier Caïn lui-même et
que celui-ci périt dans la catastrophe (sur cette opinion, cf. *comm.*
sur 4 a). Elle marque seulement une relation causale. Or la Bible
allègue d'autres causes immédiates du déluge : la corruption croissante de l'humanité (*Gn.* VI, 5) ou l'union impie des « fils de Dieu »
et l'apparition des « géants » (*Gn.* VI, 1-4 ; cf. *Sg.* XIV, 6 a). L'auteur
a-t-il rattaché ces deux faits au premier fratricide ? La *Genèse*
suggérait, par divers traits, que Caïn était à l'origine de la propagation croissante du mal. Le péché a proliféré dans sa lignée (*Gn.* IV,
17-24 ; le fait est relevé par *Fl. Jos., Ant.* I, 66), en particulier le
meurtre qui appelle la vengeance du sang (*Gn. IV,* 15, 23-24 ; cf. aussi
IX, 6). Avec ses vues pessimistes sur la postérité des impies (cf. III,
12, 16-19 ; IV, 3-6), l'auteur a dû noter ces indications : alors qu'Adam
avait remédié au mal par son repentir, Caïn avait donné libre cours
au péché qui déferla ensuite sur tous ses descendants. Mais la
Genèse mentionne aussi la lignée des Séthites (IV, 25 - V, 32), prolongée explicitement jusqu'au déluge. Celle-ci a-t-elle été contaminée
également par les conséquences du premier meurtre ? En renvoyant
implicitement à Hénoch en IV, 10 (cf. *Gn.* V, 22-24), l'auteur suppose
qu'il vivait au milieu d'un monde mauvais ; d'autre part, en XIV,
6 a, le déluge doit faire périr les « géants orgueilleux ». En rapprochant ces données de notre texte, on conclurait volontiers que
l'union des « fils de Dieu » avec les « filles des hommes » est interprétée de la fusion des lignées de Caïn et de Seth. Bien que cette
explication de *Gn.* VI, 1-4 ne soit pas la meilleure, elle est rappelée
précisément ici par *Gri., Corn.* et *Feldm.* Autrement, l'auteur se
serait contenté de mettre le crime de Caïn au principe d'une œuvre
de corruption poursuivie avec la même obstination dans le mal,
puis, en XIV, 6 a, il ne ferait qu'alléguer un autre motif biblique
du déluge. Un problème très différent concerne l'omission d'Hénoch

dans la liste des protégés de la Sagesse. Selon *Gri.* (p. 194), ce pourrait être par réaction contre les écrits de sagesse attribués à Hénoch, afin de sauvegarder le prestige unique de Salomon ; d'autres explications, plus vraisemblables, sont proposées (cf. *Hein.*) : l'allusion à Hénoch en IV, 10 aurait été jugée suffisante, et si l'auteur s'est proposé d'énumérer « sept » justes, ce chiffre est atteint avec Moïse (cf. sur ce point W. STAERK dans *ZNW*, XXXV, 1936, p. 241).

La confusion des peuples et l'élection d'Abraham

5.   *C'est elle encore qui, lorsque les nations dans un même accord*
                   pour le mal eurent été confondues,
   connut le juste, le garda irréprochable devant Dieu
   et le maintint ferme malgré sa tendresse pour son enfant.

5 a.   Ou bien *hautè kai* signifie « c'est elle encore » (on attendrait *kai hautè* mais le désir de revenir à la Sagesse peut expliquer l'inversion des termes), ou bien καὶ a valeur adverbiale (« et même ») et se rattache au gén. *ethnôn sugchuthentôn*. Celui-ci est un gén. absolu à sens temporel (« lorsque les nations... ») ; sur *ethnè* « nations, peuples », cf. III, 8 ; VI, 2 ; VIII, 14 ; le part. passif de *sugchein* (« verser ensemble, mêler, confondre ») renvoie certainement à *Gn.* XI, 1-9 (dans la *LXX*, cf. *sugcheômen* v. 7, *sunecheen* et *sugchusis* v. 9), un écrit qui prend appui sur une étymologie populaire de Babel pour expliquer la « confusion » et par suite la diversité des langues. Mais le texte parle d'une confusion des peuples et fait précéder le gén. du compl. *en homonoiai ponèrias* (qui implique une sorte de contradiction dans les termes : à l'époque hellénistique, la « concorde », *homonoia*, est célébrée à l'envi comme une condition essentielle de la vie civique et le signe d'un bon gouvernement ; parce qu'elle suppose normalement la vertu et la piété (cf. XVIII, 9 b), la « concorde dans le mal, la méchanceté ou le vice » (sur *ponèria* cf. IV, 6, 14 ; X, 7), n'en est qu'une caricature. L'expression pourrait désigner seulement la conspiration orgueilleuse et impie de *Gn.* XI, 3-4 et l'ensemble du texte rappeler que c'est à cause de celle-ci (sur *en* « à cause de, en raison de », cf. *WBNT*, III) que les hommes de Babel furent « confondus » et dispersés pour devenir ensuite des nations distinctes (*ethnè* étant employé par prolepse). Pourtant, le lien semble plus lâche et l'attention se fixe plutôt sur la situation qui en a résulté. Ainsi *en homonoiai ponèrias*, placé en tête, prend appui sur la « conspiration » des hommes de Babel pour évoquer le seul trait caractéristique des peuples issus d'eux : « la concorde ou l'unanimité dans le mal » ; si les nations « ont été confondues, jetées dans la confusion », par suite de la « confusion » des langues, c'est parce qu'elles ne se comprennent plus, sont en désaccord profond (en opposition à la véritable *homo-*

noia des peuples) et poursuivent seulement les mêmes desseins pervers. La traduction peut difficilement rendre toutes ces nuances d'un texte qui signifie en réalité : « alors que les nations, jetées dans la confusion, s'accordaient seulement dans le mal ».

5 b. C'est au sein d'une telle situation que la Sagesse « connut le juste », *egnô ton dikaion*. Ce vb., bien attesté (cf. *Zie.*) et appuyé par les *verss* (la leç. *heuren* de B n'a rien qui la recommande), a ici un sens prégnant, très fréquent dans la *LXX* (en dépendance de *yâda'*) : Dieu « connaît » lorsqu'il « discerne, choisit, réalise, approuve ou protège efficacement ». Il renvoie à l'élection d'Abraham (*Gn.* XII) et l'emploi de l'aor. trouve un parallèle en *Am.* III, 2. On ne peut se contenter de le traduire par « discerner » parce que le compl. laisse supposer qu'Abraham était déjà « juste » : il s'agit d'un choix effectif et pour une mission déterminée. La Sagesse a donc l'initiative d'un geste décisif pour le redressement de l'humanité. Cette vocation d'Abraham ne doit pas coïncider avec l'épisode de la tour de Babel (comme l'estime *Gri.*, p. 196). Nous avons déjà dit que le contexte antérieur situe Abraham à une époque où les peuples issus de la dispersion de Babel sont déjà divisés et opposés, sauf pour le mal. *Corn.* (p. 379) fait valoir d'autres arguments et souligne en particulier le rôle joué par *ponèria* (5 a) dans le rattachement des deux épisodes : une faute d'orgueil collectif a abouti à l'abandon du culte du vrai Dieu et à la pratique générale de l'idolâtrie, même chez les ascendants immédiats d'Abraham (*Jos.* XXIV, 2). L'auteur rejoint, en effet, le sens profond de l'histoire primitive, à la fois histoire du péché de l'homme et du salut de Dieu : le vice et l'impiété se sont propagés dans les nations par suite d'un refus de la concorde fraternelle dans la crainte et le culte du vrai Dieu.

Pour sauver l'homme, non seulement la Sagesse « a choisi » Abraham, mais elle a assuré la fidélité de celui-ci, *etèrèsen auton amempton theôi*. Le vb. signifie ici « garder, préserver », comme en *Pr.* IV, 6 et dans certains emplois du gr. profane (*Polyb.* XXI, 32, 2 ; *Diod. Sic.* XVII, 15) ; l'adj. *amemptos*, « sans reproche, irréprochable, parfait », provient de *Gn.* XVII, 1 (εὐαρέστει ἐναντίον ἐμοῦ καὶ γίνου ἄμεμπτος) ; à cause de cet emprunt, *theôi* signifie non pas « pour Dieu », mais « devant Dieu ». Dans ce récit « sacerdotal » de l'alliance proposée à Abraham, celui-ci se voit tracer dès le début tout un programme de vie : un programme essentiellement religieux, réclamant une fidélité totale à Dieu.

5 c. Cette fidélité fut mise précisément à l'épreuve quand il reçut l'ordre d'immoler son fils unique (*Gn.* XXII), et il fut assisté alors par la Sagesse. Cette double idée est exprimée d'une façon étrange, incompréhensible pour un lecteur non averti : « et contre < ses > entrailles pour < son > enfant elle le garda fort ». Au sujet de *ischuron ephulaxen*, notons que l'adj. (« fort, vigoureux,

puissant ») reçoit ici une note morale (« ferme, courageux ») qui est impropre dans le gr. profane et n'est pas accréditée par la *LXX* ; l'emploi de *phulassein* avec un double acc. pour signifier « conserver tel, maintenir dans tel état » est plutôt rare dans l'usage gr. (cf. *Lidd.-Sc.* B, 3 *ad fin.*) mais se retrouve en XIV, 24 et XVIII, 4 (au passif, en XIV, 16 ; XIX, 6). Dans l'expression *epi teknou splagchnois* (pour les var. qui, toutes, apparaissent secondaires, cf. *Zie.*), *epi* avec le dat. doit signifier « contre » (cf. *Lidd.-Sc.* B, I, 1 c), car l'idée de résistance est impliquée par le texte ; l'emploi métaphorique de *splagchna*, « entrailles », assez fréquent dans le gr. profane pour évoquer surtout la colère, puis l'inquiétude, parfois l'amour (cf. *Lidd.-Sc.* II), est pratiquement ignoré par la *LXX* (cf. seulement *Pr.* XII, 10 ; *Si.* XXX, 7 et *4 M.* XV, 23, 29) tandis que le mot hébr. correspondant à « entrailles » *(raḥamîm)* désigne couramment la compassion, la pitié ou la tendresse (cf. Dhorme, *L'emploi métaphorique des parties du corps...* Paris, 1923, pp. 134-135) ; comme ce sens est visé ici, l'auteur s'inspire donc apparemment de l'usage hébraïque. Enfin *teknou* est un gén. d'objet, dépendant de la notion verbale contenue alors dans *splagchna* (« avoir pitié de, éprouver de la tendresse pour »). La référence au sacrifice d'Isaac a été méconnue par *Syr.* (« et elle gardait Abraham vigoureux par le fils de ses entrailles ») ; *Shex.*, au contraire, traduit litt. et glose : « il ne fut pas vaincu par la compassion pour son fils, mais il obéit allègrement au précepte divin ». On rappellera que la Sagesse dispense la vertu de force (cf. VIII, 7 d, 15 b) et c'est pourquoi elle empêcha Abraham de faiblir et l'aida à rester ferme. — Le v. 5 est cité par *Or., C. Celse,* V, 29 (*Koet.*, p. 31).

Destruction exemplaire des villes de la plaine et délivrance de Lot

6. *De même, alors que les impies périssaient, elle sauva le juste*
    en le faisant fuir devant le feu qui tombait sur les cinq villes ;
7. *comme témoignage durable de la perversité de celles-ci*
    subsistent une terre aride et fumante,
    des plantes portant des fruits que les saisons ne mûrissent pas,
    tandis que se dresse, mémorial d'une âme incrédule, une colonne
                                      de sel.
8. *Ceux qui ont dédaigné la Sagesse,*
    non seulement sont devenus incapables de connaître le bien,
    mais encore ont laissé à la postérité un souvenir de leur folie
    pour que, dans leurs fautes mêmes, ils ne puissent être oubliés.
9. *A l'opposé, la Sagesse a délivré de leurs épreuves ceux qui la*
                                        servent.

6 a. L'auteur renvoie à *Gn.* XIX. Avec *hautè* (cf. 1 a, 5 a), la Sagesse est maintenue en scène : pour varier mais en tenant compte

de l'insistance du pron., nous traduisons par « de même » ; Lot est
appelé « juste », *dikaion* (cf. XIX, 17), mais ce titre, décerné à Noé
(v. 4) et à Abraham (v. 5), surprend quelque peu : dans le récit
de *Gn*. XIX, Abraham reste le juste par excellence et le v. 29
(rédactionnel) précise même que c'est grâce à son intercession que
Lot eut la vie sauve ; la Haggadah juive, d'autre part, se montre
plutôt sévère à l'égard de Lot (cf. GINZBERG, V, p. 240, n. 171). Par
contre, *2 P*. II, 7 emploie le même qualificatif que *Sag*. et montre
Lot « affligé par la conduite débauchée de ses concitoyens criminels ».
Une même justification du titre de « juste » semble supposée par
notre texte. La Sagesse sauva Lot en « l'arrachant » à un péril mortel,
errusato (même vb. aux vv. 9, 13, 15 ; cf. aussi II, 18 ; XVI, 8 ;
XIX, 9). Les *mss* gr. sont unanimes à lire *exapollumenôn* *, rattaché
à *asebôn* sous forme de gén. absolu à sens temporel (« alors que les
impies périssaient »), tandis que les *verss* (sauf *Syr*.) supposent
ex apollumenôn (compl. du vb. comme aux vv. 9, 13, 15 : « du milieu
des impies périssant »). Les deux lectures sont possibles. Les *asebeis*
(cf. I, 16 ; III, 10 ; etc.) sont les gens de Sodome, imités par ceux
de Gomorrhe et des autres villes de la plaine : leur péché était si
grave que le cri en montait jusqu'à Dieu (*Gn*. XVIII, 20 ; XIX, 13) ;
le vb. *exapollusthai* envisage directement la mort physique et insiste
sur une destruction radicale.

6 b. Le partic. *phugonta*, « fuyant », reste sous l'influence de
errusato (elle le sauva « par cela qu'il s'enfuit », « en le faisant
fuir ») : la Sagesse se substitue donc aux « anges » qui pressèrent
Lot de quitter les lieux maudits (*Gn*. XIX, 12-22). Le motif du « feu
tombant du ciel » renvoie à *Gn*. XIX, 24 *(pur para kuriou ek tou
ouranou)*, mais la terminologie est différente. L'adj. *katabasios* *
est un hapax dans l'usage gr. qui connaît seulement *kataibasios*
(épithète de la foudre qui « descend » de Zeus, dans un oracle
rapporté par PORPHYRE, *ap. Eus., praep*. VI, 3, 1, MRAS, p. 296) et
surtout *kataibatès*, attribut courant de Zeus « descendant dans le
tonnerre et l'éclair » (cf. *Lidd.-Sc*. 1). Parce qu'il reprend un texte
où Dieu « fait pleuvoir » du soufre et du feu (*Gn*. XIX, 24), l'auteur
semble avoir voulu rapprocher discrètement l'usage biblique de
l'usage gr. Le gén. suivant *(pentapoleôs)* dépend de l'idée d'hostilité
contenue dans l'adj. et *kata* aurait ainsi une double fonction : « qui
descendait ou tombait (d'en haut) contre la Pentapole ». Le mot
pentapolis *, peu usité (*Hdt*. I, 144 ; *Strab*. VI, 2, 4), doit renvoyer
aux cinq villes mentionnées en *Gn*. XIV, 2, 8 ; pourtant *Gn*. XIX,
20-23 dit expressément que Zoar (*LXX* Ségor) fut épargnée (cf. aussi
Is. XV, 5 ; *Jr*. XLVIII, 34) et *Phil., Abr*. 145, rappelle le fait. Ou
bien l'auteur entend désigner toute la région des cinq villes (en
accord avec *Gn*. XIX, 25) sans tenir compte de l'exception, ou bien
il distingue Bela de Zoar, malgré l'identification de *Gn*. XIV, 2 ;
en tout cas, *Fl. Jos*. parle de cinq villes détruites (*G.J*. IV, 484) tout
en signalant que, de son temps, Zoar existait encore (*Ant*. I, 204 ;

cf. Abel, *Géographie*, II, p. 466). Un pap. magique du ive s. ap. J.-C. (*P. Osl.*, I, 300, p. 109 Eitrem) reprend *pentapolis* avec une même portée : « les cieux des cieux s'ouvrirent et les anges de Dieu descendirent et détruisirent la Pentapole, Sodome, Gomorrhe, Adama, Seboïm et Ségor. La femme, entendant la voix, devint une colonne de sel ». — Le v. 6, suivi de 7 a-c, est cité par *Chrys.* (*Hom. de perf. car.* VII, *PG*, LVI, 288).

7 a. *Or.* (*in Jn.* XX, 4 ; *Preu.* 332) cite également 7 a-c et, de même que *Chrys.*, il modifie pour des raisons pratiques le rattachement à ce qui précède ; le plur., dans *Syr.*, *Sah.* et *Ar.*, découle aussi de la trad. de « pentapole » par une périphrase. La liaison primitive était certainement *hès eti* (B S A presque tous les *min.*, cf. *Zie.*) : le relatif rattache à *pentapolis ;* la var. *epi*, supposée par *Lat.*, *Arm.* et portée par l'éd. Sixtine *(hois epi)*, n'a pas lieu d'être retenue (on attendrait *eis marturion*, cf. *Pr.* XXIX, 14) tandis que *eti*, « encore », est recommandé par le pft *kathestèken* en 7 b (« subsiste » après avoir été établi, mis dans tel état, cf. *Lidd.-Sc.* B, 5). Par conséquent, *marturion* (« témoignage, preuve »), déterminé par *tès ponèrias* (cf. 5 a), est un nominatif : ou bien il annonce *chersos* et *phuta* qui l'explicitent (« et un témoignage de la perversité de celle-ci subsiste encore, à savoir... »), ou bien il est à considérer comme une apposition à ces deux mots (« et comme témoignage de la perversité de celle-ci subsistent encore... »).

7 b. Le mot *chersos* (« sec, solide ; ferme, continental »), employé comme subst. féminin à partir d'Homère, désigne d'abord la terre ferme, le continent, puis un pays aride, inculte, stérile. Le second sens est visé ici, tandis que *kapnizomenè*, « fumante », souligne un autre trait de cette région maudite. Certaines notices bibliques allaient déjà dans ce sens : de ce qui était autrefois « comme le jardin de Yahvé » (*Gn.* XIII, 10), Abraham « vit monter comme la fumée d'une fournaise » (*Gn.* XIX, 28) : « soufre, sel, terre brûlée », telle est la région des quatre villes « ravagées par Yahvé » (*Dt.* XXIX, 22 ; cf. aussi *Is.* XIII, 19-20 ; *Jr.* XLIX, 18 ; *So.* II, 9). Mais l'auteur parle d'un phénomène qui existe « encore » et qu'enregistrent également d'autres écrivains, juifs, grecs, latins ou chrétiens : ainsi *Phil.* dans *Abr.* 140-141 (μέχρι νῦν καίεται ... μνημεῖον ὁ ἀναδιδόμενος ἀεὶ καπνός) et *Mos.* II, 56 (μέχρι τοῦ νῦν μνημεῖα τοῦ συμβεβηκότος πάθους δείκνυται ... τέφρα, θεῖον, καπνὸς καὶ ἔτι ἀναδιδομένη φλὸξ ἀμαυρὰ καθάπερ διασμυχομένου πυρός) ; *Fl. Jos.*, *G.J.* IV, 483 (γῆ ... νῦν δὲ κεκαυμένη πᾶσα) et 484 (ἔστι γοῦν ἔτι λείψανα τοῦ θείου πυρός) ; *Strab.* XVI, 2, 44 (trad. dans Abel, *Géographie*, I, p. 192, n. 2) ; *Tac.*, *Hist.* V, 7 (« et manere vestigia, terramque ipsam, specie torridam, vim frugiferam perdisse ») ; *Tertul.*, *Apol.* XL, 7 *(olet adhuc incendio terra) ;* enfin un passage des Actes du martyr Pionios est allégué encore par *Gre.* (trad. lat. par Th. Ruinart, *Acta primorum martyrum*, Paris, 1689, IV, p. 126).

La « fumée » que le texte voit s'exhaler du sol est expliquée soit par des activités volcaniques qui auraient continué de s'exercer en pleine période historique, soit par des vapeurs provenant de sources chaudes (cf. ABEL, *Géographie*, I, p. 460, citant Pierre l'Ibère), soit par les émanations qui accompagnent les émissions asphaltiques (cf. ABEL, *ibid.*, p. 194), soit plus simplement par l'évaporation très abondante au-dessus de la mer Morte.

7 c. Les « plantes portant des fruits » *kai ... karpophorounta phuta* (cf. VII, 20 c) constituent un autre témoignage d'un châtiment divin, à cause d'une particularité signifiée par *atelesin hôrais*. Dans cette expression, le subst. désigne normalement les saisons (cf. *aôros* en IV, 5 b) et le dat. est un locatif « en des saisons ou époques » ; l'adj. *atelès* (seul emploi en *Sag.* ; *atelestos* en III, 16 ; IV, 5) est usité surtout au sens passif (« inachevé, incomplet, imparfait ; indéterminé »), plus rarement au sens actif (« inapte à mener à terme, inefficace »). Parmi les interprétations anciennes, *Lat.* pense à des saisons incertaines *(et incerto tempore fructus habentes arbores)*, *Ar.*, à des fruits imparfaits, *Syr.* parle d'une infécondité totale (« et leurs arbres ne donnent pas du tout de fruit »), tandis que *Shex.*, par réaction, précise en marge : ces fruits « existent, certes, mais ils ne parviennent pas à maturité et ne sont pas bons à manger ». En réalité, le texte doit parler non de « saisons indéterminées, incertaines », car les fruits mûriraient quand même, mais de saisons ne donnant pas à ceux-ci le temps de mûrir parce qu'elles sont soit « inachevées » (sens passif), soit « incapables de mener à terme » (sens actif). Toutefois, l'auteur use d'une sorte d'hypallage car *ateleis* se rapporte pour le sens à *karpoi*, contenu dans *karpophorounta* : des « fruits » qui se forment trop vite, avant la durée normale d'une saison et ne parviennent pas à une maturité véritable. Un texte de Tacite (*Hist.* V, 7) se présente comme un excellent commentaire : « cette terre a perdu la force de produire. Car toutes les productions du sol venues spontanément ou de semis, que ce soit des plantes herbacées ou des fleurs, n'ont pas plutôt atteint le développement ordinaire que leurs fleurs noircissent et se vident, et s'évanouissent en poussière » (trad. H. GOELZER). Renseigné d'une façon indirecte par des sources grecques, Tacite généralise ce qui est vrai de la célèbre « pomme de Sodome » qu'on rencontre aujourd'hui encore dans la région de Jéricho (cf. F. M. ABEL, *Une croisière autour de la mer Morte*, Paris, 1911, p. 64) : de belle apparence, elle s'évanouit en poussière dès qu'on la saisit. Une même généralisation apparaît chez *Fl. Jos.*, *G.J.* IV, 484 et *Tertul.*, *Apol.* XL, 7.

7 d. L'asyndète doit être primitive (cf. *Zie.*) et marque soit la diversité de point de vue, soit une légère opposition (« tandis que... »). Bien que 7 d dépende aussi du relatif *hès* (7 a), ce n'est pas un troisième témoignage de la « perversité » de la Pentapole, mais une autre preuve du châtiment exercé alors ; d'autre part, le

partic. *hestèkuia* (« se dressant, dressée ») s'appuie sur *kathestèken*
(7 b) et en dépend : il s'agit par conséquent d'une réalité qui
« subsiste encore ». On expliciterait donc ainsi la concision du texte :
« tandis que d'une âme incrédule subsiste encore, comme mémorial
de celle-ci et comme témoignage de la catastrophe, une colonne de
sel se dressant ». *Mnèmeion*, « ce qui rappelle, évoque ; mémorial,
monument », s'applique volontiers dans l'usage gr. à des monuments
funéraires (cf. *Lidd.-Sc.* 2) ; dans la *LXX*, il signifie seulement
« tombe, sépulcre ». Précédé ici de *apistousès psuchès* qui le détermine, il prend à la fois le sens de mémorial et de monument ; en
tout cas, la mention de l' « âme » semble bien impliquer que la
femme de Lot ne fut pas changée tout entière en une colonne de
sel (*psuchè* signifierait alors « personne »), mais que son âme,
coupable d'incrédulité, reçut comme tombeau ce monument avec
lequel son corps fut identifié. Le *Targum du Ps. Jonathan* sur *Gn.*
XIX, 26 se contente d'affirmer que cette statue de sel subsistera
« jusqu'au temps où viendra la résurrection et où les morts revi-
vront ». Le vb. *apistein*, employé déjà en I, 2 d'un manque de foi
en Dieu, renvoie à *Gn.* XIX, 17 et 26 : la femme de Lot n'a pas cru
à l'assurance de salut donnée expressément par les anges. Enfin
l'expression *stèlè halos* provient de *Gn.* XIX, 26 *LXX*. Dans ce récit
biblique, le trait est déjà étiologique : « explication populaire d'un
roc de forme capricieuse ou d'un bloc salin » (n. *B.J.*). Par la suite,
on continuera de montrer la « statue de la femme de Lot » : *Fl. Jos.*
(*Ant.* I, 203) déclare « avoir vu cette colonne de sel qui demeure
jusqu'à ce jour » ; le même témoignage se rencontre chez *Clém. Rom.*
(*ad Co.* XI, 2), *Irén.* (*adv. haer.* IV, 31, 3), chez les rabbins et dans
les anciens itinéraires (cf. ABEL, *Une croisière...*, p. 95). Il s'agit, en
réalité, d'un pilier de sel émergeant de l'argile du Djebel Ousdoum
et qui « fut visible jusqu'à la première époque byzantine » avant
d'être recouvert par la mer (ABEL, *ibid.*, pp. 94-95). On identifiera
ensuite la femme de Lot avec « un fantôme auquel s'accroche une
troupe d'enfants » et qui semble fuir précipitamment (F. M. ABEL,
dans *RB*, 1929, pp. 258-259). Evidemment, toute une légende se
constitua peu à peu autour de la femme de Lot (cf. ABEL, *Une
croisière...*, pp. 96-98) avec des explications différentes de sa culpabilité : elle aurait aimé la ville maudite (*Clém.*, *Protr.* X, 103), elle
y aurait laissé de la parenté sans consentir à s'en séparer, elle
aurait trompé son mari ou violé les lois de l'hospitalité, etc. Selon
Clém. Rom. (*ad Co.* XI, 2), elle aurait suivi son mari « dans un
autre sentiment et en désaccord avec lui... » et elle demeure un
avertissement pour « ceux qui ont l'âme double et doutent de la
puissance de Dieu » (trad. HEMMER). Tout en serrant d'assez près
le récit de *Gn.* XIX, notre texte semble supposer une explication
analogue ; en tout cas, *apistein* caractérise une infidélité grave à
l'égard de Dieu, un manque de foi confiante en lui. On notera enfin
que l'auteur ne semble pas parler en témoin oculaire, pas plus que
précédemment, car les touches pittoresques et les détails caracté-

ristiques font défaut. Aux données bibliques, il ajoute quelques informations recueillies dans des milieux ou écrits juifs et il s'emploie à souligner la signification religieuse des faits, en fonction de la Sagesse. Celle-ci n'a pu sauver qu'un seul « juste » (cf. *Phil.*, *Mos.* II, 55-58).

8 a-b. La leçon qui se dégage de l'épisode est exprimée sous une forme didactique qui généralise (comme en III, 11), dans une phrase périodique bien construite (défigurée par *Syr.* et *Ar.*), avec la corrélation *ou monon ... alla kai* exceptionnelle en *Sag.* (cf. seulement XI, 19). Le sujet *sophian gar parodeusantes* est mis en relief dès le début (8 a). Le vb., employé volontiers par l'auteur (cf. I, 8 ; II, 7 ; V, 14 ; VI, 22), signifie ici « ne pas faire cas de, négliger, mépriser » ; et l'aor., tout en renvoyant aux impies de la Pentapole, tend à prendre une valeur gnomique. En 8 b, *ou monon*, « non seulement », est suivi de *eblabèsan :* cet aor. 2 passif est inusité dans la *LXX* et le *N.T.* ; construit ici avec le gén. de l'article suivi de l'infinitif *(tou mè gnônai)*, il signifie non pas « être lésé, frustré, privé de » (cf. *Lat.* où *lapsi sunt* renvoie à *laesi sunt*), mais « être empêché, rendu incapable de » (cf. *Lidd.-Sc.* I, 2 et *Goodr.*) et la négation *mè* est explétive (comme après les vbs signifiant « empêcher »). Le vb. *gnônai*, « reconnaître par l'esprit, discerner », prend dans l'usage biblique le sens de « reconnaître vitalement et effectivement ». Son compl. *ta kala* est une expression grecque (cf. IV, 12 b), résumant tout ce qui est beau, noble, honorable, vertueux ; mais l'auteur en accentue la portée morale car il vise directement le vice des Sodomites, indirectement les milieux hellénisés qui les imitent. Le mépris des enseignements de la Sagesse ou le dédain des grandes lois morales patronnées par elle ont donc abouti à une sorte d'aveuglement spirituel : les hommes de la Pentapole — et leurs imitateurs — sont devenus incapables de discerner et de pratiquer ce qui est vraiment « beau », parce que conforme à la vertu.

8 c. En outre, *alla kai* (« mais encore »), ils ont laissé après eux un piètre souvenir : celui de leur conduite insensée, *tès aphrosunès*. Sur *apelipon* « laisser en partant, après soi », cf. VIII, 13 et XIV, 6 ; *mnèmosunon*, employé au sens de « rappel, souvenir », relève surtout de l'usage littéraire ancien (cf., avec *lipesthai*, *Hdt.* I, 185, 186 ; II, 101 ; IV, 166) ; *tôi biôi* désigne ici « la vie humaine dans son déroulement » ou « le monde des hommes » (cf. VII, 6 ; VIII, 5, 7 ; XIV, 21 et *Phil.*, *Post.* 2 ; *4 M.* XVII, 14) et *Lat.* s'est contenté de traduire par *hominibus* (*Syr.* « sur terre », *Sah.*, *Ar.* « dans le monde », *Shex.*, *Arm.* « au monde »). Quant au subst. *aphrosunè* (qui réapparaît en XII, 23 ; cf. aussi *aphrôn* en I, 3 ; III, 2, 12 ; V, 4), son sens courant est celui de « folie, démence », mais il prend souvent une nuance morale dans le langage philosophique et il désigne volontiers le contraire de la vertu, envisagée comme une qualité de l'esprit

(cf. *Plat.*, *Prot.* 332 E ; *Arist.*, *E.N.* 1146 ᵃ27). La *LXX* a accentué cette portée morale et ajouté une note religieuse : il y signifie non seulement la stupidité ou l'hébétude de l'insensé, mais la folie de l'impie ou du pécheur, parfois même une « infamie », un crime sans précédent (cf. *Jg.* XIX, 23, 24 ; XX, 6 ; *Dt.* XXII, 21). En le traduisant ici par « folie, stupidité, sottise », on rend mal compte de sa portée car il résume à la fois l'immoralité, la perversion et l'impiété des gens de la Plaine et l'incrédulité de la femme de Lot. Il nous semble préférable de recourir à une périphrase (« leur conduite insensée »).

8 d. *Hina* est employé au sens final (comme en *class.*) et renvoie à une intention divine. La formule relative *en hois esphalèsan* fait intervenir l'aor. passif de *sphallein* (seul emploi en *Sag.*). Le vb. signifie à l'actif « faire tomber, abattre, renverser ; faire chanceler » (Boisacq) ; au passif, non seulement « être précipité, renversé », mais « échouer, tomber, faillir ; errer, se tromper » et le compl. d'objet, c.-à-d. ce en quoi on a failli, peut être exprimé comme ici par *en* et le dat. C'est donc « dans l'objet même de leurs fautes » (cf. *Corn.* « in his quae deliquerunt » ; *Hein.* « worin sie gefehlt hatten » ; *Ficht.* « mit dem, worin sie gefehlt ») ou « dans leurs fautes mêmes » (cf. *Gri.* « in ihren Verrirungen ») que les impies de la Pentapole ne « pourraient même pas rester cachés », *mède lathein dunèthôsin* (sur *lathein* « rester caché, inaperçu ; être oublié », cf. I, 8 et XVII, 3). Cependant, la correspondance indiquée ainsi porte moins sur la nature des fautes commises (c'est le cas en XI, 16) que sur leur gravité : celle-ci a été sanctionnée de telle sorte qu'un sol dévasté à jamais par le feu et une statue de sel continuent de rappeler à la postérité les crimes de la Pentapole. Ces « impies » du passé, de même que ceux du ch. II, ont pu penser que l'oubli couvrirait leurs œuvres (II, 4) ; en fait, ils laissent un souvenir durable, mais bien différent de celui qui suit la vertu (IV, 1). *Gre.* résume ainsi la portée du v. 8 : « Those who reject Wisdom... incur a double loss : they become spiritualy blind, and they are held up to the reproach of future generations, with an unenviable immortality. »

9. Avec *sophia de*, l'auteur revient à la Sagesse, mais l'antithèse est fortement marquée : à ceux qui ont méprisé et continuent de mépriser la Sagesse (8 a), sont opposés ceux qui la servent fidèlement, *tous therapeuontas autèn* (la var. *therapeusantas* semble calquée sur *parodeusantes*). Le vb. *therapeuein*, « servir, courtiser, soigner, guérir » (cf. XVI, 12), a fréquemment une portée religieuse dans l'usage gr. (« servir, honorer les dieux », cf. *Lidd.-Sc.* II, 1), mais non dans la *LXX* où, sur 25 attestations (cf. *Hatch-Redp.*), on note seulement *Is.* LIV, 17 (les « serviteurs de Yahvé »), *Jdt.* XI, 17, *Tb.* I, 7 S (des lévites « en fonction »), *Dn.* VII, 10 (du « service » des Anges) et *Ba.* VI, 25, 38 (du « service » des idoles). Le sens

visé ici est celui de « servir fidèlement » ou « d'honorer » en reconnaissant effectivement la dignité et les exigences de la Sagesse. L'aor. *errusato* (cf. 6 a) introduit les histoires de Jacob et de Joseph, mais avec l'intention d'illustrer l'attitude constante de la Sagesse à l'égard de ses serviteurs : elle les délivre de leurs « peines ou épreuves », *ek ponôn* (sur le subst., cf. III, 15 ; V, 1 ; VIII, 7, 18). Enfin, selon certains critiques, *hoi therapeuontes* renverrait d'une façon ou d'une autre à la secte des Thérapeutes. *Dea.* déclare par ex. (p. 166) : « The word itself recalls to one's mind the Therapeutae, by whose teaching the author may have been influenced. » A l'inverse, d'autres objectent (cf. *Hein.* et *Ficht.*, p. 41, n. 1) que l'emploi religieux du vb. dérive de la *LXX* (en particulier d'*Is.* LIV, 17), de même que *therapôn* au v. 16 et en XVIII, 21, et que l'auteur renvoie à des personnages du passé, non à une secte contemporaine. Ces objections n'ont qu'une valeur restreinte : le vb. n'est pas devenu un terme religieux spécifique dans la *LXX* (cf. *supra*) ; la formule *hoi therapeuontes* est plus proche de *therapeutès* que *therapôn* ; enfin, dans une affirmation de caractère général, la référence à des personnages du passé n'exclut pas toute allusion à une situation contemporaine. Mais le problème d'une relation possible entre *Sag.* et les Thérapeutes doit être examiné sur une base plus large (cf. *Intr.*, ch. IV, pp. 136-138).

Le patriarche Jacob, ses tribulations et ses privilèges

10. *Ainsi pour le juste qui fuyait la colère de son frère :*
    elle le guida par de droits sentiers ;
    elle lui montra la royauté de Dieu
    et lui donna la connaissance d'un sanctuaire ;
    elle le fit prospérer au milieu de ses fatigues
    et elle multiplia ses descendants ;
11. *contre la cupidité d'exploiteurs, elle l'assista*
    et finit par l'enrichir ;
12. *elle le protégea de ses ennemis*
    et l'abrita contre les embûches d'adversaires ;
    elle inclina même un rude combat en sa faveur
    pour qu'il sache que la piété est plus puissante que tout.

10 a-b. Pour rattacher à ce qui précède, nous traduisons *hautè* (cf. 5 a, 6 a) par « ainsi pour... » ; *dikaion* renvoie à Jacob, objet d'une longue notice, car l'auteur voit en lui une personnalité religieuse de premier plan. L'expression intercalaire, *phugada orgès adelphou*, rappelle sa fuite devant la colère de son frère Esaü (cf. *Gn.* XXVII, 41 ss ; pour la « colère », vv. 44-45) ; *phugas*, « fugitif, fuyard » (cf. aussi XVII, 2 ; XIX, 3), est construit avec le gén. comme dans le gr. littéraire (cf. *Thuc.* VI, 12, 3 ; *Xén.*, *H.G.* IV, 1, 7 ; *Plut.*, *Ant.* LXIX ; *Alc.* II).

Alors la Sagesse se fit son guide, *hôdègèsen* (cf. IX, 11 b), et elle le dirigea *en tribois eutheiais*: *en* est local-instrumental, « sur, par » ; *triboi*, cf. II, 15 ; V, 7 ; etc. Ces « droits sentiers » sont à entendre littéralement de la route suivie par Jacob : il fut conduit droit au but, de Bersabée par Béthel jusqu'à Hâran (cf. *Gn.* XXVIII, 10 ; rapprocher *Ps.* CVI, 7 et *Tb.* VII, 1) et soustrait aux dangers qui l'auraient contraint à des détours. Mais ils évoquent aussi, en raison de formules bibliques analogues, les « sentiers de droiture » sur lesquels sont conduits les justes par le Seigneur ou sa Sagesse (cf. par ex. *LXX Ps.* XXVI, 11 ; CXLII, 10 ; *Pr.* II, 13, 16 ; III, 6). Et c'est pourquoi on peut être tenté (malgré les réserves de *Hein.*) de prolonger le texte ou de le transposer, en l'entendant de l'action de la Providence dans la vie entière des justes (cf. *Corn.* « peregrinatio Jacob symbolum vitae sanctae merito habetur »). C'est ce que fait précisément la Liturgie dans l'office des Saints. Parce que les voies du Seigneur ou de la Sagesse sont droites (cf. *Pr.* VIII, 20 ; *Dn.* III, 27 ; *Si.* XXXIX, 24), le juste est conduit directement vers le vrai but de sa vie ; même les détours apparents (tâtonnements, échecs, tentations, épreuves) continuent de l'en approcher efficacement, quoique d'une façon plus mystérieuse (cf. *Rm.* VIII, 28).

10 c-d. Réunis par *kai*, ces deux stiques doivent concerner un même épisode de la vie de Jacob, au cours de sa fuite et de son voyage en Hâran, avant les années passées au service de Laban (10 e-f) : ils renvoient donc à la célèbre vision de Béthel (*Gn.* XXVIII, 10-22), rapportée également à la Sagesse. Celle-ci, en effet, est le sujet des vbs *edeixen autôi* (« elle lui montra, lui fit voir »), puis *edôken autôi gnôsin* (« lui donna la connaissance, lui fit connaître », cf. VII, 17). Les deux compl. sont à éclairer l'un par l'autre. Le premier, *basileian theou*, reçoit plusieurs interprétations d'après les sens possibles de *basileia* (« royauté, pouvoir royal ; exercice de ce pouvoir, règne ; royaume ; majesté royale ») : selon les uns, il insisterait sur le royaume ou la royauté célestes de Dieu (*Corn. a Lap.* I, *Gri.* I « das Engel- und Geisterreich als überirdisches Reichsgebiet Gottes », *Hein.* « Gott, Himmel und Engel », *Ficht.*) ; selon d'autres qui rappellent volontiers la trad. de la *LXX* en *Gn.* XXVIII, 13 (« et le Seigneur s'appuyait sur l'échelle »), sur le gouvernement providentiel s'exerçant du ciel sur la terre par le ministère des Anges (*Corn. a Lap.* II « modum regendi Dei », *Gri.* II « regimen Dei », *Dea., Corn., Feldm.*) ; ou encore, on parle (ZORELL, *ap. Corn.*, p. 387, n. 1) d'une simple périphrase désignant la majesté divine ou Dieu lui-même (cf. *Gn.* XXVIII, 13 *TM*), comme dans les *Targums* et le *Talmud*, ou d'une vision du futur royaume de Dieu (E. BURROWS, *art. cit., infra*).

Dans le second compl., le dét. *hagiôn* peut être traité comme un masc. (cf. déjà *Eth.* et *Shex.*) : l'expression désignerait alors soit « la connaissance des saints, c.-à-d. des Anges » (cf. V, 5 b) que Jacob vit « monter et descendre » (cf. divers anciens cités par *Gri.*, puis

Holm., Guil. et, équivalemment, *Ficht.* « Reich Gottes und Heilige
Dinge sind der himmlische Hofstaat »), soit la connaissance et le
discernement surnaturels que possèdent les saints (Calovius, cité
par *Gri.*, et, dans une certaine mesure, *Calm.* « Jacob fut favorisé
d'une lumière surnaturelle en plusieurs occasions » et *Corn.* « nosse
enim, quae Deo placent, scientia sanctorum est »), soit même la
vision de Dieu lui-même (supposée par *Gn.* XXVIII, 13) car dans
la *LXX* de *Pr.* IX, 10 et XXX, 3 *(gnôsin hagiôn egnôka)* le plur.
(= qedôshîm), plur. d'excellence ou de majesté, semble bien renvoyer
au « Saint par excellence ». Mais *hagiôn* peut être considéré aussi
comme un neutre, qu'on traduit litt. par « les choses saintes »
(cf. *Web., Cramp., Mar.,* Osty) : l'auteur désignerait ainsi soit les
« réalités suprasensibles ou surnaturelles en général » *(Gri.)* ou les
« mystères » qui font corps avec la royauté céleste de Dieu *(Dea.,
Gre.),* soit les plans mystérieux de la Providence dévoilée à Jacob
(Gn. XXVIII, 14-15) avec la reprise de la promesse faite à Abraham
et l'assurance d'une protection particulière *(Corn., Hein., Feldm.),*
soit le « sanctuaire » dont le récit de *Gn.* XXVIII (cf. vv. 21-22 et
XXXI, 13) légitime la fondation (Grotius, cité par *Gri.*, et *Calm.*
« la Sagesse lui inspira le dessein de consacrer ce lieu au Seigneur...
et de regarder désormais ce lieu comme un lieu saint » ; à ce
dernier type d'interprétation se rattache celle de E. Burrows (dans
Bib. XX, 1939, pp. 405-407) qui découvre dans notre texte un état
plus ancien du récit haggadique contenu dans *Jub.* XXXII et éclairé
par *Test. Lev.* IX, 3 : Jacob aurait contemplé le temple et la Jérusalem célestes, destinés à descendre un jour sur terre lors de
l'établissement du règne de Dieu. Enfin E. Stein *(Die allegorische
Exegese des Philo aus Alexandreia,* Giessen, p. 24) s'efforce de
retrouver ici l'une ou l'autre des deux interprétations allégoriques
de *Gn.* XXVIII proposées par *Phil., Somn.* I, 134 ss et 146 ss : le
sommet de l'échelle mystérieuse représenterait soit le sommet du
monde (identifié avec la sphère des Anges), soit la plus haute activité
de l'âme qui culmine précisément dans « la connaissance des choses
divines ». Mais cette forme d'exégèse reste étrangère à *Sag.* (cf.
Études, ch. II, pp. 159-160). Par conséquent, il reste à choisir entre
les autres interprétations proposées.

En dépendance de *gnôsis, hagiôn* doit être un gén. d'objet (cf.
II, 13 ; VI, 22 ; VII, 17 ; XIV, 22) et ne désigne donc pas la connaissance que possèdent les « saints ». Traité comme un masc., il ne peut
être entendu de Dieu lui-même, car la langue du livre n'est pas
un gr. de traduction. Il peut seulement désigner les Anges (comme
en V, 5 b). Pourtant, la référence à ceux-ci semble déjà incluse dans
la mention de la souveraineté divine, évoquée précisément par
l'échelle mystérieuse de *Gn.* XXVIII ; de plus, la formulation même
de 10 d (éclairée par celle de VII, 17) fait songer à une révélation
distincte, procurant la connaissance de certaines réalités ou vérités.
Il est donc préférable de traiter *hagiôn* comme un neutre. L'usage
n'autorise guère à le voir résumer les exigences de la sainteté divine

(*hosia* en VI, 10) ou les desseins mystérieux de Dieu, mais il légitime sans peine son application à des réalités « saintes », parce que consacrées à Dieu. Cette interprétation culturelle est recommandée par l'emploi fréquent de *hagios* à propos de sanctuaires ou d'initiations sacrées (cf. *TWNT*, I, pp. 87-88), par l'usage biblique post-exilique (cf. *ibid.*, pp. 94-95), et les nombreux textes où *hagia* / *ta hagia* signifient « sanctuaire, lieu saint » (par ex. *Si.* XLV, 24 ; *1 M.* III, 43, 58-59 ; *He.* VIII, 2 ; IX, 8, 12, 24-25 ; X, 19 ; *Phil., Fug.* 93). Elle correspond aussi à la portée d'ensemble de *Gn.* XXVIII, légitimant d'avance la fondation en Canaan d'une « maison de Dieu » qui serait une « porte du ciel » (vv. 17, 20-22). Les textes rabbiniques prolongeront ces évocations culturelles en s'efforçant d'établir une relation entre la vision de Béthel et le sanctuaire futur de Jérusalem (cf. en particulier *Midr. Ber. R.* sur *Gn.* XXVIII, 27, Wünsche, p. 336). Par conséquent, le texte signifierait que Jacob fut éclairé par la Sagesse lorsqu'il conçut l'idée d'un sanctuaire terrestre authentique et qu'il accomplit le premier rite sacré à l'endroit même de sa vision. Peut-être reçut-il en même temps la révélation d'un temple céleste de Dieu (cf. III, 14 d), avec une liturgie angélique, mais il ne semble pas que l'auteur ait retrouvé en *Gn.* XXVIII l'idée d'un sanctuaire préexistant, archétype du futur sanctuaire de Jérusalem (cf. IX, 8 c).

Il faut revenir enfin à l'expression *basileian theou*. Elle parle d'une royauté « montrée » à Jacob, par conséquent d'un déploiement effectif de celle-ci. Plutôt qu'à une souveraineté exercée au ciel, la vision de *Gn.* XXVIII fait penser à une souveraineté exercée d'En Haut sur terre par le ministère des Anges (*Phil., Somn.* I, 142 insiste sur cet aspect) : le mouvement incessant de ceux-ci évoque le gouvernement divin de l'univers et l'activité constante de la Providence.

10 e-f. Le texte évoque maintenant le séjour chez Laban (*Gn.* XXIX ss), d'abord avec *euporèsen auton en mochthois*. Le compl. met l'accent sur l'idée de fatigue (cf. XVII, 17) : « peines, labeurs fatigants ou harassants ». Le vb. a généralement un sens intr. : « prospérer, réussir ; trouver une issue » ; au sens trans., il est usité seulement avec l'acc. de la chose et le dat. de la pers. pour signifier « procurer quelque chose à quelqu'un » (cf. *Lidd.-Sc.* II). Il est donc employé ici d'une façon inhabituelle (d'où les corrections proposées : *èuporise*, *Compl.*, Grabe, cf. *Gri.* ; *euporisen*, Stählin, cf. *Gärt.*, p. 165) car le sens visé est certainement : « elle le fit réussir, prospérer » (sur *honestavit* de *Lat.*, un vb. signifiant « enrichir », cf. *De Br.*, p. 115 et *Corn.*, p. 256, n. 1).

Le stique suivant, coordonné par *kai*, signifie normalement (cf. *Goodr.*) : « et elle multiplia, *eplèthunen*, ses labeurs, *tous ponous autou* », la var. *kopous* (« peines, souffrances ; fatigues » cf. III, 11) accentuant la difficulté. La trad. des *verss* est approximative : *Lat.*, *et complevit labores illius* ; *Syr.* « elle l'enrichit dans ses travaux » ; *Arm.* « elle multiplia son fruit » ; *Ar.* « elle remplit son sein *(kolpon ?)*

des biens de ceux qui l'avaient insulté » (rattache ici le début du
v. 11). Les Modernes sollicitent généralement (cf. cependant *Duesb.*
« elle accrut ses efforts »), soit le sens du vb. (« elle fit fructifier
ses efforts, ses peines ou ses travaux » *Web., Cramp., Mar.,* Osty),
soit celui du compl. (« elle multiplia le fruit de ses labeurs » *Grie.,
Siegf., Hein., Feldm., Ficht., Reid., RSV*). Le second procédé trouve
des appuis dans l'usage profane (*Xén., An.* VII, 6, 9) ou biblique
(*ponoi = yegi'a* « peine, travail ; gain, produit »), non dans le reste
du livre (même pas en VIII, 7, cf. *comm.*). Mais il importe avant
tout de préciser la phase du séjour chez Laban visée par le texte.
Comme le v. suivant concerne la période où Jacob déjoua la cupidité
de Laban et réussit alors — mais alors seulement — à s'enrichir
personnellement, il s'agit ici de la période antérieure, lorsque Jacob,
au prix de mille fatigues (récapitulées en *Gn.* XXXI, 39-42), travailla
durant quatorze ans à enrichir Laban (cf. *Gn.* XXX, 29-30) et n'eut
d'autre salaire que les deux filles de celui-ci (*Gn.* XXIX, 15-30)
avec les nombreux enfants qu'elles lui donnèrent (*Gn.* XXIX, 31 -
XXX, 24). Dès lors, les deux vbs de 10 e-f ne peuvent concerner la
prospérité matérielle de Jacob ; d'autre part, on s'étonne que ses
deux mariages soient passés sous silence, alors qu'ils sont à l'origine
(cf. *Gn.* XXX) des pères des douze tribus (les « Pères », cf. surtout
XVIII, 24). En réalité, nous pensons que *euporèsen* les concerne :
la Sagesse « fit prospérer » quand même Jacob au milieu de ses
labeurs pénibles, car il obtint d'abord Léa, puis Rachel, deux
mariages difficiles mais heureux, puisqu'une famille nombreuse
l'accompagna dans sa fuite (*Gn.* XXXI, 14-21). Il reste un pas à
franchir en retrouvant dans *eplèthunen* une allusion à la multiplication des enfants de Jacob. Le compl. *tous ponous* ne convient pas.
Mais les var. *kopous* (S. A, etc., cf. *Zie.*), *kolpous* (4 b) ou *kolpon*
(*Ar.*) font supposer une altération du texte primitif. Comme conjectures possibles, on proposerait volontiers : *tous ekgonous* ou *tous
apogonous* (cf. VII, 1) ou *tous tokous autou ;* ou encore, en res-
pectant le parallélisme avec 10 e, *tous ek kopou autou* (cf. *Gn.*
XXXI, 42 *LXX ton kopon tôn cheirôn mou eiden ho theos*).

11. Tout le v. concerne les six dernières années passées par
Jacob chez son beau-père (*Gn.* XXX, 25 - XXXI, 16). Il le « servait
alors pour son troupeau » (*Gn.* XXXI, 41) et c'est bien par « cupidité » et en abusant d'un fugitif que Laban « changea dix fois de
suite son salaire » (XXXI, 7, 41). Le compl. *en pleonexiai katis-
chuontôn auton* renvoie à cette situation (*en :* « au sein de, lors
de ») ; sur *pleonexia*, « désir d'avoir davantage, cupidité, convoitise »,
cf. *Lidd.-Sc.* I, 1 et 2 M. IV, 50 ; sur *katischuein*, « prévaloir ;
opprimer, accabler ; abuser de », cf. VII, 30 et XVII, 5. Mais l'emploi
du plur. surprend : ou bien c'est un plur. générique, insistant sur
la catégorie à laquelle Laban appartient (*Corn.*, p. 388, n. 1) ou
soulignant d'une façon expressive l'action efficace de la Sagesse
(*Gri.*), ou bien l'auteur associe à Laban ses fils (*Gn.* XXXI, 1), et

même ses frères ou ses gens (*Gn.* XXXI, 23). Le vb. *parestè* (forme passive à sens moyen : « se tenir auprès de ; aider, assister ») fait intervenir l'assistance de la Sagesse (*autôi* est sous-entendu). Dans ce rôle, elle se substitue à Dieu (cf. *Gn.* XXXI, 42) et l'auteur entérine la justification des artifices de Jacob donnée par *Gn.* XXXI, 6-13 : c'était une compensation légitime pour des années de travail non rétribuées.

Et c'est ainsi que la Sagesse fit passer progressivement toute la richesse de Laban dans les mains du patriarche (11 b) : *kai eploutisen auton.* L'auteur reprend ici *Gn.* XXX, 43 mais remplace *ploutein* par un vb. causatif (*ploutizein* « enrichir, rendre riche »).

12 a-b. L'asyndète marque le changement de point de vue : il s'agit maintenant d'ennemis déclarés *(apo echthrôn)* et d'adversaires insidieux *(kai apo enedreuontôn).* A cause du compl. avec *apo, diephulaxen* (cf. 1 b et XVII, 4) signifie ici « protéger, défendre contre » et *èsphalisato* (cf. IV, 17) « assurer la sécurité, abriter contre » ; sur *enedreuein,* « tendre des embuscades, dresser des embûches », cf. II, 12. Il reste à identifier les personnages visés. On ne sait si l'auteur distingue nettement deux catégories distinctes (12 a se rapportant à Laban, 12 b à Esaü). A s'en tenir aux récits bibliques, il y a « Laban et ses frères » poursuivant Jacob avec l'intention de le perdre (*Gn.* XXXI, 22-30). Il y a ensuite une rencontre dramatique que Jacob appréhende et prépare soigneusement (*Gn.* XXXII, 4-22) : le récit de *Gn.* XXXIII, 8-15 laisse planer un doute sur les sentiments réels d'Esaü et il faut à Jacob beaucoup de fermeté et d'habileté pour échapper aux arrière-pensées homicides de son frère. *Dea.* ajoute les Cananéens, rendus inoffensifs par la « terreur de Dieu » (*Gn.* XXXV, 5). L'auteur a pu connaître aussi certains développements haggadiques sur les ennemis de Jacob et les luttes soutenues par lui (cf. *Jub.* XXXVII-XXXVIII et GINZBERG, *The Legends* I, pp. 345 ss ; V, p. 303). Mais il n'est pas nécessaire d'invoquer ces données extrabibliques car, dans l'ensemble, l'auteur suit l'ordre des faits rapportés par la *Genèse.*

12 c. C'est ainsi qu'il fait allusion maintenant à *Gn.* XXXII, 23-32. On relève une opposition tacite entre la protection assurée à Jacob contre ses ennemis et le « rude combat », *agôna ischuron* (sur l'adj., cf. 5 c), qu'il dut alors soutenir ; par conséquent, *kai* ne coordonne pas rigoureusement à ce qui précède. Le vb. *ebrabeusen,* dénominatif de *brabeus* (« juge aux jeux ou dans un combat, arbitre ; chef, conducteur »), signifie soit « jouer le rôle de juge ou d'arbitre » (intr.), soit « arbitrer, décider, trancher » (cf. *Lidd.-Sc.* II, 1), soit « diriger, contrôler » (à partir du Ier-IIe s. av. J.-C., cf. *Lidd.-Sc.* II, 2). L'idée de « donner la victoire, décerner la palme », retenue par *Syr., Shex.* (« elle le rendit victorieux ») et *Arm.* (« elle le fit vainqueur ») et adoptée par un bon nombre de Modernes (cf. *AV, Corn., Hein., Ficht., Duesb., Web., Cramp., Mar.,* OSTY, *RSV*), peut être dégagée

soit du sens d' « arbitrer » (en discernant et en déclarant vainqueur,
en récompensant ; cf. *Phil., Jos.* 72 *adolôs brabeusô to phanèso-
menon dikaion*), l'accus. étant analogue à celui de la formule *agôna
nikan* (cf. IV, 2 d), soit de l'adjonction du compl. *autôi* (datif d'avantage : « elle arbitra en sa faveur, elle le fit vainqueur »). Cependant,
d'autres interprétations prêtent à la Sagesse un rôle plus actif que
celui de simple arbitre : les unes estiment qu'elle aurait proposé
le combat et l'aurait fait pencher en faveur de Jacob (cf. déjà *Lat.
et certamen forte dedit illi ut vinceret*, puis *Gri.* « la Sagesse fit
en sorte qu'il ait à soutenir un dur combat, mais c'est elle aussi
qui le conduisit à la victoire ») ; d'autres se contentent de donner
au vb. le sens de « diriger, incliner » (cf. *Ar.* « elle le dirigea quand
l'eut assailli la lutte violente » ; *Siegf.* « und einen schweren Kampf
leitete sie für ihn [siegreich] », *Feldm.* « und der schweren Kampf
lenkte sie zum Siege für ihm »).

Le motif d'une lutte avec Dieu (cf. *infra*) pouvait amener l'auteur
à faire de la Sagesse un simple arbitre. En revanche, le contexte
immédiat inviterait à traduire par « proposer, instituer », à cause
de l'opposition tacite à 12 a-b (cf. *supra*) et de la proposition finale
qui suit (12 d) ; malheureusement, ce sens n'appartient pas à *bra-
beuein* dans l'usage gr. Dès lors, on retiendra plutôt celui de « diriger,
incliner », qui s'accorde avec l'insistance du ch. sur l'influence efficace
de la Sagesse en faveur de ses fidèles : c'est elle qui assura la victoire
de Jacob « en inclinant un rude combat en sa faveur ».

12 d. Elle voulait ainsi lui donner une leçon concrète à travers
une expérience personnelle : *hina gnôi*, « afin qu'il sache, qu'il
apprenne ». L'objet de cette leç. est indiqué par *hoti pantos dunatôtera estin eusebeia* : le comparatif *dunatôtera* renvoie à une
puisance effective et efficace (cf. XIII, 4) et son compl. est certainement *pantos* (cf. la formule classique *pantos mallon*, « plus que
tout »), tandis que les var. *pantôs* ou *pantôn* (cf. *Zie.*) font figure
de corrections. Une affirmation analogue se rencontre en *3 Esd.*,
35 (*hè alètheia megalè kai ischurotera para panta*), mais notre texte
exalte non la « vérité », mais la « piété », *eusebeia*. Ce mot (seul
emploi en *Sag.*), rare dans la *LXX* (noter *Pr.* I, 7 c *eusebeia eis
theon*) si l'on excepte *4 M.*, désigne fondamentalement une attitude
de révérence et de crainte à l'égard de la divinité, mais il prend
souvent (surtout vers la fin de la période hellénistique) une note
plus affective ou plus confiante : il équivaut alors à nos mots
« piété » ou « dévotion » (il a cette nuance en *1 Tm.* IV, 8, tandis
qu'en *4 M.* il renvoie à la religion juive, conçue comme la seule
vraie philosophie). De toute façon, il résume ici une interprétation
de *Gn.* XXXII, 23-32. Laquelle ? L'être mystérieux de ce récit est
identifié clairement avec Dieu au v. 29 (*LXX enischusas meta theou*),
mais *Os.* XII, 5 parle d'une lutte avec un ange (*LXX : kai enischusen
meta aggelou*). Si c'est par sa « piété » que Jacob l'a finalement
emporté en reconnaissant que celle-ci est plus efficace que tout,

il aurait donc affronté non pas un « homme » ou un « ange », mais
Dieu lui-même, car *eusebeia* implique normalement une relation à
Dieu. L'auteur ne semble pas accepter l'idée d'une lutte physique :
l'adj. *ischuron* reçoit une portée morale au v. 5 c, *agôna* peut désigner
métaphoriquement dans l'usage gr. une lutte morale ou spirituelle
(cf. IV, 2 d) et *eusebeia* insiste non sur un déploiement de force
physique, mais sur la vigueur d'une piété authentique. Jacob a donc
été contraint d'avouer sa dépendance totale à l'égard de Dieu, de
persévérer dans une prière humble et sincère (cf. *Hein.*) en reconnaissant que la sécurité de sa propre existence et de celle de ses
descendants dépendait uniquement de la bénédiction et de la Providence de Dieu. Le texte n'écarte pas, comme le fait discrètement
Gn. XXXII, 23-32, les appuis trop humains (y compris la ruse,
l'astuce), sur lesquels Jacob avait compté jusque-là, puisqu'ils ont
été suggérés par la Sagesse (cf. v. 11). Il retient l'idée d'une victoire
sur Dieu obtenue par la « piété » et il insiste sur une expérience
spirituelle. L'auteur a donc vu en Jacob une grande figure religieuse.
D'autres raisons peuvent expliquer aussi le long développement
consacré à celui-ci : il était l'ancêtre immédiat des douze tribus et,
par conséquent, du « peuple saint » (v. 15) : il avait reçu de Dieu
le nom d'Israël, le « nom générique » (*Phil., Legat.* 194) de la nation
juive (cf. Woifson, II, p. 397, n. 8 et p. 401, n. 25).

Joseph, mis à l'épreuve puis exalté

13. *Elle n'abandonna pas non plus le juste qu'on avait vendu,*
    mais elle l'arracha au péché ;
14. *elle descendit avec lui dans le cachot*
    et ne le laissa pas demeurer dans ses liens
    jusqu'à ce qu'elle lui eût apporté le sceptre de la royauté
    et l'autorité sur ceux qui dominaient sur lui ;
    par là elle convainquit de mensonge ses calomniateurs
    et elle lui conféra une gloire éternelle.

13. Sur *hautè*, traduit ici par « non plus », cf. 5, 6, 10 ; le
partic. aor. *prathenta*, suivi de *dikaion*, renvoie à la notice de *Gn.*
XXXVII, 26-28 et 36 : sur l'initiative de Juda, Joseph « fut vendu »
aux Ismaélites qui le « vendirent à leur tour à Potiphar » (cf. aussi
Ps. CIV, 17 *LXX eis doulon eprathè Iôsèph*). La formule négative
ouk egkatelipen, « n'abandonna pas », signifie, par litote, une assistance fidèle (cf. à propos de Jacob *Gn.* XXVIII, 15 *LXX*). Du reste,
l'auteur allègue ensuite, sous une forme adversative, un cas particulier de cette assistance : *alla ex hamartias errusato auton* (13 b).
Le vb. (employé déjà en 6 a et 9), suivi d'un compl. avec *ek*, implique
un danger actuel, présent, qui menaçait Joseph en la personne de
la femme de Potiphar (*Gn.* XXXIX, 7-12). Aussi *Gri.* dit très juste-

ment : « *hamartia*, c'est le péché personnifié comme une puissance de séduction (als Verführende Macht) en cette femme qui cherchait à envelopper Joseph dans ses rets ». C'est donc à ce péché que la Sagesse « a arraché » Joseph, en lui donnant la force de résister, puis d'échapper à la séductrice. Influencés par *Lat. (sed a peccatoribus liberavit eum)*, divers commentateurs anciens ont appliqué le texte aux desseins coupables des frères de Joseph (*Gn*. XXXVII) ; mais cette trad., certainement fautive, impliquerait un retour en arrière puisque Joseph a déjà été « vendu » (13 a). Ajoutons que *hamartia* semble bien avoir été suggéré par *Gn*. XXXIX, 9 *(LXX pôs hamartèsomai enantion tou theou)*. Enfin, dans la littérature juive, la résistance de Joseph à la tentation d'adultère est sans cesse présentée en exemple (cf. *Jub*. XXXIX, 5 ss ; *4 M*. II, 2-3 ; etc.).

14 a.   L'asyndète marque le passage à un nouvel épisode : celui de l'emprisonnement de Joseph à la suite des calomnies de la femme de Potiphar (*Gn*. XXXIX, 20). D'après le récit biblique, Dieu assista alors Joseph, lui fit trouver grâce auprès du geôlier (*Gn*. XXXIX, 21-23) et lui inspira l'interprétation des songes (*Gn*. XL). Cette assistance est attribuée ici à la Sagesse. L'expression *sugkatebè autôi* est une réminiscence directe de *Dn*. III, 49 *LXX :* vis-à-vis de Joseph, la Sagesse se comporte donc comme l'Ange du Seigneur qui « descendit avec » Azarias et ses compagnons dans la fournaise. Le compl. *eis lakkon* fait difficulté car le subst. signifie « trou, fosse ; citerne, réservoir » (BOISACQ) et désigne habituellement la « fosse d'inhumation » dans la *LXX*. Comme celle-ci emploie d'autres termes dans le récit de l'emprisonnement de Joseph *(ochurôma, desmôtèrion)* et que *lakkos* n'a pas le sens de « geôle, prison », certains critiques *(Gri., Ficht.)* pensent à la « citerne » où Joseph fut jeté par ses frères (*Gn*. XXXVII, 22-24) ; 14 b renverrait seul à la prison égyptienne, l'analogie des situations justifiant le rapprochement des deux épisodes (cf. *Gri.*). Pourtant, dans ce ch., l'auteur suit habituellement un ordre chronologique ; d'autre part, *lakkos* désigne la prison égyptienne en *Gn*. XL, 15 *LXX (enebalon me eis ton lakkon touton)* et il signifie « cachot » en *Ex*. XII, 29 et *Jr*. XLIV (*TM* XXXVII), 16. Il est donc inutile de supposer un retour en arrière : *lakkos* a été choisi comme une désignation expressive de la prison égyptienne sous l'influence immédiate de *Gn*. XL, 15 *LXX*.

14 b.   Le point d'appui immédiat est *Gn*. XL, 23 : le grand échanson oublia la promesse faite à Joseph. Le compl. *en desmois* ne signifie pas nécessairement que Joseph ait été mis « aux liens » : il peut désigner équivalemment le séjour dans la prison (cf. *Is*. XLIX, 9 *legonta tois en desmois* et, au sing., *Lidd.-Sc*. I, 2) ; mais l'auteur peut renvoyer aussi à *Ps*. CIV, 18. L'expression *ouk aphèken auton*, par opposition à la notice de *Gn*. XL, 23, signifie d'abord « elle ne le délaissa pas, ne l'oublia pas, ne le laissa pas demeurer » ; ensuite, à cause de *heôs* qui suit, « elle n'eut de cesse jusqu'à ce qu'elle l'eût délivré... ». Mais l'auteur passe immédiatement au but

poursuivi par la Sagesse : non seulement délivrer Joseph, mais le réhabiliter magnifiquement.

14 c. *Heôs*, « jusqu'à ce que », est suivi de l'indicatif aor. *(ènegken autôi)* car il s'agit d'un fait réel et unique. Le vb. est expressif : la Sagesse « apporte, offre » à Joseph « le sceptre de la royauté » ; *skèptra*, déterminé par *basileias*, est un plur. de majesté (cf. VII, 8 et *Lidd.-Sc.* II, 2). Le récit de *Gn.* XLI, 40-44 ne parle pas de ce sceptre : ou bien ce n'est qu'un symbole du pouvoir royal délégué par Pharaon à Joseph (cf. *Hein.*, *Feldm.*), ou bien l'auteur a déduit de *Gn.* XLI, 40 que Pharaon s'était réservé seulement le trône tandis que Joseph avait reçu le sceptre avec l'anneau et le collier (*Gn.* XLI, 42), ou enfin il se fait l'écho de traditions juives transformant de plus en plus Joseph en un véritable roi (déjà *Ps.* CIV, 21 *LXX* l'appelle *kurios* et *archôn* ; plus tard *Phil.*, *Jos.* 119 dira qu'il était roi en fait, Pharaon, roi en titre).

14 d. De toute façon, le sceptre symbolise l'autorité royale et c'est pourquoi *exousian* est coordonné étroitement. Dans l'usage gr., ce mot renvoie souvent (surtout quand il est suivi comme ici d'un gén. d'objet) à un pouvoir discrétionnaire, disposant à son gré des choses et des personnes (cf. *Poll.*, *On.* VIII, 86 *exousian echein thanatou*) ; il a précisément cette portée en XVI, 13 en référence à Dieu. Dans la *LXX* (*Dn.* en particulier), il désigne une prérogative à la fois divine et royale : Dieu possède le « pouvoir » et le communique à qui il veut. Le gén. *turannountôn autou* joue le rôle de compl. : le partic. prés. a valeur d'impft et le vb. lui-même, suivi du gén., peut désigner simplement ceux qui « dominaient » jusque-là sur Joseph (cf. *Lidd.-Sc.* I, 2) : il s'agirait alors d'un renversement de situations. Cependant, il a souvent une note péjorative (cf. XVI, 4) : il implique un abus de pouvoir avec le sens d' « opprimer, tyranniser ». Cette nuance semble visée ici (cf. *Lat.*), mais on cherche alors à identifier ces « oppresseurs » de Joseph : on mentionne ses frères, livrés ensuite à sa merci (cf. *Gn.* XLII-XLV), puis Potiphar, la femme de celui-ci et le chef de la prison (cf. *Hein.*). Or ces faits sont déjà lointains (on attendrait du reste le partic. aor.) et Joseph, s'attirant la faveur des uns et des autres, fut traité avec beaucoup d'égards dans sa prison. En réalité, le partic. prés. fait allusion à la situation concrète des Juifs d'Égypte : ceux-ci, supportant mal un état de sujétion continuelle, rappelaient volontiers qu'un des leurs avait jadis dominé en maître sur leurs « oppresseurs » (les Égyptiens en général comme en XVI, 4).

14 e. Rattaché étroitement au précédent par *te*, ce stique tire la conséquence immédiate d'un tel renversement de situations (« et par là même ») et met en relief *pseudeis* (« menteurs », cf. XIV, 28). Avec cet adj., *edeixen* prend le sens de « prouver, convaincre », bien que l'usage gr. réclame alors le partic. (cf. *Lidd.-Sc.* 4). Le compl. *tous mômèsamenous auton* fait intervenir un vb. (dénominatif de *mômos*, « blâme, reproche ; raillerie », Boisacq) qui signifie dans le gr. profane « blâmer, critiquer ; accuser », mais qui, dans la *LXX,* tend à signifier « souiller, tacher ; diffamer, calomnier » (cf. *Si.* XXXIV, 18) à cause de l'emploi régulier de *mômos* au sens de « tare, souillure, tache » physique *(Lv. passim)* ou morale (cf. *Si.* XI, 31, 33 ; XX, 24 ; XXXIII, 23 ; XLVII, 20). Ici, *pseudeis* renforce l'idée d'accusations mensongères. On pense évidemment (cf. *Grie., Corn., Hein.*) à celles formulées par la femme de Potiphar, reprises ensuite par les domestiques et par Potiphar lui-même (*Gn.* XXXIX, 14-18) : or l'élévation soudaine de Joseph signifiait une protection divine exceptionnelle et sanctionnait la justice d'un homme en qui résidait manifestement « l'esprit de Dieu » (*Gn.* XLI, 38). Les frères de Joseph sont-ils visés également ? Sa réhabilitation éclate surtout en fonction d'eux : ils n'avaient pas cru à ses songes ; or il y a une correspondance précise entre ses prétentions initiales et son élévation finale ; et le récit biblique s'attache à montrer comment ils furent amenés à reconnaître progressivement la vanité de leurs critiques (*Gn.* XLII-XLV). Cependant, ils ne sont pas « convaincus de mensonge » (*pseudeis* est trop fort à leur propos) et le narrateur, au lieu de les accabler, voit dans tous les événements passés un dessein précis de la Providence (*Gn.* XLV, 5-8). En définitive, le texte concerne seulement les Égyptiens qui « ont calomnié » Joseph : si l'auteur les suppose assez nombreux ou généralise, c'est sans doute en songeant aussi à ceux de son époque qui continuent d'accuser et de calomnier les Juifs.

14 f. Le dernier trait, *kai edôken autôi doxan aiônion* est inspiré par *Gn.* XLV, 13 : « racontez à mon père toute la gloire *(pasan tèn doxan)* que j'ai en Égypte ». Cette « gloire » est dite « éternelle » car elle subsiste à jamais dans la mémoire du peuple juif et ne peut être effacée, selon lui, de l'histoire égyptienne. Une telle immortalité dans le souvenir est octroyée par la Sagesse (cf. VIII, 13 b). Si l'auteur s'arrête assez longuement à la figure de Joseph, en retenant surtout les traits « égyptiens » de son histoire, c'est sans doute parce que sa gloire passée hantait l'imagination des Juifs d'Égypte et les encourageait à espérer un renversement de la situation présente. — *Hein.* dégage ainsi la leç. des vv. 10-14 (à l'aide de *Sag. I*) : « Le juste persécuté ou en butte à l'hostilité comme Jacob, privé de sa réputation ou de sa liberté comme Joseph, ne doit pas se décourager. La Sagesse divine veille à ce que ces épreuves ne durent pas toujours : elle s'emploie à la réhabilitation du juste, souvent dès la vie présente, toujours après la mort (cf. III, 7-9, 13-15 ; IV, 2 ; V, 3-16). »

Moïse et la sortie d'Égypte

15. *Par elle le peuple saint, de race irréprochable,*
    fut délivré d'une nation d'oppresseurs.

16. *Elle entra dans l'âme d'un serviteur du Seigneur*
    et il tint tête à des rois redoutables par des prodiges et des signes.

17. *Elle restitua aux saints le salaire de leurs travaux,*
    elle les conduisit par un chemin surprenant
    et elle devint pour eux un abri durant le jour,
    un flamboiement d'étoiles pendant la nuit.

18. *Elle les fit traverser la mer Rouge,*
    passer au sein des eaux abondantes.

19. *Mais leurs ennemis, elle les engloutit*
    puis, du fond de l'abîme, les rejeta dans un tourbillonnement ;

20. *c'est pourquoi les justes dépouillèrent les impies.*
    Ils chantèrent, Seigneur, ton nom très saint
    et célébrèrent unanimement ta main vengeresse.

21. *Car la Sagesse ouvrit la bouche des muets*
    et délia la langue des tout-petits.

15. La délivrance de la servitude égyptienne est attribuée maintenant à la Sagesse. L'auteur rapproche intentionnellement de *hautè* (« c'est elle ») le compl. *laon hosion kai sperma amempton*, en reléguant le vb. *errusato* (cf. 6 a, 9, 13 b) au stique suivant (15 b). Pour garder l'ordre du texte, nous traduisons l'actif par le passif. La « nation d'oppresseurs », *ex ethnous thlibontôn*, désigne clairement les Égyptiens (sur le vb., cf. V, 1 b) et l'on notera l'emploi absolu du partic. prés. (avec valeur d'impft) pour caractériser d'une façon plus expressive une nation entière (*Lat.*, *a nationibus*, semble avoir lu *ethnôn* en méconnaissant la référence précise à la sortie d'Égypte). Par contraste, Israël est appelé d'abord le « peuple saint » : le qualificatif *hosios* insiste soit sur la pureté ou sainteté de vie de ce peuple (cf. VII, 27 c), dans le respect des volontés saintes de Dieu (cf. VI, 10 a), soit sur son appartenance toute spéciale à Dieu (cf. IV, 15 ; XVIII, 1, 5, 9), en vertu de l'élection. Dans l'expression coordonnée, *sperma* « semence, germe » (cf. VII, 2) prend ici le sens de « race, descendance » (cf. III, 16 et *Lidd.-Sc.* II, 2 et 3), avec une allusion à la descendance promise à Abraham (cf. *sperma* en *Gn.* XIII, 16 ; XV, 13, 18 ; XVII, 7-8) ; c'est une race « irréprochable », *amempton*, non seulement parce qu'elle est de bonne souche ou qu'elle n'a rien à se reprocher vis-à-vis des Égyptiens, mais encore parce qu'à l'exemple d'Abraham (cf. 5 b et *Gn.* XV, 6) elle demeure sans reproche devant Dieu.

Les deux qualificatifs se renforcent donc mutuellement, mais l'idéalisation est manifeste. Les textes bibliques eux-mêmes parlent non seulement de murmures, de résistances continuelles à Moïse ou d'infidélités à Dieu au cours de l'Exode, mais encore de compromissions avec l'idolâtrie durant le séjour en Égypte (*Jos.* XXIV, 14 ; *Ez.* XX, 8 ; XXIII, 8). Selon *Gri.*, la contradiction est telle qu'elle justifie, dans une certaine mesure, les objections anciennes et modernes contre la canonicité du livre. A l'inverse, plusieurs solutions ont été proposées, mais certaines sont inadéquates. Ainsi il ne suffit pas de dire, avec *Calm.*, que le texte résume l'attitude du peuple hébreu à l'égard des Égyptiens, car *hosios* et *amempton* ont une portée plus générale avec une référence immédiate à Dieu ; l'auteur n'envisagea pas non plus la vocation future d'un peuple « destiné à devenir une nation sainte » (cf. *Ex.* XIX, 6), mais une situation de fait. A la rigueur, il pourrait évoquer (cf. *Corn.*, pp. 393-394) la condition spirituelle d'un peuple entièrement purifié et rénové, au moment même de la sortie d'Égypte et avant les infidélités qui jalonnèrent l'Exode. Mais d'autres critiques *(Dea.)* soulignent avec plus de raison la portée générale ou relative des termes employés : le peuple est pris dans son ensemble, sa « sainteté » et son « intégrité morale » sont fonction de son opposition aux Égyptiens sur le plan religieux et moral (*Dea.* compare *2 Co.* VI, 17-18). D'autres enfin insistent sur le genre littéraire mis en œuvre : le passé est simplifié et idéalisé dans un but didactique, soit pour mettre en relief certaines valeurs par un effet de contraste (cf. *Gre.*), soit pour préfigurer une opposition toujours actuelle entre justes et impies qui sera sanctionnée définitivement dans l'au-delà (cf. *Ficht.*, p. 40) : le « peuple saint » incarne les valeurs religieuses et morales du Judaïsme en face du paganisme ambiant ; il est aussi le symbole ou le type des vrais « fils de Dieu ». Le même processus d'idéalisation, sur un arrière-plan apocalyptique plus accentué, se poursuit en *Sag. III*, mais avec des réserves significatives : le « peuple saint » n'a pas été à l'abri de corrections ou de châtiments (cf. XI, 9-10 ; XVI, 5-6, 10-12 ; XVIII, 20-23). Rappelons enfin que des idéalisations semblables se rencontrent dans d'autres écrits bibliques : pour *Osée* (II, 16-17 ; XI, 1) et *Jérémie* (II, 2-3), le temps de l'Exode, opposé alors à l'installation désastreuse en Canaan, fut celui d'une fidélité incomparable à Yahvé.

16 a. L'œuvre de délivrance débuta par l'investiture spirituelle de Moïse. Celui-ci est appelé *therapôn kuriou* conformément à l'usage de la *LXX* : en contexte religieux, *therapôn* s'y trouve appliqué seulement à Moïse (cf. *Ex.* IV, 10 ; XIV, 31 ; *Nb.* XI, 11 ; XII, 7, 8 ; *Dt.* III, 24 ; etc.) et à *Job* (II, 3 ; XLII, 7) ; en contexte profane, surtout à propos des « serviteurs de Pharaon » (cf. *Ex.* VII, 20, 28 ; VIII, 5 ; etc.). Le terme réapparaît à propos d'Aaron en XVIII, 21. De soi, il dénote une appartenance moins étroite que *doulos* et il est moins familier que *pais*. En déclarant que la Sagesse « entra dans l'âme » de Moïse, *eisèlthen eis psuchèn*, l'auteur reprend une idée qui lui est chère : la Sagesse pénètre dans l'âme et y demeure

(I, 4 ; VII, 27 c-28), elle agit à l'intérieur de l'homme (cf. VII, 7, 22 a ; IX, 17). Mais il s'est souvenu surtout du rôle assigné par divers textes bibliques à l'Esprit de Dieu : celui-ci fait irruption chez certains individus pour leur conférer une énergie surnaturelle ou bien il est conféré d'une façon permanente pour l'accomplissement d'une mission (cf. *Is.* XI, 2 ; XLII, 1 ; LXI, 1) et ce fut précisément le cas de Moïse d'après *Nb.* XI, 17, 25 et *Is.* LXIII, 11 *TM* (« qui mit en lui son Esprit saint » ; mais *LXX* : « en eux » *en autois*). En tout cas, la Sagesse prend possession de l'âme de Moïse pour y devenir un principe surnaturel de connaissance et de force : elle éclairera son esprit, inspirera ses paroles (cf. *Ex.* IV, 12, 15-16 ; VII, 2), lui donnera audace et assurance, avec le pouvoir d'opérer miracles et prodiges.

16 b. Le sujet de *antestè* (« s'opposer, se dresser contre ; résister, tenir tête », cf. II, 18 ; V, 23) pourrait être la Sagesse qui « tint tête elle-même ». Néanmoins, une image aussi audacieuse ne s'impose pas et ne correspond pas au rôle de premier plan assigné à Moïse par les récits bibliques : on admettra donc un changement de sujet, avec *kai* consécutif (« et ainsi, et c'est pourquoi »). Le plur. *basileusin phoberois* (« à des rois redoutables ») surprend : dans ses démarches successives, Moïse traite avec un seul roi et il est peu probable que le roi (?) des Amalécites (*Ex.* XVII, 8-15) et ceux des états transjordaniens (cf. *Ps.* CXXXV, 17-18) soient associés à celui d'Égypte. A la rigueur, le texte peut associer au Pharaon de l'Exode celui de l'oppression (auquel Moïse s'opposa déjà, cf. *Ex.* II, 11-12, 15). Mais il s'agit plutôt d'une généralisation oratoire (*Ficht.* renvoie à *Bl.-Debr.* 141, 1) destinée à impressionner des lecteurs profanes ou à évoquer la maîtrise souveraine de la Sagesse (cf. *Hein.*) ; en même temps, l'auteur a pu se souvenir de *Ps.* CIV, 30 qui emploie également le plur. L'opposition de Moïse à Pharaon « s'accompagna de prodiges et de signes », *en terasin kai sèmeiois*. L'association des deux termes est courante dans la *LXX* (mais généralement en ordre inverse) pour renvoyer aux miracles de l'Exode (cf. *Dt.* XXVIII, 46 ; XXIX, 2 ; XXXIV, 11 ; *Ne.* IX, 10 ; *Jr.* XXXII, 20-21 ; etc.), mais elle s'applique ici aux plaies d'Égypte ; elle a une portée différente en VIII, 8 d.

17 a. Le vb. *apodidonai* signifie proprement « rendre, restituer, acquitter » (cf. *Lidd.-Sc.* I, 1 « render what is due, pay »). Par conséquent, *apedôken hosiois* (cf. 15 a) *misthon* (cf. II, 22) parle de la restitution d'un salaire non payé et le dét. *kopôn autôn* (cf. III, 11 et X, 10 var.) fait allusion aux corvées fatigantes ou harassantes qui avaient été imposées aux Hébreux en Égypte. De quelle façon s'opéra cette restitution ? Apparemment, selon le procédé rapporté par *Ex.* XII, 35-36, en exécution de la promesse annoncée déjà en *Ex.* III, 21-22 et rappelée en XI, 2 (cf. aussi *Gn.* XV, 14) : les Hébreux s'approprièrent les objets prêtés par les Égyptiens. Cependant,

d'après *Gri.* et *Goodr.*, la portée du texte serait plus générale et embrasserait toutes les marques de protection et d'assistance de la Sagesse durant l'Exode : par ces faveurs divines successives, les Hébreux auraient été bien « payés » de leurs peines. Mais l'interprétation précédente, généralement adoptée, est préférable : elle respecte l'ordre chronologique des faits ; elle correspond au sens précis des termes employés par le texte ; elle y retrouve, attribuée à la Sagesse, la justification immédiate d'un procédé que les textes bibliques de l'Exode se contentent de rapporter à une volonté expresse de Dieu ; enfin la même justification immédiate se rencontre dans d'autres écrits juifs, désireux d'écarter le grief de vol (formulé souvent par les hellénistes antisémites d'après le *Talmud, Sanh.* 91 a), ainsi dans *Jub.* XLVIII, 18 ; *Ps. Ez., Exag.* 166 (καθ᾽ ὧν ἔπραξαν μισθὸν ἀποδῶσι βροτοῖς) ; *Phil., Mos.* I, 141-142 (ἀναγκαῖον μισθὸν κομιζόμενοι ...). Le Midrash, au contraire (cf. STEIN, *Ein Midrasch*, pp. 571-572), fait état de la notice d'*Ex.* XI, 3 (« Dieu fit trouver faveur... ») et parle de dons offerts volontairement par les Égyptiens reconnaissants de ce que les Hébreux n'avaient pas mis à profit la nuit des ténèbres pour les dépouiller (cf. XVIII, 2 a ?).

17 b.   Sur *hôdègèsen*, cf. v. 10 b. Le compl. *en hodôi thaumastèi* est interprété diversement. Certains critiques donnent à l'adj. (qui réapparaît en XIX, 8) le sens de « merveilleux, admirable » et le voient renvoyer aux interventions divines continuelles qui jalonnèrent l'Exode *(Hein., Feldm.)* ; bien plus, le rôle joué par la colonne de nuée serait inclus *(Dea., Feldm.)* et justifierait tout spécialement le caractère « merveilleux » de la marche au désert, car l'asyndète initiale indique que la portée de 17 b est explicitée en 17 c-d ; enfin *Dt.* I, 33, résumant la façon selon laquelle Dieu « guida » *(hodègôn)* son peuple, le montre choisissant les lieux de campement et éclairant la marche de jour et de nuit. Cependant, une autre interprétation (adoptée entre autres par *Corn., Goodr., Gre., Ficht.*) est plus indiquée et respecte l'ordre chronologique des faits : le texte fait allusion à la route « étonnante, étrange » suivie par les Hébreux lorsqu'ils quittèrent l'Égypte. La notice d'*Ex.* XIII, 17 a dû retenir l'attention de l'auteur *(LXX ouch hodègèsen autous)* : le choix d'une route inhabituelle fut dicté par une sagesse supérieure.

17 c.   La Sagesse s'identifie maintenant avec la colonne de nuée, mais le rôle de celle-ci est conçu d'une façon assez originale. Comme la formule *ginesthai eis* (cf. II, 14 ; XIV, 11, 21) signifie « devenir autre chose, se transformer en », on traduit ici *egeneto autois eis skepèn* en traitant l'acc. comme un prédicat : « elle devint, se fit pour eux un abri » ; *hèmeras* est un gén. de temps, « pendant le jour » (cf. *Lidd.-Sc.* II, 1 par opposition à *nuktos*). L'auteur renvoie manifestement à la colonne de nuée mentionnée dès la sortie d'Égypte en *Ex.* XIII, 21-22 (avec *hèmeras ... tèn nukta* dans la *LXX*). Mais il lui assigne une fonction différente : au lieu de

« montrer la route », elle couvrait, protégeait ou enveloppait les Hébreux (*skepè* : « abri, couverture, enveloppe »). Cette conception (reprise en XVIII, 3 c et XIX, 7 a) a été suggérée directement par *Ps.* CIV, 39 *LXX (diepetasen nephelèn eis skepèn autois)*, puis par *Nb.* X, 34 (*LXX* X, 36 *hè nephelè... skiazousa ep' autois*). Par ailleurs, *skepè* se rencontre en *Is.* IV, 5-6 avec une allusion à la nuée de l'Exode (cf. aussi, en contexte individuel, *Si.* XXXIV, 16 c). L'auteur a donc pensé à une nuée s'étendant au-dessus des Hébreux, dans une fonction analogue à celle de la gloire de Yahvé en *Is.* IV, 5-6, mais qu'il identifie avec la Sagesse. Il s'agit par conséquent d'une nuée mobile dans laquelle la Sagesse était présente (comme Yahvé dans la colonne de nuée, *Ex.* XIII, 21) et par laquelle elle protégeait le peuple de l'Exode, moins pour le cacher à ses poursuivants que pour l'abriter des rayons du soleil et de la chaleur (cf. *Is.* IV, 6) ou contre le vent du désert (cf. *Si.* XXXIV, 16).

17 d. « Pendant la nuit », *kai... tèn nukta*, la Sagesse *(egeneto) eis phloga astrôn*. Qu'on lise *asterôn* (« étoiles ») ou *astrôn* (plutôt les « astres » en général), la distinction est le plus souvent imperceptible entre les deux termes (cf. VII, 19, 29) et l'auteur doit penser surtout aux « étoiles » (cf. *Lat., in luce stellarum ; Syr.* « la lumière des étoiles »). Dans les textes de l'Exode, la conception prédominante est celle d'une « colonne de feu » qui guidait alors les Hébreux (cf. *Ex.* XIII, 23 ; *Ne.* IX, 12) et qui était pour eux une lumière comme le précisent différents textes : *Ex.* XIV, 20 *TM* (« il y eut la nuée et l'obscurité, et elle éclaira la nuit » ; mais *LXX* : ἐγένετο σκότος καὶ γνόφος, καὶ διῆλθεν ἡ νύξ) ; *Dt.* I, 33 ; *Ps.* CIV, 39 ; *Ps.* LXXVII, 14 « par une lumière de feu, *en phôtismôi puros* » ; cf. aussi *Is.* IV, 5 : « éclat d'un feu flamboyant ». Mais notre texte fait intervenir les étoiles et la « flamme » de celles-ci, *phlox* (cf. XVII, 5 *astrôn eklamproi phloges* ; cf. aussi *Esch., Th.* 388 *phlegonth' hup' astrois ouranon*). Est-ce à dire que la « colonne de feu » s'évanouit dans la clarté lumineuse des étoiles, en vertu d'une exégèse « rationalisante » *(Goodr., Ficht.)* ? Pourtant *Phil.* lui-même (*Mos.* I, 166) ne va pas si loin : il admet le caractère miraculeux de cette « colonne » qui, lumineuse comme le soleil durant le jour, prenait l'aspect d'une flamme durant la nuit *(nuktôr de phlogoeides)* ; et il ajoute qu' « un ange invisible était peut-être présent dans la nuée ». D'autre part, la « colonne de flamme ardente » *(puriphlegè)* est mentionnée explicitement en XVIII, 3. Il nous semble que l'auteur prend ici appui sur *Ex.* XIV, 20, un texte difficile (cf. *supra*) qui se prêtait à toutes sortes d'interprétations (d'après σ', « la nuée était obscure d'un côté et lumineuse de l'autre »). Au sein d'une « nuée ténébreuse » qui épaississait encore l'obscurité de la nuit pour les Égyptiens, la Sagesse continuait d'éclairer les Hébreux : elle leur dispensa l'équivalent de la clarté d'un ciel étoilé, ou plutôt elle fit briller sur eux une clarté incomparable et devint pour eux « un flamboiement d'étoiles » (sur la supériorité astrale de la Sagesse, cf.

VII, 29). Comme en 17 c, l'auteur a donc voulu insister sur la présence active de la Sagesse dans la nuée : elle animait et transformait à son gré celle-ci pour protéger et éclairer le peuple de l'Exode. Et cette préoccupation, en même temps que la référence tacite à la nuit même du passage de la mer Rouge, explique sans doute l'omission de la « colonne » de nuée, jugée trop statique.

18 a.   Préparé par l'interprétation précédente, le passage de la mer Rouge est annoncé par *diebibasen* (asyndète). Ce vb., causatif de *diabainein,* signifie « transporter à travers ou au-delà, faire passer ou traverser » et peut être suivi d'un double accus., dans le gr. profane (cf. *Plut., Pel.* XXIV *diabibazein strateuma ton potamon*) et biblique (*Nb.* XXXII, 5 ; *Jos.* VII, 7 ; *2 S.* XIX, 16). C'est également le cas ici avec *autous thalassan eruthran.* L'expression « mer Rouge » est la traduction habituelle dans la *LXX* de *yam-sûph,* « mer des roseaux » ; on notera que l'adj. a surpris *Syr.* (« elle les conduisit par la terrible mer de Souph », cf. *Holtz.,* pp. 67-68) et *Ar.* (« elle les fit traverser la mer redoutable ») qui l'ont interprété.

18 b.   Le vb. coordonné *diègagen* (employé par *Ps.* LXXVII, 13) est pratiquement synonyme du précédent dans l'usage gr. (« conduire à travers, faire passer ou traverser »). Suivi du compl. *di' hudatos pollou,* il évoque la traversée des Hébreux « au sein des eaux abondantes, au milieu des masses d'eau » (en *Ex.* XIV-XV *hudôr* est employé constamment au sens collectif). Mais cette évocation, beaucoup plus précise et colorée en XIX, 7-8, reste ici très sobre : l'auteur se contente de placer l'épisode sous l'influence de la Sagesse.

19.   Le compl. *tous de echthrous autôn* est placé en tête pour souligner le contraste (*de* advers.). Le vb. *kateklusen,* « inonder, submerger » (cf. 4 a) fait allusion aux flots qui se refermèrent sur les Égyptiens pour les engloutir (*Ex.* XIV, 28 ; XV, 4) ; la var. *katepausen** (S * 46) est inexplicable (« fit cesser > détruisit, renversa » ?), à moins qu'elle ne soit une déformation de *katepontisen* employé en *Ex.* XV, 4,
    Au stique suivant, *anebrasen* est un vb. rare et poétique (d'où les nombreuses var., cf. *Zie.*). Formé sur *brassein / brattein,* « bouillonner, rejeter en bouillonnant » (Boisacq), le composé peut avoir le même sens (cf. *Lidd.-Sc.* I, 1) ; mais *ana-,* surtout avec un compl., peut renforcer l'idée de « faire remonter à la surface, rejeter » en bouillonnant (cf. *Lidd.-Sc.* I, 2 et, dans la *LXX, Ez.* XXI, 26). Un vb. presque identique est employé par *Phil.* dans un même contexte (*Mos.* II, 255 πάντες οἱ νεκροὶ σωρηδὸν ἀπεβράσθησαν εἰς τοὺς ἀντιπέραν αἰγιαλούς). Le mot *abussos* (« sans fond, insondable »), employé ici comme subst. conformément à l'usage de la *LXX* (= *tehôm,* « l'abîme »), désigne également la mer Rouge en *Is.* LXIII, 13 et *Ps.* CV, 9 (mais *tehôm* est traduit différemment en *Ex.* XV, 5). Par conséquent, le compl. *ek bathous abussou* (la var. *thambous* de S *

renvoie à une lecture *ekthambous* « frappée d'effroi, de stupeur ») signifie que les Égyptiens, précipités au fond de la mer, en furent rejetés : un bouillonnement des eaux fit remonter les corps à la surface et les déposa sur le rivage (cf. le texte de *Phil.* cité *supra* et 20 c). Cette conception trouve un appui en *Ex.* XIV, 30, tandis qu'*Ex.* XV, 12, faisant suite à XV, 10, pouvait laisser supposer que les Égyptiens furent ensevelis au fond de la mer. Et c'est peut-être pour concilier ces différents textes que le *Targum du Ps. Jonathan* imagine une controverse entre la terre et la mer : « Celle-ci disait à la terre : reçois tes fils ; mais la terre disait à la mer : reçois tes tués. Or, ni la terre ne désirait les engloutir, ni la mer ne voulait les submerger. Mais Dieu jura avec serment et promit à la terre de ne pas lui réclamer ces corps dans les siècles à venir. Alors la terre ouvrit sa bouche et les engloutit. » Signalons enfin qu'une interprétation ancienne, supposée par *Syr.* et *Ar.*, favorisée aussi par l'ambiguïté de *Lat.* et défendue encore par *Calm.*, a rapporté 19 b aux Israélites, « tirés du profond de l'abîme ». Elle ne mérite pas de retenir l'attention.

20 a. Avec *dia touto*, « c'est pourquoi », l'auteur tire la conséquence immédiate de 19 b (c.-à-d. des corps « rejetés » sur le rivage) et il la justifie indirectement en opposant les « justes » aux « impies », *dikaioi eskuleusan asebeis*. Dans l'usage gr., *skuleuein* signifie proprement « dépouiller un ennemi après l'avoir tué, plus spécialement en s'appropriant ses armes » (cf. *Lidd.-Sc.* 1 et 2). S'il est employé d'une façon impropre en *Ex.* III, 22 et XII, 36 (cf. 17 a), comme dans la plupart des textes de la *LXX* (où il désigne tout butin fait sur l'ennemi), il retrouve ici sa vraie signification : à l'égard d'ennemis (19 a) vaincus par Yahvé (20 c), les Hébreux exercèrent un droit reconnu aux vainqueurs en dépouillant les Égyptiens de leurs armes et armures. Le fait n'est pas mentionné par les récits bibliques. L'auteur doit reprendre un motif déjà traditionnel (prolongeant *Ex.* XIV, 30). *Fl. Jos.* (*Ant.* II, 349 et III, 17) explique, lui, que la force du courant et l'action combinée du vent amenèrent les armes des Égyptiens jusqu'au camp des Hébreux en fournissant à Moïse les armes nécessaires pour équiper ses hommes. Selon le *Midrash*, Dieu avait inspiré aux Égyptiens de remplir leurs chars d'or, d'argent et d'objets précieux (cf. GINZBERG, *The Legends*, III, p. 27) qui vinrent se déposer sur le rivage avec les corps des vaincus (*ibid.*, III, p. 30 et VI, n. 48 et 55).

20 b. *Kai humnèsan* renvoie au cantique d'*Ex.* XV. Le vb. signifie dans l'usage gr. « chanter ; célébrer par des chants ou des hymnes ; célébrer » ; peu fréquent dans la *LXX*, il y prend également soit le sens de « chanter » (des hymnes ou des cantiques, cf. *2 Ch.* XIX, 30 ; *Jdt.* XVI, 13), soit celui de « célébrer, louer » (cf., avec *to onoma*, *Is.* XII, 5 ; XXV, 1 ; *Tb.* XII, 6 S). Dans le premier cas, il serait synonyme de *aeidein* (« chanter ») employé par *Ex.* XV, 1,

20-21 *LXX ;* mais il rappelle plutôt l'hébreu *hâlal* (traduit habituellement par *ainein* dans la *LXX*), avec le sens de « louer », à cause du compl. *to onoma sou.* Dans l'usage biblique, le « nom » résume la personnalité vivante ou met en relief l'idée de puissance. Cependant, au lieu de se contenter de reprendre une formule biblique courante, l'auteur semble avoir voulu insister sur le nom lui-même. On notera, dans ce sens, l'invocation insolite *kurie,* qui rejoint spontanément le ton de la prière (cf. XII, 2 ; XVI, 2, 26 ; XIX, 9, 22) et met en évidence le mot *kurios* (cf. II, 13 ; III, 8, 10, 14 ; V, 7 ; IX, 1 ; XI, 13) qui, dans la *LXX* et le Judaïsme hellénisé, renvoyait au nom divin révélé à Israël. Il y a d'autre part la solennité de la formule *to onoma to hagion sou* (litt. « le nom, celui qui est saint, le tien », avec une construction de l'adj. (non enclavé entre l'art. et le nom) exceptionnelle en *Sag.* Ajoutons que le nom de Yahvé (Yah), celui du Dieu sauveur, occupe une place centrale en *Ex.* XV. En définitive, 20 b peut fort bien transcrire la formule « Alleluia » *(halǎlu-yâh)* : si celle-ci n'apparaît pas en *Ex.* XV, c'était cependant une formule liturgique courante, placée en tête de la plupart des hymnes de louange ou d'action de grâces. Une allusion au *Halel* de la Pâque est dès lors vraisemblable.

20 c. Rattaché étroitement au précédent par *te (tèn te hupermachon sou cheira),* ce stique indique la raison ou l'objet de cet hymne à Yahvé : célébrer l'exploit de sa puissance vengeresse. Le vb. *èinesan* (de *ainein,* « dire ; louer, célébrer ») reprend *humnèsan* et peut se traduire par « célébrer ». Le symbolisme biblique de la « main » alterne avec celui de la « droite » (*Ex.* XV, 6) ou du « bras » (cf. *Sg.* V, 16 c-d) pour renvoyer à un déploiement effectif de la puissance divine (cf. XI, 17 a ; XIV, 6 ; XVI, 15). Eclairé par *hupermachein* (*class.* « combattre pour la cause de »), le mot *hupermachos* (*hellén.,* cf. *Lidd.-Sc.*), employé surtout comme subst. (cf. XVI, 17 ; 2 *M.* VIII, 36 ; XIV, 34 ; *Phil., Abr.* 232), désigne « celui qui combat pour d'autres, se fait leur champion ou leur défenseur » ; comme adj., il apparaît dans un contexte identique chez *Phil., Somn.* II, 280 *(megalè ge hè hupermachos cheir)* après une citation d'*Ex.* XIV, 30. Il doit donc qualifier ici non pas une « main victorieuse » (cf. p.-ê. *Lat.,* puis *Ar., Gri., Corn.*) ou « protectrice, secourable » (*Shex., Hein., Feldm.,* etc.), mais « vengeresse » (*Lat.* traduit par *vindex* en XVI, 17), « ayant combattu pour eux » *(Arm., Ficht.)* : Dieu a pris en main la cause de son peuple et il a combattu pour lui (cf. *Ex.* XV, 3 *TM,* expliquant l'add. de *Syr. :* « ô guerrier »). L'adv. *homothumadon,* « d'un seul accord, unanimement, ensemble » (cf. XVIII, 5, 12), fait allusion à la notice d'*Ex.* XV, 1 : le cantique fut chanté à la fois par « Moïse et les enfants d'Israël ». Selon les textes rabbiniques, Moïse disait la première moitié de chaque v. et le peuple, également inspiré, répétait et complétait le v. (cf. GINZBERG, *The Legends,* III, p. 34 et VI, p. 12, n. 63). *Phil.,* lui, divise le peuple en deux chœurs qui non seulement mêlèrent le timbre harmonieux de leurs voix,

mais prononcèrent miraculeusement les mêmes paroles (*Mos.* II, 256-257).

21. L'unanimité mentionnée précédemment est justifiée *(hoti)* d'un point de vue particulier ; en même temps, l'auteur revient à la Sagesse *(hè sophia)* reléguée au second plan parce que le développement a pris la forme d'une prière à Dieu : non seulement elle fut l'inspiratrice de cet hymne collectif, mais elle y associa ceux qui auraient dû rester à l'écart, les « muets » *(kôphoi)* et les « tout-petits » *(nèpioi)*. Elle « ouvrit la bouche », *ènoixen stoma*, des premiers : cette expression, biblique, peut supposer un mutisme réel (*Nb.* XXII, 28 ; *Ez.* III, 27 ; XXXIII, 22 ; etc.) ou signifier seulement « délier la langue, faire parler, suggérer les paroles à dire » (cf. *Ex.* IV, 12, 15), mais, en fonction de la toute-puissance et de la providence universelle de Dieu, les deux cas sont assimilés étroitement (cf. *Ex.* IV, 11).

Comme les seconds (21 b) sont encore « trop petits pour parler », la Sagesse « rendit leurs langues déliées ou perçantes », *glôssas ethèken tranas*. L'emploi de *tithenai* suivi d'un adj. prédicat avec le sens de « faire, rendre » relève autant de l'usage ancien et poétique (cf. *Lidd.-Sc.* B, 2) que de la *LXX* (cf. *Is.* XIII, 9 ; XLIX, 2 ; L, 2 ; etc.) ; *tranai* (cf. VII, 22 d) peut signifier soit « distinctes, claires » *(Arm., Shex.)* et par suite « déliées » ou « éloquentes » *(Lat. dissertas, Ar.* « éloquentes »), soit « aiguës, perçantes, éclatantes » *(Syr.)* si le texte veut accentuer l'importance du miracle. L'auteur a dû se souvenir d'*Is.* XXXV, 6 (*kai tranè estai glôssa mogilalôn*, « et la langue des muets sera éclatante < de joie > »), et aussi de *Ps.* VIII, 2-3 *(ek stomatos nèpiôn kai thèlazontôn katèrtisô ainon)* où la louange des tout-petits est mise en relation avec la réduction des forces hostiles à Dieu (cf. H. J. KRAUS, dans *B.K.*, XV, 1, pp. 68-69).

Mais quelle est la portée exacte du texte ? Divers interprètes anciens (cf. ceux cités par *Gri.*) et modernes (*Gri., Hein., Feldm.*) entendent *kôphoi* et *nèpioi* en un sens symbolique ou métaphorique (comme en *Ex.* IV, 10 ; VI, 12, 30) et les voient désigner les Hébreux adultes « auparavant timides... grossiers d'ailleurs et sans éloquence » *(Calm.)*, « incultes et dépourvus des dons de l'éloquence et de la poésie » *(Gri.)*, « incapables, par nature, de louer Dieu d'une façon digne » *(Hein.)* ! D'autres *(Corn.)* insistent sur le caractère hyperbolique d'un procédé oratoire destiné à souligner l'unanimité des voix et des cœurs. D'autres pensent plutôt à une affirmation générale en considérant les deux vbs comme des aor. gnomiques : la Sagesse peut faire parler les muets et les tout-petits (outre les auteurs cités par *Goodr.*, cf. *Gre.* : « the language is general and rhetorical : no definite allusion is intended ») ; mais, normalement, les aor. de ce v. ont même valeur que les précédents (cf. *Goodr., Hein., Feldm.*). D'autres enfin prennent le texte à la lettre et acceptent la réalité d'un miracle insigne. C'est déjà le fait (cf. *Dea.*) du traité *De mirab. S. Scripturae* (I, 28, *PL* 35, 2171), puis de divers auteurs postérieurs (cf. *Corn.*). Cette dernière interprétation rend mieux compte du texte, mais il importe d'en préciser le genre littéraire. L'auteur se fait l'écho d'une exégèse haggadique d'*Ex.* XV, 1. Nous avons déjà relevé la tendance à expliciter cette notice (cf. *homothumadon* 20 c) en un sens merveilleux. Or, au sujet des *nèpioi*, les textes rabbiniques accumulent les précisions pittoresques : pour chanter le cantique de l'Exode, les nourrissons quittèrent le sein de leurs mères et se joignirent aux adultes ; bien plus, ceux qui étaient encore dans le sein firent entendre miraculeusement leur voix (cf. GINZBERG, *The Legends*, III, p. 34 et V, p. 13, n. 64). Certes, notre texte ne va pas jusque-là, mais il doit refléter une haggada ancienne qui prélude à la tradition rabbinique postérieure. Par ailleurs, c'est la référence implicite à *Is.* XXXV, 6 et *Ps.* VIII, 2-3 qui contribue à donner une portée plus générale à ce fait passé : la Sagesse peut délier la langue des muets et des tout-petits pour leur inspirer de célébrer Dieu dans la manifestation de son règne (cf. *Mt.* XI, 5 et XXI, 18).

IMPRIMERIE A. BONTEMPS

LIMOGES (FRANCE)

Dépôt légal : Septembre 1984

Numéro Imprimeur : 3584/1983